Nikolai Sergejewitsch Leonow, geboren 1928, ist habilitierter Historiker und war Mitglied der Akademie der Naturwissenschaften. Sein erstes Arbeitsgebiet im Geheimdienst waren die Länder Lateinamerikas. Später befasste er sich mit dem Wirken von US-Geheimdiensten gegen die Interessen der Sowjetunion, aber auch mit dem Einsatz eigener Geheimdienste. Er leitete viele Jahre das Analyse- und Lagezentrum des KGB, ehe er zum stellvertretenden Direktor der Sowjetischen Aufklärung aufstieg.

Nikolai Leonow
Die letzten Aktionen des KGB

Nikolai Leonow

Die letzten Aktionen des KGB

Aus dem Russischen übersetzt von Gudrun Büchler

edition berolina

ISBN 978-3-95841-081-7
1. Auflage
© 2017 by BEBUG mbH / edition berolina, Berlin
© 2015 by Algoritm, Moskau
Umschlaggestaltung: BEBUG mbH, Berlin
Druck und Bindung: CPI Moravia Books s. r. o.

edition berolina

Alexanderstraße 1
10178 Berlin
Tel. 01805/30 99 99
FAX 01805/35 35 42
(0,14 €/Min., Mobil max. 0,42 €/Min.)

www.buchredaktion.de

Inhalt

Am Anfang des Weges 7
Erste Schritte in der Aufklärung 47
In Mexiko, an vorderster Front 81
Arbeit in der Zentrale –
Abstecher als Aufklärer ins Ausland 131
Wechsel zur Auswertungs- und
Informationstätigkeit 149
Große und kleine Sorgen der Aufklärung 172
Krebszellen des Sozialismus 201
»Bermuda-Dreieck« 217
Der Anfang vom Ende 236
Die schicksalsgeprüfte Revolution 267
Die bitteren Gedanken der Analytiker 290
Der letzte Hoffnungsstrahl 319
Afghanistan 325
Auge in Auge mit den Geheimdiensten der USA 341
Zwietracht in der Aufklärung 367
»Gorbaniade« 392
Abschied von der Aufklärung 420
Auf dem Posten des Hauptauswerters
der Lubjanka 450
Finita la comedia
(Die Komödie ist zu Ende) 481

Am Anfang des Weges

Alles begann damit, dass ich im Sommer des Jahres 1928 in einem unbedeutenden Rjasaner Dörflein mit der hübschen Bezeichnung Almasowo geboren wurde. Das befand sich direkt an der Schnittstelle dreier Oblaste (Oblast entspricht in etwa einem Regierungsbezirk, Anm. d. Übers.), des Rjasaner, des Tulaer und des Moskauer Oblast. Die Männer machten sich ständig darüber lustig, dass unsere Hähne wohl die stimmgewaltigsten seien, da sie gleichzeitig in drei Oblasten zu hören wären. In 20 Werst (Längenmaß im zaristischen Russland; 1 Werst entspricht in etwa 1,066 Kilometer, Anm. d. Übers.) Entfernung breitete sich Kulikowo Polje aus. Bei schönem Wetter war vom Glockenturm aus die goldene Kuppel des Obelisken auf dem Mamajew-Hügel zu sehen.

Die Sowjetzeiten steckten genau den Rahmen für mein gesamtes Leben ab. Mein erster Schrei war unter einer der Roggenstrohpuppen auf unserem eigenen Feld im letzten Jahr der freien Bauernwirtschaft zu hören. Im darauffolgenden Sommer war unser Acker schon Teil der Kolchosfelder. Und in den Ruhestand gegangen bin ich nach den bekannten Augustereignissen 1991. Da zerbarst die alte Macht, und es begann eine neue Zeitrechnung. Die 63 Jahre, die zwischen diesen Daten liegen, sind auch Gegenstand meiner Erörterungen in diesem Buch.

»Und genau zum Leben kam die Freiheit zu spät« – hat ein Schriftsteller über meine Zeitgenossen gesagt.

Das genaue Datum meiner Geburt blieb unbekannt. In der heißen Phase der Ernte hatten die Eltern keine Zeit gehabt, zur Registrierung des Neugeborenen ins Nachbardorf zu fahren, wo sich der Dorfsowjet befand. Als die Ernte eingebracht war, richtete man die Felder wieder her. Um einer Strafe für die Verspätung zu entgehen, nannten sie das erstbeste und naheliegendste Datum. Somit bestimmten sie den 22. August als meinen Geburtstag.

Meine Mutter Natalja Wladimirowna Leonowa war eine einfache Bäuerin. Als ich das Licht der Welt erblickte, war sie 22 Jahre alt, und auf ihren Schultern lasteten die Sorgen um die Bewältigung einer aufwendigen mittleren Wirtschaft. Wir hatten unser eigenes Pferd, eine Kuh. Im Verschlag grunzten immer ein paar Schweine. Auf dem Hof befand sich eine Herde mit fünfzehn Schafen, und es gackerten ein paar Dutzend Hühner. Der Vater Sergej Michajlowitsch Leonow, auch ein Bauer, war für die Männerarbeiten zuständig. Als dann der Kolchos kam, beschloss er, seinem Schicksal nachzuhelfen. Er fuhr zur Ausbildung an die Arbeiter-und-Bauern-Fakultät in Bobrik-Donskoj. Dort trat er der Kommunistischen Partei bei und gründete dann binnen kurzer Zeit auch eine neue Familie. Er wollte nun nicht mehr in das Dorf mit seinem Mist, Kwas und Stroh zurück. Folgerichtig ließ er sich von der Mutter scheiden. Erst fünfzig Jahre später erfuhr ich, dass er in der Armee gedient, es dort bis zum Oberleutnant gebracht und seine Tage in Minsk als Militärvertreter im dortigen Automobilwerk vollendet hatte. Somit hatte er keinen Einfluss auf meine Persönlichkeitsbildung. Aber seine Mitgliedschaft in der Partei hätte mich beinahe das Leben gekostet. Er hatte strengstens verboten, mich taufen zu lassen. Da er selbst der einzige Kommunist im Dorf war, blieb ich der einzige Heide. Keine der Frauen wollte mich beaufsichtigen, wenn die Mutter ihrer Arbeit auf dem Feld nachging. Sie befürchteten, dass ich Unglück ins Haus bringen würde. Eines Tages gab eine Nachbarin dem Bitten meiner Mutter nach. Während eines heraufziehenden Gewitters wich sie in Panik vom Fenster zurück und stolperte über die große Wanne, in der Essenabfälle, Rückstände von der Kwasgärung, Aufwaschwasser und anderes als Viehfutter gesammelt wurden. Sie ließ mich Lumpenbündel da hineinfallen und rannte schleunigst aus dem Haus. Auf der Straße angekommen, wurde ihr die Situation bewusst. Sie rannte wieder in die Kate zurück und zog mich halbtoten Heiden aus der schmutzigen Brühe. Sie pressten alle Flüssigkeit wie bei einem beinahe Ertrunkenen aus mir heraus. Nach diesem Vorfall übernahm niemand mehr meine Betreuung.

Einer geschiedenen Mutter mit einem Kleinkind auf dem Arm wurde das Leben im Dorf schwer und ungemütlich. 1929 gab es zudem verschärfte Entkulakisierungen. In Almasowo, wo es auf 120 Höfen nicht einen einzigen Knecht und auch keinen Großbauern gab, wurden trotzdem zwei Familien enteignet. Der Ruin der Bauern wurde hemmungslos vorangetrieben, unmittelbare Nachbarn wurden in die Verbannung geschickt, die zurückgebliebenen Frauen waren verzweifelt und entsetzt. Dies alles überzeugte die Mutter endgültig davon, dass es nun nach alter bäuerlicher Tradition nicht mehr zu leben galt. Sie korrespondierte mit ihrer Tante, die schon lange in Moskau als Straßenbahnschaffnerin arbeitete, und zog nach Moskau um. Fortan arbeitete sie dort in einer Weberei. Bald nahm sie mich zu sich, so dass ich von 1931 bis 1934 in den Kindergärten der Textilarbeiter erzogen wurde. Wir lebten zu viert – die kinderlose Tante mit ihrem Mann und ich mit der Mutter – in einem klitzekleinen Neun-Quadratmeter-Zimmer in der Dritten Pawlowsker Gasse.

Ich wuchs zu einem unruhigen, nörgeligen, aber vielleicht auch nur unerzogenen Jungen heran – wie viele Kinder aus zerbrochenen Familien. Im Kindergarten »führte« ich regelmäßige Fußballspiele mit irgendwessen Mütze anstelle eines Balles »ein«. Als unsere Mütter am Wochenende kamen, um uns abzuholen, regten sie sich mächtig über den Zustand der Mützen ihres Nachwuchses auf. Die Suche nach dem Übeltäter führte stets zu mir, und eine Bestrafung folgte auf dem Fuß.

In der Gemeinschaftswohnung hatte ich einmal Seife in den Ausguss des Teekessels, der den unliebsamen Nachbarn gehörte, gestopft. Die konnten lange nicht verstehen, was mit ihrem Tee passierte. Ich wurde mit dem Riemen abgestraft und in die dunkle Wirtschaftskammer gesperrt. Aber sogar von dort drinnen bedachte ich alles und jeden mit Schimpfwörtern. Die Mutter musste mich schließlich wieder zurück ins Dorf zu meiner anderen Tante schicken.

Als wir von der Bahnstation im Schlitten nach Almasowo fuhren, fing ich einige Wortfetzen der Männer auf. Sie sprachen

davon, dass die Feinde Kirow ermordet hätten und von nun an »das Leben immer schlechter werden würde«. Unbemerkt wurden wir in die Politik involviert. Die Männer an den Ecken begannen, zu flüstern. Das machte den Jungen Angst. Überall erschienen uns imaginäre Feinde. Wir Jungen suchten auf den Zeichnungen des Abreißkalenders nach verborgenen faschistischen Symbolen, nach Bildern von verschiedenen bösen Tieren, sahen in allem die Machenschaften von »Spionen«.
Aber die Menschen wollten ihre liebgewonnenen alten Gewohnheiten und Traditionen nicht aufgeben. Der Schimmel des Misstrauens und der Verdächtigungen berührte die meisten Bauern wenig. Deshalb blieben mir die vier Jahre, die ich bis 1938 im Dorf lebte, als die hellsten und ruhigsten in Erinnerung. Ich war niemals der Heimaterde und meinem Volk mit seinen Traditionen so nah. Wenn es diese Jahre nicht gegeben hätte, würde ich mich für hoffnungslos benachteiligt halten. Ja, wo sieht man denn heutzutage noch so einen Jahresabschluss wie diesen, wenn die Jugend am anderen Flussufer gegenüber des Dorfes einen mächtigen Strohballen anzündete und dieses Feuer über viele Werst hinweg die verschneiten Felder und ganz Almasowo in ein warmes, helles Licht tauchte. Das nannte sich: »Austreibung des alten Jahres« mit all seinem Elend, seinen Unwägbarkeiten und Misserfolgen. Die Kinder hüpften um das Feuerchen, die Jugend lieferte sich eine Schneeballschlacht und sprang in die Schneewehen. Der Dorfmusikant vollführte wahre Wunder auf seiner in die Jahre gekommenen Harmonika. Und all dieses sorglose Treiben beäugten die Männer und Frauen und ihre Alten hinter den Fenstern der Hütten mit freudiger Traurigkeit.
Trübsal war uns unbekannt. Jede Jahreszeit hatte ihre Freuden. Das erste Tauwetter war zu Ostern vorüber, und wir begannen, bunte Eier zu trudeln. Wessen Ei weiter rollte, der gewann. Oder wir schlugen mit scharfen Gegenständen auf die Eier ein, und wessen Eierschale brach, der hatte verloren. Der Verlierer musste sein heiliges Ei dem Gewinner abgeben. Es kam vor, dass man den ganzen Abend am Eierkorb saß, um ein Ei mit

einem zusätzlichen Buckel unten auswählen zu können. Die Kirche im Dorf war schon außer Dienst und der Pope sonst wohin fortgeschickt, jedoch die Traditionen lebten fort: Überall wurden Teigpüppchen und süße Osterkuchen gebacken.
Danach weckte die Frühjahrsinspektion der Technik und der Geräte das Interesse der Jungen. Unser Kolchos war nicht besonders groß, aber auch keiner von den kleineren. Zwei Wochen vor der Aussaat wurde unsere gesamte einfache Habe auf der großen Wiese gegenüber der Kolchosverwaltung ausgestellt. In mehreren Reihen glänzten die Pflüge und Eggen, bauschten sich die Rechen und Heuwender auf. Den wichtigsten Platz nahmen die Dreschmaschinen ein. Die Wellen schlugen zum Himmel, und es verblassten die aufgestellten Karren und Wassertonnen, wenn man die blanken Geschirre sah. Was für ein Feiertag! Wenn es die Leiden der Jahre 1937/38 und den Krieg nicht gegeben hätte, wäre vielleicht ein neuer Modus geprägt worden, und die Feiertage, nach denen das Dorf so lechzte, hätten sich fest etabliert …
Fast in einem Gang fanden das Pflügen und die Aussaat statt. Die Männer wurden von der Sehnsucht nach der Feldarbeit angetrieben und schufteten hart und ausdauernd. Die Mittagspause fand auf dem Feld statt, und sie legten sie nur wegen der Pferde ein. Sie wurden immer rechtzeitig fertig, und ich erinnere mich nicht an unbestellte oder bis in den Sommer brachliegende Felder.
Aber das Wichtigste im Dorf – war die Ernte. Das war der Höhepunkt von allem. Nichts verschafft dem Menschen so eine Freude wie der Anblick seiner Arbeitsergebnisse. Die Ernte ist schwer und befriedigend zugleich – so wie keine andere Phase des dörflichen Lebens. Das ganze Dorf siedelte auf die Tenne um und blieb bis zum Ende der Ernte dort. In den Häusern machten sich nur die Alten zu schaffen. Sie kochten das Essen, passten auf die kleinen Kinder auf und versorgten das Vieh.
Wir verbrachten Tag und Nacht auf der Tenne. Arbeitskräfte gab es im Dorf genug, und wir wurden allerorten fortgejagt. Wir sollten nicht stören oder gar zufällig unter die Gabeln

kommen. So schickte man uns Wasser holen zu den nahegelegenen Schluchten mit den Quellen oder zum Strohstampfen in die riesigen Scheunen. Das taten wir dann dort auch begeistert – bis zur Erschöpfung.

Abends, als die Sonne unterging und die Maschinen notgedrungen stoppen mussten, ging die gesamte Jugend zum Fluss baden. Das Flüsschen in unserem Dorf war eher klein, aber es war penibel seit dem Frühjahr angestaut worden. So war daraus ein langer tiefer See entstanden, in dem sich eine lärmende Meute braungebrannter Jungen und Mädchen mit lautem Lachen und Kreischen vergnügte. Für sie war es die beste Entschädigung nach einem harten Tag, für vierfach gesalzenen Fisch, für Tausende Grannen von den Getreideähren, die sich einschnitten und schmerzhaft sogar die verhornte Haut der Rjasaner Getreidebauern zerstachen. Wie selbstverständlich tauchte eine Harmonika auf, abwechselnd waren Verse zu hören – freche von den Jungen und nachdenklich-verträumte von den Mädchen. Es wurde bis spät in die Nacht – fast bis zum Morgengrauen – gesungen. Aber mit dem Sonnenaufgang hieß es: Gabeln in die Hand, und wieder fanden die Garben ihren Weg von den Strohpuppen über die spitzen Zinken der Gabeln in den Schlund des Dreschers.

Im Herbst, wenn die Ernte vorüber war, begann das ganze Dorf mit den Vorbereitungen zum Erntefest. Wer auch immer in jener Zeit der Kolchosvorsitzende war, er stellte jedes Mal ein Rind, zwei, drei Schafe, ein Ferkel für ein gemeinsames Fest zur Verfügung. Die Frauen übernahmen die Vorbereitungen in der Küche. Sie kochten Sülze, die köstliche Wurst mit Innereien. Sie flochten aus den ausgewaschenen und mit Fett gespickten Därmen Zöpfe, die sich über dem Feuer in goldene Köstlichkeiten verwandelten. Sie brieten Leber abwechselnd mit Blutwurststücken auf Speck. Das Fleisch selbst wurde von jeher nur für deftige Suppen benutzt und nichts davon eingelegt. Aus den verarbeiteten Lebensmitteln jedoch wurden allerlei Delikatessen. Darauf verstanden sich die Frauen meisterhaft.

Getrunken wurde auch nach Herzenslust. Aber da sie ausgiebig dabei aßen, erinnere ich mich nicht an Betrunkene. Die Feier mit Liedern und Tänzen dauerte ihre zwei, drei Tage. Es kam vor, dass das Dorf bei Herbstwetter praktisch von der Außenwelt abgeschnitten war. Man kam auf unseren schlammigen Straßen und in den morastigen Schluchten weder zu Fuß noch mit Hilfe eines Verkehrsmittels voran. Telefon, Strom und Radio gab es nicht. Grauer Regen fiel endlos vom Himmel. In den Wassergräben, die das Dorf umgaben, sammelte sich der Schlamm. Auf dem Hügel befanden sich die Häuser des Dorfes, und aus deren Schornsteinen tanzten lustige Rauchwölkchen in den Himmel. Die Harmonika spielte, und ein Lied folgte dem anderen.

Wir lebten Naturalwirtschaft. Im Spätherbst wurden die Hanfbündel vom Boden des Flusses hochgeholt. Dort waren sie gewässert worden. Man trocknete den Hanf, brach ihn, kämmte ihn aus und bereitete daraus Fasern zum Spinnen. Den ganzen Winter über spannen die unermüdlichen Frauen entweder Hanf oder Wolle. Auf uralten Webstühlen webten sie an den Winterabenden lange graue Tuche, die sie im Frühjahr zum Bleichen auf den Wiesen auslegten. An den endlosen Bahnen taten die intensiven Sonnenstrahlen ihr Werk. Was wurde nicht alles aus diesen Leinwänden hergestellt: ob Gamaschen oder Bettwäsche und Handtücher, ob Unterwäsche oder Hosen und Hemden für die Lebenden oder Leichentücher für die Verstorbenen. Mütterchen Hanf kleidete die gesamte einfache Dorfbevölkerung vom Kopf bis zum Fuß ein. Jetzt ist der Hanfanbau verboten: Wie festgestellt wurde, wirkt Hanfpulver narkotisierend.

Aus der Wolle wurden im Winter Socken und Fäustlinge gestrickt. Insbesondere wurden daraus aber Filzstiefel hergestellt. Anfang Dezember kam eine Walker- und Filzerbrigade ins Dorf und mietete sich in einer Kate ein. Sie fertigte Filzstiefel für das ganze Dorf. Die Wolle wurde gedämpft. Einige Tage lang stand der schwere Dampf im Dorf und verbreitete einen typischen Geruch. Es war selten, dass ein Hausherr nicht gleich zwei, drei Paar bestellte. Für Verlobte oder junge Frauen gab es weiße, kleidsame, elegante Stiefel – für die Kinder kleine.

Die hauptsächliche Ware stellten aber die dunkelgrauen Filzstiefel für die Arbeit dar, die sofort mit doppelter Sohle genäht wurden, damit der Besitzer sie auch bei strengem Frost tragen konnte. Die Männer, die bei Verstand waren, konnten alle Schuhwerk nähen, genauso wie Mützen und Pelzmäntel, mit und ohne Schaffell. Selten stellte sich jemand in einem Tuchmantel zur Schau.

So verlief mein freies und unbekümmertes Leben bis zu dem Moment, als ich zur Schule kam. Meine erste Lehrerin war Walentina Matwejewna – eine hübsche, kluge und gute Frau. So wie alle Lehrer sein sollten. Sie behandelte mich sehr warmherzig in dem Wissen, dass ich »vaterlos« war und meine Mutter bereits über ein Jahr nicht gesehen hatte. Freundlichkeit hatte ich in meinem ganzen Leben bis dahin nicht kennengelernt, deshalb erwiderte ich sie mit einem ebensolchen Verhalten. Ich lernte emsig, ermutigt durch die Tante und andere Erwachsene. In dieser Zeit heiratete meine Mutter ein zweites Mal. Der Mann mit demselben Familiennamen Leonow war ebenfalls gebürtig aus unserem Dorf. Er arbeitete in der Nähe der Stadt Elektrostal bei der Eisenbahn. Meine erste Schwester Tonja wurde geboren, und meine Eltern beschlossen, mich vom Dorf in die Stadt zu holen.

Lebhaft erinnere ich mich an den warmen Morgen im Frühsommer 1938, an dem man mich mit dem Fuhrwerk zur Bahnstation brachte. Instinktiv erkannte ich, dass meine Kindheit dahinschwand und ich das freie dörfliche Leben in Zukunft nie mehr würde genießen können. Ich saß hinten auf dem Wagen und verabschiedete mich mit süßer Wehmut von Almasowo. Ringsum hörte ich das Krähen der Hähne, Dampfschwaden stiegen zum Himmel, und langsam lichtete sich der Morgennebel. Ich wusste damals nicht, dass das menschliche Gedächtnis geliebte Bilder besser aufbewahrt, als es eine Farbfotografie könnte. Und bis heute sehe ich nicht nur diesen Morgen, sondern höre ihn auch, empfinde den Geruch des Buchweizens auf dem Nachbarfeld. Es schmerzt dieses Gefühl des Verlustes der Heimat und einer Lebensart, die nicht zurückkehrt.

Die folgenden zehn Jahre, bis 1947, lebte ich in der neuen Familie. Mein Stiefvater Konstantin Ustinowitsch Leonow erwies sich als ein selten guter und kluger Mensch und nahm mich wie seinen leiblichen Sohn auf. Ich empfand keinerlei Mangel. Wir wohnten in einem der doppelstöckigen Holzhäuser mit gesetzten Wänden, die für die Erbauer der Eisenbahnstrecke Frjasewo–Noginsk als provisorische Unterkünfte errichtet worden waren. Die Bauarbeiter waren seit langem weg, und so siedelten sich da die Bahnmitarbeiter an. Wohnraum war knapp. Das Haus befand sich in zwei Kilometern Entfernung von der Bahnstation und der Stadt Elektrostal. Zur Arbeit und in die Schule musste der Weg zu Fuß zurückgelegt werden. Die geringen Löhne reichten weder vorn noch hinten zum Leben. Als Ausweg aus der Situation wurden Gärten angelegt, Schuppen gebaut und Tiere gehalten. Unser ewig zugiges Provisorium von Haus hatte weder eine Wasserleitung noch Kanalisation, und Strom erhielten wir erst in den Kriegsjahren. Aber ungeachtet aller Schwierigkeiten, vergrößerte sich die Familie ständig. Bis zum Jahr 1947 war ich mit vier Schwestern beglückt worden. Bis heute sind wir alle ein Herz und eine Seele. Außerhalb der Schule war mein ganzes Augenmerk auf die Erziehung der jüngeren Schwestern, von denen ja eine auf die andere folgte, gerichtet. Des Weiteren lag die Holzaufbereitung für den Winter, der Nachschub an Heu für die Kuh und das Bestellen des Gartens, »unseres wichtigsten Ernährers«, bei mir. In meinem Stiefvater erstarb der Bauer viel früher als bei seinen Kollegen. Mit Unlust erledigte er die gärtnerischen Arbeiten und kümmerte sich nur ungern um die Tiere. Sanftmütig ertrug er die Vorwürfe der Mutter bezüglich seines Unvermögens und stützte sich auf mich, »den zweiten Mann« in der Familie. In unserem Umfeld nahm man es mit dem Lernen nicht so genau. Ja, es war fast verwerflich, ein guter Schüler zu sein. Meine Schwestern brachen zeitig die Schule ab und gingen zur Arbeit ins Werk oder zur FSU, zur Betriebsschule. Ich kam ohne Not von einer Klassenstufe zur nächsten, bis sich im Sommer 1941 der Krieg näherte. Wir Jungen waren seit langem davon

überzeugt, dass wir »den Feind in Feindesland und mit wenig Blutvergießen durch einen mächtigen Schlag vernichten«. Wir hatten damals noch keine Zweifel am Wahrheitsgehalt des gedruckten Wortes. Uns war bekannt, dass wir die mächtigsten und stärksten auf der Welt sind. Wir verstanden nicht, warum unsere Mütter weinten, warum sich die Gesichter unserer Väter verfinsterten und sie »ein Ziegenbein« nach dem anderen rauchten. Wir freuten uns, dass uns der Feind durch seinen Überfall eine glänzende Möglichkeit gegeben hatte, endlich unsere Kraft zu zeigen. Woher sollten wir wissen, dass die Presse eher für Lügen als zur Information geschaffen worden ist.
Das Jahr 1941 wurde zum Jahr des ersten Zusammenbruchs der Illusionen, zum Beginn der kritischen Prüfung allen Geschehens. Unsere Eisenbahner-Väter zog man nicht zur Armee ein. Sie wurden kaserniert und wohnten in dem verlassenen Gebäude des evakuierten chemischen Labors unseres örtlichen Gasmaskenherstellers. In den ersten Tagen schon durchsuchten die einfachen ungebildeten Männer die offenen, in Eile hinterlassenen Schränke und fanden dort Flaschen und Kolben mit Flüssigkeiten, die Sprit ähnlich waren. Sie konnten der Versuchung natürlich nicht widerstehen. Der Sprit erwies sich als Methylalkohol. Einige Männer starben. Ein Teil wurde blind. Das waren unsere ersten eigenen »Kriegsverluste«.
In jenen schweren Oktobertagen warfen die Deutschen jede Nacht Brandbomben und Flugblätter ab, die zum Protest gegen die Evakuierung von Industrieanlagen aufriefen. Da erschütterte ein tragischer Vorfall unser Haus. Einer unserer Nachbarn, Kirill Semkin, der an der Eisenbahnstation Elektrostal als Wagenreiher arbeitete, trank nach der Arbeit ein Glas Wodka. Dann schrie er laut umher, dass er keine Angst vor den Deutschen habe, dass es doch egal ist, unter welcher Macht man »Scheiße frisst«. Sollen sich doch die Kommunisten »vor Angst in die Hosen scheißen«.
Am nächsten Morgen war er schon nicht mehr zu Hause: abgeholt. Ein »Dreigestirn« richtete über ihn. Mein Stiefvater war als Parteisekretär der Eisenbahnstation zu Gericht geladen.

Kirill wurde zum Tod durch Erschießen verurteilt und das Urteil innerhalb von 24 Stunden vollstreckt. Seine Frau, die 29-jährige blühende Anastasija, blieb mit vier Kindern zurück. Das älteste der Kinder, mein engster Freund Sascha, war zwölf Jahre alt. Die einzige Stütze der von Trauer zermürbten Frau war unsere Familie, genauer gesagt: mein Stiefvater. Aber er verschwieg ihr lange den Vollzug des Urteils. Sprach von Strafbataillonen. Anastasija hoffte. Ich erinnere mich daran, dass sie einmal sogar eine Spinne in ein Glas setzte. Sie folgte dem Aberglauben, dass, wenn die Spinne im Glas ein Netz spinnt, ihr Mann am Leben ist. Wenn nicht, dann nicht mehr.
Damit die Familie nicht aus dem kleinen Zwölf-Quadratmeter-Zimmer in unserem Eisenbahnerhaus raus musste, überzeugte der Stiefvater den Stationsleiter davon, der schicksalsgeprüften Frau eine Arbeit zu geben. Mein Freund Sascha und ich gingen auf Stundenbasis Schnee von den Schienen räumen. Der Krieg spielte sein erbarmungsloses Roulette. Für den einen kam es zur Beerdigung, ein anderer wurde Invalide, ein nächster wurde vermisst oder von den eigenen Leuten verhaftet. Wie es in einem Lied des Sängers Wyssozki lautet: »Einer wegen Stalin, einer wegen Hitler ...«
Zwei Jahre ging ich nicht zur Schule: Sie war geschlossen. Der Vater war immerzu auf Arbeit. Zu Hause sah man ihn kaum. Alle Kräfte und Gedanken waren auf das Überleben gerichtet. Darauf, die Schwestern zu beschützen, der Mutter zu helfen und den Verstand nicht zu verlieren. Die Not trieb mich zu weiten Fahrten nach Brot bis in den Gorkijer Oblast, wo wir Nadeln und billigen Schmuck gegen Mehl, Hirse und Stärke eintauschten. Die Reisen waren sehr gefährlich: auf Waggondächern, in Güterzügen. Schutz vor der Miliz und vor Verbrechern boten äußerste Schwäche und Jungentränen. Auf mehr konnte man nicht zählen. Einmal musste ich ein paar Tage in Steinkohle eingebuddelt bei strömendem Regen in einem offenen Waggon fahren. Aber die Gedanken an die hungrigen Schwestern ließen mich nicht müde und nicht krank werden. Dafür empfingen sie uns zu Hause mit Tränen in den Augen,

als Retter in der Hungersnot. Der Vater hüstelte aufgeregt, schaute auf den vor Dreck starrenden Sack mit Mehl und Hirse und wies die Mutter barsch an: »Nataschk, gib unserem Brotlieferanten etwas zu essen! Soll er etwa hier sinnlos herumstehen?« Und die Mutter weinte hemmungslos, wischte sich mit der Schürze die roten Augen ab, dabei flüsternd: »Herr, ich würde dir sonst was geben … wenn unser Leben nicht so verflucht wäre … Danke dir, Söhnchen, danke.« Es war nur schwer zu verstehen, wofür mir die Mutter dankte: Dafür, dass ich Lebensmittel mitgebracht hatte, oder dafür, dass ich lebendig und gesund zurückgekehrt war und ihr die bedrückende Last der Sorge um ihren einzigen Sohn genommen hatte. Und ich selbst, wie wohl viele in meiner Situation, genoss die »Aufmerksamkeit des dankbaren Auditoriums« und berichtete den ganzen Tag von den unendlichen Abenteuern der Reise. Ich sparte dabei nicht an Farbe und flunkerte schauerlich.
Nach ein paar Jahren dieses Vagabundenlebens fiel es mir nicht leicht, mich wieder an die Schule zu gewöhnen. Nachdem der Stiefvater eine Bestrafung angedroht hatte, ging ich ab 1943 wieder zur Schule. Ich fand mich dort unter sauberen, wohlgenährten Halbwüchsigen wieder. Es waren zum größten Teil die Kinder des ingenieurtechnischen Personals des Betriebes »Elektrostahl«. Mich trieben Rachegelüste wegen ihrer Klugheit, Wohlerzogenheit, Bildung, aber unter dem Einfluss der wunderbaren Pädagogin Maria Semjonowna Malwinowa (ich hatte Glück mit den Lehrern!) wurden diese unterbunden. Dank ihr saß ich schon bald mit der Klasse im Bolschoi-Theater und hörte die Oper *Eugen Onegin* an. Mich schauerte, als der magische Lenski-Lemeschew sang. Es begannen Freundschaften mit Jungen aus wohlgeordneten Familien. Der engste Freund war Viktor Rejtblat. Sein Vater Lasar Aronowitsch Rejtblat war vor dem Krieg Direktor unserer Schule. In den ersten Kriegstagen ging er als politischer Mitarbeiter an die Front und fiel dort. Er ließ seine Frau, die Unterstufenlehrerin an derselben Schule war, mit drei kleinen Kindern zurück. Das war eine wunderbare jüdische Familie – friedlich, intelligent und immer arm.

Immer, wenn ich Viktor besuchte, hatte seine Mutter, Doba Saweljewna, einen Teller Suppe für mich als Gast übrig. Und das, obwohl die Bäuche der eigenen Kinder vor Hunger angeschwollen waren.

Viktor gab mir Bücher aus der Bibliothek seines Vaters zu lesen. So las ich *Die Geschichte des Bürgerkrieges in der UdSSR*, *Die Geschichte der Kolonialstaaten und der abhängigen Länder*, *Die Geschichte des deutschen Faschismus*. Diese Bücher inspirierten mich, und ich begann, mich für Geschichte zu interessieren. Allmählich beschäftigte ich mich professionell damit. Dies wiederum hatte meine Affinität zu Fremdsprachen zur Folge. Er selbst beherrschte die deutsche Sprache besser als alle anderen. Ich erinnere mich daran, dass die Bibliothekarin des Gorki-Klubs in Elektrostal förmlich vor Schreck und Begeisterung erstarrte, als sie uns erlebte. Wir wühlten uns durch einen Haufen unbeachteter Bücher, die die deutschen Fachleute des Werkes seinerzeit zurückgelassen hatten. Bald las ich *Also sprach Zarathustra* von Nietzsche im Original.

Ich bin dem Schicksal unendlich dankbar dafür, dass es mir in meiner Jugend Freunde schenkte, die gebildeter – im Bildungsstand höher – als ich waren. Immer konnte ich mir ein Beispiel nehmen oder jemandem nacheifern. In späteren Lebensabschnitten verwehrte mir das Schicksal diese unschätzbare Güte. Und was ich doch für Lehrer hatte! Der Direktor der Schule Viktor Iwanowitsch Milowidow, ein Literaturlehrer, war ein Meister der außerschulischen Tätigkeit. Es ist nur schwer zu glauben, dass wir unter seiner Leitung *Wehe dem Verstand* und *Der Kirschgarten* inszenierten. Der Schulchor war unter seiner Leitung ein Traum. Seine verbliebenen Sänger treffen sich noch heute – nach einem halben Jahrhundert – und singen gemeinsam die Lieder von damals mit Inbrunst. Sogar die Solosänger Nikita Klawa und Bochan Klawa.

Unvergessen ist auch der Mathematiklehrer Nikolai Petrowitsch Troschnikow – ein schlanker, kluger, zerstreuter Brillenträger, wie Jacques Paganel. Wenn er sich von der Mathematik erholte, widmete er sich der Literatur und der Philosophie. Er

warf immer wieder heikle Fragen auf, die wir mit unserer ganzen Energie, aber leider erfolglos, zu beantworten suchten.
1947, das Jahr meines Schulabschlusses, wurde für unsere Familie besonders schwer. Die Mutter erwartete die Geburt der vierten Schwester Shenja. Sie konnte sich kaum noch bewegen. Zeitig gingen die Vorräte an Kartoffeln zur Neige. Von der Kuh mussten wir uns trennen, weil das Futter nicht ausreichte. Wir lebten nur davon, was wir über die Lebensmittelkarten erhielten. Ich bereitete mich auf die Reifeprüfung vor und konnte deshalb nicht lange von zu Hause wegbleiben. Ich half der Familie nur, indem ich trockene Späne aus den Latten des Gartenzauns schnitt und die akkuraten Bündel trockenen Holzes auf dem Markt verkaufte. Dafür erhielt ich dann einen Kanten Brot, ein Pfund Kleie oder ein Stück Baumwollkuchen. Zu Tränen rührten mich die Lehrer der Schule: Heimlich sammelten sie Geld und kauften mir ein Abonnement für die Schulspeisung. Das galt zwar nur für Suppe, aber immerhin war es ein warmes Mittagessen. Dort wurden nur die Kinder der »Elektrostahl«-Mitarbeiter verpflegt. Für mich machte man eine Ausnahme.
Die Schule schloss ich mit einer Goldmedaille ab. Mir war schwindlig vor Glück und Zufriedenheit. Wir schrien: »Hurra!« und »Alles ist vorbei!«, und übersahen dabei, dass alles noch vor uns lag. Der Wahrheit gemäß will ich natürlich anfügen, dass ich solche materiellen Schwierigkeiten und Einschränkungen wie in jenen Jahren später nicht mehr erleben musste.
Mein Lebensweg nahm einen steilen Aufstieg. Die Entscheidung fiel natürlich auf ein Studium. Etwas anderes zog ich erst gar nicht in Betracht. Mir schwebte eine Karriere als Jurist vor. Ich konnte noch nicht sagen, ob ich es vorzog, ein Staatsanwalt zu werden. Einer, der das Böse ans Licht bringt. Oder ich würde ein Rechtsanwalt werden, ein Verteidiger unschuldiger Leidtragender. Aber ich wollte am Schicksal und dem Schmerz konkreter Menschen beteiligt sein. Bei der Auswahl halfen mir zwei Menschen: mein Freund Viktor Rejtblat und der Milizionär an der Straßenbahnhaltestelle vorn an der Puschkin-Stra-

ße. Ersterer brachte meine Pläne ins Wanken, indem er mir vorschlug, mich an der Hochschule für Internationale Beziehungen zu bewerben. Der Zweite nagelte mich endgültig fest. Er sagte, dass es viel näher sei, zur Moskauer Hochschule für Internationale Beziehungen zu fahren als zur Moskauer Staatlichen Universität. In meiner Tasche hatte ich für jede dieser Bildungseinrichtungen eine Bewerbung.
Damals waren Beziehungen noch nicht so an der Tagesordnung. Im MGIMO (Moskauer Staatliches Institut für Internationale Beziehungen, Anm. d. Übers.) nahm man die Unterlagen eines Medailleninhabers aus der Provinz ohne weiteres an. Die Deutschprüfung schaffte ich spielend, und da ich die spanische Sprache unter dem Eindruck des Bürgerkriegs 1936–1939 als Spezialisierung auswählte, wurde ich immatrikuliert. Die Würfel waren gefallen.
Das Studium blieb mir als eine schwere und unangenehme Zeit im Gedächtnis. Ich erinnere mich bis jetzt mit Grauen an die Hochschule und habe auch nie wieder das alte Gebäude an der Krim-Brücke betreten. Der deprimierende Eindruck, dass diese Hochschule kein Hort der Wissenschaft, sondern ein Karrieresprungbrett war, herrschte bei vielen auf den Gängen und in den Auditorien vor.
Es gab drei Kategorien von Studenten. Die einen, die »Grünhüte«, gehörten zur Partei- und Staatselite. Das war die tatsächliche »Elite«, zum Beispiel die Töchter von Molotow, Kosygin, des Marschalls Schukow und die Söhne von Ministern. Ihnen schlossen sich Vertreter der mittleren und niederen dienstpflichtigen Intelligenz an. Das war der Teil der Studentenschaft mit dem höchsten Bildungsgrad, aus dem in der Folgezeit viele anerkannte Diplomaten, Wissenschaftler und Journalisten hervorgingen. Aber unter ihnen waren auch nicht wenige, die in ihrer Jugend vom Karrierevirus befallen wurden. Als besonders unangenehm und sogar gefährlich erwiesen sich diejenigen, für deren Lebensplanung ihre Fähigkeiten und das Wissen nicht ausreichten. Solcherart Leute kompensierten ihre Unzulänglichkeiten gewöhnlich mit verstärktem Engagement in Rich-

tung »gesellschaftlicher Aktivität«. Sie waren natürlich in der Minderheit. Aber mit ihrer aufdringlichen Präsenz beschädigten sie das Bild der MGIMO-Studentenschaft jener Zeit stark und vergifteten die allgemeine Lebensqualität.
Die zweite Kategorie stellten die wenigen ehemaligen Frontkämpfer. 1947 kamen immer neue Gruppen von demobilisierten Soldaten. Ein Teil von ihnen wurde unter erleichterten Bedingungen an der Hochschule immatrikuliert. Sie waren in etwa nur vier bis sechs Jahre älter als wir, uns aber im Hinblick auf Lebenserfahrung und Selbständigkeit haushoch überlegen. Einige von ihnen kamen mit dem Studium nicht zurecht. Die Mehrzahl hielt durch. Ich habe sie hoch geachtet, nannte sie »die Alten« und fand unter ihnen die besten Freunde dieser Zeit.
Die größte Gruppe – das war die Masse der Unbeachteten, die aus einfachen Familien, meist aus der Provinz stammten. Ohne einflussreiche Eltern, ohne Lebenserfahrung waren sie stille Streber, die einen endlosen Kampf ums Überleben führten. Ich hatte die »Ehre«, zu dieser unrühmlichen Legion zu gehören. Die Chance auf irgendwessen Achtung erschloss sich nur durch sehr gute Leistungen. Wir konnten es uns nicht erlauben, nur das zu lernen, worauf wir Lust hatten – wie Winston Churchill in seiner Jugend etwa.
Unsere Dozenten waren die verschiedensten Menschen. Ich studierte bei den berühmten Professoren: Geschichte – E. W. Tarle, Geographie – N. N. Baranski, Internationales Recht – W. N. Durdenewski, Antike – A. A. Bokschanin, Logik – bei dem Philosophen P. S. Popow, Orientalistik – G. B. Ehrenburg (ein Namensvetter des Schriftstellers Ilja Ehrenburg). Aber es gab auch viele unscheinbare, bedeutungslose Dozenten, wie zum Beispiel der Marxismusspezialist, irgendein Licholat, oder ein Diplomat im Ruhestand, der uns im Fach Internationale Beziehungen unterrichtete, oder Dr. Iwanow und andere.
Das Studium war gut geplant und sah eine fundierte breite Wissensvermittlung vor. Es gab Fächer wie klassische Philosophie, Geschichte des Rechtes der UdSSR und Geschichte

des internationalen Rechtes, Literatur, Politökonomie, Wirtschaftsgeographie und so weiter. Aber das Studium selbst nahm zeitweise schreckliche Züge an. Es verwandelte sich in Dogmatik und Paukerei. Ich weiß bis heute, dass ich meine einzige Note »Vier« (deutsche Entsprechung: »gut«, Anm. d. Übers.) während des gesamten Hochschulstudiums dafür erhielt, dass ich Details aus der Stalin-Biographie im Fach Geschichte der UdSSR nicht wusste. Die Vier an sich deprimierte mich nur wenig. Jedoch bedeutete das einen Verlust von 25 Prozent meines Stipendiums als ausgezeichneter Student (ein ausgezeichneter Student hat in allen Fächern die Note »Fünf« – deutsche Entsprechung: »sehr gut«, Anm. d. Übers.). Ich bat um eine Wiederholungsprüfung und lernte drei Tage die biographischen Daten unseres Führers und Lehrers und kam wiederum mit einigen Detailfragen nicht klar, die entweder mit seiner Flucht oder mit seiner Rückkehr aus der Verbannung zusammenhingen. In jenen Zeiten war das wie ein Stigma. Das Studium des Marxismus betraf nicht dessen schöpferischen Inhalt als philosophische Lehre, sondern war reines Auswendiglernen. Man musste zum Beispiel die sieben Definitionen einer Diktatur des Proletariats (entsprechend der verschiedenen Literatur) kennen. Selbständiges Denken wurde uns nicht gelehrt. Im Gegenteil, es war direkt verboten. Bei jedem Abweichen von der Linie drohten drastische Folgen. Zum großen Teil ging die Zeit mit dem umfangreichen Anfertigen von Konspekten zu unzähligen Werken der Klassiker verloren.

Je weiter von den politischen Fächern entfernt, desto freier sprachen und traten unsere Professoren auf. Eines Tages zum Beispiel fragte ein Dozent unseren Frontkämpfer, der die Prüfungsfrage zur westeuropäischen Literatur nicht beantwortet hatte: »Sagen Sie, haben Sie das ›Rolandslied‹ gelesen?« – »Nein.« – »Haben Sie noch nicht in den Chaucer-Erzählungen geblättert?« – »Nein«. – »Wissen Sie, was die ›Hölle‹ von Dante ist?« Wieder folgte gebetsmühlenartig: »Nein«. Der Professor holte tief Luft und vergab die Note »Vier« mit der Anmerkung:

»Ich beneide Sie: Sie werden im Leben so ein Glück haben, so viel Herrliches für sich entdecken zu können!«
Das gesellschaftliche Leben der Studenten außerhalb der Hochschule war von der Kälte und Fäulnis der Stalin'schen Diktatur verseucht. Die übergroße Last des Stalin-Kultes hat scheinbar der Nation das Rückgrat gebrochen. Eine Aktion des moralischen Terrors nach der anderen rollte über unsere Hochschulen hinweg. Zu Beginn gab es eine Untersuchung zur »moralischen Unterwanderung« der Studenten der Leningrader Universität. Jeder, der außerehelicher Beziehungen verdächtigt wurde, sollte sofort heiraten. Andererseits drohte die Exmatrikulation wegen Verdachts auf Unzuverlässigkeit. Die Menschen wurden auf das Schlimmste verleumdet. Es reichte eine Beschwerde ans Parteikomitee, und der Beschuldigte wurde sofort an den Marterpfahl gestellt. Es wurde eine Komsomolversammlung einberufen, in der derjenige in einer erniedrigenden Art und Weise über alles befragt, gebrandmarkt wurde und bedingungslos aufgeben musste. Ich erinnere mich an keinen Fall, bei dem sich jemand verteidigt hätte. Die inquisitorische Maschinerie hätte jeden zerbrochen und zerfleischt.
Am ärgsten war der Kampf gegen die Weltoffenheit. Vor unseren Augen wurden viele beliebte Professoren und Dozenten angeschwärzt und danach in die tiefste Provinz geschickt. Nicht genug damit, dass die moralischen Hinrichtungen offen für alle zur Abschreckung ausgeführt wurden. Wir sollten uns aktiv daran beteiligen. Unter den beteiligten Exekutoren musste ein Vertreter der »allgemeinen Studentenschaft« sein, und sofort begann die Suche nach einem solchen Hongweibing (Rotgardisten der chinesischen Kulturrevolution aus den sechziger Jahren, Anm. d. Übers.). Meistens stellte sich ein »Kämpfer für die Reinheit der marxistischen Idee« aus den Reihen der fanatischen Aktivisten zur Verfügung. Derjenige erhoffte sich davon dann eine besonders gute Arbeitsstelle. Sie erwiesen sich nach dem Studium auf dem richtigen Posten und sind auch nach Jahrzehnten noch die lautesten »Demokraten«. Ihre Verhaltensnorm ist immer ein prinzipienloser Opportunismus geblieben.

Von Zeit zu Zeit überrollten uns hysterische Wellen zum Studium der Stalin'schen »Werke«. Je unbedeutender das »Werk« war, umso verschärfter wurde seine Großartigkeit bewiesen. Umso bedingungsloser mussten wir es »büffeln«. Am meisten traf es uns mit *Der Marxismus und die Fremdsprachenkenntnis*. Das hatte der senile Führer unter dem Eindruck eines Gastes geschrieben, der Professor für Fremdsprachen und Georgier war und ihn im Sommer auf seiner Datscha besucht hatte. Es musste ausnahmslos alles vom Standpunkt der »Idee« aus erörtert werden.

In der hervorragend geordneten Hochschule, noch dazu unter dem Dach eines alten Gymnasiums, dessen Eingänge die Skulpturen von Sokrates und Platon säumten, saß der tiefe Geist des Karrierismus, der Eitelkeit und des Egoismus. Es schien so, als hätten sich hier nicht sorglose Studenten in der schönsten Zeit ihres Lebens versammelt, sondern kleine Beamte. Sie führten einen Kampf um einen gemütlichen Platz für die Zukunft. Sie suchten Bekanntschaften und Beziehungen, vorteilhafte Ehen, wollten um alles in der Welt in die Partei eintreten. Doch der Zutritt dorthin war stark reglementiert. Sie strebten eine gesellschaftliche Tätigkeit nur deshalb an, um eine zusätzliche Chance zu haben, die Verwaltung oder die Parteibosse auf sich aufmerksam zu machen. Für die überwiegende Mehrheit der Studenten unterschiedlicher Herkunft war das nicht praktikabel und rief Abscheu hervor.

Ich stellte mir selbst oft die Frage, wie ich all die Jahre zur Sowjetmacht und zur Regierung gestanden habe: »Besonnen, kritisch, ohne ideologische Scheuklappen!« Meine ganze Achtung vor der Kommunistischen Partei und deren Machtstrukturen resultierte daraus, dass sie in meinen Augen den Staat und die Heimat verkörperte. Genauso wie im Altertum ein Patriot des Vaterlands im Verlauf seines Lebens drei oder vier verschiedenen Herrschern dienen konnte, die sich in ihren Charakteren und gesellschaftlichen Ansichten unterschieden. Auch die Ordnung der autokratischen Monarchie wurde eigentlich von vielen fortschrittlichen Russen verurteilt, aber es gingen nur einzelne gegen das Rus vor. Die Mehrheit diente unter den Bedingungen der zutiefst despotischen Zarenherrschaft dem Volk. Ich hegte auch meinen eigenen Groll gegen die Sowjetmacht, Groll auf unverdienten Ärger. Ich trage ihn noch heute im Herzen.

Im Winter 1952 hatten wir, die Studenten des letzten Studienjahres, am MGIMO unsere Prüfungen. Das war die letzte Prüfungsperiode. Alle hatten schon vorläufig ihre Arbeitsplätze zugewiesen bekommen. Ich erhielt einen Arbeitsplatz im MID (Außenministerium, Anm. d. Übers.). Ich hatte schon die entsprechenden Fragebögen ausgefüllt und hingeschickt. Dieser Arbeitsplatz war beneidenswert, aber ich hatte immer ausgezeichnete Leistungen gezeigt und war als Komsomolsekretär der Seminargruppe aktiv gewesen.

Auf die Prüfungen bereiteten wir uns damals in Gruppen vor. Das war einfacher und effektiver. Eine dieser Gruppen, bestehend aus fünf meiner Kommilitonen, traf sich im Hochschulgebäude, da Lernen unter den heimischen Bedingungen nicht möglich war. Da kam plötzlich eine nicht eingeladene Mitstudentin zu ihnen herein, eine hübsche und besonders ehrgeizige. Sie hatte die Männer schon länger im Visier, da sie ihr eine Fürsprache für den Parteieintritt verweigert hatten. Wie sie sich dann aufführte, das kann man sich nicht vorstellen. Sie wurde hysterisch, schrie, dass man sie vergewaltigen wollte, rannte heraus und simulierte eine Ohnmacht. Man muss die Normen und Bräuche der damaligen Zeit berücksichtigen, und noch dazu in einer solch karrieristisch-bürokratischen Institution wie das MGIMO seinerzeit, um sich die Folgen vorzustellen. Die Mutter dieses Mädchens schrieb einen Brief an den Außenminister A. J. Wyschinski und forderte Strafen für die »Vergewaltiger«. Und die Strafmaschinerie lief an. Alle fünf mussten die Zuweisungen des Arbeitsplatzes zurückgeben. Unter ihnen waren drei verdiente Kämpfer des Großen Vaterländischen Krieges, die schon Familie hatten. Die ganze Sache war großer Unsinn, war die boshafte Rache einer launischen Bachstelze. Das erfuhr ich aus Gesprächen mit den Angeschul-

digten. Auch der Parteisekretär der Seminargruppe befand sich unter den Opfern. Als Komsomolsekretär blieb ich nun als einflussnehmende Macht übrig und kam dem, so gut es eben ging, nach. Mit Hilfe der Freunde setzten wir einen Brief an Wyschinski auf. Wir berichteten wahrheitsgemäß, wie alles ablief, und baten ihn, die inquisitorische Maschinerie anzuhalten. Alle Studenten der Seminargruppe, außer einem, unterschrieben den Brief. Mir wäre gar nicht in den Kopf gekommen, meine Rolle als Initiator dieses Briefes zu verschleiern.
Groß war dann meine Überraschung, als nach ein paar Tagen vor dem Wohnheim der Hochschule, in dem ich lebte, ein schwarzes Auto hielt. Ein Mitarbeiter des Außenministeriums mit Schwanenhals bat mich, ihm zu folgen. So wie ich war, im Sportanzug, fuhr ich mit. Unverzüglich wurde ich zum Vorzimmer des Ministers gebracht. Wir durchschritten noch einige Räume, und man schob mich dann direkt in sein Dienstzimmer. Ich erschrak bereits, als ich die über den Tisch gebeugte Gestalt des Ministers sah – der unheimliche Andrei Januarjewitsch. Mein Begleiter wies mir einen Stuhl zu, teilte dem Minister flüsternd etwas mit und verschwand tonlos. Minuten vergingen, ohne dass jemand von mir Notiz nahm. Dann hob Wyschinski plötzlich den Kopf, sah durch seine starke Brille die unansehnliche Person im Sportanzug an und brüllte los: »Na, hat es sich nun ausgespielt, ihr Hooligans, Pack aus dem Marienhain? Sie haben die Hochschule in Verruf gebracht. Das Außenministerium blamiert! Als Kollektiv habt ihr für die Verteidigung der Vergewaltiger geschrieben! Da hat sich mir aber ein feiner Komsomolführer gefunden! Spinner sind aus euch geworden, aber doch keine Politarbeiter! Und irgendeiner hat Sie noch dazu für eine Arbeit im Außenministerium empfohlen. Sie sind dessen nicht wert und haben es auch nicht verdient! Wir schicken Sie nach Sibirien, als Lehrer an eine Schule!«
Mir wurde sofort alles klar. Im Bewusstsein kompletter Hoffnungslosigkeit erstarrte ich und beschloss, den Wortschwall zu unterbrechen, indem ich sagte: »Genosse Minister, es ist nichts

Schlimmes daran, als Geschichtslehrer zu arbeiten, und Sibirien ist auch Russland!« Mir schien, dass Wyschinski eine Sekunde verdutzt war über so viel Unverfrorenheit, er richtete dann mechanisch seine Brille auf der Nase und fuhr fort: »Ihr versteht nicht, was ihr angerichtet habt. Wenn es stimmt, was die Mutter schreibt, dann werden alle eure Beteiligten vor Gericht angeklagt. Und alle, die als Kollektiv den Brief unterschrieben haben, werden von der Partei zur Rechenschaft gezogen. Man wird sehen, ob das MGIMO überhaupt noch der rechte Platz für euch ist. Gehen Sie!« Das letzte Wort fiel sehr scharf, wie ein Kommando im Gefängnis. Ich stand auf und ging hinaus. Das gesamte Gespräch dauerte vielleicht drei, vier Minuten. Der Mitarbeiter begleitete mich schweigend durch die Posten und ließ mich auf der Straße stehen. Kein Auto wartete auf mich. Nun – Gott sei Dank!, dachte ich bei mir. Ich legte den Weg zu Fuß zurück, und mir blieb Zeit für Überlegungen: Was hatte das alles zu bedeuten? Weshalb hatte man mich zu solch einem Gespräch geholt? Bestimmt, um uns zu erschrecken und uns mit einem kurzen heftigen Schlag gegen unser zukünftiges Schicksal moralisch unter Druck zu setzen.

Am nächsten Morgen wurde ich meiner Funktion als Komsomolsekretär enthoben. Ich erhielt einen strengen Verweis. Alle fünf beschuldigten Kommilitonen wurden aus der Partei ausgeschlossen. Das war das Ende! Die anderen erhielten mildere Strafen. Der Parteisekretär des MGIMO, N. Sidorow, berief in Windeseile die folgsamen Mitglieder des Parteikomitees ein und hängte nach jedem Anruf aus dem Außenministerium den »Schuldigen« neue Strafen an den Hals.

Wir versammelten uns in der Wohnung eines Freundes und beschlossen, da wir nun nichts mehr zu verlieren hatten, bis zum bitteren Ende zu kämpfen. Also beschwerten wir uns im Frunser Stadtbezirkskomitee der Partei wegen der Ungerechtigkeit. Dort war E. A. Furzewa Parteisekretärin. Die Behandlung unserer Beschwerde führte nochmals zu öffentlichen Ohrfeigen. Alles wurde beibehalten. Der Appell an das Stadtkomitee der Partei brachte uns neue Schrammen und blaue Flecke. Un-

sere Verzweiflung wuchs. Das Frühjahr nahte, und es konnte ja sein, dass sie uns nicht zu den Staatsexamen zuließen. Es blieb eine letzte Möglichkeit – die Parteikontrollkommission. Beinahe mit Herzblut schrieben wir unsere Beschwerde dorthin. Niemand von uns durfte teilnehmen, als unsere Sache behandelt wurde. Deren Stellungnahme war jedoch atemberaubend: »Alle Parteistrafen werden als unbegründet zurückgewiesen.« Hurra! Wir haben es geschafft! Gerechtigkeit! Man muss sie nur lange und gründlich anstreben! Es lebe unsere Kommunistische Partei!
Draußen blühte der Flieder. Ein halbes Jahr hatten wir am Marterpfahl in der Rolle der Beschuldigten und Bittsteller zugebracht. Für eine Feier an der Hochschule verblieb schon keine Zeit mehr. Das Außenministerium bestrafte uns auf seine Weise: Wir erhielten zeitlebens ein Arbeitsverbot dort. Ich durfte am MGIMO keine Aspirantur antreten wegen der »totalen Perspektivlosigkeit, als Wissenschaftler zu arbeiten«. Sollen sie doch machen, was sie wollen! Wir schritten froh in die Welt hinaus – um unser Schicksal in anderen Pampas zu suchen.
Mir wiesen sie den schlechtmöglichsten unbedeutenden Arbeitsplatz im Verlag für fremdsprachige Literatur zu. Der Verlag befand sich am Subow-Boulevard im Gebäude eines früheren Heimes für behinderte Kinder. Ich wurde als Praktikant des Lektors eingesetzt mit einem für damalige Zeiten minimalem Gehalt von 1.200 Rubel monatlich. Ich bekam ein Stück Tisch in einer Abstellkammer unter der Treppe zugewiesen. Dort hatte ich zehn bis zwölf Seiten pro Tag zu lektorieren. Man gab mir zwei politische Texte, jeweils auf Russisch und auf Spanisch, und ich hatte die Richtigkeit der Übersetzung zu prüfen. Das wurde deshalb gemacht, weil viele spanische Muttersprachler die russische Sprache nur ungenügend beherrschten und sich in deren Übersetzungen Ungenauigkeiten einschlichen. Diese herauszufischen, war genau meine Aufgabe. Die Eintönigkeit, Langeweile und Perspektivlosigkeit riefen Verzweiflung bei mir hervor.

Der Gedanke an irgendeinen Schimmer von Gerechtigkeit ließ mir keine Ruhe. Ich beschloss entgegen dem halbherzigen Verbot, mich für eine Aspirantur an der Hochschule für Internationale Beziehungen zu bewerben. Es gab dort kein einfaches Einschreibeverfahren. Dazu musste man ja Aufnahmeprüfungen bestehen. Ich bewarb mich, wartete die Antwort aber nicht ab, sondern ging gleich zu den Aufnahmeprüfungen. Nachdem ich im Fach Fremdsprache eine »Fünf« (»sehr gut«, Anm. d. Übers.) erhalten hatte, ging ich gleich nach einigen Tagen die Prüfung im Spezialisierungsfach (Geschichte der Internationalen Beziehungen) an. Ich zog die Prüfungsfrage, und von meinem Wissen überzeugt, bereitete ich mich auf die Antwort vor. Da ging die Tür des Auditoriums auf, und hereinstürmte mit Stock und Prothese der damalige Tutor der Aspiranten Leonid Kutakow. Er kam an meinen Tisch und fauchte böse: »Bitte verlassen Sie den Raum. Sie sind zu den Aufnahmeprüfungen nicht zugelassen. In den Beschlüssen des Wissenschaftsrats der Hochschule ist deutlich festgelegt, dass es für Sie keine Perspektive als Wissenschaftler gibt.« Wut stieg in mir auf. Aber ich wollte mich nicht zu einem Gespräch mit so einem untertänigen Gelehrten hinreißen lassen. Ich packte meine Aufzeichnungen ein. Als ich neben meinem Begleiter ging, bemühte ich mich um einen erhabenen und stolzen Blick.

Das Nachdenken über diesen gesetzwidrigen Rauswurf und die erniedrigende Formulierung des Wissenschaftsrats wirkten sehr stimulierend auf mein Interesse an der Wissenschaft. Seitdem sind vierzig Jahre vergangen. Ich konnte also keine Aspirantur durchlaufen. In meiner Freizeit befasste ich mich mit der Wissenschaft und verteidigte als Externer erst meine A-Promotion (im Russischen: »Kandidat der Wissenschaften«, Anm. d. Übers.) und dann meine B-Promotion (im Russischen: »Doktor der Wissenschaften«, Anm. d. Übers.). So wurde ich Doktor der Wissenschaft, schrieb vier Monographien. Zwei davon wurden in andere Sprachen übersetzt und im Ausland herausgegeben.

Na und, was soll's, Verlag, dann eben Verlag, beschloss ich.

Man muss das Beste aus der gegebenen Situation machen. Und es stellte sich heraus, dass vieles für mich möglich war. In der spanischen Redaktion, in der ich arbeitete, war die Mehrzahl der Mitarbeiter spanischer Nationalität. Meist waren es die herangewachsenen Kinder der Spanienkämpfer, die man in der heißen Phase des Bürgerkriegs auf der Pyrenäenhalbinsel in die UdSSR gebracht hatte. Ich musste von früh bis spät mit ihnen in ihrer Muttersprache sprechen, viel mit Wörterbüchern arbeiten und mich mit den Übersetzern herumstreiten. Von mir selbst unbemerkt, gelang es mir immer besser, das an der Hochschule Gelernte anzuwenden. Es war ja zu jener Zeit eine tote Sprache für mich gewesen. Bald wurde ich von den Spaniern in ihren Kreis aufgenommen. Ich trank zweimal am Tag mit ihnen Kaffee und nahm an allen ihren Veranstaltungen teil. So erlangte ich ganz nebenbei wertvolle linguistische Fähigkeiten und natürlich Lebenserfahrung. Ich gewann die spanische Sprache lieb, in der man, wie Lomonossow sagte, »mit Gott sprechen kann«.

Eines schönen Tages hatte ich ganz unerwartet großes Glück. Der Verlagsdirektor rief mich zu sich und eröffnete mir, dass es die Möglichkeit einer Spanisch-Ausbildung im Ausland gäbe. An einer ausländischen Universität könnte ich meine Kenntnisse in Spanisch festigen und erweitern. Ich erhielt den Vorschlag, ein paar Jahre als Trainee an der russischen Botschaft in Mexiko zu arbeiten und berufsbegleitend am Unterricht des Lehrstuhls für Philosophie der Universität teilzunehmen. So sollte ich als Dolmetscher für jegliche Lebenslagen fit gemacht werden.

Er erklärte mir, dass es einen Regierungsbeschluss dazu gegeben hat. Fünfzehn Personen, unterteilt in fünf Gruppen mit je drei Leuten, sollten im Ausland ihre Fremdsprachenkenntnisse qualifizieren. Jede Gruppe sollte sich in einer Sprache spezialisieren. Die Gruppen würden nach England, Frankreich, in die DDR, nach China und Mexiko fahren. Mexiko deshalb, weil Spanien Bürgern der UdSSR die Einreise verwehrte. Mit der Umsetzung dieses Beschlusses war der Verlag beauftragt worden.

Du lieber Herr! Für mich klangen die Worte wie göttliche Musik. Ich sagte noch nicht einmal aus Höflichkeit ab, sondern rannte gleich los, um Passbilder zu machen und andere Formalitäten zu erledigen. Der gesamte Winter 1952/53 verlief für mich in freudiger Erwartung der Reise. Meinen Dienstpflichten kam ich gut nach, machte aber alles automatisch. Aus dem normalen Gleis warf mich nur Stalins Tod am 5. März 1953. Alle meine Kollegen waren aufrichtig traurig und litten. Wie erschlagen waren die Spanier. Die gesamtgesellschaftliche Psychose dieser Tage kannte keine Grenzen. Millionen Menschen drängten in die Säulenhalle, wo, schließlich besänftigt, der »Führer und Lehrer« lag.

Gemeinsam mit einigen Männern vom Verlag kroch ich unter den Militärfahrzeugen durch und zwängte mich irgendwo zwischen Petrowka- und Puschkin-Straße in die Menge hinein. Bald wurde klar, dass es keinerlei Vorwärtsbewegung mehr gab. Die Menge begann, auf dem abfallenden Fußweg beträchtlich zu schwanken. Es wurde noch enger, und über der Menschenmenge hing eine dichte Schweißwolke. Man hörte Schreie.

Mir wurde ganz anders. Die Sache konnte wohl auch in einem Unglück enden: Nur mit Mühe bewegte ich die an die Brust gepressten Arme. Die Knöpfe des Mantels waren zur Hälfte abgerissen. Sich quetschende und an meiner Kleidung zerrende Körper rissen mich in den Abgrund eines Menschenstrudels. Meine Überschuhe hatte ich schon längst verloren. Der Schmerz von den auf meinen Füßen herumtrampelnden Stiefeln wurde unerträglich. Außerdem waren sie schon pitschnass. Mein bäuerlicher Selbsterhaltungstrieb brachte mich auf die einzig richtige Entscheidung – von dem unveräußerlichen Recht, den Verstorbenen zu betrachten, keinen Gebrauch zu machen. Mit großer Anstrengung »grub« ich mich aus dem Menschenmeer hervor, stieß dabei mit den Ellenbogen, kam dem Ufer immer näher und duckte mich unter die Militärfahrzeuge.

Als ich wieder zu mir gekommen war, stellte ich mich auf die Ladefläche des Lkw und schaute dorthin, wo ich gerade herkam. Dort war der Vorhof zur Hölle. Einzelne Schreie waren

schon aus dem allgemeinen Heulen herauszuhören. An den Rändern verlief sich die Menge. In der Mitte flehten die Menschen mit bleichem Gesicht vergeblich um Hilfe. Man konnte dem nicht einfach zusehen. Einen halben Kilometer entfernt an der Aufbahrungsstelle spielte sich eine wahre Tragödie ab. Hunderte Menschen wurden von dem Strom umgerissen und erdrückt. Der Personenkult riss einige Hundert seiner letzten Opfer in den Tod. Einige Jahre später lernte ich zufällig Nikolai Iwanowitsch Krajnow kennen. Er war in jenen Tagen Chef der Moskauer Miliz gewesen. Später war er wegen der Missstände um Stalins Beisetzung angeklagt und aus der Partei ausgeschlossen worden. Zudem berichtete er, dass er vorab das Politbüro in Kenntnis gesetzt hatte. Und zwar über die Unwahrscheinlichkeit, allein mit der Polizei das Geschehen um »die Verabschiedung vom Führer« in den Griff zu bekommen. Er bat um die Unterstützung der Armee in Moskau, damit ein Unglück verhindert werden könne. Sofort beschimpften ihn zwei – Chruschtschow und Berija: »Du Panikmacher, du weißt das politische Bewusstsein unserer Bevölkerung gar nicht zu schätzen. Du willst nur deine Pflicht auf andere abwälzen.« Es wurde gar nichts getan. Das Leben lieferte schnell den Beweis, dass die Polizei machtlos gegen solchen Massenauflauf war. Aus welchem Anlass auch immer eine Menge auf die Straße geht, sie wird sofort übermächtig. Damit versetzt sie die Mächte in Angst und Schrecken. Stoppen kann man die Massen nur, wenn man ihre Forderungen anerkennt oder mit heftigen Strafen droht.
Ich selbst ließ mich von der allgemeinen Psychose mitreißen. So wechselte ich zu Hause nur das Schuhwerk, zog mich entsprechend an und war schon wieder auf dem Puschkin-Platz. Ich hatte vor, durch unterirdische Gänge oder über die Dächer zum Zentrum zu gelangen. Lange irrte ich in den schmutzigen Katakomben umher, ohne den Weg zu finden. Zu dieser Zeit hatten sie Militär in die Stadt geholt, und alle Löcher waren »gestopft« worden. So habe ich mich nicht vom »Starik Chottabytsch« (Bezeichnung für einen Zauberer, eine Sagengestalt

aus einem gleichnamigen sowjetischen Film, Anm. d. Übers.), wie ich Stalin wegen seiner launischen Allmacht nannte, verabschieden können. Zum Zeitpunkt seiner Überführung ins Mausoleum erklangen alle Sirenen der Betriebe, Fabriken, Verkehrsmittel. Ich stand mit Kollegen auf der Veranda des Verlagsgebäudes und hatte Tränen in den Augen. Dabei dachte ich: Jetzt wird es für unser Land schlecht werden, sehr schlecht. Ende April 1953 erhielt ich meinen Reisepass und begab mich auf den weiten Weg nach Mexiko. Damals nutzten fast alle Dienstreisenden den Weg über Land oder über das Meer. Es wirkten hierbei die noch lebendigen Eigenheiten Stalins nach, der Flugangst gehabt hatte. Die Angewohnheiten Stalins waren verbindlich für alle Staatsbediensteten gewesen. Deshalb stellte mir das Außenministerium der UdSSR ein Bahnticket von Moskau nach Rom über Wien zur Verfügung. Von Rom aus sollte ich mit einem Regionalzug nach Genua fahren und dort das Schiff nach Mexiko nehmen. Darauf freute ich mich sehr. Bestand doch die Möglichkeit, für Steuergelder die halbe Welt anzusehen.
Am 5. Mai 1953 ging ich an Bord der *Andrea Gritti*, eines ganz gewöhnlichen Handelsschiffes. Circa zweihundert italienische Emigranten fuhren mit nach Lateinamerika. In einem kleinen oberen Bereich, der bezeichnenderweise »erste Klasse« genannt wurde, befanden sich etwa fünfzehn Personen. Sie waren vom Status her etwas besser gestellt als die Emigranten. Auf meiner Reise wimmelte es nur so von kuriosen Begebenheiten. Sie überkamen mich als Spross des bolschewistisch-bäuerlichen Russlands aufgrund meines verzerrten Bildes von der westlichen Welt. Nur der gesunde Menschenverstand half mir, mich in der neuen Lage zu orientieren.
Während der fast einmonatigen Überfahrt von Genua nach Veracruz machte ich zum ersten Mal »unbefugt« Bekanntschaft mit Ausländern – mit drei jungen Männern, einer aus Kuba und zwei Guatemalteken. Der Kubaner, Raúl Castro, war Student im zweiten Studienjahr an der Universität in Havanna. Sie kehrten gerade von den Vorbereitungsmaßnahmen zum

Weltjugendtreffen in ihre Heimat zurück. Wir waren alle im gleichen Alter, sprachen eine Sprache, verstanden uns blendend und brannten für unsere Heimat. Wir wurden Freunde. Wie später das Schicksal auch zuschlug oder politische Wirren uns trennten, wir blieben immer Freunde. Einer von uns vieren lebt nicht mehr. Er wurde vor fünfzehn Jahren in Guatemala von der terroristischen Organisation »Weiße Hand« ermordet. Grund war, dass er als Jurist die Interessen der Arbeitergewerkschaft verteidigt hatte. Er hieß Bernardo Lemus.
Raúl Castro hatte als einziger von uns einen Fotoapparat, mit dem er während der Überfahrt viele gemeinsame Fotos schoss. Als der Moment des Abschieds im Hafen von Havanna gekommen war, forderte ich unvermittelt von ihm die Herausgabe der Negative, auf denen ich zu sehen war. Heute ist mir mein damaliger Auftritt peinlich. Aber vor der Abfahrt aus Moskau hatten die Mitarbeiter der Personalverwaltung im Außenministerium uns mit auf den Weg gegeben: »Lasst euch nicht fotografieren, eure Fotos können für Provokationen benutzt werden!« Das war nicht das einzige Undercover-Verbot, mit dem junge sowjetische Diplomaten in unangenehme Situationen gerieten. Ein Ameiseninstinkt der Unterwerfung tat seine Sache. Keinerlei Umstimmungsversuche halfen. Also wurde ein Teil der Fotos aus dem Film herausgerissen. Ich vernichtete sie zum Glück nicht, sondern bewahrte sie mein ganzes Leben lang auf.
Als das Schiff in Havanna festgemacht hatte, gerieten Raúl Castro und seine Freunde als Mitglieder kommunistischer Organisationen in die Fänge der politischen Polizei. Jegliche mitgeführte Literatur und Fotomaterialien wurden ihnen abgenommen. Damit verschwand auch der Film mit unseren Schiffsaufnahmen für immer. Die einzigen Fotos verblieben damit bei mir. Das war Glück im Unglück.
Erst gegen Mitte Juni ging unser Dampfer im mexikanischen Hafen Veracruz vor Reede. Ich kam in einem Land an, das für fünfzehn Jahre meine zweite Heimat werden sollte. Ich werde es nicht beschreiben. Ich kann nur sagen, dass die Mexikaner

recht haben, wenn sie, ohne mit der Wimper zu zucken, sagen: »So ein Land wie Mexiko gibt es auf der Welt nicht wieder!«
Den Posten des Botschafters der UdSSR hatte damals Alexander Iwanowitsch Kapustin inne. Er war kein Karrierist. Mit einem Ingenieurstudium und Berufserfahrung wurde er, den Erzählungen nach, vor dem berühmten Treffen zwischen Stalin, Roosevelt und Churchill 1943 nach Teheran geschickt, um die Springbrunnen auf dem Territorium der sowjetischen Botschaft in Ordnung zu bringen. Den Auftrag erledigte er umgehend. Als sich Stalin danach erkundigte, wer denn in diesen schweren Kriegszeiten die Springbrunnen in Ordnung hält, bekam er zur Antwort: »Wir haben hier einen Ersten Sekretär der Botschaft, der goldene Hände hat!« Er reagierte sofort: »Solche Leute muss man schätzen!« Dieser Satz bestimmte das Schicksal von Ingenieur Kapustin. Er wurde als Berater nach Washington entsandt. Da er weder über Erfahrung noch über das Wissen für eine Position als Diplomat verfügte, war er für die administrativen und handwerklichen Aufgaben zuständig.
1945 geschah in Mexiko eine Tragödie: Bei einem Flugzeugabsturz starb der sowjetische Botschafter Umanski. Seine Stelle wurde ohne Zögern mit A. Kapustin besetzt. Er durchlebte acht schwere Jahre des »Kalten Krieges« in Mexiko. Er zog kein Feuer auf die Botschaft und harrte umzingelt aus. In der Botschaft und auch in seiner Wohnung befanden sich Hobelbänke und Fräsmaschinen. Er hatte immer irgendetwas zu bauen. Er brachte das System der Wasser- und Abwasserversorgung in Ordnung und erneuerte die Elektrik. Er war sich selbst als Filmvorführer nicht zu schade und spielte zum wiederholten Male Filme wie *Die Kubankosaken* und *Hochzeit mit Mitgift*. Er wollte ernsthaft auch mir die Liebe zur Technik beibringen. Ausdauernd erklärte er mir die wundersamen Fähigkeiten des »Sternrad-Stopps« – des wichtigsten Teiles eines Filmvorführgeräts. Er war auch dann nicht verärgert, als klar wurde, dass ich zu dieser Wissenschaft nicht tauge.
Kapustin war voller Achtung mir gegenüber, als er aus Moskau eine Nachricht erhielt: Sie schrieb vor, mich gemäß dem Regie-

rungsbeschluss an der Universität für das Studium der Sprache und Philosophie anzumelden. Er unterhielt sich oft mit mir, und seine Ratschläge waren gewöhnlich folgende: »Studiere aufmerksam die Geschichte und das Leben dieses Landes, da gibt es viel Interessantes. Sie sind uns in vielem voraus. Bewahre dich Gott davor, das Fremde nur deshalb abzuweisen, weil es nicht unseres ist.« Dank ihm für seine väterlichen Ratschläge, für die Weisheit eines klugen arbeitsamen Menschen, der nur zufällig in der Politik gelandet ist.
Ich wurde an der Universität immatrikuliert. So besuchte ich Vorlesungen und Seminare in mehreren Fächern. Den Unterricht in spanischer und mexikanischer Literatur musste ich durchstehen, eine Menge Aufsätze in der Fremdsprache schreiben und vieles andere mehr. Ich tat alles dafür, um von den Dozenten gelobt zu werden. Mein Name interessierte an der Universität niemanden. Aber alle wussten, dass ein »Russe« unter den Studenten war. Am meisten fürchtete ich, auch nur den kleinsten Schatten auf dem Ebenbild des »russischen Menschen« zu hinterlassen. Das endete damit, dass ich nach nicht einmal zwei Jahren das komplette Pensum des Lehrstuhls für Philosophie und Literatur absolviert hatte, die Prüfungen ablegte und die Lehrbefugnis für Spanisch an spanischsprachigen Schulen erhielt.
Der neu zugereiste Botschafter A. G. Kulaschenkow rief mich zu sich und gratulierte mir zum Abschluss des Studiums. Er verfügte, dass ich im Weiteren als Praktikant der Botschaft zu den allgemeinen Bedingungen arbeiten sollte. Mein Wissen zu trainieren, war mir nur innerhalb der Botschaft gestattet. Dazu kam ein Lehrer, ein früherer Armeeoffizier der Republik, Martin Iglesias, in die Botschaft. Sein Slogan war: »Denke daran, Freund Leonow, unser Wissen ist begrenzt, unsere Unwissenheit ist enzyklopädisch.«
Die Sprache lernte ich mit ihm einfach: Wir lasen Seite für Seite die Geschichten des Ritters von der traurigen Gestalt – des unsterblichen Don Quichote de la Mancha. Wir kommentierten jedes neue Wort, jede Redewendung, Ausdrucksweise,

Sprichwörter. Die Botschaftsmitarbeiter hatten mich bereits seit langem als Könner der spanischen Sprache anerkannt.
So wäre wohl mein Leben als kleiner Botschaftsangehöriger mit linguistischem Einschlag auch weiter verlaufen, hätte ich nicht meine Erinnerung an Raúl Castro im Herzen getragen. Raúl Castro saß da schon lange für seine Beteiligung am Sturm auf die Moncada-Kaserne auf der Pinien-Insel im Gefängnis. Ich dachte auch an seinen Bruder Fidel, den ich nicht persönlich kannte, von dem aber die Jugend in ganz Lateinamerika schwärmte. In der Presse und im Radio verfolgte ich alle Wirrungen ihrer politischen Odyssee. Schließlich erfuhr ich von ihrer Ausweisung nach Mexiko.
Eines Tages, im Sommer 1956, ging ich mit meinem Einkauf müde durch die Stadt. Dabei fiel mein Blick auf eine Gruppe einfach gekleideter Jugendlicher, die lebhaft diskutierten. Mein Auge erfasste zufällig einen von ihnen, und aus mir brach hervor: »Das ist doch Raúl!« Aber ich hatte Angst, mich zu irren und ihn anzusprechen. Unterdessen begegnete mir die Gruppe auf gleicher Höhe und lief weiter, ohne ihr beneidenswert lustiges Gespräch zu unterbrechen. Im Weitergehen drehte ich mich noch einmal um, und meine Blicke begegneten sich mit denen des jungen Mannes. Ich konnte nicht an mir halten und rief: »Raúl, bist du das, mein Freund?« Die Beine trugen mich leicht zu ihm, und auch er rannte fast mir entgegen.
Nach Hause schwebte ich. (Ich konnte jetzt auf alles und auf alle pfeifen.) Ich hatte meinen Freund getroffen – den Helden der Moncada. Dieses allein würde mir auf viele Jahre reichen. Er hatte nicht vergessen, mir seine Adresse zu geben, und ich hatte nicht vergessen, sie mitzunehmen. Damit war sicher, dass wir uns wiedertreffen würden.
Ich hielt meine Freundschaft mit Raúl für eine ausschließlich persönliche Sache und sagte weder dem Botschafter noch dem Berater etwas davon, obwohl ich wusste, dass man mich in der damaligen Zeit dafür nicht streicheln würde. Mir schien es, als ob meine Stellung – halb Student, halb Praktikant – mir bestimmte Freiheiten gab.

Einige Zeit später war ich in Raúls Wohnung. An diesem Tag war er krank, und an seinem Bett saß ein sympathischer junger Mann. Mit lebendigem Interesse betrachtete er mich, als wäre ich nicht von dieser Welt. »Das ist Che Guevara«, sagte Raúl und wies mit den Augen in dessen Richtung. »Er hält sich für einen Arzt und will meine Grippe auskurieren, aber meiner Meinung nach ist er nur gekommen, um eine von den neuen Zigarren zu rauchen, die Freunde gerade erst aus Kuba geschickt haben.« Raúl stand vom Bett auf, hantierte in der gegenüberliegenden Ecke und kehrte mit einem Dutzend sehr langer, grobgewickelter Zigarren heimischer Produktion zurück. An vielen waren die Enden nicht abgeschnitten, die sich mit den Tabakblättern malerisch verzottelten. Guevara steckte sich sofort eine an und ließ mehrere in seiner Hemdtasche verschwinden. Wir verfrachteten Raúl gemeinsam unter die Decke. Es folgte ein aufrichtiges Gespräch über alle Geschehnisse zwischen dem 7. Juni 1953, als wir uns im Hafen von Havanna trennten, und dem Juli 1956, als uns das Schicksal auf einer Einkaufsstraße in Mexiko-Stadt zusammenführte. Che fragte mich ausführlich zu meiner Tätigkeit in der Botschaft. Er bat mich, einige Bücher über den sowjetischen Charakter zu besorgen. Zu meiner Verwunderung kannte er die Titel genau, zum Beispiel *Tschapajew*, *Wie der Stahl gehärtet wurde*, *Die Geschichte vom wahren Menschen*. Ich sagte zu, da ich mich erinnerte, diese Bücher in spanischer Sprache auf den verstaubten Regalen in der Botschaft gesehen zu haben. Ich zog meine Visitenkarte aus der Hosentasche und gab sie Guevara mit den Worten: »Fragen Sie am Eingang, und man holt mich sofort.« Das Treffen mit Raúl und Che versetzte mich in Aufregung. Sie sprachen über Politik wie über einen Weg zum Tod oder zum ewigen Leben. Hinter einfachen Worten war die komplette Absage an das eigene »Ich« zu spüren. Ihr ganzer Eifer galt der Sache der Revolution. Sie erzählten mir nichts von ihren konkreten Plänen. Aber sie verschwiegen auch nicht, dass sie gegen die Batista-Diktatur bis zum Ende kämpfen würden. Wie prinzipiell sich das doch von unserem Gerede über politische Themen

in den verschlissenen Sesseln unserer drittklassigen Botschaft unterschied! Bis dahin hatte ich noch nie solche Menschen kennengelernt, die so tief an ihre Ideale glaubten. Ich wusste um die Selbstlosigkeit der russischen Raskolniki, von dem unbeugsamen Willen der Dekabristen, und schließlich waren die Kommunarden im Gedächtnis, die unsere Revolution und den Bürgerkrieg hervorgebracht hatten. Sie wurden zum Tod durch Erschießen verurteilt. Noch auf dem Weg zur Exekution steckten sie eine ganze Generation mit ihrem Mut an und verschreckten die Feinde mit ihrer Missachtung des Todes. Meine neuen Freunde waren ihnen ähnlich. Die Menschen in meiner gewohnten Umgebung waren da gänzlich anders. Als ich nach Hause zurückkehrte, war mir meine Überzeugung klar: »Sie können sterben, aber sie werden Nationalhelden!«
Fünf, sechs Tage später kam Che Guevara in die Botschaft, ließ mich rufen und bedankte sich herzlich für die erhaltenen Bücher. Er hatte ein altes Jackett an und trug eine für Mexiko ungewöhnlich aussehende graue Schirmmütze mit langem Schirm, wie sich bei uns die ABF-Schüler in den zwanziger Jahren gekleidet hatten. Für Grundsatzgespräche hatte er keine Zeit. Wir vereinbarten, uns irgendwann später zu treffen. Das sollte telefonisch mit Raúl abgesprochen werden. Aber dieses »nächste Mal«, als ich Guevara treffen sollte, war erst nach der kubanischen Revolution, nach vier Jahren.
Es vergingen nur einige Tage. Eines Morgens, als ich früh die Zeitung aufschlug, wurde mir kalt. In der ersten Spalte des *Excelsior* sah ich die fette Überschrift: »Kubanische Verschwörer in Haft«. Darunter war ein Foto, auf dem ich sofort Raúl, seine Freunde und die liebenswürdige Vermieterin Maria-Teresa erkannte. Ich erfuhr aus dem Zeitungsartikel, dass Batistas Agenten Fidel und einen Teil seiner Gruppe ausspioniert und alles der Regierung zugetragen hatten. Die kubanische Regierung forderte die Mexikaner auf, Maßnahmen zur Beendigung der subversiven Tätigkeit zu ergreifen. Fidel und seinen Freunden wurden Waffen, Kampfausrüstungen und Munition abgenommen.

Bald danach begannen auch für mich die Schwierigkeiten. Bei der Durchsuchung von Che Guevaras Haus fanden die Ermittler meine unglückselige Visitenkarte. Sie glaubten, die »behaarte Hand Moskaus« gefunden zu haben. In demselben *Excelsior* verbreiteten die Schmierfinken bald unter der intriganten Überschrift »Der Spur folgend« völligen Blödsinn über meine Zugehörigkeit zum mysteriösen Geheimdienst MIW (bitte nicht verwechseln mit dem KGB) und so weiter. So wurde meine Verbindung zu den »Verschwörern«, »Putschisten«, entdeckt. So nannten Fidel Castro und seine Freunde nicht nur meine Kollegen aus der Botschaft, sondern auch viele kubanische Kommunisten, die die neuen Formen des Kampfes gegen die Diktatur Batistas nicht annehmen konnten. Mit dem endgültigen Stempel auf der Biographie: »Für den diplomatischen Dienst ungeeignet«, wurde ich auf Beschluss des Botschafters umgehend in die Heimat zurückgeschickt. Er wollte damit jedweden Schwierigkeiten aus dem Wege gehen. Zur Absicherung, damit ich unterwegs keine Dummheiten anrichten konnte, gaben sie mir den Berater der Botschaft, Michail Frolowitsch Tscherkasow, zur Begleitung mit. Wir fuhren mit dem Zug nach New York, von da aus mit dem damals größten Schiff *Queen Elisabeth* nach England und dann weiter mit der sowjetischen *Baltika* bis zum Hafen von Leningrad. Gott sei Dank gelang es mir wiederum, aufgrund der allgemeinen Flugphobie die halbe Welt anzusehen.

Wir konnten nicht sorglos reisen. Die Tage der Atlantik-Überfahrt fielen genau in den Zeitraum der dramatischsten Ereignisse in Ungarn im Oktober 1956, als sowjetische Truppen in Budapest einmarschierten. Auf dem Schiff entstand um uns herum eine angespannte Atmosphäre. Ich verstand zum ersten Mal, was Boykott bedeutet. Unter der Kabinentür wurden uns täglich die Veröffentlichungen über das Grauen in Ungarn von einer »liebenswürdigen« Hand durchgereicht. Im Speisesaal entstand um unseren Tisch herum ein Freiraum. Die Nachbarn rückten weiter ab. Bald entschieden sie, überhaupt nicht mehr in den Speisesaal zu gehen, solange die Russen dort saßen. Es war an der Zeit, dagegenzuhalten: Ich zog das Mittagessen immer weiter in die Länge und ging ihnen damit auf die Nerven. Genauso verhielten wir uns auch im Kino und an Deck. Die Russen erwiesen sich als unüberwindbar, und der »Boykott« schlug auf die Boykottierenden zurück. Aber der Genuss an der Reise ging natürlich verloren.

Und überhaupt: So angenehm, wie die Reise aus Moskau nach Mexiko 1953 war, ebenso unangenehm, wenn nicht gar direkt ekelhaft, war der Weg zurück. Selbst in dem verschlafenen konservativen Stockholm mussten wir unangenehme Momente durchleben. Während der Liegezeit des Schiffes gingen wir in die Stadt, liefen durch die Straßen, bis wir bemerkten, dass wir uns verlaufen hatten. Wir fragten die Passanten nach dem Weg zum Hafen, auf Englisch und auch auf Spanisch. Das brachte alles nichts, niemand verstand uns. Schließlich fluchte ich laut und mit Hingabe auf Russisch. Plötzlich blieb ein vor uns laufender Mann stehen und fragte in unserer Sprache: »Wo wollen Sie denn hin?« – »Zum Hafen!«, schrien wir froh heraus. – »Da haben wir fast den gleichen Weg, kommen Sie, ich begleite Sie«, bekamen wir zur Antwort. Der Unbekannte begann, uns über die Sowjetunion auszufragen, und kommentierte unsere Antworten schroff. Zunächst hielten wir uns zurück, aber dann antworteten wir nach dem Prinzip »Auge um Auge«. Die Diskussion ging in ein Wortgefecht über, und am Hafeneingang waren wir um Haaresbreite von einer Schlägerei entfernt. Einerseits waren wir dem Auswanderer dafür dankbar, dass er uns zum Hafen gebracht hatte. Aber als er uns im Weggehen zurief: »Da habt ihr euer schwimmendes Gefängnis!«, wünschte ich ihm von Herzen, dass er in der Fremde unter den Verrätern der Heimat verfaulen solle.

Die Rückkehr nach Moskau und zum Verlag für fremdsprachige Literatur brachte mir keinerlei Freude. Mich erwartete wieder dasselbe dunkle Zimmerchen mit den vergitterten Fenstern unter der Treppe, die unwahrscheinliche Enge der Tische, voll mit Stapeln ungeordneter Handschriften sowie ein erhöhtes Arbeitspensum – vierzehn bis sechzehn Seiten Lektorat täglich bei einem Gehalt von 1.500 Rubel monatlich. Es war fast so wie im Märchen *Vom Fischer und seiner Frau*: dieselbe Hütte und derselbe kaputte Trog. Mir wurde es unerträglich eng bei immer dem gleichen freudlosen Dasein unter der Treppe. Niemand zeigte Interesse an meiner »ausländischen« Bildung. Trotz der Tatsache, dass man mich bald zum Komsomolsekretär des Verlags wählte und mir direkt sagte, dass ich ein »perspektivreicher Mitarbeiter« wäre, beschloss ich fest, mein Leben zu ändern. Mit der Begründung der unwahrscheinlichen Enge am Arbeitsplatz erhielt ich das Recht, von zu Hause aus zu arbeiten. Bei redaktioneller oder Übersetzungstätigkeit ist eine Dienstanwesenheit ja auch nicht ständig erforderlich. An einem normalen Arbeitstag erreichte ich locker das Drei- bis Vierfache der Norm und konnte die übrige Zeit in meinem Sinn nutzen.

Ich bereitete mich auf eine Aspirantur an einer der Hochschulen des Systems der Akademie der Wissenschaften vor. In der Wissenschaft war wenigstens eine gewisse demokratische Ordnung erhalten geblieben. Die wissenschaftlichen Grade und Titel wurden ja erst nach einer geheimen Abstimmung im Wissenschaftsrat vergeben. Die Begutachtung der Arbeiten wurde öffentlich durchgeführt. Ihre Auswahl hing in großem Maße von den Wissenschaftlern selbst ab, insbesondere in den humanitären Bereichen. Zu Sowjetzeiten ging man nicht selten in die Wissenschaft, so wie man früher ins Kloster gegangen war. Man wollte damit den größtmöglichen Abstand von den Unbeständigkeiten und Wirrungen des gesellschaftspolitischen Lebens erreichen. Die Zuflucht war nicht ganz ungefährlich, und es blieb eben eine Zuflucht. Und je weiter der Gegenstand der Studien von der sowjetischen Realität entfernt war, desto höher war die Chance des Wissenschaftlers auf eine relativ ruhige Schaffenszeit.

Während meiner Zeit in Mexiko war ich oft in Antiquariaten unterwegs gewesen. Ich hatte gelernt, in Bibliotheken zu arbeiten. Von dort brachte ich mir viele Bücher mit. Darunter befanden sich viele Monographien und Dokumente zu bestimmten Themen. Eine davon wurde zum Thema meiner Arbeit als Doktoranwärter. Ich interessierte mich für die Geschichte des Kampfes des mexikanischen Staates gegen die katholische Kirche im 19. und 20. Jahrhundert. In der Endphase dieses Kampfes fand der schreckliche Bürgerkrieg 1926–1929 statt, der unter dem Namen »Aufstand der Cristeros« bekannt wurde. Die große Masse der Bauern erhob sich nach einem Aufruf der Kirche zum Krieg gegen die Regierung. Oben fand der Kampf um die Macht im Land statt um den direkten Einfluss auf Staatsangelegenheiten. Und von unten lief es auf ein Blutbad gegen Lehrer und Staatsbedienstete, Überfälle auf kleine Garnisonen, die mit der totalen Vernichtung der Widerständler endeten, die massenhafte Herbeiführung von Zugentgleisungen und so weiter hinaus. Das Militär beantwortete diese Aktionen mit nicht minder wahnsinnigen Repressionen, wie Massenerschießungen der Rebellen, Töten durch Erhängen und so weiter. Alles in allem, wie es immer beim Kampf um die Macht läuft: Die Herren bekämpfen sich, aber bei den Knechten fallen die Köpfe.

Ich war angetreten, noch weiter in die Tiefen der lateinamerikanischen Geschichte vorzudringen, auch weil das Schicksal mir praktisch keine anderen Möglichkeiten bot.

Diese Arbeit musste ich diskret verrichten, um die Verlagsleitung nicht mit meiner Fahnenfluchtstimmung zu verschrecken. Vielleicht hätte alles auch geklappt, und ich hätte im Sommer 1957 den »Pfad der Wissenschaft« beschritten, aber eine neue Überraschung durchkreuzte alle Pläne.

Im Juni 1957 erhielt ich eine Nachricht vom Militärkommissariat mit der Forderung, mich zur Ausbildung der Reservisten-Offiziere für die Dauer von eineinhalb bis zwei Monaten einzufinden. Was für ein Ärger! Dieser Zeitraum überschnitt sich mit den Aufnahmeprüfungen für die Aspirantur. Es war sinnlos, sich mit dem Militärkommissariat anlegen zu wollen. Auf alle Argumente antworteten die Verantwortlichen: »Wenn du mit mir sprechen möchtest – schweige!« Als sich die Neueinberufenen versammelten, staunte ich darüber, viele Wegge-

fährten – Absolventen des MGIMO – zu treffen. Unter ihnen waren nicht nur gehobene Mitarbeiter, zum Beispiel des ZK der KPdSU, des Außenministeriums, des KGB; es waren auch welche aus Verlagen, von Presseorganen, Kulturorganisationen und so weiter.
Sie brachten uns nach Tula. Wir wurden in der Sanitärinspektion gesäubert. Dann brachten sie uns Uniformen mit den Schulterstücken für einen Unterleutnant und den Insignien der Fallschirmjäger.
Bald bekamen wir heraus, dass der damalige Verteidigungsminister mit der hohen Stirn G. K. Schukow die folgende Idee hatte: Er wollte im Falle eines Krieges die feindlichen Atomraketen-Basen in Europa besetzen, indem er dort viele Fallschirmlandetruppen abspringen ließe. Dafür sollte jeder Gruppe bei den Luftlandetruppen ein Dolmetscher angehören. So hatten sie uns Fremdsprachenkenner einberufen, um uns die militärische Praxis der Luftlandetruppen nahezubringen und gleichzeitig auch das Verhalten in der Abwehr. Die Militärs brachten uns in Lagern der 100. Garde-Luftlandedivision, 30 Werst von Tula entfernt, unter.
Das Leben in den Luftlandeeinheiten ist ein besonderes. Es herrscht dort ein ungewöhnlicher Geist.
Wir ließen uns schnell einen Schnauzbart stehen. So wurde traditionsgemäß die Eliteeigenschaft der Einheit hervorgehoben. Die erzieherischen Ansätze unterschieden sich allerdings etwas von Pestalozzi und Makarenko. Jeder, der den Dienst in den Luftlandetruppen verweigern wollte und Angst hatte, einen Fallschirm anzulegen, wurde in die Obhut der Altgedienten gegeben. Die weckten ihn nachts, führten den Angsthasen auf den Übungsplatz, banden ihn am Trainingsgerät fest und drehten ihn so lange im Kreis, bis er schwor, von überall abzuspringen. Die Angst vor der Wiederholung dieser Tortur überwog dann in der Regel die Angst vor dem Sprung ins Ungewisse.
Ich kann mich an einen unserer Absolventen des MGIMO erinnern, der bei der Tbilissier Zeitung *Sarja Wostoka* arbeitete und den Stress nicht aushielt. Er flüchtete aus dem Lager. Er

wurde den ganzen Tag in den umliegenden Dörfern gesucht und in der Nacht weinend in einem Waldstück gefunden. Uns war selbst zum Weinen, als wir dieses zu Tode erschrockene Häufchen Unglück sahen. Sie brachten ihn in die Kaserne zurück. Er sah wie ein Deserteur aus, auf den das frisch geschaufelte Grab auf dem Lagerplatz wartet. Sie rechneten mit ihm auf andere Weise ab: Er wurde aus der Partei ausgeschlossen und nach Hause geschickt.
Ich begegnete den Widrigkeiten des Lebens mit bäuerlichem Fatalismus: Was sein muss, muss sein. So absolvierte ich das gesamte Pflichtprogramm. Es bestand aus sieben Sprüngen mit verschiedenen Schwierigkeiten. Alle gemeinsam führten wir die vorgegebenen Gefechtsmärsche durch, lernten Sprengstoff zu berechnen und für Sabotageakte zu gebrauchen, die Posten zu »überwinden«, Konserven aus aufgeblähten Dosen zu essen und noch andere in der Armee übliche Verhaltensweisen.
Insgesamt endete für uns alles gut. Mit Liedern auf den Lippen, unseren Schnauzern und dem Gefühl der Überlegenheit über die »zivilen Ratten« kehrten wir nach Moskau zurück. Ich zudem noch mit dem festen Entschluss, den Verlag zu verlassen.

Erste Schritte in der Aufklärung

Das Jahr 1958 stand vor der Tür. Die Trauer um Stalin war verflogen, und das Land begann bereits, ihn zu vergessen. Uns erschien es schon unwirklich, dass wir uns so viele Jahre lang ein Leben ohne den »großen und weisen Führer« nicht hatten vorstellen können. In echter Trauer und mit Zukunftsangst hatten wir an seinem Todestag Tränen vergossen. Uns betäubte der immerwährende Gedanke daran, dass der existierende Staatsaufbau der einzig mögliche ist. Er schien uns alternativlos. Erst der XX. Parteitag der Kommunistischen Partei schob ein wenig den Vorhang vor Stalins düsteren Auftritten beiseite. Dies war der Beginn einer Wiederbelebung unseres Geistes und Gewissens. Das Land und die Menschen wurden andere. Am wichtigsten war, dass sie die Angst vor unerwarteter Verfolgung mit einem spurlosen Ausgang verloren. Der physische Terror gehörte der Vergangenheit an. Die öffentliche Meinung wertete ihn als Verbrechen am Volk, und keine Regierung konnte das jemals wieder zulassen. Es waren Anzeichen der Emanzipation des geistigen Lebens zu spüren. Wir vertieften uns in *Der Mensch lebt nicht vom Brot allein* von Dudinzew, und erstmals erklang der Name Solschenizyn. Mit einem Wort – es war »Tauwetter«.

Ich arbeitete nach wie vor im Verlag für fremdsprachige Literatur. War als Sekretär des Komsomolkomitees und Mitglied des Frunser Stadtbezirkskomitees im Komsomol aktiv. Zu dieser Zeit hatte ich bereits nebenberuflich die Aspirantur am Institut für Geschichte der Akademie der Wissenschaften mit der Spezialisierung auf die Geschichte Lateinamerikas aufgenommen. Ich wollte mich endgültig der wissenschaftlichen Arbeit widmen. Eine Parteikarriere war für mich keine Option. Ich hatte Parteibosse verschiedenen Ranges kennengelernt. Die riefen bei mir Abscheu hervor.

Ja, und irgendwann im Frühjahr sollte ich in die Personalabteilung des Verlags kommen. Der Leiter der Personalverwaltung deutete auf einen Unbekannten am Tisch hin und sagte: »Man will mit dir sprechen.« Sofort darauf verließ er den Raum. Wir blieben allein. Der Mann holte aus seiner Tasche ein rotes Büchlein mit goldfarben geprägten Buchstaben »KGB« hervor. Er begann, mich mit ruhiger, leiser Stimme über meine Arbeit zu befragen, über meine Pläne und die Gesundheit. Und dann sagte er einfach: »Wir beobachten Sie seit langem. Die Leute sprechen gut über Sie. Wir schlagen Ihnen eine Arbeit im KGB vor, ganz konkret – in der Ersten Hauptverwaltung. Denken Sie bis morgen darüber nach, und kommen Sie in die Personalabteilung.« Ich nickte schweigend als Zeichen meines Einverständnisses.

Die unruhige Nacht zog sich hin. Die Argumente »pro und contra« spukten in meinem Kopf herum. Mal stapelten sie sich zu einer wohlgeformten Pyramide übereinander, dann stürzten sie wieder zu einem liederlichen Haufen zusammen. Das Hauptsächlichste, was mich zurückhielt, war die Zugehörigkeit der Aufklärung zum KGB, mit der sich der schreckliche Ruhm eines repressiven Organs verband. Bei klarem Verstand gesehen, war die Aufklärung längst nicht mehr die wie die in den Gründerjahren nach 1920. Damals war sie in erster Linie als eine direkte Geheimpolizei, als strafende Hand der Tscheka gegen die russische Weißgardistenbewegung, gegründet worden. Die Bewegung war nach der Niederlage im Bürgerkrieg ins Ausland emigriert. Aber seitdem ist viel Zeit vergangen. Die Ziele der Aufklärung sind seit langem andere. Bereits ab 1929 gelangte der Faschismus in Deutschland und den verbündeten Ländern in den Fokus der Aufklärung. Nach dem Zweiten Weltkrieg verwandelte sich die UdSSR in eine Weltmacht mit der Gemeinschaft der sozialistischen Staaten an der Seite. Somit wurden die Aufgaben der Aufklärung globaler. Ihnen haftete schon keineswegs mehr der Geruch von Repressionen wie in den zwanziger Jahren an. Nur einzelne terroristische Akte gegen Kriegsverbrecher während des Zweiten Weltkriegs erin-

nerten an die Verfolgung der Verräter im Ausland. Nach der Ermordung von S. Wendora 1959 in Deutschland hat es eine Straffunktion der Aufklärung nicht mehr gegeben.
Im Jahr 1958 besaß ich, wie auch viele meiner Zeitgenossen, ein Zugehörigkeitsgefühl zum Staat, zur Gesellschaft, der die Zukunft gehörte. Wir hatten den unsagbar schwierigen Krieg gewonnen. Wir waren unwahrscheinlich schnell beim Wiederaufbau. Wir besaßen Atomwaffen und standen an der Schwelle zum Kosmos. Das Leben wurde von Jahr zu Jahr besser. Chruschtschow lenkte in gewisser Weise die Aufmerksamkeit des Staates auf die Bedürfnisse der Bevölkerung. Erstmals begann ein umfangreicher Wohnungsbau. Verstärkt wurden Konsumgüter hergestellt. Wir erklärten mutig in Richtung der kapitalistischen Welt, dass wir den Wettbewerb bald schon gewinnen würden. Nikita Chruschtschow ließ in den USA die Worte fallen: »Wir überholen euch!«, und in das Programm der Kommunistischen Partei schrieb er: »Die heutige Generation der Sowjetmenschen wird den Kommunismus erleben.« Alle tragischen Verwerfungen unserer Geschichte nach 1917 wurden dem »Personenkult« zugeschrieben, und der war ja beendet.
Jetzt, unter den neuen Bedingungen, kam es mir unklug vor, mich in den Bibliotheken zu vergraben. Ich hatte mich da nur mit der Geschichte fremder Völker und Länder befasst. Es war nur zu verlockend, dem Ruf des Schicksals zu folgen und eine aktive, gefährliche Arbeit aufzunehmen, um dem Vaterland zu Macht und Blüte zu verhelfen. Der Ehrgeiz hatte mich erfasst. Ruhig nahm ich den Gedanken an, dass ein Aufklärer zu ständiger Anonymität verurteilt ist.
Am Morgen war der Entschluss gereift. Es war entschieden: Ich gehe zur Aufklärung! Nicht ohne Angst ging ich zur Lubjanka. In meinem Gedächtnis assoziierte ich mit dem Gebäude nichts Gutes.
Ich erinnerte mich an das Jahr 1952, als wir das Moskauer Staatliche Institut für Internationale Beziehungen absolviert hatten und mit Ungeduld auf unsere Arbeitsplatzzuweisungen

warteten und einem meiner Freunde ein Missgeschick passierte. Das hing mit diesem Bau zusammen. Ein böswilliger Bekannter wollte ihm einen Streich spielen und rief ihn abends an: »Hier ist der KGB. Wir sehen uns gerade Ihre Unterlagen an, um zu prüfen, ob Sie für eine Arbeit bei uns geeignet sind. Kommen Sie bitte sofort zu uns. Ein Passierschein für Sie ist am Eingang 3 hinterlegt. Fragen Sie bitte beim Posten nach.« Mein Freund war überrumpelt. Er vergaß, den Namen des Anrufers zu erfragen, auch die Etage und Zimmernummer kannte er nicht. Er setzte sich in die Metro, fuhr hin und ging ungefähr elf Uhr nachts zum Eingang 3. Er fragte den Posten nach dem Passierschein. Der verstand gar nichts und rief seinen Dienstvorgesetzten. Der seinerseits bat den ungebetenen Gast in das Wachzimmer und klärte die ganze Nacht seine personenbezogenen Daten ab, fragte nach dem Grund der Vorsprache und so weiter. Erst zum Morgen wurde der geplagte Freund in Frieden entlassen und konnte seine nicht minder aufgeregte Mutter beruhigen.
Ich kannte alle Angaben meines Werbers. Sein Zimmer fand ich leicht. Es begannen die Formalitäten für die Aufnahme in die Aufklärung. Mir wurde erklärt, dass ich vor Arbeitsaufnahme eine spezifische Ausbildung an der Aufklärerbildungsstätte mit einer Dauer von zwei Jahren absolvieren musste. Jeder bekam dort sein bisheriges Gehalt weiter. Damit wurde das so schon bereits allerorten missachtete Prinzip »Von jedem – nach seinen Möglichkeiten, für jeden – entsprechend seiner Arbeit« völlig außer Kraft gesetzt. Die Ausbildungsvergütungen unterschieden sich deshalb bis zu 300 Prozent. Alles hing davon ab, woher man kam: In der vorteilhaftesten und privilegiertesten Situation erwiesen sich unsere Kollegen, die im Rang eines Offiziers aus dem KGB kamen. Bürgerliche Feingeiste, wie zum Beispiel ich, belegten die unterste Stufe.
Die Ausbildung begann am 1. September 1958 in einem geheimen Objekt bei Moskau. Wir waren circa zweihundert Leute. Der überwiegende Teil der Rekruten sollte zur Aufklärung gehen, ein Teil war für die Spionageabwehr vorgesehen, auch für

die Grenztruppen oder die örtlichen Organe der Staatssicherheit. Alle Kandidaten mussten den vordringlichsten Anforderungen an das Personal genügen: bedingungslose »Ergebenheit der Sache der Kommunistischen Partei«, stabile Gesundheit und hinreichende Fähigkeiten beim Erlernen von Fremdsprachen. Es gab keinerlei Tests bezüglich der Psyche oder der Stärke und Schnelligkeit des Reaktionsvermögens.

Die allgegenwärtige Geheimhaltung von allem und überall führte letztlich dazu, dass die Mehrzahl der aufgenommenen Auszubildenden vor dem ersten Treffen in der Aula am 1. September keine genaue Vorstellung von der Sache hatte, die sie erwartete. Ihnen war gesagt worden, dass sie eine wichtige und verantwortungsvolle Arbeit antreten. Und das war auch schon alles. Fragen zu stellen oder Neugier zu zeigen, das war nicht üblich. Dafür konnte man auf der Kandidatenliste gestrichen werden. Deshalb wurde das erste Treffen mit dem Schulleiter, Generalmajor Gridnew, für viele zum Schockerlebnis. Seine Ausführungen über die Aufklärung, über die Arbeitsbedingungen außerhalb der Landesgrenzen, das Risiko und so weiter führten dazu, dass sich gleich zwei, drei Leute meldeten. Sie äußerten die Bitte, von dieser Ehre befreit zu werden. Es machte keinen Sinn, sie überreden zu wollen. Alle anderen liefen lange Zeit noch in gedrückter Stimmung umher. In den Köpfen der Menschen hatte sich die verherrlichte Literatur- und Filmfigur eines Aufklärers festgesetzt, und viele erkannten ihre komplette Unfähigkeit, sich jemals diesem Ideal zu nähern.

Die Jugend, natürlicher Optimismus und die Gemeinschaft Gleichgesinnter taten das ihre. Wir wohnten ohne Familien, unter Kasernenbedingungen in einem schönen Waldstück. Von dort aus fuhren wir nur am Wochenende nach Moskau.

Das Vorbereitungsprogramm schloss auch das Studium des Marxismus-Leninismus ein. Mit der Aneignung dieser »Wissenschaft« beschäftigte sich die Bevölkerung der Sowjetunion damals faktisch ihr ganzes Leben lang. Beim Auswendiglernen der wichtigsten Thesen verhielten sich die Menschen wie beim Einüben von Gebeten. Dann folgte das Fremdsprachenlernen.

Das taten wir fleißig unter der Leitung erfahrener Pädagogen. Aber ihre Unterrichtsmethodik war antiquiert. Es gab keinerlei Audio-Hilfsmittel. Filme in den zu erlernenden Sprachen sahen wir nur äußerst selten. Alle linguistischen Höhen wurden nur mit proletarischer Beharrlichkeit genommen. Spezialisierungsfächer, die für die Aufklärung benötigt wurden, wie zum Beispiel »Agentenanwerbung«, »Agentenkontakt«, »Operative Spezialtechnik«, »Außenüberwachung«, unterrichteten frühere Aufklärer, die ihre Tätigkeit aus verschiedenen Gründen nicht mehr ausüben konnten.
Viel Aufmerksamkeit wurde dem Sport gewidmet. Die materiell-technische Basis hierfür war aber eher bescheiden. Im Sommer gingen wir Laufen und im Winter auf die Ski. Eine kleine Lichtung im Wald nutzten wir als Fußballfeld. Dort schlugen wir einander kräftig die Beine weg, stählten den Charakter und den Willen. Unsere Seele fand in einer traditionellen russischen Banja Erholung.
Das gesamte Hörerpotential wurde in Gruppen zu je zehn bis fünfzehn Personen unterteilt. Sie stand jeweils unter dem Kommando eines Oberst als Gruppenleiter. Er war gegenüber seinen Vorgesetzten für unsere Leistungen, für unsere politische Integrität und moralische Standfestigkeit – kurzum: für alles – zuständig.
Alle unter der Flagge der Aufklärung einberufenen Jugendlichen waren schon gestandene Persönlichkeiten. Jeder verfügte über einen Hochschulabschluss, hatte einen zivilen – oder einen Militärberuf. So war die Regel. Das Leben als Aufklärer barg ein hohes Risikopotential: Man konnte als »Persona non grata« ausgewiesen werden; irgendein Verräter konnte einen enttarnen; du könntest an irgendeiner ausländischen Krankheit erkranken, die zum Hindernis für deine weitere Arbeit wird. Dafür sollten die Mitarbeiter über Rückzugsmöglichkeiten in ihre bisherigen Berufe verfügen. Fast alle, mit einzelnen Ausnahmen, hatten Familie. Ledige schickte man zu der Zeit nur ungern ins Ausland. Man hatte Angst, dass ihnen ihre jugendliche Unbedachtsamkeit zum Verhängnis werden könnte.

Und trotzdem gab es unter all den überprüften und gebildeten Menschen auch Zwischenfälle, die zum Schulverweis führten. Diese Fälle waren zumeist auf Alkoholmissbrauch zurückzuführen. Sonnabend und Sonntag waren da immer die gefährlichsten Tage. Es kam vor, dass einer mit seinen Freunden ausging und dann nicht zur festgelegten Zeit am Bus war. Der Bus hatte an einem konspirativen Ort gewartet. Am Montag erschien er nicht zum Unterricht. Weiter ergab es sich, dass ein anderer Feierlustiger Streit mit der Miliz anzettelte und hinter Gittern landete. Ein solcher Ausgang der Sache war auch garantiert, wenn ein Kursant die Selbstkontrolle verlor, seinen KGB-Ausweis zeigte und den Ordnungshütern »Vergeltung« androhte. In stalinistischen Zeiten hatten die drei Buchstaben »KGB« allen, auch der Miliz, Angst eingeflößt. Jetzt wurden mancherorts KGB-Mitarbeiter zu Objekten der Revanche. Mit einem Wort: Unsere Leitung plante mit einem »Schwund« und »Verlust« von fünf bis acht Prozent.

Die Kursanten waren in ihrem Wissensstand sehr unterschiedlich. Die Provinzler waren meist weniger gebildet als ihre Freunde aus der Hauptstadt. Vorherige Staatssicherheitsmitarbeiter stachen durch eine korrekte Disziplin und Eifer im Unterricht hervor. Diejenigen, die bisher in zivilen Berufen gearbeitet hatten, wurden sehr wahrscheinlich auf eine Tätigkeit im Ausland vorbereitet. Einige dieser Gruppe, wie zum Beispiel ich, hatten schon im Ausland gearbeitet und beherrschten eine Fremdsprache sehr gut. Bei der Ausbildung lernten wir eine zweite Sprache nach Wahl. Aber insgesamt schweißte uns das gemeinsame Schicksal zusammen. Die Kursanten hielten in Freundschaft zusammen, Konflikte gab es selten. Viele dieser Freundschaften hielten ein ganzes Leben.

Wir lernten schnell. Der Unterricht wurde Routine. Aber als die Zeit des »Unterrichts in der Stadt« anstand, schlugen die Emotionen hoch. Im Verlauf dieses Unterrichts mussten wir Kampfsituationen in einer fremden Stadt üben. Der Prüfling stand eine gewisse Zeit auf einem offen einzusehenden Platz mit einem klaren Erkennungszeichen, zum Beispiel mit einer zusammengerollten Zeitung in der linken Hand. Das wurde deshalb gemacht, damit die Brigade der Außenüberwachung von einer verdeckten Position aus den Mann identifizieren und eine qualifizierte Verfolgung aufnehmen konnte. Dann sollte der Prüfling nach einiger Zeit entsprechend der Legende eine Reihe von Handlungen vornehmen, um die Überwachung des »Gegners« festzustellen. Er sollte die Anzahl der Gegner registrieren, ihr Fahrzeug enttarnen und alles in seinem Bericht beschreiben. Wir hatten kein Fahrzeug. Das erschwerte die Lösung der Aufgabe. Dieses eigenartige Katz-und-Maus-Spiel brachte uns in Erregung. Die Rolle des Aufklärers, der von Geheimdiensten überwacht wird, rief bei den einen Verwirrung hervor, die sich in unkoordinierten Handlungen äußerte. Andere wurden dadurch zu Genauigkeit und Berechnung der Handlungen stimuliert. Bei Dritten provozierte das Aggressivität und grobes Benehmen.

Die Aufgaben wurden jedes Mal schwieriger. Zuerst sollten wir nach der Feststellung der Überwachung uns unmerklich der Sache »entziehen« und weggleiten. Dann sollten wir unter Überwachung, aber von den Überwachenden unbemerkt, kleine Gegenstände an den »Agenten« übergeben, mit dem vorher alle Details der Übergabe abgesprochen worden waren. Das sollte so geschehen, dass den an den Fersen klebenden Verfolgern auch nicht ein Hauch des Verdachts kam, es könne irgendeine Verbindung zwischen dem »Agenten« und dem Aufklärer geben. Weiter wurde gefordert, einen »toten Briefkasten« zu organisieren, entweder etwas da hineinzulegen oder herauszunehmen, wiederum unter verschärfter Beobachtung. Die Aufgaben nahmen kein Ende. Wir spielten dabei alle Situationen des realen Aufklärer-Daseins durch. Ich erinnere mich an die Erleichterung, als man nach unverkennbaren Merkmalen feststellen konnte, dass man tatsächlich verfolgt wird. Da wurde der Aufklärer wieder Herr der Lage. Man konnte ein breites Arsenal taktischer Elemente nutzen, um wie ein Fischer den Fisch am Haken an Land zu ziehen, das hieß, die gesamte Mannschaft der Außenüberwachung bloßzustellen.

Und es gibt nichts Schlimmeres, als »den Feind« nicht zu sehen. In diesem Fall weiß der Aufklärer nie genau, ob er verfolgt wird oder nicht. Gibt es keine Überwachung, oder sieht er sie bloß nicht? Aufs Geratewohl zu hoffen, hieße in der Praxis: reinzufallen. Endlose Zweifel würden bedeuten, die Psyche gefährlich zu überlasten. Einem scheinen da Verfolger zu sein, wo keine sind, und von dort aus ist es nur ein Schritt zum Versagen.
Meistens lösten wir die Aufgaben ziemlich gut. Was erzählten wir doch für aufregende Geschichten über superschlaue Ideen, wie wir unseren Beschattern entkommen konnten. Insgesamt muss man sagen, dass wir unsere Spezialisierungsfächer, also das technische Instrumentarium der Aufklärung, gut beherrschen. Wesentlich schlechter sah es mit den Fremdsprachen aus. Eine Fremdsprache erstmals in einem Alter von über dreißig Jahren lernen zu wollen – das macht wenig Sinn. So jemand kann ganz praktisch kein freies Sprechen erreichen. Deshalb hatten in der Schule, und auch dann in der Aufklärung, solide Sprachkenntnisse Seltenheitswert. Die Mehrzahl konnte sich ohne Schwierigkeiten verständigen; sie verstanden ihren Gesprächspartner inhaltlich und konnten relativ frei lesen. Aber viele Nuancen bekamen sie nicht mit, konnten nicht »zwischen den Zeilen« lesen, verstanden Slang und Dialekte nicht und so weiter. Ich hatte es da einfacher. Ich war ja von 1953 bis 1956 nach Mexiko beordert gewesen. Im Verlag für fremdsprachige Literatur war ich immer von den spanischen Übersetzern, Redakteuren und Lektoren umgeben gewesen. Mit ihnen hatte ich nur in deren Muttersprache gesprochen. Mir wird jetzt noch warm ums Herz, wenn ich an meine lieben und guten unfreiwilligen Lehrer denke.
Noch schlechter stand es um die allgemeinpolitische und landeskundliche Ausbildung der zukünftigen Aufklärer. Es war niemandem eingefallen, unser Programm um Fächer wie »Aktuelle Außenpolitik« oder »Außenpolitik der Sowjetunion« oder »Grundlegende regionale Probleme der Gegenwart« zu ergänzen. In dem kurzgefassten Landeskundeunterricht erhielten wir nur elementares Hintergrundwissen. Wir lernten und

kannten die Außenpolitik unserer Zielländer nicht. In der Ausbildungsstätte gab es keine Politik-Professoren, keine Auslandsspezialisten, keine Soziologen und Juristen. Es gab auch keine entsprechende Literatur oder Lehrbücher. Praktisch bezogen wir unsere ganzen Informationen nur aus den Zeitungen. Diese klaffende Lücke in den Ausbildungsprogrammen bekamen die Absolventen der Schule ihr ganzes Leben lang zu spüren. Das »schwarze Loch« machte aus der Aufklärerbildungsstätte eine Handwerksberufsschule, die bestenfalls Absolventen mit mittlerer Qualifikation hervorbrachte. Die fähigsten Mitstreiter setzten ihre Ausbildung während der praktischen Arbeit fort, aber die Mehrheit schaffte das nicht.
Die komplette Ausbildung an der Aufklärerschule konnte ich nicht beenden. In meiner Personalakte gibt es jedoch ein Diplomzeugnis darüber, dass ich die Ausbildung »mit Auszeichnung« abgeschlossen habe. Kaum hatte das zweite Ausbildungsjahr begonnen, wurde ich an einem der Oktobertage 1959 zum Schulleiter gerufen. Er sagte, dass mich der Chef der Neunten Hauptabteilung des KGB im Kreml benötige. Die Neunte Hauptabteilung des KGB leitete den Personenschutz von Parteiführung und Regierung. Sie hatte ihr Stabsquartier unmittelbar im Kreml. Der Chef der »Neunten« empfing mich gönnerhaft und sagte, dass eine Reise des damaligen ersten Stellvertreters des Vorsitzenden des Ministerrats der UdSSR, Anastas Mikojan, nach Mexiko geplant sei. Mikojan war als persönlicher Gast des Botschafters der UdSSR zur Eröffnung der Ausstellung über die Errungenschaften der sowjetischen Wissenschaft und Technik eingeladen. Eine solch ungewöhnliche Reise sah keinerlei Gefolgschaft vor. Jedoch ohne die Sicherheit konnte ein Politbüromitglied, was Mikojan zeitlebens war, nicht verreisen. So war der Plan entstanden, mich in zwei Eigenschaften mitzuschicken: als sein persönlicher Dolmetscher und sein persönlicher Sicherheitsbeamter.
Ich gab zu bedenken, dass ich im Leben bisher weder das eine noch das andere gewesen war und diesen Auftrag deshalb nicht erfüllen konnte. Aber man ließ keinerlei Diskussion zu. Sie

sagten, diese Frage sei seit langem geklärt. Meine Landes- und Sprachkenntnisse seien ausreichend. Als Sicherheitsbeamter müsste ich mich nur immer neben Mikojan halten und ihn im Fall der Fälle mit meinem Körper schützen. Gott sei Dank erhielt ich keine Waffe.

Die Reise war in gewisser Weise seltsam. Der zweite oder dritte Mann im Staat überquert den Ozean, als persönlicher Gast des Botschafters mit einem dem Grunde nach lapidaren Ziel – um die Ausstellung über die Errungenschaften der sowjetischen Wissenschaft und Technik in Mexiko zu eröffnen. Die Mexikaner rätselten erstaunt, was wohl einen so hohen Gast in ihre Weiten geführt hat. Sie stellten für ihn ein aufwendiges Programm zusammen. Vorgesehen war der Besuch der Stadt Monterreja im Norden, der Erdölgewinnung in Poza Rica und der erdölverarbeitenden Betriebe im südlichen Staat Tabasco. Mikojan ertrug stoisch alles. Er aß jede Menge scharfe mexikanische Paprika und verzog das Gesicht dabei nicht. Er bekam im tropischen Dreck schmutzige Schuhe, atmete den trockenen Staub der nördlichen Wüsten. Und sogar als der mexikanische Präsident, López Mateos, Mikojan böse Nadelstiche versetzte, als er beklagte, wie ekelerregend und aggressiv sich die mexikanischen Kommunisten verhielten, und bat, sie doch zu »beruhigen«, warf das den alten Bolschewik nicht aus dem Sattel. Anastas Iwanowitsch versuchte angestrengt, den traditionell verknöcherten Panzer der sowjetisch-mexikanischen Beziehungen zu zerschlagen und sie auf neue breite Lichtungen zu führen.

Die Lage gestaltete sich günstig. Vor zehn Monaten waren die »Bärtigen« nach Havanna gekommen. Die revolutionäre Regierung Fidel Castros schaute sich schon mehr und mehr nach möglichen Verbündeten im unweigerlichen Konflikt mit den Großmachtambitionen der USA um. Die Ereignisse in der Karibik entsprachen den Vorstellungen der Verfechter einer Doktrin über das Heranwachsen der nationalen Befreiungsbewegungen als Reserve der internationalen kommunistischen Bewegung mit den kommunistischen – und Arbeiterparteien an der Spitze. Die UdSSR fühlte sich einfach verpflichtet, dieser Bewegung verstärkt zu helfen und sie zu unterstützen. Das Entstehen eines neuralgischen Punktes für die USA in Lateinamerika konnte zu einem strategischen Vorteil für die UdSSR werden. Die UdSSR war seit dem Entstehen der NATO von amerikanischen Bündnispartnern und Militärbasen umringt. A. Mikojan wollte vermutlich vor Ort sehen, wie wahrscheinlich und unseren Kräften entsprechend eine Festigung der Position der UdSSR in unmittelbarer Nähe der südlichen Grenze der USA ist.

Mexiko war traditionell vorsichtig gegenüber den USA. Es herrschte ein Misstrauen, was mit dem historischen Schmerz über die im 19. Jahrhundert verlorenen Gebiete und mit den vielen Invasionen zusammenhing. Seit langem ist im Bewusstsein des Volkes eine tiefe antiamerikanische Stimmung verwurzelt. Und das erkannte Mikojan deutlich.

Aber gleichzeitig musste man auch verstehen, dass die geopolitische Anbindung Mexikos an die USA, die vollständige Abhängigkeit im Außenhandel und das gegenseitige Überschneiden der Einflusssphären Mexiko keinen großen politischen Spielraum ließen. »Armes Mexiko: Es ist so weit von Gott entfernt und so nahe an den Vereinigten Staaten.« Diese Worte des langjährigen Präsidenten, des Diktators Porfirio Díaz, unterstreichen nur die historische Misere dieses Landes.

Die Mexikaner gaben vor, die Sondierungsansätze Mikojans nicht zu verstehen. Die Reise wäre ohne Ergebnis beendet gewesen, wenn nicht plötzlich ein Gesandter der Havannaer Regierung in der Hauptstadt eingetroffen wäre. Héctor Rodriguez Llompart, er war noch fast ein Junge, bat im Namen Fidel Castros darum, die Ausstellung über die Errungenschaften der sowjetischen Wissenschaft und Technik nach deren Beendigung in Mexiko dann in Havanna zu zeigen, und lud A. Mikojan auf Kuba ein. So begannen die ersten Kontakte auf hoher Ebene zwischen Moskau und dem revolutionären Havanna.

Die Reise nach Mexiko hob mich sofort von der allgemeinen Masse der Auszubildenden an der Aufklärerschule ab. Es wurde ein Dokumentarfilm von dieser Reise gezeigt. Unsere Führungskräfte liebten Selbstdarstellung sehr. Da ich immer hinter Mikojan zu sehen war, hielt man mich auch für eine bedeutende Person. Hinzu kam der Befehl aus dem Verteidigungsministerium über meine Beförderung zum »Leutnant«. Niemand konnte verstehen, warum ausgerechnet das Verteidigungsministerium eine turnusmäßige Beförderung für einen Unterleutnant des KGB vornahm. Ich musste dann so ziemlich jedem das erzählen, was ich auch schon weiter vorn geschrieben hatte, dass ich als ganz gewöhnlicher Offizier der Reserve 1957 für zwei Monate zu einer Reservistenübung einberufen worden war und so weiter und so fort, und dafür war ich dann mit einer Veränderung der militärischen Zuordnung (anstelle des Stabsschreibers war ich Fallschirmspringer geworden) und, wie sich herausstellte, mit einer Beförderung belohnt worden. Damit war ich ein Militärkader und keine graue zivile Maus mehr.

Es vergingen keine zwei Monate nach der Rückkehr Mikojans aus Mexiko, als man mich wieder aus dem Kreml anforderte. Es ging schon ins Jahr 1960. Draußen gab es fürchterliche Fröste. In den ministeriellen Gefilden aber herrschte eine weiche Teppichwärme. Beamte huschten lautlos vorüber. Man war von einer mystischen Atmosphäre umgeben, wenn auch allgegenwärtige Sicherheitsbeamte und Posten Düsternis verbreiteten. Sie führten mich in das Arbeitszimmer von A. I. Mikojan, der zu der Zeit schon 65 Jahre alt wurde. Er war ein kleiner, eckiger Mensch, sehr wortkarg. Er sprach russisch mit schlechter Betonung. Ich hatte ihn ja schon auf der Reise nach Mexiko kennengelernt. Er war zielorientiert wie selten jemand, dabei clever und einfallsreich. Eben ein typischer Vertreter des Ostens. Hinter ihm lag ein sehr schwerer Lebensweg. Er entkam weise allen lebensgefährlichen Wendungen im Verlauf der Jahre von 1917 bis 1959. Manchmal hätten die ihn sogar den Kopf kosten können. Deshalb gab es über ihn auch später diesen Reim: »Ot Iljitscha do Iljitscha – bes infarkta i paralitscha.« (»Von Iljitsch zu Iljitsch – ohne Infarkt und Lähmung«,

Anm. d. Übers.) Tatsächlich war es niemandem außer Mikojan gelungen, von Lenin bis Breschnew zu gelangen, ohne seinen Kopf zu verlieren und noch dazu mit wenigen Strafpunkten.
Die Erinnerungen an die stalinistische Periode unserer Geschichte und an seine Rolle dabei belasteten ihn sehr. Selbst vor uns, seinen zeitweisen Helfern, versuchte er immer, sich reinzuwaschen und seine Biographie zu beschönigen. Er berichtete über die Zeit, als man ihn 1938 zum Volkskommissar für Außenhandel ernannt hatte. Er hatte sich sofort an Stalin gewandt und ihn um die Einberufung einer kompetenten Kommission gebeten. Aufgabe der Kommission war es, den Personalbestand zu prüfen und nur die Unzweifelhaften zu belassen. »Genosse Stalin, ich möchte, dass nach meiner Postenübernahme als Volkskommissar für Außenhandel die Inhaftierungen der Mitarbeiter aufhören werden und es auch kein Misstrauen gegen das Volkskommissariat selbst mehr gibt.« Stalin versprach es und hielt sein Wort. Als wir das hörten, nickten wir zufrieden mit dem Kopf. Wir gaben zu verstehen, dass wir rückwirkend eine solche Menschlichkeit und Gerechtigkeit für guthießen.
Er spürte unsere Aufmerksamkeit und erzählte weiter. In Leningrad war damals eine Sache bekannt geworden, als eine Gruppe gegen die Partei vorging und der damalige Leiter der Leningrader Parteiorganisation, Kusnezow, dafür erschossen wurde. Mikojan realisierte unter Angst, dass sein eigener Sohn Sergo, damals Student im dritten Studienjahr am MGIMO, mit der Tochter des gerichteten Kusnezow, einer Studentin an derselben Hochschule, verlobt war. Wieder ging er »in einer persönlichen Angelegenheit« als Bittsteller zu Stalin. Mikojan blinzelte mit den Augen und schaute in den Nebel vergangener Jahre, als ob ihm Koba (Deckname von Stalin, Anm. d. Übers.) erscheint. Er sprach, als ob er sich an ihn wendete: »Genosse Stalin, ich wende mich als Kaukasier an einen Kaukasier. Wir alle wissen, was in Leningrad passiert ist. Kusnezow erhielt seine verdiente Strafe. Aber was soll ich machen, wenn mein Sohn und seine Tochter schon lange vor dieser Zeit verlobt waren und einander lieben? Ich bitte Sie, geben Sie Ihr Einverständ-

nis zu ihrer Heirat, helfen Sie, die Traditionen und Bräuche unserer Vorfahren zu bewahren.« Und Stalin war so gütig, Sergo Mikojan die Ehe mit der Tochter eines »Parteiverräters« zu erlauben.
Er erging sich bald vollständig in Erzählungen. Mikojan sprach über die »Politbürojungs« auf der nahen Kunzewoer Datscha, wo Stalin in seinen letzten Jahren fast ohne Unterbrechung gelebt hatte. »Die Politbüromitglieder waren immer in einer ungeraden Anzahl da«, sagte Anastas Iwanowitsch, »und zum Essen setzte man sich an einen rechteckigen Tisch im Obergeschoss, der an eine Glastür zum Balkon herangerückt worden war. Eine Stirnseite des Tisches blieb also unbesetzt. Von der anderen Stirnseite aus sah man auf die Balkontür. Auf diesem Platz saß immer das unbeliebteste Mitglied des Politbüros. Dessen Schicksal hing meist am seidenen Faden. Stalin fürchtete immer ein Attentat. Er ging davon aus, dass es im Fall der Fälle denjenigen trifft, der gegenüber der Balkontür sitzt. Je nach seinem Gutdünken ließ er die Plätze am Esstisch wechseln.« Während der gesamten letzten Monate in Stalins Leben saß Mikojan an der Stirnseite.
Es gab viele solcher Erzählungen, aber der Tenor blieb immer der gleiche: Er wollte uns glaubhaft machen, dass er ein Opponent Stalins gewesen war. Man konnte auch feststellen, dass er teilweise sein Ziel erreichte. Erst als ich die Dokumente über die Massenrepressionen zu sehen bekam, hatte alles wieder seinen Platz. Unter diesen Dokumenten war auch der Beschluss des Politbüros des ZK der Gesamtsowjetischen Kommunistischen Partei der Bolschewiki (WKP (B)) über das Todesurteil durch Erschießen für die polnischen kriegsgefangenen Offiziere, das von Mikojan ein »Dafür« mit persönlicher Unterschrift erhielt. »Die Politik ist ein schmutziges Handwerk«, sagte A. M. Gorki. In der Folgezeit, als ich (wieder einmal als Dolmetscher) Nikita Chruschtschow begegnete, erfuhr ich, dass selbst Nikita, obwohl er Mikojan im Politbüro und in der Regierungsspitze hielt, ihm nie vollständig vertraute. Dazu passt auch die Geschichte darüber, dass Chruschtschow selbst Mikojan vor der

entscheidenden Politbürositzung, als es um die Verhaftung von L. Berija ging, persönlich »bearbeitete«. Er fuhr direkt zu dessen Datscha, um ihn abzuholen und ihm keine Möglichkeit für ein Entrinnen zu geben. In der Sitzung saß Mikojan direkt neben Chruschtschow. Erst als Letzter schloss er sich der Mehrheit an und stimmte der Verhaftung Berijas zu …
Ich ging in das Arbeitszimmer von A. I. Mikojan, erwiderte den Druck seiner trockenen Hand und setzte mich an den Beistelltisch, um meine Aufgabe zu empfangen. Er holte weit aus: »Ist das wahr, was behauptet wird: Sind Sie mit den Brüdern Castro bekannt?«
»Natürlich kenne ich sie persönlich. Raúl – seit 1953, noch vor dem Sturm auf die Moncada-Kaserne – und Fidel habe ich 1956 in Mexiko kurz vor dem Ablegen zur Expedition mit der Yacht ›Granma‹ getroffen.«
»Ja, ja …« – Mikojan wollte offensichtlich Zeit für eine unangenehme Frage gewinnen. »Aber womit können Sie beweisen, dass Sie mit ihnen bekannt sind?«
Hier musste ich darüber berichten, wie ich das erste Mal im Frühjahr 1953 auf Dienstreise nach Mexiko geschickt worden war und dabei Raúl Castro kennenlernte. Auf Bitten Mikojans zeigte ich ihm die mir kostbaren Erinnerungsfotos in einem Album. Mikojan setzte mich von einem Beschluss des Politbüros in Kenntnis: Er sollte in den nächsten Tagen nach Havanna fliegen und dort dieselbe Ausstellung eröffnen, die er bereits in Mexiko eröffnet hatte. Die Ausstellung war verständlicherweise ein Vorwand. Das Hauptanliegen bestand darin, Kontakte mit der neuen kubanischen Regierung und dem Revolutionsführer Fidel Castro zu knüpfen. Es waren Charakter und Wege zur Wiederherstellung der kubanisch-sowjetischen Beziehungen, die unter Diktator F. Batista 1952 abgebrochen waren, zu eruieren. Mikojan schlug mir vor, ihn als Dolmetscher zu begleiten. Er verschwieg nicht, dass er mit meinen Kenntnissen über Kuba und die Revolution rechnete und meine freundschaftlichen Beziehungen mit den kubanischen Führern nutzen wollte. Er hoffte damit auf eine vertrauensvolle Atmosphäre für

die bevorstehenden Kontakte und Gespräche. Für diese Sache musste ich nicht lange überzeugt werden. Ich erklärte mich sofort einverstanden. Meine linguistischen Unsicherheiten waren nach dem Aufenthalt in Mexiko verflogen. Dort hatten sie mir sogar eine komplette Sammlung der Erzählungen des nicaraguanischen Schriftstellers Rubén Darío mit der Widmung »Dem elektronischen Übersetzer …« geschenkt. Außerdem erhielt ich für die Reise einen Partner – den Mitarbeiter des Außenministeriums Albert Matwejew.

In die Vorbereitung der Reise wurde ich nur wenig eingebunden. Ich half nur, in den Provisionsgeschäften einige Geschenke zu besorgen. Die gesamte Delegation bestand allein aus Mikojan, dem jedoch für alle Eventualitäten der russische Botschafter in Mexiko, W. I. Basykin, zur Seite gestellt wurde. Auf der langen Reise über Island und Kanada las Mikojan ein zweibändiges Werk von E. Hemingway, sicher um seine literarischen Kenntnisse in der Hoffnung auf ein Treffen mit diesem berühmten Schriftsteller von der Insel zu vervollständigen. Unsere IL-18 ging zur Landung in Havanna über. Wir klebten förmlich an den Fenstern. Uns erwartete ein Treffen mit der Revolution.

Derjenige kann sich glücklich schätzen, der einmal in seinem Leben die Sternenstunde eines Volkes erlebt hat, dass seinen Tyrannen besiegt und über alle Maßen von Freiheit und Glück berauscht ist. Alles an diesem Volk strahlte Freude und Wohlwollen aus, gleichzeitig aber auch eine strikte Würde. Obwohl Bärte nur von den Teilnehmern der Kämpfe in den Bergen der Sierra Maestra getragen werden sollten, ließ sich jeder Mann, der etwas auf sich hielt, einen Bart oder wenigstens ein Bärtchen stehen. Eine mitgeführte Waffe ordnete sie einer besonderen Kaste zu – den Überbringern der Freiheit. Die Mädchen sahen in den schicken olivfarbenen Kostümen wesentlich hübscher als in der traditionellen Kleidung aus. Und alles ringsum sang, lachte. Man schwang die Hüften und klopfte sich auf die Schultern. Es schien so, als ob man an einem beliebigen Punkt der Hauptstadt oder des Landes zu jeder Zeit die aufregenden

Klänge des »Marsches vom 26. Juli« hören konnte. Er schallte von überall entgegen. Obwohl man als Außenstehender keinerlei Ordnung vermutete, besaß alles einen ganz bestimmten Sinn. Unordnung herrschte nicht – so viel ist sicher.
Als Mikojan aus der Maschine stieg, konnte er sich dem nicht entziehen. Vor der Gangway wogte eine Menschenmenge, die sich nicht in die gewohnten Gruppierungen unterteilen ließ: Regierung, Minister und diplomatisches Korps. Empfangspublikum, Ehrenwache und so weiter. Alles war vermischt. Nur in der Mitte hob sich die Gestalt Fidel Castros wie eine Königin in einem aufgeregten Bienenschwarm hervor.
Um die Form wenigstens etwas zu wahren, fuhren die Gastgeber mit den Gästen zur Residenz. Mikojan setzte sich entgegen der Sicherheitsvorschriften vorn auf den Beifahrersitz, um die Stadt und deren Menschen besser sehen zu können. So begann das erste offizielle Treffen sowjetischer und kubanischer Staatsmänner. Der Besuch währte einige Tage und war sehr emotionsgeladen. Das Programm wurde improvisiert. Eine Überraschung folgte der anderen. Botschafter Basykin deprimierte das jedwede Fehlen einer protokollarischen Ordnung. Er gab sich Mühe, um mit der zielstrebig vorwärtseilenden Gruppe um Fidel und Mikojan physisch mithalten zu können. Für eine Reise über die Insel wurde beschlossen, den sowjetischen Hubschrauber – ein Exponat der Ausstellung – zu benutzen. Die Luftfahrttechnik, die in Hinterlassenschaft von Batista zur Verfügung stand, war verschlissen und keinesfalls vertrauenerweckend. Der eiligst herbeigeholte und kaum erprobte Hubschrauber sowie die am kubanischen Himmel unerfahrenen Piloten sorgten zweimal für Schreckensmomente. Zuerst verloren sich die Piloten fast in den Weiten der Karibik, da sie nicht über Navigationskarten verfügten. In den Tanks war nur für insgesamt dreißig Minuten Treibstoff. Fidel, ein genauer Kenner der umfangreichen Archipele an der Südküste Kubas, bemerkte die drohende Gefahr. Er ging selbst ins Cockpit, navigierte und forderte ein striktes Befolgen seiner Anweisungen. Später, als wir auf einer Holzplattform in der Nähe von Fi-

dels Jagdhütte in Laguna del Tesoro landen wollten, brach der Hubschrauber durch und sank fast in den zähen Morast ein. Die Häuser sind dort in den Sümpfen auf Pfählen gebaut. Nur die Erfahrung der Piloten ermöglichte es, die Maschine aus dieser Falle wieder hochzuziehen, und die Passagiere konnten die in der Luft hängende Maschine verlassen.
Nirgends erwarteten uns üppige Bankette. Wir aßen zum Abendbrot den Fisch, den wir kurz vorher selbst aus der Lagune geangelt hatten. Zum Mittag fuhren wir in die Kantine der Straßenbauer, wo es nur zerkochten Reis mit Wurzelgemüse gab. Wir schliefen nicht in Hotelsuiten, sondern auf dem Betonfußboden einer sich noch im Bau befindlichen Campingunterkunft. Wir hüllten uns in Soldatenmäntel ein und tranken zur Erwärmung immer mal etwas von dem aromatisch duftenden starken Kaffee, der auf der Welt einmalig ist.
Ja, und die wichtigsten Gespräche fanden nicht am Tisch statt, sondern tief in der Nacht auf den Stegen an der Jagdhütte bei lautem Konzert der gigantischen Tropenfrösche und dem Surren der Mückenschwärme. Genau dort wurde festgelegt, diplomatische Beziehungen aufzunehmen. Es wurde grünes Licht für den Handels- und Wirtschaftsaustausch gegeben.
Meine Selbstgefälligkeit als Dolmetscher erhielt einen mächtigen Seitenhieb. Mir wurde erstmals klar: Wenn sich zwei Seiten nicht absprechen können oder wollen, dann suchen beide die Schuld beim Dolmetscher. In einem der schwierigen Momente begann ich sogar, an Botschafter Basykin zu appellieren. Er war der Einzige außer mir, der sowohl Russisch als auch Spanisch verstand. »Sagen Sie bitte, übersetze ich richtig oder nicht?« Anstelle einer Antwort klopfte mir der Botschafter sanft auf den Rücken und sprach dabei: »Übersetzen Sie nur! Übersetzen Sie nur!«
Aus später folgenden Erzählungen erfuhr ich, dass ein anderer Dolmetscher in einer weitaus dramatischeren Situation schwerwiegendere Kollisionen erlitt. Während der Raketenkrise im Oktober 1962, als genau auch Mikojan komplizierte Gespräche mit den Kubanern über Wege aus der Krise führte,

»verstanden« die Seiten einander schlecht. Eines Tages dann zog Che Guevara seine Pistole aus dem Halfter und legte sie auf den Tisch. Er wandte sich an den Dolmetscher: »Ich würde mir an Ihrer Stelle eine Kugel in die Stirn schießen!« Das war die Reflexion dessen, dass beide Seiten – wie in einer schlecht inszenierten Oper – ihre Partie sangen, ohne aufeinander zu hören. Der Schuldige an der Misere war der Dolmetscher ...
Unser Besuch endete sehr erfolgreich. Es waren die Grundlagen für eine langjährige Zusammenarbeit gelegt worden. Mikojan war zufrieden. An uns gewandt sagte er: »Ja, das ist eine Revolution. Genau wie unsere damals. Mir scheint, dass ich in meine Jugend zurückgekehrt bin!« Es war zu sehen, dass ihn die kubanische Revolution verzaubert hatte.
Wenn ich mich jetzt, Jahrzehnte danach, daran erinnere, muss ich gestehen: Es hätte vieles anders laufen können, hätte die kubanische Revolution nicht in jenen Jahren in Gestalt Mikojans über einen bedeutenden und einflussreichen Schirmherren verfügt, der bis zum Ende seines politischen Lebens für die sowjetisch-kubanische Freundschaft eingetreten ist. Niemals – nicht vorher und nicht nachher – ist ein so hochrangiger Kommunist und Staatsmann in politischer Mission in Lateinamerika gewesen; den protokollarischen Besuch von A. N. Kosygin zum 150. Jahrestag der Mai-Revolution in Argentinien 1960 nicht mitgerechnet. Mikojans Seele brannte für Kuba und für den gesamten »feurigen« Kontinent, wie die Journalisten Lateinamerika damals gern nannten. Mikojans Sohn, der bereits verstorbene Sergo Anastasjewitsch, beendete, nicht ohne Einfluss des Vaters, seine Studien über die Geschichte von Pakistan und Indien und widmete sich über viele Jahre der lateinamerikanischen Problematik. Er gründete die Zeitschrift *Lateinamerika* in Moskau, deren Chefredakteur er war.
Für kurze Zeit kehrte ich zum Unterricht in die Aufklärerschule zurück. Dort wurde ich wie eine »heilige Kuh« behandelt. Niemand bestrafte mich für schlecht erledigte Hausaufgaben. Von den Pflichten gemäß Statut war ich befreit. Die Dozenten schauten sogar mit einiger Furcht auf mich, und die Kollegen –

mit Bewunderung. Es schien, als breite der Erfolg seine weichen unsichtbaren Flügel über mir aus.
Ich selbst verhielt mich zu allem, was vorging, wie bei einer aktiven Beteiligung an einem bestimmten politischen Glücksspiel. Die äußeren Umstände – die Fahrten zum Kreml, die Treffen mit dem damaligen Leiter der Aufklärung, A. M. Sacharow, die Aufmerksamkeit der Presse, meine Studienfreude – gingen mich nichts an. Bald hatte ich meinen ersten eigenständigen Auftrag zu erfüllen.
Mikojan hatte viele Informationen von der Insel der Freiheit mitgebracht. Nikita Chruschtschow war nunmehr fest entschlossen, die Gunst der Stunde zu nutzen, um den neuralgischen Punkt der USA in der Karibik zu stabilisieren. Es ergab sich eine realistische Chance dafür, es den USA mit gleicher Münze heimzuzahlen, die sie bezüglich der UdSSR am Ende des Zweiten Weltkriegs genutzt hatten. Vor der Entwicklung der strategischen Interkontinental-Atomraketen waren die amerikanische Luftwaffe und Marine die Hauptfaktoren der strategischen Vormachtstellung der USA gegenüber der UdSSR. Alle wichtigen administrativen und industriellen Zentren der UdSSR befanden sich in Reichweite der amerikanischen Luftwaffe und Marine, die mit Langstreckenbombern ausgerüstet waren. Das Territorium der USA jedoch blieb für die Kampftechnik der UdSSR bis in die Mitte der fünfziger Jahre unantastbar. Mit welcher Freude wohl hätten die USA auf ewig diesen Zustand zementiert! Das war der blauäugige und leicht zu enträtselnde Traum der Washingtoner Politiker. Sie wollten dauerhaft über die ungestrafte folgenlose Möglichkeit verfügen, überall in der Welt Militärschläge gegen jeden beliebigen Widersacher verüben zu können!
Doch welcher anständige Staat gibt sich mit der Rolle eines beleidigten Schülers zufrieden, dem jederzeit körperliche Gewalt zugefügt werden könnte? Der Gedanke an einen möglichen Gegenschlag ging den sowjetischen Führern während der gesamten Nachkriegszeit nicht aus den Köpfen. Der verstorbene Marschall der Sowjetunion S. F. Achromejew erzählte einmal,

dass Stalin nach einer Rede Churchills in Fulton (1946) den Auftrag erteilte, die Stationierung einer Armee auf der Halbinsel Tschukotka für einen Angriff auf Alaska zu prüfen. Diese Aktion sollte eine Variante der möglichen Vergeltung beziehungsweise Antwort auf einen drohenden militärischen Luftschlag oder eine Marine-Invasion sein. Die Armee sollte circa eine Million Mann stark sein. Die Weisung Stalins wurde befolgt, und die Offiziere des Generalstabs führten die entsprechende Arbeit durch. Berechnungen zeigten die unwahrscheinlich hohen Kosten für den Aufbau und die Sicherung der Kampfbereitschaft einer solch großen Gruppierung unter den kargen und rauen Bedingungen des Polargebiets auf. Und Stalin musste, bei all dem ihm eigenen hemmungslosen Voluntarismus, die Gegebenheiten berücksichtigen. Vom Plan einer arktischen Armee wurde Abstand genommen. Gleichwohl wurde eine andere Idee geboren – im Zentrum Europas, im okkupierten Teil Deutschlands, eine mächtige Faust in Form von Panzertruppen zu schaffen, die ein Gegengewicht zu der immer mächtiger werdenden Luft- und Marinemacht der USA darstellte. Natürlich hätte eine solche Faust niemals das Territorium der USA erreichen können, aber deren Position in Europa wäre grundsätzlich bedroht gewesen. Mit den Jahren nahm die Kampfstärke der Panzerverbände der Sowjetarmee auf dem Territorium der 1949 gegründeten Deutschen Demokratischen Republik zu und erreichte zeitweise 40.000 Fahrzeuge verschiedener Größen und Einsatzbereiche.
Jetzt, nach dem Sieg der nationalen Befreiungsrevolution auf Kuba, die zum Sturz des diktatorischen Regimes des proamerikanischen Handlangers F. Batista führte, ergaben sich neue Möglichkeiten. Eine war die Schaffung eines, vielleicht auch nur theoretischen, kleinen Gegengewichts zu den Vereinigten Staaten auf der westlichen Erdhalbkugel. Natürlich war zu der Zeit keinesfalls die Rede von irgendeiner Ansiedlung sowjetischer Militärstandorte in der Neuen Welt. Chruschtschow wollte nur verstärkt Unterstützung bei der Ausrüstung der kubanischen Armee leisten, damit diese selbständig jeglichen

Aggressionsversuchen seitens der Verbündeten oder der Söldner der USA begegnen konnte. Diese wollten eine Bewaffnung des aufmüpfigen Castro nicht zulassen.

Im Mai 1960 wurde bekannt, dass der kubanische Verteidigungsminister Raúl Castro in die Tschechoslowakei gefahren war. Die Reise fand in der Hoffnung statt, dass er einen Teil der früher von den Deutschen erbeuteten Waffen aus dem Zweiten Weltkrieg würde kaufen können. Mich hatte der Leiter der Aufklärung zu sich beordert und gab mir meinen ersten Auftrag. Er bestand in Folgendem: Ich sollte nach Prag fahren und im Haus des Vertreters des KGB meine Unterkunft beziehen. Dann sollte ich eine Möglichkeit finden, Kontakt mit Raúl Castro nur auf Basis der persönlichen Bekanntschaft aufzunehmen. Keinesfalls hatte ich mich dabei an die tschechoslowakischen Genossen oder an die Botschaft der UdSSR zu wenden. Beim Zusammentreffen mit Raúl Castro wäre die Nachricht zu übermitteln, dass ihn Nikita Chruschtschow persönlich nach Moskau einlädt, um Fragen der bilateralen Beziehungen zu erörtern.

Eine solch ungewöhnliche Methode der Kontaktaufnahme zwischen zwei Staatsoberhäuptern verwirrte mich nicht. Ich wusste, dass die sowjetische Botschaft in Havanna noch nicht in vollem Umfang funktionsfähig war. Außerdem verfügten die Kubaner noch nicht über ein System der Nachrichtentechnik mit sicherer Codierung. In Moskau gab es noch keinen kubanischen Botschafter. Zur Unterstützung erhielt ich ein »Onkelchen« – ein erfahrener alter Oberst der Aufklärung, aber der war überflüssig.

Ich fuhr also nach Prag. Machte mich mit der Lage vertraut. Ich merkte, dass die Sache gar nicht so einfach war, wie sie erschien. Die größte Schwierigkeit bestand darin, dass Raúl Castro ständig von vielen Sicherheitskräften umlagert war. Ohne vorher veröffentlichtes Programm fuhr er durch die Stadt und über Land. Er wohnte in einer Villa in einem für die Öffentlichkeit unzugänglichen Stadtbereich. Mein »Mentor-Onkelchen« sah ganz verstört aus. Nach einigem Überlegen wurde

der einfachste Plan gewählt. Wir beschlossen, dass ich mich in der Stadt auf eine Bank an der Straße setzen würde, und zwar dort, wo die Fahrzeugkolonne auf jeden Fall auf dem Weg zur Residenz vorbeikäme. Der Plan war der, dass Raúl mich erkennen und anhalten würde. Alles Weitere würde ich künstlerisch improvisieren. So machten wir es auch. Ich setzte mich auf eine Bank (zu in etwa der Zeit, wenn Raúl zum Mittagessen fahren würde) mit einer Riesentüte frischer Kirschen in der Hand. Meine Seele erfreute sich nach dem langen russischen Winter und der nachfolgenden Kühle eines verspäteten Frühlings an den saftigen Früchten. Ich erinnere mich nicht, wie viele Kirschen ich während der langen Wartezeit an der leeren Straße gegessen habe, aber seitdem kann ich Kirschen nicht mehr ersehen. Endlich kam ein Konvoi schwarzer Autos. Ich schaute wie hypnotisiert darauf, und wahrscheinlich blickten sie von da ebenso auf den eigenartigen Mann, so allein mit seiner Tüte auf der Bank.
Plötzlich bremste das erste Fahrzeug scharf, und aus dem »Tatra« stieg Raúl Castro. Er fragte vollkommen erstaunt: »Nikolai, was machst du hier?« Ich antwortete ebenso »verwundert«: »Meine Güte, was für ein Zufall! Ich bin hier, um mir die Spartakiadewettkämpfe anzusehen, habe mich etwas hingesetzt – und nun dieses angenehme Zusammentreffen, kaum zu glauben!« Natürlich bat er mich, mitzukommen. Ich stieg ein, und wir fuhren zur Villa. Dort angekommen, erklärte ich, so gut ich konnte, den tschechoslowakischen Sicherheitsbeamten, wer ich bin und woher ich Raúl kenne. Ich musste sogar meinen Diplomaten-Reisepass zeigen. Die Tschechen beruhigten sich etwas, ließen mich aber nicht aus den Augen.
Ich erhaschte einen Moment mit Raúl allein, als er mich mitnahm, um mir ein Souvenir zu schenken.
Flüsternd klärte ich ihn auf, dass ich natürlich nicht zufällig da war. Entsprechend dem Auftrag lud ich ihn nach Moskau ein. Er wurde sogleich ernst und antwortete, dass er sich dazu mit Havanna beraten müsse. In zwei, drei Tagen bekäme ich von ihm eine Nachricht. Bis dahin lud er mich ein, seine Delegati-

on mit der Berechtigung eines alten Freundes zu begleiten. Ich war in Betrieben, auf Weinbergen in der Nähe von Melnik und bei Sportveranstaltungen.

Die Tschechen nahmen den Abgesandten der kubanischen Revolution ziemlich verhalten auf. Die Verhandlungen über den Waffenverkauf führten sie in zähem Ringen um jeden Cent. Kleinliche Berechnungen überwogen die politische Nähe. Was sollte man machen? Irgendjemand erzählte, dass die Tschechen während des Zweiten Weltkriegs fast ein Drittel der Waffen für die Hitlerarmee herstellten. Sie drückten ihren Protest insbesondere damit aus, dass sie in schwarzer Bekleidung arbeiteten. Das bedeutete, bei der Produktion von Gewehren trugen sie Trauer für diejenigen, die mit diesen Gewehren erschossen werden würden.

Nach zwei Tagen bekam Raúl das »Aceptado« für eine Reise nach Moskau. Für mich bedeutete das die umfassende Erledigung meines Auftrags. Leichten Herzens bereitete ich mich auf die Heimreise vor. Die zweieinhalb Stunden Flugzeit mit der TU-104 von Prag nach Moskau vergingen unmerklich: Wir schwelgten über vergangene Zeiten. Mit großem Interesse hörte ich seine Berichte über die Revolutionskämpfe an. Wir vergaßen sogar die Kluft, die uns jetzt vom protokollarischen Standpunkt her trennte. Meine sowjetischen Tschekisten erinnerten mich aber umgehend wieder daran.

Fast gleichzeitig traten wir aus der Maschine. Unten an der Gangway erwartete ihn eine Menge Marschälle und Generäle in Grau-Gold. Ich konnte die Gesichter so schnell nicht erkennen, als mich irgendwoher kräftige Hände packten und unter den Rumpf des Flugzeugs zogen. Raúl blickte sich um und sah mich von einem Duzend Männer umzingelt und konnte nur rufen: »Nikolai, wir treffen uns auf jeden Fall noch!« Das rettete mich, weil einer dieser Wachmänner, sicher ein Aktivist im sozialistischen Wettbewerb, mir gerade schmerzhaft mit seiner Hammerhand in die Seite boxte.

Die erste Reise Raúl Castros nach Moskau erwies sich als nützlich. Es wurden erste grundlegende Absprachen über Waffenlieferungen getroffen und die Entsendung von Beratern vereinbart. Sie sollten aus der Gruppe der sich in Moskau befindlichen ehemaligen Exil-Spanier kommen, denn sie hatten in unserer Armee gedient und besaßen Erfahrungen aus dem Zweiten Weltkrieg. Darüber erfuhr ich jedoch erst später von Freunden. Unsere Militärs achteten fürchterlich darauf, dass ihre Unterredungen nur von ihren eigenen Sprachmittlern, den Militärdolmetschern, übersetzt wurden. Sie dachten wohl, dass ihre Geheimnisse damit noch geheimer würden. Für die erfolgreiche Ausführung meines ersten Kampfauftrags erhielt ich eine Prämie in Höhe eines Monatssoldes von 150 Rubel. Ich wurde vom Ablegen der Abschlussprüfungen an der Aufklärerschule befreit. In das selbständige Leben entlassen wurde ich mit einem an der Schule selten gehandhabten Aufstieg zum Obersicherheitsbeauftragten.

In jener Zeit wurden unter dem mächtigen Einfluss der kubanischen Revolution in allen sowjetischen Behörden, die in irgendeiner Weise mit dem Ausland zu tun hatten, Strukturveränderungen vorgenommen. Sie waren an dem Schutz der Revolution orientiert. In der Akademie der Wissenschaften reifte ein Plan zur Gründung eines lateinamerikanischen Wissenschafts- und Forschungsinstituts und wurde auch bald darauf umgesetzt. Im Außenministerium entstand eine Lateinamerika-Abteilung. Bei der Aufklärung wurde vom gesamten amerikanischen Bereich nunmehr ein lateinamerikanischer abgetrennt. Kuba veranlasste alle, anders auf den gesamten Kontinent zu blicken. Bis dahin hatte dieser traditionsgemäß immer den letzten Platz im Prioritätensystem der sowjetischen Führung innegehabt.

Ich kam in der Aufklärung in einen neuen Bereich und bekam sofort die kubanische Abteilung unterstellt, das heißt, ich war gleichzeitig deren Leiter und einziger Mitarbeiter. Man gab mir zwei Aufgaben:

1. Ich hatte die Arbeit der Agenten in Lateinamerika zu koordinieren und zu sondieren, über welche Möglichkeiten sie bei der Recherche von Informationen über bevorstehende Aktionen gegen das revolutionäre Kuba verfügten.

2. Ich sollte aus erfahrenen Mitarbeitern und Ruheständlern der Staatssicherheit eine Gruppe auswählen, die als Berater und Konsultanten zu unseren beruflichen Belangen fungieren konnten.

Ich stürzte mich mit Feuereifer auf meine neuen Aufgaben, aber meine Vergangenheit als Dolmetscher und meine persönlichen Bekanntschaften mit Vertretern der kubanischen Regierung ließen oft längerfristig eine kontinuierliche Erledigung meiner unmittelbaren Dienstpflichten nicht zu.

Im November 1960 kam Che Guevara mit einer Gruppe von Fachleuten nach Moskau, um in den sozialistischen Ländern mindestens zwei Millionen Tonnen kubanischen Zuckers zu vermarkten. Zu dieser Zeit waren die kubanisch-amerikanischen Diskrepanzen weit fortgeschritten, und die Wirtschafts- und Handelsblockade der Insel war nicht mehr nur eine Gefahr, sondern Realität. Da ich Che Guevara kannte, wurde ich als Dolmetscher hinzugebeten. Ich hatte ja diesen hervorragenden Menschen im Sommer 1956 in Mexiko kennengelernt. Für immer im Gedächtnis geblieben sind mir der unvergleichliche Glanz seiner Augen wie auch seine weiche ruhige Stimme, die die Klarheit seiner Gedanken und die Standhaftigkeit seiner Überzeugung prägten. Freudig erklärte ich mich einverstanden. Nikita Chruschtschow tat alles dafür, damit Che Guevaras Mission glückte. Er berief alle Vertreter der sozialistischen Länder beim Rat für Gegenseitige Wirtschaftshilfe nach Moskau ein. Dort erhielt Che Guevara die Möglichkeit, sie von der Notwendigkeit der sozialistischen Solidarität durch den Abkauf kubanischen Zuckers zu überzeugen. Die UdSSR erklärte sich sofort mit dem Ankauf von 1,2 Millionen Tonnen Zucker einverstanden; es blieben noch 800.000 Tonnen unterzubringen. Die Gespräche mit den anderen Ländern verliefen ohne großen Enthusiasmus, aber auch ohne unüberwindbare Schwierigkeiten. Am Ende gab es einen Markt für den gesamten kubanischen Zucker. Wenn mich mein Gedächtnis nicht täuscht, dann war Che Guevara der erste Ausländer nach der Beisetzung Stalins, der auf der Bühne am Lenin-Mausoleum auf dem Roten Platz stand, und zwar am 7. November 1960 und genau dort, wo immer an Feiertagen die sowjetische Regierung ihren Platz hatte. Ich erinnere mich daran, dass ich zitternd vor Kälte mit ihm auf den Granittribünen am Nikolsker Turm stand, als ein Beauftragter von N. Chruschtschow kam und Che Guevara auf die Tribüne am Mausoleum bat. Che sagte ab, weil er sich so einer Ehre nicht für würdig erachtete. Aber der Beauftragte kehrte kurz darauf noch einmal zurück und bekräftigte die Einladung. Da konnte Che nicht mehr ablehnen und folgte der Bitte.

Abends im Hotel *Sowjetskaja*, in dem die Delegation Quartier bezogen hatte, erwärmte sich Che an Kaffee, ließ nach links und nach rechts Witze und spitze Bemerkungen fallen. So fragte er den Kellner, der den Kaffee brachte:

»Sagen Sie bitte, was ist das?«

»Wie, was? Kaffee«, wunderte sich dieser.

»Sagen Sie mir bitte, wie Sie den zubereiten?«, fuhr Che schelmisch lächelnd fort.

»Einfach«, tappte der Kellner in die gestellte Falle, »wir nehmen ein Glas Wasser, lassen es kochen und geben einen Teelöffel Kaffeepulver dazu.«

»O Herr, für einen echten Kaffee muss man die Proportionen umkehren, auf ein Glas Kaffeepulver gehört ein Teelöffel heißes Wasser«, erklärte Che unter dem Gelächter der Anwesenden. Er hatte die Angewohnheit, nie mit seinen Bemerkungen moralisieren zu wollen.

Wenn man auch daran denkt, wie er gegen ein damals unter den Revolutionären verbreitetes Übel kämpfte: Sie vermochten es nicht, ihre Zeit einzuteilen und zu nutzen. Einmal musste er völlig allein zu Gesprächen ins Außenhandelsministerium fahren. Das nur deshalb, weil sich niemand von der Delegation zu der verabredeten Zeit am Hoteleingang eingefunden hatte. Abends nahm er mich beiseite. Er bat mich, für den nächsten Tag eine Exkursion für die gesamte Delegation in das Arbeitszimmer W. I. Lenins im Kreml zu organisieren. Bei dem Rundgang sollte das Hauptaugenmerk auf Lenins Kampf um

Disziplin in den Führungsebenen von Partei und Regierung gelegt werden. So machten wir es. Man hätte die Gesichter seiner Mitarbeiter sehen sollen, als sie hörten, dass Lenin jeden, ungeachtet seiner Stellung, für die erste Verspätung mit einer Rüge strafte, für die zweite Verspätung mit einer materiellen Strafe, und später konnte auch die Kündigung folgen. Danach war die Einhaltung der Disziplin in der Delegation kein Thema mehr.

Die russischen Menschen sind von Natur aus sehr gastfreundlich. Für sie ist es eine große Ehre, wenn ein lieber Gast ihr Haus besucht. Wir luden Che Guevara im Namen der für und auf Kuba tätigen beziehungsweise tätig gewesenen Gruppe zu einem Gastempfang in heimischer Atmosphäre ein. Wir haben lange überlegt, in wessen Wohnung wir ihn einladen sollten. Wir wohnten alle mehr als bescheiden. Dann entschieden wir uns für die Wohnung von Alexander Iwanowitsch Alexejew, der unabhängig von seiner Dienststellung (sein Werdegang war vom Korrespondenten bis zum Botschafter der UdSSR in Havanna verlaufen) immer ein zuverlässiges und effektives Bindeglied zwischen Fidel Castro und Nikita Chruschtschow darstellte. Damals hatte dessen Familie eine einfache Wohnung in einem pompösen Hochhaus an der Kotelnitscheskaja-Uferstraße. Den Abend richtete seine liebenswürdige umsichtige Frau Tatjana Wasiljewna aus. Mir fällt es schwer, wiederzugeben, mit wie viel Seele und Mühe sie den Tisch gestaltet hatte. Und was für eine Enttäuschung riefen dann die Worte von Che hervor, der nach dem Anblick der gesamten Kaviar- und Fischköstlichkeiten leise sagte: »Señores, leider kann ich wegen meines Asthmas gar keinen Fisch essen. Wie schade, dass Sie sich umsonst bemüht haben.« Er setzte sich, drehte seinen leeren Teller mit dem Boden nach oben, sah dort das Firmenzeichen eines bekannten französischen Porzellanherstellers und rief: »Ich wusste gar nicht, dass das Proletariat von Sèvres-Porzellan isst.« Alle verstummten nach einem solchen Auftakt. Che, der die gewisse Verlegenheit bemerkte, lächelte breit und entwaffnend: »Ärgern Sie sich nicht. Helfen Sie mir bitte, die Verlegenheit zu überwinden. Ich bin doch das erste Mal in einem russischen Zuhause.«

Schwere Ketten fielen von der Seele, und es wurde ein angeregtes Gespräch geführt, das von zwei Themen beherrscht wurde. Auf unsere nachdrückliche Frage, ob die kubanische Revolution standhält, antwortete Che: »Ich weiß nicht, ob sie bestehen kann. Zu groß sind die Kräfte, die sie vorwärtsbringen und die ihr entgegenstehen. Ich kann nur mit Bestimmtheit sagen, dass ich sie bei Gefahr nicht im Stich lasse. Ich werde ein Maschinengewehr nehmen und auf die Barrikaden gehen. Ich werde bis zum Ende kämpfen. Wenn die Revolution stirbt, dann sucht mich nicht unter den Leuten, die sich in ausländischen Botschaften verstecken, die mit Schiffen oder Flugzeugen flüchten. Ihr findet mich unter den gefallenen Verteidigern. Mir genügt die traurige Erfahrung der Niederschlagung der guatemaltekischen Revolution im Jahr 1954. Etwas anderes möchte ich nicht.«

Dort hörte ich zum einzigen Mal seine Erzählung über eine unvorstellbare Geschichte. Im Juni 1954, bereits nachdem die Stadt Guatemala von Söldnern des Castillo Armas, die vom CIA angeworben und ausgebildet worden waren, eingenommen war, passierte das:

Der gewählte Präsident des Landes, Oberst Jacobo Árbenz, versteckte sich in der mexikanischen Botschaft. In der Nacht, als die Söldner freudetrunken ihren »Sieg« feierten, ging eine dieser Gruppen in ein »Freudenhaus«. Sie sahen unter den Besuchern zwei junge Männer in der Uniform von Kadetten der Militärschule. Die Banditen begannen, sich über sie lustig zu machen und sie zu verspotten. Unter vorgehaltener Waffe wurden die ängstlichen Kadetten gezwungen, sich nackt auszuziehen und unter dem Gelächter der sensationslüsternen Mädchen und der betrunkenen Gäste zu tanzen. Das Ganze dauerte lange. In der Kaserne war schon lange das Signal zum Zapfenstreich verklungen.

Als schließlich die müden Kämpfer die Kadetten freigaben, war es bereits weit nach Mitternacht. Die Schultore waren fest ver-

riegelt, und die verspäteten Schüler kamen nicht hinein. Der Wachhabende wurde durch Klingeln geweckt und beschloss jedoch, nicht gegen die festgelegte Ordnung zu verstoßen. So weckte der wiederum den Schulleiter. Der altgediente Oberst geriet in Wut, als er sich den Bericht der aufgeregten Kadetten bis zum Ende angehört hatte: »Ja, wie können diese Halunken es wagen, die Ehre und den Stolz eines guatemaltekischen Soldaten so zu verletzen? Blasen Sie zum Aufbruch! Wir werden es ihnen zeigen!«
Eine Stunde später rückte eine Kolonne Kursanten in voller Kampfausrüstung unter Begleitung eines Panzerfahrzeugs in die Stadt. Bis zum Morgen durchkämmten die Patrouillen der Kadetten Restaurants, sämtliche Brennpunkte und Schlupflöcher und brachten die betrunkenen und wenig zurechnungsfähigen Söldner auf den zentralen Platz. Der Oberst erklärte ihre Gefangennahme. Er wandte sich mit einer kurzen Rede an die in der Morgenkühle ausnüchternden Söldner: »Ihr Hundesöhne, vergesst nie, dass euer Sieg ein Ergebnis politischer Intrigen ist! Ihr habt die Kommunisten gestürzt, aber ihr habt die professionelle guatemaltekische Armee nicht besiegt, weil sie Neutralität bewahrt und nicht gegen euch gekämpft hat!«
Nach diesen Worten befahl er, den Söldnern die Hosengürtel abzunehmen und die Hosenknöpfe abzuschneiden. Nachdem dies geschehen war, zog die Kolonne – jeder hielt die Hosen mit den Händen fest – in »feierlicher Parade« genau dort vorbei, wo Stunden vorher Söldner die Kadetten vorgeführt hatten.
Nach diesem Racheakt gingen alle wieder ihrer Wege. Der Oberst führte die Kursanten in die Schule. Die Söldner verteilten sich auf ihre »Standorte«. Erst am Morgen wurden Castillo Armas und der Botschafter der USA darüber in Kenntnis gesetzt. Sie verstanden die ganze Gefahr des Geschehens. Der Schulleiter wurde sofort auf die erste freie Stelle als Militärattaché im Ausland umgesetzt. Die Söldner wurden alle unter ein Dach geholt. Es wurden alle Sicherheitsmaßnahmen getroffen. Seinen Bericht beendete Che mit den Worten: »Viele der in den Botschaften untergekommenen früheren Staatsdiener sahen aus

dem Fenster, aber niemand ging heraus und hat sich entschlossen, dem Oberst zu gratulieren, ihn zum Verteidigungsminister zu ernennen oder die sich spontan ergebene Konterrevolution anzuführen. Das sind die Früchte der Demoralisierung.«
Che Guevara beschrieb an diesem Abend grundlegend sein Verständnis von der Rolle eines politischen Führers. Seiner Meinung nach hat kein Staatsmann, dem das Volk das Schicksal des Landes in Wahlen anvertraut hat, das moralische oder juristische Recht, wegen eigener Schwäche oder unter dem Druck der Ereignisse selbst abzudanken. Er ist einfach verpflichtet, bis zum Ende zu kämpfen, zu sterben. Im anderen Fall verrät er das Volk, das ihm vertraut hat. Das sagte er auf den damaligen Präsidenten Guatemalas Jacobo Árbenz bezogen, der sich feige vor den amerikanischen Söldnern zurückzog und dessen Leben schändlich im Exil endete; er ertrank im Drogenrausch in der eigenen Badewanne.
Jetzt, wo ich auf die rauchenden Trümmer Russlands blicke, denke ich oft an die Worte von Che Guevara. Was würde er über die endlose Folge unserer politischen Pygmäen sagen?
Ende November 1960 bat mich Che Guevara, mit ihm nach Nordkorea und China zu fliegen. Er war sich nicht sicher, ob es dort einen Koreanisch-Spanisch-Dolmetscher geben würde und über Russisch wäre eine Sekundärübersetzung ja möglich. Außerdem wäre es, falls notwendig, möglich gewesen, wichtige Informationen über Moskau nach Havanna zu senden. Aber die Koreaner, die sich zu jener Zeit komplett nach China orientierten, hielten mich vollständig von der kubanischen Delegation fern. Zu der Zeit hatten sich die Beziehungen zwischen der UdSSR und China sehr verschlechtert. Kim Il-sung führte die Gespräche mit Che auf Chinesisch. Ich konnte ihn nur mit Informationen aus Havanna versorgen, die über Moskau für ihn eintrafen. Der Osten ist der Osten – das sollte man verstehen. Im aufflammenden sowjetisch-chinesischen Konflikt nahm Che Guevara eine taktisch kluge Position ein. Er gab weder den Versuchen der einen noch den der anderen Seite nach, sondern bewahrte seine Meinungs- und Handlungsfreiheit. Aber

es kam mir vor, als ob er eher zum chinesischen Standpunkt tendierte. Er äußerte sich in unseren Gesprächen ausnahmslos gut über China. Er sagte, dass ihm erst nachdem er sich in China aufgehalten hatte, klargeworden war, was für die asiatischen Länder Sozialismus bedeutete: Es ist der einzige Weg, die soziale und wirtschaftliche Rückständigkeit zu überwinden. Eigentlich war ich stolz auf meine Teilhabe an der Festigung der sowjetisch-kubanischen Beziehungen. Ich merkte aber, dass ich als Aufklärer mit einer Arbeit in den kapitalistischen Ländern nützlicher sein könnte. Die Ereignisse, die sich bald darauf in der Schweinebucht und an der Playa Girón entwickelten, überzeugten mich endgültig davon, dass mein Platz »auf dem Feld« und nicht in den Regierungsvillen oder am Verhandlungstisch war. Ich stellte einen Antrag auf Einsatz hinter der Grenze, an vorderster Front.

Die dramatischen Tage der Invasion der Söldner auf Kuba im April 1961 verbrachte ich fast ununterbrochen im Büro des damaligen Leiters des KGB, Semitschastny, in dessen Auftrag ich die gesamten Informationen sichtete, die der KGB erhielt. Ich berichtete ihm alle zwei, drei Stunden und versorgte ihn mit meinen Einschätzungen und Prognosen zur Lage. Ich ging dabei ganz pragmatisch vor. Ich hängte an der Wand zwei großflächige Karten auf. Die hatte mir der Generalstab zur Verfügung gestellt. Auf den Karten bildete ich die militärischen Handlungen ab, und zwar so: Auf einer stellte ich den Verlauf entsprechend der Meldungen der amerikanischen Informationsagenturen dar. Auf der anderen nahm ich die Darstellung vor entsprechend der Meldungen unserer Leute, die auf Kuba waren und Kontakt zur kubanischen Regierung hatten. Nach einigen Stunden wurde klar, dass die Amerikaner schamlos logen. Deren Berichterstattung war ganz einfach Teil einer psychologischen Beeinflussung der kubanischen Bevölkerung. Unsere Experten berichteten persönlich über Ereignisse von den Orten, die laut der Nachrichtenagenturen der USA schon seit langem von den eindringenden Truppen erobert oder von aufständischen Anti-Castro-Kräften eingenommen worden waren. Und dabei wurde mir klar, dass jede Lüge, noch dazu, wenn sie von einem Staat initiiert wird, ein Zeugnis der Schwäche und Unmoral ist – unabhängig davon, welcher Staat zur Lüge greift.

In Mexiko, an vorderster Front

Nach der Zerschlagung der Invasionsbrigade in Girón begann ich mich, auf meine Abfahrt nach Mexiko vorzubereiten. Dorthin wurde ich als Dritter Sekretär der Botschaft beordert.
Mexiko war aus zwei Gründen für mich ausgewählt worden: Zum Ersten war ich ja schon einmal in den Jahren 1953 bis 1956 in dem Land gewesen, wo ich sogar das Glück hatte, fast zwei Jahre am Lehrstuhl für Philosophie und Literatur der National-Universität zu studieren. Ich beherrschte die spanische Sprache ziemlich gut, und ich hatte bereits einen Freundeskreis. Eine Eingewöhnungszeit in dem Land brauchte ich nicht. Ich hatte dieses zauberhafte Land bereits liebgewonnen, sein Volk und seine eigenwillige Kultur. Die Kenntnis seiner Geschichte begeisterte mich. Das dramatische Schicksal Mexikos, beginnend mit der Eroberungsexpedition Hernán Cortés' und endend mit der Revolution 1910–1918, ist geprägt von endlosen Versuchen ausländischer Eroberer, das freiheitsliebende Volk zu versklaven. Spanische, französische, englische und vor allem amerikanische Horden trampelten das Land nieder. Der fortwährende Kampf um die Unabhängigkeit hinterließ Wirkung auf die soziale Psyche der Mexikaner. Dieses friedliche und freundliche Volk hat die wahrscheinlich militanteste Nationalhymne. Sie besteht nicht aus Strophen, sondern beinhaltet einen Aufruf zum Kampf. Der andere Hauptgrund für meine Entsendung nach Mexiko war die Bestimmung der USA zu meinem wesentlichsten Tätigkeitsfeld als Aufklärer. In Mexiko lebte ständig eine große Anzahl Amerikaner. Für viele Jahre wurde das Aufdecken der Geheimnisse der Amerikaner Ziel meiner Arbeit. Diese Aufgabe wurde mir von der Führung der Aufklärung übertragen und entsprach voll meinem persönlichen Anliegen. Die USA waren für mich nicht nur der offizielle »Hauptgegner«, sondern auch der tatsächliche

Feind meines Vaterlands. Natürlich spielte bei der Ausprägung des Verhältnisses zu den USA auch die verordnete staatliche Propaganda mit ihrem Feindbild eine Rolle. Aber eine bedeutende Schule hierfür lag in der Geschichte. Die Vorfahren der heutigen in Wohlstand lebenden Yankees trugen Schuld an der physischen Vernichtung der indianischen Ureinwohner Amerikas. Wobei dieser Genozid zu einer Zeit geschah, als in Europa allerorten das Recht zur Grundlage in Staat und Gesellschaft erklärt wurde.

Vor meinen Augen erschien die Geschichte der spanischen Kolonialisierung Lateinamerikas, die ja ein paar Jahrhunderte eher erfolgte als die der USA. Unter den Spaniern gab es auch Verteidiger der Rechte der Indianer, solche wie der unsterbliche Bartolomé de Las Casas. Die Eroberer vermengten sich schnell mit den Ureinwohnern. Selbst Hernán Cortés hatte die Tochter eines indianischen Kaziken geheiratet. Mit der Zeit dominierte in den großen Weiten Lateinamerikas die Rasse der Mischlinge. Sie waren aufgrund der Vermischung der zwei dominierenden Rassen entstanden. Völlig anders lief es im Norden des amerikanischen Kontinents. Dort wurden in den Indianern Feinde der Weißen gesehen, die vernichtet werden mussten. Ihr Abbild in der amerikanischen Literatur und Kunst war über lange Zeit die erschreckende Gestalt des Bösen. Überhaupt habe ich bemerkt, dass die Vertreter der romanischen Völker Europas – die Spanier, Franzosen, Portugiesen, Italiener – menschlicher, wenn man das so sagen darf, im Verhältnis zu den Kolonialisierten waren als die Angelsachsen. Letztere haben sich als wilde Rassisten erwiesen. Sie haben sich unverhältnismäßig gegenüber der Urbevölkerung verhalten. Sie lebten ihr herrschaftliches Leben in abgetrennten Stadtteilen und Siedlungen und hinterließen fast nirgendwo große Gruppen einer Mischlingsbevölkerung. Auch jetzt wachsen die aus Afrika immigrierten Schwarzen in den USA zahlenmäßig ständig, jedoch ohne nennenswerte Ausprägung von Mulattengenerationen, wie das zum Beispiel bei denselben Afrikanern auf Kuba oder in Brasilien geschieht. Nachdem sich die USA

etwas etabliert hatten, warfen sie jeglichen Anstand über Bord und gingen zu einer verschärften imperialistischen Aggression über. Im Krieg 1846–1847 eroberten sie zwei Fünftel des mexikanischen Territoriums. Nach einigen Jahren gelang ihnen die Eroberung Nicaraguas. Sie führten dort die Sklaverei ein. Weiterhin hatten sie vor, ganz Mittelamerika zu okkupieren, erlitten aber eine Niederlage. Die Liste internationaler Übergriffe könnte man endlos fortführen. Der letzte war die Panama-Invasion im Dezember 1989. »Der große Knüppel« – das Symbol der USA-Politik auf der Westhalbkugel – hat auf ewig Bestand, obwohl sich die Etikette nicht nur einmal gewandelt haben.
Im Verhältnis zur UdSSR haben die Vereinigten Staaten immer eine gegnerische Position bezogen.
Unmittelbar nach Beginn des Bürgerkriegs 1918 kamen Truppen der Vereinigten Staaten auf das Territorium Russlands – nach Archangelsk und in den Fernen Osten. Sie wollten die separatistischen Bestrebungen der dortigen Herrscher unterstützen.
Ich weiß, wie empfindlich die Amerikaner selbst in Fragen der Anwesenheit ausländischer Militärangehöriger auf ihrem Territorium reagieren. Einmal während der Gespräche über ein Gastspiel des Alexandrow-Ensembles in den USA, dessen Repertoire Lieder und Tänze umfasste, redeten die amerikanischen Vertreter und die Presse ganz ernsthaft davon, dass der Auftritt ausländischer Militärangehöriger in Uniformen und mit Abzeichen auf amerikanischem Territorium als feindliche Übergriffe ausgelegt werden könnten. Mit dieser Begründung bestanden sie darauf, dass das Ensemble in ziviler Bekleidung auftrat.
Mir als Russe tut es bis jetzt weh, wenn ich die historischen Filmdokumente der Jahre 1918/19 sehe, die amerikanische Kriegsschiffe in unseren Häfen zeigen. US-Marineinfanterie marschiert durch die Straßen unserer okkupierten Städte. Soweit ich mich erinnern kann, hatten wir sie nicht eingeladen.
Die USA waren 1933 die letzten der Westmächte, die Sowjetrussland anerkannten.

Während der Jahre des Zweiten Weltkriegs warteten wir Jungen, wie auf eine Rettung, auf die Eröffnung der zweiten Front in Europa. Wir hofften, dass sie helfen würde, damit unsere Väter und älteren Brüder lebend nach Hause kehrten. Aber nein! Die Amerikaner schickten uns Waffen auf Leih-/Leasingbasis, einige Lebensmittel – aber mit dem Blutvergießen im Kampf gegen den Faschismus hatten sie es nicht so eilig.
Ich habe vor dem amerikanischen Volk, vor den einfachen Bürgern der USA, große Achtung. Sie haben auch ein Gefühl der Gerechtigkeit und von Mitleid mit Notleidenden. Sie verstehen es sehr gut, ihre Arbeit zu organisieren. Sie verlassen sich auf ihre eigenen Kräfte und sind von sich überzeugt. Nun so sind eben Staaten aufgestellt, indem die Bevölkerung wesentlich besser ist als die Regierung. Die USA machen da keine Ausnahme. Träumt etwa ein gewöhnlicher Amerikaner der Mittelschicht davon, Deutschland, China und Russland in einige Staaten aufzuteilen? Aber für die regierende Oberschicht der USA, ihr Establishment, war dieser Gedanke immer präsent. Das war ihr himmelblauer geopolitischer Traum. Deshalb meine ich, wenn ich von den »USA« spreche, immer die Kräfte, die die Idee von der Weltherrschaft hegten (oder sie heute noch hegen). Sie wollen diese Sache mit Leben erfüllen.
Also mit einem Wort: Ich arbeitete gegen die USA aus vollster Überzeugung, dass ich einer guten und von Gott gewollten Sache nachgehe. Damit konnte ich mein Land schützen und vielen anderen Völkern helfen, die sich bereits in den Klauen des amerikanischen Adlers befunden hatten.
Die Völker sind besser als die Regierungen! Deshalb waren einfache Amerikaner meine Helfer. Sie erwiesen sich als klug genug, um die Washingtoner Politik nicht nach Worten, sondern nach den Taten zu beurteilen.
Ich reiste im Sommer 1961 nach Mexiko. Nach einem reichlichen Jahr ereignete sich eine bedrohliche Krise in der Karibik, die die ganze Welt an den Abgrund eines Atomraketen-Krieges brachte. In jenen Oktobertagen, als die Nerven unter der Hysterie blanklagen, ergoss sich eine amerikanische Flüchtlings-

welle vom Norden über die Grenze Mexikos in den Süden. Eine Reihe von Fahrzeugen mit Wohnwagen wand sich über die Gebirgspässe. Die Menschen flüchteten, so hatte es den Anschein, vor dem unweigerlichen Atomtod. Es gab Schwierigkeiten bei ihrer Unterbringung sowie bei der Versorgung mit Medikamenten und Lebensmitteln. Viele der unfreiwilligen Flüchtlinge verfluchten auf Teufel komm raus sowohl die heimtückischen Russen als auch die Taugenichtse in Washington, die wegen irgendwelcher politischer Streitigkeiten um Kuba die USA in Gefahr brachten.
Die Botschafter der UdSSR fegten durch das Außenministerium und hielten sich bei den Präsidenten der ganzen Welt auf. Sie erklärten im Rahmen ihrer Möglichkeiten die Rechtmäßigkeit der Position der UdSSR. Natürlich wusste niemand von ihnen um die tatsächliche Lage der Dinge mit der Stationierung sowjetischer taktischer Raketen auf Kuba. Ich begleitete mehrmals unseren Boschafter in Mexiko, S. T. Basarow, in die Residenz des damaligen mexikanischen Präsidenten, López Mateos. In den Gesprächen legten die Botschafter immer das Hauptaugenmerk auf den Verteidigungscharakter der Vorgehensweise der UdSSR und Kubas. Sie führten Datenmaterial über die Konzentration von militärischen Streitkräften in den südlichen Gebieten der USA an, die bereit zur Invasion waren. Die Mexikaner nahmen unsere Information mit Verständnis auf.
Erst einige Jahre später wurde mir das gesamte Ausmaß unserer militärischen Operation bekannt. Sie war auf die Verteidigung der kubanischen Revolution gerichtet gewesen und erhielt damals den Decknamen »Anadyr«. Als Gegenreaktion auf die Gefährdung der Insel Kuba durch eine Invasion mit einer Streitmacht von 150.000 Soldaten, unterstützt von Hunderten Flugzeugen und Kriegsschiffen der USA (alle diese Angaben wurden vom damaligen amerikanischen Verteidigungsminister McNamara offiziell bestätigt), beschloss die Sowjetunion, um mit den Worten Nikita Chruschtschows zu sprechen, den Amerikanern einen »Igel« vor die Füße zu werfen. Das bedeu-

tete, auf der Insel Atomraketen zu stationieren, die jeden beliebigen Gegner aufhalten würden. Ich möchte daran erinnern, dass sich in jenen Jahren auf dem Gebiet der Türkei, eines Nachbarn der UdSSR, kampfbereite amerikanische Raketen »Jupiter« befanden, in deren Reichweite sich die wichtigsten Wirtschaftszentren und Städte unseres Landes befanden. Die Maßnahmen der Sowjetunion zur Raketenstationierung auf Kuba waren dem Grunde nach Bestandteil einer Konfrontationspolitik. Sie verfolgten aber Verteidigungsziele – den Schutz der jungen kubanischen Revolution.

Die Operation »Anadyr« selbst war einmalig. Vergleichbares gab es in der Geschichte der Sowjetarmee nicht. In einer kurzen Zeit von nur drei Monaten wurden mit der Marine und Handelsschiffen des Ministeriums der Hochseeflotte eine Streitmacht von etwa 40.000 Armeeangehörigen auf Kuba verbracht. Dazu gehörte eine Raketendivision, das hieß fünf Regimenter. Drei davon waren mit R-12-Raketen mit einer Reichweite von 2.500 Kilometern ausgerüstet und zwei mit R-14-Raketen mit einer Reichweite bis 4.500 Kilometer. Leider waren nicht alle Raketen zu Beginn der Krise bereits eingetroffen. Aus der Luft wurde die Raketendivision von zwei Divisionen der Luftabwehr geschützt, die über das Raketensystem »Boden-Luft« (144 Systeme) und ein MiG-21-Jagdflugzeuggeschwader verfügten. Zu den Kräften der Luftabwehr gehörte auch ein Bataillon des funktechnischen Dienstes.

Von Land aus wurden die Raketenwaffen durch vier Regimenter mobiler Infanterie gesichert. Übrigens wurde eines davon durch Oberst D. T. Jasow befehligt. Diese Regimenter waren so schlagkräftig, dass sie sogar »Brigaden« genannt werden sollten. Dazu gehörten jeweils ein Panzerbataillon und eine Raketendivision. Die Raketendivisionen waren mit zwei Systemen taktischer Atomraketen »Luna« ausgerüstet, deren Reichweite in Abhängigkeit vom Gewicht der Sprengköpfe 45 bis 65 Kilometer betrug.

Die Kräfte der Luftwaffe verfügten über zwei Raketengeschwader, jeweils mit acht Systemen der Reichweite bis 150

Kilometer, ein Hubschraubergeschwader und eine gesonderte IL-26-Flugzeugstaffel, die mit Atomwaffen bestückt war.

Im Prinzip war geplant gewesen, zwei Schiffsverbände an Kubas Küsten zu entsenden – einen über Wasser und einen U-Boot-Verband, aber davon hatte man Abstand genommen. Der Beschluss über diese Operation wurde am 24. Mai 1962 auf einer Sitzung des Präsidiums des ZK der KPdSU und des Verteidigungsrats nach einem Bericht des Verteidigungsministers, Rodion Malinowski, angenommen. Um diese Operation mit den Kubanern abzustimmen und deren Zustimmung zu erhalten, reiste eine Sonderdelegation mit Sch. Raschidow an der Spitze nach Havanna und kehrte am 10. Juni mit einem Einverständnis der Kubaner zurück.

Bis heute wird darüber diskutiert, ob es angemessen war, eine solch umfangreiche militärische Operation zu starten, ohne deren international-rechtliche Grundlage, zum Beispiel in Form eines vorher abgeschlossenen Vertrags zwischen der UdSSR und Kuba über militärischen Beistand, festzuschreiben. Ich bekam in der Folgezeit zu hören, dass A. I. Mikojan und A. A. Gromyko vorsichtig versuchten, die Aufmerksamkeit Chruschtschows auf diesen Punkt zu lenken, jedoch gewann die Meinung der Militärs die Oberhand. Sie waren der Ansicht, dass im Fall einer verfrühten Verlautbarung der Pläne zur Operation »Anadyr« die Amerikaner deren Durchführung in einer sehr frühen Etappe boykottieren würden. Da könnten sie noch alle Überlegenheiten strategischen Charakters nutzen. Die Sowjetunion hätte nicht über Kontermöglichkeiten verfügt. Im Ergebnis fiel die Entscheidung für die Operation – unter geheimen Bedingungen. Die Welt sollte es erst nach Vollzug am 25.–27. November 1962 erfahren. Dort war der Besuch einer offiziellen Delegation aus der Sowjetunion unter Leitung von Nikita Chruschtschow auf Kuba geplant, um gemeinsam mit Fidel Castro den entsprechenden Vertrag zu unterzeichnen.

Unter den Militärs erwies sich als ein mutiger General A. A. Dementjew, der in dieser Zeit als Hauptberater für Fidel Castro tätig war. Er widersprach N. Chruschtschow, indem er feststellte, dass es sowieso nicht gelingen würde, die gesamte Operation »Anadyr« bis zum Ende geheim zu halten – schon wegen der Transparenz der zukünftigen Raketenstandorte für die Aufklärungsflugzeuge der USA. Der in der Beratung neben ihm sitzende Rodion Malinowski stieß nach Augenzeugenberichten A. Dementjew unter dem Tisch an, um ihn »zur Besinnung« zu bringen. Der aber blieb bei seiner Meinung, die sich im Nachhinein als richtig erwiesen hat.

Die Operation »Anadyr« war stabsmäßig vorbereitet, und die Organisation wurde sehr erfolgreich durchgeführt. Die Codierung und die Legendenbehaftung aller Verladearbeiten liefen gut. Zum Beispiel wurden an Bord der Schiffe, deren Kapitäne die Zielhäfen nicht kannten, Ski und warme Kleidung geladen, die als Ausrüstung für Truppenübungen in den Polargebieten deklariert wurden. Jeder Kapitän erhielt drei Päckchen. Das erste sollten sie bei der Ausfahrt aus den Hoheitsgewässern der UdSSR öffnen. Darin wurden sie aufgefordert, Kurs auf den Bosporus zu nehmen. Nach der Ausfahrt aus dem Marmarameer sollten sie die Anweisungen aus dem zweiten Päckchen befolgen. Dort war festgelegt, nunmehr Gibraltar anzusteuern. Erst nach Ausfahrt auf den Atlantik war das dritte Päckchen zu öffnen, das jetzt den Kurs auf Kuba vorgab.

Natürlich konnten die Amerikaner bereits infolge der hohen Anzahl sowjetischer Schiffe – vom Schwarzen Meer und aus der Ostsee, auch aus Murmansk – auf Kuba etwas ahnen. Einige Male kontrollierte ihre Marine unsere Transportschiffe und wollte eine nochmalige Kontrolle inszenieren. Sie erfragten nachdrücklich den Bestimmungsort der Schiffe und die Schiffsladung. Aber die Matrosen trauten sich und wiesen sehr entschieden solche Forderungen ab und verfolgten bei gleicher Geschwindigkeit weiter ihren Kurs.

Während der gesamten stressigen Überfahrt nach Kuba befanden sich die Armeeangehörigen in den Laderäumen, um die Operation nicht zu enttarnen. Die Hitze im Schiffskörper war kaum zu ertragen. Die Lufttemperatur erreichte 30 Grad Celsius. Obwohl die Schiffsmannschaft ununterbrochen Meerwasser auf die Decks schüttete, war die Schwüle unerträglich. An Deck durften sie nur für eine kurze Zeit und höchstens fünf, sechs Leute.

Bei der Anfahrt auf Kuba begannen häufigere Überflüge der amerikanischen Luftwaffe. Die Flugzeuge flogen gefährlich tief. Da zogen sich die an Deck befindlichen Soldaten sogar Sarafane an und banden sich Schals um den Kopf. Was für eine Maskerade!

Die Schiffe wurden nur nachts entladen. Als noch die Rede von einer einfachen Bewaffnung war, da konnte man das als Landtechnik ausgeben. Die großen Raketen und Flugzeuge jedoch konnten nur mit einer Legende in ihren Zielhäfen entladen werden. Es wurde vorgegeben, dass die kubanische Armee Manöver in dem jeweiligen Gebiet absolviere. sowjetische Offiziere und Sergeanten wurden in kubanische Uniformen gekleidet und kannten nur zwei Schlüsselkommandos auf Spanisch: *Adelante* (»Vorwärts«) und *Pare el coche* (»Stopp«).

Insgesamt verlief die Überfahrt der Truppen und ihre Stationierung auf Kuba geräuschlos. Und die vielgelobte amerikanische Aufklärung konnte ungeachtet aller Bemühungen keine verlässlichen Daten über die Stärke der sowjetischen Truppen, ihre Ausstattung und Gefechtskraft liefern. In den Berichten des CIA an die Regierung war erst von 12.000 und dann von 16.000 Sowjetsoldaten die Rede, die sich auf Kuba befänden. Die Raketen wurden von der amerikanischen Luftaufklärung erst einen Monat nach ihrer Stationierung auf der Insel geortet. Davon, dass unsere Küstenschutzkräfte mit taktischen Atomwaffen ausgerüstet waren, erfuhren die USA lediglich dreißig Jahre später, als unsere Militärs im Januar 1992 im Rahmen einer Dreierkonferenz aus Anlass der Karibik-Krise darüber berichteten.

Am 24. Oktober 1962, 17.00 Uhr, begannen die Amerikaner mit der Seeblockade Kubas. Zu diesem Zeitpunkt befanden sich schon 42 R-12-Raketen und eine unvollständige Batterie R-14-Raketen auf Kuba. Die anderen waren noch unterwegs und wurden später in die UdSSR zurückgeführt. Aber auch

die Raketenverbände, die sich da schon auf Kuba befanden, konnten eine ausreichend mächtige Abschreckung erwirken.
Noch in vollem Gange sind auch heute die Diskussionen darüber, ob der Oberkommandierende der Gruppe der sowjetischen Streitkräfte, Armeegeneral Issa Alexandrowitsch Plijew, berechtigt war, den Befehl zum Einsatz der Atomwaffen zu geben, oder nur Moskau dieses Recht hatte. Die Beobachtungen von Augenzeugen und Teilnehmern sind unterschiedlich. Aber man kann sagen: Wenn die Amerikaner unter diesen Bedingungen die Grenzen der Vernunft überschritten und eine größere Invasion auf Kuba riskiert hätten, wäre ein schlimmes Unglück passiert. Man hätte sich kaum mit einem Konterschlag zurückhalten können, wenn sich unsere Truppenteile und -verbände unter gegnerischem Feuer befunden hätten. Niemand würde sich freiwillig ungestraft wie ein Schaf erschlagen lassen. Die Amerikaner verstanden das. Als am 27. Oktober ein amerikanisches Aufklärungsflugzeug vom Typ U-2 durch eine sowjetische »Boden-Luft«-Rakete über Kuba abgeschossen wurde, spielten sie selbst die Bedeutung dieses Vorfalls herunter. Sie berichteten, dass jemand die Nerven verloren, einen Fehler gemacht hätte und dies alles einem Zufall geschuldet wäre und so weiter. Tatsächlich hatte der Stellvertreter des Kommandierenden der Luftabwehr, S. N. Gretschko, den Befehl zum Abschuss des Flugzeugs mit einer Rakete gegeben. Das Kommando wurde von den Raketensoldaten der ersten Division des 507. Flugabwehrregiments ausgeführt. Moskau und Fidel Castro wurden sofort über das Ereignis informiert. Das Motiv der Entscheidung war klar: Wenn sie das Flugzeug abdrehen ließen, dann würde es die kompletten Angaben über die Raketenpositionen auf Kuba an Washington melden können. Das Zünden der Rakete war ein bewusster Akt des Selbstschutzes. Zu ihrem Glück verloren die Amerikaner nicht die Nerven.
Sie verstanden damals, dass der Einsatz zu hoch gewesen wäre und sie das Leben von Millionen Menschen riskiert hätten. Die Matrosen dachten an die Sache mit dem Tanker *Winniza*, der für Kuba 9.300 Tonnen technisches Öl und Kerosin ge-

laden hatte. Er fuhr genau am ersten Tag der Blockade in die Blockadezone hinein. Sofort näherte sich ein Flugzeugträger der amerikanischen Marine. Von dessen Bord startete ein Hubschrauber und hielt sich auf einer Höhe von 15 bis 20 Metern über dem Deck des Schiffes. Er filmte eine längere Zeit. Dann kam an seiner Stelle ein Flugzeug, das eine halbe Stunde lang im Tiefflug über das Schiff fegte und mit seinen Scheinwerfern die Mannschaft blendete. Das Schiff setzte seinen Kurs fort und maß den gefährlichen Provokationen keine Aufmerksamkeit bei. Schließlich ließen die Amerikaner ab, und das Schiff erreichte wohlbehalten die kubanische Küste. Das alles rief euphorische Kommentare der Presse und einen herzlichen Empfang durch die Einwohner Havannas hervor.

In den sowjetischen Truppen war an den sensibelsten Tagen der Krise (24.–27. Oktober) eine verständliche Anspannung zu spüren, aber es gab keine Anzeichen von Demoralisierung und Panik. Die Soldaten und Offiziere bereiteten sich auf ihren Eintritt in den Kampf an der Seite der Kubaner vor, und bei einem notwendigen Zurückweichen wären sie auch bereit gewesen, in die Berge zu gehen und als Partisanen zu kämpfen. Im Städtchen Santa Cruz lagerten Matrosen – ein Raketenregiment des Küstenschutzes mit Major W. S. Zarew an der Spitze. Das Regiment trug die ganze Zeit über zivile Kleidung, aber als die Matrosen spürten, dass »die letzte Parade nahte«, beschlossen sie gemeinsam mit der Kommandoführung, dass sie in Uniform in den Kampf gehen würden – wenn es dazu kommen sollte. Jeder hatte die Uniform sorgfältig in seinem Wäschesack zu liegen.

Als die Nachricht über den Kompromiss zwischen den Regierungen der USA und der UdSSR eintraf, da war in den Truppenteilen und Einheiten ein lautes »Hurra!« zu hören.

Die politische Lösung in der Karibik-Krise bedeutete vor allem eins: Die Vereinigten Staaten sahen sich erstmals bei ihrer Einschätzung der Lage auf der Westhalbkugel dazu gezwungen, auf die Anwendung militärischer Gewalt zu verzichten. Die Gefahr eines Gegenschlags war allzu präsent.

In den folgenden Jahren wurden viele früher unbekannte Hintergründe über Inhalt und Charakter der Karibik-Krise publik, und integere Forscher und politische Mitarbeiter bestätigen unisono die Umsicht und die Richtigkeit der Verhaltensweise damaliger politischer Führer der UdSSR und der USA. Die späteren Versuche einiger Publizisten, die gesamte Karibik-Krise als ein Abenteuer Chruschtschows darzustellen, das noch dazu mit einer Niederlage der UdSSR endete, kann man nur als einen dummen Streich des innenpolitischen Kampfes ansehen. Dann, während meines langen Dienstes in der Aufklärung, konnte ich mich überzeugen, dass die Amerikaner ihre eigene Sicherheit ungleich höher bewerten als die eines beliebigen anderen Landes. Das Eigeninteresse der USA hat immer Priorität gegenüber den Interessen anderer. Das Leben eines Amerikaners lässt sich nicht mit dem Leben der Bürger anderer Staaten vergleichen. Diese Politik kann mit einem Haufen berüchtigter Lappen abgedeckt sein, wie zum Beispiel allgemeinmenschliche Werte, Recht, Gerechtigkeit, aber eben nur geradeso bedeckt. Darunter werden die Bündel spitzer Speere durchschimmern, die der Adler auf dem Wappen der USA in seinen Krallen hält. Meine ersten Kontakte mit Amerikanern hatte ich in jenen aufregenden Tagen. In der Regel waren das solche jungen Leute, die gegen die narkotisierende Wirkung der Massenmedien immun blieben. Ich wandte mich mit den Worten an sie, dass ich ein sowjetischer Diplomat bin und die wahrhaft treibenden Motive der amerikanischen Außenpolitik verstehen lernen möchte, um unsere besser zu gestalten. Wir diskutierten lange die Krankheiten unserer Zivilisation aus, der es nicht gelänge, die Kataklysmenkette der Welt zu zerreißen. Wir dachten über den Sinn des menschlichen Lebens auf der Erde nach. Ich wollte und konnte den Fragen zum Sozialismus nicht entrinnen.
Meine Freunde verhielten sich trotzdem insgesamt sehr misstrauisch gegenüber allem Sozialistischen. Sie wichen davon ab, als ich ihnen sagte, dass der Menschheitstraum von der Gleichheit aller Menschen schon viele Tausend Jahre alt ist. In jenen Jahren verbreiteten die rechten Kräfte die Parole

»Christentum – ja, Kommunismus – nein«. Diese Worte konnte man auf den Autoheckscheiben lesen, an den Parkbänken, an Häusern – überall. Aber ich zeigte ihnen das *Neue Testament*, die *Heilige Schrift* der Christen. Ich zeigte ihnen »Die Apostelgeschichte« (Kapitel 4, 32; 34) und las von der ersten christlichen Gemeinschaft, die von Petrus und Johannes gegründet worden war, vor: »Die Gemeinde der Gläubigen war ein Herz und eine Seele. Keiner nannte etwas von dem, was er hatte, sein Eigentum, sondern sie hatten alles gemeinsam. Es gab auch keinen unter ihnen, der Not litt. Denn alle, die Grundstücke oder Häuser besaßen, verkauften ihren Besitz, brachten den Erlös ...« Die Autorität der Bibel entwaffnete sogar die feindlich gesinnten Opponenten. Es wurde lange diskutiert. Oft wunderten sich die Beteiligten darüber, wie denn der sozialistischen Gesellschaft, deren Ursprünge ja im frühen und wahrhaftigen Christentum lagen, eine Reputation der Gottlosigkeit und des Antichristentums anhaften konnte. Und zum anderen darüber, wie die machthabenden Eigentümer, die laut Bibel schwerer ins Paradies kommen als ein Kamel durch ein Nadelöhr, sich das Christentum zunutze machten und es nach Belieben manipulierten.

Ein kleiner Sieg ermöglicht dem Aufklärer, einen weiteren Schritt auf dem Weg ins Herz seines zukünftigen Mitarbeiters zu tun. Man muss nur ein solches Gesprächsthema wählen, das den Blick öffnet und die Seele des Gesprächspartners weitet. Es ist notwendig, sich auf ein Gespräch vorzubereiten, um sich nicht als weniger sachkundig in der Thematik als der Gesprächspartner zu erweisen. Der Aufklärer muss immer eine feste, ausgewogene und gut begründete Meinung haben. In das Gespräch sollten immer auch irgendwelche Fakten einfließen, die für den Gesprächspartner von Interesse sind. Sehr gut ist es, wenn ein Gespräch mit Leichtigkeit verläuft, hin und wieder auch ein Scherz eingeworfen wird. So beginnt dann auch die lange Kommunikationsphase mit einem Kandidaten für die zukünftige Tätigkeit. Das nennt sich in der Fachsprache der Aufklärungen aller Länder »Bearbeitung«. Nirgends ist festge-

schrieben, wie lange eine solche Bearbeitung gehen sollte. Das hängt alles vom Können des Aufklärers ab; wie schnell ihm ein gründliches Kennenlernen gelingt und er auf ein entsprechendes Abschlussgespräch hinarbeiten kann. Dann wird er die Frage zur verdeckten Zusammenarbeit stellen. Man muss bedenken, dass ein Aufklärer im fremden Land keine Unterstützung hat. Er kann sich nur auf die Autorität seines Staates stützen, auf seine Ideologie, sein persönliches Wissen, Logik, Wille und Sprache. Und alles das verkörpert der Aufklärer selbst.
Oft wird gefragt, was einen Aufklärer und seine Mitarbeiter antreibt – Geld oder die Überzeugung. Natürlich in der Hauptsache die Überzeugung. Und was die Aufklärer betrifft – natürlich nur die Überzeugung. Es braucht unbedingt eine starke patriotische und klassenbewusste Orientierung, damit die Arbeit des Aufklärers sinnerfüllt und erhaben durchgeführt werden kann. Dasselbe gilt für die Mitarbeiter. Die besten Leute, mit denen ich das Glück hatte, viele Jahre im Ausland zu arbeiten und geheim im Interesse meines Vaterlands und aller »Erniedrigten und Unterdrückten« zusammenzuwirken, waren Menschen, deren Herzen im Gleichklang mit meinem schlugen. Vielen Dank ihnen dafür! Ewigen Dank!
Für Geld arbeiteten einige unserer »Quellen«. Sie arbeiteten gar nicht mal schlecht. Für Geld kann man eine Prostituierte kaufen, sogar eine sehr schöne Prostituierte, die ihre Sache sehr professionell macht, aber Liebe gibt es nicht für Geld!
Der Aufklärer – das ist Staatseigentum. Das ist ein Mensch, der als Einzelgänger, ohne Kontrolle, in Eigenregie, aber auch ohne Hilfe des ihn entsendenden Staates seine Aufgaben erledigt. Er muss treu, zuverlässig, mutig und effizient sein. Es sind diejenigen im Irrtum, die glauben, dass ein Aufklärer im Ausland einen besonders hohen Verdienst hat. Nichts dergleichen! Sie erhalten nur ein Gehalt, das ihrem verdeckten Dienstposten entspricht. Ich bekam als Dritter Sekretär nicht einen Cent mehr Gehalt, als der Personalplan für diese Stelle vorsah. Aber wenn der sogenannte »reine« Kollege, das heißt der Mitarbeiter des Außenministeriums den ganzen Tag sein Büro nicht verließ

und nach Ende der Arbeitszeit nach Hause ging, so existierten für den Aufklärer keine zeitlichen Grenzen »von« und »bis«. Hauptsächlich abends finden alle möglichen Empfänge, Präsentationen, öffentliche Unterrichtungen, Versammlungen der Landsmannschaften, Pressekonferenzen und so weiter statt. Genau dorthin zieht es den Aufklärer, um neue interessante Leute kennenzulernen, Kontakte zu knüpfen und Insiderwissen zu erlangen. Wenn ein Tag leer verlaufen ist, da kann kein aktiver Aufklärer Schlaf finden. Lange wälzt er sich von einer Seite auf die andere und trauert dem verlorenen Tag nach – einem Tag, von denen es ohnehin nicht zu viele während einer Dienstreise gibt.

In Mexiko gab es immer viele Amerikaner. Die Botschaft der USA in Mexiko ist eine der zahlenmäßig größten, und in der Hierarchie der Auslandsvertretungen steht sie weit oben. Viele amerikanische Jugendliche studieren in Mexiko. Das ist billiger und angenehmer, und das Ausbildungsniveau ist oft nicht niedriger als bei ihnen zu Hause. Man trifft viele Journalisten der amerikanischen Massenmedien an. Es befinden sich auch viele Vertreter amerikanischer Firmen im Land. Sogar nicht wenige Rentner aus den USA streben einen Wohnsitz in Mexiko an: Sie können von ihrer Rente hier wesentlich besser leben als in der Heimat. Ich kannte Orte, wo zuhauf Veteranen des FBI im Ruhestand wohnten. So gab es ein weites Feld für die Suche und zukünftige Zusammenarbeit. Ein Monat verflog nach dem anderen. Einer Sorge folgte eine andere. Die Arbeit eines Aufklärers wird am besten mit den Dichterworten ausgedrückt: »In Gramm der Ertrag – in Jahren die Arbeit.« Wir gingen eine Zeitlang sogar von folgendem einfachen Zehnersystem aus: Aus hundert Erstkontakten entstehen vielleicht zehn »Bearbeitungen«, und daraus ergibt sich dann möglicherweise eine gute Anwerbung. Die Gewinnung auch nur eines stabilen Mitarbeiters mit aller Macht amortisiert jeglichen Aufwand, rechtfertigt manchmal sogar die ganze Dienstreise.

Wenn dieser Arbeitszyklus gelingt, jubiliert die Seele des Aufklärers. Er thront wie die Gestalten in Chagalls Gemälden über der Gewöhnlichkeit des Botschaftsalltags. Schade ist natürlich, dass er diese Freude mit niemandem teilen kann. Das weiß nur der Resident. Auch Ehefrau und Kinder werden nie erraten, warum den Ehemann und Vater einige Tage lang eine ungewöhnliche Aura umgeben hat.

Jetzt kann man ruhig über die professionelle Arbeit eines Aufklärers sprechen. Der Gegner hat von den Überläufern genug darüber erfahren. Wie viele es insgesamt waren, kann ich nicht sagen. Aber aus meinem Aufklärerleben könnte ich ein Dutzend Namen dieser Abartigen benennen. Ein Teil von ihnen beendete ihr Leben, wie der Sohn von Taras Bulba Andri, der seine Heimat gegen das polnische Panland eingetauscht hatte. Wieder andere, wie zum Beispiel Gordijewski, konnten ins Ausland flüchten. Und jetzt sind sie intensiv bemüht, sich als Gegner des Sowjetsystems darzustellen, obwohl sie aus einer vollkommen anderen Motivation heraus in die Auslandsaufklärung und in die Spionageabwehr im Ausland gekommen waren. Diese Unmenschen sind durch dieselbe Schule gegangen wie wir. Sie arbeiteten Seite an Seite mit uns. Sie wussten genauso viel über die Methoden und Ansätze der Aufklärungsarbeit – das alles haben sie mündlich und schriftlich den Gegnern mitgeteilt, die weder in Wort noch in der Tat Russlands Freunde werden wollten.

Der Alltag eines Aufklärers beinhaltet die Arbeit mit den Agenten, und zwar mit denen, die schon vorher für die Zusammenarbeit mit der sowjetischen Aufklärung gewonnen worden waren, mit den Agenten, die aus anderen Ländern gekommen waren und so weiter.

Am einfachsten ist es, wenn es die Situation im Land ermöglicht, sich mit einem Agenten irgendwo in einem Café oder Restaurant zu treffen. Dort kann man ohne Eile alle aufgelaufenen Fragen besprechen, eine mündliche oder schriftliche Information entgegennehmen, Geld für operative Aufwendungen übergeben und die Gegebenheiten für zukünftige Treffen absprechen. Wenn aber die dortige Spionageabwehr aktiv und technisch gut ausgerüstet ist, muss man äußerst vorsichtig sein.

In der Arbeit mit den Amerikanern konnte man sich sofort von solchen komfortablen Bedingungen verabschieden, man musste tote Briefkästen und ein System der Sofortübergabe nutzen. Nur ein hartnäckiger Ignorant mag glauben, dass die Amerikaner ihre eigenen Bürger nicht durch Geheimdienste überwachen lassen. Vertreter des FBI warben Agenten unter den Amerikanern an. Sie ließen alle ihre Beamten pflichtgemäß über jeden ihrer Kontakte mit Sowjetbürgern berichten, führten regelmäßig Interviews durch. Häufige und lange Treffen mit Amerikanern sind gefährlich.

Um wie vieles war es dann doch einfacher, den Agenten in die Arbeit mit dem toten Briefkasten einzubinden. Persönliche Kontakte waren so ausgeschlossen und das Risiko erheblich minimiert. Noch besser war es, den Agenten mit einer speziellen Art von Schreibpapier auszustatten, das mit einem besonderen Mittel getränkt war und als Kopierpapier für das Auftragen eines unsichtbaren Textes genutzt werden konnte. Diese einfachsten Formen der unpersönlichen Verbindung sind in der praktischen Arbeit ziemlich sicher. Aber es gibt auch viele andere Methoden, über die es zu früh ist, zu reden.

Die Arbeit mit amerikanischer Ausrichtung in Mexiko war immer aktiv und lebendig. Nicht selten tauchten bei uns aus eigener Initiative wohlwollende Bürger der USA mit dem Vorschlag zur geheimen Zusammenarbeit auf. Einige Monate vor meiner Ankunft im Land waren zwei Amerikaner in unsere Botschaft gekommen – beides Mitarbeiter einer Hochsicherheitsorganisation, bekannt als Agentur für Nationale Sicherheit. Diese Agentur entwickelt Codierungen und führt Entschlüsselungsleistungen durch. Zehntausende Menschen mit typisch amerikanischem Überschwang und Geschäftigkeit bereiten Codes und Chiffren aller Staaten der Welt auf. Wie gewöhnlich hatten in jener Zeit bei dieser Arbeit die sozialistischen Staaten die Priorität für sie. Beide Besucher äußerten den entschlossenen Wunsch, in die UdSSR auszureisen – aus politischen und moralisch-ethischen Gründen. Gespräche, die mit ihnen geführt wurden, überzeugten die Residenz davon, dass sie ehrlich und bewusst handelten. Die Freunde wurden verdeckt in die Sowjetunion gebracht, lieferten hier sehr wertvolle Informationen über die Arbeit der NSA und arbeiteten viele Jahre gemeinsam mit sowjetischen Fachleuten an derselben Problematik. Es ist natürlich klar, dass solche »Verluste« von Geheimnisträgern das ganze System der Geheimdienste der USA auf den Plan riefen. Früher oder später entdeckten sie den Kanal, durch den ihre Geheimnisse entschwanden.

Mit Beginn der sechziger Jahre begannen die amerikanischen Geheimdienste aktiv, Provokateure in unsere Botschaft zu schicken, die politische Neigungen nur vortäuschten. Einerseits wollten sie uns mit unnötiger und nutzloser Arbeit belasten, andererseits war ihr Bestreben, echte Freunde zu kompromittieren und Misstrauen zu streuen.

Man muss anerkennen, dass die Amerikaner mitunter ihr Ziel erreichten. Noch heute leide ich sehr unter der Tragödie eines Armeeangehörigen des amerikanischen Raketenstandorts im Süden der USA, der mit dem Vorschlag einer Zusammenarbeit zu uns gekommen war. Es kann sein, dass es unserem Kollegen an Empathie gemangelt hat, oder sein Gegenüber konnte ihn nicht von seiner Ehrlichkeit überzeugen, jedenfalls wurde die Zusammenarbeit von uns abgelehnt, und wir verabschiedeten uns. Wie groß war aber unser Bedauern, als wir nach einigen Tagen erfuhren, dass dieser Soldat als Deserteur von den Amerikanern in Panama verhaftet und zu zwanzig Jahren Gefängnis verurteilt wurde.

In der Mehrzahl der Fälle gelang es uns aber, wenn auch nicht sofort, dann doch nach kurzer Zeit, das Korn von der Spreu zu trennen; eben die zu finden, die ernsthaft mit der sowjetischen Aufklärung zusammenarbeiten wollten, und sie von den eingeschleusten »Enten« zu unterscheiden. Wir hatten dafür sogar eine Art technologischer Merkliste für die Arbeit mit diesen Kräften entwickelt. In den schwierigsten Fällen, bei denen unsere menschlichen Fähigkeiten nicht ausreichten, um eine Entscheidung zu treffen, wer da vor uns sitzt – ein Verbündeter oder ein Provokateur –, setzten wir den Lügendetektor ein.

Genauer gesagt, nicht den Detektor selbst, sondern kündigten seinen Einsatz an. Allein der Gedanke an dieses Gerät war ausreichend, dass Provokateure sich sofort furchtbar aufregten, in Wut gerieten und jegliche weitere Kontakte ablehnten. Die amerikanische Propaganda hatte in einem hohen Maße ihre Bürger von der Allmacht dieser technischen Vorrichtungen überzeugt. Sie sahen sich somit nicht in der Lage, dem zu widerstehen. Diejenigen, die nicht gelogen hatten, erklärten sich ruhig zu jeder beliebigen Kontrolle bereit.

Unter den vielen amerikanischen Botschaftsbesuchern waren auch welche, die später sehr bekannt wurden. Eines Tages, an einem Sonntag im Herbst 1963, einige Wochen vor dem Attentat auf John F. Kennedy, spielte ich mit einem Kollegen auf dem Sportplatz der Botschaft Volleyball. Plötzlich kam aufgeregt der diensthabende Pförtner zu mir und bat mich, einen amerikanischen Besucher zu empfangen und mit ihm zu reden. Ich ging fluchend unter die Dusche und rannte in der Sportbekleidung, so wie ich war, hin. Ich hoffte, den Besucher mit dem Hinweis auf den nächsten Arbeitstag abwehren zu können. Ich ging in das Empfangszimmer für Ausländer und sah einen jungen Mann mit einem ungewöhnlich blassen Gesicht. Auf dem Tisch vor ihm lag ein Revolver. Er war geladen. Ich setzte mich neben ihn und fragte, womit ich helfen könne. Der junge Mann nannte seinen Namen: Lee Oswald. Er sagte, dass er Amerikaner sei und einige Jahre in der UdSSR gelebt habe. Jetzt befände er sich unter ständiger Überwachung und würde in die UdSSR zurückkehren wollen. Er hätte früher in Minsk gelebt und gearbeitet. So wolle er die Angst um sein Leben und das Schicksal seiner Familie loswerden.

Ein Wechsel der Staatsbürgerschaft war äußerst schwierig. Man musste einen begründeten Antrag an das Präsidium des Obersten Sowjets der UdSSR richten, dann lange und ohne große Hoffnung warten, und wenn dann doch ein positiver Bescheid käme, nähmen die bürokratischen Hürden eine Menge Zeit in Anspruch. Ich sagte das alles dem eigenartigen Besucher in einem möglichst weichen und beruhigenden Tonfall. Er wollte schon einen Antrag schreiben, aber seine Hände zitterten stark. Plötzlich legte er den Stift weg und verkündete mit fester Stimme: »*Ich* werde sie heute alle erschießen. Im Hotel verfolgen mich alle: die Hausdame, die Putzfrau, der Türsteher ...« Seine Augen glänzten fiebrig, seine Sprache wurde verwirrt. Er wirkte wie besessen von irgendwelchen Vorstellungen und Szenen. Es war klar, dass vor mir jemand mit einem überreizten Nervensystem saß – jeden Moment konnte eine Explosion stattfinden. Mit einem Menschen in diesem Zustand zu sprechen, machte keinen Sinn. Man konnte Lee Oswald nur so gut wie möglich beruhigen und davon überzeugen, dass er nichts Unbedachtes tue, was dem positiven Ausgang seiner Bitte zur Rückgabe der Staatsbürgerschaft der UdSSR schaden würde. Ich begleitete ihn aus der Botschaft heraus. Über dieses Ereignis setzte ich die Konsulatsabteilung der Botschaft in Kenntnis.

Als ich dann später erfuhr, dass eben jener Lee Oswald des Attentats auf den Präsidenten der USA, John F. Kennedy, beschuldigt wird, und dann im Fernsehen den Augenblick der Vollstreckung des Todesurteils im Gefängnis in Dallas sah und das Ganze als ein zufälliger Angriff getarnt wurde, wusste ich, dass zweifelsfrei ein Sündenbock gefunden worden war. Niemals hätte ein Mensch mit so einem labilen Nervensystem, der nicht einmal einen Stift halten konnte, so berechnend und kaltblütig aus einer großen Entfernung präzise die tödlichen Schüsse abgeben können. Ich spreche sehr überzeugt davon, weil ich in meiner Jugend als Student am MGIMO Schießen als Sport betrieben und immer die Norm für den »Meister des Sports« erfüllt habe. Ich war sogar Mitglied der Moskauer Auswahlmannschaft. Oft musste ich bei den Wettkämpfen mit einem Kampfgewehr schießen, und ich weiß, dass ein Erfolg im Wesentlichen von einem trainierten starken Nervensystem abhängt. Ja, und ich erinnere mich, dass Oswald im Gespräch mit mir nicht ein einziges Mal schlecht von dem Präsidenten oder der Regierung der USA gesprochen hatte. Alle seine Ängste waren auf Menschen aus seiner unmittelbaren Umgebung bezogen. Aber er konnte auch nicht erklären, wer ihn aus welchem Grund verfolgte. Es ist schade um solche Menschen, die vom Leben gestraft und Opfer des großen politischen Spiels geworden sind.

Während wir die amerikanischen Kolonien ins Auge fassten, um Mitarbeiter zu finden, vergaßen wir keine Minute, dass wir selbst Objekt der ungeteilten Aufmerksamkeit amerikanischer Geheimdienste waren. Sicher hatten die Amerikaner wie auch in vielen anderen Ländern mit Hilfe ihrer lokalen Spionageabteilung ganz in der Nähe des Eingangs zur sowjetischen Botschaft eine Etage oder wenigstens eine Wohnung angemietet. Die Fenster dieser Räumlichkeiten waren unabhängig vom Wetter ständig verhangen. Gardinen verdeckten die Überwachungs- und Fototechnik. Die Fotografien jedes in die Botschaft Hineingehenden und dort Herauskommenden wurden für die Feststellung der Identität genutzt und dienten der Vervollständigung der operativen Fakten. Sie verfügten immer über Mittel für diese aufwendige Arbeit. Methodik, Ausdauer und Beharrlichkeit kann man ihnen nicht absprechen. Sie studierten unsere Lebensart, unsere Gewohnheiten und Charakterzüge und gewannen ihre Informanten dafür bei den Torwächtern der Häuser, in denen wir wohnten, unter den Ladeninhabern, bei denen wir unsere Waren einkauften, und unter den Ärzten, deren Hilfe wir in Anspruch nahmen und so weiter. Sehr viele Wohnungen waren mit Abhörsystemen ausgerüstet. Viele meiner Mitbürger haben den unbändigen Drang, über die Kollegen, über die Gerechtigkeit der Vorgesetzten und über familiäre Unzulänglichkeiten zu tratschen. Über diesen Weg führen die Amerikaner die »Abwerbung«. Und wenn sie feststellen, dass man zum entscheidenden Angriff übergehen kann, dann findet eine reguläre Annäherung statt – ein Abwerbungsvorschlag seitens der Geheimdienste der USA.

Einer unserer Genossen war ein leidenschaftlicher Angler. So oft er konnte, verbrachte er seine Freizeit mit Angelrute und Netz am Stausee. Große Gemeinschaften mochte er nicht. Na ja, und in das Haus, in dem er eine Wohnung gemietet hatte, zog ein Amerikaner ein. Der war ein begeisterter Angler. Er besaß natürlich ein schickes Boot und ausgezeichnetes Gerät. Einige Monate lang tauschten die Nachbarn Neuigkeiten über ihre Angelerfolge aus, über die Situation an den Seen der Umgebung, auch Informationen über neue Ausrüstungen, die in den Handel gekommen waren. Dann einmal schlug der Amerikaner eine gemeinsame Angeltour für ein paar Tage mehrere Hundert Kilometer von der Hauptstadt entfernt vor. Das rief Argwohn hervor. Die Einladung wurde bei einer Beratung in der Residenz diskutiert. Wir verblieben so, dass er einer gemeinsamen Angeltour zustimmen sollte. Er sollte sich gleichzeitig darauf einstellen, dass die Amerikaner eine Anwerbesituation schaffen konnten, und sollte ihre Handlungsweisen beobachten.

So wurde es dann auch. An der Angelstelle versammelte sich eine größere Gruppe; es kamen noch drei, vier unbekannte Amerikaner. Nach Eintritt der Abenddämmerung beim Abendessen kam es zu einem direkten Gespräch. Es wurde von einem der Unbekannten begonnen. Er sagte, dass die Amerikaner sehr gut über die unmittelbare Zugehörigkeit unseres Kollegen zur Aufklärung Bescheid wüssten. Er verlieh seinen Worten mit einigen Fakten Wirkung, schmeichelte ziemlich und lobte die Fähigkeiten und die Erfahrung des Kollegen. Dann fragte er ohne Umschweife, wie viel ihm seine Dienste wert wären. Er zog einen Blankoscheck hervor und schlug unserem Mitarbeiter vor, ihn selbst in der erforderlichen Höhe auszufüllen. Nach vorher abgestimmtem Plan galt es, keine Randale zu provozieren. Den Preis für »seine Seele« setzte unser Genosse ziemlich hoch an. Aber mit seinem ganzen Verhalten gab er zu verstehen, dass es eine sehr ernste Sache ist und man alle Bedingungen ernsthaft abwägen muss. Die Amerikaner nahmen an, dass sie das Wichtigste erreicht hatten. So begannen sie, in einer entspannteren und ruhigeren Art die Perspektiven der Zusammenarbeit zu erörtern, Aufgaben zu bestimmen und die Vorteile einer Zusammenarbeit mit ihnen zu beschreiben. Am Morgen interessierte das Angeln niemanden mehr, obwohl die Fische ausgezeichnet bissen. Nach seiner Rückkehr in die

Ich weise mein Kreditinstitut unwiderruflich an,
die Lastschrift einzulösen und im Falle der Nichtein
Lastschrift dem umseitig genannten Unternehmen
Forderungsabtretung dem jeweiligen Gläubiger o
Beauftragten auf Anforderung meinen Namen u
Anschrift zur Geltendmachung der Forderung mitzute

....

(Unterschrift des/der Karteninhabers/in)

Datenschutzrechtliche Informationen
Wir erfassen Ihre Zahlungsinformationen (Konto
Bankleitzahl, Kartenverfalldatum und -folgenumme
Uhrzeit, Betrag, Terminalkennung, Standort des T
zum Zweck der Zahlungsabwicklung, zur Kartenprüfu
Verhinderung von Kartenmissbrauch.

Wird bei einer Zahlung im Elektronischen Lastschrift
(d.h. mit girocard und Unterschrift) eine Lastschrif
Bank nicht eingelöst oder von Ihnen widerrufe
lastschrift), wird dies in eine Sperrdatei eingetrage
ein Sperreintrag besteht, ist eine Zahlung mit gir
Unterschrift nicht möglich. Der Eintrag in der Sperr
gelöscht, sobald die Forderung vollständig beglic
oder wenn Sie Rechte aus dem getätigten Kauf gelten
(z.B. bei Sachmangel oder Rückgabe der Ware).

Wenn eine Zahlung nur mit girocard und Untersc
möglich ist, wird automatisch auf ein anderes Zahlv
in der Regel girocard mit PIN - umgeschaltet.

SEPA-Lastschriftmandat

Ich ermächtige
das umseitig genannte Unternehmen den heute
umseitigen Betrag unter umseitiger Mandats-Refere
einmalig von meinem durch die verwende
identifizierten Konto per Lastschrift einzuziehen. Di
Ankündigung des Lastschrifteinzugs wird auf e
verkürzt. Die Belastung meines Kontos erfolg
Geschäftstag, der dieser Zahlung folgt. Hinweis:
innerhalb von 8 Wochen, beginnend mit dem Belastu
die Erstattung des belasteten Betrages verlangen.
dabei die mit meinem Kreditinstitut vereinbart
gungen.

Ich weise mein Kreditinstitut unwiderruflich an,
die Lastschrift einzulösen und im Falle der Nichtein
Lastschrift dem umseitig genannten Unternehmen
Forderungsabtretung dem jeweiligen Gläubiger o
Beauftragten auf Anforderung meinen Namen u

Botschaft berichtete unser Kollege ausführlich über das Vorgefallene. Natürlich wurde auch die Zentrale informiert. Übereinstimmend wurde beschlossen, die Sicherheitsoffiziere der Botschaft der USA darüber zu informieren, dass unser Kollege dem Botschafter über alles berichtet hatte und die Amerikaner keinen Erfolg erwarten konnten. Nachdem die Seele so erkaltet war, ließen die Amerikaner den Kollegen lange in Ruhe. Sein erfolgloser Angler-Nachbar wechselte schnell die Wohnung.
Es gab auch schlimmere Situationen. Unser Aufklärer beschäftigte sich mit einer Gruppe amerikanischer Studenten, unter denen sich wahrscheinlich ein Agent der Geheimdienste befand. Die Amerikaner nutzten aus, dass unser Kollege sehr jung war und sich auf seiner ersten Mission befand, und beschlossen, ihn starkem psychologischem Druck auszusetzen. Unter falschen Vorgaben lockten sie ihn in ein einzeln stehendes Haus im Wald in der Umgebung der Hauptstadt. Dort traf er wiederum auf eine Gruppe Amerikaner – ja, sie lieben sie schon sehr: die Auftritte in Überzahl. Zwei versperrten die Eingangstür, und einer schlug ein »ernsthaftes Gespräch« vor. Unser Mann war unerfahren, aber physisch gesund. Er stieß die zwei Türsteher weg und rannte zu seinem Auto heraus auf den Hof. Aber die Motorhaube war geöffnet, und ein kräftiger Mann lehnte affektiert über dem Motor. Er wedelte zudem noch mit einem finnischen Messer in seiner Hand. Gerade hatte er damit die elektrischen Leitungen durchgeschnitten.
Unser Mitarbeiter realisierte, dass es bis zur Chaussee nur maximal anderthalb Kilometer waren, und rannte dorthin. Zu diesem Zeitpunkt herrschte im Haus eine deutliche Verwirrung. Eine hohe nervliche Anspannung ist ein ausgezeichneter Antrieb für die Laufgeschwindigkeit. Unser Mann schaffte es zur Chaussee, lief zum nächsten Posten der Verkehrspolizei und zeigte seine Verfolgung an. Und tatsächlich erschien nach kurzer Zeit der bekannte rote »Jaguar«, den die Organisatoren der geplatzten Zusammenkunft fuhren. Es folgten die Schreie der Polizisten: »Stopp! Stopp!«, sogar begleitet von filmreifen Schüssen, aber der »Jaguar« tauchte mit hoher Geschwindig-

keit im Stadtverkehr unter. Beide Seiten kamen mit einem gehörigen Schrecken davon.
So verlief unser Arbeitsalltag. Einmal im Monat, wenn die Diplomatenpost kam, verpackten wir zufrieden unsere erworbene dokumentierte Information in Ergänzung zur bereits verschlüsselt an die Zentrale gelieferten. Nein, die Aufklärer unserer Generation haben ihr Geld nicht umsonst bekommen!
Im Frühjahr 1963 zog mich Moskau nochmals zu einer Dolmetschertätigkeit ab. Ich wurde einigermaßen mysteriös von der Dienstreise abberufen. Ich Resident erhielt ein Telegramm, dessen Inhalt Leonow bedeutete, am nächsten Tag in Moskau zu sein. Das Unverständnis war groß. Ich war mir keiner Schuld bewusst und schon gar keiner Sache, die eine sofortige Abkommandierung bedeutet hätte. Auf die Bitte, ob ich mich nicht einen Tag lang darauf vorbereiten könne, folgte der Aufschrei: »Kommen Sie mit dem ersten Flug!« So flog ich ab, nicht wissend, was mich zu Hause erwartete.
Erst am Flughafen erfuhr ich von den Kollegen, dass Fidel Castro der UdSSR bald einen ersten Besuch abstatten wird und ich dabei als Dolmetscher fungieren solle.
Der Besuch selbst war zeitlich sehr ausgedehnt – vom 23. April bis zum 6. Juni. Fidel besichtigte Murmansk, Wolgograd, Taschkent, Samarkand, Irkutsk, Bratsk, Swerdlowsk, Leningrad, Kiew, Tbilissi. Er besuchte eine Reihe Marinestützpunkte, Raketentruppen und so weiter. Nicht vorher und auch nicht nachher hat die UdSSR jemals jemandem so einen Empfang ausgerichtet. Es gab wenige direkte Verhandlungen. Hauptsächlich fanden Besichtigungen von Industrie- und Landwirtschaftsbetrieben statt, Meetings, Treffen, Gespräche, Banketts. Fidel Castro wollte sich näher mit dem Land und seinem Volk vertraut machen. Nikita Chruschtschow war bestrebt, die unguten Erinnerungen der Kubaner nach der Karibik-Krise verblassen zu lassen. Dieser Besuch verlief in einer sehr emotionalen, feierlichen Atmosphäre. Einige Episoden habe ich in Erinnerung. Es ist bekannt, dass die Geheimhaltung ständiger Hintergrund unseres Lebens war. Zum Treffen mit Fidel, der

auf einem Militärflughafen in Olenegorsk auf der Halbinsel Kola landen sollte, flog streng geheim auch eine Abordnung unter der Leitung von A. I. Mikojan. Aber in Murmansk berichtete der Buschfunk schon »ganz geheim« von der Ankunft Fidels. In der Stadt wurden zu dieser Zeit nie die Zäune gestrichen, aber nun waren viele Maler unermüdlich in einem wahren Marathon unterwegs. Der Schnee lag noch, und sie malten bis zur Schneekante. Sie arbeiteten schon einige Tage, und an etlichen Stellen begann der Schnee zu tauen. Das förderte die ungestrichenen Streifen zutage, was der ganzen »Malerei« einen künstlerischen surrealistischen Touch verschaffte. Überall hingen sie Fahnen heraus, obwohl es bis zu den Maifeiertagen noch viel Zeit war. Außerdem waren es keine Landesflaggen, sondern einfach nur rote und blaue Stoffbahnen. Das Murmansker Feuerwehrorchester probte »geheim« die kubanische Nationalhymne. Alle wussten, dass in jenen Jahren die einzige internationale Flugverbindung Havanna–Moskau über Murmansk verlief, da bis dorthin für die TU-114 keine Notwendigkeit für ein Auftanken oder eine Zwischenlandung bestand. Ja, und selbst die unerwartete Ankunft von A. I. Mikojan, der bereits als »Beauftragter des Politbüros für kubanische Belange« gehandelt wurde, war aussagefähig genug. Der am Bahnhof eingetroffene Regierungssonderzug vervollständigte das Bild. Das war allen klar. Doch jeder versuchte, sich als Geheimnisträger darzustellen. Solche Geheimnisspielchen waren in jenen Jahren sehr verbreitet. Die Staatsmacht gab sich zufrieden damit, dass »alle Maßnahmen getroffen waren«, aber diese »Maßnahmen« wurden so absurd umgesetzt, dass sich mit hoher Wahrscheinlichkeit alles ins Gegenteil verkehrte.
Fidel Castro hielt sich einige Tage im Norden auf. Sein Hauptanliegen schien mir zu sein, dass er sich persönlich davon überzeugen wollte, ob die Sowjetunion tatsächlich über adäquate Mittel als Antwort auf die atomare Bedrohung seitens der USA verfügt. Davon war auch die Reise nach Seweromorsk – zum wichtigsten militärischen Seehafen der Nordmeerflotte – bestimmt. Zu diesem Zeitpunkt hatte die Sowjetunion noch

keinerlei vertragliche Verpflichtungen mit Bündnischarakter gegenüber Kuba. Doch hatte Nikita Chruschtschow bei seinen öffentlichen Auftritten wiederholt bekundet, dass die UdSSR in der Lage sei, die kubanische Revolution zu verteidigen. Die allgemeine Stimmung breiter Bevölkerungsschichten war dem revolutionären Kuba gegenüber positiv. Es ergab sich der Eindruck, dass die UdSSR de facto einen »atomaren Schirm« über Kuba spannte. Es verwunderte deshalb nicht, dass sich Fidel diesen »Schirm« ansehen wollte.

Die Besichtigung des Raketenträgers wurde organisiert. Er stand an der Kaimauer. Danach stiegen alle in das U-Boot *Leninski Komsomol* hinunter. Auf Fidels Bitte ließ der U-Boot-Kommandeur die Luken entsperren und eine der Raketen in die Startposition fahren. Das Schauspiel war beeindruckend, wenn man noch dazu bedachte, dass an der Reede noch etliche andere U-Boote wie bei einer Parade aufgereiht lagen.

Dann, während seines Aufenthalts, besuchte Fidel auch einen Standort der Bodenraketen strategischer Bestimmung und konnte sich restlos davon überzeugen: Die Worte Chruschtschows, dass »wir etwas haben, womit wir uns und unsere Verbündeten schützen können«, waren kein Bluff.

Die Demonstration zum 1. Mai auf dem Roten Platz sah ich zum ersten und zum letzten Mal in meinem Leben von der Tribüne des Mausoleums aus an. Dort stellte ich mich laut Vorschrift hinter dem Rücken wichtiger Regierungsmitglieder auf. Da wenig gesprochen wurde, hatte ich die Möglichkeit, mich in Ruhe umzusehen und umzuhören. Mich hat immer verwundert, warum unsere Militärs – Marschälle und Generäle – hausherrenmäßig die Hälfte der Tribüne in Anspruch nahmen. Sie belegten genauso viel Platz und waren auch in ihrer Anzahl der Parteispitze ebenbürtig, die sich auf der anderen Seite der zentralen Mikrophone gruppierte. Wer hatte eine solche Aufstellung angeordnet und wann?

Selbst im zaristischen Russland spielten die Militärs keine so gewichtige Rolle in der Aura des Imperators. Rechtens wäre es gewesen, wenn einige verdiente Militärführer des Großen

Vaterländischen Krieges dort Platz gefunden hätten. Aber so machten sich auf der Tribüne Menschen in Uniformen breit, deren militärische Verdienste völlig unbekannt waren. Und das nur deshalb, weil sie in der militärischen Hierarchie eine bestimmte Stellung einnahmen. Wahrscheinlich spürte die politische Führung ihre Abhängigkeit von der Armee. Sie litt unter der Abhängigkeit, konnte aber nichts machen. Um die Ergebenheit der Armee zu erhalten, wurden ihr gegenüber Zuckerbrot und Peitsche in der äußersten Form eingesetzt. Die Repressionen der Vorkriegsjahre hatten die kommandierenden Armeekader am meisten getroffen, aber dagegen war auch die erwiesene Gunst bar jeglichen Verstands. Die UdSSR hat in den Jahren ihres Bestehens mehr Marschälle herangezüchtet als alle Staaten der Erde während ihrer gesamten Geschichte. Es tauchten solche absurden militärischen Bezeichnungen auf wie »Oberster Marschall«; Marschälle von Truppenarten, Armeegeneräle forderten die Gleichstellung mit Marschällen und erreichten dies auch. Sie begannen, die entsprechenden Rangabzeichen zu tragen. Die oberste Armeeführung beteiligte sich aktiv an politischen Intrigen. Ja, und selbst die Generalsekretäre der Partei verliehen sich oft militärische Ränge, um den Pakt der militärischen und bürokratischen Kräfte zu besiegeln. Vom Mausoleum aus sieht der Rote Platz ganz anders aus als von unten. Einen sehr akkuraten Anblick liefern zum Beispiel die geschlossenen Reihen der Staatssicherheitsmitarbeiter, die den Platz in Korridore trennen. Die Demonstration stellt sich schon nicht mehr als einheitliche jubelnde Menschenmasse dar. Sie ist in korrekte Bahnen geteilt, die sich in ihren bestimmten Kanälen bewegen. Übrigens stehen die Spaliere der Sicherheitsmitarbeiter mit dem Rücken zum Mausoleum. Das ist unanständig und für das Auge unangenehm. Die Sicherung muss effektiv, aber unbemerkt sein.

Dann bemerkte ich, wie der altersdemente K. Woroschilow zu Chruschtschow kam und lautstark forderte: »Nikita Sergejewitsch! Gib den Sicherheitskräften den Befehl, den Demonstrationszug zu beschleunigen, so geht das doch viel zu langsam.

So kommen wir doch bis zum Mittag gar nicht mehr weg von hier!« Chruschtschow explodierte fast: »Geh, Klim, du weißt schon wohin …«, zischte er böse zurück, »du blickst doch seither, seitdem Paraden und Demonstrationen abgehalten werden, nur von der Tribüne runter. Aber ich musste in früheren Zeiten um sechs Uhr morgens aufstehen, zu irgendeinem Treffpunkt in irgendeinem Marienhain gehen, um mich dann Stunden bis zum Roten Platz zu bewegen. Es kam vor, dass wir am Ziel waren und das Herz fast erstirbt, weil wir länger stehen bleiben und Stalin sehen wollten, und schon damals haben die Sicherheitsleute uns ›angetrieben‹: ›Na los, schneller vorbeigehen.‹ Nimm dir einen Stuhl, setz dich und halt den Mund!«, beendete Chruschtschow den Wortwechsel schroff.
Ich sah genauer hin: Und tatsächlich, über die gesamte Länge der Tribüne standen spezielle Stühle mit besonders hohen Stuhlbeinen. Man konnte sich, von den Demonstranten auf dem Platz vollkommen unbemerkt, hinsetzen.
Der feierliche Umzug war zu Ende, und die gesamte Führungsriege ging in äußerlich ungeordneter Folge, wobei aber tatsächlich jeder Platz streng vorbestimmt war, in die Innenräume des Kreml. Chruschtschow, Breschnew, Suslow, Gromyko und Fidel nahmen am Tisch Platz und begannen, sich über ihre Eindrücke zu unterhalten. Alle waren zufrieden und in Feiertagslaune. Und plötzlich – ein Wort ergab das andere – wandte sich das Gespräch der unsäglichen Karibik-Krise zu. Chruschtschow vergaß jegliche Vorsicht und hakte sich unglücklicherweise an diesem Thema fest. Fidels Gesicht verdüsterte sich. Er sagte kategorisch, dass die Sowjetregierung in den Tagen der Krise nicht alles Erforderliche getan hat, und verwies wiederum darauf, dass Aktionen in diesen Angelegenheiten unbedingt einer Abstimmung mit Kuba bedürfen. Alle ringsherum warteten gespannt. Die Gespräche im Raum verstummten.
Chruschtschow schlug sich auf die Knie und begann, sich zu rechtfertigen. Fidel hatte auf jedes Wort eine Antwort. Beide waren zufrieden, dass die Krise vorbei war. Aber jede der beiden Seiten beharrte auf ihrer Meinung bezüglich des Ver-

haltens der anderen Seite. Nikita Chruschtschow erinnerte an einige böswillige Äußerungen Fidels während der Krise in Richtung der UdSSR. Fidel wiederum führte an, dass dies der Stolz und die Ehre des Staates geboten hätten. Ich konnte dem verrückten Tempo des Gesprächs nur mit Mühe folgen; noch dazu wurde es zeitweise sehr laut. Ich bekam einen trockenen Hals. Fast instinktiv griff ich nach einem Glas auf dem Tisch, entweder war da Wein oder Wasser drin, jedenfalls fasste ich ungeschickt zu und stieß das Glas um. Davon fiel eine Kognakflasche auf den Tisch. Der Kognak floss heraus und genau meinem Tischnachbarn Suslow auf die Hose. Der Kellner rannte herbei und sammelte die Glasscherben auf. Na bravo, dachte ich, damit ist meine improvisierte Karriere als Dolmetscher zu Ende, und wahrscheinlich nicht nur die. Plötzlich ergab sich ein kleiner Tumult. Und ich hörte das lustige Lachen von Nikita Chruschtschow: »Fidel, bei uns wird Geschirr nur zum Glück zerschlagen!« Das Herz wurde allen gleich viel leichter. Es kamen Witzchen, fielen Spitzen, wie man am besten den Kognakfleck an einer der sichtbarsten Stellen von Suslows Feiertagshose wegbekommt. Mir war mein Auftritt peinlich. Ich wusste nicht, wohin mit mir. Ich war nur froh darüber, dass der drohende Brand mit einem Kelch Obstwasser gelöscht werden konnte. Ich war ziemlich überrascht, als Chruschtschow mir nach einigen Tagen zuflüsterte: »Das war richtig gut von dir, als du dir ausgedacht hast, das Weinglas zu zerschlagen!«
Zum Ende des Besuchs lud Chruschtschow Fidel in sein geliebtes Pizunda ein. Hier wurden die Verhandlungen zu den Waffenlieferungen an Kuba geführt. Nikita Sergejewitsch war sehr guter Laune. Jedes Mal, wenn die Militärs eine Position der Liste abgestimmt hatten, sagte er: »Fügt von mir persönlich noch einen Panzer hinzu«, wenn von Panzerlieferungen die Rede war, oder: »Fügt noch eine Waffe als Zeichen meiner persönlichen Verehrung für Fidel dazu.« Als das Verteidigungsministerium in Moskau die endgültig abgestimmten Zahlen erhielt, zerbrachen sich die Fachleute lange den Kopf darüber,

was denn wohl für eine Truppenorganisation vorgesehen sei bei einer solch eigenartigen Anzahl von Technik.
Als die Verhandlungen beendet waren, begann Chruschtschow, über unsere Innenpolitik zu reden. Unter anderem berichtete er von seinem Vorstoß, die Oblast-Parteikomitees in städtische und ländliche zu unterteilen. In meinen Aufzeichnungen steht zu diesem Thema geschrieben: »Er saß am Rand des Meerwasserbassins und sprach: ›Ich weiß nicht, woran das liegt, aber mir kommen hier beim Schwimmen immer neue Ideen. Vor kurzem hatte ich die Idee, die Oblast-Komitees zu untergliedern, weil sich niemand in diesem Land mit Landwirtschaft befassen möchte. Ich habe diese Gedanken zu Papier gebracht, und um den Genossen im Politbüro die Möglichkeit zu geben, in Ruhe die Sinnhaftigkeit des Vorschlags abzuwägen, einen *Rundbrief* an sie geschickt. Sollen sie nachdenken! Nach einer Woche kamen alle Exemplare ohne Änderungen zurück, noch nicht einmal Änderungen redaktioneller Art. Alle waren einverstanden. Jetzt weiß ich, dass wir zu voreilig waren.
Im Allgemeinen verfügt Russland über so eine Schwerfälligkeit, die man fast nicht bezwingen kann. Du denkst vielleicht, dass ich als Erster Sekretär in diesem Staat irgendetwas ändern kann. Irrtum! Welche Reformen ich nicht schon vorgeschlagen oder durchgeführt hätte, am Ende bleibt alles beim Alten. Russland – das ist wie ein Kübel mit Sauerteig: Wenn man seine Hand da hineinsteckt und bis auf den Boden gelangt, dann ist man Herr der Lage, aber wenn man sie wieder herausnimmt, bleibt höchstens eine kleine Kuhle, ja, und selbst die vergeht vor den Augen, so dass da nur eine löchrige fluffige Masse übrig bleibt!‹«
Eines Tages kam Chruschtschow aus irgendeinem Grund auf Lawrenti Berija zu sprechen. Gleich darauf fragte er Fidel, ob er seinen politischen Mitstreitern vertraut. Nach einer bejahenden Antwort sagte er instruktiv: »Nun ja, das sollte man nicht ...« Und er begann, zu erzählen, dass es eben bei uns viele Jahre nach der Revolution keine politischen Verräter gab und dann doch welche auftauchten. Aus seinen Worten konnte

man schlussfolgern: L. Berija war ein solcher Verräter, der wohl in Augenschein genommen hatte, gleich das ganze Politbüro zu liquidieren. Dafür ließ Berija auf seine persönliche Initiative hin gleich mehrere staatliche Datschas für den Urlaub der Politbüromitglieder im Raum Suchumi bauen. Dafür wurden die Einwohner aus dem Bereich umgesiedelt. Sie mussten ihre Gärten aufgeben. Natürlich war klar, dass eine solche Handlungsweise nicht gerade Sympathien für Moskau hervorrief. In Abchasien machte sich Unmut gegenüber den »russischen Okkupanten« breit. Berija hatte nach Aussage Chruschtschows geplant, die gesamte Parteiführung zur Eröffnung dieser Datschasiedlung einzuladen und sie dort zu verhaften, sie der Abkehr von der stalinistischen Idee zu bezichtigen und so weiter. Und Chruschtschow beschloss, zu handeln. Der Erste, den er in seinen Plan von der Beseitigung Berijas einweihte, war G. M. Malenkow. Der hörte sich den Vorschlag an und umarmte Chruschtschow mit Tränen in den Augen. »Vielen Dank, Nikita Sergejewitsch, für deine Initiative, deinen Mut. Sonst lässt Berija uns alle erschießen!« So fing Malenkow an, W. M. Molotow zu überzeugen, und Chruschtschow nahm sich K. J. Woroschilow vor. Und so weiter. Als alles fertig vorbereitet war, wurde allen Politbüromitgliedern eine persönliche Waffe für den Fall einer bewaffneten Gegenwehr Berijas ausgehändigt. Im Nachbarzimmer warteten Marschall Konew und die Generäle Moskalenko und Gretschko auf das vereinbarte Signal. Es hatte den Anschein, als ob eine routinemäßige Sitzung des Präsidiums des Ministerrats beginnen würde. Gleich zu Beginn wurde sie auf Antrag von Malenkow in eine außerordentliche Sitzung des Politbüros umgewandelt. Es sollten Fragen zu neuen Erkenntnissen über die verräterische Rolle Berijas in den Jahren des Bürgerkriegs auf dem Kaukasus erörtert werden. In diesem Moment wurde Berija blass. Er versuchte, zu seiner Aktentasche zu gelangen, die hinter seinem Rücken auf dem Fensterbrett lag. Aber Chruschtschow hielt ihn an der Hand fest und zischte: »Bleib sitzen, Lawrenti, bleib ruhig sitzen.« Der wurde weich und verstummte. Auf ein Klingeln erschie-

nen die Generäle. Sie nahmen ihn ohne Mühe fest, fuhren ihn in einem gepanzerten Fahrzeug zum Stab des Moskauer Militärkreises auf die Osipenko-Straße und sperrten ihn in einen Bunker, der in den Kriegsjahren als Luftschutzkeller gedient hatte. Die Wache bestand aus Offizieren, die mindestens im Rang eines Oberst waren. Von da aus wurde er in das Gefängnis Wladimir überstellt. Dort wurde er verurteilt und erschossen. Nach Worten Chruschtschows soll Berija beim Anblick des Erschießungskommandos seinen Verstand verloren haben und in seiner eigenen Scheiße gestorben sein.
Als ich diese Offenbarungen dolmetschte, dachte ich unwillkürlich: Was für ein schmutziges Leben ihr doch lebt, ihr Hohen Herren! Sie kennenzulernen, war bitter und lächerlich in einem. Die Realität glich so gar nicht dem Parade- und Ausgangsbild, das sie bei Bedarf dem Publikum darstellten. Ich war dort in Pizunda ebenfalls Zeuge eines kleinen tragischkomischen Vorfalls. In der Datscha hielt sich fast ständig der damalige Erste Sekretär der Kommunistischen Partei Georgiens, Mschawanadse, auf. Niemand hatte ihn an den Verhandlungstisch in der Veranda hinzugebeten. So saß er gewöhnlich diskret in einem winzigen Zimmer. Es war durch eine Wand mit einer breiten Glastür aus dickem feinem Gussglas abgetrennt. Dort saß er nun, las Zeitungen, Zeitschriften oder sah irgendwelche Papiere durch – immer bereit, einer Aufforderung seines Chefs zu folgen.
Es vergingen die Tage. Er wurde nicht geholt und nahm nur an den Mahlzeiten teil. Er brachte scharfsinnige geschönte Toaste aus und erzählte über georgische Gerichte. Einmal rief ihn Chruschtschow dann laut von der Veranda herbei: »Mschawanadse, komm bitte her!« Der sprang vom Sessel auf und folgte instinktiv dem Ruf des Hausherrn. Und plötzlich krachte er in vollem Lauf an das massive Glas der Tür zur Veranda. Der Stoß war so massiv, dass Mschawanadse stürzte, als wäre er von einer Maschinengewehrsalve getroffen worden. Er lag ausgestreckt. Sein dicker Bauch war in den heimatlichen georgischen Himmel gereckt. Jeder reagierte auf seine Weise: Fidel

sprang gleich hin und wollte ihm helfen. Nikita schickte seinen Wachmann nach einer Krankenschwester hoch. Und ich – ich konnte mich vor Lachen nicht halten. Eine solche Bestrafung lakaienhaften Losstürzens, der augenblickliche Übergang von flinker Bewegung zu göttlicher Ruhe erinnerte mich an die Stummfilme vom Anfang des Jahrhunderts. Dann sah ich Chruschtschows missbilligenden Blick. Schnell zog ich mich zur einfachen Gruppe des Servicepersonals und der Wachleute zurück, die mich immer zum Essen in ihre Räume eingeladen hatten. Mit ihnen konnte ich herzhaft lachen, und auch die Getränke waren nicht schlechter als am herrschaftlichen Tisch. Daran hatte ich mich schon gewöhnt: Lügen und Unwahrheiten waren in Regierungskreisen in vollem Gange. Uns hatten unsere Großmütter noch gelehrt, dass uns der Teufel im Jenseits für jede Lüge eine heiße Pfanne mit der Zunge auslecken lassen würde. Hier waren Lügen ganz normal. Deshalb wunderte ich mich auch nicht mehr, als gesagt worden war, dass die Delegation nach Jerewan fährt, und wir tatsächlich aber nach Murmansk flogen. Dort wartete schon eine aufgetankte TU-114 auf den Start nach Havanna.
Bald darauf kehrte ich nach Mexiko zu meiner Arbeit als Aufklärer zurück. Von dort hatten mich ja die beschriebenen Ereignisse weggeführt. Meine Gedanken kehrten oft zu Nikita Chruschtschow zurück, den ich fast eineinhalb Monate aus der Nähe gesehen und gehört hatte; den ich in der Familie, in der Datscha oder im Kreise seiner Kollegen beobachten konnte. Damals hegte ich große Sympathie für diesen Menschen. Heute bin ich überzeugt, dass Russland, damals die UdSSR, mit ihm den letzten von vielen originären führenden Politikern verloren hat. (Andropow zählt nicht: Zu kurz war seine Wirkungszeit, ja, und er wurde von seiner Krankheit aufgefressen.) Als im Herbst 1964 die Nachricht vom Rücktritt Chruschtschows auf eigene Bitte kam, hatte ich keinen Zweifel an einer Lüge: Das entsprach nicht dem Charakter und dem Typ dieses rastlosen Menschen. Sie nutzten unsere Naivität und Unwissenheit aus. Sie überzeugten uns davon, dass er überall Mais

anbauen wollte, sogar auf Nowaja Semlja (Doppelinsel im Nordpolarmeer, Anm. d. Übers.); dass er mit dem Schuh auf das Rednerpult der UNO gehauen hat. Hinter vorgehaltener Hand wurde über seine voluntaristische Art in der Personalpolitik gesprochen und so weiter. Sie hatten seine Versuche, die Partei zu demokratisieren, vollständig vergessen oder mit Absicht nicht mehr daran erinnert. Er wollte die Verweildauer in einem Wahlamt auf drei Wahlperioden, also zwölf bis fünfzehn Jahre, begrenzen. Diese Frist der Machtausübung war für die gesamte zivilisierte Welt annehmbar, aber für Russland kam das einer Revolution gleich.

Einmal hatte ich den Schwiegersohn von Chruschtschow, A. Adschubej, im Ausland zu begleiten. Er beklagte sich bei einem Krug Bier: »Das ist doch nicht gerecht, wenn den politischen Köpfen die Flügel gestutzt werden. Ich bin jetzt 42 Jahre alt, das würde für mich bedeuten, mit 54 Jahren muss ich die politische Arena verlassen (aber er war zu dem Zeitpunkt schon Mitglied des ZK der KPdSU, N. L.).« Das Erste, was nach dem Sturz Chruschtschows zurückgenommen wurde, war nicht der Maisanbau, sondern eben diese begrenzte Frist der Machtausübung. Hat denn nicht auch Chruschtschow die berüchtigten »Pakete« – also die inoffiziellen Parallelgehälter aus der Parteikasse – abgeschafft?

Niemand, außer Chruschtschow, vermochte es, auf personengebundene Autos und Staatsdatschas zu verzichten. In den Datschas ließ er lieber Kindergärten und -krippen einrichten. Ganz zu schweigen vom XX. Parteitag – dem Wendepunkt in den Köpfen.

Unter seiner Führung (er war Oberkommandierender der Streitkräfte und des Verteidigungsrats der UdSSR) wurde eine Wandlung in der Armee vollzogen. Es wurde auf Raketen umgestellt. Wir eroberten den Kosmos, und es war eine Zeit, in der die USA mit ihren Programmen hinter uns zurücklagen.

Sein Andenken wurde missachtet, indem die ersten Massenbauten »Chruschtschoby« genannt wurden. Aber zu jenen Zeiten schienen die Häuser denjenigen wie Paläste, die nach den

Torturen in den »Spatzen-Gemeinschaftswohnungen« dorthin umziehen konnten. Die Geburtenrate ging nach oben: Die Menschen wollten leben.

Natürlich verleitete die übergroße Macht eines Ersten Sekretärs des ZK der KPdSU, die die Vorrechte russischer Imperatoren noch bei weitem überstieg, jeden Politiker, umso mehr einen wie N. Chruschtschow, der weder Kultur noch Bildung besaß. Er beging viele grobe Fehler. Dazu zähle ich die Ablehnung der überlegten Pläne zur Wiederbewirtschaftung traditioneller Landwirtschaftsgebiete und die Organisation eines »Neuland-Eiapopeia«. Das Neuland fraß Unmassen unserer Ressourcen auf und löste auch nicht das Getreide-Problem.

Von jeglichem Standpunkt aus nur als Irrsinn betrachten, kann man die voluntaristische Entscheidung, die Krim als ein rein russisches Territorium in die juristische Zuständigkeit der Ukraine abzugeben. Natürlich konnte in jener Zeit keiner davon ausgehen, dass später andere Idioten auftauchen würden, die das historische Erbe der Völker aufzuteilen beginnen würden. Doch die Gebiete, die in jahrzehntelangen Kriegen mit dem Osmanischen Reich errungen wurden, gingen verloren. Politiker haben vorausschauend zu agieren. Sie müssen die Folgen ihrer Entscheidungen und deren Auswirkungen auf die zukünftige Entwicklung absehen können.

Nikita Chruschtschow mit seinem doch speziellen Charakter versetzte der Gemeinschaft der sozialistischen Staaten einen ziemlichen Schlag. Trotz aller Unwägbarkeiten einer ungleichen Entwicklung gab es für die sowjetisch-chinesischen Beziehungen keine historische Konstellation für den Abbruch unserer Kontakte. Plötzliche außenpolitische Wendungen führten zum Verlust der Bündnispartnerschaft mit Albanien und zu einer deutlichen Abkühlung des sowjetisch-rumänischen Verhältnisses. Im Prinzip war der damalige sozialistische Block in zwei Lager geteilt – ein prosowjetisches und ein prochinesisches. Das kompromittierte die sozialistische Idee in der ganzen Welt und schwächte sie entscheidend. Die internationale kommunistische Bewegung zerbrach, die »dritte Welt« wurde gespalten. Nikita Chruschtschow war der Letzte, der ein nationales Ziel formulierte. Wenn es auch naiv klang: »Holen wir Amerika bei der Produktion von Milch und Fleisch ein!«, so waren aber alle nachfolgenden Regierungen blind. Eine erblindende Partei führte ein blindes Volk – wer weiß, wohin. So erreichten sie beide den Niedergang des Staates und den Zerfall der Gesellschaft.

Ich trauerte Nikita Sergejewitsch ehrlich nach – dem Eigensinnigen, Trotzigen, immer einem zusätzlichen Gläschen nicht Abgeneigten (das sind fast die genetischen Defizite russischer Staatsführer), dem einfach demokratische Bremsen fehlten. Und der damaligen ganz und gar ergrauten Politbüroumgebung war es einfacher, einen Sturz Chruschtschows zu initiieren, als die von ihm begonnenen demokratischen Prozesse mitzutragen und zu unterstützen. Sie beschuldigten ihn dessen, dem sie selbst viele Jahre mit zugestimmt hatten. Der Öffentlichkeit »hängten sie Nudeln über die Ohren« vom Mais.

Kennedy wurde 1963 umgebracht. Ein Jahr danach verschwand Chruschtschow aus dem Kreml. Auf irgendeine Art bezahlten sie beide für die Karibik-Krise: Der Erste dafür, dass er den Kampf gegen den aufmüpfigen Castro nicht bis zu Ende führte; der Zweite dafür, dass er mit seinen »Innovationen« in der Innen- und Außenpolitik eine tödliche Gefahr für die Kremloligarchie bedeutete.

Der Jahresauftakt 1965 war aufgrund der Ereignisse in der Dominikanischen Republik sehr heftig. Im Frühling fand dort ein Aufstand der patriotischen Kräfte unter Führung des antiimperialistisch gesinnten Oberst Francisco Alberto Caamaño statt. Bewaffnete Trupps der Aufständischen brachten einen großen Teil der Landeshauptstadt unter ihre Kontrolle. Jeden Tag konnte mit ihrem Sieg gerechnet werden. Die Vereinigten Staaten zeigten sich von der Möglichkeit des Entstehens eines »zweiten Kuba« in der Karibik sehr erschrocken und gingen zum Angriff über. Die Organisation Amerikanischer Staaten sanktionierte diese bewaffnete Aktion ohne sonderliche Schwierigkeiten. Die USA setzten 30.000 Soldaten in der

Dominikanischen Republik ab. Als Feigenblatt der schändlichen Invasion diente die Ankunft einiger Kompanien Soldaten kleinerer zentralamerikanischer Staaten in Santo Domingo. So sah es wie eine »gemeinsame Aktion« der Organisation Amerikanischer Staaten aus. Die Zentrale war an Informationen darüber interessiert, was tatsächlich auf der Insel Santo Domingo passierte und wie sich die Ereignisse entwickeln könnten. Bis dahin hatte die UdSSR an diesen Ländern kein direktes Interesse gehabt. Deshalb hatte sich auch die Aufklärung nie für diese Länder interessiert. Weder in der Dominikanischen Republik noch im benachbarten Haiti hatte jemals eine russische oder sowjetische Botschaft existiert. In der Aufklärung wurden solche Landstriche »weiße Flecken« genannt. Jetzt musste man schnell Informationsquellen suchen. Auf so einer mächtigen ideellen Grundlage wie der gemeinsame Kampf gegen die ausländische Intervention und für die Wiederherstellung der Unabhängigkeit des Landes erschien die Suche nach Unterstützern erfolgversprechend. Größere Probleme entstanden bei der Organisation einer zuverlässigen und sicheren Nachrichtenverbindung in die Dominikanische Republik, da es dort nicht einen einzigen Vertreter oder eine Vertretung der UdSSR gab. Aber auch diese Aufgabe lösten wir mit Hilfe einer der kleinen Antillenrepubliken, südlich von Santo Domingo.

Unsere Arbeit war niemals gegen die Länder gerichtet, auf deren Territorien wir sie durchführten. Alle unsere Schritte zielten auf eine Spionagetätigkeit gegen die USA ab. Im gegebenen Fall waren die Aktivitäten gegen deren direkte und indirekte Interventionen gerichtet.

Eine unliebsame Angelegenheit blieb die Arbeit mit Vertretern der kommunistischen – und Arbeiterparteien. Keiner der Aufklärer mochte sie. Zu unserer Zeit existierte bereits ein Verbot der Einbeziehung von Kommunisten in die Aufklärung. Aber es gab einen Beschluss des ZK der KPdSU, der die Aufklärung verpflichtete, im Ausland konspirativen Kontakt mit Vertretern der kommunistischen Parteien zwecks Erfüllung der ZK-Aufträge zu unterhalten. Diese Aufträge beinhalteten hauptsächlich die Übergabe jährlicher Geldzuschüsse, der Einladungen zu Erholungs- und Kuraufenthalten einer bestimmten Anzahl von Parteirepräsentanten und von Einladungen zu den verschiedensten Veranstaltungen (Parteitage, Kongresse, Symposien) mit der Übergabe von Aufwendungen für Fahrten und so weiter. Manchmal übergaben uns die Vertreter der kommunistischen Parteien offene oder zugeklebte Briefumschläge; Briefe, die an den Kreml adressiert waren. Darin befanden sich Bitten oder Informationen zur Lage innerhalb der Partei. Mit der Aufklärung hatte das alles nichts zu tun. Diese Arbeit selbst war eigentlich sehr gefährlich. Viele der Kommunisten befanden sich unter ständiger Überwachung ihrer Regierungen. Sie wurden oft dauerhaft geheim beobachtet, sogar wenn sie durch die Stadt liefen. Natürlich verfügten die Leute, die von den Führungen der kommunistischen Parteien für den Kontakt mit uns ausgewählt worden waren, über keinerlei spezielle Ausbildung, um eine Überwachung zu erkennen. Sie konnten glatt ohne böse Absicht einen »Schwanz« zum Treffpunkt mitbringen.

Während ein Aufklärer bei seiner Arbeit gewöhnlich bemüht ist, jedem seiner Treffen einen natürlichen, gesetzeskonformen und legalen Charakter zu verleihen, so war für die Treffen mit Vertretern der kommunistischen Parteien kaum eine Legende zu finden. Aus welchem Anlass sollte ich mich auch als Dritter Botschaftssekretär mit einem mir völlig unbekannten Menschen, der aus irgendeinem lateinamerikanischen Land, mit dem wir noch nicht einmal diplomatische Beziehungen unterhielten, nach Mexiko kam, treffen wollen? Ja, aber in diesem Land gibt es eben eine kommunistische Partei, und in Moskau wurde entschieden, dass sofort bei Einreise nach Mexiko eine Kontaktaufnahme erfolgen solle.

Nun, und so mussten wir uns im Schutz der Dunkelheit mit absolut unbekannten Leuten treffen. Wir übergaben ihnen als Handelsware getarnte Päckchen mit Geld und nahmen Briefumschläge entgegen. Diese Operationen bargen den Charakter eines Beweises, und wir atmeten jedes Mal erleichtert auf, wenn sie vorbei waren.

Die Kontakte mit den Kommunisten bedeuteten für mich nicht nur gefährliche und unangenehme operative Tätigkeit. Ich hatte das Glück, unter ihnen Menschen mit einer außerordentlich hohen Kultiviertheit mit hervorragenden menschlichen Eigenschaften kennenzulernen. In Lateinamerika standen nicht selten die bedeutendsten Künstler und Kulturschaffenden der Idee des Sozialismus nahe, wie zum Beispiel Diego Rivera, Alfaro Siqueiros, Pablo Neruda, Nicolás Guillén und viele andere. Im Allgemeinen besagte die Zugehörigkeit zum linken Flügel in Lateinamerika, dass man Teil einer tiefgründig denkenden, patriotischen Bevölkerungsschicht war.

In Mexiko traf ich in jenen Jahren einen der führenden Politiker der guatemaltekischen Partei der Arbeit (Kommunisten): Víctor Manuel Gutiérrez. Während der Regierungszeit von Oberst J. Árbenz war Víctor Manuel Vorsitzender des guatemaltekischen Parlaments. Nach dem Sturz der demokratischen Regierung musste er für viele Jahre in die Emigration gehen, führte aber seine Parteiarbeit fort. Seinen Lebensunterhalt verdiente er sich mit Unterrichten: Es gab wenige solcher profunder Kenner der Geschichte Lateinamerikas, solcher brillanter Politologen und Analytiker wie Víctor Manuel.

Manchmal besuchte er mich mit seiner Tochter in meiner Wohnung auf der Masatlan-Straße 206. Wir tranken starken russischen Tee und sprachen über das schwere Los der zentralamerikanischen Völker. Er weckte eine tiefe Liebe zu dieser Region in meinem Herzen. Ich erinnere mich an seine Worte: »Ihr lebt gut auf dieser Welt. Hinter euch steht ein mächtiges Land, der Weltruhm eines kulturellen Erbes, eine ruhmreiche und bekannte Geschichte. Aber wie geht es den Völkern, über die die Menschen fast nichts wissen? Ob Guatemalteken oder Honduraner – das ist für viele nur ein Beleg für die Zugehörigkeit zu einem Ureinwohnerstamm. Ihnen widmet man maximal ein ethnographisches Interesse. Mit unseren Staaten pokert die internationale Gemeinschaft nur. Unsere Völker haben den Komplex der Minderwertigkeit. Lesen Sie ›Könige und Kraut‹ von O'Henry, und Sie werden sehen, wie man uns von außen wahrnimmt.«

Ich wollte mehr über diese große, unter meinen Landsleuten so wenig bekannte, Region der Erde erfahren. Hier hatten sich unglaubliche historische Dramen abgespielt. Die Menschen hatten genauso viel gelitten, vielleicht auch noch viel mehr als in meiner fernen Heimat. Hier hatten politische Köpfe gewirkt, vor denen man auf die Knie fallen möchte. Ich erfuhr, dass die Diktatoren der zentralamerikanischen Länder, einer nach dem anderen, sobald sie an die Macht gekommen waren, als erste Amtshandlung stets die Nationalarchive nach kompromittierenden Unterlagen durchsuchten und sie dann vernichteten. Auf Bitten ehrlicher Archivmitarbeiter kümmerte sich die UNESCO um die Entsendung mobiler Fotolabors an einige zentralamerikanische Länder, die alle Bestände fotografierten. Eine Kopie dieser Mikrofilme wurde zur Aufbewahrung an das Panamerikanische Institut für Geographie und Geschichte in Mexiko gegeben. Für den Kauf einer Kopie dieser Kopie musste ich meine gesamten persönlichen Ersparnisse aufwenden.
Als das Jahr 1967 schon fast zur Neige ging, kam Víctor Manuel, um sich zu verabschieden. Er fuhr zu einer Versammlung der Parteiführung illegal nach Guatemala. Ihn erfüllten düstere Vorahnungen. Sie waren sehr begründet. Im Land wütete der rechte Terror in den Städten, und in den ländlichen Gebieten tobte der Partisanenkrieg. Die linken Kräfte waren sehr zersplittert. Ihre Energie verschwendeten sie im Kampf gegeneinander. Die ideelle Unvereinbarkeit behinderte die einfachen persönlichen Auseinandersetzungen, die der Wahrheitsfindung dienten, und schlimmer noch waren die Spielchen der Provokateure. Víctor Manuel wollte sich der tödlichen Gefahr nicht beugen. Ein guter Mensch, Professorentyp, klein und mit weicher Stimme; dies alles hob seine Unsicherheit hervor. Er hatte sich zur Reise entschlossen, um die Uneinigen zu versöhnen, um ihnen zu helfen, sich gegenseitig zu verstehen, und um gemeinsam einen vernünftigen Weg aus dem blutigen Sumpf zu finden.
Umsonst waren alle Versuche, ihn von seinem Entschluss abzubringen. Er übergab mir einen Packen Bücher über die Ge-

schichte Guatemalas und sagte bei der Verabschiedung: »Hör zu, wenn ich nicht zurückkehren sollte, dann versprich mir, die Geschichte der Länder Zentralamerikas niederzuschreiben. Mir hat die Zeit dafür leider nicht gereicht!« Wir umarmten uns, und in der Nase begann ein untrügliches Kribbeln – ein Anzeichen für die aufkommenden Tränen? Ich nickte kräftig mit dem Kopf. Es sollte heißen: Ich verspreche es. Und er kehrte auch wirklich nicht zurück.
Zu Beginn des nächsten Jahres, 1968, erfuhr ich, dass alle Teilnehmer der Beratung des Verrats bezichtigt und gefangen genommen wurden. Es folgten verständlicherweise keine Ermittlungen, und kein Gericht wurde tätig. Sie alle wurden in Folterkammern bestialisch gefoltert. Nach Zeugenaussagen eines Wärters erstickte Víctor Manuel Gutiérrez unter einer Gummimaske auf dem Kopf. Sein Körper wurde von einem Hubschrauber aus in die Karibik geworfen, in der es vor Haien nur so wimmelte.
Ich hielt, soweit ich konnte, mein Wort. Ich hatte es diesem angesehenen Menschen versprochen. 1975 erschien meine Arbeit in Moskau: *Abriss der neuen und neuesten Geschichte der Länder Zentralamerikas*. Ich habe sie den Menschen gewidmet, die gestorben sind, ohne ihre Überzeugungen zu verraten. Und ihre Überzeugungen waren für sie nicht der Universalschlüssel, um an die Macht zu gelangen, sondern eine Sache der Ehre und des Herzens. Für dieses Buch bekam ich den akademischen Titel eines Doktors der Geschichte verliehen. In Gedanken reichte ich den Titel weiter an den toten Víctor Manuel, der mich zu dieser Arbeit ermutigt hatte.
Insgesamt war das Jahr 1967 recht schwer. Im Oktober erreichte uns aus Bolivien die Nachricht vom Tod Che Guevaras. Selbst als ich das Foto des erschossenen Partisanen sah, wollte ich nicht glauben, dass es ihn jetzt nicht mehr auf der Erde gibt – diesen apostolischen Menschenschlag, ganzheitlich, rein, unempfindlich gegen Schmerz und Angst, den ewigen Fesseln immer voraus. Der Sozialismus als Lehre kann stolz darauf sein, dass ihn Menschen mit einem solchen gigantischen menschli-

chen Ausmaß wie Che Guevara zu ihrer Weltanschauung gemacht haben. Sein Tod hat damals die ganze Welt erschüttert. Seine Mörder erlangten nicht weniger traurige Berühmtheit als die Henker Christi. Mein Schmerz und meine Trauer waren maßlos.

Meine Abordnung neigte sich dem Ende zu. Sie hatte auch so schon fast sieben Jahre gedauert. Es war an der Zeit, die Heimreise vorzubereiten. Die Einschätzung meiner beruflichen Erfolge stand bei Heimkehr bevor. Das wurde durch die Zentrale vorgenommen. Aber während der Reisevorbereitungen dachte ich darüber nach, dass mir neben meiner Arbeit als Aufklärer mein Aufenthalt in Mexiko eine immense Lebenserfahrung im Umgang mit Menschen gebracht hat. Ich habe Leute getroffen, die ich unter anderen Bedingungen niemals im Leben kennengelernt hätte. So konnte ich den Schauspielern, Schriftstellern und Sportlern helfen, die damals nach Mexiko kamen. Mein Wissen über das Land gab ich offen an sie weiter. Ich half ihnen als Dolmetscher, als Fahrer, einfach in allem. Wie könnte ich David Oistrach, Maja Plissezkaja, Konstantin Simonow, Sergej Gerassimow, Tigran Petrosjan und Paul Keres vergessen! Sie müssen sich nicht wirklich an uns erinnern; wenn die Erinnerung an Mexiko ein Lächeln auf ihre Lippen zaubert, dann ist das ausreichend.

Aber einige Begebenheiten würde ich gern erzählen. Es war das Jahr 1968, als Jewgeni Jewtuschenko zu öffentlichen Auftritten als Schriftsteller nach Mexiko kam. Über ihn gab es widersprüchliche Meinungen. Ich erinnerte mich daran, dass sich Chruschtschow während des Aufenthalts von F. Castro in Moskau 1963 über ihn beklagte. Er sagte sinngemäß, dass Jewtuschenko wohl wieder verrücktspielen würde. Er erzähle jedem von seinem unmittelbar bevorstehenden Suizid und würde das Telefonkabel kappen. Darauf antwortete Fidel: »Schicken Sie ihn doch nach Kuba. Er wirft einen Blick auf unser Leben, und die Sache wird sich bessern!« Nach diesem Gespräch reiste Jewgeni Alexandrowitsch nach Kuba. Und dann war er bei uns in Mexiko zu Besuch. Der Botschafter nahm die dienstälteren

Diplomaten zu einer Beratung zusammen, um zu besprechen, wie der Umgang mit diesem unbequemen, aufsässigen Schriftsteller zu organisieren wäre. Es galt die Frage zu klären, wer ihn als Konsultant und Dolmetscher begleiten würde. Einige Diplomaten standen für Jewtuschenko zur Auswahl. Er aber lehnte einen nach dem anderen ab: Ein Mitarbeiter war Sekretär des Parteikomitees gewesen, ein anderer Mitarbeiter des GRU oder KGB, noch ein anderer verstand nichts von Kunst. Als die Liste abgearbeitet war, schlug irgendjemand meine Kandidatur vor – ich arbeitete damals »unter dem Dach« des Büroleiters der APN (Presseagentur *Novosti*, Anm. d. Übers.). Er war einverstanden und erklärte: »Das ist auf gar keinen Fall einer vom KGB.« Es begann diese abgöttische Landstreicherei, die so gar nicht mit meinem anderen Leben vereinbar war. Ich erinnere mich, dass Jewgeni Alexandrowitsch in seiner zu dieser Zeit entstandenen *Frühen Autobiographie* schrieb, dass er auf die Frage, welcher Partei er angehöre, antworten würde: Es gibt nur zwei Parteien – die der ordentlichen Leute und die der Halunken. Ich hielt es für angebracht, ihn darin zu bestärken, dass er für mich mit seinem Wirken zur ersten Partei gehöre.
Seine Lesung sollte in einem riesigen, zehntausend Besucher fassenden Saal, der für Boxwettkämpfe ausgelegt war, stattfinden. Ich unterstützte ihn, als er darum bat, die gesamte kommerzielle Reklame an den Wänden mit Stoffen zuzuhängen. Diese Tücher sollten mit den vom Russischen ins Spanische übersetzten Strophen russischer und sowjetischer Dichter beschriftet werden. »Das kostet eine Menge Geld, das ist unmöglich!«, erhitzte sich der rundliche Verwalter der Arena. »Wie viel?«, fragte der Schriftsteller unaufgeregt. »Ich zahle so viel, wie es kostet. Aber gestalten Sie es, wie vereinbart!« Der Dichterabend verlief mit einem riesigen Erfolg. Das Publikum war hingerissen, als Jewtuschenko einige Gedichte auf Spanisch vortrug. Mich überraschte selbst meine Feststellung, dass er in der Zeit auf Kuba die spanische Sprache ziemlich gut gelernt hatte und sich ohne Hilfe eines Dolmetschers verständigen konnte.

Nach einem dieser Abende sagte er mit Verschwörermiene zu mir: »Hör zu, Nikolai, hier in Mexiko sitzt mein alter Freund – der Schriftsteller und Journalist Víctor Rico Galán – im Gefängnis. Kennengelernt haben wir uns auf Kuba. Hilf mir bitte, ein Treffen mit ihm zu organisieren. Mir ist es unangenehm, in der Öffentlichkeit Vorstellungen zu geben, während mein Freund hinter Gittern sitzt!« So also!, dachte ich. Allen war bekannt, dass Víctor Rico Galán als gefährlicher Staatsfeind zu fünf Jahren Gefängnis verurteilt worden war. Ihm war das Ansinnen, die derzeitigen Machthaber in Mexiko stürzen zu wollen, zur Last gelegt worden. Zu ihm konnte man sicherlich nur mit der Genehmigung hochrangiger Persönlichkeiten gelangen. Und natürlich war es unmöglich, den Botschafter davon in Kenntnis zu setzen. Er hätte das sofort untersagt. Wir grübelten gemeinsam und entwarfen folgenden Plan. Ich spreche mit dem Chefredakteur der einflussreichen mexikanischen Zeitschrift *Siempre*, José Pahéz. Er wollte in zwei Tagen ein Essen für seine Mitarbeiter mit dem Präsidenten des Landes, Díaz Ordaz, organisieren, und ich bitte ihn, dazu J. Jewtuschenko einzuladen. Während einer kleinen kulturellen Umrahmung liest Jewgeni Alexandrowitsch sein Gedicht auf Spanisch. Der Erfolg war leicht vorhersagbar. Dann geht er persönlich zum Tisch des Präsidenten und bittet ihn direkt um die Erlaubnis, seinen inhaftierten Freund besuchen zu dürfen. In einer solchen Situation ist eine Absage wenig wahrscheinlich. Der Plan wurde bis ins Detail so durchgeführt. Das Gedicht »Schach« schrieb er nachts im Hotelzimmer. Es war den »Bauern« (auf Spanisch *peones*, das heißt »Hilfsarbeiter«) gewidmet, die die Könige als erstes ins Spiel werfen und die bei allen Spielzügen geopfert werden. Aber nur die »Bauern« haben das Recht, wenn sie über das ganze Schachbrett gekommen sind, sich in eine »Königin« zu verwandeln – in die mächtigste Figur.

Das Essen war erfolgreich. Das Gedicht endete mit tosendem Beifall. Danach ging Jewgeni Alexandrowitsch zum Tisch des Präsidenten und sprach mit ihm allein über alles. Er kehrte an unseren Tisch zurück und flüsterte: »Morgen um zehn Uhr

morgens kommt ein Auto des Geheimdienstes zu deinem Haus, und das bringt mich zum Gefängnis. Besorge bitte eine Flasche Wodka und eine Büchse Kaviar!« Zum Morgen war alles bereit; etwas unruhig verabschiedete ich ihn. Er wurde von zwei wortkargen Bodyguards begleitet.
Er kam nach einigen Stunden wieder und erzählte aufgeregt: Als er im Gefängnis angekommen war, hatte ihn der dortige Leiter in den Besucherraum gebeten. Ein Gitter trennte den Raum. Dort sprachen die Verwandten durch Gitterstäbe leise mit den Inhaftierten. Jewtuschenko verbat sich eine solche Form der Kommunikation. »Ich habe mich doch nicht dafür an den Präsidenten gewandt, um meinen Freund nicht einmal umarmen zu dürfen.« »Gut, aber machen Sie bloß keinen Lärm«, sprach der General versöhnlich, »gehen Sie in mein Zimmer. Ihren Freund bringt man gleich dorthin.«
Nach wenigen Minuten kam der dünn gewordene und vom Gefängnisaufenthalt blasse Víctor Rico Galán. Er hatte sich nicht erklären können, weshalb man ihn in das Zimmer des Gefängnisleiters führte. Seine Freude kannte kein Ende, als er Jewtuschenko erkannte, der sich ihm entgegenwarf. Jewgeni erlangte aus der Seitentasche den Wodka und den Kaviar. Sofort kam der Gefängnisgeneral näher. »Das ist auf keinen Fall gestattet. Alkohol und Drogen sind im Gefängnis verboten!« – »General, seien Sie doch ein Mensch, nach russischem Brauch muss man einfach nach so vielen Jahren auf das Treffen anstoßen. Teilen Sie doch diese Freude mit uns!« Und es geschah ein kleines menschliches Wunder. Der General, der Schriftsteller und der Häftling tranken traditionell »zu dritt« die Flasche aus. Danach sprachen die Freunde über ihre Sehnsüchte und erinnerten sich gewiss ihr ganzes weiteres Leben an dieses ungewöhnliche Treffen. Und ich, wie Sie bemerken konnten, auch. Wir haben damals niemandem von dieser Begebenheit erzählt. Es war unser kleines Geheimnis.
Ich verschwand mit Jewtuschenko für einige Tage. Unsere Lebensweise war nicht geprägt von Prüderie und Nüchternheit. Manchmal schoss es ihm früh morgens in den Kopf,

zum Großhandelsmarkt zu fahren, seines Zeichens »der Bauch Mexikos«, um dort mit den Lagerarbeitern und Fleischern zu frühstücken und ihnen Gedichte vorzutragen. Dank ihm war ich auch dort. Wir aßen nahrhafte Maissuppen, Maisfladen, in die kleingehackte gebrühte Fleischstückchen – gewürzt mit scharfem Paprika – hineingewickelt waren. Dazu tranken wir das ausgezeichnete Bauerngetränk »Pulque« – ein kalter Trunk mit geringem Alkoholgehalt, der aus dem Saft des Agavenkaktus hergestellt wurde. Die warmherzigen, hart arbeitenden Menschen luden uns dazu ein und versicherten, dass vom »Pulque« »ein Mann erst ein richtiger Mann wird und anstelle einer Glatze wachsen Locken auf dem Kopf«. Wir glaubten das sowieso nicht, ließen uns aber jeder noch einen Krug Pulque geben.

Nach einer dieser wilden Nächte saßen wir gerade im Café des Hotels, als uns die Nachricht von der Ermordung Martin Luther Kings in den USA erreichte. Jewtuschenko erregte sich sehr. An Ort und Stelle begann er, auf einer Serviette ein Gedicht über die weißen Menschen mit den schwarzen Seelen zu schreiben. Bald reiste er ab. Ich traf ihn danach nicht mehr; las nur seine Gedichte. Und wie Goldkörner der Erinnerungen an die gefeierten Auftritte trage ich Jewtuschenkos Besuch in Mexiko in meinem Herzen.

Ende 1968 verließ ich Mexiko. Es blieb mir immer *lindo* und *querido* – schön und lieb. Insgesamt hatte ich dort zwölf Jahre verbracht. Es war zu meiner zweiten Heimat geworden. Dort war meine Tochter geboren worden, aufgewachsen und zur Schule gegangen. Sie sprach besser Spanisch als Russisch. Dort ließ ich viele Freunde und Mitarbeiter zurück, ohne die das Leben im Ausland keinen Sinn gemacht hätte. Viele von ihnen arbeiteten weiter mit den Kollegen zusammen, die im Wechsel gekommen waren. Einige gingen in andere Länder, in den Norden, und die Zusammenarbeit hat andere Formen erhalten. Andere wiederum, und auch das gibt es, warten, bis wir uns an den bekannten Orten wiedertreffen.

Mexiko ist ein Riesenland. Meine Landsleute, die es nur von

der Karte her kennen, können sich seine echten Dimensionen gar nicht vorstellen. Zwei Millionen Quadratkilometer mit den verschiedensten Landschaften – von glühend heißen Tropen mit Mangoplantagen und Ananasfeldern bis zum ewigen Schnee auf den Bergeshöhen, von den Steinwüsten des Nordens bis zu den undurchdringlichen Dschungeln im Süden. Dort lebt und wächst alles, was ein Mensch braucht. Mexikos Schoß ist sagenhaft reich. Aus Dankbarkeit haben die Spanier ihrem Gott wunderbare Tempel an den Stätten der reichen Silbervorkommen gewidmet – über den Bergwerken, die mehr als die Hälfte der Weltsilberproduktion hervorgebracht haben. Die Silbervorkommen werden bis zum heutigen Tag ausgebeutet, aber die vorderen Plätze belegen jetzt Erdöl, Erdgas und Polymetalle.

Die Natur beschenkte dieses Land mit märchenhafter Schönheit. Die Städte Cancún und Acapulco sind Touristenzentren von Weltbedeutung. Menschen von Rang und Namen – Präsidenten, Minister, Botschafter in besonderen Angelegenheiten –, die sich mit den Herrlichkeiten des Lebens auskennen, wählen diese Orte gern für die Durchführung »wichtiger« internationaler Beratungen, bedeutender Konferenzen und regionaler Treffen aus. Glauben Sie mir, an diesen Orten ist ein Arbeiten unmöglich. Dort bleibt einem der Mund vor Begeisterung offen. Man muss diese Wunder betrachten und dem Schöpfer dafür danken, dass er seine Kinder mit solchen Gaben bedacht hat. Aber es ist am besten, wenn man sich auf Kosten der Steuerzahler an der Pracht der paradiesischen Ecken der Karibik und des Stillen Ozeans erfreuen kann. Das wissen auch die regierenden Bürokraten sehr gut.

Mexiko – das ist ein Land mit ursprünglicher Volkskultur. Ich glaube kaum, dass irgendwo anders ein Ausländer mitten in der Nacht von einer hingebungsvollen Serenade aufwacht, die ein glühender Verehrer unter dem Fenster seiner Angebeteten singt. Noch besser ist es, wenn er nicht selbst singt, sondern wenn ihn ein harmonisches Orchester der Mariachi und ein perfekter Sänger unterstützen. Sie ärgern sich dann auch nicht über die nächtliche Ruhestörung. Sie wickeln sich in eine Decke und beobachten es verzückt hinter der durchsichtigen Gardine. Wenn die Serenade zu Ende ist und Sie in Frieden einschlummern, wird es Ihnen erscheinen, als ob sie ein wenig auch für Sie gesungen wurde. »Es gibt nirgendwo ein solches Land wie Mexiko!« Dieser Refrain lebt in der Seele eines jeden Mexikaners – und in meiner auch.

Es gibt nirgendwo auf der Welt eine solche Monumentalmalerei mit einer so präzisen historisch-politischen Thematik wie in Mexiko. Die Werke von Diego Rivera, David Siqueiros und Clemente Orozco sind ein unverzichtbarer Teil des Kulturguts der gesamten Menschheit. Das Schicksal bescherte mir einige Treffen mit D. Siqueiros. Ich erinnere mich daran, wie vehement er die Monumentalmalerei verteidigte. Er untermauerte seinen Standpunkt damit, dass er für sein Volk arbeite und seine Werke deshalb nicht ins Ausland verbracht und in irgendwelchen privaten Sammlungen gezeigt werden sollten. Sie werden ewig für alle zugänglich sein, an den Häuserfronten, an Stadionbanden und in Konferenzsälen. In den letzten Jahren lehnte er es ab, massenhaft Gemälde zu produzieren.

Er lachte lauthals, als er darüber erzählte, wie er vor kurzem der penetranten Aufdringlichkeit vermögender Touristen aus den USA nachgab. Sie hatten ihn in seinem Atelier in Cuernavaca besucht, und er hatte ihnen seine Sperrholzplatte, auf der er immer die Farben gemischt hatte, gegeben. Die Touristen hatten es für den Entwurf einer neuen Arbeit gehalten und ihn zum Verkauf für einige Tausend Dollar überredet. Irgendjemand ist jetzt im Besitz dieses rätselhaften Gemäldes, unter dem sich das spöttische Schnörkel »Siqueiros« befindet.

Der große Künstler verriet großzügig seine beruflichen Geheimnisse. Er lud aus verschiedenen Ländern zwölf Schüler ein, die bei ihm als Helfer und Praktikanten arbeiteten. Ich war traurig darüber, dass sich unter ihnen nicht ein einziger Russe befand. Entweder stellten unsere damaligen Machthaber keine Fahrkosten für die Reise eines Praktikanten zur Verfügung, oder die Auswahl der jungen Künstler war nicht passend für eine Kandidatur. So hat uns die Muse David Siqueiros' mit ihren Flügeln nicht berührt.

Der Aufklärer hat keine Zeit, sich an den Naturschönheiten zu erfreuen, aber er kommt auch nicht umhin, die Wunder des Schöpfers nicht zu bemerken. Ich hatte einen Lieblingsort in Mexiko. Er liegt mitten im Zentrum des Landes, dort, wo sein Herz sein müsste. Durch diese Nationalparkzone verläuft eine Ringchaussee mit dem symbolträchtigen Namen »Weg der Freiheit«. Über die Chaussee konnte man zu den heiligen Stätten gelangen, wo mexikanische Unabhängigkeit und Freiheit ihren Ursprung hatten: Querétaro, San Miguel de Allende, Dolores Hidalgo, Guanajuato, Guadalajara, Morelia. Genau hier hatte der einfache provinzielle Geistliche Miguel Hidalgo das Banner des Kampfes gegen das Kolonialjoch erhoben. Seine Kirche führt bis jetzt Gottesdienste in seinem Sinne durch. Eine Kupferplatte ist auf der Veranda an der Stelle angebracht, wo der Geistliche offen verkündet hat, dass auch er ein Staatsbürger ist. Der patriotischen Kirche war es nicht genug, ihre Herde im irdischen Tal zu trösten. Sie hatte auch ein menschenwürdiges Leben für sie zum Ziel. Über diese Wege zog 1810 die Bauernarmee der Aufständischen, und dort erlitt sie auch eine Niederlage. Im Zentrum der Stadt Guanajuato gibt es ein Gebäude, an dessen vier Ecken Haken befestigt sind. Unter ihnen sind die Namen »Miguel Hidalgo«, »Allende« und andere aufgeführt. An diesen Haken waren die abgeschlagenen Köpfe der Anführer des Aufstands aufgespießt worden. Der aus der Kirche ausgeschlossene, verfluchte, der Verwünschung preisgegebene Geistliche war in den historischen Dreck getreten worden. Aber es verging eine Zeit, und alles fand wieder seinen Platz. Mehr als 150 Jahre mauerte die Führung der katholischen Kirche und erkannte ihren Fehler nicht an. Unter dem Druck des Gewissens konnte sie dem jedoch nicht standhalten: Sie rehabilitierte Miguel Hidalgo in allen Belangen und ließ für seine unsterbliche Seele beten. Nicht nur in Russland gehen Intrigen und Gewissen unterschiedliche Wege.

Dieser Teil Mexikos ist nicht nur für die Geschichte berühmt. Er ist sehr ursprünglich – ein Abbild des gesamten Landes. Man läuft über den Markt in Guanajuato und ist geblendet vom Ideenreichtum und der Meisterschaft der Handwerkerhände. Nicht in einem Land der sogenannten zivilisierten Welt findet man eine solche Handarbeit wie hier, wo alles individuell, selbst hergestellt, eben ein Unikat ist: Keramik und Porzellan, gegerbtes Leder, und alles, was daraus gefertigt werden kann, Stricksachen aus Wolle, Holzschnitzereien, Schmuck aus Silber oder woraus auch immer …

Und wenn man einmal ein Nationalgericht essen oder probieren möchte, gibt es keinen besseren Flecken dafür als der Markt in Guadalajara. Alles, was in der Geschichte des Landes, auch in dessen entferntesten Ecken, an kulinarischen Gerichten je hervorgebracht wurde, kann man hier finden. Es wird einem schon von den Gerüchen schwindlig. Auf einem Rost über einer Erdmulde in Bananenblättern gegrilltes Fleisch ist die Basis aller Gerichte. Aromatische weiche Stückchen dieses Fleisches werden in frische Maisfladen eingewickelt, reichlich mit den verschiedensten scharfen Soßen verfeinert und in den Mund geschoben. Daraufhin sind Begeisterungsschreie zu hören. Ja, das Essen ist scharf! Es wird erzählt, dass Schaljapin in Mexiko diese Delikatessen probierte und auf die Frage: »Na, wie schmeckt's?«, erst mal Luft holte und kaum antworten konnte. Dann brachte er hervor: »Huch, als ob mir jemand mit der Pistole in den Mund geschossen hätte!« Aber diese Erfahrungen stärken den Charakter, er wird nicht verweichlicht oder philisterhaft, sondern echt mexikanisch.

Dorthin zurückkehren können wir nicht mehr. Allein die Erinnerungen versöhnen uns etwas mit unserem zerrissenen Leben, das wir selbst in einem teuflischen Mörser mit den Stößeln politischer Ambitionen, der Unversöhnlichkeit und nationaler Feindschaft zerreiben. Wie es in dem Lied besungen wird: »Meine Jahre – mein Reichtum«.

Arbeit in der Zentrale – Abstecher als Aufklärer ins Ausland

Nach Moskau kehrte ich direkt zum Jahresende 1968 zurück. Ich war vierzig Jahre alt geworden. Mein Dienst verlief im Prinzip problemlos. Bald ernannte man mich zum Stellvertreter des Chefs der lateinamerikanischen Abteilung. So eine Beförderung war präzedenzlos – ich übersprang gleich zwei Hierarchiestufen. Nun ja, ich beachtete wohl damals die Maxime, die der Leiter der Aufklärung, L. W. Schebarschin, später wie folgt formulierte: »Bitte um nichts und verwehre nichts.« Ich war noch in treuem Glauben daran, dass »die Führung den besten Durchblick hat« und demzufolge weiß, was sie tut.

Meine familiären Umstände hatten sich in jenen Zeiten so gestaltet, dass es mir nicht möglich war, länger andauernde Aufträge im Ausland zu übernehmen. Ich musste mich auf befristete Aufenthalte mit konkreter einmaliger Aufgabenstellung beschränken. Außerdem ließen meine neuen Organisations- und Verwaltungspflichten auch keinen anderen Arbeitsrhythmus zu.

Bald war auch die Zeit reif für eine neue Arbeitsmethode. Im Herbst 1968 fand in Peru ein Aufstand nationalistisch gesinnter Militärs mit General Velasco Alvarado an der Spitze statt. Es wurde eine neue Regierung gebildet, die sich weit offener gegenüber Kontakten mit allen Ländern zeigte. Die bisherigen Machthaber hatten einen ziemlich rechten außenpolitischen Kurs gehalten. Die UdSSR hatte nie diplomatische Beziehungen mit Peru. Für uns war das ein geschlossenes Land, einer der sogenannten »weißen Flecken«. Jetzt ließ die Lage ein fundiertes Treffen vor Ort, vom Ausmaß und der Bedeutung eines beginnenden revolutionären Prozesses zu. Die Leitung der Aufklärung entschloss sich, mich unter dem Deckmantel eines Korrespondenten der Presseagentur *Novosti* dorthin zu schicken. In der Presseagentur kannten sie mich. Sie waren zufrieden damit gewesen, wie ich meine Arbeit unter ihrem »Dach« in Mexiko erledigt hatte. Ich fuhr in ein absolutes Niemandsland. Dort gab es keine Botschaft und auch keinerlei andere Vertretungen. Ich war der einzige sowjetische Mensch. Es gab keine Kontaktmöglichkeit zur Zentrale, außer dem gewöhnlichen Postweg. Ich musste im Hotel *Crillon* absteigen, wo alle Gäste, so viel wusste ich bereits, täglich durch das Personal durchsucht wurden. Das Personal bestand aus informellen Mitarbeitern der Geheimdienste. Hilfe war nirgendwoher zu erwarten. Mit einer Beschwerde konnte man sich nirgendwohin wenden.

Die Aufgabe, die ich mir selbst in der Zentrale gestellt hatte, bestand in Folgendem: Möglichst viele Kontakte in breiten Kreisen aus Regierung und Politik des Landes zu knüpfen; diese Kontakte zu stabilen Verbindungen weiterzuentwickeln; Informationen über die Situation im Land und die Perspektiven des Militärregimes zu sammeln und die führenden Köpfe des Staates zu bewerten. Das war erforderlich, um Peru gegen den wachsenden Druck seitens der USA Hilfe zu erweisen. Zur Übergabe interessanter Informationen an die Zentrale konnte ich nach Chile fahren, wo es eine Botschaft und demzufolge auch einen Informationskanal gab. Etwas vorauseilend möchte ich hier anfügen, dass ich tatsächlich einmal nach Chile flog, um mich von der angesammelten Information zu »entladen«.

Das Erscheinen eines sowjetischen Journalisten war die Sensation an sich in Peru. Überall, wo ich mich aufhielt, wurde ich wie ein Außerirdischer mit einem gemischten Gefühl aus Angst und Neugier betrachtet. Eine langjährige Propaganda in diesem Land hatte die Menschen dazu gebracht, in einem sowjetischen Menschen vor allem einen rätselhaften, unverständlichen, weit entfernten und sehr fremden Gegner zu sehen. Zum Glück heißt der Mensch nicht umsonst »Homo sapiens«. Einige Treffen und Gespräche reichten meist, um das Eis zu brechen. Eis, das in der Seele der Menschen von Federkielhaltern und Schmierfinken erzeugt worden war.

Als Erstes ging ich zur Presseabteilung des Außenministeriums und teilte dessen Leiter, dem Oberstleutnant Oscar Haram, meine Einreise, verbunden mit einer Interviewanfrage für den Präsidenten und eine Reihe führender Minister, mit. Auf dem Tisch lagen meine vorbereiteten Fragen, denn ich war ja ein legaler Journalist mit einem legalen Anliegen. Mir wurde Unterstützung zugesichert. Ich berichtete in allgemeinen Zügen über meine Vorhaben zum Kennenlernen der Situation im Land und darüber, welche Verbindungen ich aufbauen wollte. Ich wollte den Oberstleutnant davon überzeugen, dass ich nicht vorhatte, mich mit konspirativen Spionagetätigkeiten zu befassen. Das war notwendig, da die Amerikaner ja ihre Zweifel hinsichtlich der »Sauberkeit« meiner journalistischen Tätigkeit anmelden konnten. Meine Befürchtungen bewahrheiteten sich leider. In den ersten Tagen meines Aufenthalts in Peru wurde auf mich ein erheblicher psychischer Druck ausgeübt, um mich zur Abreise zu bewegen. Am Telefon meldete sich auf Russisch eine Stimme, die mir unter Verwendung erbärmlichster Flüche mitteilte: »Wir kennen dich gut … (Du Sohn einer …!) Wenn du nicht abhaust, zertrümmern wir dir den Kopf! Denke daran … (und wieder folgte ein Fluch)!« Was sollte ich tun? Entsprechend des Schemas vorgehen, das für einen solchen Verlauf vorgesehen war? Eine solche Wendung der Dinge war natürlich zu erwarten, aber die psychologische Einstellung war eine solide Waffe. Angst zu haben und wegzulaufen – das bedeutet sich selbst in den eigenen Augen, wie auch in den Augen der Freunde und Genossen und der Feinde, zu verlieren. Der gesunde Menschenverstand signalisierte mir, dass, wenn es jemand wirklich vorhatte, mir den Kopf zu zerschlagen, er es wohl kaum per Telefon ankündigen würde. Dazu gehörte kein besonderer Heldenmut, aber auch das Ergebnis war nichts Großartiges – einen unbewaffneten, schutzlosen und sich in keinster Weise kompromittierenden Menschen zu ermorden. Nein, auf so eine »nasse« Sache würden sich meine Nicht-Freunde nicht einlassen.

Deshalb hörte ich mir das alles an und schlug in derselben Tonart per Telefon zurück: »Ich bin ein gewöhnlicher Journalist, und ich lasse es nicht zu, dass mich ein ... erschreckt. Und heute Abend will ich ins Kino und gehe auf ... der und der Straße entlang.« Die letzten Worte betonte ich in einer Heftigkeit, bestimmt mit einem unnötigen Aufruf. Aber der Zug war, wie man so schön sagt, abgefahren. Abends bereitete ich mich zum Kinogang vor – jetzt musste das Angekündigte auch umgesetzt werden. Ich kann nicht gerade sagen, dass mir der Film diesmal gefiel. Aber als ich in das Hotel zurückgekehrt und nichts mit mir passiert war, stieß ich einen Freudenschrei aus. Ich hatte einen fälligen kleinen Sieg errungen. Erst als ich mich vor der Nacht duschte, sah ich in meinen Händen ein Bündel meiner Haare, die ich mir vor Aufregung herausgerissen hatte.

Es gab auch danach solche »Fixierungen«. Einmal im Restaurant, als ich öffentlich mit einem Bekannten aß, sprang plötzlich ein »Wander«-Fotograf herbei und machte direkt eine Blitzlichtaufnahme. Ein anderes Mal verfolgte mich ein Auto mit halbnackten Frauen, ja, und auch sonst geschah noch einiges.

Bei einem turnusmäßigen Besuch in der Presseabteilung des Außenministeriums beschwerte ich mich bei einer Tasse Kaffee bei Oberstleutnant Haram über die besonders geringe Professionalität der hiesigen Geheimdienste. Er explodierte: »Das sind nicht wir, das sind die Amerikaner!« – »Für die Amerikaner wäre so ein Provinzialismus tatsächlich eine Schande«, bemerkte ich. Nach dem Gespräch sank die Anspannung beträchtlich. Nur auf der Post wurde ich immer noch beim Absenden der Korrespondenz gebeten, die Briefumschläge nicht mit Klebeband zuzukleben (ich wusste, dass solche Briefumschläge sehr schwer zu öffnen sind, ohne Spuren der Kontrolle zu hinterlassen).

Die Arbeit ohne freie Tage, vierzehn bis fünfzehn Stunden täglich, war ein Fest. Jeden Tag fanden drei, vier Arbeitstreffen statt, die mir neue Informationsquellen aufzeigten und mich mit interessanten Menschen zusammenbrachten. Ich musste einen Plan zur Erschließung des peruanischen »weißen Fleckes«

aufstellen. Am Anfang standen Treffen mit Ministern oder deren Stellvertretern – in Ausnahmen mit deren Büroleitern. Als diese Strecke abgearbeitet war, kamen politische Parteien und dann gesellschaftlich-politische Bewegungen an die Reihe. Es folgten Universitäten und Studentenorganisationen. Getrennt abgehandelt wurden Zentren der Industrieproduktion und moderne Betriebe zur Verarbeitung landwirtschaftlicher Erzeugnisse. Am meisten interessierten mich Menschen, die über umfangreiches und gut durchdachtes Wissen verfügten: Volkswirtschaftler, Soziologen, Professoren und auch Journalisten.
Peru durchlebte in der Zeit radikale Umwälzungen. Die Militärregierung überführte die amerikanischen erdölverarbeitenden Firmen in nationales Eigentum und hielt dem in solchen Fällen durch die USA ausgeübten Druck und Erpressung stand. Außerdem war das Problem der Agrarreform zu lösen. Der traditionelle latifundistische Landbesitz musste einem zeitgemäßen System der kapitalistischen Entwicklung der Landwirtschaft weichen.
Die Streitkräfte waren der Motor des revolutionären Prozesses. Sie hatten die Verantwortung für die Modernisierung des Landes übernommen. Die wichtigsten Posten in den Ministerien waren mit Generälen besetzt. Sie machten sich alles zunutze, wie in jedem wenig entwickelten Land. Der patriotische Kurs der Regierung wurde von der Mehrheit der Bevölkerung unterstützt, außer von einigen ewig protestierenden Studenten. In offener Opposition befanden sich lediglich Sympathisanten der »Aprista« – einer dem Inhalt nach sozialdemokratischen Partei.
Die peruanischen Militärs rechneten vor allem mit der Unterstützung durch die anderen lateinamerikanischen Länder. Vor allem damit, dass die sie nicht mehr bedrohten. Dieses Verhalten der Militärs in Peru war typisch für das Auftreten der Armeeführungen im Lateinamerika jener Zeit. In demselben Jahr, 1968, kam in Panama General Torrijos an die Macht. Er bereitete später den Vereinigten Staaten nicht wenig Kopfzerbrechen. Wie ich bereits ausgeführt habe, glückte den Ameri-

kanern 1965 nur mit Mühe die Niederschlagung eines Militäraufstands in der Dominikanischen Republik. Das Vorgehen der Militärs war eine Reaktion auf den vollständigen Bankrott der politischen Parteien, die in Korruption verwickelt waren und sich gegenüber ausländischen Interessen lakaienhaft verhielten. In vielen Fällen hatte die zeitweise Machtausübung der Militärs eine reinigende Wirkung auf das gesellschaftspolitische Leben der betreffenden Länder. Damit wurde der Boden für ein gesundes Wachstum der Demokratie bereitet.
Das Verhältnis der lateinamerikanischen Militärs zur Sowjetunion war zwiespältig. Einerseits beruhte es auf der traditionellen feindlichen Prägung gegen die sozialistische Ideologie. Die Eingleisigkeit des Denkens – das ist nicht nur das Los von Vertretern der kommunistischen Ideologie. Andererseits konnten sie sich nicht von der Versuchung einer bei Bedarf möglichen Hilfe und Unterstützung durch die Sowjetunion lossagen. Unser damals sehr großes, auf der Karte giftig rot gekennzeichnetes Land liegt sehr weit von Lateinamerika entfernt. Wir hatten mit niemandem auf diesem Kontinent je gekämpft, hatten niemandem je einen Schaden zugefügt. Uns kannte man schlecht und wusste wenig über unser Land. Wir standen immer in Opposition zur USA, dem Hauptfeind Lateinamerikas. Deshalb wurde die UdSSR natürlich als potentieller Verbündeter in jeglicher schwierigen Situation betrachtet. »Ein Feind der USA ist unser Freund« – das war das politische Credo vieler politischer Funktionäre. Also auf dieser unsicheren Grundlage, »man möchte, schwankt aber dennoch«, waren oftmals die Beziehungen zwischen den sogenannten progressiven Militärregimes in Lateinamerika und der Sowjetunion aufgebaut.
Unser Land (besser gesagt: seine damalige Führung) verfolgte in Lateinamerika keine strategisch orientierte, durchdachte Politik, die mit menschlichen und materiell-technischen Ressourcen unterlegt gewesen wäre. Auch in allen anderen Ländern der »dritten Welt« war das nicht der Fall. Auf Parteitagen wurde meist die allgemeine Ausrichtung für die Unterstützung

der nationalen Befreiungsbewegungen verkündet. Dem folgte die allgemeine Improvisation nach dem Motto: »Na los, na los – mach schon, mach schon.« Es gab keinerlei zielgerichtete wissenschaftliche Entwürfe zu staatlichen Zielen und Erfordernissen. Die Alteingesessenen bliesen sich vor Wichtigkeit auf, als sie die wenig durchdachte Formulierung vom »nichtkapitalistischen Entwicklungsweg« erfanden. Die voluntaristische Anhaftung eines solchen Stigmas an das eine oder andere Land konnte Auswirkungen auf unsere praktische Politik zur Folge haben. Unter dem Einfluss der Interessen verschiedener Gruppen oder manchmal auch einzelner Personen vollführte die UdSSR Zickzackbewegungen in ihrer auch ohnedies verworrenen Taktik in der »dritten Welt«.

Die Aufklärung hatte, ehrlich gesagt, in Lateinamerika keine klare Aufgabenstellung, die mit staatlichen Interessen unterlegt war. Wir entwickelten den Plan unserer Vorgehensweise selbst und orientierten uns dabei an den allgemeinen Erfordernissen des Landes. Obwohl wir, wenn wir ehrlich sind, auch manchmal nur Aufmerksamkeit erhalten und unsere Arbeit als hochbedeutend darstellen wollten. So konnten wir vielleicht den lateinamerikanischen Zweig in der Aufklärung schützen und vor dem Aussterben bewahren. Insgesamt gelang es uns, die Leitung des KGB davon zu überzeugen, dass Lateinamerika ein attraktiver Brückenkopf mit starker antiamerikanischer Ausrichtung ist. Der traditionelle Antisowjetismus wird künstlich mit der ständigen Berieselung durch die Medien der USA geschürt, hat aber keine reale Verwurzelung im Bewusstsein der breiten Öffentlichkeit. Wir konnten beweisen, dass man in der wissenschaftlich-technischen Aufklärung über die Informationskanäle zwischen Lateinamerika und den USA, den entwickelten Ländern des Westens und Japans gute Ergebnisse erzielen kann. Mit einem Wort: Wir suchten uns unsere Arbeitsbereiche selbst und entwickelten auch selbst das Instrumentarium, das für das Erreichen der gestellten Ziele benötigt wurde. Obwohl das ZK der Partei für den »Inspirator und Organisator aller unserer Erfolge« gehalten wurde, hat es die

Aufklärung augenscheinlich in keiner Weise inspiriert oder etwas dafür organisiert. Der Kreml gab nur sein Einverständnis zu dem, was wir forderten oder vorschlugen. Absagen waren äußerst selten. Sie betrafen wohl nicht einmal ein Prozent aller Vorschläge. Es ergab sich der Eindruck, als ob »dort« nur automatisch der Stempel »genehmigt« darunter gesetzt wurde. Der kritische Bezug zu den Initiativen von unten fehlte gänzlich. Es war keine Zeit und Energie, aber vielleicht fehlte auch die Fähigkeit, die Sache richtig zu ordnen.

Da es immer mehr Selbstdarsteller als zuverlässige aktive Mitstreiter gab, wurde eine wachsende Anzahl an schillernden Vorschlägen, die aber Luftnummern waren, nach oben gemeldet. Sie alle wurden mit einem Wort geadelt: »einverstanden«. Das wurde dann manchmal telefonisch vom ZK an das Sekretariat des KGB von irgendeinem zweitrangigen Mitarbeiter des Parteiapparats weitergegeben. Und es begann eine chaotische Imitation aktiver Geschäftigkeit, ein eigenartiges Laufen auf der Stelle. Das war die uniformierte »Parkinson-Krankheit« des sowjetischen Partei- und Staatsapparats, die zur vollständigen Lähmung führte.

Nur die Gruppenehre in der Aufklärung und die persönliche Ehrlichkeit der Leiter und Offiziere fungierten als Bremsen, die die Versuchung einiger zunichtemachten, die ihren Dienst als Mittel und Ort zum Erreichen ihrer eigenen schurkenhaften Ziele betrachteten. Einige dieser Vorfälle gab es jedoch.

Vom allgemeinen Verständnis staatlicher Interessen ließ auch ich mich bei meiner Arbeit in Peru leiten. Ich traf und unterhielt mich mit Menschen der verschiedensten sozialen Schichten und der unterschiedlichsten staatlichen Verantwortungsebenen. Dabei war ich bemüht, mögliche Interessenschnittmengen zwischen meinem Land und Peru herauszufinden. Ebenso suchte ich nach Bereichen eines gegenseitigen Interesses und wollte Vorschläge über Wege zur Gestaltung der Zusammenarbeit und der Handelsbeziehungen einbringen. Ich sage ehrlich, dass mir völlig neu war, dass Peru Weltmeister im Fischfang ist und über große Fischvorkommen verfügt. Dieses Land mit seinen 10 Mil-

lionen Einwohnern hatte eine Jahresausbeute von 16 Millionen Tonnen Fisch, das heißt 1,5 Tonnen pro Einwohner. Die überwiegende Menge Fisch wurde in Betrieben zu Fischmehl verarbeitet – als ideale Ergänzung zum Viehfutter. 26 Prozent des gesamten geldwerten Exports des Landes lieferte das Meer. Der Fischfang und die Verarbeitung fanden auf einem niedrigen technischen Niveau statt. Ja, und da wurde auch der Gedanke an eine Zusammenarbeit auf diesem Gebiet geboren: Allen war bekannt, dass unsere Fischbestände aufgebraucht waren und gleichzeitig die Fischfangflotte erweitert wurde, da sie immer weiter und weiter weg von den heimatlichen Ufern zur Suche nach neuen Fischgewässern aufbrechen musste.
Das sind nackte Zahlen – Argumente des Verstands. Aber ich wollte auch mit meinem Herzen die Wirklichkeit der reichsten Fischbestände der Welt empfinden. Es gelang mir, Freunde zu finden (ohne sie kann man überhaupt nichts machen), die mich auf einer primitiven Fischfangbarkasse mit einem gewöhnlichen Traktormotor in das Gebiet der Guano-Inseln mitnahmen. »Guano« – das sind jahrhundertealte, meterdicke Ablagerungen von Vogelkot, die die Inseln entlang der peruanischen Küste mit einer grauen Schicht bedecken. Manchmal sind dort Schnaken-Traktoren zugange, die den Guano auflockern. Dann wird er in Säcke abgepackt und im Ausland als gutes Düngemittel verkauft. Langsam tuckerte die Barkasse entlang der Inseln, die an ihren Ufern mit Robbenherden bevölkert waren. Meine Gedanken drehten sich nur um die eine Frage: Wie viele Vögel braucht es, um solch ein Wunder der Guano-Inseln zu fabrizieren? Und als ob er meine Gedanken erraten hätte, zeigte der Steuermann nach vorn. »Hier sitzt eine Schar auf dem Wasser, wir fahren jetzt mitten hindurch.« Ich war fassungslos: Fast der gesamte Horizont war wie mit einer schwarzen Plane bedeckt. Man konnte denken, dass wir zum Ufer unterwegs wären. Die Schar wartete in Ruhe das Kommen der Barkasse ab, und als ob sie für den Fremden ein Schauspiel inszenieren wollten, erhoben sie sich erst, als wir direkt auf sie zufuhren. Zehn-, Hunderttausende großer ge-

sättigter Kormorane schwangen sich in die Lüfte. Die Dichte der hochschwebenden Wolke war unwirklich. Wie konnten sie nur fliegen, ohne einander die Flügel zu brechen? Die herzzerreißenden warnenden Schreie, das Geräusch des Windes und die unzähligen Flügel ergaben ein dämonisches Bild. Van Gogh hatte seinerzeit eine Schar Raben auf einem Feld fasziniert, und sie waren zum Motiv seines berühmten Gemäldes geworden. Was aber wäre, wenn er dieses Wunder gesehen hätte?
Millionen Meeresvögel, die auf den Inseln nisteten, schufen die weltweit einzigartigen Guano-Ablagerungen. Aber wie viel Fisch wird benötigt, um diese unzähligen fliegenden Scharen zu beköstigen? Ohne Futter kein Leben. Diese zwei Begriffe bedingen einander. In der 200-Meilen-Wirtschaftszone vor Peru hat die Natur einzigartige Bedingungen für die Planktonbildung geschaffen und demzufolge auch für die Fische. Der kalte Humboldtstrom vermischt sich mit den erwärmten subtropischen Gewässern und bietet dafür einen idealen Raum. Fisch gibt es hier so viel, dass jedes Auswerfen des Schleppnetzes einen Fischbehälter füllt. Über eine Rohrleitung gelangen die Fische direkt in den Laderaum, und über eine Rohrleitung werden sie auch vom Anleger direkt in die Fischfabrik zur Herstellung von Fischmehl verbracht.
Ecuador und Chile sind auch fischreiche Länder, aber längst nicht so wie Peru. Eben diese drei Länder initiierten auch die 200-Meilen-Wirtschaftszonen vor deren Küsten, wo ausländischen Schiffen die Ausübung dieses Handwerks ohne die erforderliche Lizenz verboten ist. Lange leisteten die Länder, die sich zu Eigentümern der Meere ernannt hatten, Widerstand – allen voran die USA. Sie wollten diese Einschränkungen nicht anerkennen und gingen auf Kollisionskurs. Die Konflikte mehrten sich. Das aber stärkte die Solidarität der wenig entwickelten Staaten, und sie siegten. Jetzt ist dieses internationale Prinzip überall anerkannt. Auf meine Frage, warum denn die Breite der Wirtschaftszonen auf 200 Meilen festgelegt wurde, erhielt ich folgende Antwort: Die durchgeführten ozeanographischen Studien haben ergeben, dass genau bis zu dieser Grenze

schwebende Teilchen im Wasser festgestellt werden konnten, die durch Flüsse oder starke Regengüsse vom Land eingespült wurden. Weiter draußen ist der Ozean neutral und sauber, aber bis zu 200 Meilen wird er stark durch die anliegenden Ufer beeinflusst.

Um dieses Thema zu beenden: Man sollte am besten typische lateinamerikanische Fischgerichte probieren. Sie sind auch ungewöhnlich. Entgrätete Fischstückchen werden mit dem Saft einer frisch gepressten Zitrone begossen. Diese Prozedur ersetzt das Kochen oder Braten. Nach dreißig Minuten ist der Fisch fertig. Man muss nur noch den Saft abgießen und nach Geschmack pfeffern und salzen. Dieses Gericht geht nicht nur schnell und ist einfach, es schmeckt zudem noch ganz ausgezeichnet und ist gesund. Ich kenne keinen einzigen Landsmann, dem nicht, auch wenn er es nur ein einziges Mal gekostet hatte, bei dem Gedanken an das Gericht das Wasser im Mund zusammenliefe. Ein bisschen ähnelt es dem sibirischen Stroganina.

Es vergingen Jahre, und die UdSSR baute eine langfristige Zusammenarbeit mit Peru im Bereich Fischfang auf. Unsere Fischer fingen in diesen Breiten auf einer anteilmäßigen Basis Fische. Die Schiffe wurden in den dortigen Häfen repariert. Mit den Flugzeugen der Aeroflot kamen die Fischfang-Besatzungen, und im Gegenzug flogen die anderen zurück. Die Menschen hatten Fisch in Öl, Räucherfisch und marinierten Fisch auf ihren Tischen, die in diesen Gewässern gefangen worden waren.

Im Mai 1969 kamen die ersten Mitarbeiter der gerade erst eröffneten Botschaft nach Lima. Gemeinsam mit meinem Schulkameraden, dem neuen Botschafter Juri Lebedjew, hatten wir die ersten Schritte und Versuche für diese Zusammenarbeit gemacht.

Arbeitstreffen hatte ich unendlich viele. Manchmal gab es aber auch nur rein menschliche Kontakte, die die Seele berührten und einen gar aus dem vorprogrammierten Rhythmus brachten. Eines Tages kam ein 17-jähriger junger Mann zu mir ins Hotel.

Er sah mir offen ins Gesicht und sagte in tadellosem Russisch: »Mein Papa Dmitri Mefodjewitsch bittet Sie herzlichst, sich etwas Zeit zu nehmen und uns zu besuchen. Er war früher Sowjetsoldat, und das Schicksal hat ihn hierher verschlagen. Jetzt arbeitet er im Wachschutz des Autoglaswerks in einem Vorort von Lima.« Mir gingen Ängste und Zweifel durch den Kopf: Warum sollte ich fahren? Was gibt mir das? Vielleicht ist dort schon ein Hinterhalt aufgebaut? Aber das Gesicht des Jungen war ehrlich. Entgegen aller Rationalität entschloss ich mich, an einen unbekannten Ort zu einem unbekannten Menschen zu fahren. Ein Aufklärer hätte so nicht vorgehen sollen. Aber da war in mir auch noch der Journalist, dem das Schicksal eines Landsmanns im Ausland nicht gleichgültig war.
Ich traf einen hübschen kräftigen 55-jährigen Mann an, der aussah, als wäre er gerade einem Plakat mit baltischen Matrosen in der Revolutionszeit entsprungen. Starke Schultern, breit gewachsener Schnauzbart, die Fäuste pfundschwer (denke ich so bei mir). Er strahlte vor Glück und Freude. Er führte mich in sein kleines Haus, das hinter dem sauberen, gepflegten Werksareal stand. Hier wohnte und arbeitete er zugleich. Ich trat über die Schwelle, und mir fielen sofort Puschkins Worte dazu ein: »Hier herrscht ein russischer Geist, hier atmet Russland!« Die Regale voll mit sowjetischer Literatur, an den Wänden Balalaikas, eine Mandoline, auf dem Hocker daneben unsere Tulaer Harmonika. Auf dem Tisch standen die beliebten sauer eingelegten Gurken, Sauerkraut, Schweinesülze, ein hoher Stapel Plinsen. Wenn du ein solches Bild im Vorgebirge der Anden siehst, unter fremdem Himmel, bei Gott, dann wird es dir in der Brust ganz anders. Wir setzten uns und tranken auf die Bekanntschaft ein Gläschen »Smirnovskaja«, und es begann die Erzählung über unsere nationalen Wurzeln. Dmitri Mefodjewitsch berichtete mir, wie er als erster Tänzer im Regiment aktiv war, als der Krieg ausbrach. 1941 gerieten sie in einen Kessel, und er wurde gefangen genommen. Es begannen die Torturen im Lager unter offenem Himmel in der Nähe von Wolodymyr-Wolynskyj. Hunger, Verzweiflung, beginnende

Ruhr – das Phantom eines sinnlosen Todes. Da erschienen die Werber der Russischen Befreiungsarmee. »Ich dachte, wenn ich es überlebe, dann kann ich auch fliehen.«
»Und danach … kam ich zu den Wachschützern, die unsere russischen Eisenbahnen vor den russischen Partisanen bewachten. Ich half, die deutsche Armee an die Front zu transportieren. Polozk, Borisow …«, seine Stimme wurde leiser und ungleichmäßiger. Sie mussten Partisanen aufspüren, jagen …
»Es ist die Wahrheit, ich schwöre es, an meinen Händen klebt kein heimatliches Blut. Aber mir glaubte es niemand. Wir waren doch bei den Wlasow-Leuten gewesen und wussten, dass uns von den Unseren nur der Strick oder die Patrone erwarteten.« Als der Vormarsch der Sowjetarmeen begann, floh er in die westlichen Gebiete Deutschlands – ihn verfolgte die Angst, dass er den Russen ausgeliefert werden würde. Da entstand auch die Idee, irgendwohin weit, weit weg zu fahren, ans Ende der Welt. Unter den jungen russischen Frauen, die aus den Konzentrationslagern und von der Zwangsarbeit in Fabriken und auf Gütern befreit worden waren, fand er eine ebenso ungebundene Seele. Sie reisten in das unbekannte Land Peru und schufen ein winziges Molekül russischen Lebens.
Hier wurden ihre beiden Kinder geboren. Sie legten einen Garten an, wie man ihn in jeder beliebigen Vorstadt findet. Sie bauten einen Keller für das Eingelegte und Gesalzene (in den Tropen konserviert sonst niemand Gemüse), und die fast Vergessenen lebten ihr Leben wie auf einer unbewohnten Insel. Die Frau war bereits vor einigen Jahren verstorben, und jetzt bat er mich nur um das eine: »Nehmen Sie Petka und Olesja in die Heimat mit. Sie sind ja saubere und unbedarfte Russen. Sie sollen in das heimatliche Stawropoler Land zurückkehren und unseren Kosakenstammbaum fortführen. Ich bleibe hier bei meiner Frau. Mir ist der Weg nach Hause verboten!« Die letzten Worte erklangen nur noch ganz verhalten. Der, wie es schien, kraftvolle Mann wurde vor den Augen schlaff und welk. Aus seiner Stimme klang die schmerzliche Trauer über ein zerrissenes Leben.

Ich hielt die Geschichte nicht in allem für wahr. Möglicherweise hatte mir der Soldat der russischen Heimatarmee nicht alles über seine Taten während der schweren Kriegszeiten berichtet. Aber wer soll denn die Hauptverantwortung für Millionen zerstörter Häuser, für Millionen verstümmelter Schicksale, für die Tragödie des Volkes tragen? Und es gibt nur die eine Antwort: Derjenige, der sich das Recht angemaßt hat, das Schicksal unseres Landes zu bestimmen. Dafür, dass die Deutschen bis nach Stalingrad gekommen waren, Leningrad ausgehungert und 27 Millionen Menschen das Leben genommen haben – dafür werden Stalin und jene, die mit seiner Zustimmung die politische und militärische Strategie der Partei umgesetzt haben, von der Geschichte zur Verantwortung gezogen werden. Die Wlasow-Leute, die zu den Deutschen übergelaufen sind, nur um ihr Leben zu retten, haben wir ohne Erbarmen, ohne Gericht und ohne Folgen vernichtet. Ihnen wurde großer Schaden zugefügt. Dieser Schaden steht aber in keinem Verhältnis zu dem, den viele der damals führenden Köpfe aus Politik und Armee angerichtet haben.

Wie viele gibt es von den ausgesiedelten Russen, die über alle Länder und Kontinente verstreut sind. Wir sprechen von drei Emigrationswellen: die nach der Revolution, die militärische und die der Dissidenten. Kaum ein anderes Land hat während der gesamten siebzig Jahre so tiefgreifende demographische intellektuelle Turbulenzen erlebt. Jetzt beginnt die vierte Welle – die wirtschaftliche. Sie emigrieren aus dem ruinierten ungeordneten Russland. Erweist sie sich nicht als »höchste Gefahr« für unser Volk? Nur ganz selten kehrt ein Emigrant endgültig in seine frühere Heimat zurück. Es kommt vor, dass sie zu Besuch kommen, eine Kopeke spenden, eine Feier ausrichten und dann zu ihrem bequemen Leben in den Westen zurückfahren. Damit spreche ich von den aalglatten Aufsteigern. Ein einfacher Russe bleibt für immer in der Fremde und vergisst die Heimat nicht. Sie aber hat ihn längst vergessen.

Nach Moskau zurückgekehrt, erstellte ich eine Übersicht mit meinen »Verbindungen«, damit die neu geschaffene Außenstel-

le nicht von null anfangen musste. Und auch weil die Beziehungen zu einigen »Verbindungen« gut fortgeschritten waren und sie bereits vertrauliche Dinge erledigen konnten.
Ein paar Monate leitete ich wegen der Erkrankung meines unmittelbaren Vorgesetzten die lateinamerikanische Abteilung, und wie zum Unglück geschah in der Zeit einer der unangenehmsten Vorfälle. Unser Aufklärer wurde bei der Leerung eines toten Briefkastens gefasst. Das passierte in Argentinien, wo einige Illegale arbeiteten. Der Kontakt mit ihnen wurde zuweilen über »tote Briefkästen« gehalten. Unser verdeckter Mitarbeiter war in einer diplomatischen Funktion entsandt worden. An jenem dramatischen Tag hatte unser Mitarbeiter die Aufgabe, einen getarnten Materialbehälter aus einer Nische in der mit Grün bewachsenen Steinmauer zu nehmen. Bei der Annäherung an den »toten Briefkasten« bemerkte der Mitarbeiter einen geschlossenen Transporter, der am Fußweg dieser wenig befahrenen Straße abgeparkt war. Eine gewisse Unsicherheit machte sich breit. Wir wussten theoretisch und auch praktisch, dass geschlossene Fahrzeuge als mobile Beobachtungsposten genutzt werden konnten. Darin kann man ganz einfach operative Technik unterbringen. Wenn solche Fahrzeuge in der Nähe von Wohnhäusern standen, beachtete man das sofort mit zusätzlicher Vorsicht und Aufmerksamkeit. Aber trotzdem ist der Aufklärer zu verstehen, der stundenlang vorher alles um den »toten Briefkasten« herum geprüft und sich schlussendlich vom Fehlen einer äußeren Überwachung überzeugt hatte und sich jetzt entscheiden sollte, hinzugehen oder nicht hinzugehen, nur weil in der Nähe ein geschlossener Transporter stand. Es hätte hundert Möglichkeiten geben können, warum er jetzt hier stand! Zu gehen – bedeutete ein Risiko. Nicht zu gehen – hieße, sich selbst später über sein Misstrauen zu ärgern und über den nicht erfüllten Auftrag zu zermartern. Ich kenne Leute, die mit dem Instinkt eines wilden Tieres die Gefahr witterten und buchstäblich in letzter Minute aus der Falle des FBI heraussprangen. Es gab natürlich auch das andere. Dieses Mal riskierte es der Mitarbeiter. Er hatte nur

die Hand zur Nische ausgestreckt, als zwei vorher installierte verborgene Scheinwerfer aufstrahlten, eine Sirene heulte und der Zugriff des Aufklärers durch eine johlende Gruppe aus dem Transporter erfolgen sollte. Von den Schreien benommen, mit verblitzten Augen und dem Behälter fest in der Hand wollte unser Aufklärer nur noch wegrennen. Alle Schutzinstinkte wurden wirksam; helfen konnten in diesem Fall wohl nur die Beine. Zu seinem Glück hatte ihn die Spionageabwehr nicht komplett eingekreist. Sie hatten darauf spekuliert, dass er durch die Lärm- und Lichteffekte paralysiert sein würde. Doch weit gefehlt! Er rannte wie ein Damhirsch zum dunklen Bereich der Straße. Hinter sich hörte er immer noch die Schritte der Verfolger. Da warf er mit aller Kraft den als Stein getarnten Behälter in Richtung der Villen, in die dicht bewachsenen Vorgärten. Das Beweisstück war also verschwunden. Er rannte erleichterter und entspannter weiter. Der Stress fällt immer bei physischer Belastung ab. Er konnte es selbst nicht glauben. Aber als er sich umdrehte, sah er keine Verfolger mehr. Noch zwei, drei Quartale rannte er im zufälligen Zickzack und kam wieder zu Sinnen. Gott sei Dank, hatte er sie abgeschüttelt!
Jedoch – zu früh gefreut. Mehr als eine Stunde lief er ziellos durch die Straßen und entschloss sich dann, nicht nach Hause zu gehen. Eine nervliche Erschöpfung machte sich bemerkbar. Er ging zu der stark befahrenen Straße und rief ein Taxi. Gerade öffnete er die Tür, als sich drei Leute auf ihn stürzten. Ja! Der gesamte Stadtbezirk war umzingelt, alle Polizeiposten waren verständigt worden. Die Suche war auf Hochtouren gelaufen. Im letzten Moment hatten sie ihn erblickt. Es folgte das Polizeirevier, Forderungen, den Behälter auszuhändigen, Schläge, Zelle. Am anderen Tag bekamen wir den Kollegen frei, und bereits einen Tag später verließ er das Land. Später wurde bekannt, dass die Spionageabwehr von anderer Seite an den »toten Briefkasten« gelangt war, und zwar über einen Illegalen. Obwohl davon gesprochen wird, dass es »für einen Geschlagenen zwei Ungeschlagene gibt«, sollte man auf keinen Fall auf diesem Weg Erfahrungen sammeln. Bei der Arbeit im Ausland

mussten wir nicht nur einmal den Verlust von Kampfgenossen unter mysteriösen Umständen beklagen, die zuvor Morddrohungen ignoriert hatten. Es gab Vorfälle, als eine Gruppe Verbrecher das Auto eines Aufklärers einholte und ihn direkt unterwegs erschoss. Einer unserer Kollegen starb, als er auf einer Vorstadtstraße einen geplatzten Reifen wechselte. Da er auf der Felge fuhr, hatte er angehalten und gerade den Kofferraum geöffnet, um den Wagenheber herauszuholen, als ihn ein unbekanntes und vorher unbemerktes Auto rammte. Ihm wurden dabei die Beine und die Beckenknochen gebrochen. Der Tod trat umgehend ein. Die Mörder entkamen. Man musste auf den Empfängen und Meetings vorsichtig sein. Es gab Beispiele schwerer und manchmal auch tödlicher Vergiftungen. Jede Spionageabwehr hat ihre eigene Handschrift. Sie hat alle Vorteile auf ihrer Seite: Sie operiert im eigenen Land, kann beliebig viele Kräfte und Mittel mobilisieren, ihre Machthaber werden sie immer decken. Gegenüber grober Kraftanwendung und psychologischem Druck ist der Aufklärer machtlos. Was kostet es zum Beispiel die Spionageabwehr, der Frau eines Aufklärers einen Sarg mit Kranz nach Hause zu schicken, der angeblich bei einem Bestattungsinstitut für ihn bestellt worden ist!

Dafür, dass der geheime Spionagekrieg im Rahmen traditioneller Anstandsregeln für Gentlemen stattfinden sollte, wo zum Beispiel unangemessene Bestrafungen der Aufklärer ausgeschlossen waren, hatten wir mehrmals Konsultationen mit Vertretern des CIA durchgeführt. Sie erklärten sich dem Grunde nach mit unseren Vorschlägen einverstanden, sagten aber, dass sie für konkrete Vorfälle in ihren befreundeten Ländern keine Verantwortung übernehmen könnten. Aufklärung – das ist der Krieg des Verstands. Man geht erst zur Kraft über, wenn der Geist nicht reicht.

Ich bin überzeugt, dass es in Langley – dem Stabsquartier der CIA – kein solches Denkmal gibt, wie es unter den Birken in »Jasenewo« steht. Das Denkmal trägt die Inschrift: »Ewiger Ruhm den Aufklärern, die ihr Leben für die Heimat lassen mussten.« Unter dem Denkmal gibt es kein Grab. Die Asche unserer Kollegen ruht an verschiedenen Orten, aber hierher bringen die Veteranen und die jungen Aufklärer an bedeutenden Tagen Blumen. Sie erweisen damit denjenigen ihre Ehre, die eines Tages nicht zu ihren Familien zurückgekehrt sind. Sie beendeten ihre Abordnung nicht mit einer Heimkehr in die Heimat.

Wechsel zur Auswertungs- und Informationstätigkeit

1971 nahm mein Dienst eine jähe Wendung. Mir wurde der Vorschlag gemacht, stellvertretender Leiter der Verwaltung für Information und Auswertung der Aufklärung zu werden. Nach weiteren zwei Jahren wurde ich Leiter dieser Verwaltung. Entsprechend dem traditionellen Verständnis in der Aufklärung jener Zeit stellte sich eine solche Ernennung als ziemlich erfolglos dar. Seit den Kriegs- und den Nachkriegsjahren war der größte Gewinn in der Aufklärung gewesen, einen guten Dokumentationsagenten (einen, der Originaldokumente mit politischen oder naturwissenschaftlichen Inhalten einholt) zu finden, von ihm einen Packen Materialien oder Mikrofilme zu erhalten und diese dann direkt unbearbeitet an das ZK oder an die entsprechenden Einrichtungen zu senden. Von Zeit zu Zeit wurde überhaupt keinen Wert auf einen Informationsbereich gelegt. Bis 1943 kam man ohne eine solche Abteilung aus. Aus den beschafften Dokumenten wurden die nach Meinung der Führung interessantesten ausgewählt und so wie sie waren an Stalin, Molotow oder an andere Hierarchien der Behörden geschickt.
Zum Ende des Krieges jedoch wuchs die Menge an erworbenem Aufklärungsmaterial stark an. Die Siege der sowjetischen Waffen eröffneten eine plötzliche Perspektive der Wandlung der UdSSR in eine große Weltmacht mit vielseitigen Verpflichtungen und einem breiten Interessenspektrum. Es musste eine Unterabteilung geschaffen werden, die den Informationsstrom entsprechend seiner Bedeutung und Qualität kanalisierte, die gewonnenen Daten systematisierte und sich mit der Auswertung der vorhandenen Dokumente befasste. Die Mitarbeiter dieser Abteilung fuhren am Anfang überhaupt nicht ins Ausland. Sie verbrachten ihre Arbeitszeit in Bürokreativität. Das

entsprach so gar nicht den traditionellen Vorstellungen von Aufklärung. Und es arbeiteten dort Menschen mit geringen physischen Behinderungen. Mein Gott, in Ausnahmen wurden sogar Frauen für Tätigkeiten im Offiziersrang zugelassen.
Die große Mehrheit der Führungskräfte in der Aufklärung unterschätzte die Informationsarbeit. Die Wertigkeit der Verwaltung war nur gering. Niemand ging freiwillig dorthin. Die meisten wurden in einer Art Bestrafung dorthin geschickt oder weil sie es als »direkte« Aufklärer nicht geschafft hatten. Im Unterschied zu anderen Unterabteilungen der Aufklärung war der Frauenanteil, besonders der von freiwilligen, hier sehr hoch. Das erschwerte die Arbeit der Verwaltung. 1971 war die Leitung der Verwaltung in inneren Widersprüchen zerrissen, und das schlug sich auf das gesamte übrige Kollektiv nieder.
Der Übergang von der geographischen operativen Abteilung in den Informationsbereich kam einer Umsetzung von einem Hauptstadt-Garderegiment in eine Provinznest-Garnison gleich.
Und trotzdem reflektierte dieses unschöne Bild eher die Spuren der traurigen Vergangenheit als eine offene Perspektivlosigkeit des Informationszweiges in der Aufklärungsarbeit.
Mit der Besetzung J. W. Andropows auf den Posten des Vorsitzenden des KGB wurde die Aufklärung langsam, aber stetig intellektueller und durchdachter. Bildhaft könnte man sagen, dass anstelle der ausschließlichen Goldgrabungen nun auch die industriellen Aufbereitungstechnologien kamen und somit Gold mit hohem Reinheitsgrad hergestellt werden konnte. Dazu veranlassten auch objektive Faktoren. In den Kriegs- und den ersten Nachkriegsjahren besaß die UdSSR eine hohe Autorität, die sich das sowjetische Volk in den Jahren des Kampfes gegen Faschismus erworben hatte. Dank dessen konnte die sowjetische Aufklärung in großem Maße wertvolle Agenten an den entscheidenden Stellen der Staatsapparate anwerben, jedoch verlangsamte sich der Zustrom zu Beginn des Kalten Krieges. Die psychologische Beeinflussung der Bevölkerung in den westlichen Ländern, die Spionagewellen, eine löste die an-

dere ab, taten das Übrige. Die Bedingungen für die Arbeit der Aufklärung in den westlichen Ländern gestalteten sich schwieriger. Die sowjetischen Botschaften und Vertretungen saßen förmlich unter einer Glocke. Die Geheimdienste und Spionageabwehren verstärkten ihre Kräfte und nutzten technische Geräte gegen die Aufklärung der UdSSR. Komplett lahmlegen konnten sie die Arbeit der Aufklärung natürlich nicht, aber sie konnten deren Wirkungsgrad verringern. Es gab weniger Goldadern.
Um die Verluste zu kompensieren, strebte die Aufklärung immer eine Erweiterung ihres Arbeitsspektrums an. Die Aufklärerschule stockte ihre Ausbildungsplätze auf. Es wurden neue verdeckte Arbeitsplätze in den Handelsvertretungen, in den Schiffsagenturen, in Korrespondentenniederlassungen und so weiter geschaffen. In gewisser Weise konnte man das als Prozess der Kompensation von Qualität durch Quantität verstehen. Aber der Wahrheit halber muss man hervorheben, dass die Aufklärung bis zum letzten Moment der Existenz der UdSSR über hochkarätige Informationsquellen in den wichtigsten Politik-, Wissenschafts- und Technikrichtungen verfügte.
Die Erweiterung der Bandbreite in der Aufklärung war diktiert durch die Zunahme an Aufgaben, die sich durch die Weiterentwicklung der Welt insgesamt ergaben. Starke tektonische Verschiebungen, die die alten Kolonialimperien zerbrechen ließen und zur Schaffung der »dritten Welt« in Form vieler neuer unabhängiger Staaten führten, machten die Gründung neuer Unterabteilungen der Aufklärung erforderlich. Niederlassungen machten sich auch in solchen Städten notwendig, wo vorher nie welche gewesen waren.
Es traten Probleme auf, die nicht nur mit Hilfe einer einzelnen »Quelle« gelöst werden konnten. So gut diese auch sein mochte. Diese Probleme mussten erörtert und analysiert werden. So wurde im Fernen Osten viele Jahre lang China zum politischen und militärischen Problemherd für unseren Staat. Diese Feindseligkeit basierte auf einem ganzen Ursachenbündel. Ein Teil davon war in China angesiedelt, aber ein anderer

Teil – ein möglicherweise großer – bei uns, im Kreml. Letztlich kam auch das Verständnis dafür auf, dass sich in den sozialistischen Ländern Osteuropas (Polen, DDR, Tschechoslowakei, Ungarn, Bulgarien, Rumänien) die Entwicklung auf dem ihnen vorgeschriebenen Weg schwierig gestaltete. Man stieß auf viele Widerstände mit objektivem und subjektivem Charakter. Die Ereignisse in Ungarn 1956 oder in der Tschechoslowakei 1968/69 wurden so auch nicht einer ernsthaften kritischen Analyse in führenden sowjetischen Kreisen unterzogen. Man beschränkte sich auf die politischen Bewertungen, die eine propagandistische Rolle spielen konnten. Nie orientierten sich damalige politische Führungen auf eine Ursachensuche der Krankheit und die Auswahl passender Medikamente dagegen. J. W. Andropow brachte frischen Wind in den KGB. Die Aktivitäten aller Teile des KGB – die Aufklärung war einer von ihnen – veränderten sich von durchgängig professionell-technischen Manipulierungen bei der Erfüllung von oben gestellter Aufgaben in ein politisch durchdachtes System. Man bekam ein Verständnis für den Sinn und die Ausrichtung der gesamten Arbeit. Ich dachte an die alte Regel des russischen Heerführers A. W. Suworow: »Jeder Soldat muss sein Manöver verstehen.«
Andropow hatte Achtung vor der informell-analytischen Arbeit. Mit großem Interesse und ungeteilter Aufmerksamkeit hörte er sich die persönlichen Berichte des Leiters der Aufklärung, der Leiter der Verwaltung für Analyse und Prognose an. Er konnte aufgrund der Informationen und analytischen Ausführungen seine Meinung in der einen oder anderen Frage korrigieren oder vollständig ändern. Das war in den Zeiten noch nicht vorgekommen, als sich die Politbüromitglieder für fehlerfrei hielten und vom Status dem römischen Papst gleich waren. In seinem Büro hielten sich nicht selten die Doktoren der Wissenschaften G. A. Arbatow, N. N. Jakowlew und andere auf. Er hatte keine Allergie gegenüber Menschen mit wissenschaftlichen Titeln, wie das in früheren Zeiten im Komitee für Staatssicherheit gewesen war. Übrigens war vor Andropow auch in der Aufklärung das Verhältnis zu Wissenschaftlern sehr unterkühlt.

Mit einem Wort: Zu Beginn der siebziger Jahre ergab sich eine Situation, die einen radikalen Schnitt bei der Systematisierung der Auswertungs- und Informationsarbeit in der Aufklärung erforderlich machte. Ich möchte nicht ausschließen, dass bei meiner Beförderung auf den Posten des Leiters der Verwaltung 1973 der formale Fakt, dass ich den Titel eines Doktors der historischen Wissenschaften für meine Doktorarbeit über die Geschichte Zentralamerikas innehatte, eine Rolle spielte. Auch sicherlich meine »relative Jugend« – ich wurde erst 44 Jahre alt. Als ich mich mit dieser Arbeit einverstanden erklärt hatte, war ich vor allem von der Bedeutung des Arbeitsbereiches und von dem Bewusstsein ausgegangen, dass er mit dem Ziel einer Einflussnahme der Aufklärung auf die staatlichen Politikentwürfe reformiert werden müsste. Mich reizte auch der Gedanke an die Möglichkeit, das gesamte Panorama der weltweiten Kämpfe zwischen dem kapitalistischen und dem sozialistischen System durch das Fernrohr der Aufklärungsinformation zu betrachten. Die Arbeit in einer beliebigen Residenz, sogar mit mehreren Quellen, lieferte nicht solche Bedingungen. Dort siehst du das Panorama der Welt wie durch einen Sehschlitz beim Panzer. Die Presse verzerrt meistens das Bild der Ereignisse und färbt es in die propagandistischen Farben des politischen Auftrags. Wichtig ist, dass man in der Verwaltung für Auswertungs- und Informationsarbeit geheime und vertrauliche Materialien westlicher Diplomaten, Politiker, Militärs, die über die Sowjetunion entstanden sind, erhält. Somit kann man deren Lagebewertungen über die Sowjetunion mit den Prognosen und Entscheidungsvorschlägen für ihre Regierungen kennenlernen. Man sieht damit das eigene Land im Fadenkreuz zweier Linien – der eigenen Erfahrung und der Einschätzung des Westens über uns.

In jener Zeit siedelte die Aufklärung in schicke neue Gebäude am Stadtrand von Moskau über. Anstelle der Enge, als sich die Aufklärung in das Gebäude am Lubjanka-Platz hineinzwängen musste, hatte sie jetzt einen großen bequemen Gebäudekomplex zur Verfügung. Dort konnte sich das Personal der Auf-

klärung ungewohnt ausbreiten. Eine auserlesene Planung, gute Servicestrukturen (Sportzentrum, medizinischer Komplex, Konferenzsäle und Kino), Waldparkumgebung. Sogar ein künstlicher Teich war angelegt worden, und sofort hatten sich Wildenten dort angesiedelt – das alles führte zu einer guten seelischen Verfassung, zu einem Qualitätssprung in der Arbeitseinstellung. Übrigens, um sein erstrangiges Interesse an der Auswertung und Information der Aufklärung zu bekunden, brachte J. W. Andropow sein Büro in ihrem Gebäude unter – neben der Verwaltung. Die Türen des Büros des Vorsitzenden und des Leiters der Verwaltung waren nur durch den Korridor getrennt. Sehr häufig verließ Andropow sein Stabsquartier an der Lubjanka und kam in die Aufklärung. Hier erörterte er sehr gründlich die vorher festgelegten Fragen. Ich nahm als Leiter der Verwaltung für Auswertung und Information oft an den Beratungen in seinem Büro teil. Bald konnte ich mich davon überzeugen, dass die Einladungen zu seinen Beratungen keinen Protokollcharakter trugen. Jeder Teilnehmer sollte seine Meinung zu dem erörterten Thema äußern. Wenn derjenige aber nur ermüdend Allgemeinplätze wiederholte, konnte ihn Andropow grob zurechtweisen: »Wenn du nichts zu sagen hast, dann schweig still!« Er konnte aber auch außerhalb jedes Reglements jenen zuhören, die Probleme mit Sachkenntnis darlegten und noch dazu ungewöhnliche Lösungen vorschlugen. Für mich war der erste Ritterschlag in diesem Büro ein Gespräch über die Beziehungen zur Regierung Salvador Allendes im Frühjahr 1973, als sich der Himmel über der Regierung der nationalen Einheit in diesem weit entfernten lateinamerikanischen Land zu verdunkeln begann.
Da erkundigte sich Andropow nach der Meinung der Aufklärung, ob eine Finanzhilfe an die Allende-Regierung sinnvoll sei, die eiligst nach Mitteln für den Ankauf von Importgütern suchte. Über freie Valuta-Reserven verfügte die UdSSR schon nicht mehr. Alle eigenen außerplanmäßigen Ausgaben konnten nur mit größter Mühe gestemmt werden. Und hier war die Rede von 30 Millionen Dollar für Chile. Die sachliche Prü-

fung aller Aspekte der innen- und außenpolitischen Lage in Chile führte zu der Schlussfolgerung, dass die Allende-Regierung weder die Möglichkeiten noch den Willen zur Veränderung der grundlegenden Tendenzen im Land hatte. Und zwar der Tendenzen, die im Land wirksam wurden und Schritt für Schritt dessen soziale Basis zerstörten und damit das Schicksal der Regierung besiegelten. Ihr Sturz war nur eine Frage der Zeit. Und 30 Millionen Dollar wären in keiner Weise in der Lage gewesen, die Situation zu ändern. Sie hätten die Sache, möglicherweise auch nur kurz, in die Länge ziehen können. Man brauchte keinen Entscheidungsvorschlag auszusprechen. Er verstand sich von selbst.
Wie schwer wir uns doch in dieser Sitzung taten! Weil wir doch mit ganzer Seele und dem Herzen auf der Seite der chilenischen Kommunisten und ihrer Verbündeten standen. Sie waren ja nicht auf dem Weg einer Verschwörung oder eines Umsturzes oder durch ein Eingreifen der Sowjetarmee an die Macht gelangt, sondern im Ergebnis demokratischer Wahlen, die eine Willensbekundung des chilenischen Volkes darstellten. Wie jetzt unstrittig bekannt wurde, organisierten die Vereinigten Staaten eine regelrechte Hetze gegen die chilenische Regierung und beteiligten sich aktiv an der Vorbereitung des Militärputsches. Salvador Allende gedachte naiv, diesem Druck im Rahmen der Verfassung zu widerstehen. Das Schicksal des sicheren Unterganges schwebte über der chilenischen Regierung.
Derartige Diskussionsrunden, deren Ergebnisse überhaupt nicht in die ideologisch vorprogrammierte Konzeption passten, überzeugten uns alle davon, dass wir uns gründlich darauf vorbereiten und unsere Sicht der Dinge vorher mit möglichen Entscheidungsvorschlägen festhalten mussten. Es war klar, dass an die Verwaltung andere Anforderungen gestellt würden.
Die berufliche Freizügigkeit hielt in der Verwaltung für Auswertung und Information früher Einzug als in den übrigen Bereichen der Aufklärung und des KGB insgesamt. Da waren die Freiheit des Denkens und der Ausarbeitung von Entscheidungsvorschlägen wie auch die Demokratie der Darstellungs-

methodik von Analyse- und Syntheseergebnissen. Große Hilfe leistete uns dabei W. A. Krjutschkow, der zu der Zeit Leiter der Aufklärung geworden war. Er stellte als Erster die These auf: »Informationsarbeit in der Aufklärung – das ist ein Beruf.« Mit seiner Unterstützung wurde die Personalpolitik in der Verwaltung radikal verändert. Die hiesigen Arbeitsstellen wurden nun nicht mehr mit »Überbleibseln« des operativen Bereiches besetzt. Wir machten nur in zwei Fällen eine Ausnahme: einmal für aktive Aufklärer, die als »Persona non grata« des Landes verwiesen worden waren, zum anderen für diejenigen, die sich aus familiären Bedingungen nicht für längere Zeit im Ausland aufhalten konnten. Die hauptsächlichsten Auswahlkriterien bezogen nun das intellektuelle Potential, Kenntnisse des Landes, der Region und der internationalen Problematik mit ein. Das starre traditionelle System der Personalauswahl konnte keine frischen Kräfte liefern. Wir schufen unsere eigene Personalabteilung aus Analytikern mit Sachkenntnis, die wussten, welche Mitarbeiter wir benötigten. Sie begegneten den Widerständen ihrer direkten Kollegen aus dem Personalbereich und warben um Absolventen des MGIMO, der Hochschule für Fremdsprachen, der Militärhochschule und der Moskauer Staatlichen Universität. Wir konnten die ersten fünfzig bis sechzig Leute auswählen. Sie waren effektiv, gut ausgebildet und motiviert. Nachdem wir einige künstlich errichtete Hürden genommen hatten, wurden sie in der Verwaltung ohne Ausbildung an der Aufklärerschule eingestellt. Zum Beispiel hätten keine Brillenträger (?!) eine Arbeit in der Aufklärung erhalten dürfen. Vielleicht hat das noch seine Berechtigung, wenn wir über »Feldarbeit« reden, aber auch von dort verjagt man keine Leute, wenn sie im Alter von vierzig, fünfzig Jahren eine Brille brauchen. Aber für eine Auswertungs- und Informationstätigkeit war das einfach unhaltbar. Wer hat denn Schuld, wenn unter den am meisten belesenen, gebildeten, analysefähigen Menschen sich fast nur Brillenträger befinden?
Durch Krjutschkow »öffneten« wir uns der Welt. Bis dahin hatte sich kein einziger Aufklärer außerhalb der Mauern des

KGB als Vertreter der Ersten Hauptverwaltung zu erkennen geben können. Es kam vor, dass wir im Ausland regen Kontakt zu den Kollegen-Diplomaten, zu den Handelsvertretungen, zu den Journalisten und Militärs hielten, ohne dass wir uns sahen oder mit ihnen trafen, obwohl wir für die UdSSR arbeiteten. Und wenn wir uns trafen, beteten wir unsere Legende über die Zugehörigkeit zu irgendeiner anderen Institution herunter, obwohl wir verstanden, dass unsere Kollegen längst wussten, zu welcher Behörde wir gehörten. Jetzt nahmen die Mitarbeiter der Verwaltung für Auswertung und Information offen an wissenschaftlichen Konferenzen, Symposien und »runden Tischen« teil (sie kamen damals gerade in Mode), bauten nach Interessen Kontakte zu den Instituten der Akademie der Wissenschaften auf und tauschten sich mit den Länderverantwortlichen im Außenministerium aus. Außerdem wurde es in der Verwaltung zur Regel, dass die besten Analytiker einmal in der Woche nicht zur Arbeit nach »Jasenewo« kommen brauchten, sondern ihnen diese Zeit für Treffen und Kontakte in der Stadt zur freien Verfügung stand. Ich suchte die Bekanntschaft mit den Akademiemitgliedern N. N. Inosemzew, G. A. Arbatow und dem späteren Akademiemitglied B. M. Primakow und vielen anderen, die sich mit internationalen Problematiken befassten. Wir schnupperten an allen Kochtöpfen der Unionsküche, wo Wertungen und Vorschläge für die Außenpolitik »zubereitet« wurden.

Die frühere Aufklärerschule Nr. 101 erhielt als Rotbanner-Hochschule einen höheren Status und wurde in unsere Reformen einbezogen. Dort wurde eine neue Fachrichtung für Auswertung und Information eröffnet, deren Lehrkörper man in der ersten Zeit mit Fachleuten unserer Verwaltung aufstockte. In der Verwaltung wurde eiligst eine Erstausstattung an Lehrbüchern angefertigt. Es verging einige Zeit, und es wurde ein Lehrbuch für Auswertung und Information herausgegeben. Wir brauchten professionelle Mitarbeiter, und wir begannen, sie entsprechend unserer Möglichkeiten auszubilden. Für die Neueinsteiger, die unmittelbar in der Verwaltung die Arbeit aufnahmen, wurden Kurse zu je fünfzehn Doppelstunden organisiert, in denen die Verwaltungsleitung während ihrer Arbeitszeit, in den Pausen zwischen der Erledigung der täglich anfallenden Aufgaben, unterrichtete.

Als wir davon erfuhren, dass die Verwaltung für wissenschaftlich-technische Aufklärung, schon immer bekannt für ihre »chutormäßigen« (ein Chutor ist ein kleines Kosakendorf, Anm. d. Übers.) separatistischen Ambitionen, heimlich bei sich mit dem Aufbau eines Wissenschafts- und Forschungsinstitutes zur Bearbeitung offenen und halbgeheimen Materials begann, nahmen wir den Kampf dafür auf, dass ein solches Institut zur gesamten Aufklärung gehört und alle deren Richtungen bedient. Am Ende konnten wir das erreichen, hatten aber viel Zeit dafür aufgewendet.

Langsam zeigten sich erste Ergebnisse. Wir spürten das an der wachsenden Anerkennung durch die operativen Bereiche. Wir bildeten sehr gern ihre Mitarbeiter fort. Außerdem schickten wir ihnen mit der Bitte um Zustimmung alle Auswertungen, die ihre Zuständigkeitsbereiche betrafen, bewerteten die Arbeit ihrer »Quellen« oder gesamter Residenturen.

Der Leiter der Aufklärung unterstützte uns weiterhin. Im Rahmen der Mitarbeit in erweiterten Beiräten der Aufklärung erhielt nach der Rechenschaftslegung eines Leiters einer Unterabteilung oder eines aus dem Ausland zurückgekehrten Residenten einer großen Niederlassung als Erster immer der Leiter der Verwaltung Auswertung und Information das Wort. Er konnte tonangebend während der gesamten Diskussion sein. Natürlich verlieh das dem Ganzen ein besonderes Gewicht, aber der Wortführer trug auch eine hohe Verantwortung.

Die Anerkennung des Nutzens unserer Arbeit widerspiegelte sich auch darin, dass sich die Residenten manchmal mit der Bitte an uns wandten, ihnen einen Fachmann unserer Verwaltung als ständigen Mitarbeiter zu entsenden. Wir kamen dem sehr gern nach, wenn die Rede von großen Stützpunkten mit einem hohen Informationsumfang war.

Mit den Jahren wandelte sich die Verwaltung Auswertung

und Information in eine der flexibelsten und produktivsten Unterabteilungen der Aufklärung. Sie war rund um die Uhr im Dienst. Ununterbrochen wurden die eintreffenden Informationen ausgewertet. Sie war in der Lage, innerhalb kürzester Frist eine beliebige Gruppe für ein »Brainstorming« zu plötzlich auftretenden Problemen zusammenzustellen. Hunderte verschiedener Anfragen trafen täglich in der Verwaltung ein, und ich meine, wir haben optimal die Erwartungen unserer Auftraggeber erfüllt. Aber aufgrund eines atavistischen Denkens und der wenigen Ergebnisse der operativen Mitarbeiter »im Feld« waren die personalmäßigen Parameter unserer Verwaltung eher spärlich. Während beim CIA das Verhältnis von einem informationsliefernden Mitarbeiter zu einem Mitarbeiter für Auswertung und Informationsverarbeitung 1:1 betrug, war es bei uns gerade einmal 10:1.

Man muss bedenken, dass eine Sonderkommission des Senates in der zweiten Hälfte der siebziger Jahre den CIA kontrollierte. Als Schlussfolgerung wurde festgehalten, dass zu viele Mittel und Menschen in die Gewinnung von Informationen eingebunden sind und die analytische Arbeit schlecht aufgestellt ist. Und das bei einem Verhältnis von 1:1! Bei uns war also diese Verwerfung zehnmal stärker.

Unser System der Informationsdienstleistungen für die sowjetische Führung in Fragen der Außenpolitik war hoffnungslos veraltet. Es gab hauptsächlich vier Informationsströme: Einer kam aus dem Außenministerium, der zweite aus dem KGB (in der Hauptsache Material aus der Aufklärung), ein dritter aus dem Verteidigungsministerium und der vierte aus den Abteilungen des ZK, bei denen internationale Bereiche existierten, die auf welche Weise auch immer mit der kapitalistischen Welt verbunden waren, und auch einfach die Abteilung des ZK, die mit den sozialistischen Ländern zusammenarbeitete. Es existierte keinerlei definierte Arbeitsteilung zwischen diesen Behörden. Wenn gegenüber dem Außenministerium die Ansprüche in dieser Beziehung noch vollkommen berechtigt waren – die Botschafter waren ja verpflichtet, alle Vorgänge zu

beobachten –, so konnte die Information des KGB sowohl die Außenpolitik als auch die Innenpolitik – wirtschaftliche, soziale, ideologische und andere Themen – betreffen. Oft drangen die Residenten auch in militärisch-strategische Sphären vor. Sie beschäftigten sich mit Fragen zur Struktur der Streitkräfte anderer Länder und leuchteten nicht nur die politische, sondern auch die militärische Seite der Konflikte aus. Mit einem Wort, die Bandbreite ihrer Informationen wurde immer größer. Und die Aufgaben der Aufklärung wuchsen immens.
Unsere Kollegen in den Streitkräften standen uns nicht nach. Indem sie ihren direkten beruflichen Aufgaben nachkamen, stießen sie auch auf allgemeinpolitische Probleme. Sie waren jedoch weniger zu deren Auswertung in der Lage. Manchmal führte das dazu, dass sich beide Aufklärungen im Wettstreit befanden. Dabei ging es nicht um die Wertung des einen oder anderen Problems, sondern darum, wer als Erster die Meldung nach oben gibt. Es tat sich eine fast komische Situation auf, wenn sich beide Aufklärungen wie Dobtschinski und Bobtschinski aus Gogols *Revisor* gebärdeten. Jeder wollte das Recht für sich verbuchen, den »Revisor« als Erster gesehen zu haben. Das Außenministerium, der KGB und die GRU (Hauptverwaltung Aufklärung, Anm. d. Übers.) erhielten die Informationen hauptsächlich als verschlüsselte Telegramme. Alle Schriftstücke aus den internationalen Vertretungen wurden im Außenministerium vom Sekretariat des Ministers gesichtet, im KGB – von der Verwaltung Auswertung und Information, bei der GRU – von dem entsprechenden Arbeitsbereich, und dann kamen sie in den allgemeinen Service des ZK der KPdSU, von wo aus sie an die entsprechenden Adressaten weitergeleitet wurden. Mitunter brauchte diese Post so zwei Tage, ehe sie von der »Quelle« (Botschaft, Residentur) zu ihrem Empfänger gelangte. Die Zustellung von geheimen Informationen der Behörden an das ZK und deren Weiterleitung zwischen den Behörden nahm ein Kurierdienst wie im 18. bis 19. Jahrhundert vor. Die Dokumentationen wurden in Lederaktentaschen durch jüngere Offiziere – meist im Rang eines Leutnants – transportiert.

Der gesamte Unterschied zu ihren historischen Vorbildern bestand darin, dass sie nicht hoch zu Ross, sondern im schwarzen »Wolga« reisten. An der Seite hing keine Steinschlosspistole, sondern das neueste Modell einer »Makarow«.
Die Informationstelegramme wurden nach dem Prinzip der freien Kreativität erstellt. In der Regel hinterließen sie einen entmutigenden Eindruck aufgrund der Wortfülle und ihrer Sinnlosigkeit. Oft enthielten sie auch schmierige protokollarische Einschmeichlungsversuche in Richtung der Adressaten. In einem sündigten die Botschafter besonders: Ihre Telegramme endeten mit ihrer eigenhändigen Unterschrift, und sie wollten doch damit erreichen, dass man sie bemerkte, besser noch: sie sich vermerkte. So kamen manchmal »Bettlaken« mit zehn bis fünfzehn Blättern an. Die wirklich wichtigen Informationen hätten auf ein, zwei Seiten Platz gefunden. Die Auslandsmitarbeiter beider Aufklärungen waren da zurückhaltender. Erstens wurden sie ständig durch die Zentrale zur Kürze ermahnt; zweitens wurden ihre Telegramme ohne Benennung des Absenders versendet, und drittens hatten sie wohl auch weniger politische Ambitionen.
Der Umfang eingehender außenpolitischer Information zur Berichterstattung an die Leitung wurde immer größer. Er bemaß sich auf täglich mindestens dreihundert bis vierhundert Seiten. Ich kann das nur deshalb beurteilen, da wir als Verwaltung für Auswertung und Information jegliche außenpolitische Information, die an die Adresse von J. W. Andropow als Mitglied des Politbüros des ZK der KPdSU gerichtet war, in Kopie erhielten. Damit sollten wir uns ein besseres Lagebild machen können und hauptsächlich Doppelungen vermeiden. Das, was bereits bekannt war, sollte nicht weitergereicht werden.
Eine solche Informationsfülle auch nur zu lesen, geschweige denn zu verarbeiten – dazu waren unsere Gerontokraten augenscheinlich nicht in der Lage. Zuerst kam aus dem Breschnew-Apparat das Kommando, alle Informationsmaterialien an das Politbüro in der größtmöglichen Schrift zu drucken. Alle Texte wurden nur mit Großbuchstaben aufbereitet. Die Sache

endete damit, dass ihre Mitarbeiter die telegraphische Information »umschaufelten« und den Inhalt ihren Chefs mündlich wiedergaben.

Alle Filterbereiche bis hin zu den Mitarbeitern sorgten dafür, dass die Chefs keine besorgniserregenden kritischen Informationen erhielten. Sie wurden in bereinigtem, angesüßtem Zustand weitergereicht. Alle Stacheln waren vorsorglich abgeschnitten.

Genauso wie die Bojaren und Fürsten früher um das Recht kämpften, dem Ohr des Väterchen Zar am nahesten zu sein, erklärten sich die Minister Behördenleiter in keiner Weise damit einverstanden, die festgelegte Ordnung für den Informationsfluss zur Regierung zu verändern. Entsprechend dieser »Ordnung« war der alleinige Adressat aller unzähligen Telegramme und Schriftstücke der erste Vorsitzende von Partei und Staatsrat. Jeder schützte eifersüchtig die Unantastbarkeit seines Rechtes, an das Ohr des Generalsekretärs zu gelangen.

Bei Staatsbediensteten mit direktem Bezug zu Informationsstrukturen, wie zum Beispiel bei Aufklärern, die mit Informationsstrukturen westlicher Länder vertraut waren, ergaben sich von Zeit zu Zeit Planungen, auch bei uns ein staatliches Organ, ähnlich dem Rat der Nationalen Sicherheit der USA, zu bilden. Dies sollte dann die Arbeiten der Behörden koordinieren und ein vernünftiges Berichtssystem an die Staatsführung erarbeiten. Aber für solcherart Projekte gab es kein grünes Licht.

In der UdSSR war noch Ende der vierziger und zu Beginn der fünfziger Jahre unter Stalin versucht worden, alle Informationsflüsse in einem Strom zu bündeln. Da wurde das Komitee für Information mit W. M. Molotow an der Spitze gebildet. Dem waren alle Informationsdienste der Aufklärung und die Hauptverwaltung Aufklärung im Ausland unterstellt. Das Komitee und sein Vorsitzender erwarben damit selbstverständlich einen hohen Einfluss im Staat. So etwas konnte Stalin erschrecken und gefiel auch den leidtragenden Fürsten – dem Verteidigungsminister und dem Chef des KGB – nicht. Nach kurzer

Zeit kehrten alle in ihre Kreise zurück. Erneut begannen in der Information Chaos und Unordnung.

Außer verschlüsselten Telegrammen nutzten die außenpolitischen Institutionen zur Information der Leitung sogenannte »Mitteilungen« (die Benennung selbst war schon ein Relikt aus Zarenzeiten). Sie wurden zeitweise von allen sowjetischen Verwaltungen stark genutzt. Gewöhnlich war das eine vier- bis fünfseitige Zusammenfassung oder Auswertung, die einem Thema oder einer Frage gewidmet war. Manchmal gab es Anregungen, oder es wurden auch nur Gedanken zu unserem Vorgehen geäußert. Die »Notizen« wurden in aller Regel vom Leiter der Institution – vom Minister oder Direktor der Forschungseinrichtung und so weiter – unterschrieben. Die Fragestellung, die informationsmäßige Abhandlung des Themas und die Empfehlungen ließen nicht selten das Eigeninteresse der Institutionen durchblicken. Wahrscheinlich wurde deshalb in den letzten Jahren der UdSSR zunehmend die Erstellung kollektiver »Mitteilungen« zu komplexen Fragen der internationalen Lage, wie zum Beispiel der Entmilitarisierung, humanitärer Probleme und so weiter praktiziert. Die Erstellung solcher Notizen gestaltete sich schwierig. Eine Unmenge Zeit musste für die Abstimmungen und das Einholen der Freigaben und Unterschriften aufgewendet werden. Wenn sich ein Minister als hartnäckig erwies – dann ruhte die ganze Arbeit auf unbestimmte Zeit. Um aus der Sackgasse herauszukommen, suchten und fanden die Verfasser »für beide Seiten annehmbare« Formulierungen, aber das Schriftstück verlor seinen Sinn und wurde einfach nutzlos. Aber der Anforderung der Staatsführung musste nachgekommen werden, so wurde die »Notiz« gedruckt, um nach Erhalt einer Registriernummer gleich in den Archiven der Serviceabteilung des ZK zu verschwinden.

Die Aufklärung nutzte oft solche »Mitteilungen« als eigenständige Form eines Informationsdokumentes. Unsere »Mitteilungen« waren kurz, umfassten drei, vier Seiten. Die Probleme wurden im Kontext mit internationalen Ereignissen unter Bezug auf ihre Dynamik und Evolution wiedergegeben. Wir gewöhnten uns daran, dass jede Frage wieder neu, vollständig und komplex gestellt werden musste. Unsere Mitteilungen wurden gut angenommen. Bald übernahmen die Militärs unsere Erfahrung. Sie hatten sich bis zum Ende der siebziger Jahre nicht entschließen können, außenpolitische »Mitteilungen« zu verfassen. Aber die Abteilungen des ZK missbrauchten alle Normen der Geschäftstätigkeit. Man konnte »Mitteilungen« mit einem Umfang von fünfzig bis sechzig Seiten finden, wie zum Beispiel solche Thematiken wie »Reaktionen der internationalen kommunistischen und Arbeiterparteien auf den (turnusmäßigen) Parteitag« oder die Meinungen über ein Plenum oder auch nur Ansprachen des Generalsekretärs. Die Themen wurden sehr wohlklingend ausgewählt.

Alles in allem wurde die Information bergeweise angehäuft. Es gab viele Doppelungen und Widersprüche. Meistens wurde etwas mit dem rosaroten Flair des Optimismus übertüncht, um von den wachsenden Schwierigkeiten abzulenken. Als die Situation jedoch außer Kontrolle geriet, nahmen die verschlüsselten Telegramme und die »Mitteilungen« plötzlich einen panischen Ton an.

Andropow und Krjutschkow waren sich über die Situation der Informationsstrukturen im Land vollkommen im Klaren, aber sie hatten weder die Kraft noch die Möglichkeiten, etwas daran zu ändern. Bei einer der Visiten Andropows in der Aufklärung stand die Frage des Aufbaues eines Zentrums zur Auswertung der internationalen Presse sowie des Materials internationaler Radiosender und des Fernsehens. Unsere Ministerien und Institutionen hatten eine Unzahl internationaler Zeitungen und Zeitschriften abonniert und gaben dafür Valuta aus. Aber das eintreffende Material wurde nur halbherzig gesichtet. Die Presseerzeugnisse verschwanden dann unter der Hand oder in die Bibliotheken. Wir schlugen vor, ein Allunionszentrum zu gründen, das die gesamte Presse für einen breiten Verteiler aufbereiten würde, Kopien anfertigen und alle interessierten Institutionen bedienen könnte. Ich erinnere mich, dass Andropow die Schultern hob, als wäre ihm plötzlich kalt geworden, und sagte: »Nein, daraus wird nichts. Das Problem müssen wir in unserer Behörde lösen.«

Das gesamte Land zerfiel vor den Augen in einzelne Besitztümer – die Behörden –, und diese verfolgten nur ihre eigenen Interessen. Die UdSSR wurde so etwas Ähnliches wie eine Apfelsine, die von außen wie ein herrlicher Monolith aussieht – und uns geschält dann doch nur in Stücken erscheint, als Institutionen oder als Unionsrepubliken. Der Auflösungsprozess hatte seit langem begonnen, war aber besonders in der Regierungszeit von L. I. Breschnew und dort wiederum direkt nach seinem Infarkt 1975 spürbar geworden. Insgesamt kann man dieses Jahr aus allerlei Gründen als den Wendepunkt während des Bestehens der UdSSR betrachten. Danach begann praktisch die ununterbrochene Abwärtsbewegung, die schließlich 1991 mit dem Zerfall endete. Die letzten sechzehn Jahre lang dauerte die Qual unseres »historischen Gebildes« an.

Das Politbüro des ZK der KPdSU verlor die Rolle eines beratenden Organs unter der Alleinherrschaft, wie es unter Stalin und zuweilen auch unter Chruschtschow gewesen war. Unter Breschnew verwandelte es sich in ein klassisches Oligarchen-Werkzeug. Jedes Politbüromitglied kümmerte sich um seine eigenen Interessen. Auch die personelle Zusammensetzung des Politbüros zeugte von der Degradierung des Staates. Dort befanden sich Parteifunktionäre vom Typ eines Suslow, Grischin, Minister, die politische Institutionen leiteten – Gromyko, Andropow, Ustinow, Vorsitzende von Parteiorganisationen in den Sowjetrepubliken wie Schtscherbizki, Kunajew und andere. In dem bedeutendsten leitenden Organ des Landes gab es fast niemanden mehr, der sich für die Grundlage aller Grundlagen – die Wirtschaft des Landes – verantwortlich zeichnete. Im Politbüro war es entsprechend seiner Funktion ausschließlich der Vorsitzende des Ministerrates der UdSSR! Dort waren keine Leiter der Staatlichen Plankommission Gosplan und auch keine Vertreter aus Industrie und Landwirtschaft. Im Politbüro saßen diejenigen, die Geld ausgaben. Es war jedoch niemand drin, der das Geld verdiente. Die Führung hatte sich mit dem

Rücken zur Wirtschaft des Landes gestellt. Die Sekretäre des ZK wurden damit beauftragt, und die ihrerseits bemühten sich, dem zu entkommen.

Die festgefahrene Unlust, die objektive Lage im Land zu erkennen, schlug sich auf das Verhältnis zur Information insgesamt nieder. Niemand wollte tatsächlich die Einführung moderner Informationssysteme, weil deren Nutzung die Eingabe von genauen, überprüften und klar umrissenen Daten erforderlich machte. Die moderne Informatik liefert keine willkürliche Bewertung der Realität, das heißt: Sie lügt nicht. Die objektive Information kann den Führungskräften ganz bestimmte Entscheidungen auferlegen. Da ist kein Platz mehr für Voluntarismus. Davon vermochte sich die sowjetische und russische Führungsspitze überhaupt nicht zu lösen. Daraus resultierten auch solche Formulierungen in den Veröffentlichungen unserer Regierung wie: »Das Finanzministerium wird beauftragt, die notwendigen Mittel freizurechnen ...« In der Praxis bedeutete das: Es sind keine Mittel vorhanden. Jemand wollte aber, dass es sie gibt und dass sie unter Vergewaltigung der Ökonomie und des gesunden Menschenverstands gefunden werden.

An der katastrophalen Rückständigkeit der Informatik in der UdSSR insgesamt trägt nicht nur unser Mangel an Technologie die Schuld. Ihn hätte man überwinden können, wie das am Beispiel unseres Militärisch-Industriellen Komplexes der Fall ist. Die Hauptursache, warum der Informationsservice für die Regierung so unbedeutend war, lag in dem fehlenden Interesse der damaligen führenden Köpfe des Landes. Sie zogen es vor, sich auf allgemeine Aussagen zu beschränken, die telefonisch oder während Beratungen durchgegeben wurden. Aber so konnte die Information gänzlich verändert werden. Diese Erscheinungen sind altbekannt. Sie nannten sich »Lackierung der Wirklichkeit«, »Augenwischerei«, »Verschleierung der Mängel« und anderes. (Wahrscheinlich war es für die Führung so bequemer zu leben.)

Was die Auswertungs- und Informationsarbeit konkret bei uns in der Aufklärung betrifft, so existierte die Regel: Übe deinen beruflichen Dienst ehrlich aus. Andropow hatte uns auf den Weg gegeben: »Schreiben Sie niemals die Unwahrheit! Ich fordere Sie nicht dazu auf, eine vorbestimmte Datenauswertung zu fälschen.«

Im Dezember 1993 feierte die Verwaltung Auswertung und Information der Auslandsaufklärung ihren 50. Jahrestag. Sie wurde gegründet, als sich ein Durchbruch in den Kriegshandlungen des Großen Vaterländischen Krieges abzeichnete und an dessen Horizont der Auftritt der UdSSR als Großmacht auf der Weltbühne abzusehen war. Von diesen fünfzig Jahren war ich elf Jahre lang Leiter der Verwaltung (von 1973 bis 1984), und ich kann mit reinem Gewissen sagen, dass wir nie Informationen nach dem Prinzip »Wie hätten Sie es denn gern?« herausgegeben haben. In den Zeiten des Stillstands, als man sich für unseren Staat, für unsere halbtote Führung und für den wachsenden Marasmus schämen musste, erfüllten wir treu unseren Dienst und logen nicht.

Die Arbeit an den zu analysierenden Dokumenten und mündliche »Brainstormings« wurden gewöhnlich im Kollektiv durchgeführt. Von Anfang an war es so festgelegt, dass bei der Teilnahme an Problemanalysen kein Unterschied zwischen Leitern und Untergebenen gemacht wurde. Die Wertigkeit der vertretenen Meinung hängt ja nicht von der bekleideten Funktion ab, sondern von der Neuheit, von der Originalität und der Argumentationstiefe. In so einer Runde kristallisierten sich Jasagertum, Dienstbeflissenheit und resignierende Meinungslosigkeit schnell heraus und wirkten abstoßend auf das Kollektiv. Wir hatten früh gelernt, uns auf unsere Kräfte zu besinnen. Wir mussten uns leider davon überzeugen, dass der Zustand unserer akademischen Landeskundewissenschaft freudlos war. Wir konnten in unserer analytischen Arbeit mit ihrer Hilfe praktisch nicht rechnen. Die Institute waren mit Informationsmaterial schlecht versorgt, besonders in dem Bereich, der die aktuelle Staatspolitik betraf. Ihre Distanz zu den direkten praktischen Aufgaben war spürbar. Die Ergebnisse der Untersuchungen selbst drangen selten bis zu den höchsten Par-

tei- und Staatsfunktionären vor. Die Allgemeinheit bekam sie aufgrund der Schärfe der Zensur nicht zur Kenntnis, und natürlich war auch der ewige Mangel an Papier und Druckkapazitäten schuld (akademische Arbeiten, die das Licht der Welt erblickt haben, kann man an den Fingern abzählen). Die Institutsdirektoren wurden aktiv in die politische Stimmungsmache einbezogen, suchten ihre »Unterstützer« in den oberen Sphären. Sie waren in die Erstellung von Parteischriften oder anderer Rechenschafts- und Programmdokumente involviert. Aber sie agierten eher als Erfüllungsgehilfen denn als Vertreter der angesehenen und unabhängigen Wissenschaft. Sie waren in höherem Maße die »(Schreib-)federn« als die »Köpfe«. Die Akademiker investierten viel Kraft in das Erreichen ihrer Titel und in Fraktionskämpfe in ihrem Umfeld.
1974 beklagte ich mich in einem Gespräch mit führenden Mitarbeitern des USA- und Kanada-Institutes darüber, dass die UdSSR in den USA eine umfassende, aber ziellose Propaganda betreibt und damit Gelder verschwendet. Ich berichtete ihnen über einen Vorfall während der Olympischen Spiele 1968 in Mexiko in meiner Zeit als Vertreter der Presseagentur *Novosti* dort. Die sowjetische Botschaft in Washington hatte mich damals nicht in Kenntnis davon gesetzt, dass sie einige Lkw-Ladungen an Lagerbeständen der in den USA herausgegebenen Zeitschrift *Soviet life* nach Mexiko brachte und kostenlos an die Gäste der Olympiade verteilte. Viele Tonnen propagandistischen Materials, in drucktechnisch hervorragender Qualität auf beschichtetem Papier, wurden praktisch abgeschrieben und vernichtet, einfach zu Makulatur. Ich schlug eine Befragung der amerikanischen Bevölkerung zu unserem propagandistischen Vorgehen vor. Im Ergebnis der Untersuchung sollten Inhalt und Form der Propaganda auf den Prüfstand kommen. Weit gefehlt! Dem verwirrten Wortschwall meines Gesprächspartners konnte ich entnehmen, dass das Institut zu solch einer Aktion nicht in der Lage sei und deshalb so etwas nicht stattfinden werde.
Mit dem Direktor des Institutes, G. A. Arbatow, hatte ich ein

einziges, jedoch denkwürdiges Gespräch. An einem der Sommertage 1978 fuhr ich zu Arbatow. Die Fahrt fand auf direkte Anweisung von W. A. Krjutschkow zur Erörterung eines Projektes mit dem Titel »Nordlicht« statt, dessen aktiver Verfechter das Akademiemitglied war. Das Projekt sah den Bau einer leistungsfähigen Gas-Pipeline von Westsibirien bis nach Archangelsk und Murmansk vor. In diesen Hafenstädten sollten Betriebe für die Komprimierung des Gases errichtet werden. Von dort sollte das Gas mit Spezialtankern in die USA verschifft werden. Die Amerikaner hatten ihre Bereitschaft erklärt, für dieses Projekt umfangreiche Mittel zur Verfügung zu stellen. Sie würden dann mit den Flüssiggaslieferungen verrechnet werden. Arbatow ging davon aus, dass Gas in der UdSSR in »praktisch uneingeschränkter Menge« zur Verfügung stand und das Land die Valuta jetzt brauchte.

In der Aufklärung herrschte die Überzeugung vor, dass der Handel mit nichterneuerbaren Ressourcen, insbesondere Energieträgern, eine unzulässige Verschwendung darstellt und für die wirtschaftliche Zukunft des Staates zur Gefahr werden kann. Zulasten künftiger Generationen leicht verdiente Valuta schwächt nur die Suche nach anderen sicheren und stabilen Wegen zur Stärkung des Außenhandels. Wir hatten das Beispiel der USA vor Augen, die jede Tonne ihrer natürlichen Vorkommen bewahrten und den Import des Erdöls aus dem Ausland favorisierten. Außerdem flossen die Valuta in der UdSSR nicht in die grundlegende Reorganisation der Industrie, in die Entwicklung von Wissenschaft und Technik und in die Vorbereitung eines Entwicklungssprunges der Wirtschaft. Die Gelder wurden vorwiegend für den Ankauf veralteter Ausrüstungen, die jahrelang auf offenen Flächen vor sich hin rosteten, und für den jährlichen Getreideimport aufgewendet.

Die Mehrheit der Experten aus dem Ministerium für Geologie, Erdöl- und Erdgasindustrie, Fachleute aus Tjumen, die wir konsultierten – sie alle waren gegen das Projekt. Sie bewiesen, dass im aggressiven Klima des Nordens die Grundausstattung der geplanten Gas-Pipeline genau zum Zeitpunkt ihrer Abbezah-

lung mittels der Gaslieferungen an die USA ihrem kompletten Verschleiß erliegen würde. Nur die zerstörte Ökologie an der Trasse würde zurückbleiben, genauso wie gefährlich verschlissene Rohre und kaum zu betreibende Kompressorenstationen. Und genau diese Aussagen führte ich im Gespräch mit dem Akademiemitglied an. Der verteidigte seinen entgegengesetzten Standpunkt aus der Sicht der wirtschaftlichen Umsetzung einer politischen Entspannung gegenüber den USA. Das Gespräch endete ohne Ergebnis, und es gab keine weiteren geschäftlichen Treffen mit ihm.
Beständigere und fruchtbarere Kontakte konnten wir mit dem Institut für internationale Wirtschaft und Beziehungen aufbauen, und besonders zu der Zeit als E. M. Primakow dessen Leiter war. Wir nahmen an vielen Sachstandanalysen und wissenschaftlichen Konferenzen teil. Wir arbeiteten dort gemeinsam mit Kollegen vom Militär und mit Praktikanten aus anderen Einrichtungen. Dieses Institut war offen für sowjetische Fachleute. Dort spürte man weniger die Vorbehalte und Abneigung gegenüber den Mitarbeitern der Aufklärung. Die Problemdiskussion hatte einen sachlichen, man kann auch sagen, demokratischen Charakter. Wir bemühten uns, nützlich zu sein, und brachten offen unseren Standpunkt zum Ausdruck. Selbst sammelten wir wichtige Erfahrungen im Umgang mit der wissenschaftlichen Öffentlichkeit.
Leider nahmen unsere Kontakte zum Institut des internationalen sozialistischen Staatensystems (Direktor O. T. Bogomolow) nicht den gewünschten Verlauf. Wir begnügten uns damit, dass wir vollumfänglich die Ergebnisse der Wissenschaftler des Institutes erhielten und sorgfältig ihre Argumente und Aussagen mit unseren eigenen Daten abglichen.
Ehrlich gesagt, wirkte sich die Zugehörigkeit der Aufklärung zum KGB störend auf die Erweiterung der Zusammenarbeit zwischen Aufklärung und akademischer Landeskundewissenschaft aus. Die Angst vor dem KGB hatten viele noch nicht abgelegt. Unsererseits ergab sich manchmal eine Geringschätzung des wissenschaftlichen Potentials der akademischen Insti-

tute. Wir verfügten über eine faszinierende Materialfülle, was eine gewisse Arroganz hervorrief. Zum Glück begannen wir dennoch früher als andere damit, die Wissenschaftler in die Mitarbeit an Vertragsaufgaben einzubeziehen.
Die Zusammenarbeit mit den Kollegen beim Militär und den Mitarbeitern des Außenministeriums war da effektiver und effizienter, schon aufgrund dessen, dass die thematisierten Belange konkreter und praxisbezogener waren. Wir verstanden uns sehr gut mit unseren Kollegen vom Militär, insbesondere mit denen von der Hauptverwaltung Aufklärung. Mit den Außenministeriumsmitarbeitern in Moskau gestaltete sich die Sache schwieriger. Die Kontakte mit ihnen verliefen höflich, korrekt, sachlich, aber unterkühlt. Es war immer die Kälte eines in der Tiefe unserer Beziehungen verborgenen Permafrostes spürbar. Die festgefahrene Angst vor dem KGB, diese unerklärliche Befürchtung einer Trickserei, wurde augenscheinlich seit geraumer Zeit von einer Generation der diplomatischen Mitarbeiter zur anderen überliefert und vergiftete die Atmosphäre der Zusammenarbeit. Die gemeinsame Basis wurde auch dadurch erschwert, dass sie sehr langsam und unflexibel waren. Starke Zentralisierung und Bürokratie ermöglichten es den Angestellten nicht, sich so frei zu Problemen zu äußern, wie wir es taten.
Die neu gewonnene Offenheit und die Verfügbarkeit politischer Informationen lieferten uns den nötigen Sauerstoff für eine aktive analytische Tätigkeit. Um das Ganze in einen bestimmten Ablauf einzubinden und den praktischen Interessen des Staates zu entsprechen, stellten wir aller sechs Monate einen Plan auf. Das war eine Themenübersicht der ausgewerteten Informationsunterlagen. Der Plan wurde durch J. W. Andropow persönlich bestätigt und damit für alle verpflichtend. Das Leben ist natürlich vielfältiger als eine Vorausschau, wenn auch nur für sechs Monate. Niemand verwehrte uns, auf neu entstandene Sachlagen zu reagieren.

Große und kleine Sorgen der Aufklärung

In den siebziger Jahren nahmen die Länder der sogenannten »dritten Welt« einen breiten Raum in unserer politischen Tätigkeit ein. Das Interesse an ihnen änderte sich in Intensität und Erscheinungsweise. Unter der Führung von N. S. Chruschtschow, als die UdSSR noch nicht das Vertrauen in ihre eigene Kraft verloren hatte, versuchte sie nicht nur die politische Orientierung der neuen unabhängigen Staaten zu profilieren, sondern auch unter die Freundschaft mit ihnen eine Wirtschaftsgrundlage zu subsumieren. Dieser Zeit ist der Bau des Assuan-Staudammes in den Nilbergen und des metallurgischen Kombinates in Bhilai (Indien) sowie bedeutender Objekte für die Bevölkerung in Indonesien zuzuordnen. Dabei waren nicht nur wirtschaftliche, sondern auch politische Überlegungen ausschlaggebend. Nach Meinung des Kreml diente unsere Hilfe überall der Stabilisierung des staatlichen Sektors in der Wirtschaft, das hieß der Basis, die uns diesen Ländern nahe brachte. Unsere Kredite und Hilfe würden zur Formierung einer Arbeiterklasse führen, die, wie es aus der marxistischen Doktrin hervorgeht, unser natürlicher sozialer Verbündeter wäre. Die Amerikaner, so sagen sie, verfolgen genau entgegengesetzte Ziele. Sie investieren ihre Darlehen und Kapitalanlagen vordergründig in die Entwicklung des privaten Sektors der Wirtschaft anderer Länder und unterstützten damit die Herausbildung und Stärkung der Klasse der Bourgeoisie, das heißt ihres sozialen Verbündeten.
Zum Ende der sechziger Jahre wurde klar, dass wir die Lösung solch fundamentaler Aufgaben in den Ländern der »dritten Welt« nicht schultern konnten. Die Vorhaben mit umfangreichen Industrieprojekten hatten sich schon von selbst erledigt. Aber politische Ambitionen hatten uns noch fest im Griff. Das

ZK der Partei konnte nicht von der Überzeugung abgehen, dass die »dritte Welt« die Reserve des Sozialismus sei. In die Parteitagsbeschlüsse wurden immer wieder Passagen zur nationalen Befreiungsbewegung in den Ländern der »dritten Welt« und unserer Solidarität mit ihnen eingefügt. Dazu kam der Konkurrenzkampf mit China um die Einflussnahme in diesen Ländern. Aber die UdSSR konnte nie ihre Ansprüche mit wirtschaftlichen Möglichkeiten untermauern. Aus diesem Grund erhielten in der Zusammenarbeit unseres Landes mit den neuen unabhängigen Staaten militärisch-technische Belange den Vorrang: Waffenlieferungen, Entsendung von Militärberatern und die Betreuung von militärischen Bauvorhaben begannen, die bedeutendere Rolle zu spielen.

Mit anderen Worten: Objektiv verhielten sich das ZK der KPdSU und unsere Militärs aufgeschlossen zur Erweiterung der Front der Zusammenarbeit mit der »dritten Welt«. Der Unterschied bestand darin, dass die internationale Abteilung des ZK diese Richtung ausgehend von den allgemeinen ideologischen Konstellationen nur rein politisch unterstützte und das Verteidigungsministerium breit angelegte praktische Aktivitäten zur Erschließung neuer Felder der Zusammenarbeit aufnahm.

Gleichzeitig machte ein Ausbau unseres Engagements in der »dritten Welt« keinen Sinn. Die Möglichkeiten entsprachen nicht unseren Ambitionen. Die Aktivitäten hatten irgendeinen automatischen und trägen Charakter. Wir glichen einer Armee, deren Angriff verpufft war, deren gesamte Kräfte in den Schützengräben lagen und sich noch einige Truppenteile ungestüm nach vorn bewegten, um von der Heeresführung gelobt zu werden.

Alle Verwaltungen der Wirtschaft der UdSSR lehnten Forderungen nach einer Erweiterung der wirtschaftlichen Zusammenarbeit mit den neuen Staaten ab. Gosplan, das Finanzministerium und das Außenhandelsministerium leisteten im Rahmen ihrer Befugnisse Widerstand gegen die vielen Festlegungen des Ministerrates, die auf den Beschlüssen des ZK der KPdSU über die Zuteilung neuer und immer wieder neuer Mittel an die Länder der »dritten Welt« fussten. Die Lieferungen dorthin wuchsen wie ein Krebsgeschwür und entzogen dem geschwächten Organismus unseres eigenen Staates die Kraft.

Das Außenministerium der UdSSR und ihr Minister A. A. Gromyko verhielten sich offen verunglimpfend zur »dritten Welt«. Andrej Andrejewitsch (Gromyko) besuchte und lud mit größerem Interesse lieber seine Kollegen aus den kleinen europäischen Staaten ein, als die Unruhestifter aus den Ländern der »dritten Welt«. Selbst das Politbüro konnte ihn nicht zu Reisen in den Nahen Osten, nach Afrika oder Lateinamerika überreden. Besuche dieser Regionen sind Einzelfälle in seiner – so schien es, endlosen Karriere als Außenminister.

Der KGB und, im Einzelnen, die Aufklärung nahmen eine mittlere Stellung ein. Wir hatten kein behördliches Interesse an der grenzenlosen Erweiterung des sozialistischen Systems. Wir sahen ausreichend klar, wie sich Jahr für Jahr die Überforderung der Wirtschaft unseres Landes vergrößerte. Die Konflikte zwischen dem Osten und dem Westen aufgrund der Konkurrenz um die »dritte Welt« häuften sich. 1975 wurde in der Verwaltung Auswertung und Information der Aufklärung ein Bericht zur Vorlage an J. W. Andropow über die Zielrichtungen unserer Politik in diesen Ländern erstellt. Der Hauptgedanke des Berichtes war, dass es sich die UdSSR den Luxus nicht mehr leisten kann, Mittel und Kräfte im endlosen Raum dreier Gebiete zu verschleudern: Asien, Afrika und Lateinamerika. Es bestand die Notwendigkeit, das Augenmerk auf eine begrenzte Anzahl von Staaten zu richten, die uns politisch am nahesten standen, in strategischer Hinsicht am vorteilhaftesten waren und wirtschaftlich den geringsten Aufwand bedeuteten. Der Bericht enthielt auch Verweise auf Großmächte der Vergangenheit, konkret auf England, das den gesamten Seeweg von Europa nach Indien beherrschte, indem es insgesamt nur einige Flecken der (Welt-)Karte kontrollierte – Gibraltar, Malta, Suez, Aden, Singapur.

In Bezug auf den Nahen Osten wurde in dem Bericht ausgeführt, dass unsere weitgefasste Politik zu einem immensen Aufwand an technischen und finanziellen Ressourcen führte. Es waren keinerlei politische und strategische Vorteile zu erwarten, auch nicht in Zukunft. Wir erinnerten daran, dass weder Ägypten noch Syrien oder der Irak gedachten, ihre Schulden zu tilgen und sie stellten sich auch nicht in der Kiellinienkolonne der Weltgemeinschaft hinter uns auf. Militärisch-strategischen Stützpunkte erhielten wir von ihnen nicht zur Verfügung. Dieses lange Jahre währende Spiel braucht nicht beleuchtet zu werden.

Unser Vorschlag im Bericht war, ein Land auszuwählen und dort ein Beispiel für die Zusammenarbeit zu schaffen. Es sollte übrigens dabei auch unsere Fähigkeit, ein Endziel zu erreichen, auf den Prüfstand. Wir empfahlen den Süd-Jemen deshalb, weil dort das regierende Regime das »marxistisch-leninistischste« im arabischen Raum war. Niemand stand weiter links in der arabischen Welt. Aden war in militärisch-strategischer Beziehung wichtig als Tor zum Indischen Ozean und zum Mittelmeer. Der Erdölverarbeitungsbetrieb der Stadt konnte dem Energiebedarf der Marine und der Luftwaffe gerecht werden. Das Land selbst brauchte für die Entwicklung keine so umfangreichen Investitionen. Es musste Erdöl gefunden werden und etwas mehr Wasser und die hauptsächlichsten Probleme wären gelöst. Außerdem war das Land von allen Konfliktherden der Region entfernt. Es gab keine Feinde in der Nähe. Von Saudi-Arabien ist Süd-Jemen durch Treibsandwüsten getrennt. Es musste nur mit Nord-Jemen Frieden schließen. Im äußersten Fall hätte der Aufbau einer militärischen Schutzzone dort keine Mühe bereitet.

Die Offerte war, einen Perspektivplan für den Staatsumbau im Süd-Jemen, für seine schnelle Entwicklung, für die Ausbildung des Personals in den Bildungseinrichtungen der Sowjetunion und so weiter zu erstellen.

Das Schriftstück endete mit dem Vorschlag, eine bestimmte Anzahl Länder auszuwählen und dort unsere begrenzten Mittel und Kräfte zu konzentrieren. Den übrigen Ländern der dritten Welt sollte dieselbe politische und moralische Hilfe und Unterstützung zuteilwerden, denn diese Ressourcen sind unerschöpflich.

J. W. Andropow behielt das Dokument einige Tage und gab es dann mit der Bitte um Kürzung zurück. Danach wurde es nochmals zurückgewiesen und zwar mit der Anweisung: »Die Vorschläge entfernen, den Informationsteil beibehalten«. Im Ergebnis blieb von dem Bericht nur ein Skelett übrig, das keinen interessierte. Wir waren überzeugt, dass unsere Idee auch bei persönlichen Gesprächen mit den Mitgliedern des Politbüros in die Runde geworfen wurde. Sie fand aber keine Unterstützung und starb, noch bevor sie es in das offizielle Dokument des KGB bis zum ZK der KPdSU geschafft hatte.

Nachdem wir verstanden hatten, dass man mit der Peitsche den Beilrücken nicht verformt, begann die Aufklärung den großen Einfluss der UdSSR auf die »dritte Welt« zu nutzen. An der Aufklärerbildungsstätte wurde eine gesonderte Fachrichtung zur Ausbildung von Personal für die Geheimdienste der Entwicklungsländer etabliert. Wir wollten mit den Absolventen dieser Fachrichtung politisch und beruflich auf uns fixierte Verbündete gewinnen. Die Entwicklungsländer erhielten die kostenlose Möglichkeit, qualifiziertes Personal auszubilden. In vielen neuen Staaten wurden Vertretungen des KGB angesiedelt, die vor Ort konsultative Hilfe beim Aufbau der nationalen Sicherheitsdienste leisten konnten. Über die Vertretungen wurde am häufigsten unentgeltliche Unterstützung bei der Bereitstellung operativer Spezialtechnik (Instrumente für die Kontrolle, den Funk und so weiter) geleistet.

Wenn man aus heutiger Sicht unsere Politik in der »dritten Welt« betrachtet, kann man sich eines Lächelns nicht verwehren – sie ist schon einer Fabel von Krylow über den Schwan, den Krebs und den Hecht sehr ähnlich: Es gab keine gemeinsamen Überlegungen, keinen sogenannten »roten Faden«. Alles war ohne Lenkrad und Segel. Dazu existiert auch eine interessante Tagebuchniederschrift vom 6. Dezember 1974: »Es ist

das Wunder der Wunder geschehen. In dem weit entfernten armen Dahomey, in Cotonou, hat sich der dortige Präsident Kereku am 4. Dezember dieses Jahres zum Marxismus-Leninismus bekannt, und sein Land wird den Sozialismus aufbauen. Er bittet um unsere Hilfe bei der Organisation der Armee und des Geheimdienstes, von der Wirtschaft ganz zu schweigen. Als er das unserem Botschafter unterbreitete, war jener schweißgebadet vor Angst und konnte weder ja noch nein sagen ... Die Aktie der Dagomeyer sieht absurd aus ... Die Drei-Millionen-Bevölkerung besteht zu 80 Prozent aus Analphabeten ... Die Macht befindet sich in den Händen einiger Militärs. Es gibt keine Armee, keine Parteien, keine Klassen. Eigentlich sagt man: Wenn man nicht soll, aber will, dann kann man.«
Wir begannen uns in der Aufklärung, vor dem roten Ausschlag »Sozialismus«, der sich auf unserem Planeten ausbreitete, zu fürchten. Viele Länder, die den Sozialismus proklamierten, hatten überhaupt nichts Sozialistisches an sich und konnten es auch nicht haben. Ihnen fehlte die Basis für eine Industrieproduktion, das staatsbürgerliche Bewusstsein war wenig ausgeprägt, die Staatsführung besaß keine hohen moralisch-ethischen und menschlichen Qualitäten. Selbst der ugandische Diktator Idi Amin, wie später festgestellt wurde – ein Kannibale – verwendete sozialistische Losungen. Der ganze spekulative Wirbel um den Sozialismus verfolgte nur das Ziel, Hilfe und Unterstützung von der Sowjetunion und der sozialistischen Gemeinschaft im Kampf um die Stabilisierung ihrer nationalen Unabhängigkeit, nicht selten aber auch um die Macht im Land, zu erhalten. So geschehen zum Beispiel in Angola, wo es zum Zeitpunkt der Liquidierung des portugiesischen Kolonialregimes plötzlich drei Anwärter auf die politische Nachfolge gab: Die MPLA (sozialistische Orientierung), die FNLA und die UNITA (prowestlich kapitalistisch). So ein Kräftegefüge führte in der Regel in dem Land zu einem langen und hartnäckigen Bürgerkrieg, wie er vordem bereits im Kongo stattgefunden hatte. Die tragischen Ereignisse dort hatten Patrice Lumumba und seinen Mitstreitern das Leben gekostet.

In die krisenbegleiteten Umbrüche der »dritten Welt« wurde die Sowjetunion in jener Zeit sporadisch, direkt und manchmal auch gegen ihren Willen involviert. Ich möchte da eben auch an Angola erinnern. Dort gab es die reale Gefahr der Machergreifung durch prowestliche Gruppierungen, die durch die entschlossene Positionierung der SAR (Republik Südafrika, Anm. d. Übers.) unterstützt wurden. Unsere im Land befindlichen sowjetischen Berater und Fachleute, erhielten die Weisung, nach Kongo (Brazzaville) außer Landes zu gehen. Sie packten schnell ihre Sachen zusammen. Die Kubaner mischten sich ein und bestanden auf einer Verteidigung. Sie schickten die ersten Kämpferbrigaden, die klein und zudem schlecht ausgerüstet waren. Aber sie erwiesen sich als ausreichend, um Luanda zu verteidigen und die MPLA vor den zielstrebig auf die Hauptstadt Angolas vorrückenden Söldnern zu schützen. Erst danach und auf beständigen Druck seitens der Angolaner und Kubaner wurde unser Engagement in Angola größer.

Lange Jahre existierte der Mythos von der »langen Hand« Moskaus, die heimlich und unaufhaltsam die Welt dreht. Es gab nichts Wirklichkeitsferneres als das. 1972 bildete sich in Ägypten ohne jegliches Zutun der UdSSR eine schwere innenpolitische Krise heraus. Der größte Teil der ägyptischen Regierung, einschließlich dem Verteidigungsminister Fawsi, dem Innenminister Gomaa, dem Vorsitzenden der Regierungspartei Sami Scharaf und andere, stellten sich gegen A. Sadat. Sie waren der Meinung, dass er einen Kurs verfolgte, der nicht in nötigem Maße den nationalen Interessen des Landes entsprach. Es gab eine Verschwörung unter dem Namen »Verschwörung der Krokodile«. Die Verschwörer schämten sich auch nicht, offen über ihre Pläne mit dem sowjetischen Botschafter in Ägypten S. A. Winogradow zu sprechen. Sie erwarteten von ihm wenigstens irgendein Zeichen des Einverständnisses und der Unterstützung. Doch der schwieg in Todesangst.

Schließlich fragten sie ihn direkt, ob die UdSSR diese Aktion unterstützt oder nicht. Von der Verantwortung und dem vollständigen Fehlen irgendwelcher Anweisungen aus Moskau wie

gelähmt, schwieg der Botschafter. Die Verschwörer verstanden das nicht und wurden unruhig. Es vergingen kostbare Stunden, die Sadat nutzte, um mit seinen persönlichen Sicherheitskräften zum entscheidenden Schlag auszuholen. Alle Verschwörer wurden verhaftet und vor Gericht gestellt.
Wobei konnte da schon die »Hand Moskaus« gewesen sein? Die unentschlossene und laxe Politik der UdSSR bezüglich der Länder der dritten Welt war kein Geheimnis für die Regierungen vieler Länder. Die afghanischen Offiziere, die im April 1978 die saurische Revolution durchführten und ihr eine sozialistische Ausrichtung geben wollten, hatten vorher die Regierung der UdSSR überhaupt nicht darüber informiert. Sie gaben ihre Pläne eines Militärputsches gegen die Daud-Regierung gar erst zwei-drei Stunden vor der Aktion bekannt. Ihre Motivation dafür war sehr interessant: »Ansonsten hättet ihr uns von dem Aufstand abgeraten«. Ich bin überzeugt, dass die Offiziere mit ihrer Annahme richtig lagen. Vor einem solchen allgemeinen politisch instabilen Hintergrund konnte man nicht von jedweden intensiven und zielgerichteten Maßnahmen der Aufklärung sprechen. Im Kreis der Offiziere wurden lebhaft und sogar mit beruflichem Neid einige Aktionen der israelischen Aufklärung kommentiert. Sie hatten mit Wissen der Regierung und mit deren Unterstützung riskante, aber zugleich auch effektive Aktionen durchgeführt. So zum Beispiel 1960 die Aktion zur Ergreifung des Kriegsverbrechers Eichman in Argentinien und dessen Auslieferung an Israel. Die Israelis hatten keine Angst vor einer Verletzung internationalen Rechts, als sie einer Einladung zur 150-Jahr-Feier der argentinischen Revolution zur Befreiung vom Kolonialismus Folge leisteten und ein speziell ausgerüstetes Flugzeug nach Buenos Aires entsandten. In der Atmosphäre feiertäglicher Euphorie rief das keinen Verdacht hervor, obwohl nur zwei Länder solche Flugzeuge schickten – die UdSSR und Israel. Eine Spezial-Eingreiftruppe nahm Eichman mühelos fest. Dessen Aufenthaltsort war vorher bekannt gewesen und hatte unter ständiger Beobachtung von Agenten der israelischen Aufklärung gestanden. Er wurde mit Hilfe von

Medikamenten bewusstlos gemacht und als angeblich betrunkenes Delegationsmitglied ins Flugzeug gesetzt und nach Israel gebracht. Später gelangte der politische Anteil dieser Aufklärungsoperation ins Hintertreffen.

Wir wollten auch beweisen, dass wir zu kämpferischen Aktionen mit großer politischer Resonanz in der Lage waren. Nach dem Militärumsturz in Chile begann das Pinochet-Regime eine Terrorkampagne gegen all jene, die als Machthaber keinen Druck ausgeübt hatten. Dort war dieser Wunsch besonders groß. Bei uns in der Verwaltung Auswertung und Information entstand der Plan, die politischen Gefangenen an der Spitze mit L. Corvalan zu befreien. Sie befanden sich in einem Konzentrationslager auf einer Insel in der Magellan-Straße. An der Aktion sollte ein Handelsschiff beteiligt sein unter dessen Oberdeck sich drei abgedeckte Militärjagdhubschrauber befinden sollten sowie zwei U-Boote, die verdeckt unter Wasser zu einer bestimmten Zeit an einer abgesprochenen Stelle warten sollten. Die Kontrolle der Wasser- und Luftverhältnisse würde durch Instrumente der Aufklärung aus dem All gewährleistet werden. Die Hubschrauber wären vom Oberdeck des Handelsschiffes gestartet, wenn sich das Schiff der Umgebung des Konzentrationslagers nähern würde. In schnellem Sinkflug hätte man die Gebäude des Wachschutzes und die Funkstationen beschossen. Der Überrumpelungseffekt und die Kraft des Schlages hätten jeden Widerstand zunichte gemacht. Danach wäre eine kleine Sturmabteilung vom Hubschrauber abgesetzt worden und hätte die Sache vollendet – hätte die Aufnahme der befreiten Gefangenen durch die Hubschrauber abgesichert, die sie dann gemeinsam mit der Sturmabteilung zu den U-Booten brächten. Nach Beendigung der Operation war vorgesehen, die Hubschrauber explodieren zu lassen, damit sie in Einzelteilen in der Tiefe des Meeres versanken. Das Handelsschiff würde seinen Kurs fortsetzen.

Der Plan war gewagt, sogar etwas abenteuerlich, aber durchaus realistisch und von der Ausklärung zu bewältigen. Wir hatten Fotos und einen Übersichtsplan des Lagers, womit wir alle Einzelheiten der Operation hätten vorausplanen können. Aber wie man so schön sagt: Einer bockigen Kuh gibt Gott kein Horn. Unser Plan wurde nicht gestützt und wir erhielten nirgendwo eine Freigabe. Wobei nicht einmal der Versuch gemacht wurde, ihn vom professionellen Standpunkt aus zu beurteilen. Manchmal leuchteten bei einem der Gesprächspartner kurz die Augen auf, aber das verging schnell wieder. Es kam Antipathie auf, gefolgt vom Misstrauen in die eigene Kraft, der Unwille, etwas zu riskieren, aber vielleicht auch eine unserem Denken unverständliche politische Weisheit.

Wir mussten unsere Anstrengungen wieder auf die Sache der Auswertung und Information konzentrieren. In den siebziger Jahren fanden in unserer Außenpolitik der Ferne Osten und Südostasien große Aufmerksamkeit. Das hatte seine Gründe in den sich zuspitzenden Widersprüchen mit China und im Krieg in Vietnam. Der chinesische Faktor ist ohne weiteres lebenswichtig für unseren Staat. Das kolossale Land mit seinen unerschöpflichen menschlichen und materiellen Ressourcen grenzt an unsere weiten dünnbesiedelten Gebiete Sibiriens und des Fernen Ostens: Auf der gesamten Fläche hinter dem Baikalsee lebten in den besten Zeiten weniger als 5 Millionen Menschen. Die ganze riesige Region war mit den zentralen Gebieten der UdSSR nur durch eine einzige Eisenbahnlinie verbunden, die zudem noch an einigen Stellen nur einen Gewehrschuss von der chinesischen Grenze entfernt war. Anders gesagt, die Sowjetunion hatte keine anderen Möglichkeiten sich vor einem Überfall durch die Chinesen zu schützen, als mit Atomwaffen. Die chinesische Seite gab in diesen Jahren mal offiziell, mehr aber inoffiziell zu verstehen, dass sie Ansprüche auf drei Millionen Quadratkilometer sowjetischen Territoriums erhebt. Das war Öl im Feuer dieses Konflikts.

In der Sowjetunion formierten sich zwei »Parteien« im Verhältnis zu China: Die »Falken« und die »Tauben«. Die »Falken« waren in der Mehrheit. Es ist schwer zu sagen, wie die Kräftebalance im Politbüro war. An der Oberfläche war sichtbar, dass der Abteilungsleiter im ZK der KPdSU, O. B. Rachmanin, an der Spitze der »Falken« stand. Er war sowohl Mitglied des ZK als auch Abgeordneter des Obersten Sowjets – und Vertreter der aktivsten antichinesischen Kräfte in der sowjetischen Partei- und Staatsführung. Der Leitgedanke aller »Mitteilungen«, die in jener Zeit zur chinesischen Frage verfasst wurden, war die Gefahr aus dem Osten. Alle Missverständnisse wurden darin akzentuiert. Die Menschen wurden mit der Unausweichlichkeit eines großen Krieges mit China erschreckt. Nach und nach wurde auch die Aufklärung von dieser Stimmung erfasst. Die chinesische Gefahr wurde zeitweise der Bedrohung durch die USA gleichgestellt. Von den Chinesen wurde wie vom Hauptfeind gesprochen.

Man muss aber auch sagen, dass das Verhalten von Mao Tsetung Anlass dazu gab. 1969 initiierten die Chinesen die blutigen Ereignisse auf der Insel Damanski im Fluss Amur, als sie mit Waffengewalt die Frage der staatlichen Zugehörigkeit der Insel lösten. 1971 lud Peking heimlich Kissinger nach China ein. Diese Mission rief in der ganzen Welt Aufregung und im Kreml regelrechte Hysterie hervor. Im Jahr darauf luden die Chinesen Nixon in offizieller Mission ein. Ja, das gab uns ehrlich zu denken.

Das unterschiedliche Verständnis von der chinesischen Gefahr bei den »Falken« und den »Tauben« rührte daher, dass Erstere ein strategisches Bündnis zwischen China und den USA für zwangsläufig und damit auch eine Konfrontation mit den Chinesen aufgrund der unüberwindbaren ideologischen Meinungsverschiedenheiten für unabwendbar hielten. Alle »Falken« nisteten hauptsächlich im Gebäude des Kreml. Aber sie hatten auch Verbündete unter den Militärs, die sich vor der wachsenden Atom-Raketen-Macht Chinas ängstigten.

In der Regierung gab es nicht wenige kluge Leute, die sich von dem absichtlichen Schüren der Spannungen zwischen der UdSSR und China angeekelt fühlten. Bekannt ist da der Entspannungsversuch A. N. Kosygins während eines Treffens mit Zhou Enlai auf dem Pekinger Flughafen 1969. Das Außenministerium war zwar an allgemeingeltende Parteirichtlinien gebunden, führte aber seinen Kurs des gesunden Menschenverstandes weiter fort. Die Posten der Botschafter in Peking wurden damals mit Vertretern der Parteibürokratie besetzt, aber als die Mitarbeiter des Außenministeriums in die Sachen verwickelt wurden, wollten sie einen Strahl Rationalität in die Politik einfließen lassen. Mir ist da ein entsandter Berater in Peking in Erinnerung – Breschnew – ein Namensvetter des Generalsekretärs, der sich mit seinen Telegrammen redlich mühte, die aufgebrachten »Falken« zu Verstand zu bringen. Aber es gelang nicht. Rachmanin verfolgte aufmerksam die Haltung eines jeden Beamten gegenüber China und tat alles Mögliche, um jeden »Dissidenten« fernzuhalten, der nicht die Meinung der »Falken« vertrat.

In der Aufklärung herrschte, vielleicht aufgrund ihrer Eigenständigkeit und geographischen Entfernung von Zentrum Moskaus, ein bestimmtes Maß an autonomem Denken in den chinesischen Belangen. J. W. Andropow verfügte nicht über eigene Kenntnisse der chinesischen Realität. Deshalb hatte er ständig einen Fachberater zu China. Zuerst war das J. Galenowitsch, dann W. Schaparow. Seinerzeit war F. Motschulski – ein Kenner Chinas und des Fernen Ostens – gemeinsam mit Andropow aus dem Apparat des ZK der KPdSU gekommen. In der Verwaltung Auswertung und Information der Aufklärung arbeiteten eigene hochqualifizierte Sinologen mit guter Hochschulausbildung und Auslandserfahrung in China – K. Martynow und W. Korolew, denen je eine Mitarbeitergruppe zugeordnet war. Und charakteristisch war, dass die vom ZK beeinflussten Leute und diejenigen, die häufige telefonische Kontakte mit den »Falken« vom Kreml hatten, auch bei uns einen radikalen antichinesischen Standpunkt vertraten. Wer sich dagegen von der Politikküche entfernt hielt, mit seinen eigenen Vorstellungen lebte und von den konkreten sowjetisch-chinesischen Beziehungen ausging, war der Gruppe der »Tauben« zugeneigt.

Ich verbarg meine Abneigung gegen Rachmanin nicht, der zu ziemlich eigenartigen Mitteln griff, um in der Regierung anti-

chinesische Stimmungen zu erzeugen. Er konnte zum Beispiel eine Auswahl antisowjetischer Karikaturen aus chinesischen Zeitungen zusammenstellen und sie einfach so, ohne Unterschrift und Registriernummern den höchsten Regierungskreisen zukommen lassen. Ich teilte W. A. Krjutschkow nicht nur einmal meine Position mit. Er verhielt sich tolerant und wies die Aufklärung an, die Sachen »in allen Farben zu malen«.
Die »Tauben« waren der Meinung, dass die UdSSR und China zwei große Staaten sind, die in der Welt und in der Geschichte nur ein Schicksal haben – Verbündete oder gute Nachbarn zu sein. Diese zwei Weltmächte stehen mit dem »Rücken« zueinander, das heißt mit den Regionen, die am wenigsten entwickelt sind und sich am entferntesten von den Zentren befinden. Die UdSSR wendet ihr Gesicht nach Europa, zum Westen und China – zum Stillen Ozean und nach Südostasien. Die Wirtschaften beider Länder stehen nicht in Konkurrenz zueinander, sind keine Wettbewerber, sondern ergänzen natürlich einander. Praktische Gebietsstreitigkeiten – über den Verlauf der Grenze an Amur und Ussuri – sind leicht beizulegen. Uns war klar, dass die übertriebenen Vorstellungen von quasi umfangreichen territorialen Ansprüchen Chinas gegenüber der Sowjetunion die Versuche bestimmter Kreise in China sind, die Spannung in den sowjetisch-chinesischen Beziehungen für ihre innenpolitischen Ziele zu nutzen. Damals, vor fernen Zeiten, errichtete China seine nördliche Grenze selbst und baute die Große Chinesische Mauer. Und die verläuft bekanntermaßen einige Kilometer nördlich von Peking.
Wir stellten fest, dass diese ideologischen Unterschiede – Versuche der Scholastik – überhaupt nicht die Ursachen der zwischenstaatlichen Feindschaft sind. Die territorialen Forderungen zeugen vielmehr von innenpolitischem Gerangel in der chinesischen Führung, wo die Karte der »russischen Gefahr« ebenso gemein im Kampf um die Macht ausgespielt wird, wie bei den Altvorderen. Die strategischen Interessen Chinas lagen unserer Meinung nach in Asien, wo es in vielen Ländern reiche und bedeutende chinesische Kolonien gibt. Südostasien steht

China schon aus den Aspekten der Wurzeln der Rassenzivilisierung, der religiös-ethischen Grundlagen, des Klimas und der Lebensweise nahe.
Die Annäherung an die Amerikaner ist ein praktischer Schritt, der ihnen einen zeitweisen Vorteil im Konflikt mit uns bringt, aber möglicherweise auch das Ergebnis eben dieses Konfliktes selbst darstellt. Kissinger spielt ein ebenso spekulatives Spiel wie auch Mao Tse-Dung. Die USA und China können keine strategischen Verbündeten sein – sie werden Gegner im Kampf um den Einfluss auf den asiatischen Raum und am Stillen Ozean.
Solcherart waren die Überlegungen der »Tauben«-Gruppe der Aufklärung. Ihr gehörte ich voll und ganz an. Wir hatten es sehr schwer, unsere Gedankengänge an das Politbüro heranzutragen. Andropow hätte nicht eine Vorlage mit diesen Aussagen unterschrieben. Er hätte damit nicht gegen die Überlegenheit einer Kohorte »Falken« bestehen können. Und wir suchten trotzdem nach einem Weg zur Vorstellung unserer Ansichten. Es war so, dass das Politbüro einmal wöchentlich zusammenkam, immer donnerstags. Vorher erhielt unsere Verwaltung immer die Tagesordnung der Sitzung aus dem Sekretariat von J. W. Andropow. Darauf war vermerkt, welche Informationen wir für einen mündlichen Vortrag zu ausgewählten Themen der Außenpolitik aufbereiten sollten. Wir erwarteten immer den Mittwoch mit Spannung: Wie viele Fragen würden es sein; sind sie schwierig? Für die Bearbeitung verblieb uns gewöhnlich nur eine begrenzte Stundenzahl, manchmal musste bis in die Nacht gearbeitet werden. Wir stellten nicht formgebundene, inoffizielle, Argumentationshilfen zusammen und konnten unsere Vorstellungen und Standpunkte und so weiter frei äußern. Wir nutzten das dazu, unseren Berichterstattungen über China immer etwas »Taubengegurre« beizumischen.
Ganz konkret betraf das den Fall, als aus dem Budget zusätzlich 10 Milliarden Rubel für den Bau von Grenzbefestigungen entlang der sowjetisch-chinesischen Grenze bereitgestellt werden sollten. Wir versäumten es nicht niederzuschreiben, dass unter

den konkreten Bedingungen der sowjetisch-chinesischen Konfrontation und dem realen Verhältnis des Rüstungsumfanges zweier Staaten im Fernen Osten alle Ausgaben für die allgemeine militärische Ausstattung und den Bau klassischer Verteidigungszonen – in den Wind geworfene Gelder bedeuteten. Gegen eine beabsichtigte groß angelegte militärische Invasion von chinesischer Seite gab es keinen anderen Schutz als die Anwendung von Kernwaffen. Damit die Art des atomaren Schutzes keinerlei Zweifel lassen würde, sollte entlang der Grenze ein Minengürtel (beziehungweise Sprengminen) angelegt werden.
Eines Tages kam in der Regierung abseits der Aufklärungskanäle die Information darüber an, dass zwischen China und Rumänien Einvernehmen über eine vollumfängliche militärische Zusammenarbeit erreicht wurde und an Rumänien eine bestimmte Anzahl Kernwaffen geliefert worden ist. Es brauchte ein paar Wochen mit unterschiedlichen Prüfmaßnahmen, um das Politbüro von der Falschmeldung zu überzeugen. Danke den Kollegen vom Militär, die unsere These unterstützten.
In dieser Zeit wüteten die Flammen des Krieges in Vietnam. Die Halbe-Millionen-Armee der USA versuchte vergeblich, das Regime in Saigon zu retten und insbesondere, den kontinentalen Brückenkopf in Südostasien zu stabilisieren. Der Verlauf des Krieges gestaltete sich aus Sicht der USA komplett unerfreulich. Sie übertrafen den Gegner um mehr als das Hundertfache, wenn man die Angriffskapazitäten vergleicht. Die Amerikaner verfügten über alle Neuheiten der Militärtechnik, waren aber machtlos gegen die Soldaten-Partisanen, die meist nur mit Schusswaffen ausgerüstet waren. Unter diesen Bedingungen schien es uns besonders unangebracht, Salz in die Wunden der sowjetisch-chinesischen Unstimmigkeiten zu streuen. Denn die Chinesen und auch wir halfen Vietnam nach Möglichkeiten. Unsere »Falken« bemühten sich nun hier, einen Löffel Teer hineinzugießen. Einer von ihnen brachte in der Regierung das Gerücht in Umlauf, dass die Munitionszüge, die aus der UdSSR über chinesisches Territorium nach Vietnam fuhren, unterwegs einen großen Teil ihrer Ladungen »verloren«.

Manchmal gingen auch ganze Züge verloren. Es wurde sogar ein ganzes System ausgeklügelt, wie man bei den Vietnamesen kontrollieren konnte, welche Fracht sie im Endeffekt erhielten. Der Osten ist jedoch der Osten. Die Vietnamesen verstanden den Sinn dieser Überprüfungen und beantworteten unsere Anfragen höflich, dass die Güter entsprechend der Frachtpapieren vollständig angekommen sind. Wobei sie diese Antwort auch gaben, wenn in den Frachtpapieren eine höhere Anzahl Güter verzeichnet war, als die tatsächlich versendeten.

Im Frühjahr 1975 zeichnete sich die Niederlage der USA in Vietnam ab. Eines Tages Mitte April kam Andropow ins Stabsquartier der Aufklärung und berief eine außerordentliche Beratung zu Fragen der weiteren Entwicklung der Lage in Vietnam und in dessen Umgebung ein. Er hörte sich die Berichte der Leiter der operativen Abteilung und der Verwaltung Auswertung und Information an. Sie waren im Geist des Optimismus und der Unabwendbarkeit einer Niederlage der USA gehalten. Andropow stand auf, ging ein paarmal an dem langen Tisch hin und her und setzte sich wieder. Er ließ langsam die Worte fallen: »Erinnern Sie sich an den koreanischen Krieg und dessen Ausgang? Damals hatten auch die nordkoreanischen Truppen fast das gesamte Territorium Südkoreas eingenommen. Es wurde um den verbliebenen kleinen Brückenkopf Pusan gekämpft. Damals organisierten die Amerikaner eine große Luftlandeoperation im Hinterland der Nordkoreaner, schnitt sie ab und vernichtete die nordkoreanische Armee zum größten Teil. Innerhalb von Tagen änderte sich der Kriegsverlauf. Jetzt haben wir eine sehr ähnliche Situation. Alle Kräfte Nordvietnams befinden sich im Süden, zur Unterstützung der Patrioten. Praktisch ist Nordvietnam schutzlos. Wenn die Amerikaner so vorgehen würden wie bei der koreanischen Luftlandeoffensive, dann könnte sich die Sache eine schlimme Wendung nehmen. Für die Verteidigung von Haiphong steht nur ein T-34-Panzerbataillon mit Besatzungen aus entlassenen Verletzten und Kranken zur Verfügung. Die Straße zur Hauptstadt ist praktisch nicht befestigt. Was sagen Sie zur Wahrscheinlichkeit einer solchen Entwicklung der Dinge?« Wir schwiegen ein paar Minuten. Es geschah nicht nur einmal, dass die Aufklärung besser um die Lage auf der Seite des Gegners Bescheid wusste, als seine Verbündeten oder dessen Leute zu Hause. Andropow verfügte über Informationen, die er aus Partei- und staatlichen Kanälen erhalten hatte.

In der anschließenden Diskussion bekräftigte die Mehrheit der Teilnehmer ihre vorherige Meinung von der Niederlage der USA in Vietnam. Aber Andropow unterbrach die Sprecher, indem er sagte: »Bedenken Sie, dass die Frage über die Entsendung einer Staffel zum Stillen Ozean an die Küsten Vietnams im Raum steht. Diese Maßnahme ist sowohl in politischer als auch in militärischer Richtung sehr diffizil. Wir müssen mögliche Reaktionen nicht nur von Seiten der USA, sondern auch von China berücksichtigen. Schon gar nicht will ich von den hohen Kosten einer solchen weiten und komplizierten Fahrt der Staffel reden. Ich bitte Sie in vollster Verantwortung die gesamte Situation zu überdenken und mir morgen Ihre Meinung dazu zu äußern«. Damit wurde die Diskussion abgebrochen.

In der Verwaltung wurden, um in der Flottensprache zu sprechen »alle Mann an Deck« geholt. Die besten Fachleute für die USA, China, in militärisch-strategischen Fragen blieben bis zum Ende des »Brainstormings« an ihren Arbeitsplätzen. Niemand brauchte überzeugt zu werden, die Mitarbeiter nahmen von selbst den Kampf auf. In der »Alarmgruppe« herrschte eine natürliche gesunde Unruhe. Zuerst, wurde vorgeschlagen, sollte jeder für sich seine Einschätzung der Situation vornehmen und einen Lösungsvorschlag erarbeiten. Danach setzten wir uns alle an einen Tisch und führten anhand eines Fragenkataloges eine Grundlagendiskussion. Dabei waren wir bemüht, nicht eines der wichtigen Momente außer Acht zu lassen. Die Meinungen wichen gar nicht so sehr voneinander ab, wie wir es eigentlich erwartet hatten. Fast alle stimmten darin überein, dass die USA jetzt nicht zu einer Luftlandeoperation vom Typ der koreanischen in der Lage wären. Die USA-Kenner belegten ihre Position damit, dass sich in den USA eine große innenpolitische Krise entwickelte. Eine Antikriegsstimmung spaltete die Gesellschaft, die psychologisch nicht bereit war, wachsende Opfer für unklare politische Ziele zu erbringen. Die Sinologen bestätigten: Eine solche Aktion der USA in Grenznähe zu China würde zu einem starken Anwachsen antiamerikanischer Stimmungen führen und den gesamten spekulativen politischen Kurs Kissingers, den er intensiv seit 1971 verfolgt hat, hinfällig werden lassen. Man muss hier nicht alle Drehungen und Wendungen der Gespräche beschreiben. Zum Morgen war die »Mitteilung« fertig, mit der die Auslandsaufklärung einstimmig auf Grundlage ihrer vorhandenen Daten festschrieb, dass die Vereinigten Staaten ihre Kampfhandlungen in Vietnam nicht verstärken würden, sondern am ehesten einen Friedensschluss mit Niederlage vorziehen würden.

Am Morgen hatte Andropow die Ergebnisse unserer »Nachtschicht« zur Kenntnis genommen. Er rief mich an und sagte: »Ich sehe, dass Sie sehr grundlegend gearbeitet haben. Ich bin geneigt, Ihren Ausführungen zu folgen. Aber die Sache ist außerordentlich ernst. Deshalb bitte ich Sie, sich mit unseren Kollegen vom Militär in Verbindung zu setzen und die ›Runde nochmals zu drehen‹.«

In der Hauptverwaltung Aufklärung wurde die Lage noch einmal gründlich aus militärischer Sicht beleuchtet. Es wurden alle bewaffneten Kräfte der USA im Gebiet des Stillen Ozeans in Betracht gezogen sowie deren Stationierung und Kampfbereitschaft, die Transportkapazitäten und so weiter. Diese Sache dauerte den ganzen Tag. Unsere Schlussfolgerungen wurden durch die rein militärischen Erhebungen bestätigt. Die Amerikaner hatten weder Kräfte noch Mittel noch Zeit für die Aufstellung eines schlagkräftigen operativen Verbandes, der zu einer Luftlandeaktion in Haiphong oder an einem anderen Ort an der Küste der Demokratischen Republik Vietnam in der Lage gewesen wäre. Das gemeinsame Dokument wurde an das Politbüro gegeben.

Es begannen ziemlich angespannte Tage, an denen wir die Aktivitäten der Amerikaner verfolgten. Wir beobachteten, was bei der Marine der USA vor sich ging: Bereiteten sie eine Evakuierung oder die Öffnung der Durchfahrt durch die umfangreichen Minenfelder vor, die die Amerikaner selbst an den Küsten Vietnams für eine Seeblockade des Landes angelegt hatten? Es wurden die Bewegungen aller Transportmittel fixiert. Eine intensive Funkaufklärung fand statt. Anzeichen für einen plötzlichen Militärschlag gab es nicht. Gleichzeitig trafen aus Südvietnam Meldungen über die Zerschlagung der Front und den siegreichen Angriff der vietnamesischen Patrioten ein. Am 30. April 1975 fiel Saigon. Die von uns empfangenen Fernsehübertragungen über die Evakuierung der amerikanischen Botschaft aus Saigon, überzeugten uns restlos davon, dass wir mit unseren Prognosen nicht falsch gelegen hatten.

Japan nahm in jenen Jahren einen eher untergeordneten Platz im Prioritätensystem der UdSSR ein. Unter dem amerikanischen »Nuklearschirm« legte es wirtschaftlich Speck an und das ohne jegliche politische Ambitionen. Damals erhob Japan keinen Anspruch auf die »nördlichen Territorien«, zumindest läuteten bei diesem Thema keine Alarmglocken einer internationalen Krise. Vor der damaligen Sowjetunion wäre eine solche Fragestellung fehl am Platz gewesen. Nicht nur wir allein verhielten uns damals so gegenüber Japan. Henry Kissinger hat sich einmal mit führenden sowjetischen Diplomaten über seine Ansichten zu den Japanern unterhalten. Er sagte sinngemäß, dass sie eine starke Nation bezüglich ihres Ameisenfleißes, ihrer Disziplin und ihres Arbeitsinstinktes sind. Jedoch wären sie nicht in der Lage, strategisch denkende Menschen hervorzubringen. Es gäbe keine Führer europäischer Klasse, geschweige denn von amerikanischem Maßstab. Tatsächlich entsprach die Wirtschaftskraft Japans lange nicht seiner politischen Rolle in der Welt oder auch nur in Asien. In den Jahren des Krieges in Vietnam war Japan fest in der Rolle als Versorgungsbasis im Hinterland für die amerikanischen Soldaten. Das bedeutet aber nicht, dass uns Japan aus dem Gesichtsfeld geraten wäre, es war lediglich nicht im Fokus unserer Aufmerksamkeit.

Unser Arbeitsalltag wurde manchmal durch irgendwelche au-

ßerplanmäßigen Maßnahmen gestört, wie zum Beispiel durch einen Übungsalarm, der das Gefühl einer ätzenden Belästigung hervorrief und von sarkastischen Kommentaren der Mitarbeiter begleitet wurde.
Ungefähr einmal pro Jahr wurde unsere Vorbereitung auf einen möglichen Atomkrieg getestet, nicht mehr und nicht weniger. Mit einer solchen Vorbereitung war direkt in der Aufklärung eine spezialisierte Unterabteilung mit einigen Leuten betraut. Die leitete seit langen Jahren Unterleutnant Rajski. Das gesamte uns bekannte Maßnahmenpaket deprimierte durch seine Sinnlosigkeit und war völlig unangepasst an reale Bedingungen. Die Flugzeit amerikanischer Raketen von deren Startrampen bis zum Moskauer Gebiet betrug etwa 35 bis 40 Minuten. Diese Zeit war die einzige reale Reserve für die Dauer der Mobilmachung zum Schutz der Menschen. Die alleinige Fixierung auf die technischen Kontrollmethoden eines Massenraketenstarts des Gegners und die sofortige Benachrichtigung waren im Falle eines Kriegsausbruches die direkten Signale für einen Handlungsbedarf. Unsere Mobilmachungsorgane hatten keine organisationstechnischen Instrumente zur Verfügung, um genau in diesem Moment die sofortigen Kriegsvorbereitungen ablaufen zu lassen. Und sie besaßen auch nicht den Mut, allen höhergestellten Instanzen mitzuteilen, dass sie weder über die zeitlichen noch über die physischen Möglichkeiten verfügten, Menschen und Industriepotential vor einem Atomschlag zu schützen. So lief das Universal-Lügenspiel ab! Große Mobilmachungsaktivitäten im ganzen Land machten glauben, dass die Chance auf Überleben und der Sieg in einem zukünftigen Krieg eifrig vorbereitet wird. Die Regierung begriff höchstwahrscheinlich den Sinn der ganzen Sache nicht und zeigte sich höchst erfreut über die falschen Meldungen von den Vorbereitungen auf einen militärischen Konflikt. Einzig wahr war an diesen Berichten nur eins – die Berichte über kolossale Ausgaben in Milliardenhöhe. Aufklärer sind es gewöhnt, die Dinge direkt anzugehen. Sie konnten diese Orgie der Augenwischerei nicht mehr mit ansehen oder auf Befehl von oben daran teilnehmen. Es begann

damit, dass das Alarmsignal immer nach sechs Uhr morgens oder kurz davor ertönte. Allen war klar, dass der Krieg beginnt, wann immer der Gegner das will, zu jeder beliebigen Zeit. Aber in Moskau beginnt die Metro (U-Bahn, Anm. d. Übers.) um sechs Uhr zu fahren, und eher konnte einfach kein Alarm ausgelöst werden: Man kam ja eher nicht auf Arbeit.

Das Projekt des Sammelns selbst nahm die doppelte Zeit in Anspruch wie der Anflug der Raketen. Aber da hatten wir ja auch noch Utensilien in Säcke zu packen, die einer vorrangigen Evakuierung unterlagen. Es war vorgesehen, dass unten Autos mit angelassenem Motor warteten, die noch einmal mindestens eine Stunde gebraucht hätten, um aus der möglichen verseuchten Zone heraus zu gelangen. Die Mitarbeiter sollten sich derweil in speziellen Schutzbunkern aufhalten, die spitz »Massengrab« genannt wurden, da sie Berechnungen zufolge noch nicht einmal ein Zehntel der Sprengkraft einer atomaren Explosion ausgehalten hätten. Der Platz reichte in den Bombenschutzbunkern nicht für alle. So wurde denen, die keinen Platz darin fanden, geraten: »Schließen Sie Ihre Dokumente in den Safe ein. Nehmen Sie das Parteibuch, den Pass und den Personalausweis und verlassen Sie das Gebäude, schützen Sie sich in den Mulden der Umgebung.«

Es war klar, dass dieser ganze Quatsch auf vorsintflutlichen Vorstellungen über den Krieg und auf totaler Unwissenheit über die Folgen eines Atomanschlages beruhte.

Wir wussten, dass diese »satanistischen Spielchen« regelmäßig im ganzen Land durchgeführt wurden. Jede Behörde, jedes Parteikomitee eines Regierungsbezirkes hatte sein System und baute seine »Massengräber«. Nur einmal, als ich dienstlich in Brest zu tun hatte, erfuhr ich in einem Gespräch mit dem Ersten Sekretär des Parteikomitees des Regierungsbezirkes mit Befriedigung etwas anderes. Er widersetzte sich kategorisch dem Bau sogenannter Schutzbunker und leitete alle dafür bereitgestellten Gelder zur Errichtung von Lagern für die landwirtschaftliche Produktion um. Sein Hauptargument, womit er seine Position begründete, war die vollständige Inkompatibilität der technischen Parameter eines solchen Schutzbunkers mit den realen Auswirkungen eines Atomkrieges. Der normale Verstand der einfachen Menschen konnte sich nicht mit der Mobilmachungs-Paranoia abfinden. Während einer Kreuzfahrt war ich einmal als Tourist auf einem schicken Schiff unterwegs und man lud mich in die Sauna ein. Bei einem Glas Bier zwischen den Zugängen in die Dampfkammern fragte mich ein Offizier der Mannschaft: »Aber wissen Sie auch, wo wir die Sauna gebaut haben?« Ich mimte Unverständnis. »In der Leichenhalle. Ja, ja, wundern Sie sich nicht. Dieser Abschnitt des Bootes, das im Kriegsfall für einen Einsatz als schwimmendes Krankenhaus vorgesehen ist, soll als Leichenraum dienen. Aber wir haben beschlossen, solange es noch keinen Krieg gibt, dort lieber zu saunieren.«

Aber die Großen jener Zeit bauten sich solche tiefen und teuren Langzeitschutzbunker, was wiederum bei den Amerikanern zur Entwicklung spezifischer nuklearer Munition führte, die in die Tiefen vordringen konnten. Es schien, dass der gesunde Menschenverstand gegen den augenscheinlichen Unsinn vorgehen müsste. Westliche Länder, die Kenntnis von unseren Zivilverteidigungsplänen erhielten, gaben ihnen eine einhellige Bewertung: »Wenn die Russen bei sich solche unterirdischen Bunker bauen bedeutet das: Sie bereiten sich auf den Erstangriff, auf den Krieg vor.« Die Geheimhaltungspflicht der Programme ermöglichte noch nicht einmal ihren propagandistischen Schutz. Die Dokumente der Mobilmachungsbereiche trugen den Vermerk: »Besondere Wichtigkeit. M.« Das hatte noch mehr Misstrauen uns gegenüber zur Folge.

Wir belächelten schon viele Jahre das chinesische Programm zum Bau von unterirdischen Räumen für den Kriegsfall, wobei wir uns genau über deren Primitivität und Sinnlosigkeit lustig machten. Sollte etwa unsere Presse weitsichtiger und scharfsinniger sein, als die Landesregierung, die chinesische Erfahrungen imitiert, nur mit noch höheren Ausgaben? Es erweist sich: Ja!

Allen ein Begriff bei uns war: der Mangel an Lagern für die

landwirtschaftliche Produktion. Ja, dachten wir, wenn wir nun das gesamte Baumaterial, das für die Bunker verschiedenen Typs gebraucht wurde, für Elevatoren und Gemüselager verwenden würden ...Wie viel Metall, Zement, teure Ausstattungen für immer in die feuchte Erde gegraben werden wegen der ewigen Dummheit der Mächtigen, die die Kopeken des Volkes nicht zu schätzen wissen, wegen der fehlenden Kontrolle über die Staatskasse. Ich muss ehrlich bekennen, dass so, oder in etwa so, alle Offiziere und leitenden Mitarbeiter der Aufklärung dachten. Sie verbargen ihre negative Meinung über die Mobilmachungs-»Schwindelei« nicht. Aber keiner besaß die Courage offen oder öffentlich dagegen vorzugehen. Alle machten schweigend bei diesem schmutzigen aufwendigen Spiel mit.
Die Beobachtung der am meisten entwickelten Länder der kapitalistischen Welt – der USA und westeuropäische Staaten – durch die Verwaltung Auswertung und Information hatte ihre Besonderheiten. Ihre innenpolitische Stabilität, die wirtschaftliche Stärke und ihre sozial-konservative Strukturierung stellten keine Gefährdung dar. Wir glaubten deshalb nicht, dass dort irgendwelche tiefen und folgenreichen Umbrüche geschehen könnten. Die innenpolitische Problematik dieser Länder war für uns zweitrangig. Unser Hauptaugenmerk galt derem außenpolitischen Kurs. Bei allen turnusmäßigen Wahlen der Staatsoberhäupter oder Parlamente studierten wir vor allem sehr aufmerksam die außenpolitischen Inhalte der Programme der zur Wahl stehenden Kandidaten oder politischen Parteien. Wir versuchten, die Unterschiede herauszufiltern und somit unsere Haltung ihnen gegenüber zu bestimmen.
Die damalige höchste Partei- und Staatsführung hatte ein etwas überhöhtes Interesse daran, wer denn nun persönlich den Erfolg davonträgt. Sie übertrug unfreiwillig das Kreml-Verständnis von der Rolle der Persönlichkeit auf andere Staaten, baute viele Erwartungen darauf und nährte Hoffnungen. Direkte Telefonverbindungen, Konferenzen und Gespräche, vertrauliche Funkkanäle für besondere Nutzer schufen den Eindruck, als ob unsere Staatsführung téte-a-téte große zwischenstaatliche An-

liegen klären könnte. Deshalb wurde auch als »Dienstgericht« immer die Prognose über die Vorausschau des Wahlausganges in diesem oder jenem Land geordert. Ungeachtet der ganzen künstlich aufrechterhaltenen Illusion eines unbestimmten Wahlausganges, hatte unsere Aufklärung keine Schwierigkeiten damit, von vornherein den Wahlsieger genau zu benennen. Unsere Prognosen zur USA und Westeuropa waren in all den Jahren, in denen ich die Verwaltung Auswertung und Information leiten durfte, nicht ein einziges Mal fehlerhaft gewesen. Wir brüskierten sogar mit unserer Weitsicht und riefen vielleicht bei dem einen oder anderen Unbehagen hervor. Es gab auch Fälle, in denen die leitenden Mitarbeiter des Andropow-Sekretariats unsere Prognosen zu wiederlegen begannen. Sie lasen ja unsere Berichte als erste. Als unsere Argumente erschöpft waren, schlugen wir vor, einfach um Sekt zu wetten. Wir brauchten den Sekt nie bezahlen.

In den Ländern, in denen seit langem stabile demokratische Ordnungen existierten, gestaltete sich die Auswertung des politischen Kurses der Exekutive als eine aufwändige Arbeit, aber auch sehr dankbar in dem Sinn, als die Ergebnisse sehr objektiv sein würden. An der Formierung der Politik haben sehr viele Strukturen teil: Wissenschaftliche Forschungszentren, politische Parteien mit ihren Apparaten, gesellschaftliche Organisationen, Parlamente, die Presse und so weiter. Der Arbeitsaufwand ist dem geschuldet, dass man für die richtigen Folgerungen viele Faktoren kennenlernen und eine Wichtung dazu unter Berücksichtigung der Autorität eines jeden vornehmen und die Ergebnisse dann mit den charakterlichen Besonderheiten eines Oberhauptes der Exekutive abgleichen muss. Die Politküche steht in gewisser Weise allen Experten und Analytikern offen. Bei der Arbeit trifft man eher auf das Phänomen eines Informationsüberflusses, denn eines Mangels an Informationen. Wir konnten keine besonderen »goldenen Schlüssel« in der Art von geheimen Beschlüssen, Unterlagen, die unser Verständnis vom politischen Leben in den demokratischen Ländern von den Füßen auf den Kopf stellen würden, finden. Die

Rolle des politischen Führers in einem demokratischen Land entspricht vollumfänglich der Konzeption in der Schrift W. Plechanows »Die Rolle der Persönlichkeit in der Geschichte«. Das Oberhaupt widerspiegelt tatsächlich die Anschauungen und Stimmungen der gro0en Allgemeinheit. Wir wollen hier aber nicht erörtern, auf welche Weise sich diese Ansichten und Stimmungen herausbilden. Bei uns in der UdSSR, in Russland, wie auch in vielen Ländern der »dritten Welt« wird die Rolle der Persönlichkeit in der Politik immer überschätzt, manchmal in dramatischem oder sogar tragischem Ausmaß. Deshalb sind für unsere Politik voluntaristische Sprünge, Willkür und Unberechenbarkeit typisch. Deshalb vertrauen viele Staaten unseren Deklarationen, Beteuerungen und Versicherungen nicht.

Bei uns in der Aufklärung sind die Diskussionen darüber nie abgeklungen, wie denn unsere Politik bezüglich der USA – unseres Hauptfeinds in jenen Jahren – gestaltet werden sollte, welche Reaktionen man von ihnen nach dem einen oder anderen Vorgehen erwarten könne. Es gab immer Befürworter einer Abstimmungspolitik mit den USA am Verhandlungstisch oder auch Fürsprecher für die Beibehaltung einer militärischen Konfrontation als einzige Möglichkeit für eine Gleichrangigkeit mit den USA. Natürlich sieht der Verhandlungsprozess vorteilhafter aus, aber das ganze Elend bestand darin, dass der Verlauf jeglicher Gespräche mit den USA sofort den zentralen Kurs der USA verdeutlichten: Die Priorität amerikanischer Interessen sollte zulasten der Partnerinteressen gewahrt werden. Aus psychologischer Sicht erkannten die Vereinigten Staaten die Sowjetunion niemals als ebenbürtigen Partner an. Das gesamte Vorgehen amerikanischer Diplomaten war auf dem Ausgangsprinzip der Überlegenheit der USA über die UdSSR aufgebaut, die nur in den Abschlussdokumenten festschrieben werden musste. Viele Themen der internationalen Sicherheit wurden durch die Amerikaner von vornherein von den Beratungen ausgeklammert, da sie den nationalen Interessen der Amerikaner nicht entsprachen. So ein Schicksal ereilte die Vorschläge zum Verzicht auf einen nuklearen Erstanschlag, zur

Verhinderung der Umweltzerstörung aufgrund militärischer Ziele, über die Entmilitarisierung des Alls, zur Einschränkung der militärischen Konfrontation im Indischen Ozean und so weiter und so fort. Andere Probleme, wie die Raketenabwehr, die Verringerung strategischer Angriffswaffen, die Beendigung unterirdischer nuklearer Versuche, hatten jahrelange »Versammlungen« zur Folge, währenddessen die USA die wachsende wirtschaftliche Instabilität der UdSSR verfolgte und einfach den Moment abwartete, in dem die Regierung der UdSSR, und später Russlands, wankt und ihre Bedingungen akzeptiert. Wie bitter es auch für unsere Diplomaten war, aber im Verhandlungskampf überspielten uns die USA immer und schränkten unsere Ambitionen ein und setzten immer berechnender die Meilensteine einer möglichen zukünftigen Weltentwicklung. Man muss nur die Helsinki-Gespräche nehmen, auf deren Ergebnisse wir so stolz waren, die sich aber in großem Maße als fatal für das Schicksal der UdSSR erwiesen haben.

In der Weltpolitik werden die USA als der heißeste Anwärter auf die führende Rolle in der Welt angesehen. Dieser Anspruch ist unabhängig von der Regierung im Weißen Haus. Er kann einen offen groben Ton annehmen, wie man den Reden von Reagan und Bush entnehmen konnte, aber er kann auch mit demokratischen Ideen verziert sein wie in der Carter-Zeit. Eben diese fehlende Bereitschaft der Amerikaner, als Ausgangspunkt der Verhandlungen eine Gleichheit der Partner anzuerkennen, brachte Befürworter der Kräftekonfrontation hervor.

Die Verfechter der politischen Konfrontation zwischen den USA und der UdSSR folgten der Meinung, dass es nur einen Weg gäbe, um die USA zu einer ehrlichen Partnerpolitik zu bewegen – ihnen Kräfte entgegenzusetzen. Ein anderes Mittel, Achtung zu erzwingen gab es nicht. Wobei in der überwiegenden Mehrzahl Leute diesen Standpunkt vertraten, die bereits viele Jahre in den USA gearbeitet hatten und dieses Land nicht nur aus Büchern kannten.

Anhänger dieser Richtung bekräftigten, warum sowohl die USA als auch die UdSSR in der Karibikkrise zurückgewichen

waren: Weil sie die reale Gefahr eines Kernwaffenkonfliktes sahen. Dann, viele Jahre später, setzte sich die Version eines Zurückziehens ausschließlich der Sowjetunion durch. Auch konnte die USA die Last der Niederlage in Vietnam nicht verkraften. Ihnen war vollkommen unverständlich, warum ein Volk Widerstand leistet, wenn alle Städte, Betriebe, Straßen, Brücken zerstört sind. Sie zogen ab. Die Vietnamesen siegten psychologisch und damit auch strategisch.
Mehrmals versuchten die Amerikaner, auf arabischem Land Fuß zu fassen. Aber die Araber brauchten bloß die Marineinfanteriekaserne in Beirut zu sprengen und unter offenem Himmel 250 Okkupanten zu begraben. Da erklangen fast sofort die Fanfaren zum Abzug.
Wie wollten die Amerikaner doch den widerspenstigen Chomeini bestrafen, dessen Anhänger sich herausnahmen (unerhörte Sache!), die amerikanische Botschaft in Teheran zu besetzen! Die selten theatralische wie riskante Operation dachten sie sich mit den »Meereshengsten« in der Wüste aus. Aber nach deren Scheitern entschlossen sie sich nicht zu einer direkten Konfrontation. Sie schluckten Bitternis und Ärger nur deshalb herunter, weil sie einem fanatisch eingestellten Gegner gegenüberstanden, der sein Leben im Tausch gegen ein anderes nicht schonen würde.
In den langen Jahren der Arbeit in der Aufklärung gelang es nicht, die Regierung der UdSSR davon zu überzeugen, dass Hoffnungen auf eine Freundschaft mit den USA, die auf einem gleichen Rechtsverständnis und Pflichtbewusstsein basieren sowie auf gleicher Sicherheit, jeglicher Grundlage entbehren. Die amerikanischen Präsidenten gingen ständig davon aus, dass die UdSSR die schwächere Seite ist und taten alles dafür, dass es immer so bleiben würde. Auch wenn es in dieser Politik irgendwelche Schwankungen gab, so waren sie doch streng berechnetem Interesse unterworfen. Zum Beispiel lieferten die Amerikaner immer, mit Ausnahme eines Jahres, Getreide in UdSSR, weil das für sie wirtschaftlich vorteilhaft war. Es festigte unsere Gewohnheit, selbst nicht zu produzieren, sondern zu kaufen

und entzog unserer Wirtschaft die Lebensgrundlage, indem wir ach so notwenige Valuta dafür zahlen mussten. Es ist doch angenehm zu sehen, wie der Gegner Jahr für Jahr seine Goldvalutareserven in Mist verwandelt. Und gleichzeitig verkaufen uns die Amerikaner niemals ihre modernen Industrieanlagen, obwohl da auch die Rede vom Welthandel ist. Sie brauchen keinen potentiellen Konkurrenten. Sie schufen ein System der weltweiten technologischen Blockade gegenüber der UdSSR unter dem Vorwand einer eventuellen militärischen Nutzung der Industrieanlagen. Das ist ein plumper Trick. Sie haben selbst anerkannt, dass der militärisch-industrielle Komplex der UdSSR auf der Grundlage amerikanischer Standarts arbeitete und vergleichbare Rüstung herstellt. Die USA blockierten eine zivile friedliche Industrie: Energetik, Metallurgie, Transport. Hierin lag augenscheinlich das eigennützige Interesse der USA. Hunderte Male schrieben wir nieder und legten mündlich dar, dass es eine unverzeihliche Naivität darstellt, anzunehmen, dass die USA unter irgendwelchen Bedingungen der UdSSR Finanz- oder Wirtschaftshilfe leisten würde. Breschnew und besonders Gorbatschow haben ihre unglücklichen politischen Leben durchlebt ohne verstanden zu haben, dass die Amerikaner sie zeitweise wie Kaninchen auf ihren Pfaden geführt haben und dabei immer mit der »Möhre« in Gestalt einer Hilfezusicherung vor der Nase wedelten. Nach dem August 1991 schauten die neuen Regierungen Russlands ebenso hypnotisiert auf die »Möhre«. Monatelang verstummten die Gespräche über eine gierige 24-Milliarden-Dollar-Hilfe nicht. Wo sind sie? Ist es denn so schwer zu verstehen, dass ein Aufblühen Russlands nicht im Interesse der USA liegt? Wozu sollten sie ein blühendes starkes Rus' (altrussische Bezeichnung für Russland, Anm. d. Übers.) brauchen? So lässt es sich doch für sie besser und bequemer auf der Welt leben. Und wie ein Sprichwort sagt: Wem es gut geht, der hat nichts zu jammern.
Die Auswertungs- und Informationstätigkeit über die USA war für uns ein ständiger Kampf gegen Illusionen, für eine saubere Berichterstattung und um die tatsächliche Berücksichtigung

gemeinsamer Interessen. Wie ärgerlich war es zu sehen, dass unsere Staatsführung wenn sie von Gesprächen auf höchster Ebene mit den amerikanischen Präsidenten zurückkehrte, sich auspowerte, um den Nutzen ihrer Arbeit und den Erfolg ihrer Mission zu beweisen. Sie hielt sich nicht mit sofortigen Verkündigungen der »historischen« Errungenschaften zurück. Innerhalb von Stunden berief sie das Politbüro ein, das die Entscheidung über die Befürwortung annahm und Weisungen an die außenpolitischen Behörden erteilte, den Erfolg fortzuführen und so weiter. Mit Trommelwirbel erklang das propagandistische Equipment. Und wir in der Aufklärung stellten bitter fest, dass der amerikanische Präsident in Ruhe zu sich nach Hause zurückkehrte und ohne jeglichen Lärm mit seinen Mitarbeitern den erzielten Nutzen bezifferte.

Krebszellen des Sozialismus

1975 stellt sich jetzt als das Jahr der maximalen außenpolitischen Erfolge der UdSSR dar. Vor dem Hintergrund der fortdauernden Einfärbung von Ländern der »dritten Welt« in pro-sozialistische Farben, dem Zusammenbruch des portugiesischen Kolonialreichs und der dramatischen Ereignisse in Äthiopien geschahen damals zwei außerordentliche Ereignisse. Über eines wurde schon gesprochen – das war die Niederlage der USA in Vietnam. Dadurch wurden eine tiefe Erschütterung in der Gesellschaft und ein zeitweise ernstzunehmender Rückgang der außenpolitischen Aktivität Washingtons hervorgerufen. Das zweite Ereignis war die Konferenz der Staats- und Regierungsoberhäupter in Helsinki.
Die Schlussakte der Helsinki-Konferenz sah auf den ersten Blick nach einem großen Sieg der Sowjetunion aus. Sie schrieb die Nachkriegsgrenzen für Europa fest – eine Erfüllung der kühnsten Träume der sowjetischen Regierung. Nur Kenner fanden in dieser umfangreichen Akte Schwachstellen, die man nicht sofort bemerkte, die aber in der Zukunft die Sowjetunion in große Schwierigkeiten brachten. Im Einzelnen fanden unsere kompetenten Leute in dem Dokument eine Klausel darüber, dass sich die Grenzen in Europa auch ändern könnten, dann aber jedoch nur auf friedlichem Weg. Und als wir das in der Aufklärung lasen, hatten wir sofort das geteilte Deutschland vor Augen.
In der DDR wuchs ungeachtet eines äußerlichen Wohlstandes seit langem die Unzufriedenheit. Der gravierende Unterschied in den materiellen Lebensbedingungen, der von der Radio- und Fernsehpropaganda der BRD klar herausgestellt wurde, und der natürliche Wunsch, die Heimat wieder vereinigt zu sehen – diese Faktoren arbeiteten unweigerlich auf die Änderung der Grenzen hin. Es gibt Grund zu der Annahme, dass, wenn

es auf dem Territorium der DDR eine offene Volksabstimmung unter unparteiischer internationaler Kontrolle gegeben hätte, das Ergebnis eindeutig gewesen wäre: Die Bevölkerung hätte sich für die Wiedervereinigung ausgesprochen.

Das Leben zeigte, dass nach lediglich vierzehn Jahren nicht der Artikel über die Unantastbarkeit der Grenzen wirksam wurde, sondern die kleine Fußnote des allgemeinen Grundsatzes, und das nur deshalb, weil die Klausel auf einer absolut eindeutigen Situation in Deutschland gegründet war. Der Artikel selbst verankerte in erster Linie die wohlwollenden Wünsche der aus Moskau Angereisten.

Wirtschaftsfragen (der sogenannte »zweite Korb«) wurden durch die Diplomaten aus dem Westen galant in den Hintergrund gestellt, so dass die aalglatten, nichtssagenden Formulierungen die gesamte seinerzeit in großem Maßstab angelegte gegen die UdSSR errichtete Handels- und Wirtschaftsblockade und die Valuta-Finanz-Quarantäne unberührt ließen.

Dagegen erwiesen sich die Zugeständnisse in Fragen der humanitären Zusammenarbeit, der Reisefreiheit der Menschen, des Ideen- und Informationsaustausches (»dritter Korb«) als zerstörend für das Sowjetsystem. Die internationale Gemeinschaft stülpte somit der Sowjetunion ihr Demokratieverständnis über. Die UdSSR musste nun ein Spiel annehmen, auf das sie nicht vorbereitet war. In jenen Tagen ergab sich der Eindruck, als handelten Breschnew und seine Mitstreiter aufs russische Geratewohl. Sie glaubten, einen so unwahrscheinlich großen Sieg mit der Anerkennung der Nachkriegsgrenzen errungen zu haben, dass man auf solche Kleinigkeiten wie sie die humanitären Erleichterungen darstellen, einlenken kann. Ich bin überzeugt, dass sie in Wahrheit so dachten: Wir können die Vereinbarungen anerkennen und unterschreiben, brauchen sie ja aber nicht zu erfüllen. Und selbstverständlich zeigte die gesamte nachfolgende Arbeitsweise, dass die Partei- und Staatsführung genau von diesem Verständnis des »dritten Korbes« ausging. Obwohl das Abkommen unterzeichnet war, blieb die Mehrheit der aus der Vergangenheit stammenden Einschränkungen der demokratischen bürgerlichen Freiheiten erhalten. Dabei wurde nur ein Umstand nicht berücksichtigt – dass der Westen in genau diesem »dritten Korb« ein ganzes Programm der praktischen Arbeit zur Destabilisierung des in der UdSSR existierenden Systems sah. Ausgehend von der Helsinki-Konferenz gab es nicht eines der vielen bedeutenden Treffen zwischen Regierungsmitgliedern oder anderen führenden Funktionären der UdSSR ohne konkrete Fragestellungen, die die Nichteinhaltung von Bestimmungen dieser Vereinbarung durch die UdSSR betrafen. Um es sportlich auszudrücken: Von westlicher Seite wurde aktives Pressing auf dem ganzen Feld ausgeübt. Jedes Gespräch wurde obligatorisch mit der Aushändigung einer Namensliste von Bürgern jüdischer Nationalität begonnen, die wir sofort ins Ausland ausreisen lassen sollten. Als die jüdischen Beweggründe erschöpft waren, begann die Thematik der Wolgadeutschen, der Tataren und so weiter. Steter Tropfen höhlt den Stein, sagt der Volksmund. Die Botschafter baten einer nach dem anderen aufgrund des wachsenden Druckes um ihren Rücktritt. Der unbeirrbare A. A. Gromyko begann von der Notwendigkeit zu sprechen, die sowjetische Gesetzgebung der internationalen in den Belangen der Menschenrechte anzugleichen.

Die gesamte Arbeit der USA und der westeuropäischen Länder zur Erschütterung der Grundfesten der monolithischen ideologisierten Sowjetgesellschaft verdient eine hohe Wertung und berufliche Achtung. Man kann es als mustergültiges Beispiel für die Kombination einer klaren Formulierung politischer Ziele, der Untersetzung dieser Ziele mit ansprechenden Slogans, dem Aufzwingen des Gegners eigener Regeln und Bedingungen des Spiels und das wichtigste – eines langandauernden, hartnäckigen, folgerichtigen praktischen Kampfes für die Umsetzung der Politikentwürfe werten.

Ich sehe das Leben mit den Augen eines Professionellen und kann nicht übersehen, dass der Westen – einst glühender Verfechter der Rechte eines jeden Dissidenten, jedes »Fünfzigers«, jedes Menschenrechtlers – sofort nach dem Zerfall der UdSSR jegliches Interesse an der Verteidigung der Rechte von einzel-

nen Menschen oder ethnischen Gruppen auf dem riesigen Territorium der ehemaligen Sowjetunion verloren hat. Niemand erinnert jetzt mehr an den »dritten Korb«, niemand zeigt sich von massenhaften Menschenrechtsverletzungen aufgrund ethnischer Zugehörigkeit oder religiösen Neigungen beunruhigt. Auch erregen Tausende ermordete und verstümmelte, Millionen benachteiligter Flüchtlinge nicht. »Menschenrechte« als Begriff verschwand sofort aus dem Arsenal außenpolitischer Gedankengänge, als ein politisches Ziel erreicht war: Die Zerschlagung ihres Hauptfeindes – der UdSSR. Danach war alles klar, aber wiederum nicht allen. Aber damals zu Beginn der siebziger Jahre schwang sich die Euphorie in alle Landesteile und sogar in die Berge.
Zur höchsten Vollendung wurde der Ende Februar 1976 stattgefundene XXV. Parteitag der kommunistischen Partei der UdSSR, auf dem alles in höchsten Tönen, feierlich und lebensbejahend lief. In mein Tagebuch notierte ich am 10. März 1976 folgende Bemerkungen: »Der Parteitag ist zu Ende. Die Leidenschaften haben sich gelegt. Alle sind von der Wortkanonade wie betäubt und überblicken nicht, welche Probleme nun tatsächlich ins Haus stehen ... Vor dem Hintergrund des innenpolitischen Gezänks in China, wo Madame Tschiang Tsching die Alten vom Geschlecht Zhou Enlais auffrisst, vor dem Hintergrund der vietnamesisch-angolanischen Katastrophe, der wunderlichen Demontage der Staatsmaschinerie in den USA, der Streitigkeiten zwischen dem Kongress und der Ford-Regierung, innerparteilicher Unstimmigkeiten, Enthüllungskampagnien gegen den CIA und das FBI. ›Lockheed‹ und so weiter und so fort war unser Parteitag – ein Inbegriff der Ruhe, der Gewissheit und der Stabilität innerhalb einer aus den Fugen geratenen Welt. Wir können mit einem Satz über die ›Preisstabilität‹ alle Gegner auf der anderen Seite erschlagen, die vor den Inflation die Augen verschließen.«
Nur zwei Monate später wurde L. I. Breschnew zum Marschall der Sowjetunion ernannt. Das sah von allen Seiten absurd und dumm aus. Wer als Erster anbot, einem Parteifunktionär den

höchsten militärischen Rang zu verleihen – in einer Zeit des aktiven Bemühens um Abrüstung, um internationale Stabilität und um die Umsetzung der Beschlüsse von Helsinki –, weiß ich nicht. Erinnerlich ist mir nur, dass ich einmal auf den Korridoren des Kreml ein Gespräch darüber gehört hatte, wie N. W. Podgornyi, der frühere Vorsitzende des Präsidiums des Obersten Sowjets der UdSSR, als er von Absetzungsplänen auf der nächsten Sitzung des Politbüros erfuhr und dass man ihn in Rente schicken wolle, sein Schicksal nicht passiv abwarten wollte. Gleich als die Sitzung eröffnet war, bat er um das Wort und brachte den Antrag ein ... L. I. Breschnew den Titel eines Helden der Sowjetunion als Zeichen der Anerkennung seiner hervorragenden ... und so weiter zuzuerkennen. Der Schlag traf das Sonnengeflecht. Und die Tagesordnung wurde sofort abgeändert. Podgornyi behielt noch einige Monate seinen Sessel. Es kann gut sein, dass irgendein nachfolgender Podgornyi den Vorschlag zur Marschall-Ernennung einbrachte.

Alles sah von außen gut aus. Man freute sich es Lebens und marschierte forsch von einem Parteitag zum anderen. Aber im Herzen nagte eine tiefe Sorge um die Zukunft des Vaterlandes und das Schicksal des Volkes. Wie glücklich erschienen mir da die Jahre, die ich hinter der Grenze bei der Aufklärungstätigkeit »im Feld« verlebt hatte! Natürlich musste ich sehr viele kritische Zuschriften an die Adresse der UdSSR lesen, aber sie erschienen verleumderisch. Außerdem waren sie insgesamt nicht von dem aufrichtigen Willen geprägt, uns zu helfen, sondern enthielten ungesundes propagandistisches Gift. Von der Heimat entfernt spürte ich zehnmal mehr die Notwendigkeit, sie gegen jeden Angreifer zu verteidigen. Ja, in meinem Innersten schützte ich mich selbst vor jedem Hauch von Zerrissenheit. Ich musste ja jeden Tag bei den Treffen mit meinen »Kontakten«, sie von der Standfestigkeit und Unbeirrbarkeit des Sozialismus überzeugen.

Die Arbeit in der Verwaltung Auswertung und Information gab die Möglichkeit, viele Dinge in einem anderen Licht zu sehen. Ich musste die Dokumente des Politbüros lesen sowie die Aufzeichnungen von Gesprächen der Staatsführung mit den Regierungen der sozialistischen Länder, wo die Gespräche manchmal sehr offen liefen. Wir erhielten das »Informationsbulletin des ZK der KPdSU«, wo unter der Kennzeichnung mit dem unentbehrlichen Stempel »Geheim« Material veröffentlicht wurde, das Licht in die wahre Lage der Dinge im Land und in der Partei brachte. Es erweiterte sich der Kreis der Bekanntschaften unter den Mitarbeitern der Apparate des ZK und des Außenministeriums bedeutend, von denen ich auch ständig irgendwelche Information erhielt. Ich schloss mich nicht in meinem reinen Beamtenumfeld ein.

Ich stamme auch selbst, wie ich bereits geschrieben habe, aus der Familie eines Eisenbahners. Zu meinen vier Schwestern habe ich immer eine enge Verbindung gehalten und halte sie noch. Sie sind mit echten Vertretern des Proletariats verheiratet: Der Mann einer Schwester ist Stahlkocher im Stahlwerk »Elektrostal«, der zweite – Schlosser in der höchsten Qualifikationsgruppe im Maschinenbauwerk, der dritte – Weichensteller bei der Eisenbahn, der vierte – Meister in einer Fernmeldestation in Moskau. Jedes Mal, wenn ich mich mit ihnen treffe, reden wir über das Leben der Arbeiter, über die Stimmungen, das Verhältnis zur Regierung. Einmal im Jahr, im Urlaub, fahre ich unbedingt in mein heimatliches Almasowo. Dort mühe ich meine Hände nach Herzenslust beim Mähen und beim Holzhacken. Gleichzeitig erholt sich meine Seele von der Bürotristesse und ich kann mit den Männern dort sprechen. Einer von ihnen, mein Jahrgang, mein Namensvetter, was den Vornamen und den Familiennamen betrifft, der mit mir in der ersten und zweiten Klasse der Grundschule eine Schulbank gedrückt hatte, arbeitete als Traktorist und Schäfer und ist jetzt Rentner. Er kann viel von den Sorgen auf dem Dorf erzählen, so wie auch meine Cousine Manefa Iosifowna Schischkowa, die ihr ganzes Leben lang schwer als Bäuerin im Kolchos gearbeitet und nicht ein einziges Mal ihre Berufung gewechselt hat, im Schweiße ihres Angesichts unser lebensnotwendiges Getreide anzubauen.

Im Unterschied zu den ausländischen Verleumdern hörte ich in der Heimat kritische Stimmen über unsere Wirklichkeit von Menschen, die unter der Zwietracht in ihrem Vaterland litten. Verwandte, Freunde, Arbeitskollegen litten fast gleichermaßen unter den Lügen, die die Gemeinschaft und die Partei zerfraßen, an der immer größer werdenden Kluft zwischen den Worten und den Taten der Partei- und Staatsführung. Die Sehnsucht nach einer kritischen Auseinandersetzung mit der Realität wurde allgemeiner. Gespräche über unsere inneren Schwierigkeiten waren nicht mehr geheim und wurden nicht mehr nur hinter den Kulissen geführt.

Am 14. Mai 1975 kam der damalige Leiter des Wirtschaftsmathematischen Instituts der Akademie der Wissenschaften der UdSSR, der Akademiker Nikolai Prokopjewitsch Fedorenko, zu uns in die Aufklärung. Er arbeitete an einer Lösung für die automatisierte Bearbeitung aller wirtschaftlichen Kennziffern der Volkswirtschaft eines Landes, um damit die Wirtschaftssteuerung wesentlich zu verbessern. Der Wissenschaftler umriss ein verallgemeinertes Bild der Lage im Land. Das war für uns als Aufklärer wichtig, da wir doch einen Hauptteil unserer Zeit mit der Analysierung der Situation in anderen Ländern zubrachten. So sah im Wesentlichen der Inhalt seines Vortrags nach meinen Notizen aus: »Wir haben eine große und breitgefächerte Wirtschaft. Während des ersten Zehn-Jahr-Planes (1918–1928) der Sowjetmacht flossen 1,5 Milliarden Rubel in den Investitionsbau, und jetzt werden jährlich 80 Milliarden zu vergleichbaren Preisen investiert. Im Land gibt es 120 Millionen Arbeitnehmer, das entspricht 50 Prozent der Bevölkerung. 300.000 Betriebe in Industrie und Landwirtschaft arbeiten an der Planerfüllung.

Das Merkmal einer gesunden Wirtschaft ist ein vorrangig auf wissenschaftlich-technischem Fortschritt basierendes Wachstum. Wenn zwei Drittel des Pro-Kopf-Wachstums der Wirtschaft daraus entstehen und ein Drittel aus einer extensiven Entwicklung hervorgeht, dann braucht man sich um das Schicksal des Landes nicht zu sorgen. Diese Werte sind aber bei uns genau umgekehrt.

Wir haben die USA überholt im Umfang der Investitionen für die Produktion, aber die gesamte Produktion erreicht nur 60 Prozent des USA-Niveaus. Unsere Aussaatflächen sind 1,8 mal größer als die der USA, aber es gibt ein ständiges Getreidedefizit in erschreckend wachsendem Maße. Wir ordern Getreide nicht in kleinen Mengen, sondern mehrere Millionen Tonnen. Wir haben die USA bei der Herstellung von Stahl, Zement und im Kohleabbau überrundet, aber diese Güter sind immer noch Mangelware. Auf eigenartige Weise reichen sie nicht aus.
Die kalkulierten und die realen Kosten im Bauwesen unterscheiden sich wie Tag und Nacht, manchmal um das Zwei- bis Dreifache. In den USA existiert nicht einmal so ein Begriff wie: ›Zeit zur Aneignung der neuen Technik‹. Ein neu gebautes Werk bringt sofort die volle Leistung, bei uns dauert das vier bis fünf Jahre. In der UdSSR werden 60 Prozent Handarbeit geleistet, 80 Prozent in der Landwirtschaft, 70 Prozent im Handel, 60 Prozent im Bauwesen, 50 Prozent im Transportgewerbe. Woher soll man die Arbeitskräfte nehmen, wenn die Geburtenrate Jahr um Jahr sinkt?«
Weiter folgt in meinen Aufzeichnungen der Vermerk: »Insgesamt löste sein Auftritt mal Lachen, mal Tränen bei den Zuhörern aus ... Insgesamt ergab sich ein ›lustiges‹ Bild. Aber das Traurigste war – diese Sackgassenphilosophie, die Ausweglosigkeit aus der immer tiefer werdenden Stagnation. Der redegewandte Wissenschaftler überspielte sarkastisch unsere Betroffenheit, und als er zum Thema ›Was tun‹ überging, schmierte er uns blass Blaues, nicht Überzeugendes unter die Nase. Außer den Aufrufen zur Verbesserung der Produktionssteuerung verstanden wir überhaupt nichts, aber die Sache beschränkte sich mitnichten nur auf eine höhere Effizienz des Verwaltungsapparats.«
Dem Gast wurden sehr viele Fragen gestellt. Das Gespräch war kompliziert, aber ehrlich. Die Zuhörer gingen mit gerauften Haaren raus und meinten: »N-n-ja! Ja, ja!« Ich war auch ziemlich bedrückt und niedergeschlagen: »Es konnte doch nicht sein, dass wir in jedem Fall den wirtschaftlichen Wettbewerb

verlieren? Das war doch die wichtigste Bestätigung des Sozialismus! Ein ›heißer‹ Krieg war unmöglich und ein Sieg gegen die Konkurrenz auf der Welt durch den undurchdringlichen Dschungel unserer sozialen und wirtschaftlichen Unordnung nicht in Sicht.«

Ich erinnere mich an diesen Vortrag nur deshalb, weil er einige Monate nach dem euphorischen XXV. Parteitag stattfand, wo es noch so weit weg war von den Zeiten, zu denen man gefahrlos seine Meinung äußern konnte. Ja, und das Gespräch selbst fand in der Aufklärung statt, deren Leitung W. A. Krjutschkow gerade erst übernommen hatte.

Zu Weihnachten 1975 wollte ich ein Resümee der durchlebten Zeit ziehen und ich schrieb nieder: »Die Heimat geht schnaufend in einen neuen Fünfjahrplan. Gerade mal noch so laufend bewegt sie in die Zukunft, geplagt von Ernteausfällen, belastet mit den äußeren Bedingungen, mit militärischem und zivilem Beamtentum, das immer dreister Auszeichnungen, Ermäßigungen, Vergünstigungen fordert und immer weniger Drang zur Arbeit, mit einer immer geringeren Bedeutung der Ideologie und mit größer werdendem politischem ›Spielraum‹. Irgendwann haben wir doch mal gesungen: ›Wir sind geboren, um ein Märchen wahr werden zu lassen!‹ In der gesamten Parteiarbeit ist eine ›Fluguntauglichkeit‹ und ein ›Mangel an Piloten‹ zu spüren. Für den bevorstehenden Fünfjahrplan wurden schon keine gesellschaftlich-politischen Ziele mehr festgelegt. Es gibt keine anspruchsvollen sozialen Aufgaben. Die Rede ist nur noch von der Qualität der Waren; die Menschen hat man vergessen.«

Leute! Leute! Immer öfter begann ich darüber nachzudenken, wer wir jetzt sind, was wir in den fast sechzig Jahren seit der Oktoberrevolution geworden sind. Jetzt bewohnten doch Bürger das Land, die während der Sowjetmacht geboren worden waren und von ihr herangebildet wurden. Jeder von uns kannte schon kein Privateigentum mehr, das eine Gewinnquelle dargestellt hätte. Wir kannten nur das persönliche Eigentum zur Nutzung mit individuellen oder familiären Zielen. Die Arbeit war die einzige und gewohnte Quelle zum Erwerb des Lebensunterhaltes. Die verkündigten moralischen und ethischen Normen bestanden aus einem reichen Repertoire an Prinzipien, die der Bibel entliehen waren und der nachfolgenden Erfahrung der Menschheit und an der Achtung gegenüber der Gesellschaft und dem Staat orientiert waren. Auf moralisch-ethischer und rechtlicher Grundlage, so schien es, waren alle Elemente der Diskriminierung und Ungleichheit bezüglich der Menschen anderer Nationalitäten beseitigt. Vor Kriegsbeginn wäre die Benutzung des Wortes »Jude« noch rechtlich verfolgt worden. Die Ideen der nationalen und Rassengleichheit, wie zum Beispiel in den Filmen *Zirkus* und *Die Schweinezüchterin und der Schafhirt* und andere, wurden von uns zweifelsfrei angenommen.

Es schien, als ob der religiöse Glaube unter dem Einfluss von Bildung und Wissenschaft endgültig aus dem menschlichen Denken verschwunden war. Ein kurzes Aufblitzen der Religiösität gab es noch während der Kriegsjahre. Das war mit den unglaublichen Belastungen, die das Volk zu verkraften hatte, zu erklären: mit der Angst um das Leben und die Gesundheit der Verwandten und Bekannten, die sich auf dem Schlachtfeld, in Gefangenschaft, in den okkupierten Gebieten oder entfernt evakuiert befanden.

Unsere Kultur, besonders die Musik, das Ballett, Theater, Kino lieferte weltweit Einzigartiges. Etwas unscheinbarer waren die Erfolge in Literatur, Architektur, aber auch dort gab es einzelne Prachtstücke, zum Beispiel *Der stille Don* von M. Scholochow und andere.

Unsere Soziologen begannen schon, laut von der Entwicklung einer neuen historischen Kategorie – dem »Sowjetvolk« – zu sprechen. Und trotzdem war die Realität ganz und gar nicht die, wie sie sich die Schöpfer des Sozialismus in Theorie und Praxis ausgedacht hatten. Sie konnten keinen neuen Menschen schaffen. Und noch dazu, änderten sich die Menschen, warum auch immer, in die schlechtere Richtung. Ein Nachdenken darüber führte zu den traurigen Schlussfolgerungen: Das tägliche Leben in der sowjetischen Wirklichkeit tötete die menschlichen

Eigenschaften ab, die der sozialistische Gedanke theoretisch postulierte. Stalinsche Repressionen unterdrückten den Mut, für eigene Ansichten einzustehen, einem Freund in Not zu helfen und was nicht alles noch. Der Genpool des Volkes wurde in den Jahren des 20. Jahrhunderts gründlich untergraben. In der ersten Hälfte des Jahrhunderts hat Russland ununterbrochen Krieg geführt (Russisch-Japanischer Krieg, Erster Weltkrieg, Bürgerkrieg, Finnischer Krieg, Zweiter Weltkrieg) und hat dabei 35 bis 37 Millionen junge gesunde Männer verloren. An den Fronten sterben immer zuerst die mutigsten, ehrlichsten und gewissenhaftesten Leute. Sogar während des Krieges kommen Simulanten, Feiglinge und Angepasste besser durch. Und sie bringen höchstwahrscheinlich wieder solche Kinder hervor. Die russischen Sprichwörter treffen da immer genau zu: »Der Apfel fällt nicht weit vom Stamm.«

In den Jahren der Kollektivisierung und der damit einhergehenden Entkulakisierung wurde Millionen Eigner der gesündesten Bauernwirtschaften zerstört, die einer gewöhnlichen landwirtschaftlichen Arbeit in den Schäl- und Getreidemühlen, am Butterfass, in den Gerbereien und so weiter nachgegangen waren. Die Führung der Landwirtschaft lag von da ab nur noch in den Händen von Leuten, die gern kommandierten, aber nicht arbeiten konnten. Sie waren nicht in der Lage, die Arbeit der Bauern vernünftig zu organisieren. Seit dem Ende der zwanziger Jahre war der russische Bauer als Menschentyp tief und sehr lange entstellt.

Die Repressionen der dreißiger Jahre trafen wiederum die wertvollsten Menschen. Sie drangen bei denen ein und stellten diejenigen an die Wand, die mutig ihre Meinung kundtaten, die keine Spitzelberichte schreiben und nicht verleumden wollten, die nicht auf Unschuldige schießen wollten. Es überlebten Kriecher, Provokateure, Angsthasen und Spitzel.

Unser ganzes Leben verwandelte sich in einen grausamen Filter, durch den der gesamte menschliche Abschaum hindurch in die Zukunft gelangte. Ein Großteil des Menschenmaterials, das die Bibel das »Salz der Erde« nennt, wurde als historischer

Abfall weggeworfen. Nun brauchen wir uns nicht zu wundern, dass der Alkoholismus weit verbreitet und nicht nur Usus, sondern pathologisch ist. Damit sind alle Sphären der Gesellschaft infiziert – von Bestsituiertesten bis zu den Obdachlosen. Mit solchen Menschen kann man kein lichtes Haus einer glücklichen Zukunft bauen.

In einem größeren Maße berührten diese Prozesse unsere Führungsebenen, was sich auch in einer Degradierung unseres politischen Establishments ausdrückte sowie in der Heiligsprechung des Eid-Verbrechertums, im Aufblühen abgedroschener Phrasen, in geistiger und organisatorischer Impotenz.

Der Widerspruch zwischen Wort und Tat war nach meiner Auffassung hauptsächlichst das »schwarze Loch«, in das alle unsere titanischen Anstrengungen bei der Schaffung eines neuen Menschen einbrachen. Man kann nicht die Wahrheitsliebe verkünden und selbst auf Schritt und Tritt lügen. Man kann nicht zur Mäßigung aufrufen und selbst den Snobismus verkörpern und auch nicht vor der Demokratie reden und dabei die Bürger des Landes auf jegliche Weise von der Teilhabe an dessen Lenkung fernhalten. Die richtige Losung des Sozialismus »Von jedem – nach seinen Fähigkeiten, jedem – nach seiner Leistung«, die praktisch in der entwickelten kapitalistischen Gesellschaft wirkt, funktionierte im realen Leben der UdSSR überhaupt nicht. Anstelle der fähigen Leute kamen die mit Beziehungen hoch. Es herrschte Protektion und man war sich für Speichelleckerei nicht zu schade. Anstelle der Bezahlung nach Leistung setzte sich Gleichmacherei fest. Im Ergebnis dieser Wirkungsprinzipien blieb die gesamte Gesellschaft stehen und dann entzweiten sich Volk und Staat. Die menschliche Seele begann zu faulen.

Man konnte täglich mehr und mehr Beispiele für das Auseinanderdriften beobachten. Die Kulturministerin Ekaterina Furzewa, diejenige Parteisekretärin des Frunser Stadtbezirkskomitees, die uns damals 1952 gescholten hatte, weil wir die kommunistische Moral bei der Verteidigung eines beschuldigten Kommilitonen verletzt hätten, war für den Bau einer pri-

vaten Datscha mit den für die Restaurierung des Bolschoi-Theaters vorgesehenen Baustoffen verurteilt worden. Als man sie damit im Politbüro konfrontierte, brauste sie auf und rief den Sitzungsteilnehmern ins Gesicht: »Ihr braucht mich nicht anzuklagen, seht euch lieber alle selbst an!«
Es war auch peinlich, zum Beispiel hören zu müssen, dass die damalige Vorsitzende des Verbands der Gesellschaft Rotes Kreuz und Roter Halbmond, Heldin der Sowjetunion, Trojan dafür von ihrem Posten abgesetzt wurde, weil sie sich hundert Kilogramm Mohair-Wolle aus dem Fonds für die Opfer von Naturkatastrophen angeeignet hatte.
Es ergab sich dann so, dass ich im Verlauf von acht oder sogar mehr Jahren Mitglied des Parteikomitees der Aufklärung war, das heißt des höchsten Parteiorgans der Ersten Hauptverwaltung. Seine Zusammensetzung bestimmte sich im wesentlichen nach dem Prinzip der Vertretungen der wichtigsten Unterabteilungen der Aufklärung. Wenn wir mal annehmen, dass die Verwaltung für Auswertung und Information einige Hundert Kommunisten in ihren Reihen und einen bedeutenden Platz in der Struktur hat, so musste sie auch unbedingt im Parteikomitee vertreten sein. Ich erinnere mich in Dankbarkeit an jene Jahre, da sie mir die Möglichkeit gaben, das Leben auch von einer anderen Seite zu sehen, die mir vorher verborgen geblieben war. Neben den unzähligen ob ihrer Bürokratie, Sinnlosigkeit und Überflüssigkeit deprimierenden Bestätigungen endloser Charakteristika für Auslandsreisen wurden dort auch einige sogenannte »Personalfragen« besprochen, die derart Schicksale aufzeigten und Türen in die Abgründe unseres Lebens öffneten, dass ich nach solchen Sitzungen zu Hause Valocardin einnehmen musste, um einschlafen zu können. Einer dieser »Vorgänge« fiel genau in die beschriebene Zeit. Die Anhörung fand am 3. Oktober 1975 statt. Vor dem Parteikomitee stand der Mitarbeiter der internationalen Spionageabwehr M. (derselben, die damals der junge General O. Kalugin leitete), der verdeckt als stellvertretender Leiter einer Handelsvertretung in einem europäischen Land arbeitete. Seinen Dienstaufgaben

entsprechend sollte er die Einhaltung von moralischen Normen und des entsprechenden Verhaltens von Sowjetbürgern bei Auslandsaufenthalten in diesem Land überwachen. Ja, und im Folgenden habe ich meine frischen Eindrücke von dieser Aussprache niedergeschrieben:
»Man kann sich schwerlich, auch äußerlich, ein noch frostigeres Subjekt vorstellen. Der fast 50-jährige Mann mit dem Aussehen eines plakathaften Tätertypen wäre eine Fundgrube für Lombroso gewesen. Die fettigen fahlrötlichen Haare bedecken gerade mal so eine beginnende Glatze. Die schmale Stirn sitzt auf stark hervortretenden Augenbrauen, die sofort signalisieren: ›Nehmen Sie sich in Acht, vor Ihnen sitzt ein Höhlenmensch!‹ Die Augen traten in einem verwaschenen Blau aus dem Weiß hervor, äußerlich nichtssagend, wie bei einem Frosch. Sie blinzeln selten, aber manchmal blicken sie starr in die Ecken, als ob sie etwas suchen, das sie mit ihrer langen klebrigen Zunge fassen können.
Die abgeflachte, knorpelige Nase zeugt zusammen mit einem gewichtigen Schnauzbart davon, dass man diesem Neandertaler alles zutrauen kann. Über solche Menschen sagt man auch: ›Fähig, sehr fähig, zu allem fähig!‹
Vier Stunden lang hörten wir uns die Antworten dieses Mannes an und unsere allgemeine Antipathie ihm gegenüber verhärtete sich. Im Juni des Jahres fuhr er nach einem fünfeinhalbjährigen Aufenthalt im Land in den Urlaub. Vorher ließ er eine dicke mit Wachssiegel verschlossene Mappe im Lager der Residentur zurück. Nach seiner Abreise brauchte der Resident die Übersicht über die Agenturtreffen, die sich genau in der Mappe von M. befinden sollten. Die Mappe wurde geöffnet und vor den Augen des ungläubigen Residenten fielen Geldbündel, Gold- und Platinschmuck und Erzeugnisse mit Edelsteinen heraus. Sofort erinnerten sie sich daran, dass er vor kurzem den Kauf eines zweiten ›Wolga‹ besiegelt hatte und seine Frau fünf-, sechsmal im Jahr ›aus familiären Gründen‹ nach Moskau gefahren war. Das Zugcoupé war jedes Mal bis obenhin mit Pappkartons vollgestopft gewesen.

Es wurde der Beschluss gefasst, sein Gepäck durch den Zoll kontrollieren zu lassen. Dort fand man wie in einem Laden 50: 50 Paar Schuhe, 50 Anzüge, 50 Mäntel, 50 Zuschnitte und so weiter.
Vier Stunden log er und wand sich. Dann drohte er, dass ›er irgendjemanden der Oberen da mit hineinzieht‹, und die Sache endete damit, dass er weich wurde, falsche Tränen hervorpresste und sagte, er habe Krebs und wollte seine Familie absichern. Er verkündete: ›So wie ich, machen es doch viele!‹
So hat er sich zu nichts bekannt, und wir haben uns auf seinen Parteiausschluss und natürlich auch auf die Entlassung aus der Aufklärung beschränkt. Man hätte ihn vor Gericht stellen müssen. Aber alle wussten, dass das Gericht nicht in der Lage sein würde, im Ausland zu ermitteln, und M. würde sich herauswinden können.
Die Sache mit M. hinterließ nicht nur ein Gefühl der Abscheu, sondern auch der Beunruhigung. Was ist, dachte ich, wenn diese Schätze kein Diebesgut von Handelspartnern der Sowjetunion sind, sondern Geschenke der Geheimdienste des Gegners aus Dankbarkeit für einen Verrat? Warum hat er sie im Ausland belassen und nicht mit nach Moskau genommen, um die Familie abzusichern? Wollte er etwa fliehen? (…)«
Wie bitter es auch war, sich selbst alles zu bekennen, aber den allgegenwärtigen Fakten konnte man mitnichten widersprechen. Die Krebszellen einer tödlichen Krankheit, die unser Modell des Sozialismus befallen hatte, wuchsen immer schneller.
Nicht nur mir kamen die Gedanken in den Kopf: Was sollen wir machen? Wie sollen wir unsere Position bestimmen? Nicht nur einmal erörterten wir diese sich aufdrängenden Fragen im Kreis der engsten Mitarbeiter. Die bitteren Themen der Zukunft unseres Vaterlandes beherrschten zunehmend unsere außerdienstliche Kommunikation. Ich muss bekennen, dass die Idee einer Rebellion, eines Auflehnens in der einen oder anderen Form gegen den Staatsaufbau uns unangebracht erschien. Wir glaubten alle ehrlich und bedingungslos an den Sozialismus als die höhere und menschlichere soziale Gesell-

schaftsordnung als der Kapitalismus. Wir waren auch überzeugt davon, dass unsere Missstände von einem subjektiven Faktor ausgehen – von den menschlichen Qualitäten der führenden Köpfe. Wir hofften und glaubten, dass bald eine neue, junge, inspirierte Generation der Partei- und Staatsfunktionäre kommt. Wir dachten an das persische Sprichwort: »Wenn man auf die Flöhe wütend ist, braucht man nicht gleich die Unterhose zu verbrennen«. Wir hatten das Beispiel eines Menschen wie Andropow vor Augen, eines »weißen Raben« in der damaligen Regierung, eines Menschen, der grenzenlos ehrlich ist, der pedantisch alle bei ihm eingehenden Geschenke ausländischer Kollegen an die staatliche Steuer weitergibt, der klug, überlegt und weitsichtig alle Probleme angeht, ohne Allüren. Aber damals war die Zeit für zivilisierte Funktionäre noch nicht gekommen. Andropow arbeitete immer wie im Konvoi mit seinen zwei Stellvertretern – S. Dwigun und G. Dinew, die zwei nahesten Wachhunde Breschnews, die jeden Schritt von Juri Wladimirowitsch verfolgten.
Glaube und Hoffnung verließen uns nicht. Unabgesprochen kamen ich und meine besten Freunde zu dem Entschluss, bis zum Ende unseren Eid als Aufklärer zu erfüllen: Die Wahrheit sagen und schreiben; nach Kräften mitzuhelfen, ein kritisches Bild von der Welt und von uns selbst zu formen.

»Bermuda-Dreieck«

Balsam für die Seele waren Reisen ins Ausland zur Erfüllung einiger Aufgaben, die eher politischen Charakter trugen als dass sie reine Aufgaben der Aufklärung waren, obwohl es sehr schwierig ist, da eine saubere Trennung vorzunehmen. Zu jener Zeit war mein Informationsniveau ausreichend hoch, um kompetente Gespräche mit Vertretern aus den höchsten Machtetagen anderer Länder zu führen. Oftmals waren meine Reisen in die Länder Lateinamerikas gerichtet, die ich bestens kannte und deren Sprache ich ausreichend frei beherrschte, wo ich viele Freunde und »Verbindungen« hatte. Ich substituierte unsere Botschafter – die offiziellen Vertreter unseres Staates – nicht, da ich sehr oft in Länder reiste, mit denen wir keine diplomatischen Beziehungen hatten oder in Länder, mit denen die Beziehungen auf einem niedrigen bürokratischen Stand eingefroren waren und formalen Charakter trugen. Die Kontakte mit inoffiziellen Vertretern sind immer einfacher. Ohne irgendwelche Verpflichtungen kann man beliebige Fragen in vorläufiger sondierender Rangordnung besprechen.
Im Mai-Juni 1977 tauchte in der Aufklärung eine Fährte auf, die nach Panama, zum bereits verstorbenen General Torrijos führte. Der bewirkte damals schwierige Verhandlungen mit den Vereinigten Staaten bezüglich des Abschlusses eines neuen Kanalvertrages, genauer gesagt, der Übergabe des Kanals an Panama. Die Panamaisch-Amerikanischen Beziehungen waren zu der Zeit einer der gefährlichsten Krisenherde in der Welt. Wir wollten selbstverständlich Panama und seinem Staatsoberhaupt Unterstützung in den rechtmäßigen Bemühungen um die volle Kontrolle über den Kanal, der über ihr Territorium verläuft, leisten. Für die USA wäre der Verlust der Militärbasen in Panama ein schmerzhafter Schlag gewesen. Bis 1977 hatten wir keinen direkten Zugang zur Regierung in Panama. Es

fehlten diplomatische Beziehungen und so machte einer von unseren »Verbindungen« den Vorschlag, einem sowjetischen Vertreter den direkten Kontakt zu General Torrijos selbst zu verschaffen, der damals eine hohe Bekanntheit und Popularität als ein ehrlicher Patriot, als ein kluger und energischer Verfechter der Interessen seines Landes erreicht hatte.

Für das Zusammentreffen mit Torrijos wurden einige Anwärter geprüft. Die Führung hatte sich dann für mich entschieden. In den davorliegenden Jahren waren die Leiter der Dienste für Auswertung und Information immer verdeckt ins Ausland gefahren: Man war der Meinung, dass sie zu viel wussten und deshalb diese Quellen von besonderer Wichtigkeit, wie es der Leiter der Verwaltung auf jeden Fall war, keiner zufälligen Gefährdung ausgesetzt werden sollten. Befehle werden in der Aufklärung nicht beraten, sondern ausgeführt.

Schon am 25. Juni landete ich in Paris und verlebte ein paar entspannte Tage als Tourist. Danach reiste ich weiter nach Lateinamerika. Dort begann die Operation, die ich entsprechend »Bermuda-Dreieck« nannte – da es so viel Rätselhaftes, Unbekanntes und vielleicht auch Gefährliches bei dieser Operation gab. Um keinen der Freunde bloßzustellen, die mir bei meinen Dingen vor fast zwanzig Jahren geholfen haben, werde ich hier keine geographischen Angaben machen oder Namen nennen. Sagen wir so: Ein ungewöhnlich lebhafter und schneller Oberst, der offenbar allen als ein sehr einflussreicher Mann bekannt war, brachte mich mit seinem Auto zu einer entfernten Ecke des Flughafens in N., wo ein Zwei-Turbinen-Düsenflugzeug ohne Kennzeichen stand. Mein Köfferchen flog in den Ladebereich. Ich war allein in dem leeren Fluggastraum. Das Flugzeug rollte schnell über die Startbahn und erhob sich leicht in die Wolken. Es war langweilig, nach unten auf das Wolkenmeer zu sehen, deshalb betrachtete ich den Innenraum des Flugzeugs. Es fühlte sich wie in einer Kaserne an. Ein Teil der Tische war kaputt. Der Bezug der Ledersessel war abgerieben, fleckig und an manchen Stellen zerrissen. Es gab keine Deckchen, Kissen und auch gar keine Anzeichen eines Büfetts – ein unverzicht-

bares Attribut der Regierungsmaschinen oder der Privatflugzeuge von Millionären. Die winzige Toilette war auch voller Gerümpel. Aber das war das persönliche Flugzeug von General Torrijos – dem Regierungsoberhaupt und Kommandanten der Nationalgarde Panamas. Er war einer der beachtlichsten Leute, dessen Bekanntschaft mir das Schicksal schenkte.
Plötzlich öffnete sich die Tür zur Pilotenkabine und ein junger gut aussehender Flieger-Offizier fragte »Wohin soll ich Sie fliegen?« Ich fühlte mich plötzlich von der Frage überrumpelt: »Hat man Ihnen das etwa nicht gesagt?« – »Nein« – »Da bringen Sie mich bitte dorthin, wo sich der General befindet« – »Nach Panama oder nach Farallon?« – »Dorthin, wo sich der General zurzeit befindet«, antwortete ich mit fester Stimme. – »Also nach Farallon«, präzisierte mein Gesprächspartner. – »Ja, dann also dorthin«, setzte ich den Punkt, obwohl ich keine Ahnung hatte, was Farallon war und wo es sich befand.
Nach einer Weile ging das Flugzeug nach einigem Kreisen über der Ozeanküste, zur Landung über. Ich fühlte Kälte in meinem Herzen, als ich sah, dass neben der Landebahn ein Schützenpanzerwagen stand. Aus dem Turm des Panzerwagens hatte sich ein Schütze bis zur Hüfte aus dem Turm hinausgelehnt und verfolgte mit dem Lauf eines großkalibrigen Gewehres unser Flugzeug. Der nachtschwarze Schütze hätte nur auf den Abzug drücken müssen und wir wären wie ein abgeschossener Rabe auf die Betonplatten der Flugpiste aufgeschlagen.
Als das Flugzeug gelandet war und den Stellplatz ansteuerte, kam auch der Schützenpanzerwagen angefahren, dessen Schütze nicht aufhörte in Richtung des einzigen Passagiers zu zielen. Was für ein Ungeziefer? – dachte ich unwillkürlich – Was will er denn? Und erst als der Pilot den Kämpfer in dem Metallkasten grüßte, wurde mir leichter ums Herz. Sie brachten ein Auto, und ich fuhr zum Haus des Generals, immer noch von demselben Schützenpanzerwagen begleitet.
Wie sich später herausstellte, hieß der frühere amerikanische Luftwaffenstützpunkt Rio-Ato jetzt Farallon. Der ehemalige Stützpunkt war während des Krieges und auch noch weitere 25

Jahre danach unter dem Vorwand, die Einfahrt in den Panamakanal vom Stillen Ozean aus vor jeglichen Gefährdungen zu schützen, gepachtet worden. 1970 wollten die Panamaer, damals schon unter der Führung von Torrijos den Pachtvertrag nicht verlängern und baten um die Rückgabe des Luftwaffenstützpunktes. Die verärgerten Yankees vernichteten ihn, zerstörten alle Bauten, verstopften sogar die Brunnen mit Steinen. Es blieb nur die Start- und Landebahn übrig, die Torrijos den Bedürfnissen der Nationalgarde anpasste. Er wollte nicht in der Stadt Panama in »fünf Fahrtminuten (mit dem Jeep) Entfernung von den amerikanischen militärischen Einfallstoren in die Kanalzone« leben und zog es vor, hier in gut hundert Kilometern Entfernung nördlich der Hauptstadt zu arbeiten. Außerdem war hier ein Panzerbataillon der Garde mit 18 bis 20 Schützenpanzerwagen stationiert.

Das Haus des Generals befand sich eineinhalb Kilometer von Flugplatz entfernt. Von außen war es fast nicht zu sehen. Es war von mächtigen Kronen der Mangobäume bedeckt, verfügte über einen Carport und eine Art Sommerküche. Die Umgebung gab eine Betonplatte als Hubschrauberlandeplatz frei und ein Riesenzelt aus Palmenblättern, das sich auf Holzpfähle stützte. Darunter saß eine Gruppe vom Wachschutz und spielte, von der tropischen Schüle erschöpft, faul Domino. Waffen und Taschen lagen in einem Haufen auf dem Tisch oder hingen an den Stuhllehnen.

Ich hatte noch nicht einmal richtig die Autotür hinter mir zugeschlagen, als ich schon ins Haus gebracht wurde. Am Eingang nahm mich die Sekretärin von General Ester in Empfang, die mich auch zu Torrijos brachte.

Ich war von Fotos seinen Anblick in Armeeuniform gewohnt und hier zu Hause war er in einem hellen Strickhemd und dunkler Hose. An den Füßen schlappten Sandalen. Genau wie ein kleiner Angestellter in Wochenendruhe. Ich war noch nicht einmal fertig mit meiner Vorstellung, als auch schon zwei Männer eintraten: ein sehr beleibter Mann – der Präsident der Republik, Dr. Lakas –, und der zweite war der Präsident der

Nationalbank. Der General bat mich, zu warten, um mit ihnen unaufschiebbare Dinge zu klären.
Wunderbar; ich hatte dadurch die Möglichkeit, mich umzusehen und mit Ester zu sprechen. Die gesamte Zimmereinrichtung bestand aus einem Paar Sofas, die rechtwinklig zueinander aufgestellt waren, sowie zwei Schaukelsesseln. In der Mitte befand sich ein Beistelltischchen. Die Sofas und Sessel waren mit einem solchen weichen und flauschigen künstlichen Fell überzogen, dass ich beim Hineinsetzen fast darin verschwand. Für die Tropen ist das unpraktisch, da alles hier, wie ein Schwamm, mit einer feuchten Schwüle durchsetzt ist. Aber man hatte mich vorgewarnt, dass bei dem General vieles ungewöhnlich sein wird. Er hatte nie Köche, Schneider, Dekorateure in seinen Diensten. Er blieb sein ganzes Leben lang ein gewöhnlicher einfacher Soldat. Alles, was das Leben etwas erleichtert hätte, beließ er entweder den vorherigen Besitzern oder schenkte es einem seiner Freunde. An den Wänden hingen zwei Gemälde eines unbekannten Künstlers, auf denen unwahrscheinlich dicke Frauen mit weiten Ausschnitten, die deren Brüste freigaben, zu sehen waren; eine moderne Darstellungsart – wahrscheinlich auch das Geschenk eines zufälligen Bewunderers.
Aus beruflicher Gewohnheit begann ich, Ester auszufragen. Ich erfuhr, dass der General seinen Arbeitstag um fünf Uhr morgens beginnt und um zehn Uhr abends beendet. Seine Erholung – besteht gewöhnlich aus Reisen in die Provinz mit dem Hubschrauber, der immer auf dem Platz neben dem Haus abgeparkt ist. Die gesamte Führung nimmt er mit telefonischen Anweisungen und in mündlichen Gesprächen wahr. Dazu kommen die zuständigen Offizieren mit ihren Lageberichten zu ihm nach Hause. Es existiert parktisch überhaupt kein bürokratischer Apparat. Es gibt auch keine Fälle von nichtbefolgten Anweisungen. Nur drei Sekretäre haben Bereitschaft in Farallon. Sie nehmen die unzähligen Telefonate entgegen, geben die vorher vorbereiteten Weisungen und Anleitungen des Generals durch, führen den unkomplizierten Schriftverkehr und ne-

benher üben sie die Servicefunktionen aus: Sie kochen Kaffee, reichen Zigarren, Wasser und putzen Soldatenstiefel nach Berggängen. Nach dreitägigem Dienst fahren sie zu den freien Tagen nach Panama.
Der Präsident und der Bankier waren fortgefahren und Torrijos kam wieder zu mir. Ich wollte die Wellenlänge herausbekommen, auf der der General sprach und dachte. Gleichzeitig mit ihm legte ich die Krawatte ab. Ich schlug auf dem Sofa ein Bein über das andere, damit ich bequemer seitlich von ihm sitzen konnte. Dann sprachen wir endlich ein Thema an, das für uns beide von gleichbedeutendem Interesse war – die USA. Wir berührten dieses Thema eigentlich zufällig: Die Tonqualität des Fernsehers war schlecht, was Umfragen zufolge, in den Vereinigten Staaten 28 Millionen Frauen dazu veranlasst, ihre Männer systematisch zu schlagen. Sie sind jedoch wegen der materiellen Abhängigkeit gezwungen zu schweigen. »Sieh mal an«, rief der General fast freudig, »so erfahren wir ganz nebenbei noch von Menschenrechtsverletzungen in den USA! Und ihr erhebt wegen eines Dutzend Dissidenten weltweites Wehklagen. Ihr seid überhaupt humorlose Menschen. Müsst ihr denn tatsächlich in der heutigen Welt, wo ringsum Gesetzlosigkeit und Gewalt herrschen, den Anschein erwecken, als ob der Kampf Jimmy Carters um die Menschenrechte in erster Linie euch betrifft? Hört hier auf mit der sinnlosen Ernsthaftigkeit.
Das Recht des Menschen – das ist ein Problem für uns. In Chile sind etwa dreitausend Menschen spurlos verschwunden. Die Militärregime in Argentinien und Uruguay haben Zehntausende Menschen ins Jenseits befördert … und was erst in Brasilien und Paraguay los ist! Dort wird niemand vor Gericht gestellt, sondern einfach erschlagen, noch nicht einmal für eine Idee, sondern nur für den Verdacht, dass der Mensch eine Idee haben könnte … Wir unterstützen Carter, wir müssen hier über Menschenrechte sprechen, aber warum solltet ihr? Was seid ihr für verletzliche, freudlose Menschen …« Gott sei Dank war das Gespräch in Gang gekommen.
Bald kamen noch zwei Minister – der für Finanzen und der

für auswärtige Angelegenheiten. Sie setzten sich an den Tisch. Die Mittagszeit nahte. Das Gespräch wurde sehr lebhaft. Sie überhäuften mich mit Fragen und ich musste selbst reden, obwohl ich lieber zugehört hätte. Ich schimpfte innerlich mit mir, weil ich spürte, dass ich die Redeweise des General schlecht verstand: Das Timbre seiner Stimme war niedrig, dumpf, die Betonung war unsauber und unbekannt, die Sprache selbst – sehr bildhaft mit Aphorismen. Aber nach einer halben Stunde kam ich damit zurecht.

Das Mittagessen erwies sich als selten wenig: Trockener weich gekochter Reis, zähes gebratenes Fleisch, Gemüsesalat, gekochte Bohnen – das war alles; keine sauren Beilagen. Es gab keine alkoholischen Getränke, kein Bier, nur kaltes Brunnenwasser.

»Und was war mit den überdrüssigen Berichten amerikanischer Zeitungen über eine krankhafte Trunksucht des Generals, was mit den Gesprächen über eine Leberzirrhose?« – diese Frage tat sich mir auf und es gab nur eine Antwort darauf: Die Presse – sie ist weniger Informationsmittel, als Waffe im politischen Kampf.

Bei den Gesprächen merkten wir nicht, wie es dunkler wurde. Der General kam zu mir und sagte: »Weißt du, ich würde sehr gern das Gespräch mit dir fortsetzen, aber leider muss ich morgen an einer Sitzung des Staatsrates oben in den Bergen teilnehmen – dort wo die großen Kupfervorkommen der Sierra Colorada sind. Wenn du nichts dagegen hast, dann lass uns morgen gemeinsam mit dem Hubschrauber dorthin fliegen. Wir können das Gespräch fortsetzen, und gleichzeitig siehst du unser Land. Übernachten kannst du bei mir zu Hause. Passt das?«

Die Frage erübrigte sich. Natürlich, ich nickte mit dem Kopf zum Zeichen meines Einverständnisses. Das Wichtigste war getan – der erste Kontakt war geknüpft. Es war mir gelungen, ein Feld des gegenseitigen Verständnisses zu schaffen. Die Interessen trafen sich in hoher politischer Dichte.

Mehr als einen ganzen Tag verbrachte ich Seite an Seite mit dem General. Einen Großteil der Zeit saß ich neben ihm im

Hubschrauber. Er war mein Reiseleiter und Mentor. Traurig zeigte er mir winzige Flecken Erde, die an den steilen Berghängen gepflügt waren – die Großgrundbesitzer drängten die Bauern mehr und mehr aus den fruchtbaren Ebenen heraus. »Um auf diesen Brüchen irgendetwas anzubauen, muss man die Samen aus einer Waffe dorthin schießen« – es war nicht klar, ob Torrijos das im Spaß oder im Ernst sagte. Weiter merkte er an, dass in Panama einige Zehntausend Hektar sehr guten Bodens von den Amerikanern als Bananenplantagen vorgehalten werden. Bananen trocknen den Boden sehr aus, so dass man ihn nach sieben, acht Jahren brachlegen muss, um die Fruchtbarkeit zu regenerieren. »Die Amerikaner brauchen Bananen für ihre Desserts, aber wir haben nicht genug Reis und Mais als Grundnahrungsmittel.« Die Träume von der Blüte Panamas und die Sorgen um das Wohlergehen seines Volkes tauchten so oder anders in jedem seiner Kommentare und Bemerkungen auf. Nach Beendigung der Außensitzung des Staatsrates, nachdem sich alle eingeladenen Minister, Geschäftsmänner und ausländischen Experten mit der Geschwindigkeit einer Beerdigungsprozession auf den nach dem Regen glatten Bergwegen nach unten bewegt hatten, wandte sich Torrijos unvermittelt an mich: »Es ist ärgerlich, dass Sie jetzt ausländische Fachleute gehört haben, die über die technischen und wirtschaftlichen Grundlagen des Projektes gesprochen haben, und sich unter uns kein einziger Panamaer gefunden hat, der das Projekt fachlich kritisiert hätte. Vielleicht hätte er auch nicht in allem recht gehabt, aber er hätte ihnen in jedem Fall auf die Zähne gegeben.« Als ich den Leiter der Arbeiten zu den jungen Spezialisten befragte, die sich schon sehr gut selbst darstellen konnten, lud er sie zum Gespräch ein. Es kamen drei junge Männer. Sie erzählten von sich. Der General empfahl ihnen ohne jegliche Verschnaufpause, ein paar Jahre zum Studium ins Ausland zu fahren. »Wählen Sie sich selbst ein Land aus, wo die Sache mit dem Kupferbergbau am besten aufgestellt ist, und kommen Sie nicht ohne Doktortitel zurück. Wie clever wird dann klingen:

›Senor Lopez, aus Panama, Doktor der geologisch-mineralogischen Wissenschaften‹. Wenn Sie in die USA fahren, dann heiraten Sie um Gottes Willen keine Amerikanerinnen. Sie sind egoistisch, ja, und wir haben wenig Nutzen von ihnen.« Als glücklichen Zufall erwies sich, dass in der Mine ein Absolvent der Universität der Völkerfreundschaft arbeitete, den sie schon herbeigerufen hatten. Er strahlte und rief mir schon von weitem auf Russisch zu: »Es lebe die Sowjetunion!« Er war leider kein Geologe, sondern Ökonom. Es ist bekannt, wie primitiv damals in der Sowjetunion das Wirtschaftswissen war und ebenso einfach vermittelt wurde. Ein Diplom-Wirtschaftler sah blasser als jeder gewöhnliche Manager einer westlichen Handelsfirma aus.

Das Hauptthema unserer Gespräche war natürlich der Panama-Kanal und die panamaisch-amerikanischen Verhandlungen zum Abschluss eines neuen Vertrages, der die Übergabe des Kanals in das Eigentum von Panama zum 1. Januar 2000 vorsah. Seinerzeit fanden in Washington komplizierte und angespannte Verhandlungen um den Vertragsinhalt statt. Torrijos wollte jede Möglichkeit nutzen, um Druck auf die Amerikaner auszuüben. Er wollte seine Treffen mit Vertretern aus Moskau nicht verheimlichen. So bat er mich um meine Moskauer Telefonnummer und flüsterte dabei verschwörerisch: »Hör zu, wundere dich nicht, wenn ich dich in Moskau anrufe und dich in diesen oder jenen Fragen um Rat bitte. Antworte bitte sehr nebulös und schleierhaft. Sie lieben es, unsere internationalen Gespräche mitzuhören und sicher auch dieses. Das wird bei ihnen richtig für Aufregung sorgen!« Sie – das waren natürlich die Amerikaner. Es soll bemerkt werden, dass wir beide dieses Spiel bis zum Ende spielten. Er rief mich tatsächlich aus Panama in meiner Moskauer Wohnung an, und wir spielten, innerlich lachend, unwirkliche Szenarien durch. Später hat er mir erzählt, dass die Rechnung aufgegangen ist. Die Gespräche mit den Amerikanern beeinflusste der Effekt einer Annäherung an Moskau unumstößlich: Washington lenkte bei den Verhandlungen ein.

Aber das Wesentlichste bei seiner Kontaktaufnahme mit uns war, dass Torrijos die ersthafte Sorge umtrieb, die Vereinigten Staaten könnten von der Unterzeichnung des Kanalvertrages zurücktreten. Der General hatte sein politisches Schicksal an die Rückgabe des Kanals gebunden. Ihm wäre sonst kein anderer Weg geblieben, als bewaffnete Kämpfe gegen die Amerikaner aufzunehmen: in den Untergrund zu gehen und den Partisanenkampf aufzunehmen, den Weg der Sabotagen zu beschreiten. Diese Alternative hatte er öffentlich gemacht. Aber ich sah, dass sie ihn selber erschrak und er froh wäre, sie nur als Drohung und nicht in der Realität anwenden zu müssen. Aber es musste ein Plan für den Fall, dass die Verhandlungen platzen, vorbereitet werden und hierbei ging es nun mal nicht ohne die Hilfe der Sowjetunion.
Torrijos redete ohne Ende vom Panama-Kanal. Er erinnerte daran, dass die Amerikaner während der Zeit des Kanalbaus alle bisherigen Bewohner der ihnen übertragenen Kanalzone aussiedelten, um keine Probleme zu bekommen. Die Kanalzone erstreckte sich auf 500 Quadratmeilen entlang des Kanals. 30 Prozent dieser Zone des Panama-Kanals belegten die Amerikaner mit ihren Militär-Städtchen und -stützpunkten. Ständig waren dort 10.000 Soldaten stationiert. Das war das Dreifache aller bewaffneten Kräfte Panamas. Als sich der Kanal und seine Zone schon seit langem amortisiert hatten, verblieben dort koloniale Enklaven, die Panama spalteten. Der General sprach davon, dass der Kanal das Volk Panamas zersetzt. Jeder der 10.000 amerikanischen Militärangehörigen hat sich während seines Aufenthalts in Panama um eine Freundin aus der Zahl der unter Armut leidenden jungen Frauen bemüht. Jetzt protestierten diese Frauen gegen den Weggang der amerikanischen Armee im Fall einer Nationalisierung des Kanals. Dort am Kanal und in der Kanalzone waren 8.000 panamaische Arbeitskräfte mit den schmutzigsten und unqualifiziertesten Arbeiten beschäftigt. Sie bekamen den niedrigstmöglichen amerikanischen Lohn, der aber immer noch höher als das übliche Arbeitsentgelt in Panama war. Diesen Fakt hatten die

Gegner der Rückübereignung des Panama-Kanals auch im Kalkül. Man war aber ihnen gegenüber um Erklärungen bemüht, dass eine Nationalisierung die Kanalgewinne nicht schmälern würde und ihre Interessen nicht litten.

Torrijos beschäftigte auch das Frischwasserproblem sehr, das für den Kanal in hohem Maße aufgebracht werden musste. Beide Schleusen, die jeweils das Gefälle zum Atlantischen beziehungsweise Stillen Ozean ausgleichen, müssen mit Süßwasser befüllt werden. Das wird in Talsperren an den Oberläufen der Gebirgsflüsse aufgefangen, die mit Staudämmen gesichert sind.

Bis vor einiger Zeit beunruhigte das Auffangen und der Ausstoß des Talsperrenwassers noch niemanden, obwohl jede Schleusung einen unumkehrbaren Verlust von 50 Millionen Liter Wasser bedeutete. Aber mit dem Größerwerden der Stadt Panama stiegen Wasser- und Energiebedarf der Städter stark an. Die Elektroenergie wurde in Wasserkraftwerken produziert. Das Wasser beanspruchte aber jedoch der Kanal. Die Ausweitung des Bewässerungssystems erforderte ebenfalls mehr Wasser, aber es wurde meist in der Kanalzone gespeichert. Deshalb gab es Zeiten, in den die panamaische Regierung bei der amerikanischen Kanalverwaltung ihr eigenes Wasser kaufen musste.

Der General entwarf eine Problemlösung für die Zukunft. Er entwickelte die Idee vom Bau eines neuen schleusenfreien Kanals oder die Errichtung eines prinzipiell neuen Verkehrsweges zwischen den Ozeanen, der aus einer vielgleisigen Eisenbahntrasse bestehen würde. Auf dieser Eisenbahntrasse könnten Spezialwagen fahren, die für den Transport von großen Seefahrtsschiffen ausgerüstet sind. Das wird eine eigenwillige »Schleppstrecke« – schnell, billig und zuverlässig.

Torrijos berichtete mir ausführlich vom Verlauf der panamaisch-amerikanischen Verhandlungen. Er antwortete auf alle Fragen, die im Zusammenhang mit dem revolutionären Prozess direkt in Panama auftraten. Als mich Torrijos nach den fünf Tagen in Panama verabschiedete, verfügte er, dass mir ein Jahresvisum für die Einreise nach Panama ausgestellt wird. Das war das beste Merkmal für ein erfolgreiches Treffen. Und trotzdem schmeichelten seine Worte bei der Verabschiedung meiner Selbstverliebtheit: »Wenn alle Russen so sind wie du, dann ist das einfach herrlich!«

Vor Aufregung und bei der anstrengenden, ungewohnten Hitze hatte ich keinen Appetit und verlor reichlich Gewicht. Ich wollte sehr gern nach Hause und unbedingt die Informationen loswerden, die ich von den kompetentesten und maßgebendsten Quellen erhalten hatte. Informationen über den »weißen Fleck«, der Panama für uns bis dahin gewesen war. Ich hielt mich nicht in Paris auf, dem ewigen Umschlagpunkt für Flüge nach Lateinamerika.

Ich selbst war zufrieden mit der Operation. Sie erweckte den Jagdinstinkt des Aufklärers aus dem Schlummer. Es erwies sich, dass das Pulver in den Pulverbüchsen während der Arbeit in der Zentrale noch nicht zu feucht geworden ist. Die schon ziemlich vom Leben gerupften Flügel hielten mich noch in der Luft.

In den nachfolgenden Jahren besuchte ich regelmäßig Panama, wo so auch keine sowjetische Botschaft eröffnet wurde. Am 7. September 1977 unterzeichneten die USA und Panama den Vertrag zur Übergabe des Panama-Kanals an Panama zum 1. Januar 2000. Torrijos hatte sein Lebensziel erreicht. Der Zeremonie der Vertragsunterzeichnung wohnten achtzehn Oberhäupter der amerikanischen Staaten, drei oder vier Vizepräsidenten und einige Außenminister bei. Mehr als hundert Personen umfasste die panamaische Delegation; auch die Schriftsteller Gabriel García Márquez und Graham Greene. Torrijos wollte, dass die ganze Welt Zeuge und Garant eines ehrlichen Vertrags war.

Es verging ein Jahr und neue Zweifel befielen Torrijos. Sie entstanden in Zusammenhang mit der Ratifizierung des Vertrages. Im März 1978 traf er mich wie einen alten Bekannten und ich fühlte sofort seine Erregung über das Vorgehen der USA. Er berichtete, dass seit der Unterzeichnung des Vertrags bis zum damaligen Zeitpunkt fünfzig Senatoren aus den USA (genau die Hälfte der Mitglieder des Senats) in Panama gewesen sind – jeder mit dem Ziel, das Land kennenzulernen, sich mit dem Stand der Demokratisierung vertraut zu machen und so weiter. Fast jeder hielt Torrijos für einen »Tyrannen«, »Diktator« oder eine »starke Persönlichkeit«. Diese Ansichten basierten nicht selten auf Gerüchten, dass Torrijos ein Trinker, Schürzenjäger, Freund und Unterstützer Fidel Castros ist. Sie forderten von Torrijos die persönliche Begleitung auf ihren Flügen. Im Flugzeug sitzend bombardierten sie ihn mit Fragen: »Wann trittst du von der Macht zurück?«; »Warum hast du deine politischen Gegner außer Landes geschickt?«; »Wann werden Wahlen durchgeführt?« und so weiter. Die Senatoren kannten kein Pardon. Selbst der sie begleitende amerikanische Botschafter Jordan schrieb: »Torrijos hätte glatt die Tür des Salons öffnen können und ein paar von diesen Leuten ins Meer werfen können.« Der Botschafter hatte gesehen, wie oft Torrijos Flecken auf den Wangen bekam und intervenierte, um die Situation zu entschärfen. Zu mir sagte der General, dass ihn nur die dringende Notwendigkeit einer Abstimmung mit den USA davon abhielt, diesen stolzierenden Politikern die Meinung zu sagen. Sie belehrten Ihn ohne Ende, tranken, aßen, machten die Frauen an und belehrten wieder, nahmen die Geschenke in Beschlag und belehrten ihn ermüdend wieder.

Man brauchte nur einem der Senatoren nicht die maximale Aufmerksamkeit zu widmen, sofort stellte er sich in der Reihe der Vertragsgegner in Positur. So geschehen zum Beispiel mit dem Senator DeConcini (Staat Arizona). Er kam mit seiner Frau, seiner Mutter und dem jüngeren Bruder in einer Zeit nach Panama, als Torrijos dienstlich in Anspruch genommen war und sich nicht persönlich um ihn kümmern konnte. Dieser beleidigte politische Zwerg rächte sich im Verlauf der Abstimmung bitter. Er hätte beinahe die Früchte der mehrjährigen Arbeit unter Beschuss gestellt. Er war auch der Initiator aller gegen Panama gerichteten Abänderungen.

Der General vertraute Carter, der ihn immer wieder bat, auszuhalten, abzuwarten, keine überhasteten Aussagen zu treffen. Er

versprach, dass sich allmählich alles ordnen wird. Torrijos erklärte sich einverstanden, bis zum Tag der Ratifizierung nichts zu unternehmen. Er wies aber darauf hin: Wenn die Ratifizierung platzen sollte, würde sich die Situation radikal ändern. »Ich gehe nicht von meinem ab«, sagte er, »ich werde keine zusätzlichen Kapitulationsverträge unterschreiben, ansonsten hätte das Volk das Recht, mich am ersten Telefonmast aufzuhängen. Ich habe verfügt, alle Debatten des amerikanischen Kongresses direkt nach Panama zu übertragen, damit das ganze Volk hört, welche Gemeinheiten die Yankees über uns verbreiten. Wir sind reifer geworden, uns kann man nicht mehr erschrecken oder belügen.« Als ich ihm die Idee unterbreitete, die ständige Neutralität Panamas als Land zu verkünden, interessierte er sich für meine Argumentation. Für die USA, sagte ich, verschwinden die besonderen Ansprüche auf die Verteidigung des Kanals, weil der Status eines dauerhaft neutralen Landes gern von der internationalen Gemeinschaft anerkannt wird. Danach fragte Torrijos: »Aber werde ich nicht in diesem Fall zu einem politischen Eunuch, zu einem unfruchtbaren Merino? Kann mein Land dann noch eine aktive Außenpolitik führen, Freunden Hilfe erweisen?« Ich antwortete, dass Schweden ein geachtetes, leistungsfähiges Land ist. Österreich ist zu einem Ort der internationalen Organisationen und Verhandlungen geworden. Sein Bürger Kurt Waldheim ist Generalsekretär der UNO. »Ja«, dachte Torrijos nach, »damit muss ich mich beschäftigen.«
Meiner Meinung nach ist er auf diese Idee nie zurückgekommen. Leider!
Über seine Außenpolitik sprach Torrijos manchmal mit großem Humor. »Niemand kann verstehen, wer ich überhaupt bin.
Somoza ruft an und fragt, ob ich ihm Tränengas zum Auseinandertreiben der Demonstranten schicken kann. Er nimmt wohl an, dass ich sein Beerenfeld bin. Und ich antworte, dass ich gerade erst alle Vorräte an Peru gegeben habe und nun nichts mehr da ist. Die Guatemalteken bitten mich um einen

Erfahrungsaustausch zum Kampf um die öffentliche internationale Meinung zur Bekräftigung der Ansprüche um das strittige Britisch Honduras – Belize. Die Sandinisten – die Feinde Somozas – suchen nach Geld und Waffen nach. Ich gebe ihnen einiges.« Auf das Rollfeld des Flugplatzes zeigend, platzt es plötzlich aus ihm heraus: »Denkst du etwa, dass hier lediglich mein Flugzeug landet und startet? Nein, von hier aus heben häufig Flugzeuge mit Waffen für die Partisanen in Zentralamerika ab. Am schwierigsten ist es, der Herstellungskennzeichen abzumontieren, aber wir haben auch das gelernt!«

Wir haben über vieles gesprochen und beratschlagt an jenen Abenden auf der Veranda seines Hauses in Farallon, von wo aus sich einem der endlose Stille Ozean mit seinem fortwährenden schweren Seufzen der Wellen ausbreitete. Im orangefarbenen Schimmer des Sonnenunterganges zogen direkt an der Wasserkante wie in einer strengen Kielwasserfurche mächtige Kormorane immer von Süden nach Norden entlang. Ein anderes Mal liefen hiesige Fischer am Strand und grüßten stets den General oder sahen sich nach einem Gläschen Rum um.

In Moskau erfuhr ich dann, dass nach siebenmonatiger aufreibender Erörterung im US-Senat der »Torrijos-Carter-Vertrag« mit 68 zu 32 Stimmen ratifiziert wurde. Das war ein historischer Sieg. Für die Verabschiedung des Vertrags wurde eine Zwei-Drittel-Mehrheit des Senates benötigt. Wenn auch nur zwei Senatoren ihre Meinung geändert und dem Vertrag ihre Zustimmung verwehrt hätten, dann wäre ein heftiger und gefährlicher Konflikt unausweichlich gewesen. Den hätte Torrijos nicht gewollt. Wir mochten auch keinen Konflikt und taten alles dafür, damit der Vertrag dort wirksam wurde, wo früher nur die Kraft des Stärkeren zählte.

Letztmalig sah ich den General 1979. Ich reiste zu ihm, als der Vertrag schon in Kraft getreten war. Laut dem Vertrag und seinen Bedingungen sollten der Kanal selbst und die Bauten endgültig am 1. Januar 2000 juristisch an Panama übergehen. Das Territorium der Kanalzone jedoch, das heißt ein Landstreifen mit einer Breite von je 10 Meilen zu beiden Seiten der Kanaltrasse,

der insgesamt 1.434 Quadratkilometer umfasste, wurde unverzüglich an Panama übergeben. Ich traf Torrijos sieben Tage nach Übergang des gesamten Kanalzonengebietes in die Verwaltung der panamaischen Regierung. Ich hoffte, einen frohlockenden Triumphator anzutreffen und sah wiederum einen besorgten und ziemlich am Boden zerstörten Menschen. Es erwies sich, dass er nicht einmal an den Feierlichkeiten am 1. Oktober 1979 zur Übergabe der Kanalzone an Panama teilgenommen hatte. An diesem Tag hatte er auf seiner Veranda vor dem Fernseher gesessen, seinen Gehilfen gerufen und zu ihm gesagt: »Es gibt Momente, da muss der Mensch allein sein.« Er schickte alle nach Panama und befahl, seinen Hubschrauber zu starten. Er flog in die Siedlungsgebiete der Indianerstämme. Später erklärte er sein Vorgehen so: »Ich war nicht dabei, weil es nicht mein Sieg war. Das war ein Sieg des gesamten Volkes. Ich war bloß der Hauptdarsteller ... Ich wurde kaum wahrgenommen, obwohl ich der lauteste Schreihals war ... Das Erreichen unserer Unabhängigkeit ist nicht das Ergebnis der Arbeit eines Mannes. Die Unabhängigkeit wurde dank des Kampfes vieler Generationen möglich. Es ist so, als ob sich deren Kräfte innerhalb der siebzig Jahre vereint haben.« Er überließ nicht nur in Worten, sondern auch in der Tat seinem Volk an diesem Tag die Hauptrolle.
Wir sprachen gemeinsam oft von dem Können, mit den Menschen zu arbeiten. Er kritisierte unsere führenden Politiker sehr scharf für ihren Formalismus, für ihr Streben nach offiziellen Deklarationen, Kommuniqués von Verhandlungen, für die vielen Papiere. Mit seltenen Ausnahmen treten die sowjetischen Botschafter nie aus ihrem langweiligen Beamtendasein heraus. »Ich wollte schon die ganze Zeit in Panama eine sowjetische Botschaft eröffnen, obwohl das mit einigem politischen Aufwand für mich verbunden ist. Aber wenn sie mir irgendeinen Typen schicken, mit dem man nicht offen sprechen oder nicht mal die Gedanken austauschen kann, warum sollte ich so einen Botschafter brauchen. Dann ist es doch besser, inoffizielle Kontakte zu pflegen.« Ich versicherte kräftig, dass doch das eine das andere nicht ausschließt und normale diplomatische Beziehungen für

die Entwicklung zwischenstaatlicher Bindungen zwischen zwei Staaten unbedingt notwendig sind.

Als ich von den Methoden meiner Arbeit mit den Amerikanern sprach, öffnete er zum wiederholten Mal seine ganze linke Küche. »Uns ist gelungen«, sagte er, »uns in so einem Maße mit Mitarbeitern des Weißen Hauses anzufreunden, dass sie uns baten, ihnen unter Missachtung der Carter-Ordnung Bier auf Arbeit zu bringen. In der Arbeitszeit waren ihnen solche Getränke verboten. Wir passten auf, dass kein Chef kam, wenn die Mitarbeiter die Sekretärinnen knutschten. Ein solches Vertrauen half uns, in hohem Umfang wichtige Informationen zu erhalten ...« (Diese Mitteilungen waren für mich als Aufklärer wertvoll, und ich schrieb sie mir hinter die Ohren.)

Zum Ende der siebziger Jahre entstand eine für die USA gefährliche Situation in Zentralamerika. Im Ergebnis des Vertrages mit Torrijos verloren sie den Panamakanal zum Jahr 2000. In Nicaragua siegten die Sandinisten im Sommer 1979 in einem fürchterlichen Bürgerkrieg. Sie stürzten die Macht des blutigen Diktators Anastasio Somoza, über dessen Vater F. Roosevelt seinerzeit zynisch sagte: »Er ist ein Hundesohn, aber er ist unser Hundesohn.« In Salvador breitete sich der Feuerschein des Partisanenkrieges aus und in Honduras war er schon einige Jahre im Gange. Torrijos orientierte sich hervorragend in diesem schwierigen Ländergefüge, mit den Interessen und den Führern. Für die Sowjetunion blieb zunächst vieles hier »Terra incognita«: Nicht in einem der zentralamerikanischen Länder, ausgenommen Costa Rica, existierten sowjetische Botschaften oder Handelsvertretungen. Und die Gespräche zwischen mir und Torrijos zogen sich stundenlang, einige Tage, hin, bis das gemeinsame Interesse befriedigt war.

Im Sommer 1981 hatte ich wieder vor, den General zu besuchen. Ich hatte schon meinen Koffer für die Reise gepackt, als ich die Nachricht im Radio hörte. Am 31. Juli war Torrijos' Flugzeug, mit dem er sich auf dem Weg in sein geliebtes Dorf in den Coclesito-Bergen befunden hatte, aufgrund des schlechten Wetters an einen Felsen geprallt und abgestürzt. Es gibt keine Worte, die den schrecklichen Schmerz beschreiben, den ich durchlebte. Ich litt aufrichtig mit dem panamaischen Volk, das einen so hervorragenden politischen Führer und wunderbaren Menschen verloren hatte. Mit seinem Tod schrumpfte die Bedeutung Panamas auf der Weltkarte wie Chagrin-Haut. Nicht einer der Torrijos-Nachfolger war auch nur annähernd vergleichbar mit ihm, mit seiner politischen Reinheit, seinem Charisma und menschlicher Anziehungskraft. Im meinem Herzen blieb für immer ein Loch.

Es vergingen drei Jahre, und mir fiel ein Buch in die Hände, das Graham Greene über Torrijos geschrieben hat. Sie hatte in etwa diesen Jahren eine enge Freundschaft verbunden. Ich begann, gierig zu lesen, und fand plötzlich Aussagen, die sich meiner Meinung nach auf mich bezogen. Graham Greene schrieb: »Ich sprach eines Tages mit dem General über Russland und begann, meine Lieblingstheorie zu beschreiben. Die besagte, dass der KGB eines Tages die Macht in seine Hände nimmt und dann würde sich erweisen, dass es viel einfacher ist, mit Pragmatikern zu arbeiten als mit politischen Papageien. Der KGB wählt die hellsten Köpfe der Universitäten für sich aus; sie haben Fremdsprachenkenntnisse, sind international versiert. Marx ist für sie nicht das einzige Licht im Fenster. Sie können zu Instrumenten kluger Reformen bei sich zu Hause werden.

Omar bemerkte: ›Das, was du sagst, ist für mich von besonderem Interesse. Vor einiger Zeit kam ein KGB-Offizier aus Südamerika zu mir. Es war ein junger, sehr gebildeter Mann. Er sprach sehr gut Spanisch. Ich war ihm gegenüber sehr vorsichtig, da ich eine Falle fürchtete. Er sagte mir, dass man kaum irgendwelche Veränderungen in Russland erwarten kann, solange im Kreml die bisherigen hinfälligen Alten sitzen. Der junge Mann sagte, dass er noch mal auf Besuch wiederkommen wird.

Ich weiß nicht, ob er noch einmal wiedergekommen ist. Er muss von der Bindung Torrijos zu Carter gewusst haben. Wollte er durch den General irgendein Signal an Carter vor den Präsidentschaftswahlen in den USA, die Reagan gewinnen sollte, geben? Ich werde auf diese Frage nie eine Antwort erhalten.‹«

Ja, lieber Greene, jetzt wirst du es nie mehr erfahren. Ihr beide, du und der General, habt die sündige Welt verlassen. Die einzige Chance, den würzigen Geruch der Kreolen-Politik zu verspüren, wird sein, sich zu Gott gegebener Zeit im Jenseits zu treffen, wenn es eins gibt.

Politik ist Politik, Aufklärung ist Aufklärung und Freundschaft ist Freundschaft. Graham Green hat Torrijos sehr verehrt. Er hat ihm ein Buch mit dem Titel »Mein Freund der General« gewidmet. Er wollte darin betonen, welche unerschöpfliche Persönlichkeit dieser Mensch war. Das Buch ist warm und herzlich geschrieben.

Mir erschien es, als ob ich den General nicht weniger verehrt habe. Ich schrieb auch ein Buch über Torrijos. Es war 1990 herausgegeben worden. Der Titel des Buches ist einer seiner aphoristischen Redensarten entnommen: »Ich möchte nicht in die Geschichtsbücher, sondern in die Kanalzone eingehen.« Das Buch ist sehr wahrscheinlich keine künstlerische Errungenschaft, aber es ist sehr gewissenhaft und unvoreingenommen – davon bin ich überzeugt. Das Vorwort dazu hat der treue Adjutant von Torrijos, Jose de Jesus Martinez geschrieben – ein Mensch, der die Fähigkeiten eines Philosophen, Soldaten, Piloten, Diplomaten in sich vereinte und den alle im karibischen Becken unter dem Spitznamen Tschutschu kannten. Vor kurzem ist auch er gestorben. Er war der Bewahrer des Museums von Torrijos, seiner Aphorismen. Während des barbarischen Überfalls der Amerikaner auf Panama 1989 wurde auch das Museum von Torrijos zerstört. Es war unter Raketenbeschuss geraten. Alle Exponate wurden vernichtet. Das Museum war in keinster Weise ein Militärobjekt gewesen. Es befand sich weit weg von den Kasernen der Nationalgarde. Jemand wollte wohl selbst das Andenken an diese einzigartige Erscheinung in der Geschichte des panamaischen Volkes – an das Leben und die Taten von Omar Torrijos – verhindern. Ich hatte mich schon lange daran gewöhnt, den Amerikanern gegenzuhalten. Deshalb schrieb ich ein Buch über den General. Schriften verbrennen bekanntlich nicht und gehen auch nicht unter.

Der Anfang vom Ende

Wenn ich aus Panama oder von ähnlichen Reisen in andere Länder zurückgekehrt war, stürzte ich mich gewöhnlich in der Verwaltung Auswertung und Information voll in die Arbeit der Aufklärung um Abstand von den unmittelbaren Erfahrungen zu gewinnen und Emotionen abzubauen. Für die Bewertung der eingehenden Informationen, für die Zusammenstellung des an die politische Führung gehenden Informationsmaterials brauchte ich ein Maximum an Unparteilichkeit und Objektivität. Aber zu den Pflichten der Verwaltung Auswertung und Information gehörte in bedeutendem Maße auch die Aufgabe der Justierung der operativen Kräfte der Aufklärung durch Zielvereinbarungen. Die formulierte oft der Leiter der Aufklärung, der uns dann die Weisung erteilte, ein Rundtelegramm an die Gruppen in den bedeutendsten Residenturen zu schicken. Manchmal gingen sie auch »an alle, an alle, an alle« mit der Forderung, die Anstrengungen auf irgendwelche bestimmten Probleme zu konzentrieren.
Wir durften auch selbst den Wortlaut der Direktiven erstellen, wenn wir der Überzeugung waren, dass die Aufklärung auf diese oder jene Frage reagieren sollte, aber der Leiter der Aufklärung musste es unterschrieben haben.
In der zweiten Hälfte der siebziger Jahre hatte ich mich schon an das unwahrscheinlich breite Spektrum der beruflichen Verantwortung meiner Verwaltung gewöhnt. Zum Beispiel an die Notwendigkeit, immer bereit zu sein, telefonisch die verschiedensten Fragen der Leitung der Aufklärung und des Komitees für Staatssicherheit zu beantworten. Immer mehr trieb mich die Lage der Dinge in den Ländern der sozialistischen Gemeinschaft um, wie damals die Staaten des Warschauer Vertrages (in der westlichen Welt unter der Benennung »Warschauer Pakt« bekannt, Anm. d. Übers.) genannt wurden.

Gemäß Status befasste sich die Aufklärung nicht mit den sozialistischen Ländern. Das waren unsere Verbündeten. Unsere Beziehungen beruhten auf der Grundlage einer festen Freundschaft. Mir ist bekannt, dass die Führung operativer Ermittlungen gegen Bürger dieser Staaten verboten war. Natürlich gab es keine Anwerbungen, keine Listen von Agenten und so weiter. Die einzige Ausnahme stellte die DDR dar, wo in Absprache mit den deutschen Kollegen diese Arbeit zulässig war.

In allen sozialistischen Ländern befand sich eine Vertretung des KGB, die enge Kontakte zu ihren Partnern aus den Innenministerien pflegten. Sie erwiesen methodische und organisatorisch-operative Unterstützung. Von Zeit zu Zeit wurden Vereinbarungen über die Zusammenarbeit unterzeichnet, die die praktischen Bereiche des Zusammenwirkens absteckten. An der Spitze der Vertretungen standen fast immer erfahrene Generäle der Aufklärung. Ihnen unterstellt war eine Gruppe Fachleute verschiedener Richtungen: Darunter waren Aufklärer, Mitarbeiter der Spionageabwehr, der militärischen Spionageabwehr, Fachkräfte für operative Technik und so weiter. Aus den Vertretungen trafen viele Informationen über die Lage in diesen Ländern in der Zentrale ein. Informationsquellen waren Mitarbeiter des Partei- und Staatsapparats, Kollegen aus dem Innenministerium, Wirtschaftsfunktionäre und andere. Oft gaben die Leute ihre Informationen an unsere Mitarbeiter, da sie seitens der sowjetischen Botschafter nicht die nötige Aufmerksamkeit erwarteten. Die waren fast alle Emporkömmlinge aus dem Parteiapparat. So kam es dann auch, dass sich die Informationen der sowjetischen Botschafter aus den sozialistischen Ländern in rosaroten Farben zeigten, während die Informationen der Vertreter des KGB ein bedeutend realitätsnaheres Lagebild zeigten.

So erinnere ich mich daran, dass 1980 der neu ernannte Botschafter in Polen B. I. Aristow unsere Information las und sofort Andropow anrief. Er hielt unsere Information für voreingenommen, nicht objektiv. Sie reflektiere die Lage falsch. Sofort kam der Anruf des Vorsitzenden in meinem Büro: »Also,

Aristow meint, dass wir die Situation in Polen dramatisieren. Ist das so?« Ich antwortete, dass Aristow mit den polnischen Problemen wohl kaum in Berührung kommt. Aber unsere Mitarbeiter haben im Verlauf von vielen Jahren aufmerksam die Entwicklung im Land verfolgt. Wir können Aristow vorschlagen, zu uns in die Aufklärung zu kommen und die vielen Bände angesammelten Materials über Polen zu lesen. Er kann mit unseren Mitarbeitern sprechen, die das Land tatsächlich kennen. Der Vorsitzende dankte und legte den Hörer auf. Wir warteten vergeblich auf einen Arbeitsbesuch des frisch gebackenen Botschafters. Ich konnte dann erst später seine Aufregung in der sowjetischen Botschaft in Warschau feststellen, als Polen von großen sozialen Spannungen erschüttert wurde.
Ich war mehrfach dienstlich in den Ländern des Warschauer Vertrages. Als Leiter des Dienstes für Auswertung und Information der Aufklärung nahm ich Termine wahr, führte Unterredungen mit meinen Kollegen der Bruder-Aufklärungen, traf die Leitungen des Innenministerien. Oft empfingen uns auch hochrangige leitende Mitarbeiter der Partei- und Staatselite. Themenbezogener und praktisch nützlicher Erfahrungsaustausch fand meist nur mit den direkten Kollegen statt. Alle übrigen Treffen trugen Protokollcharakter. Damit unsere Reisen sich nicht nur rein dienstlichen Kontakten dienten baten wir nachdrücklich auch um die Organisation von Fabrikbesichtigungen, von Besuchen landwirtschaftlicher Betriebe und um Treffen mit Wissenschaftlern und so weiter. Man wollte nah am Leben dieser Länder sein. Da ich vom Dorf stamme, waren für mich immer die Aufenthalte in den Dörfern und die Gespräche mit den Landwirten interessant. Ich muss daran denken, wie wir einmal in Ungarn einen ganzen Tag in der Familie eines Bauern verbrachten, der eine umfangreiche Wirtschaft führte. Er fütterte Schweine, was ihm einen wesentlich größeren Gewinn einbrachte, als der Verdienst in der Kooperative war. Wir waren bemüht, die Wirtschaft der Länder und die Produktionstechnologien zu verstehen. Fast zehn Jahre lang musste ich täglich die Mitteilungen der sowjetischen

Botschafter aus den sozialistischen Ländern lesen. Ich bekam so die Protokolle der Gespräche sowjetischer Funktionäre mit den Staatsoberhäuptern dieser Länder zusätzlich zu den Informationen aus den Vertretungen zur Kenntnis. Viel Interessantes hatten unsere Kollegen nach ihrer Rückkehr von langjährigen Dienstreisen in diese Länder zu berichten. Unsere Ansichten wurden unter dem Einfluss verschiedener Faktoren herausgebildet und fanden auf verschiedene Weise ihr Abbild in den Informationsdokumenten, die an das ZK der KPdSU gegeben wurden.

Während der mehr als vier Jahrzehnte, die seit dem Zweiten Weltkrieg vergangen sind, ist der Sozialismus als Lehre und Praxis eines Staatsaufbaus nicht tief in das öffentliche Bewusstsein jener Länder eingedrungen. Der Sozialismus war gemeinsam mit der Sowjetarmee zu ihnen gekommen und wurde als die Ideologie der Befreier oder Sieger aufgefasst. Widerstand war zwecklos, deshalb söhnten sich die Länder nach außen hin mit ihrem Schicksal aus. Die früheren Besitzer des Landes, der Betriebe, der Versorgungssysteme blieben bei sich zu Hause und passten sich den neuen Gegebenheiten an. Die neuen Ordnungen hätten sie niemals lieben können, eher umgekehrt. Das kam 1956 in Ungarn zum Ausdruck, drei Jahre zuvor in der DDR, 1968 in der Tschechoslowakei und in den siebziger Jahren in Polen.

In keinem der sozialistischen Staaten wurde zum Beispiel eine Nationalisierung der Ländereien durchgeführt. Es existierte auch eine veränderte Form des Privatbesitzes an Land. Bis in die letzten Jahre fanden dort Landkauf und -verkauf in begrenztem Maße statt. In Polen befanden sich ganze 80 Prozent der landwirtschaftlichen Nutzflächen in Privatbesitz. Nirgendwo drückte der Staat die Landwirtschaft so mit Steuern wie in der UdSSR. Deshalb waren die Genossenschaften in Ungarn, in der Tschechoslowakei, in der DDR und in Bulgarien in der Masse erfolgreich. Die städtische Bevölkerung hatte keine Schwierigkeiten beim Erwerb von Lebensmitteln. In Ungarn erreichte die Pro-Kopf-Fleischproduktion 140 Kilogramm.

Einen Teil des Fleisches verkauften sie an die amerikanische Armee, die in Deutschland stationiert war.

In allen Ländern erhielt sich auch ein kleines städtisches Privateigentum: Private Cafés, Friseurgeschäfte, Schuhmachereien, Schneidereien und so weiter. Einige kamen unter staatliche Kontrolle. Ein Teil des Gewinns ging an den Staat. Man bewahrte die Umsicht, nicht das Huhn zu erschlagen, das goldene Eier legt. Dasselbe betrifft den Wohnraum. In diesen Ländern gab es keine grundlose Aneignung von städtischen Immobilien durch den Staat, wie es in Russland nach 1917 passiert war. Die Leute wohnten in ihren eigenen Häusern und hatten die Möglichkeit, neue zu bauen.

Nur die Schwerindustrie, die Banken und der Transport wurden verstaatlicht. Überall gab es jedoch ein menschlicheres Beziehungsgefüge zwischen dem Staat als Arbeitgeber und den angestellten Arbeitskräften.

Fast überall übte die Kirche weiterhin einen bedeutenden geistlichen Einfluss auf die Bevölkerung aus. Sie nutzte die große Unabhängigkeit vom Staat. In Polen überstieg der Einfluss der katholischen Kirche schon immer den der regierenden Partei. In Ungarn könnten die Kirche und die Partei konkurrieren.

Im Unterschied zur UdSSR hatte sich in allen diesen Ländern ein Mehrparteiensystem erhalten. Überall existierten nicht nur formell zwei, drei Parteien, sondern tatsächlich und mit eigener sozialer Basis. Diese Parteien waren nicht auf eine Konfrontation aus. Sie gehörten verschiedenen Fronten (der nationalen, der Heimatfront und andere) gemeinsam mit der Regierungspartei, einer kommunistischen oder Arbeiterpartei. Sie befanden sich wie im politischen Dämmerzustand. Aber es war die fertige Struktur einer Demokratie, die im passenden Moment zum Vorschein kam. In keinem dieser Länder hatten die Regierungspartei und die Sicherheitsorgane solchen Einfluss und Gewicht, wie es in der UdSSR der Fall war.

Insgesamt war die Bevölkerung dieser Länder im Vergleich zu den Völkern der UdSSR weiter vorangeschritten. Allen Indikatoren zufolge befand sich das Lebensniveau der Bevölkerung

der UdSSR auf den letzten oder vorletzten Plätzen innerhalb der sozialistischen Staatengemeinschaft.
Die sogenannte »Atmosphäre der Aufrichtigkeit und des brüderlichen Miteinanders« hatte sich, wenn überhaupt, nur unter den führenden Eliten erhalten, ja und war dann auch einer zunehmenden Erosion unterworfen. Die nationalen Interessen stiegen langsam aber stetig über den proletarischen Internationalismus hinaus. Es ist einfach erstaunlich, wie die Regierung der UdSSR die politischen und wirtschaftlichen Schwächen des Warschauer Vertrages übersehen konnte. Der Politische Beratende Ausschuss, dem die Parteivorsitzenden und Staatsoberhäupter aller europäischen sozialistischen Länder angehörten, hatte sich doch regelmäßig zu seinen Beratungen zusammengefunden. Es wurden umfangreiche Dokumente und Deklarationen verabschiedet, die die Inhalte der Reden nochmals bekräftigten,. Aber es war sogar vielen Teilnehmern der Treffen klar, dass es sich hierbei um obligatorische und formale Veranstaltungen handelte. Am meisten wies Erich Honecker, manchmal auch Janos Kadar in privaten Gesprächen die sowjetische Führung auf den leeren Protokollcharakter solcher Sitzungen hin. »Die gesamte Arbeit«, so sagten sie, »beschränkt sich auf das Verlesen vorher fertiggestellter Reden, auf die regelmäßige Unterzeichnung einer Erklärung und ein Bankett. Es gibt weder die Zeit noch die Möglichkeit, sich offen und kollegial über die beim Aufbau des Sozialismus entstehenden realen Schwierigkeiten und Probleme des Miteinanders auszutauschen.« Aber auch diese unangenehmen Worte erreichen das Bewusstsein L. Breschnews und des Politbüros nicht.
Wie verblüffend anders verliefen da die Treffen der sieben Staatsoberhäupter der entwickelten kapitalistischen Länder während deren Tagungen des Politischen Beratenden Ausschusses! Und die Idee der jährlichen Tagungen selbst entstand nicht im Westen, sondern in den Ländern des Warschauer Vertrages. Unsere damalige Führung hielt sich innen- wie außenpolitisch strikt von allen brennenden Problemen fern. Und die klopften nicht nur an die Tür, sondern sie traten ein. Unter uns

tauften wir die damalige Politik auf »Strategie der vertagten Beschlüsse«.

Der Wirtschaftsmechanismus der Zusammenarbeit zwischen den sozialistischen Ländern war auch vom Formalismus-Virus infiziert. Der Rat für Gegenseitige Wirtschaftshilfe und die Internationale Investitionsbank hatten sich so auch nicht zu lebendigen Instrumenten der Zusammenarbeit entwickelt. Eher waren sie nur dazu da, Beschlüsse und die Folgen politischer Entscheidungen umzusetzen, als die Bedingungen für eine natürliche gegenseitig vorteilhafte Entwicklung der Volkswirtschaften zu schaffen. Einer der spannendsten Momente war für unsere Partner des RGW die Veröffentlichung der jährlichen Erdölexportquoten in die sozialistischen Länder. Alle warteten gespannt darauf, bei wem sie hochgestuft werden. Die Quoten wurden nicht öffentlich gemacht, sondern jedem Regierungsoberhaupt gesondert mitgeteilt. Auf wundersame Weise wurden sie jedoch gleich bekannt und sofort setzte die Bettelei um zusätzliche Lieferungen unter dem Vorwand einer größeren Ergebenheit, einer größeren Aktivität im antiimperialistischen Kampf und so weiter ein.

Unsere europäischen Verbündeten erkannten früher als die sowjetischen Funktionäre die tiefe Krise der Wirtschaft der UdSSR und begannen beharrlich einen Ausweg nach dem Westen zu suchen. Sie wollten die Verbindung mit dem kapitalistischen System stärken. Besondere Aktivität zeigte Ungarn. Gern nahm man Kredite vom Westen an und orientierte seine Waren den anderen Märkten zu. Auch Polen stand dabei nicht zurück.

In meinem Tagebuch habe ich dazu gefunden: »Am 1. März 1978 haben Mitglieder unseres Politbüros im Eilverfahren ohne jegliche Abstimmung telefonisch Polen ihr Einverständnis zum Abschluss einer separaten Vereinbarung mit der Europäischen Wirtschaftsgemeinschaft über den Verkauf von Baumwollstoffen in Westeuropa gegeben. Dieser Vertrag sieht die Anerkennung Westberlins als Bestandteil der BRD vor. Dieser Vertrag führte, wie auch eine Reihe anderer, zur wachsenden Zersplitterung des RGW. Die kapitalistische Integration erwies sich stärker als die sozialistische. Unsere wirtschaftliche Schwäche, das wachsenden Interesse unserer Verbündeten an den kapitalistischen Märkten untergraben unwiederbringlich unsere politischen Positionen.«

Selbst die sonst scheinbar so unerbittlichen Deutschen in der DDR nahmen bald »besondere« Beziehungen zur BRD auf. Sie erhielten jährliche Zuschüsse und bauten den grenznahen Handel aus. Ich denke da an den Fall des Berichtes eines TASS-Korrespondenten an Moskau, dass die DDR, die jedes Jahr nachdrücklich eine Steigerung der Erdöllieferungen erreicht hatte und dann, nachdem sie die Erdölverarbeitung in ihren Betrieben etabliert hatte, die Veredlungsprodukte (Benzin, Schmierstoffe und so weiter) während der Energiekrise zu guten Preisen – gegen Valuta – in den Westen, in die BRD, verkaufte. In dem Material waren auch genaue Verkaufszahlen an den Westen enthalten. Die TASS-Leitung verstand die ganze Brisanz der Information. Unter besonderer Berücksichtigung auch dessen, dass die Sowjetunion ihr Erdöl zu 50 Prozent des Weltmarktpreises an die sozialistischen Länder verkaufte, entschloss sie sich, diese Information nicht an die Presse zugeben. Sie veröffentlichte es in einer halboffenen Broschüre unter der Kategorie: »Nur für den Dienstgebrauch«.

Aber wie später bekannt wurde, hatte die Botschaft der DDR diese Broschüre mit dem Recht eines »zuverlässigen Bündnispartners« abonniert und das Material kam so in die Botschaft und demzufolge nach Berlin. Es gab einen unwahrscheinlich lauten Skandal, in den die Sekretäre des ZK der Parteien beider Seiten und die Botschafter involviert waren. Die Deutschen stellten filmreif die beleidigte Unschuld dar und unsere, anstelle die sich gebotene Möglichkeit für ein offenes Gespräch über das Wesen der gegenseitigen Wirtschaftsbeziehungen zu nutzen, beriefen den TASS-Korrespondenten aus der DDR ab und er hat bestimmt auch eine Rüge erhalten, da er sich mit Sachen befasst hatte, die ihn nichts angingen.

Alexej Nikolajewitsch Kosygin, Vorsitzender des Ministerrats

der UdSSR, einer der selbständig denkenden und klugen Leute jener Zeit, hat bei einem Gespräch mit seinem Kollegen aus der Tschechoslowakei einmal direkt gesagt, dass die Bündnispartner hochwertige valutataugliche Rohstoffe (Erdöl, Baumwolle, Gas, Metall) erhielten, die Lieferungen an die UdSSR aber immer nur minderwertige Produkte der verarbeitenden Industrie, 2. Wahl, waren, die auf den westlichen Märkten keinen Absatz gefunden hatten. Er demonstrierte dem verdutzten Kollegen tschechische Schuhe, die unsere Kollegen im westlichen Ausland gekauft hatten und beschädigte, dem Grunde nach Ausschuss, Schuhe, die säckeweise an die UdSSR geliefert wurde.
Ähnliche Fakten waren keine Ausnahme, sondern stellten das Beziehungsgeflecht zwischen unserem Land und den Bündnispartnern dar. Das Geflecht war faul und riss leicht, wenn die militär-politischen Ringe platzten, die die sozialistische Gemeinschaft an den Warschauer Vertrag fesselten.
J. W. Andropow hatte einmal, als er seine Konzeption der Staatssicherheit der UdSSR darlegte, vier konzentrische Kreise aufgezeichnet – die Sicherheitsgürtel. »Der erste«, sagte er, »und der wichtigste – das sind die innere Einheit, wirtschaftliches Gedeihen und moralische Gesundheit unseres eigenen Landes – der UdSSR; der zweite Kreis – das ist die Zuverlässigkeit unserer weltanschaulichen und militärischen Bündnispartner; der dritte Kreis – die internationale kommunistische Bewegung; der vierte Kreis – das ist die gesamte restliche Welt. Wenn wir von der Solidität und Festigkeit der ersten drei Gürtel überzeugt sind, brauchen wir keine Gefahren zu fürchten, die von dem vierten Kreis ausgehen.« Man musste ihm recht darin geben, dass die Länder der sozialistischen Gemeinschaft unsere weltanschaulichen Bündnispartner und Waffenbrüder die wichtigste Sicherheitskomponente der UdSSR waren.
Die Information, die von der Aufklärung über die Situation in den sozialistischen Ländern zu uns hereinkam, hatte vorwiegend heftig besorgniserregenden Charakter. Einen breiten Raum nahmen dabei die Darlegungen über die gegenseitigen Beziehungen in den höchsten Machtetagen, über die Mei-

nungen und Einstellungen der Funktionsträger und deren Mitstreiter ein. Diese Erkenntnisse wurden nicht mit den Mitteln der Aufklärung gewonnen, die lieferten uns gern die Regierungsvertreter eigenständig. Und zwar diejenigen, die sich zu den wahren Anhängern der UdSSR zählten oder andere, die auf unsere Unterstützung beim Emporkommen des Partei- und Staats-Treppchens spekulierten. Die Informationen kamen aus den Höchsten Sphären und waren in der Regel objektiv mit kleinen Korrekturen durch den Persönlichkeitskoeffizient. Wenn man die insgesamt erhaltene Information in deren Summe bewerten will, so muss man feststellen, dass sich innerhalb der Führung jedes sozialistischen Landes allmählich zwei Gruppen formierten: Eine war sehr stark an der UdSSR orientiert und die anderen zogen ihre Länder nicht minder nachdrücklich und beständig zum Westen. Die erstere Gruppe vereinigte vor allem oft die Verteidigungsminister, Innenminister und die obersten Funktionäre der Parteistrukturen. Zum Westen hin orientiert waren die Premierminister, alle, die in Wirtschaftsfragen kompetent waren und die Außenminister. Die prowestliche Ausrichtung eines Teiles des Staatsapparates wurde sorgsam gehütet und mit vielen Deklarationen freundschaftlicher Prägung verschleiert.

In der Aufklärung hatten wir keinerlei Meinungsverschiedenheiten zur Wertung der Sachlage und deren Prognosen in den sozialistischen Ländern. Jährlich trafen sich die Leiter der Vertretungen des KGB in den sozialistischen Ländern in Moskau und führten einen »Uhrenvergleich« durch, machten uns mit neuen Erkenntnissen über das »subversive Vorgehen des Gegners« bekannt und tauschten Erfahrungen aus. Das Komitee für Staatssicherheit gab der politischen Führung unseres Landes eindeutig zu verstehen, dass die Angelegenheiten im Lager der Verbündeten Jahr für Jahr immer schlechter und das zu einer Gefahr für unsere Beziehungen würde. Am 6. Dezember 1977 notierte ich in Bezug auf Polen: »Die Stärkung der Großbauernklasse, der Übergang städtischen Handels in Privateigentum und die Forcierung des Kapitalismus in der Industrie schaffen

die Grundlage für antisozialistische Kräfte. Unter dem polnischen antirussischen Nationalismus, bei einer allmächtigen Geistlichkeit mit Kardinal Wyschinski an der Spitze, mit der Zwietracht in der Führung der PVAP (Polnische Vereinigte Arbeiterpartei, Anm. d. Übers.) und Polens Regierung bleibt uns nur der Zeitpunkt einer inneren Explosion abzuwarten und zu raten, in welcher Form sie stattfindet. Aber bei dem derzeitigen Verlauf der Dinge ist das unausweichlich ...Wir blasen schon lange zum ›Aufbruch!‹, aber alle schlafen.«
Wir vermochten es auch lauthals schreiend nicht, zu unseren Führungskräften vorzudringen. Jedes Jahr reisten während des Urlaubes von L. I. Breschnew auf der Krim nacheinander die Spitzenfunktionäre der Bruderparteien in »Nishnaja Oreanda« an. Es sollte in nichtoffizieller Atmosphäre Klartext gesprochen werden. Aber tatsächlich versuchten Breschnews Gäste die Lage in ihren Ländern zu beschönigen, verschwiegen Ecken und Kanten, um noch irgendeine Unterstützung zu erschleichen. Im Zuge der Vorbereitung des Generalsekretärs auf diese Treffen, erhielt die Aufklärung den Auftrag, die Situation in diesen Ländern zu analysieren und eine Entwicklungsprognose abzugeben. Unsere Dokumente waren, wie bereits gesagt, in den Farben der Besorgnis schattiert. 1980 kam E. Gierek auf die Krim. Entsprechend meiner Aufzeichnungen nutzte Breschnew die Angaben aus den Aufklärungsmaterialien und versuchte ihn, »in die Mangel« zu nehmen, wie es A. A. Gromyko gern ausdrückte. Gierek war nicht zu Scherzen aufgelegt und begann energisch die angeführten Fakten und Schlussfolgerungen zu bezweifeln und zu beweisen, dass die in Polen tätigen Sowjetbürger eine verzerrte Widergabe der Realität liefern, dass sie verleumden und so weiter. Breschnew schaltete einen Gang zurück und erweckte den Eindruck, als ob er den Beteuerungen Tereks glaubte. Er schlug ihm vor, noch einige Tage Urlaub auf der Krim zu verbringen. Der beruhigte sich und blieb, aber ein Urlaub wurde es für ihn nicht. Buchstäblich nach wenigen Tagen begannen die Massenstreiks. Er musste eilig nach Warschau zurückkehren. Einige Wochen später dankte er auf den

Druck der Ereignisse ab. Es begann eine zehnjährige Periode der Instabilität in Polen, die mit der Zerschlagung des pseudosozialistischen Systems in Polen endete.

Nach dem Zusammenbruch des gesamten Systems des Warschauer Vertrages beendete auch die sozialistische Gemeinschaft ihr Dasein. Die amerikanische Zeitschrift *Times* platzierte in ihrem Journal eine zynische Bemerkung darüber wie folgt: Der Sozialismus brauchte für den Untergang in Polen – 10 Jahre, in Ungarn – 10 Monate, in der DDR – 10 Wochen, in der Tschechoslowakei – 10 Tage und in Rumänien – 10 Stunden.

Die dramatischen Folgen der politischen Kurzsichtigkeit hielten damals viele noch nicht für unabwendbar. Selbst Breschnew sonnte sich in einer künstlich geschaffenen Atmosphäre des Personenkultes. Die Funktionäre der Regierungsparteien der sozialistischen Länder kannten die Schwächen des sowjetischen Generalsekretärs, seine krankhafte Neigung zu Auszeichnungen, in gewisser Art eine »Ordenmanie«. Sie lernten, die »rührselige Gutmütigkeit« von Leonid Iljitsch »böse zu missbrauchen«. Ende 1976, als sein 70. Geburtstag nahte, begann auf Initiative von Gustav Husak die Massenauszeichnung Breschnews mit den höchsten Orden der sozialistischen Länder, wurde er zum Nationalhelden ernannt und anderem. In Moskau kamen, angeblich zu Weihnachten, alle Regierungsoberhäupter der sozialistischen Länder zusammen und hielten schmierige unaufrichtige Ansprachen. Tag für Tag liefen im Fernsehen diese standartmäßigen Übertragungen, die Gähnen und Abneigung hervorriefen. Ein anderes Mal konnte sich T. Shiwkow als Anführer einer weiteren solchen Aktion in Szene setzen. Und wieder begann eine Auszeichnungsorgie, die sowohl die Augen der Funktionäre als auch die der vielen anderen Menschen ermüdeten, deren Verstand und Herzen noch nicht ausreichend resistent gegenüber der zerstörerischen Macht der Medien war.

Dann, als die Ära der »Sintflut« für den Sozialismus begann, fragten mich viele seiner Anhänger, wo denn da die Aufklärung gewesen ist. Ich denke, dass ich ihnen diese Frage da ziemlich ehrlich beantwortet habe und jetzt halte ich es nochmal schriftlich fest.

Mir haben sich nachdrücklich die Worte von Omar Torrijos über Breschnew ins Gedächtnis eingebrannt: »Euer Leader ist hinter dem Lenkrad eingeschlafen und hat dabei den Fuß nicht vom Bremspedal genommen, und ihr legt den Finger auf die Lippen und flüstert ›Ts-s-s‹, bittet um Ruhe, anstelle ihn vom Fahrersitz zu holen und aufzuwecken.« Er konnte keine überzeugende Antwort auf die Frage finden, warum ein 270-Millionen-Volk so viele Jahre die Führerschaft eines solch mittelmäßigen und farblosen Funktionärs erdulden konnte. Interessanterweise glaubte der General auch den anderen führenden Politikern der sozialistischen Staaten nicht. Er meinte, dass die heutige Generation gänzlich nicht zur tiefen Verinnerlichung und praktischen Aneignung der kommunistischen Ideen bereit ist. Er glaubte an den endgültigen Triumph sozialistische Ansätze im Leben der Menschheit und verkündete kategorisch, dass jetzt »an den Kommunismus zu glauben und kommunistische Überzeugungen zu predigen – hieße, saubere Wäsche und Kleidung anzuziehen, ohne vorher im Bad gewesen zu sein.« Das Leben hat in vielem seine Worte bestätigt.

Mit Ärgernissen und Sorgen ging die Zeit dahin. Es kam eine kritische Zeit für die UdSSR und für das Modell des Sozialismus, das sie und ihre europäischen Verbündeten verkörperten. Nach meinem Dafürhalten waren 1979 und 1980 solche kritischen Jahre. Damals gab es Vorkommnisse, die in bedeutendem Maße die dramatischen Entscheidungen Ende der achtziger – und zu Beginn der neunziger Jahre vorbestimmten.

In erster Linie muss man die Invasion in Afghanistan in der Weihnachtswoche 1979 zu diesen Ereignissen zählen. Wenn man jetzigen Veröffentlichungen folgt, wurde der Beschluss des Politbüros über den Einmarsch eines begrenzten Kontingentes sowjetischer Truppen in Afghanistan geheim angenommen. Es gab keine Studie seitens der Auslandsexperten und Spezialisten für Afghanistan. Ich kann versichern, dass in der Aufklärung, in der Verwaltung Auswertung und Information niemand von der sich in Vorbereitung befindlichen Aktion wusste, obwohl wir über alle erreichbaren Informationen zur Lage in diesem Land verfügten. Unsere Meinung blieb ungefragt, obwohl wir nicht erst einmal unsere politischen Führungskräfte davon überzeugen konnten, dass wir die Materialien hochprofessionell aufbereiteten und die Zunge hinter den Zähnen behielten. Wir bekamen niemals Vorwürfe darüber, dass von uns Informationen nach außen gedrungen wären. Unsere Kollegen vom Außenministerium waren auch nicht in Kenntnis gesetzt worden und deren Berufserfahrung und Kenntnisse blieben ungenutzt. Das mutete erstaunlich an, weil bekannt war, dass das ZK früher in notwendigen Fällen »ad hoc« Arbeitsgruppen berief – aus Fachleuten aller Institutionen; die Arbeitsgruppe wurde faktisch in irgendeiner stadtnahen Niederlassung für die Zeit der Erarbeitung eines Positionspapieres »interniert«. Die Arbeit und ihre Ergebnisse wurden streng geheim gehalten. Man muss konstatieren, dass sich das Politbüro bei der Bewertung der politischen Folgen der geplanten Aktionen wiederum auf das traditionelle russische Geratewohl verlassen hatte.

Die Vorbereitung erfolgte nur von militärischer Seite. Damit war der Generalstab beschäftigt. Die Aufklärung war lediglich am Transfer Babrak Karmals aus der Tschechoslowakei, wo er sich Ende 1979 befand, nach Afghanistan beteiligt. Man brauchte ihn nicht lange zu überreden. Er strebte an die Macht und wollte Rache an seinen Gegnern nehmen. Alle operativen Maßnahmen der Aufklärung, die den Erfolg des Truppeneinmarsches gewährleisten sollten, waren nur eine Unterstützung. Davon wusste nur eine begrenzte Anzahl Leute.

Was Ursache dieses für die UdSSR so fatalen Beschlusses war und wie die Begründung durch D. F. Ustinow, J. W. Andropow, A. A. Gromyko und L. I. Breschnew für den Einmarsch der 40. Armee in Afghanistan aussah, wird jetzt für lange Zeit ein Rätsel sein. Was konnte das Politbüro, das doch um ungünstige Lage im Land und auch um die fortschreitende Krise der Länder des Warschauer Vertrages wusste, zu einem so riskanten Schritt bewegen?

Ich kann drei Gründe herausstellen, die sich in dem mir erkennbaren Spektrum der politischen Verhältnisse befanden: Erstens: Aus Afghanistan erreichte uns eine Menge sehr emotional gefärbter Berichte aus den Kreisen der »Partschamisten« (»Partscham« – »Fahne« – einer der Flügel der National-Demokratischen Partei Afghanistans), die durch ihre Parteigegner der Gruppe »Chalk« (»Volk«), mit Hafizullah Amin an der Spitze, entmachtet worden waren. Den Angaben zufolge entfachten die »Chalkisten« blutigen Terror im ganzen Land. Alle Gefängnisse waren mit »Partschamisten« überfüllt. Nachts fanden Massenerschießungen statt. Die Leichen wurden in Gruben beerdigt, die Planierraupen ausgehoben hatten, oder in die Bergflüsse geworfen. Die am Leben gebliebenen Mitglieder der DVPA (Demokratische Volkspartei Afghanistans, Anm. d. Übers.) mussten sich verbergen. Auf sie wurde regelrecht Jagd gemacht. Insgesamt ergab sich ein Bild von einer regelrechten Ausrottung der Kommunisten (DVPA – diese Benennung wurde ausgehend von den örtlichen Bedingungen gewählt) durch ihre früheren Parteigenossen, die in Fanatiker ausgeartet waren. Hafizullah Amin, der die gesamte Macht in Afghanistan verkörperte, wurde entschieden für alle Sünden angeklagt. Sie hatten sich erinnert, dass er irgendwann in den USA studiert hatte, und deshalb eventuell in die Fänge des CIA geraten war. Sie lenkten die Aufmerksamkeit darauf, dass eben als er an der Macht war, die Amerikaner Afghanistan das Flugzeug DC-10 geschenkt hatten, das jedoch nur auf zwei Flugplätzen des Landes landen konnte. Weiterhin gab es Hinweise darauf, dass er aus dem Land flüchten könnte, sobald die Liquidierung der Partei geendet hätte. Es wurden Gerüchte gestreut, dass er seine Bankkonten schließe und sie gemeinsam mit seinen persönlichen Wertgegenständen nach Tokio bringen würde. Dass Amin ein glühender »Antisowjetschik« würde, war die Pflichtanmerkung auf jedem Telegramm aus Kabul. Man kann nur raten, wie viele solcher Informationen direkt per Telefon aus Kabul kamen, denn zwischen den beiden Hauptstädten gab es eine geheime Telefonverbindung. Perspektivisch zeichneten

sich das Bild einer Auflösung der gesamten DVPA ab sowie Vergeltungsaktionen an den revolutionären Offizieren und die Vernichtung aller Freunde der Sowjetunion. Im Hintergrund schwang immer der Aufruf »Rettet uns!« mit.
Der zweite Grund konnte das persönliche Misstrauen der sowjetischen Führung gegenüber Amin sein. Dieser Mensch war ein grenzenloser Machtliebhaber und er war im Interesse seines Machterhaltes zu vielen Handlungen fähig. Er hatte die Saurrevolution im April 1979 ausgelöst, als er den Offizieren der Armee den Befehl gab, eine Militäroffensive gegen das Daud-Regime aufgrund der Verfolgung der Kommunisten zu starten. Kaum war der Sieg errungen, ging er gegen seine eigenen Parteigenossen vor. »Chalk« vereinigte in sich die Arbeiter- und Bauernkomponente der Partei, die weniger gebildeten und eher rückständigen. »Partscham« gehörten die Studenten, die Intelligenz und die Beamten an. Sie wurden von Babrak Karmal geleitete, der nach dem Sieg der Revolution zum stellvertretenden Premier-Minister ernannt worden und auch Mitglied des Politbüro und Sekretär des ZK war. Formell befanden sich Hafizullah Amin und Babrak Karmal in gleicher Position. Präsident Afghanistans, Vorsitzender des Revolutionsrates und Premier-Minister war Tarali, den alle als Lehrer, als Ältesten der Genossen betrachteten. Taraki war vertrauensselig uns willenlos. Er gab dem Druck Amins nach und enthob B. Karmal von allen Posten. Er gab sein Einverständnis zur Entsendung Karmals als Botschafter in die Tschechoslowakei. Amin selbst übernahm dann nacheinander die Posten eines Außenministers, dann des Premier-Ministers und war danach stellvertretender Verteidigungsminister. Er strebte praktisch offen an die Macht. Der vorherige Verteidigungsminister – der Held der Saurrevolution Kadyr wurde verhaftet, der Folter unterzogen und landete ohne Gericht und Urteil im Gefängnis. Amin fackelte nicht lange und genierte sich nicht, überall seine Leute zu postieren.
Der Machtantritt eines so despotischen, andere Meinungen ignorierenden, Menschen erschrak die sowjetische Führung. Sie

hätte es natürlich lieber mit dem willfährigen nachgiebigen Taraki zu tun gehabt. Nicht nur einmal warnten die sowjetischen Funktionäre über verschiedene Kanäle Taraki vor der Gefahr, die gegen ihn von Amin ausging. Aber da fand zu allem Unglück Anfang September 1979 in Havanna die 6. Konferenz der Blockfreien Staaten statt und Taraki war selbstverständlich dorthin eingeladen. Mit einer Sonderbotschaft aus Moskau wurde Taraki darüber informiert, dass er besser aufgrund der schwierigen innenpolitischen Lage in Afghanistan Kabul nicht verlassen solle. Ihm wurde vorgeschlagen, dass er doch jemand anderes schicken könne. Es hätte die Möglichkeit gegeben, der drohenden Gefahr zu entgehen. Aber Taraki nutze sie nicht. Ungeachtet dessen reiste er nach Havanna und hielt sich vom 1. bis 11. September dort auf.

Auf dem Weg von Kuba zurück in die Heimat legte er einen kurzen Zwischenstopp in Moskau ein. Er wurde dort nochmals ernsthaft vor der tödlichen Gefahr gewarnt. Er hörte sich schweigend alles an und flog nach Hause. Praktisch in den sicheren Tod.

Am Abend des 13. September kam Amin mit einer umfangreichen Schutztruppe in den Palast zu Taraki und dort gab es zwischen dem Wachschutz des Palastes und der Schutztruppe einen Schusswechsel, dessen Verursacher so auch nicht gefunden werden konnten. Amin begab sich daraufhin in das Verteidigungsministerium und erteilte dort den Befehl über die Absetzung Tarakis, der verhaftet wurde. Sämtliche leitenden Positionen, die es im Land gab, besetzte nun Amin. Das Plenum des ZK der DVPA segnete alle Amin-Resolutionen ab.

Wie auch der Kreml Amin bat, den alten Taraki zu verschonen, der jedoch reagierte nicht darauf.

Nach einigen Tagen wurde Taraki umgebracht. Es wurde berichtet, dass man ihn mit einem Kissen erstickt hat.

Unter diesen Bedingungen war für die sowjetische Führung jegliche Zusammenarbeit mit H. Amin unmöglich geworden. Es gab überhaupt keine Hoffnungen mehr darauf, dass eine gute Basis für eine sowjetischen Einflussnahme auf sein Umfeld geschaffen werden konnte: Amin wählte die Leute nach dem Prinzip der absoluten persönlichen Ergebenheit aus. Es blieb nur ein Weg, die sowjetisch-afghanischen Beziehungen auf dem gewünschten Niveau zu halten – Hafizullah Amin zu entmachten.

Der dritte Grund war eventuell der, dass die Sowjetunion in Afghanistan keine Etablierung eines feindlichen Regimes zulassen konnte. Das war jeglichen elementaren geopolitischen Überlegungen geschuldet. Während der Jahre der Sowjetmacht hatten fast alle afghanischen Regierungen gegenüber der UdSSR eine loyale, wenn nicht gar freundschaftliche Politik betrieben. Das lag darin begründet, dass Sowjetrussland und später die UdSSR, die Unabhängigkeit und Souveränität Afghanistans unterstützten. Die afghanischen Regierungen jedoch übten niemals tatsächlich die Macht über ihr ganzes Territorium aus. Das gesamte Land war ein Konglomerat feudaler Lehen, deren Besitzer formell die Macht Kabuls anerkannten, sich aber innerhalb ihrer Besitzungen ziemlich frei verhielten. Im Norden Afghanistans hatten über einen langen Zeitraum bedeutende Kräfte das Sagen, die von den Basmatschi in Mittelasien unterstützt wurden. Bewaffnete Basmatschi waren bei den Vorstößen der Roten Armee zu ihren Stammesbrüdern nach Afghanistan gegangen, wo viele Usbeken und Tadschiken leben. Dort regenerierten sie sich, bewaffneten sich. Die Truppen wurden durch neue Kämpfer verstärkt und sie kehrten in die UdSSR zurück. Damit erklärte sich in hohem Maße die Lebendigkeit der basmatischen Bewegung. Die Sache ging soweit, dass die Rote Armee 1929 mit Einverständnis der afghanischen Regierung Überfälle auf basmatische Versorgungsstellungen in Afghanistan verübten. Danach war die Basmatschen-Bewegung rückläufig.

Wenn man vom Balkan sagt, dass er »der weiche Unterbauch« Europas ist, so ist Afghanistan das ebenfalls für Mittelasien. Der Erhalt Afghanistans unter der Einflusssphäre der UdSSR war aus reinen Verteidigungsaspekten geboten. Während einer Dauer von sechzig Jahren nutzten wir die politischen

Positionen, die wir in Afghanistan hatten. Weiter wurde die sowjetische »Expansion« nicht ausgedehnt. Wenn es jedoch plötzlich die historische Perspektive einer Teilung Afghanistans in einen nördlichen und einen südlichen Teil gegeben hätte (davon war in der Mitte der achtziger Jahre die Rede), bin ich überzeugt davon, dass die Sowjetunion vollkommen zufrieden mit ihrer Einflusssphäre in Nordafghanistan gewesen wäre, und sich selbst Zeugnis darüber abgelegt hätte, dass sich der südliche Teil nach Pakistan orientiert und dorthin enge Bindungen gehabt hätte.

Nach der Machtergreifung durch H. Amin entstand erstmals seit den zwanziger Jahren die Gefahr dessen, dass sich Afghanistan von einer traditionell freundschaftlichen Politik mit der UdSSR abginge und zum Spielball in den Händen ihrer Stärksten Gegner würde.

Es ist zulässig anzumerken, dass ein Teil der Militärs nichts gegen die politische Entscheidung zur Vorbereitung des Truppeneinmarsches hatte. Sie wollten ihre Muskeln spielen lassen und ihre Kräfte unter den Bedingungen eines schwachen Widerstandes – so schien es ihnen – spielen lassen. So war auch ein Teil der KGB-Mitarbeiter von der operativ-abenteuerliche Seite der Sache, die mit der Vorbereitung eines dortigen Staatsumsturzes in Verbindung stand, fasziniert. Damit und mit anderem trug der Erfolg seine moralisch-psychologischen und karrieristischen Dividenden bei. Aber diese Überlegungen konnten nicht die Gewichtigsten sein. In der Hauptsache waren das die politischen Erwägungen, die bereits oben angeführt wurden.

Aber die politischen Ursachen – ich habe sie so umrissen, wie sie der sowjetischen Führung erschienen sein könnten – waren tatsächlich etwas anders. Es gab nicht eine so allgemeine Ausrottung aller Kommunisten, aller Freude der Sowjetunion, wie es auch nicht die Vorstellung einer unumkehrbaren Umwandlung Afghanistans in einen feindlichen Brückenkopf gegeben hätte. Der Wille eines einzelnen Menschen, sogar eines unvorhersagbar gefährlichen wie Hafizullah Amin – hätte es nicht vermocht, über lange Zeit den nationalen Interessen Afghanistans entgegen zu stehen, die die Freundschaft und ein Minimum an gutnachbarlichen Beziehungen mit der Sowjetunion einschlossen. Die sowjetische Regierung war offensichtlich desinformiert über das Ergebnis der innerparteilichen Zerwürfnisse in der Demokratischen Volkspartei Afghanistans. Sie wurde in den Kampf hineingezogen und erwies sich als dessen Opfer. Die aus Kabul vor dem sowjetischen Truppeneinmarsch eintreffenden Informationen, darunter auch die aus den Kanälen der Aufklärung stammenden, waren in großem Umfang entstellt. Die Unzulänglichkeiten Amins wurden hypertroph dargestellt, genau wie auch die Verdienste der Karmal-Anhänger. Die gesamte Partei DVPA war so verzankt, dass sie mit der Zeit den sowjetischen Botschafter, Parteiberater, die Militärführung und die Vertretung des KGB in ihre Konflikte mit hineinzog. Ob er wollte oder nicht, gelangte jeder unter den Einfluss einer der Seiten oder einer schillernden Persönlichkeit. Schmeichelei, Geschenke und sonstige »Argumente«, geschickt angewendet von den politischen Intriganten, brachten ihre Wirkung. Der Osten mit seinen ausschweifenden höfischen Kämpfen, mit seiner Heimtücke, seinem Janusgesicht und der Grausamkeit erwies sich als zu harte Nuss für die Kremlführung. Sie ließen sich in das verhängnisvolle Abenteuer hineinziehen.

Zum größten Bedauern konnte die Information aus Kabul nicht mit anderen Quellen abgeglichen werden, da sie aus dem Inneren der DVPA selbst stammte, die insgesamt nur zwölf- bis fünfzehntausend Mitglieder hatte. Der Westen und die afghanischen Nachbarn, zu deren Information wir über unsere Agenturen Zugang hatten, kannten die Situation in Afghanistan auch nur annähern. Das hatte sie auch vor der sowjetischen Intervention wenig interessiert, so dass sie dafür nicht von Nutzen war. Das Einzige, was wir in der Verwaltung Auswertung und Information unter diesen Bedingungen machen konnten – war, jeder Information eine genaue Quellenangabe beizufügen, damit der Leser sich vorstellen konnte, welche Quelle wir dabei nutzten.

Der Einmarsch der 40. sowjetischen Armee selbst fand in einer solchen Weise statt, die im Westen Panik hervorrief. Besorgte Stimmen wurden laut, dass wohl die Russen den Durchbruch zum Indischen Ozean begonnen hätten, um den »Jahrhunderttraum« vom Vorstoß zu den warmen Gewässern zu verwirklichen. Tatsächlich marschierte die 40. Armee in Afghanistan mit allen ihren Standartwaffen einschließlich taktischer Raketen ein. Beobachter konnten nicht verstehen, warum für die Bewältigung operativer Aufgaben im Kampf gegen die Partisanenverbände Raketen gebraucht würden, die für Schläge gegen strategische Ziele vorgesehen waren. Über die Grenzen krochen in Kolonnen Panzerfahrzeuge, die für einen sporadischen Krieg in einer Gebirgsgegend ungeeignet und unnötig waren. Ein einfaches Detail: Der kleine Hubwinkel (nur bis 30°) der Waffen-und Maschinengewehrpeilung an den Panzerfahrzeugen machte sie für den Kampf mit den Dushmanen unbrauchbar, wenn sie sich an den steilen Berghängen der Schluchten verschanzt hatten. Die Teilnehmer des Krieges berichteten später, dass sie von den Wegen herunter und mit dem vorderen Teil des Fahrzeuges auf den Berghang fahren mussten. Mit dieser absurden Methode fanden sie den notwendigen Sektor für das Zielfeuer.

Von außen ergab sich ein falsches Bild. Es schien so, als ob die Russen nicht einmarschiert waren, um der Partei ihrer Anhänger Hilfe zu erweisen, sondern um sich weiter nach Süden zu werfen, zum Beispiel zur Straße von Hormus, die weiter zum Persischen Golf führt, zum Erdöl des Nahen Ostens. Das Erdöl des Nahen Ostens wurde immer als ein lebenswichtiger Faktor für die entwickelte kapitalistische Welt angesehen. Der Anspruch auf das Erdöl – von wessen Seite aus er auch immer geltend gemacht wurde – das war ein »Casus Belli«(Auslöser für einen Krieg) für die Amerikaner und deren Verbündete. Ohne dieses Erdöl verlöre die zivilisierte Welt sofort ihren Glanz und die Anziehungskraft. Sie würde in eine tiefe und gefährliche Krise stürzen.

Der überaus erschrockene Westen ersann schnell Gegenmaßnahmen. Die USA sahen in der entstandenen Situation eine hervorragende Möglichkeit, es ihrem Gegner – der UdSSR – mit gleicher Münze für die in Vietnam erlittene Niederlage heimzuzahlen. Damals hatte sich die sowjetische Militärhilfe für die Vietnamesen als wichtige Komponente für die Entstehung eines Siegpotentials über die Amerikaner erwiesen. Nun hatten sich die Amerikaner dazu entschlossen, den Mudschahedin maximale Unterstützung zu gewähren, damit die sowjetischen Truppen eine Niederlage erlitten. Pakistan nutze die entstandene Chance, um seine Position in der Region zu stärken und zusätzliche Hilfen von den USA zu erhalten. Es wollte auf unbestimmt lange Zeit die Ansprüche Afghanistans auf paschtunisches Territorium in Pakistan abwenden. So formierte sich ein Kräfteblock, der sich in den bürgerlichen Konflikt in Afghanistan einmischte, in den die UdSSR bereits einbezogen war. Es begann ein Krieg, der zu einem der mächtigsten zerstörerischen Momente des pseudosozialistischen Systems in der UdSSR wurde.

In nicht minderem Maße gefährlich erwiesen sich auch die Ereignisse in Polen im Sommer 1980. Meine Niederschriften, die ich damals auf heißer Spur machte, sind vielleicht nicht vollständig, aber sie vermitteln ein ausreichend klares Bild der Ereignisse: »21. August 1980. Schon den fünften Tag bebt ganz Polen. In unserer Presse, im Radio und Fernsehen hört man von diesen Geschehnissen nicht mal huhu. Es gibt sie nicht! Es darf sie nicht geben! Nur gestern wurde eine Kurzfassung der Rede von Edward Gierek veröffentlicht. Daraus kann ein normaler Durchschnittsleser kaum etwas verstehen. Dort ist die Rede von ›Unterbrechungen der Arbeit‹, von Schwierigkeiten in der Wirtschaft, von einer ›akuten Lage‹ und anderes. Alles ist unklar, und es gibt keine erklärende Information. Aber die Sache ist doch sehr ernst! Alles hat noch Ende Juli angefangen. Edward Gierek und der Vorsitzende des Ministerrats Babiuch hatten die Verordnung über die Erhöhung der Fleischpreise für den Werkverkauf herausgegeben. Das wurde im Prinzip genauso wie bei uns gemacht, still, ohne Ankündigungen, ohne ›Beschlüsse des Zentralkomitees und des Ministerrats‹. Aber

die Rechnung mit der ›Unaufmerksamkeit‹ ging nicht auf. Ein Pole – das ist längst kein typischer Russe. Die Polen haben solche großen landesweiten Aufstände geschultert, wie 1956 und 1970, wo der Antiregierungs-›Krach‹, der zuerst in Poznan und dann in Gdansk entstanden war, zum Wechsel an der Regierungsspitze geführt hatte. 1956 wurde Bierut gestürzt, und 1970 – Gomulka. Jetzt, so schien es, war die Reihe an Gierek. Die Bewegung begann dieses Mal mit einigen Streiks in Lublin, wo es Aufstände der Transportarbeiter gab. Die Metastasen breiteten sich nach Warschau aus. Dort erhoben sich die Bus- und Straßenbahnfahrer. Die Regierung unternahm nichts in landesweitem Maßstab und flickte jedes Loch einzeln. Irgendwie ist das auch gelungen, denn die Aufstände trugen da nur wirtschaftlichen Charakter. Die Leute forderten eine Kritikkultur, eine verbesserte Versorgung, Herstellung der Ordnung. Die Bewegung dümpelte zwei Wochen vor sich hin, bevor sie das Pulverfass – die Küste – erreichte. Am 17. August begann ›das Feuer‹. An diesem Tag streikten 30 Betriebe, darunter alle Schiffsbauwerften. Jetzt ist das Land vom Meer abgeschnitten. Schiffen unter polnischer Flagge ist es verboten, in die Heimathäfen einzulaufen. Die Regierung bittet uns, in den baltischen Republiken eilige Güter zu löschen und mit Zügen nach Polen weiterzuleiten …
Es zeigt sich die Erfahrung der alten Aufstände. Überall bilden sich Streikkomitees. Sie vereinigen sich in städtische Komitees und so weiter. Mit dem Mund erweckte die Regierung immer den Eindruck, als ob es im Land keine Opposition gäbe. Jetzt fuhren die Dissidenten eilig in den Norden und schlossen sich dem Streikgeschehen an, wodurch es einen bitteren politischen Beigeschmack erhielt. In den Forderungen erschienen solche Punkte wie die Bildung echt unabhängiger Gewerkschaften, Freiheit der Schrift und des Wortes, die Möglichkeit einer Nutzung der Massenmedien durch die Kirche. Es sind Stimmen zu hören, die Leute zur Verantwortung zu ziehen, die das Land in eine solche Lage gebracht haben …
Alle Betriebe sind durch Streikposten blockiert. Die Partei-

mitglieder wurden irgendwie vom Gelände der Betriebe und Werften gejagt. Auf den im Nichtstun erstarrten Werkhallen wurden Kreuze errichtet. Die Gottesdienste werden mit Antiregierungs-Untertönen abgehalten. Mancherorten werden Flugblätter gedruckt. Sie fordern zur Fortsetzung des Kampfes auf. Die Machthaber sind paralysiert. Die Partei fehlt als Faktor. Die Sitzungen der Wojewodschaftskomitees liefern keine vernünftigen Entscheidungen. Das Politbüro tagt ununterbrochen, aber auch ergebnislos. Einen Ausweg sieht niemand!«
Die Anzahl der Streikenden erreichte 600.000. An die Spitze der Bewerbung an der Küste stellte sich ein 36-jähriger Elektriker der Gdansker Schiffswerft Lech Walensa. Sein Vater befand sich in den USA und zeigte sich häufig bei R. Reagan, der die Kampagne zur Präsidentschaftswahl führte. Es war bekannt, dass Walensa nur eine Grundschulausbildung hatte, aber die Motivation konnte ihm niemand absprechen. Er ist der geborene Führer. Um ihn herum formierte sich gleich eine Gruppe Konsultanten und eine ganze »Regierung«, bestehend aus acht Rechtsanwälten, Soziologen, Historikern, die auch die grundlegenden politischen Forderungen verfassten.
Am 5. September 1980 wurde Gierek vom Posten des Parteichefs enthoben, wiederum mit einer Lüge – »wegen einer ernsten Herzerkrankung«. Neuer Erster Sekretär wurde Stanislaw Kania, ein 53-jähriger Mann aus dem Parteiapparat. Die Krise der Staatsobersten war beseitigt und die Streiks waren rückläufig. Der Regierung gelang es, von den freien Gewerkschaften eine formelle Bestätigung über die Achtung der Verfassung und die Anerkennung des sozialistischen Staatsaufbaues zu erhalten. Aber das Land verwehrte die Gefolgschaft. Von Bezirk zu Bezirk schlugen die Wellen des unabhängigen Selbstverwaltungsbegehrens. Die Studentenschaft und die Intelligenz zogen mächtig über die Regierung her. Die Partei baumelte mit den Beinen in der Luft und versuchte angestrengt, Boden unter die Füße zu bekommen. Plenen, Aktivs, Konferenzen streuten sich wie aus einem löchrigen Sack heraus, aber die Straßen und Massen waren an die Opposition abgegeben. Ganz Polen ver-

wandelte sich in einen heißen Torfsumpf. In ein Meter Tiefe wütete die gesamte soziale Schicht.

Ich musste jeden Morgen dem Leiter der Aufklärung die Telegramme vorlegen, die wir zur Weitergabe an die Mitglieder des Politbüros, an das Sekretariat des ZK und an die Behörden vorsahen. An einem Tag, als sich im Telegrammstapel auch zweidrei zur Lage in Polen befanden, fragte mich Krjutschkow, noch während er die anderen las: »Was meinst Du Leonow, beginnt jetzt bei den Polen eine Stabilisierung?« Ich atmete tief durch und betonte sehr traurig, aber bestimmt: »Nein, ich denke die Opposition hat gesiegt. Sie hat das Wichtigste gewonnen – das Volk. Und die Macht fällt ihr von selbst irgendwann in die Hände.

Es verging einige Zeit und Andropow bat einige Mitarbeiter aus der Aufklärung zu einem offenen Gespräch über die Lage in Polen. Am Tisch saßen der Leiter der Aufklärung, sein Stellvertreter, die für die operative Linie im Arbeitsbereich Osteuropa verantwortlich war, der Leiter der entsprechenden Abteilung und zwei Vertreter der Verwaltung Auswertung und Information, darunter auch ich.

»Wer wird berichten?«, frage der Vorsitzende des KGB Krjutschkow.

Dieser sah mich aufmerksam an, als wolle er mir eine 30-Sekunden-Pause für die Vorbereitung geben und sagte dann: »Es berichtet der Leiter der Verwaltung Auswertung und Information.«

Ich hatte keinen gesonderten Bericht vorbereitet. Gewöhnlich berichtete in solchen Fällen entweder der Chef der Aufklärung selbst oder im Extremfall sein Stellvertreter, aber nun musste ich den Vorstoß auf mich nehmen. Ich legte offen und ehrlich unser Verständnis von der Lage in Polen dar. Ich wies darauf hin, dass mein Vortrag nicht der Information widerspricht, die regelmäßig von der Linie der Aufklärung an das Politbüro gegeben wird. Ich erinnere mich, dass ich meine kurze Ausführung mit den Worten beendete: »Die Partei und die Regierung in Polen verlieren die Kontrolle über die Situation. Unter

Beibehaltung der heutigen Entwicklungstendenzen der innenpolitischen Lage ist eine Explosion nicht abzuwenden und sie kann in allernächster Zukunft passieren, in einigen Monaten.«
Die Beratung fand im Herbst 1980 statt. Am Tisch herrschte Schweigen. Andropow blickte geistesabwesend aus dem Fenster und fragte:
»Wie denken Sie, wie hält sich die die Macht in Polen jetzt?«
»Faktisch stützt sie sich auf drei Pfeiler: auf die Parteifunktionäre, das Innenministerium und die Armee. Die soziale Basis ist auf das Äußerste ausgedünnt.«
»Wie viele unserer Streitkräfte befinden sich in Polen?«
»Im Bereich Legnica befinden sich zwei Divisionen und ein Luftwaffenarmee mit einer Gesamtanzahl, die zu unterschiedlichen Zeiten von vierzig- bis sechzigtausend schwankt. Ja und in Swinoujscie ist eine Schiffsbrigade mit Marineinfanterie. Diese Kräfte sind auf den Schutz der Eisenbahn- und Seewege, die die Zentrale Gruppe der sowjetischen Streitkräfte (so nannte sich die Truppengruppierung in der DDR, N. L.) an das Territorium der UdSSR anbinden, ausgerichtet.«
Andropow sann wiederum einige Zeit darüber nach und stellte dann die unerwartete Frage:
»Die Polen üben den Aufstand, weil das Fleisch teurer geworden ist und es weniger zu kaufen gibt; weil die Schulden jetzt auf Kosten der Erhöhung des Exportes landwirtschaftlicher Produkte getilgt werden müssen. Aber Sie sagen, dass die Polen jetzt einen Pro-Kopf-Verbrauch an Fleisch von 70 Kilogramm jährlich haben? (Ich nickte bejahend.) Aber warum protestieren unsere Leute nicht, die nur die Hälfte essen?«
Ich fand nichts Klügeres, als zu sagen:
»Weil unsere Leute ohne Zweifel mehr aushalten.«
Die am Tisch Sitzenden sahen mich mit deutlichem Mitleid an. Für solche Antworten konnte man große Unannehmlichkeiten bekommen.
Andropow zog die Schlussfolgerungen aus diesem Gespräch auf eine völlig unerwartete Weise:
»Wir werden annehmen, dass es heute bei uns keine Sieger und

auch keine Besiegten gibt. Wir müssen darüber nachdenken, wie die Lage in Polen auf weite Sicht stabilisiert werden kann. Es ist aber davon auszugehen, dass das die Grenzen unserer Interventionen im Ausland erreicht sind.«

Deutlicher konnte man es kaum sagen. Den Teilnehmern dieser Beratung wurde klar, dass die sogenannte »Breschnew-Doktrin«, die für die Erhaltung des sozialistischen Staatsaufbaues in den Ländern des Warschauer Vertrages den Einsatz sowjetischer Streitkräfte vorsah, schon gestorben war. Die UdSSR hatte schon keine Kapazitäten mehr für solche Einsätze.

Der dritte Faktor, der sich auf das Jahr 1980 bezieht und der auch den »Anfang vom Ende« symbolisiert, war der Zustand der Regierung in der UdSSR einerseits, und im Lager der westlichen Länder andererseits. Bei den Wahlen im November 1980 gaben die Amerikaner dem früheren Gouverneur Kaliforniens Ronald Reagan den Vorrang, der unter der Flagge einer offene und erbarmungslosen Konfrontation mit dem Sozialismus als Lehre und der Sowjetunion als Staat an die Macht kam. Für ihn war die UdSSR »Das Imperium des Bösen«. Nur damit war schon alles gesagt. Er setzte auf eine militärische Überlegenheit über die Sowjetunion in allen Richtungen. Bei den Russen gibt es eine Redewendung: »Wenn du Kraft hast, brauchst du keinen Verstand.« Darauf eben war die Politik Reagans aufgebaut, die sich auf einen umfassenden wirtschaftlichen, technischen und wissenschaftlichen Vorsprung der Vereinigten Staaten stützen konnte. Es wurde das Programm zum Bau von strategischen Bombern mittels der Technologie »Stele« entwickelt. Sie waren auf den Radarschirmen kaum feststellbar. Gleich nachdem er ins Weiße Haus eingezogen war, erteilte er die Freigabe für das Programm der »strategischen Verteidigungsinitiative« (SVI), das auf den Schutz der USA vor den Übergriffen sowjetischer strategischer Raketen gerichtet war. Fachleute aus allen Ländern zerbrachen sich die Köpfe darüber, um festzustellen, was an diesem Programm mit wissenschaftliche Untersuchungen belegt war und was nur propagandistisch zur Verbreitung von Angst und psychologischem Druck beim Gegner genutzt worden war. Wirklichkeit oder Bluff? Der Streit zieht sich bis heute hin.

Die USA brachte die Sache entschieden bis zur Stationierung von Raketen mittlerer Reichweite und von Flügelraketen als Antwort auf die Stationierung sowjetischer SS-20-Komplexe voran. Insgesamt führten die Amerikaner eine Politik, die man in China »Klinge gegen Klinge« nannte. Für eine solche Politik hatte sich dort ein Anführer gefunden, in Europa wurde Margaret Thatcher – »Die eiserne Lady« – zu so einer Anführerin. Für alle folgenden Jahrzehnte hinterließen diese zwei Politiker ihre unverkennbaren Abdrücke der Aggressivität, Härte und Entschiedenheit.

In China vollzogen sich in dieser Zeit auch Wechsel in der Führungsspitze, die vielversprechend aussahen. Am 9. September 1976 starb der »Große Steuermann« Mao Tse-tung und die Kiste der Pandora öffnete sich von selbst. Zwanzig Tage nach dem Tod des chinesischen Superführers wurden vier Mitglieder des Politbüros verhaftet, darunter auch dessen Frau jiang Qing. Ihren Namen wurden Etikette angefügt vom Typ »Pack«, »Hundescheiße« und so weiter. Wir hatten uns schon lange daran gewöhnt, der Rhetorik keine Bedeutung beizumessen und betrachteten die Ereignisse nüchtern. Zusätzlich kamen wir zu dem Schluss, dass eine Zeit des Pragmatismus und des normalen Denkens in China angebrochen war – zum Nutzen des Volkes und des Landes, aber zum Schaden der Nachbarn. Wir dachten daran, wie viele Male wir zu Beginn der siebziger Jahre die Lage in China analysiert hatten und kamen unausweichlich zu dem Fazit, dass es für unser Land, also für die UdSSR – und das ist das Paradoxe! – vorteilhaft gewesen war, als der an Körper und Geist alte Mao Tse-tung die Macht innehatte. Unter ihm hatte sich China an Armen und Beinen gefesselt gezeigt. Der Fraktionskampf an der Spitze, der sich in der wilden Form der »Kulturrevolution« präsentierte, verschlang jegliche Kraft und Energie der Regierungselite. Die gegen die Intelligenz und die Studentenschaft gerichteten Repressionen, ihre Massenausweisung »zur Umerziehung« auf die Dörfer –

bremsten die Entwicklung der Wirtschaft und das Wachstum des wissenschaftlich-technischen Potentials und folglich der militärisch-strategischen Kapazitäten. Damit ergab es sich so, dass je länger ein solcher Mann an der Macht war, umso beruhigter konnten sich die Nachbarn fühlen. China war zu einer langen Selbstauflösung verdammt. Nun da die »rote Sonne« untergegangen war, begannen die Chinesen den Weg auszuprobieren, der aus der Sackgasse der »großen Wettrennen«, der »Kommunen« und so weiter herausführte. Wir beneideten sie und verfolgten ihren schweren Weg der Gesundung ohne die Legende ihrer vergangenen Verwünschung.
Es gibt eine Redewendung des Ostens: »Eine Schafherde mit einem Löwen als Leittier ist besser als eine Löwenherde mit einem Schaf an der Spitze.« Immer häufiger maßen wir den zweiten Teil des Sprichwortes unserem Land bei. Wie bitter war es, den unfähigen, gerade mal so die Beine bewegenden Generalsekretär zu sehen, der eigenständig nicht ein freies Wort sprechen konnte und die Augen nicht von dem vorbereiteten Papier abwandte. Und wie viele beleidigende Anekdoten gab es über ihn, so wie die: Als es bei dem Generalsekretär einmal an seine Wohnungstür klopfte, zog er aus dem Morgenmantel einen Zettel hervor und sah darauf, dann frage er: »Wer ist da?« Die Staatsführung wurde mit jedem Tag schwächer. Die Eigeninteressen der Behörden zerstörten den einheitlichen Organismus. Eine Gruppe der Politiker verband ihr Überleben mit Breschnew. Sie wollten Zeit schinden und ließen keine Veränderungen zu. Hierzu zählten in erster Linie K. Tschernenko und W. Grischin. Andere, wie zum Beispiel J. Andropow und D. Ustinow, fürchteten entweder ihre konservativen Opponenten oder waren an die Parteidisziplin gebunden.
Unabhängig davon, wie unterschiedlich ihre Auffassungen auch gewesen sein mögen – sie alle, die Mitglieder des Damaligen Politbüros – tragen die Verantwortung vor der Geschichte dafür, dass sie die Interessen der UdSSR und des Volkes nicht höher stellen wollten oder konnten als die innerparteilichen Überlegungen oder die eigene politische Karriere. Im

kritischsten Moment, in dem der Zerfall des Staates und des sowjetischen Aufbaues schon klare Umrisse erkennen ließ, zementierten die Mitglieder des Politbüro mit ihren Schweigen und ihrer Untätigkeit den Stillstand und lieferten das Land einem langen Leiden und dem Tod aus.

Zum besorgniserregenden Symbol wurden die Personalveränderungen zum Jahresende 1980. Am 24. Oktober wurde der Premier-Minister A. N. Kosygin, ein kluger, ehrlicher, ein wenig trockener und manchmal sogar harter Mensch von seinen Ämtern entbunden. Er hatte die besten Eigenschaften eines Staatsfunktionärs. Er redete dem Generalsekretär fast nie nach dem Mund, wie andere es taten, die sich unaufhörlich für das entgegengebrachte Vertrauen bedankten. Kosygin wollte schon mehrfach vorher in den Ruhestand gehen. Er litt darunter, nichts für die Gesundung der Wirtschaft tun zu können. Er hatte seine Frau verloren und lebte allein in einer großen Wohnung eines dunklen Hauses auf den Spatzenbergen. Er fuhr allein in den Urlaub und angelte gern. Er erlitt Autounfälle und vor zwei Jahren wäre er beinahe in der Moskwa gegenüber Archangelskoje ertrunken, als sein Kajak umkippte. Er war in den letzten Jahren für das Politbüro ein Fremder geworden. Als Breschnew vor dem Obersten Sowjet sein Schreiben über die Abdankung verlas, las er unmissverständliche und deutliche Worte der Dankbarkeit an seine Adresse vor, vergaß jedoch aus Verstocktheit und Taktlosigkeit auch nur ein Wort des Dankes an den scheidenden Vorsitzenden des Ministerrates für die 16-jährige Arbeit auf exponiertem Posten zu richten.

Als Breschnew den Namen des Nachfolgers verkündete, setze bei vielen im Saal das Herz kurz aus. Der Vorschlag galt N. A. Tichonow, ein 75-jähriger Mann, den Breschnew noch aus Dnepropetrowsk kannte. So etwas hatte es in der Geschichte unserer vielgeprüften Heimat noch nicht gegeben. Der hörige Oberste Sowjet bestätigte Tichonow im Amt. Die Amerikaner dachten zu jener Zeit darüber nach, ob wohl der 64-jährige Reagan nicht zu alt für das Amt des Präsidenten war. Wir aber hielten den Rekord, indem wir das Durchschnittsalter des Politbüros auf 69 Jahre trieben. Gleichzeitig ging die übrige Bevölkerung im Land mit 60 Jahren in den verdienten Ruhestand. Und im gleichen Jahr, am 21. Oktober, wurde auf dem Plenum des ZK der KPdSU M.S.Gorbatschow in das Politbüro aufgenommen, der zum Totengräber der Partei und des sozialistischen Staatsaufbaues in der UdSSR werden würde. Er war 1977 aus Stawropol geholt worden, um die Landwirtschaft besser werden zu lassen. Anstelle irgend-einer realistischen Arbeit entwarf er gemeinsam mit dem Apparat das pompöse »Lebensmittelprogramm«, was für 1990 eine Produktion von nicht weniger als eine Tonne Getreide pro Kopf der Bevölkerung der UdSSR vorsah.

Die Besonderheit sowjetischer Führungskräfte hatte schon immer darin bestanden, dass ihnen die Sache bereits als getan erschien, wenn sie einen entsprechenden Beschluss oder eine Verfügung angenommen hatten. Mit der Verabschiedung des »Papieres« endete für sie gewöhnlich der Arbeitszyklus, wogegen ein gewöhnlicher Mensch den Papier-Plan als den Beginn der Arbeit betrachtete. Das Politbüro und M. S. Gorbatschow entschieden, dass sie mit der Annahme des »Lebensmittelprogramms« alle Sorgen hinter sich gelassen hatten. Gorbatschow selbst befasste sich nur mit der reinen Politik.

Die schicksalsgeprüfte Revolution

Obwohl der Seele schon die düstersten Vorahnungen erschienen, erledigte ich trotzdem professionell meine Arbeit. Meine Hauptaufgabe blieb die Leitung der Verwaltung Auswertung und Information. Manchmal schwenkte ich von der reinen Büroarbeit ab und »Tauchte« mit großer Freude in die »Arbeit mit den Menschen« ein. In jener Zeit fanden in Lateinamerika Ereignisse statt, die unter anderen Bedingungen unsere volle Aufmerksamkeit erhalten und zu anderen Abläufen geführt hätten. Es ist ein Witz zu behaupten, dass 1979 die gesamte zentralamerikanische Region aufständig geworden wäre. In Nicaragua hatte im Sommer die sandinistische Revolution gesiegt. Patriotische Kräfte mit deutlich antiamerikanischer Einstellung waren an die Macht gelangt.

Ja, wie sollten sie auch anders denken, wenn der Handlanger der USA, Diktator Somoza und seine Söhne fast ein halbes Jahrhundert das Land wie ihr eigenes Besitztum regiert und dabei Zehntausende ihrer politischen Gegner ins Jenseits befördert hatten – darunter auch solche wie den integeren General Augusto Sandino. Im verzweifelten Versuch, seine Macht zu erhalten, ging Somoza mit der Luftwaffe und mit Panzern gegen das Volk vor.

Unter dem Einfluss des Sieges der Sandinisten begann eine breite Partisanenbewegung im benachbarten Salvador. In Guatemala war sie bereits im Verlauf von fast zwanzig Jahren wirksam. Die einzige Insel relativer Ruhe blieb Costa Rica. Deren Regierung hielt sich seit jeher von den Unruheherden der zentralamerikanischen Nachbarn fern. Das gelang ihnen aufgrund einer Reihe von Vorzügen. Erstens ist die Bevölkerung dort homogen und besteht fast nur aus Weißen, was dem Land die Möglichkeit des Entstehens ethnischer Konflikte erspart.

Zweites haben sich dort seit langem die Wurzeln eines bürgerlich-demokratischen Staatsaufbaues im Ergebnis der Entwicklung des kleinen und mittleren Landbesitzes verfestigt. Und drittens ab es dort nicht den ungeteilten Einfluss der amerikanischen Fruchthändler, die sich in den Nachbarländern grob und anmaßend in deren innere Angelegenheiten einmischten und die Instabilität somit verstärkten.

Seitdem meine Arbeit zur Geschichte Zentralamerikas veröffentlicht worden war, galt ich als Spezialist für diese Region. Meine Bekanntschaft mit Torrijos verstärkte diese Meinung. Deshalb zeigte der Finger der Leitung immer wieder auf mich, wenn es galt, in der Karibik politische und operative Kontakte zu suchen und aufzubauen.

Im Herbst 1979 flog ich nach Nicaragua, um die Lage vor Ort zu sondieren, die im Ergebnis des Sieges der Sandinisten entstanden war. Ich sollte Vorstellungen zur Politik der Sowjetunion bezüglich dieses Landes und der gesamten Zone entwickeln, die für die USA spürbar wären. Diese Operation stellte sich ziemlich schwierig dar. Ich reiste mit einer deutlichen inneren Anspannung. Um die notwendigen Visa zu erhalten, machte ich in Paris einen Zwischenstopp. Ein paar Tage verlorener Zeit hatten noch mehr Anspannung hervorgerufen. Das schlug sich auf meine Emotionen in der Stadt der schönen Stadt nieder und ich vermerkte dazu folgendes in mein Tagebuch: »Paris ist genauso wie immer, ewig. Seine Schönheit, der Überfluss und Ruhm rufen eine Gereiztheit hervor. Das ist keine Heldenstadt, aber eine sehr erfolgreiche Kurtisane. Wer hat nicht alles in Paris gesündigt? Wer hat nicht seine Prinzipien umgestoßen, um ihre Zuneigung zu erhalten? Heinrich IV. ist von seinem Glauben abgewichen, damit ihm diese Schöne ihre Reize öffnet. Massen von Verehrern streben nach Paris, um danach die begeisterte Vergötterung ihr ganzes Leben in sich zu tragen. Für Schriftsteller und Maler war die offene Verehrung für Paris eine unabdingbare Prüfung für ihre Zugehörigkeit zur intellektuellen und überirdischen Elite.

Aber Paris selbst hat sich nie durch Treue und Ergebenheit

gegenüber Menschen und Idealen hervorgehoben. Paris hat sich abgewendet und Jeanne d'Arc verraten und danach folgenderweise auch die Republikaner aller Richtungen während der Jahre der Großen Französischen Revolution, hat die Kommunarden 1871 verraten und die Kämpfer des Widerstandes 1940–1944. Niemand macht die Gräber von Robespierre, Danton, San Juist, Marat ausfindig und auch Paris erinnert nicht daran. Arme Idealisten sind der Stadt geistig zuwider. Eine nackte Wand der Kommunarden auf dem Friedhof Père-Lachaise mit verwelkten Blumen, die sowjetische Touristen in Trauer über die Undankbarkeit Paris gegenüber denjenigen, die den »Himmel stürmten«, abgelegt haben. Paris liebt Verlierer nicht. Dafür aber diente diese Stadt in hündischer Treue widerspruchslos Napoleon. Hier wird alles verehrt, was mit dem »korsischen Wunder« zu tun hat. Und hundertfach geehrt wird sein zweiter – der imperiale und letzte – Teil seines Lebens. Als Bonaparte zu Napoleon I. wurde, und seine Marschälle zu Herzögen, als er allmächtig und reich wurde, da war das laszive Paris begeistert von ihm und ist es bis zum heutigen Tag. Ja, so eine Gallionsfigur hatte Paris später nicht mehr, und jetzt lebt es wie eine alte Dame in Erinnerung an ihren Liebhaber.
Die Marketenderin-Stadt antwortet auf die Frage »Leben oder Geldbeutel?« immer antworten »Geldbeutel!« und sich jedem Vergewaltiger hingeben. Paris hat sein langem keine Seele mehr, obwohl man sie darstellen möchte. È. Zola zeigte uns nur überzeugend den »Bauch von Paris«. Millionen Touristen zerknittern, quetschen, knabbern den Körper von Paris und spüren seine Aura fast nicht mehr. Und genau deshalb sind »Folis Bergere« und »Moulin Rouge« zu Symbolen dieser zuckersüßen satten Stadt geworden.
Ich ziehe die Städte vor, die viel erleiden mussten: Troja, Karthago, Numancia, Verdun, Stalingrad.
15.000 starben in der gesamten Geschichte des französischen Widerstands, und 900.000 ließen ihr Leben in Leningrad – ist das nicht ein Schrei der Seele? Paris hat nie für eine Idee gestanden und wird niemals dafür stehen. Sattheit und Fleischfreu-

den stehen für Paris über allem. Es ist das Idol für alle, die nicht die Freiheit, sondern die Hemmungslosigkeit lieben.
Auf dem düsteren langweiligen Friedhof verneigte ich mich vor den Gräbern Molieres, Balzaks, A. Dode, Lafontaines. Paris ist – wie es einer Kurtisane gebührt – in der Jugend anziehend, aber im Alter unattraktiv.«
Natürlich hatte ich mit so einer einseitigen Bewertung von Paris unrecht, aber mich störte die fast zur Pflicht gewordene Schwärmerei für die Stadt. Das hat etwas von einem erzwungenen Personenkult. Wie einen rettenden Zauberspruch von der sozialen Psychose wiederholte ich die Bibelworte »Du sollst keinen Gott haben neben mir« und bemühte mich, alle Anwärter auf diese Rolle von einem kritischen Standpunkt aus zu betrachten. Wie sie gesehen haben, hat auch Paris was abbekommen.
Der lange Überflug über den Atlantik verschaffte mir die Möglichkeit, mich zu beruhigen und einen möglichen Handlungsplan zu entwerfen.
In Managua hatte ich es mit dem Ausstieg aus dem Flugzeug nicht so eilig: Man kann damit immer zwei, drei Minuten gewinnen, um sich mit der neuen Umgebung vertraut zu machen. Aus dem Fenster sah ich Kämpfer der sandinistischen Armee. Ich wurde schmerzlich an die Soldaten der Kubanischen Rebellenarmee erinnert, die 1959 Batista besiegten. Sie waren in denselben olivfarbenen Uniformen gekleidet und viele trugen ebenso Patronengürtel. Alle hatten eine Waffe in den Händen oder über der Schulter. Auf dem Flugplatz erledigten sie meiner Meinung nach alles allein. Vor dem Fenster der Passkontrolle bildete sich eine lange Schlange. Der einzige Inspektor hatte lange damit zu tun. Ein junger Sandinist, wahrscheinlich der Leiter der Kontrolle setzte sich selbst in ein freies Kontrollhäuschen und lud mit einem breiten Lächeln ein: »Kommen Sie bitte hierher!« Sein schmales Gesicht strahlte Freude aus. An seinem dünnen Hals baumelte ein zu großes Holzkreuz. An der Hüfte war eine Pistole ohne Halfter festgemacht. Er arbeitete schnell, streng und konnte kaum seine Zufriedenheit darüber

verbergen, dass seine Arbeit den Leuten half, schneller das ermüdende Warten in der Tropenschwüle hinter sich zu bringen. Er hatte keinen Stift, sondern schrieb mit einer halbleeren Mine, und ich schenkte ihm gern meinen Kugelschreiber. Mit einem Blick aus seinen klaren Augen dankte er mir. Die Revolution machte die Menschen schön, gut und von Herzen freigiebig. Sie lebten in der Überzeugung, dass von nun an alles gut werden und niemals wieder eine blutige Ungerechtigkeit eintreten würde. Dass jetzt das Volk, ihr Volk unabhängig sein würde und glücklich. Ich möchte außerdem ins Gedächtnis rufen, dass nur der revolutionäre Aufschwung des Geistes schöne und lebendige Lieder, die Jahrzehnte und Jahrhunderte überdauern, hervorbringen kann. So sind die »Marseillaise« und Lieder unserer revolution und des Bürgerkrieges entstanden, wie auch die bekannten mexikanischen Lieder »Adelante« und »Cucuracha« und der kubanische »Marsch des 26. Juli«. Konterrevolutionen oder Umstürze bringen keine Lieder hervor.

Nicaragua – das ist mein Herzschmerz. Und meine ewige Liebe. Es gibt wahrscheinlich auf der Welt kein schöneres und auch kein unglücklicheres Land. Es gibt kein freundlicheres und fleißigeres, aber auch gleichzeitig kein entstellteres und unterdrückteres Volk. Leider hat der Herrgott die Nicaraguaner an einem strategisch wichtigen Punkt des gesamten amerikanischen Kontinentes angesiedelt, wo die Ufer des Atlantischen und Stillen Ozeans nahe beieinander sind. Auf einer engen Landfläche bildeten sich zwei tiefe Seen – Nicaragua und Managua, die noch dazu über den Fluss San-Juan mit dem Atlantik verbunden sind. Es gibt keinen bequemeren Landweg von Ozean zu Ozean. Aber diese Vorzüge bewirkten großes Leid. Sofort nachdem die Amerikaner in der Mitte des 19. Jahrhunderts Gold im entfernten Kalifornien gefunden hatte, suchten sie nach einem bequemen Weg dorthin: Der Zugang durch die Prärie, über felsige Berge ohne Straßen und Wege, durch ein Land, das nicht den Weißen gehörte, sondern den Indianern, war zu gefährlich. Da ging es doch viel einfacher mit dem Boot von New Orleans aus, dann in den Fluss San-

Juan hineinzufahren, weiter über den See Nicaragua, von wo aus der Stille Ozean nur eine Handbreit entfernt ist. Da warteten bereits Schiffe, die sie nach Kalifornien brachten. So verliefen über die Nicaraguanische Landenge die Ameisengänge der Abenteurer, der Goldsucher. Bald danach bauten die Amerikaner eine Eisenbahnstrecke auf der Landenge und begannen, sich wie zu Hause zu fühlen. Dann merkten sie, dass hier die Erde fruchtbar war, das Klima heiß, die Baumwolle gut gedieh. Arbeitskräfte gab es genug und so brachten sie das ganze Land in ihre Hände.

Im Juni 1855 ging in Nicaragua eine Gruppe von amerikanischen Filibuster-Abenteurern aus San Francisco unter dem Vorwand der Unterstützung einer der um die Macht ringenden Parteien an Land. Innerhalb weniger Monate übernahm der Leiter der Expedition William Walker die Kontrolle über das Land, stürzte die rechtmäßige Regierung und organisierte seine Wahl auf den Posten des Präsidenten von Nicaragua. Es störte ihn nicht, dass er kein Wort Spanisch sprach und seinen Amtseid auf Englisch leistete. Walker verabschiedete ein Dekret über die Wiedereinführung der Sklaverei auf dem Territorium von Nicaragua und erteilte den Auftrag, ganz Zentralamerika zu erobern und es der Sklavenhalterkonföderation der Südstaaten anzugliedern. Für einige Jahre verwandelte sich das unglückliche Nicaragua in ein Schlachtfeld, auf dem alle Armeen der zentralamerikanischen Staaten auf der einen Seite und die amerikanischen Abenteurer-Eroberer auf der anderen Seite die Waffen kreuzten. Am Ende waren die Filibuster geschlagen und nur das direkte Eingreifen der amerikanischen Militärflotte bewahrte ihre Anführer vor der gerechten Vergeltung. Walker ging zurück in die USA. Von dort aus unternahm er 1860 wiederum den Versuch, Zentralamerika zu erobern. Aber er wurde in Honduras gefangengenommen und erschossen.

1903 erwarb die USA das Monopol für den Bau des Panama-Kanals. Sie achteten sehr darauf, dass niemand auf der Welt die Errichtung eines billigeren Kanals durch die nicaraguanische Landenge beginnen würde. Sie sahen Nicaragua immer als

verbotene Zone an, zur Sicherheit für den Panama-Kanal. Unter einem irrelevanten Vorwand mischten sich die Amerikaner in die inneren Angelegenheiten des Landes und marschierten mit ihren Truppen 1910 nach Nicaragua ein. Fast ein Vierteljahrhundert blieben sie dann dort. Sie wären wahrscheinlich auch nicht von dort abgezogen, wenn nicht der nationale Befreiungskrieg der Partisanen begonnen hätte, den der hervorragende Patriot Augusto Sandino leitete. Dem kleinen, fast zerbrechlichen Körper des Generals wohnten ein eiserner Wille und das Herz eines Patrioten inne wie man es selten in so einer politischen Unkompliziertheit findet. Er vereinte alles in sich. Er besiegte die amerikanischen Okkupanten und verjagte sie aus Nicaragua. Sechs lange Jahre führten die Partisanen in den tropischen Wäldern des Landesnordens einen Partisanenkrieg gegen die Besatzer. Das Volk Nicaraguas sympathisierte offen mit Sandino und half ihm. Die Partisanenabteilungen stabilisierten sich, setzten die Kämpfe auch in entfernteren Regionen fort und versetzten den »weißhäutigen Bestien« Schlag um Schlag. Am Ende gaben sich die Amerikaner geschlagen. Sie hielten die Flut der Särge, die mit dem gestreiften Sternenbanner bedeckt waren, nicht mehr aus. Als sie fortgingen, legten sie jedoch noch eine gefährliche langsam zündende Mine. Sie formierten eine Söldnerarmee (unter der Benennung Nationalgarde) mit ihrem Agenten Anastasio Somoza an der Spitze.
Der an Naivität grenzend ehrliche Partisanen-Sieger Augusto Sandino gab sein Einverständnis zur Entwaffnung der Kämpfer, nachdem der letzte Yankee fortgegangen war, und fuhr vertrauensvoll in die Hauptstadt. Er wollte Gespräche über den zukünftigen Aufbau des Landes führen, und da explodierte die Mine der Amerikaner. Wie einen Wolf verfolgte Anastasio Somoza seinen Feind Sandino. Er ließ ihn, den Unbewaffneten, während einer Autofahrt durch die Stadt festnehmen, in den Bereich des Flughafens bringen und ihn dort erschießen. In einer Februarnacht 1934 wurde Sandino unweit von der heutigen Stellfläche der Flugzeuge ermordet. Die siegreiche Revolution trug dann seinen Namen. Gott wartet lange, aber er

schlägt kräftig zu. Der alte Verräter Anastasio Somoza war bereits seit langem von einem terroristischen Patrioten ermordet worden und jetzt stürzte die Revolution seinen Sohn Anastasio Somoza. Er war ein Jahr später in Paraguay ermordet worden, wohin sich seine früheren Herrschaften abgesetzt hatten.
Lieber Gott, wie viel Blut ist auf dieser Erde vergossen worden, die sich so nach Freiheit sehnte! Allein während der letzten zwei Jahre, auf der Schlußetappe des Bürgerkrieges des nicaraguanischen Volkes gegen den Diktator Somoza, waren mehr als 50.000 Menschen getötet worden.
Ich fuhr durch die Stadt und das Herz wurde mir vor Schmerz eng. Es gab die Hauptstadt als solche nicht mehr. Sie war durch das schreckliche Erdbeben 1972 zerstört worden. Das Epizentrum hatte sich wahrscheinlich genau unter dem zentralen Platz befunden. Inmitten von Ruinen stand das Skelett der Kathedrale, genauso wie die bekannte Kirche in Hiroshima. Die gesamte Fläche ringsum – war voll mit Trümmern der städtischen Bauten. Manches war schon mit Gras und Disteln bewachsen. Durch die Ruinen wehte der Wind. Gefährlich und gruselig heulte er in den zerbrochenen Betonsparren, durch diagonal geknickte Wände und an den geneigten Säulen.
Managua – das ist die einzige Hauptstadt in Lateinamerika, die keinen Präsidentenpalast hat. Es gab irgendwann mal einen, aber ein früheres Erdbeben, in den dreißiger Jahren, kippte den Palast vom Fundament und er zerbröckelte am Berghang. Somoza hatte keinen neuen gebaut. Er goss aus monolithischem Zement auf der Bergspitze seinen »Bunker« – eine Mischung aus Kaserne und Gefängnis – eine wahre »Wolfsschanze«.
Die Stadt flüchtete vor der tödlichen Gefahr aus dem Zentrum und begann, an der Peripherie entlang der Chaussee zu wachsen. Aber auch die neuen Viertel der Hauptstadt sahen verstümmelt aus. Wir trafen immer wieder Gruppen an, die an der Beseitigung von Barrikaden aus Pflastersteinen arbeiteten. Wir trafen bei jedem Schritt auf Spuren des Krieges. Wir fanden nicht ein Industrie- oder Lagergebäude, was nicht verbrannt oder zerbombt gewesen wäre. Die Einschläge stellten

sich überall direkt dar. Somoza hatte von Hubschraubern aus bombardiert, die sich über den Zielen befanden. Die Aufständischen hatten keine Chance. Es wird berichtet, dass die Frauen mit Spiegeln versuchten, die Piloten mittels Sonnenstrahlen zu blenden. Aber sie schossen mit Karnevalsraketen auf die Henker in der Luft. Fast alle Häuser wurden unter Maschinengewehrbeschuss genommen, auch die, auf denen Aufschriften: »Nehmt Rücksicht! Im Haus sind Kinder!« waren.
Die Leute wussten, dass Piloten schossen, die in den USA ausgebildet worden waren. Aus Hubschraubern und Flugzeugen, die in den USA hergestellt worden waren. Und sie verwendeten Munition mit der Aufschrift »Made in USA«. Das war unbestritten.
Armut und Rückständigkeit hatte irgendeinen farblosen beständigen Schatten. Die Leute selbst sahen wie Gefangene aus, die eben erst von den Stacheldrähten der Konzentrationslager befreit worden waren. Sie konnten noch nicht vollständig glauben, dass sie letztendlich ihre Freiheit gekommen war, für die sie selbst gekämpft hatten. Unverständnis und Freude waren aus den Gesichtern zu erkennen. Was würde dieses Land nun erwarten?
Meine Aufgabe bestand darin, die entstandene Lage zu analysieren. Da das Land keine sowjetische Botschaft hatte, sollte ich Kontakte mit den Funktionären der wichtigsten politischen Kräfte ausnehmen und die mögliche Richtung der weiteren Entwicklung der Dinge sondieren. Die sowjetische Aufklärung hatte ihre Agenten unter den oppositionell gegenüber Somoza eingestellten Leuten gehabt. Ein Teil von ihnen war jedoch in den Kämpfen des Bürgerkrieges gestorben, andere befanden sich zu weit von der Hauptstadt entfernt und mit dritten war ein Treffen in Managua nicht vereinbart worden – die Arbeit wurde gewöhnlich vom Territorium anderer Länder aus durchgeführt, wo dann auch die Treffen stattfanden. Ja, und wofür sollten jetzt, da man in einem befreundeten Land arbeitete, überhaupt Agenten gebraucht werden? Die Aufgaben, die früher die Agenten übernommen hatten (gegen die USA), waren

jetzt zu Aufgaben der Zusammenarbeit zum Schutz der nicaraguanischen Revolution geworden.
Ich musste die Zeit intensiv nutzen. Die genehmigte Dienstreise sah nur den Verbleib im Ausland für 15 Tage vor. Mehr ging nicht – es war kein Geld da, obwohl man uns nur 15 Dollar pro Tag zahlte. Die Flüge und technische Zeiteinbußen für den Erhalt der Visa hatten wertvolle Stunden und Tage geraubt. Sonnabend und Sonntag waren die schlimmsten Tage. In zwei Wochen sind das glatt vier Tage! Und dann war da noch ein Dilemma: Am 12. Oktober arbeitet niemand in Amerika – alle feiern der Tag der Entdeckung der Neuen Welt durch Kolumbus im Jahr 1492. So blieben alles in allem nur sieben Tage. Ich war bereit, Tag und Nacht zu arbeiten, um nicht mit leeren Händen nach Hause zurückkehren zu müssen!
Das erste Treffen führte ich mit dem Botschafter der DDR Gerhard Cort durch. Bei ihm gestaltete sich das Verhältnis zu seiner Leitung schwierig. Es war Botschafter in Spanien und Mexiko gewesen und nun hierher gelangt. In der diplomatischen Hierarchie führten diese Stufen deutlich nicht nach oben. Aber was für ein Mensch war das! Jeder Staat konnte stolz auf so einen Diplomaten sein. Er arbeitet hervorragend professionell. Gründlich und ohne Skrupel beschäftigte er sich mit seinem Gastland. Mit solchen Menschen zu sprechen – das ist dasselbe, wie Med trinken. Wir verstanden einander schon mit einem halben Wort, mit einer halben Geste. Das Beste, was die Deutschen auszeichnet – Disziplin der Gedanken und des Wortes, Ordnung in Dingen, Klarheit – all das vereinte er in sich, zusammen mit den wunderbaren Eigenschaften unserer Landsleute – heiße Leidenschaft und Selbstlosigkeit. Er war schon einige Wochen in Nicaragua und das war viel, wenn man berücksichtige, dass die Revolution erst drei Monate zuvor gesiegt hatte und in der Nacht immer noch Schusswechsel zu hören waren und eine Ausgangssperre existierte.
Ein Haufen Zigarettenstummel und ein Dutzend ausgetrunkener Kaffeetassen, sehr starker Kaffee, festigten unsere Freundschaft. Ich lernte von ihm – und er von mir. Information – das

ist eine besondere Ware. Wenn die Menschen Informationen austauschen, verdoppelt sich das Wissen jedes Teilnehmers: Sein Wissen hat er sicher und es addiert sich das Wissen des Gesprächspartners hinzu. Mit einem Warenaustausch verhält es sich völlig anders. Da gibt man seine Ware ersatzlos ab und erhält etwas völlig anderes. Wir nahmen nie etwas weg und haben alle bereichert. Das ist insgesamt das Privileg des intellektuellen Austausches.
Gerhard half mir beim Aufstellen einer Liste der notwendigen Informationsquellen und versprach mir, mich bei der Organisation einiger Treffen zu unterstützen. Es begann eine fieberhafte Arbeit. Jedes Treffen musste gründlich vorbereitet und ein Fragenkatalog erstellt werden. Die Fragen musste ich im Kopf behalten. Zu bedenken war auch, was ich machen würde, damit sich der Gesprächspartner nicht bei den mir bekannten Fakten aufhielt; wie ich das Gespräch steuern und beenden würde, damit das Treffen zum Beginn einer langen Zusammenarbeit werden würde.
Mein anderer Helfer war der kubanische Botschafter Julian Lopez. Er fühlte sich wie ein Fisch im Wasser und mir gegenüber verhielt er sich beschützend, wie ein erfahrener Meereswolf zu einem unerfahrenen Matrosen. Ich litt nicht an Komplexen – das wichtigste war, dass es ein nützlichen Kontakt darstellte. Eine Woche später würde ihn das Überlegenheitsgefühl verlassen und bis dahin hatte er mir eine wertvolle Hilfe sein können.
Ich führte drei, vier wichtige Treffen pro Tag durch: Es waren hochgestellte Funktionäre der sandinistischen Bewegung, Wirtschaftler, Juristen, Schriftsteller, Journalisten, Diplomaten. Ich war bemüht, in den Kreis meiner Kontakte auch Vertreter westlicher Länder einzuschließen, damit meine Sichtweise des politischen Prozesses stereoskopisch und nicht nur flach-links würde. In der Arbeit der Aufklärung ist es immer notwendig, Informationsquellen »auf beiden Seiten der Barrikaden« zu haben. Das ist eine allgemeine Regel, die meist nicht beachtet wird, weil man ja die Informationsquellen in einem Kreis von

Gleichgesinnten und Menschen mit gleichen Überzeugungen viel leichter finden kann als in einem Kreis feindlich Gesinnter. Allmählich, wie auf einem Film, den man in die Entwicklerlösung einlegt, begannen sich die Konturen der realen Lage im Land abzuzeichnen. Augenscheinlich war die politische Stellung der Sandinisten stabil. Die Mehrheit des Volkes unterstützte sie bedingungslos. Es gab keine Alternative zu ihrer Macht. Ihre moralische Autorität war groß, nicht nur in Lateinamerika, sondern in der ganzen Welt, außer selbstverständlich in den USA. Dort wurde ihrem Sieg mit offensichtlicher Unzufriedenheit begegnet. Die Überreste der geschlagenen Somoza-Truppen zogen ins Ausland ab, auf das Gebiet des benachbarten Honduras oder teilweise auch nach Costa Rica. Einige Zeit lang konnten sie die neue Macht noch beunruhigen, aber sie waren außerstande, sie zu gefährden.

Die Führer der siegreichen Revolution waren sehr von den sozialistischen Ideen beseelt. Sie glaubten daran, dass das gesellschaftliche Eigentum an Produktionsmitteln und –ausrüstungen, eine schnellere Entwicklung der Produktionskräfte im Land bewirken würde. Sie wollten nicht irgendein Modell kopieren, aber neigten zur sozialistischen Variante der Entwicklung der Wirtschaft. Im Ergebnis des Sieges der Revolution gelangte sofort eine große Menge Land und Betriebe, die früher dem Diktator oder seinen nahen Verbrechern vom Militär gehört hatten, unter die Kontrolle der Regierung. (Somoza hatte das gesamte Land als sein Privateigentum angesehen.)

Zu so einem Fazit zu kommen, war in der damaligen Zeit nicht ganz einfach: Die Sandinisten ließen sich aus taktischen Gründen nicht in die Karten schauen. Die schwächste Seite der Revolution, ihre Achillesferse, blieb die Wirtschaft. Das Land war vom Bürgerkrieg zerstört. Die Amerikaner begannen schon, wie gewohnt, ihm die Schlinge der Blockade um den Hals zu ziehen. Das gesamte Außenhandelssystem, das vorher an den USA orientiert war, drohte zu zerfallen. Es waren keine Valuta vorhanden. Somoza hatte die Kassen geplündert. Die einzige Hoffnung lag auf der Hilfe der sozialistischen Staatengemein-

schaft. Die jungen sandinistischen Vorsitzenden wussten da noch nicht, dass die Kräfte der Sowjetunion schon untergraben waren und der proletarische Internationalismus praktisch tot. Die europäischen sozialistischen Länder waren nur bereit, die Dinge auf streng kommerzieller Basis zu regeln. China hätte diese oder jene Hilfe leisten können, aber sie hatten ihre eigenen politischen Angelegenheiten – sie wollten die diplomatischen Beziehungen zu Taiwan abbrechen. Aber die Sandinisten wollten sich auch nicht gleich wieder irgendwelchem äußeren Druck unterwerfen. Sie hatte es doch noch nicht einmal richtig geschafft, die Luft der Freiheit zu atmen, nachdem sie sich dem amerikanischen Joch entzogen hatten.
Ich bin zum Treffen mit Daniel Ortega, Baiardo Arse und Viktor Tirado gefahren. Auf der Straße waren viele Soldaten. Sie hatten viele verschiedene Uniformen, aber alle waren olivgrün. Einige trugen grüne Mützen, andere rote Baretts, andere hatten nur ihren ungekämmten Schopf mit dichten schwarzen Haaren. Aber es waren erst einmal Partisanen. Ich habe nirgends Soldaten in Formation marschieren sehen. Trotzdem hatte ich nicht nur einmal Herzstolpern bekommen, wenn die Kämpfer ohne Anlass ihre Maschinengewehre in Stellung brachten und irgendwo in Höhe der Köpfe hin zielten. Es war zu sehen, dass sie auf ein Leben in Frieden wenig vorbereitet waren. Am Eingang in das Gebäude stand geschrieben: »Die Wachen dürfen nicht mit den Waffen spielen. Die Verschlüsse sind unbedingt auf die Sicherung einzustellen.« Die Posten machten einen gefährlichen Eindruck, waren aber sehr freundlich und zuvorkommend und verwickelten einen gern in ein Gespräch. Trotzdem gab es ein bischen zu viele von ihnen, zudem alle einhellig bestätigten, dass keine innere Gefahr vorhanden war. Beim Zutritt zu den Büroräumen gab es noch eine Überschrift: »Genossen! Wir haben 45 Jahre verloren. Wir müssen das Versäumte aufholen. Fasse dich kurz!« Auf uns hatte der Inhalt dieser Überschrift wohl keine Wirkung: Wir sprachen drei Stunden miteinander. Die letzten ungeklärten Fragen wurden beantwortet. Auf dieser Etappe war die Aufgabe erfüllt worden.

Nachts lag ich mit offenen Augen. Der Schlaf wollte nicht kommen. Ich dachte darüber nach, dass diese Revolution vom Standpunkt des Sozialismus aus zu spät geboren worden war. Die Brust der Amme gab schon keine Milch mehr. Die Sowjetunion konnte die Hoffnungen schon nicht mehr erfüllen, die in den Ländern der »dritten Welt« ihr gegenüber gehegt wurden. Wieder geisterte der Gedanke im Kopf herum, dass das Schicksal der Revolutionen schon nicht mehr von der Position des Volkes abhängen würde, sondern vom Maß der äußeren Unterstützung oder von der Kraft des Druckes aus dem Ausland. Das Kräfteverhältnis zwischen der UdSSR und den USA hat sich immerfort zum Nutzen letzterer geändert, besonders in der Wirtschaft. Die Summen, die sie zur Unterstützung anderer Länder – ihrer Verbündeten hinauswarfen, schienen uns sagenhaft. Und das, was wir mit großer Anstrengung mühsam zusammenkratzten, sah dagegen wie ein kleines Taschengeld aus. Es schien so, als ob sich unsere Träume, die wir irgendwann mal für Andropow aufgeschrieben hatten, – Freunde unter den kleinen strategisch bedeutenden Staaten zu gewinnen, – zerschlagen würden. Nicaragua war ja genau so ein Staat. Es hatte nicht mehr als 4 Millionen Einwohner. Die geographische Lage – besser konnte sie gar nicht sein. Aber ... würde ich Andropow davon überzeugen können, Hilfsmöglichkeiten zu finden ... würde Andropow seinerseits das Politbüro überzeugen können ... Ich schlief unter der fortwährenden Wiederkehr dieser Gedanken ein.

Ich kehrte mit gemischten Gefühlen nach Moskau zurück. Einerseits freute ich mich für das siegreiche Volk, aber ich hatte auch die traurige Vorahnung von Bitternis und Entbehrungen dort. Wie es vorgeschrieben war, machte ich mich an die Erstellung einer »Mitteilung« an das ZK der KPdSU. Darin musste ich meine Eindrücke von den Gesprächen wiedergeben, eine Wertung vornehmen und Vorschläge für das weitere Vorgehen beschreiben. Mein Resümee wurde von einem Mitglied des Politbüros, dem Vorsitzenden des KGB Andropow, unterschrieben, was ihm das nötige Akzeptanz verlieh. Die

Meinung eines erfahrenen Berufsaufklärers, vielleicht sogar im Rang eines Generals, hätte überhaupt kein Gewicht gehabt. Wir dagegen hatten noch in der Jugend, als wir den Weg zum Aufklärer wählten, einer jeglichen Bekanntheit abgeschworen. Viele von uns entwickelten diesen Ehrgeiz nicht. Wir wussten, dass unsere Arbeit immer anonym sein wird. Das war ein selbstgewähltes Schicksal. Ein Aufklärer blieb ein Aufklärer und als solcher niemandem bekannt. Sobald er entdeckt wurde, war er schon kein Aufklärer mehr.
Ich schrieb dieses Mal mit besonderer Sorgfalt. Ich fand selbst in den sowjetischen Behörden keine Verbündeten. Das Außenministerium wies mich immer wieder ab. Sie zeigten sich »beleidigt« über die skandalösen Vorgänge mit dem sowjetischen Botschafter. Er kam in Nicaragua genau zu der Zeit an, als ich mich dort befand, um die Vereinbarung zur Eröffnung einer Botschaft zu unterschreiben. Mit Scham erinnere ich mich daran, wie mich der kubanische Botschafter eiligst zu sich in seine Residenz rief. Dort traf ich zwei Vertreter der obersten Leitung der sandinistischen Nationalen Befreiungsfront, die sehr aufgeregt ihren Protest einem sowjetischen Vertreter gegenüber darbrachten. Von ihnen erfuhr ich, dass vorher ein in einem lateinamerikanischen Land akkreditierter Botschafter der UdSSR nach Mangua gekommen war, um die Formalitäten für die Herstellung diplomatischer Beziehungen zu erledigen. Die höchsten politischen Funktionäre und Mitarbeiter des Außenministeriums der jungen Republik waren entsetzt, als sie den Botschafter am Flughafen empfangen wollten. Sie sahen, dass sich der Botschafter auf der Gangway kaum auf den Beinen halten konnte und den ihn erwartenden Menschen in die Hände fiel. Außer dem Alkoholgeruch lag auch der Geruch eines Skandals in der Luft. Die Lösung war eine biblische »Notlüge«. Es wurde gesagt, dass dem Botschafter »wegen des schlimmen Fluges schlecht geworden wäre«. Er wurde in das Hotel gebracht und seine mitgereisten Diplomaten taten alles, um ihren Chef wieder in Ordnung zu bringen: Bereits für den Abend war der politische Akt im Beisein des diplomatischen Corps anberaumt.

Irgendwie kam der Botschafter dann ins Theater, wo die Sache stattfand, aber nach einer halben Stunde schon musste der Botschafter die Loge verlassen, um sich nicht zu blamieren. Aber das Verlassen der Loge durch den Botschafter – das war ein politischer Akt. Sogar Kinder wissen es, dass dies als Protest gegen die gesamte Veranstaltung und die gehaltenen Reden ausgelegt werden konnte. Der erfolglose Diplomat sank ins Bett. Seine Bediensteten hatten es noch nicht einmal geschafft, ihm die Schuhe auszuziehen, als schon ein Minister der Regierung erschien und nachfragte, was denn los wäre. Aber der Wichtige und Befugte war schon »scheintot«. Man kann sich die Aufregung der Sandinisten daraufhin vorstellen.

Am Morgen baten sie mich in das Haus des kubanischen Botschafters, um mir alles zu berichten, was sie sich in der Nacht überlegt hatten. Das waren bittere, aber gerechtfertigte Klagen. Sie protestierten gegen ein solches Verhalten, erklärten den Botschafter zur »Persona non grata« für die Zukunft und forderten Erklärungen. Ich hätte nie gedacht, dass ich mich einmal in so einer Lage befinden würde. Nachdem ich meinen erregten Gastgebern die Möglichkeit gegeben hatte, alles los zu werden, sagte ich so ruhig ich konnte, dass ich ihre Meinung teile und ihre Gefühle verstünde. Und dass es kaum der Sache wert sei, die Geschichte unserer Beziehungen mit einem Protest und einem diplomatischen Konflikt zu beginnen: Der Botschafter – sei ein Mensch mit seinen Schwächen, Krankheiten, dem Alter. Seine Worte und Handlungen könnten desorientiert gewesen sein. Eine offizielle Protestnote (sie lag vor mir auf dem Tisch) sei nicht notwendig, weil sie nicht das wahre Klima unserer Beziehungen widerspiegelte, sondern im Gegenteil, es noch verderben würde. Ich versprach fest, das Politbüro über das Vorgefallene zu unterrichten, aber ich zöge vor, dies mündlich zu tun. Eine Note entgegenzunehmen wäre mir unangenehm gewesen, da ich überhaupt keinen offiziellen Status besaß. Die Borschaft war noch nicht eröffnet. Ich redete und redete, um ihnen Zeit zur Besinnung zu geben.

Schließlich wurde mir vom Gesichtsausdruck her klar, dass das

Eis gebrochen war. Ich unterbrach meinen Redeschwall. Der Konflikt ging in die Endphase und wurde zu meiner größten seelischen Erleichterung gleich vom Tisch gekehrt.

Die verschlüsselte Information darüber ging gleich an Andropow mit dem Zusatz »persönlich«. ER zeigte sie Gromyko auch »persönlich«, aber bald schon wusste das halbe Außenministerium davon. Nicaragua wurde für sie zum Land »non grata«.

Mit welcher tiefen Dankbarkeit erinnere ich mich da an die sowjetischen Botschafter, die schwere Protestschläge wegen des Scheiterns unserer Aufklärer auf sich genommen hatten! Häufig mussten sie sich die Forderungen zur sofortigen Rückweisung unserer glücklosen Kollegen anhören und mithelfen, deren Heimreise zu organisieren. Ich verneige mich auch jetzt in Gedanken tief vor ihnen. Sie deckten unsere Fehler und Ungeschickte scheiterten mehrmals. Sie verstanden, dass die Aufklärung einen endlosen Krieg führt, in dem es auch Verluste und Fehler gibt, die in Misserfolgen enden. Ich war nur einmal in ihrer Situation, damals in Nicaragua, als ich unserem Botschafter aus dem Dilemma heraushalf …

Ich schrieb und schrieb die »Mitteilung« an das ZK der KPdSU. Mit den Militärs konnte ich nicht rechnen. Sie würden sich kaum für eine ernsthafte Arbeit in Lateinamerika entscheiden. Sie waren noch traumatisiert von der Karibik-Krise. Ja und was würden sie überhaupt ausrichten können? Die sandinistische Revolution vor einer amerikanischen Invasion beschützen? Die UdSSR hätte das nie gekonnt, außer mit einem allgenmeinen Atomraketenkrieg zu drohen, aber dazu war nur Nikita Chruschtschow fähig gewesen. Wir konnten auch Nicaragua nicht bei der Aufstellung einer modernen, mobilen, zahlenmäßig kleinen, aber schlagkräftigen Armee helfen. Wir konnten nur das nachbilden, was wir bei uns zu Hause hatten. Keinerlei schöpferische Varianten hätten wir entwickeln können. Wir hatten Panzer und Kanonen-Artillerie im Überfluss. Wir schlugen die Lieferung vor, aber sie wurden dort nicht gebraucht. Panzertruppen, die in den Weiten Russlands und in den europäischen Ebenen unersetzbar waren, sahen in den Ber-

gen, in den völlig unwegsamen Gelände und in den tropischen Dschungeln plump aus. Wir hätten schon irgendwie Truppen für den Kampf gegen einen äußeren Feind aufstellen können, aber in Nicaragua mussten Truppen für den Kampf gegen halbmilitärische, irreguläre Formationen – die einen nannten sie Banditen, die anderen nannten sie Partisanen – gebildet werden. Für einen solchen Krieg brauchte man Hubschrauber, mobile Funkgeräte, leichte Schützenpanzerfahrzeuge, kugelsichere Schutzwesten, Mittel für einen Minenkrieg. Und genau das hatten wir nicht. Wir hatten niemals gegen Partisanen gekämpft. Und von den westlichen Ländern, die Jahrhunderte in den Kolonien gegen die Aufständischen gekämpft hatten, wollten wir es nicht lernen.
Unsere Militärs kamen den Sandinisten zuhilfe. Aber sie kamen ungern, wie aus einer Trägheit heraus – und mit Typenlösungen, die ihre Ineffektivität schon in anderen Ländern nachgewiesen hatten.
Ich beendete die Arbeit an meiner »Mitteilung« und schickte sie an das Sekretariat des KGB und erfuhr dann, dass sie unterschrieben worden und an das Politbüro gegangen war. Es vergingen Monate. Die Mühlen der Bürokratie mahlten langsam. Alles was Nicaragua betraf, wurde scheinbar besonders langsam bearbeitet. Tropfen für Tropfen würde die Hilfe aus der leeren Brust herausgedrückt. Nicaragua brauchte 500.000 Tonnen Erdöl pro Jahr. Mehr wäre nicht benötigt worden, denn so hoch war die Verarbeitungskapazität des einzigen Werkes im Land. Unsere Erdölförderung betrug immer noch 600 Millionen Tonnen pro Jahr. Also war die Rede von 1/1.200 unserer Fördermenge gewesen, das heißt von weniger als 0,1 Prozent. Aber auch diese Bürde erwies sich als viel zu schwer für unsere kaputten Beine. Die Zeitungen berichteten darüber, dass das Zehnfache der Menge infolge wenig sorgfältiger und unvollständiger Entleerung auf den Böden der Zisternen verbleibt, aber wir konnten nichts hinschicken.
Es begannen langwierige schwierige »Gespräche« mit den europäischen sozialistischen Ländern. Jedes Land überredeten wir

einzeln, einen kleinen Teil seiner jährlichen Importquote des Erdöls aus der UdSSR abzutreten. Die DDR bezog zum Beispiel jährlich 20 Millionen Tonnen und wir baten darum, auf 60- bis 70.000 Tonnen davon, quasi als Opfer für Nicaragua, zu verzichten. Niemand wollte freiwillig von seiner Lieferquote abgehen. Die Verhandlungen gestalteten sich kompliziert. Das Thermometer der internationalistischen Ausrichtung zeigte, dass jedes Land seine eigene Temperatur diesbezüglich hatte. Mir erschienen sie in folgender Reihenfolge aufgestellt zu sein: Die DDR verhielt sich am positivsten zu gemeinsamen Aktionen in der Welt, dann kam Bulgarien, gefolgt von der Tschechoslowakei und abschließend erst folgten Polen und Ungarn. Von Rumänien war ganz zu schweigen. Die Beziehungen mit Rumänien waren meiner Meinung nach deshalb so schwierig, weil weder in der UdSSR noch in Rumänien die Völker darüber in Kenntnis gesetzt wurden, was tatsächlich in unseren Bindungen vor sich ging. In Bukarest existierte keine Vertretung des KGB. Die Kontakte zwischen unseren Behörden waren seit langem abgerissen und es gab keinerlei Zusammenarbeit.

Als der Ärger mit dem Erdöl beendet war (irgendwie war es uns gelungen, die nötige Menge zusammenzukratzen), begann neuer – mit den Lebensmitteln und mit den Waren des täglichen Bedarfes. Und überall tauchte die unüberwindbare Mauer des Mangels an materieller Produktion auf. Ich gab mir redlich Mühe, bei allen meinen Treffen und Unterredungen so zurückhaltend wie nur möglich zu sein: keine Illusionen, keine, auch nicht die nebulösesten Versprechungen – obwohl das wenig half. Zu weit verbreitet und zu tief saßen die Wurzeln der Überzeugung von der Unerschöpflichkeit sowjetischer Reserven. Bravouröse glänzende Reden und die Verkündigung nicht existenter Erfolge leisteten uns einen Bärendienst im Ausland. Jedem Menschen konnte eben nicht erklärt werden, dass wir im Königreich der verzerrten Spiegel lebten und dass bei uns zwischen Wort und Tat große Unterschiede bestanden. Den linksgerichteten politischen Führungskräften im Ausland schien es, als ob wir unsere eigenen Vorteile nicht erkannten, wenn wir ihnen die Hilfe ablehnten. Manchmal musste man die Wahrheit umgehen, um nicht umsonst Zeit sinnlos für gemeinsames Gezeter zu verlieren.

Mein armes Nicaragua! Ich sah, dass sich meine ganze Hoffnung auf die Hilfe seitens der UdSSR in Luft auflöste. Sie wurde bis auf ein Minimum beschnitten. Das drückte sich selbst in der Auswahl der Botschafter aus. Wenn man eine seriöse Wahl hätte treffen wollen, dann hätte man wohl eine einflussreiche Person aus dem Dneprpetrowsker Umfeld Breschnews herausgesucht oder hätte auf irgendeinen Würdenträger aus dem Parteiapparat gesetzt. Wenn man jedoch einen Botschafter aus den Karrierediplomaten regionalen Kalibers auswählte, dann hieß das, die Zusammenarbeit wird sich nur in einer sehr engen Spur bewegen. Dieser Botschafter besaß keinen Zugang zu den Hebeln des Parteiapparates, auch nicht zu den Ohren der Mitglieder des Politbüros oder der Sekretäre des ZK. Ohne diese gab es jedoch keine Chance, die Aufmerksamkeit der Minister oder Behördenleiter, die über den materiellen Reichtum des Landes verfügten, zu gewinnen.

Ich konnte gar nicht glauben, dass die amerikanischen Analytiker-Sowjetwissenschaftler so oberflächlich waren, dass sie ihrer Regierung, dem Präsidenten der USA ganz gegenteilige Auffassungen unterbreiteten. Es war unverständlich, warum sich die USA-Presse in Gebell an die Adresse des kleinen Nicaragua erging, und warum alle Schritte des Weißen Hauses offen aggressiven Charakter trugen. Woher nahmen sie nur die offenkundig provokativen Pläne von Luftangriffen sowjetischer Bomber, die mit ihrer Bombenlast für amerikanische Städte von den nicaraguanischen Flughäfen aus starten würden? Warum hatte das CIA begonnen, Basen für die Durchführung eines Torpedo-Minen-Krieges zu bauen – gegen die wenigen sowjetischen und andere Handelsschiffe, die die nicaraguanischen Häfen anlaufen würden? Die Amerikaner sollten doch wissen, dass die UdSSR keine Basen in Nicaragua gebaut oder irgendwelche vorhandene genutzt hätte. Es gab definitiv kein einziges Element, was eine solche Annahme gerechtfertigt hätte. Ich überzeugte mich zum wiederholten Male davon, dass die militärpolitische Spitze der USA an der Festigung der amerikanischen Vorherrschaft in der Region und nicht an der Wahrheitsfindung oder einer adäquaten Reaktion darauf interessiert war.

Zeitweise hegten wir jedoch Zweifel, ob die amerikanischen Experten und Analytiker immer recht hatten mit ihrer Einschätzung der außenpolitischen Situationen. Waren wir denn nicht Zeugen der groben Fehlschläge in Indochina geworden? Von dort mussten die USA mit großen Verlusten an Prestige und Menschen abziehen. Und haben wir uns nicht im Winter 1978/79 über die erstaunliche Blindheit der amerikanischen Professionellen und Politiker gewundert, die den iranischen Schah hartnäckig unterstützten, als sein Thron unter dem Druck des Volksaufstandes ins Wanken geriet? Die Amerikaner hatten doch im Iran Tausende Augen und Ohren gehabt. Unter ihrer Kontrolle befanden sich die Geheimdienste und die Armee. Sie hätten doch alles wissen müssen und gingen trotzdem entgegen der deutlichen Wahrheit vor. In die Annalen der Geschichte geht auch ein ungebührlicher Fehler bei der Beurteilung der kubanischen Revolution 1956–1958 ein. Die Amerikaner hatten entschieden, dass es sich nur um einen gewöhnlichen Machtkampf handelt. Sie sahen weder die national-befreiende noch die sozialistische Komponente darin und verhielten sich überheblich und abweisend gegenüber den Führern der Aufständischen Armee. Und der Lapsus mit dem Überfall auf der Playa Girón? Die Aufzählung ließe sich beliebig fortführen. Wenn ich auf meinen langen Weg zurückschaue, kann ich feststellen, dass die Amerikaner natürlich in allem, was mit dem materiell-technischen Unterbau oder mit der organisatorisch-stabsmäßigen Arbeit zusammenhing, stärker waren. Sie gingen konsequenter und methodischer zum Erreichen ihrer Ziele vor. Aber was die Genauigkeit und Adäquatheit politischer Einschätzungen sowie die Auswahl geeigneter Instrumente für ein vorsichtigeres Herangehen an

die Situation betraf, da waren die sowjetischen Profis jüngerer Vergangenheit ihren Kollegen jenseits des Atlantik überlegen.
Ich denke zum Beispiel daran, wie sich in der zweiten Hälfte der siebziger Jahre unter Präsident Carter ein Gewitter über dem CIA wegen seiner Beteiligung an der Vorbereitung und Durchführung von terroristischen Vorhaben unter Überschreitung der Kompetenzen zusammenbraute. Es wurde auch eine Kontrolle des Dienstes für Auswertung und Information des CIA durchgeführt. Eine Kommission des Kongresses nahm die Inspektion vor. Die Kontrolleure kamen zu einer wichtigen Schlussfolgerung. Diese besagte, dass der CIA über genügend Informationen verfügte, somit sollten keine Gelder für die Erschließung neuer Informationsquellen bereitgestellt werden. Die Schwachstelle war jedoch die Auswertung der vorhandenen Information und der Empfehlung richtiger Handlungsprogramme. Das Dokument der Kongresskommission wurde zu unserem Nachschlagwerk auf dem Schreibtisch, nach dem wir das Verhältnis der aufklärerischen Kapazitäten der USA und der UdSSR abglichen. Bei uns herrschte leider oft ein Mangel an konkreter Information und Fakten, aber wir hatten keine Schwierigkeiten mit der Durchführung objektiver wissenschaftlicher Auswertungen. Die Treffsicherheit war ziemlich hoch. Sie erreichte über 90 Prozent. Eine andere Sache war die, dass die Bewertungen und Prognosen vom intellektuellen Lager nicht abgerufen wurden.
Ein anderes Mal hatte irgendeiner unserer Mitarbeiter während einer Pause unter guter Laune vorgeschlagen, unseren Kollegen des CIA einen Wettbewerbsaufruf um die Genauigkeit der Analyse und Prognose einer konkreten internationalen Situation zu schicken. Wir waren uns sicher, dass wir gewinnen würden, und der objektivste Richter würde die Zeit sein und wie ein Referee im Ring unseren rechten Arm heben.
Die USA führten verstärkt ihre Überzeugungsarbeit fort. Sie wollten der Welt und sich selbst beweisen, dass in Nicaragua eine kontinentale Gefahr für das Weiterbestehen der Vereinigten Staaten entstehen würde. Wir erhielten eine Brief vom

Innenministerium in Nicaragua. Darin war die Rede davon, dass im Land nicht einmal die elementarsten Lebensgrundlagen vorhanden sind. Unsere Kollegen baten um die Zusendung von Büromaterial, schlichten Sportinventars, Seife, Toilettenpapier und so weiter. Da es keine Hoffnung auf eine Hilfe von staatlicher Seite gab, hatte sich Kollegen an Kollegen um freundschaftliche Unterstützung gewandt. Das konnte nicht ungehört bleiben. Wir sammelten aus unseren Vorräten, was möglich war und schickten eine Sendung mit der friedlichsten und grundlegendsten Bestimmung.
Es vergingen Jahre, viel Wasser ist geflossen und Nicaragua hat seinen Weg in die Zukunft gefunden. Möglicherweise erweist sich der Weg als der vielversprechendste. Gut, dass sie der schwarze Flügel der Konfrontation des Westens mit dem Osten nicht mehr trifft. Noch besser ist, wenn es den Pfad der Festigung der nationalen Verständigung nicht mehr verlässt – in Richtung der Verteidigung seiner Freiheit und der Schaffung der Bedingungen für das Aufblühen des Volkes. Aber die Sandinisten haben auch eine Arbeit von unschätzbarem Wert geleistet: Sie haben ihre Zwangsjacke zerrissen und vernichtet – die Marionettendiktatur Somozas. Dafür wird ihnen das nicaraguanische Volk ewig dankbar sein.

Die bitteren Gedanken der Analytiker

Nachdem ich die Dienstreise ins Ausland beendet hatte, kehrte ich zu meinen Pflichten als Leiter der Verwaltung Auswertung und Information zurück. Die Arbeitskollegen nahmen mich freudig in Empfang. Ihnen war nun die Last der Verantwortung genommen und sie fühlten sich befreit und glücklich. Übrigens bewirkten die Gehälter der Leiter im früheren Aufklärungsapparat keine materiellen Vorteile, der Gehaltsunterschied zum Stellvertreter betrug lediglich 20 bis 30 Rubel. Die psychologischen Belastungen und der Zeitumfang waren jedoch um ein Vielfaches höher. Es wurde im wesentlichen der Ehrgeiz befriedigt. Der Leiter der Verwaltung hatte die fast hundertprozentige Chance darauf, den Rang eines Generals zu erreichen und damit eine Gehaltserhöhung von knausrigen 30 bis 40 Rubel. Der Gehaltsvorteil war minimal und unmerklich, aber die »Litzen« kompensierten allen Aufwand. Wenn der Mensch seine nüchterne, normale Lebenseinstellung nicht verloren hatte, dann verhielt er sich zu allen »Chefs« mit Mitgefühl, aber nicht mit Neid. Zuviel hatten sie in diesem irdischen Jammertal zu entbehren und wie ärmlich war der Ersatz. Ich persönlich halte mich für einen grenzenlos glücklichen Menschen, weil ich bei meiner Arbeit immer mit Menschen von hohem Wert umgeben war. Ich hatte nur zwei Chefs über mir: Der Vorsitzende des KGB Andropow und der Leiter der Aufklärung Krjutschkow. Dem ersteren habe ich bisher mehrfach gedacht, aber es ist auch keine Schande, es nochmals zu sagen, dass er ein sehr verehrter älterer Kollege war, weise, ehrlich, demokratisch. Wir fühlten, dass er sich wie wir auch, kritisch zur damaligen Wirklichkeit verhielt. Er litt aufrichtig um das Schicksal des Landes.
Wladimir Alexandrowitsch Krjutschkow passte zu ihm. Er ging

den ganzen Weg zusammen mit Andropow, beginnend mit der gemeinsamen Arbeit in der sowjetischen Botschaft in Ungarn 1956 bis hin zum Tod von Juri Wladimirowitsch (Andropow, Anm. d. Übers.) 1984. In der Schule war er bestimmt ein ausgezeichneter Schüler gewesen. Ich kannte in der Aufklärung keinen einzigen Mitarbeiter, der ihm in seiner Strukturiertheit, Leistungsfähigkeit und deutschen Ordnung und Organisation ebenbürtig gewesen wäre. Bei Regen, Frost, Hitze, bei sich zu Hause oder auf Dienstreise im Nirgendwo, egal, was auf der Welt los war, Krjutschkow begann immer zur selben Zeit seinen Morgensport. Sonnabends hatte er keine Lust, sich mit den üblichen Dingen zu befassen. Er las nur schnell einen Haufen Zeitschriften quer, wie auch Informationsschriften und wissenschaftliche Arbeiten, und machte mit einem roten Stift seine Anmerkungen. Die ganze Woche lang tippte dann die Sekretärin Karten mit den ausgewählten Abschnitten, und sie vervollständigten die umfangreiche persönliche Kartensammlung, die er selbst systematisiert hatte. Wenn ihm Treffen oder bedeutende Dienstreisen bevorstanden, sah er die betreffenden Bereiche durch oder nahm sie mit, und seine Gesprächspartner waren ob der Argumentation seiner Überlegungen und der Eruiertheit eines Leiters der Aufklärung verwundert.

Er hatte ein ausgezeichnetes Gedächtnis und ärgerte sich über die Vergesslichkeit seiner Mitarbeiter. Rationalismus und eiserne Logik zeichneten ihn zeitlebens nur in einem stahlfarbenen Grau. In seltenen Momenten, wenn die Kruste der offiziellen Beziehungen aufgeplatzt war, berichtete er von den hellsten Momenten seiner Kindheit. Eines Tages war er als Schüler in seinem heimatlichen Wolgograd in schlammig-herbstlicher Zeit eine Straße entlanggegangen und hatte gesehen, wie Arbeiter in einem Graben Rohre verlegten. Die Sache funktionierte bei ihnen nicht. Die Rohre rutschten weg und legten sich nicht, wie sie sollten. Er blieb stehen, sah zu und sagte ihnen, dass sie es anders machen müssten, und erklärte es ihnen. Die verdutzten Arbeiter staunten nicht schlecht, lobten den Jungen für seine Auffassungsgabe, und die Sache ging ordentlich weiter.

Die Arbeit in einem Werk der Kriegsproduktion, hauptamtlicher Komsomolsekretär in den schweren Nachkriegsjahren, eine nicht leicht erhaltene juristische Ausbildung, Arbeit im Gericht, bei der Staatsanwaltschaft, die Diplomatenhochschule und schließlich das Zusammentreffen mit Andropow in Ungarn. In seiner methodischen Herangehensweise und Beharrlichkeit war Krjutschkow einem russischen Menschen wenig ähnlich, eher den Wolgadeutschen. Von den drei Studenten der Diplomatenhochschule, die Ungarisch lernten, kapitulierte nur Krjutschkow nicht. Er las bis zum Ende seiner aktiven Laufbahn ungarische Zeitungen.

Mit 50 leitete Krjutschkow die Aufklärung. Unter ihm wurde der Bau des Gebäudekomplexes – eines der besten in Moskau in seiner Funktionalität – vollzogen. Er verlieh der Arbeit der Aufklärung politische Bedeutsamkeit. In keiner Weise engte er professionelle Kreativität und Ideenreichtum ein. Natürlich war er in hohem Maße ein politischer Roboter. Täglich arbeitete er von 9 bis 21 Uhr in einem irren Rhythmus mit einem reißenden Tempo und einer Menge negativer Emotionen. Er besaß keine Freude, um keine Gelegenheiten für Intrigen zu liefern, ja, und woher sollte er sie auch nehmen: Die ganze Welt ist in Herrschende und Untergebene aufgeteilt. Sein ganzes Interesse galt dem Theater. Im Büro des Aufklärungschefs in »Jasenewo« standen an einem exponierten Platz gebundene Schriften mit den Theater- und Konzertprogrammen aus vielen Jahren. Er liebte das Theater und kannte sich damit aus. Das wiederum verband ihn mit Andropow. Nur dass der die Stücke eher zu Hause las, als dass er sie sich auf der Bühne anschaute. Krjutschkow war ein Stück weit souverän. Irgendwann hatte ihm mal jemand aus Brasilien, aus dem Amazonasbecken, den holzgeschnitzten Kopf eines Wassermannes mitgebracht. Dort in der Selva werden solche »Talismänner« an den Bootsspitzen aufgespießt, und sie verjagen alles Böse und Unreine. Die Menschen glauben, dass ein solches Gespenst mit gefletschten Zähnen und herausgedrehten Augen den Hausherren vor Übergriffen bewahrt. Dieser gruselige, wenn auch gute Geist

stand bei ihm im Regal seines Arbeitszimmers und grinste die Eintretenden an, um jegliche böse Ansinnen zu verjagen. Ich weiß nicht, ob er ihn mitgenommen hat, als er 1988 zum Vorsitzenden des KGB ernannt wurde und sein neues Büro in der Lubjanka bezog. Zumindest bekam ich ihn dann nicht mehr auf seinem Wachposten zu sehen. Er beschützte auch seinen Hausherren zum Ende des Arbeitslebens nicht mehr.
Krjutschkow hatte auch seine Schwachstellen. Er irrte häufig bei der Personalauswahl. Das wurde im Kollektiv der Aufklärung sehr schnell bemerkt. Dank seines hervorragenden Gedächtnisses konnte er ihm zugefügtes Leid lange nicht vergessen. Das Bösartige quälte ihn und bewirkte fehlerhaftes Vorgehen. Wie dem auch immer war, Krjutschkow hatte länger und besser die Führung der Aufklärung inne, als seine Vorgänger. Er blieb ein treuer und überzeugter Diener seiner Sache. Ich hatte nie Anlass, an seinem Patriotismus zu zweifeln.
Seine Teilnahme an den Vorgängen im August 1991 – das ist eine Frage, die die Geschichte beantworten wird. Menschen mit oder ohne Manta werden voreingenommen und nicht objektiv, wenn auch nur, weil sie einzig unserer Zeit angehören.
Eine Welle warmer Dankbarkeit verspürt mein Herz bei der Erinnerung an meine Mitarbeiterfreunde. Ich bedaure, dass ich sie hier nicht alle aufführen kann. Aber es wäre sträflich, nicht wenigsten meine Stellvertreter zu benennen, mit denen ich alle Schwierigkeiten und Freuden geteilt habe. Jeder Tag begann mit einer Zusammenkunft in meinem Büro, bei der wir die nachts angekommenen Informationen durchsahen. Es fand ein kurzer Meinungsaustausch statt und die Abstimmung der anstehenden Aufgaben. Jeder der Stellvertreter war für eine bestimmte Region zuständig. Der Beauftragte für Westeuropa war Wladimir Michailowitsch Chrenow. Wir nannten ihn den »bedingungslos Aufrichtigen«. Er war ein Garant für Prinzipientreue, Ehrlichkeit und Ordnung. Seine operative Karriere war wegen des Scheiterns eines operativen »Kontaktes« in Paris schon früh zu Ende gewesen und er wurde als erster von uns Berufsanalytiker. Gewissenhafte Forderungen an die Abstim-

mung der Fakten und Kompromisslosigkeit, die manchmal feindliche Züge annahm, gegenüber Schluderei und eine genaue und feine Arbeit mit den Dokumenten mussten einfach Begeisterung hervorrufen. Wenn unter einem dienstlichen Schreiben die Freigabe oder die Unterschrift von Wladimir-Michalowitsch stand, brauchte man nicht zweifeln, dass alles ordnungsgemäß erledigt war. Er war nur fünf Monate älter als ich, aber ich redete ihn immer achtungsvoll dörflich mit Michalytsch an. Er beendete seinen Lebensweg als General, als Leiter der Verwaltung Auswertung und Information und ist wenige Monate vor dem Zerfall der Sowjetunion gestorben. Damit musste er zum Glück nicht mehr jene Bitternis erleben, die entsteht, wenn ein Mensch die Vernichtung aller Früchte seines gesellschaftlichen Lebens mit ansehen muss.

Für die Zusammenarbeit mit den Kollegen der Länder des Warschauer Vertrages war Alexander B. zuständig, der auf der Suche nach seinem Schicksal aus dem kleinen Eisenbahndorf Pjankowo in Westsibirien gekommen war. Der Junge im Bauernhemd mit dem großen Kopf wurde Student des MGIMO. Während der Studienzeit eignete er sich mehrere Fremdsprachen an. Er war als Dolmetscher in allen Ebenen eingesetzt worden, hatte operativ gearbeitet und wurde zum Veteran der Verwaltung Auswertung, wo er insgesamt über fünfzehn Jahre im Dienst stand. Für viele war er unbequem, weil er direkt seine Meinung zum Ausdruck brachte und seine Gedanken nachdrücklich formulierte. Er war immer bereit, jede Meinung zu widerlegen und jedes Dokument einer kritischen Prüfung zu unterziehen. Unentbehrlich in Diskussionen überlegte er außergewöhnlich und in für andere unerwarteten logischen Richtungen. 1981 begleitete er Andropow und Ustinow zu einem Treffen mit der polnischen Führung in einem umfunktionierten Zug auf den Eisenbahnstrecken von Brest. Im Gespräch mit ihnen äußerte sich B. zu kritisch über einige methodische Herangehensweisen der Arbeit des ZK der PVAP und erntete dafür von Andropow folgende Bemerkung: »Lehren Sie uns nicht, wie man einen Staat führt. Dmitri Fedorowitsch und ich, wir verstehen schon

etwas davon.« Er vertrat mich bei Abwesenheit. Er wurde dann zum Leiter der Verwaltung, aber diesen Posten hatte er lediglich sechs Monate inne. Danach wurde er zum Sekretariatsleiter des KGB ernannt. In den Ruhestand ging er erst kürzlich im Rang eines Generals und arbeitet jetzt auf ziviler Ebene. China und der Osten insgesamt blieben für uns alle, die wir über eine Hochschulbildung verfügten und in den Ländern der christlichen Zivilisation gearbeitet hatten, rätselhaft. Das war eine andere Welt. Du musstest dein gesamtes Leben hinter dir lassen, wenn du sie verstehen wolltest. Deshalb befanden sich unter den Stellvertretern des Leiters der Verwaltung immer auch Sinologen. Einer von ihnen war Kim Alexandrowitsch Martynow, Sinologe von Gottes Gnaden, Er war zweimal auf langen Dienstreisen in Peking gewesen. Er kannte alle chinesischen Machthaber bis zur dritten Generation wie seine nahen Verwandten, im Schlaf konnte er von jedem eine erschöpfende Charakteristik geben. Die langandauernde praktische Arbeit in China, machte ihn, unserer Meinung zufolge, einem Chinesen ähnlich. Er bekam sogar ein klein wenig Schlitzaugen. Aber einen solchen Fleiß, selbstbeherrschende Disziplin und Gründlichkeit bis ins Detail hatte ich noch nicht getroffen. Schade, dass sein schweres Familienleben seine Gesundheit untergrub und er frühzeitig starb. Nach seinem Tod bekamen wir heraus, dass er wunderbare Gedichte geschrieben hatte.
Seinen Bereich leitete Wladimir Alexandrowitsch Korelow – ein hervorragender Fachmann und fähiger Organisator. Es gab nur weniges, worin sein Vorgänger besser war, und er hatte seine unbestrittenen Vorzüge: ein fröhlicher, scharfzüngiger Mensch, Verfasser bissiger Epigramme und Parodien. Er war die Seele einer Gesellschaft. Sein Verhältnis zu anderen Menschen war von Freundschaft und Mitgefühl geprägt. Es gibt da einen Begriff – »berufliche Degradierung«, wenn sich der Interessenkreis bis auf die rein dienstlichen Belange einengt. Einem Psychiater kommt es so vor, als ob es auf der ganzen Welt nur psychisch Kranke gibt, einem Abteilungsleiter der Miliz erscheint jeder ein Verbrecher zu sein und so weiter. Es gab Gerüchte, dass die

Ehefrau von Henry Kissinger ihn nur deshalb verließ, weil er mit ihr ohne Ende über internationale Belange gesprochen hat. Für uns war BW. Korolew ein zuverlässiges Medikament gegen eine solche Degradierung. Und als Sinologe war er eine hohe Autorität für den gesamten Offizierskorps. Er wurde auch beim Weggang in die Stabsverwaltung als Stellvertreter des Leiters zum General befördert.

Die Leitung der Verwaltung lebte wie eine Familie. Jeden Tag um 16 Uhr trafen wir uns kurz zum Tee im Sozialraum neben dem Büro des Leiters der Verwaltung. Während der halben Stunde besprachen wir organisatorische Fragen, dabei nahmen die Personaldinge einen bedeutenden Raum ein.

Einmal im Monat veranstalteten wir Gesundheitstage, meistens an Sonnabenden. Wir gingen zum Ski fahren (Im Sommer schwammen wir im Freibad). Einer blieb immer als Diensthabender in der Verwaltung. Wir liefen außerhalb des Territoriums unseres Komplexes Ski und niemand konnte erraten, dass dort die Träger aller Geheimnisse der sowjetischen Aufklärung und nicht nur derer, Ski fahren. Nach dem Laufen gingen wir zufrieden in die kleine Banja-Sauna und dampften bis zur Erschöpfung, tranken grünen Tee, und kehrten erleuchtet zum Mittag nach Hause zurück.

Die enge Freundschaft half uns allen gemeinsam auch dienstliche Unannehmlichkeiten zu überwinden und sogar familiäre Probleme, bei wem sie entstanden sowie auch Schwierigkeiten bei der Erziehung der heranwachsenden Kinder. Auch Krankheiten, die uns erwischten, ließen sich so besser durchstehen. Wir selbst tauften unser sporadisch zusammengewürfeltes Kollektiv »unser Ballett« – wahrscheinlich wegen seiner Gleichmäßigkeit und Harmonie. »Unser Ballett« durchliefen auch viele andere Genossen, aber sie hielten sich nicht so lange auf wie der harte Kern. Aus dem »Ballett« ging der Leiter der Aufklärung L. W. Schebarschin hervor, zwei Stellvertreter – W. I. Gurgenow und ich, ein Botschafter der Sowjetunion, zwei Leiter einer großen sowjetischen Informationsagentur und so weiter. Keine andere Unterabteilung der Aufklärung hat solche

Kader hervorgebracht. Die Besonderheit unserer Verwaltung bestand ja darin, dass die Mitarbeiter umfassende Informationen erhielten und durch deren Dokumentation die gesamte außenpolitische Palette der UdSSR -Interessen erfassten und somit an die Suche nach Problemlösungen herangeführt wurden. Außerdem herrschte bei uns eine Atmosphäre der freien und kreativen Erörterung aller Probleme und einer Toleranz gegenüber allen Standpunkten. Kritisch betrachteten wir die Herangehensweisen und Anschauungen.

Die Verwaltung lebt und arbeitet auch jetzt noch, in diesen schweren Zeiten. Dort gibt es noch viele Veteranen, mit denen wir Seite an Seite gearbeitet haben, aber auch viel Jugend. Ich denke, dass sie es schwerer haben. Die Gefahren für Russland sind größer geworden – und es gibt wesentlich weniger Freunde. Aber seine Mutter Heimat wählt man nicht aus, sie gebärt uns. Und unsere Sohnespflicht ist es – bis zum Ende bei ihr zu bleiben, an welcher schlimmen Krankheit sie auch leidet. Man muss ihr auf die Beine helfen und sie stärken.

Ich weiß nicht, worüber jetzt die Offiziere nachsinnen, welche geheimnisvollen Gedanken sie in den Stunden der außerdienstlichen Kommunikation miteinander teilen. Unser Leben in der Verwaltung fiel in die Zeit des Zerfalls des pseudosozialistischen Staatsgefüges, das in der UdSSR existierte. Wir sahen nicht nur die Symptome des Zerfalls, sondern wir rochen auch die Fäulnis des befallenen Gewebes. Mit nur wenigen Ausnahmen erfasste uns alle die Sorge um unser Land, seine Wirtschaft und um den Zustand des Volkes.

Natürlich stand immer das Thema des lebensnotwendigen Getreides an erster Stelle. Viele von uns stammten aus Bauernfamilien. Ich hatte ja selbst noch gepflügt, gesät und geerntet. Ich wusste nicht nur vom Hörensagen, was es kostete, Roggen und Weizen anzubauen. Wir konnten nicht verstehen, warum unsere Regierung fast ein halbes Jahrhundert brauchte und so auch nicht die Landwirtschaft organisieren wollte oder konnte. In demselben Zeitraum lernte die ganze Welt Lebensmittel zu produzieren. China, Indien, Iran, Mexiko und andere, die unter einem chronischen Getreidedefizit gelitten hatten, führten in kurzer Zeit wirtschaftliche und agrartechnische Umstrukturierungen durch und konnten so einen großen Teil ihres Bedarfes selbst herstellen. Allein Russland und früher die UdSSR blieb halb hungrig.

Von 1929 an begann unser damals so endloses Land unter den Bedingungen einer sich verschlechternden Lebensmittelversorgung zu leiden. Die Kollektivierung führte zur Einführung der Lebensmittelzuteilung auf Karten, in friedlicher Zeit. Gerade mal waren wir etwas zum Luftholen gekommen, als die Tragödie des deutschen Überfalls mit einer Massenhungersnot einherging. Die Freude über den Sieg machte uns nicht satt. Dieses Gefühl war einfach der früher in Russland lebenden Generation nicht bewusst. Sie kannte nie einen Überfluss an Fleischprodukten, Milch, Käse, Früchten und Gemüse. Wenn die Einwohner der Hauptstadt so etwas noch in den Läden zu kaufen bekommen hatten, so konnte es die überwiegende Mehrheit der Bevölkerung im Land nur in Fällen einer frohen und seltenen Ausnahme genießen.

Das Land, wo die meiste Ackerfläche pro Kopf der Bevölkerung in der Welt vorhanden ist, wo über 70 Prozent der Schwarzerdegebiete der Welt konzentriert sind und wo die klimatische Vielfalt alle nur denkbaren landwirtschaftlichen Güter gedeihen lassen würde – dieses Land kauft Getreide im Ausland. Die heutigen Entbindungskliniken sind halbleer. Die Nation begeht Selbstmord, sie verweigert ein Weiterleben. Ein solcher Genozid ist schlimmer als alle politischen Massenrepressionen der Vergangenheit. 3,5 Millionen Abtreibungen allein im Jahr 1991 sehen nicht weniger schrecklich aus als eine Millionen Erschossene in Berijas Kerkern.

Das Gefühl der herannahenden Katastrophe beunruhigte von Zeit zu Zeit – um nicht zu sagen anfallartig – frühere Machthaber. Stalin befahl entlang der Wolga und des Urals Waldschutzstreifen zu pflanzen, quasi um die russischen Kornkammern des Schwarzerdegebietes vor den trockenen Winden zu schützen. Chruschtschow befahl, 40 Millionen Hektar Steppe zu Neuland umzupflügen. Breschnew erdachte den Staatlichen Schutz der Nichtschwarzerdezonen. Gorbatschow wurde extra aus Stawropol beordert, um ein Lebensmittelprogramm zu erarbeiten, aber er beschränkte sich auf Papier- und Wortschöpfertum. Frühere Regierungsmitglieder belasteten sich überhaupt nicht mit irgendwelchen Sorgen. Sie setzten aufs Geratewohl.

Alle, die alten und auch die neuen Machthaber, verbinden die Hoffnung auf die Gewährleistung eines minimalen Versorgungsniveaus bei Lebensmitteln, um damit die Entstehung sozialen Zündstoffs zu verhindern, mit Lebensmittelimporten aus dem Ausland. Der Lebensmittelimport, und dabei besonders der von Getreide, begann in großem Maßstab direkt nach dem Machtantritt Breschnews und seiner Verwaltung. Ja und wie die für das Volk unheilvolle Aufkaufmenge anwuchs. Während des Fünfjahrplanes 1965–1970 führten wir 15 Millionen Tonnen Getreide aus dem Ausland ein. Russland setzte erstmals die Nadel mit einer Lebensmittelimportdroge. Den Taugenichtsen an der Macht war so eine Lösung des Lebensmittelproblems die einfachste und angenehmste. Spritze folgte auf Spritze und die Gewohnheit wurde zur unheilbaren Krankheit. Schon im folgenden Fünfjahrplan wuchs der Getreideankauf im Ausland auf 69 Millionen Tonnen an. In den Jahren 1975–1980 stieg die Gesamteinfuhr auf 119 Millionen Tonnen an, 1981–1985 betrug sie bereits 170 Millionen Tonnen und danach gab es sowieso chaotische Zukäufe. Zuerst, als sie Erdölgeld durchbrachten, reckten wir noch die Köpfe und stellten den »zuverlässigen Klienten« dar, aber später wurden wir oft und immer öfter zu Bittstellern für Kredite, um die laufenden Lieferungen abzusichern.

Wir in der Aufklärung sahen sehr deutlich, wie sich die USA freuten, dass sich im Körper der UdSSR eine Wunde aufgetan hatte, die anstatt zu heilen, immer größer wurde und aus der die Säfte des Volkes austraten. Sie sagten den Verkauf jeglicher komplizierter Technik ab und verlängerten so locker die Getreidelieferungen und die anderer Lebensmittel. Nur einmal versuchte der emotionale Carter den Getreidefluss anzuhalten, aber er revidierte seine Meinung sofort wieder. Im Tausch gegen die Getreideüberschüsse nahmen die USA von uns nichterneuerbare Ressourcen – Gold und Erdöl, was wir unseren Kindern, Enkeln und Urenkeln gestohlen haben. Und das Wichtigste, es etablierte sich bei uns die Manie zum Import. Wir finanzierten stabil und reichlich den Aufschwung im Westen und verwandelten das angekaufte Getreide in einen Stoff, der nur zum Düngen geeignet ist.

Die USA – ist eine große Industriemacht, aber sie sind auch ein Hauptexporteur landwirtschaftlicher Erzeugnisse. Auf 40 Milliarden Dollar bemisst sich der jährliche Lebensmittelexport der USA. Das sind nicht nur Valuta. Das ist zudem auch Waffe mit politischer Wirkung.

Russland muss sich selbst ernähren, satt machen – auf vielfältige Weise. Die Aufgabe der Eigenversorgung der Bevölkerung muss als nationale Aufgabe formuliert werden. Es ist schon lange an der Zeit, sich achtungsvoll gegenüber den eigenen Bauern zu verhalten, zu denen man sich lange Jahrzehnte wie zum Vieh verhalten hat. Sie sollten nicht mehr mit den Versprechen von Mangelwaren für die abgelieferte Überplanproduktion belogen werden. Gold und Valuta sollten nicht als Zubrot an die dortigen Farmer geliefert werden, sondern in die eigenen Dörfer gehen. Der räuberische Düngemittelexport ist zu beenden. Es gilt ein Programm zur Ansiedlung russischer Migranten aus den angrenzenden Ländern auf den in den letzten Jahren verödeten Landflächen der fast menschenleeren Dörfer umzusetzen. Es sollten Steuervergünstigungen für die Erzeuger landwirtschaftlicher Produkte greifen, um genau hierher die ersten Investitionen russischen Kapitals zu lenken. Angekauft werden sollten keine Lebensmittel, sondern Sämereien, Zuchttiere und Technologien. Man sollte die lebensmittelexportierenden Länder bitten, unseren Studenten und dem jungen Fachpersonal die Möglichkeit zu gewähren, bei ihnen ein Praktikum zur Organisation der Agrarproduktion durchzuführen. Und natürlich auch zu arbeiten, um dem Volk die Hoffnung auf ein Überleben zu geben. Die Lebensmittelproduktion ist auch das Bindeglied, dass, um mit alten Weisheiten zu sprechen, wenn man es zu greifen bekommt, hilft, die ganze Kette herauszuziehen. Jetzt hat Russland all das verloren, was früher half, den Getreideimport und weiteres zu kompensieren. Der Erdölfluss in den Westen trocknet vor den Augen aus. Und die Gewinne dessen, was noch .wie das letzte Blut aus einer tödlichen Wunde fließt, gehen am Staatssäckel vorbei. Alle ausgebauten Getreideannahmehäfen befinden sich jetzt im Ausland. Dort wird für den Umschlag einer Tonne Getreide eine zusätzliche Gebühr von 15 Dollar fällig. Und in dieser traurigen Auswegslosigkeit sind dann auch noch laute Forderungen zu hören wie »Freigabe des Landkaufes und –verkaufes«. Beachten Sie: Nicht die der Agrarproduktion, sondern die des Kaufes und Verkaufes. Man kann nicht Milliarden-Anhäufungen von Land erwarten, ohne sich die Hände schmutzig zu machen und zu schwitzen. Wem soll man das Land geben? Das ist die Schlüsselfrage. Sie wurde schon vor langem beantwortet. Es sollte denjenigen gehören, die es bebauen. Sowohl die napoleonischen Agrarreformen, als auch das Heimstättengesetz von Lincoln waren von dieser zutiefst demokratischen Idee durchsetzt. Man muss das Land wie ein Produktionsmittel behandeln und nicht wie ein bloßes Objekt spekulativen Kaufes und Verkaufes.

Ich schreibe diese Zeilen 1993 und kann mich des Wunsches nicht erwehren, noch etwas aus heutiger Sicht zu dieser Denkweise über die Lage der Landwirtschaft hinzuzufügen. Der Schmerz ist derselbe, nur ist er schlechter zu ertragen.

Die Aufklärung tat, was sie konnte, um unserer Landwirtschaft Hilfestellung zu leisten. Wir ließen uns Zuchtsämereien der verschiedensten Kulturen geben. Wir fragten in den nichtöffentlichen Saatgutzentren und –stationen nach. Wir ließen uns dazu die Anbautechnologien geben. In jeder Post an Moskau waren interessante Neuigkeiten des Landwirtschaftssektors enthalten. Diese Arbeit war für den Ermittlungsapparat nicht schwer. Landwirtschaftliche Geheimnisse sind weniger geschützt als politische oder militärische. Faktisch alle Aufträge waren erfüllbar. Aber der Ärger lag darin, dass wir von

dieser erledigten Arbeit fast kein Ergebnis verspürten. Unter den Mitarbeitern der Aufklärung wurde weithin die Meinung vertreten, dass unsere Materialien wohl die Bürokraten der Wissenschaft in den wissenschaftlichen Forschungszentren für die Ausarbeitung ihrer Dissertationen nutzen würden. Es kann sein, dass es solche Fälle gab, aber sie wurden doch erst möglich, weil das System der Organisation der Landwirtschaft alle ernsthaften Innovationen ablehnte. Welchen Sinn hatten denn zum Beispiel unsere Bemühungen, erstklassige Kartoffelsorten zu erwerben, widerstandfähig gegen alle Krankheiten, gegen alle Witterungseinflüsse (Frost, Nässe), wenn von 1965 bis 1982 die Kartoffelanbauflächen in der damaligen RSFSR um 350.000 Hektar verringert wurde und zwar wegen einer Verletzung wirtschaftlicher Gesetze!
Jeden Sommer fuhr ich unbedingt in mein Heimatdorf Almasowo und suchte erfolglos nach irgendwelchen Anzeichen der Wiedergeburt des russischen Dorfes. Alle Gespräche mit den Dorfbewohnern und der Leitung unseres Swerdlow-Kolchoses bewirkten eine triste Schwermut. Der Vorsitzende erzählte, dass es doch bitte um Gottes Willen keine gute Ernte geben solle, weil sie das Getreide dann nicht wegfahren könnten. Der Transport war der Schwachpunkt geblieben. Kombines und Traktoren hatten sie reichlich zur Verfügung, aber es fehlten Fahrzeuge für den Transport. Der Ernteertrag fiel in den entfernteren (vom Kreiszentrum aus gesehen) Kolchosen auf sechs bis sieben Zentner pro Hektar. Während der Aussaat tauschten die Mechanisatoren überall Kraftstoff und Saatgut gegen Wodka ein und in der Erntezeit fuhren sie für Selbstgebrannten das ausgedroschene Getreide den Leuten auf deren Höfe. Das ganze eigene Vieh der Bauern wurde mit Kombifutter und Silage gefüttert, was sie zu Schleuderpreisen von den Milchviehanlagen der Kolchose abzweigten. Aber nicht alle konnten stehlen. Einige verließen die angestammten Nester. Die Dörfer starben vor den Augen aus.
Mein heimatliches Almasowo hatte vor dem Krieg 120 Höfe. Jetzt besteht es aus einem halben Dutzend verfallener Häu-

ser, in denen die Alten ihr Dasein fristen. Sie sind die letzten unzähliger Bauerngenerationen. Keine tatarischen Überfälle konnten unser Volk vernichten, aber eben eifrige politische Führer, »Genies« der Politik vermochten es, die weite russische Erde völlig zu ruinieren und es stellt sich die Frage, ob eine Regenerierung und Neugestaltung möglich ist. Unter der Sowjetmacht war es fast Tradition, sich regelmäßig von den Landwirtschaftsministern »zu trennen« und sie in die Botschaften außer Landes zu verbannen. In Indien saß Benediktow für Valuta seine Bestrafung ab, in der Tschechoslowakei – Mazkewitsch, in Japan – Poljanski. Und jetzt schlägt das »Coaching« für die Landwirtschaft unbedingt einen Unbeliebten vor, damit er schon frühzeitig in die Lage des nächsten Prügelknaben versetzt wird.

Häufig sprachen wir über die nationale Frage in der Sowjetunion. Wir konnten nicht ignorieren, dass unsere damaligen politischen Gegner, das hieß die USA und die verbündeten NATO-Staaten, dem nationalen Problem in der UdSSR große Aufmerksamkeit widmete. Sie sahen darin eine genetische Schwäche, die unter bestimmten Bedingungen das machtvolle geopolitische Gebilde Sowjetunion sprengen kann. Der Radiosender »Freiheit« informierte in allen Sprachen der Völker der UdSSR. Es war nicht zu überhören, dass der Inhalt der Radiosendungen in jeder Sprache, den Charakter eines zielgerichteten nationalistischen Pfeiles trug, der auf das Anreizen des Nationalismus eben dieses Volkes gerichtet war. Dominant war das Anheizen antirussischer Gesinnungen und gleichzeitig wurden auch Samen der nationalen Zwietracht insgesamt ausgesät.

Wir diskutierten, welcher Weg der Bildung eines einheitlichen historischen demographischen Gemeinwesens der richtigere ist: Der amerikanische, bei dem die ganze Nation aus anderen Völkern unter der Voraussetzung deren Entsagung an die vorherige staatliche und ethnische Zugehörigkeit gebildet wird, oder der russische, wo der Kurs einer autonomen oder bündnismäßigen Formierung in Republiken verfolgt wurde. War-

um haben die Amerikaner 1847, als sie zwei Fünftel des mexikanischen Territoriums mit der mexikanischen Bevölkerung eroberten, dort keinen föderativen Staat gegründet, sondern dieses Gebiet nur in Staaten unterteilt: Kaliforniern, Arizona, New Mexico, Texas – und sich unter das für alle geltende Recht angegliedert? Und warum war nach dem Sieg der Nordstaaten im Bürgerkrieg denn nicht die Gründung eines Pendants für Schwarze im Süden der USA möglich? Die Antwort ergab sich von selbst: In den Vereinigten Staaten überwog von Beginn der Staatenbildung an die Tendenz der Schaffung eines unitären Staates, eines einheitlichen »Schmelztiegels«, wo das gesamte vielsprachige Emigrantengewirr zu einer einheitlichen Nation verschmolzen wird. Die Rolle der Staaten war lediglich, die Verwaltung des weiten Landes zu vereinfachen und verschiedene regionale Besonderheiten zu berücksichtigen. Aber von Beginn an hatten sie kein Recht, aus dem Bestand der USA auszuscheiden. Den Gründern des amerikanischen Staates waren nationale Gefühle derer egal, die in gutem Willen oder mit Macht in das Land eingebunden wurde. Sie waren verpflichtet, sich als Bürger der neuen Heimat zu empfinden, deren Interessen selbstverständlich über allem standen. Nationale Bindungen und Gefühle können in verschiedener Form Ausdruck finden, die die nationalen Interessen der USA nicht berühren. Na, ja, sie lassen die Iren am Tag des Heiligen Patrick über die Avenue und Straßen New Yorks marschieren, aber schon morgen haben sie bis zum nächsten Feiertag wieder vergessen, dass sie Iren sind. Auf die Frage nach der Nationalität antwortet jeder Einwohner der USA: »Ich bin Amerikaner.«
Für einen Staat ist eine solche Lösung der nationalen Frage ideal. Warum haben die Bolschewiki, nachdem sie 1917 in Russland gesiegt hatten, den Weg der Föderalisierung des früheren russischen Imperiums mit der Teilung in praktisch souveräne Unionsrepubliken eingeschlagen, die das Recht des Austrittes aus dem einheitlichen Staat haben? Dafür waren in der Verfassung die notwendigen Bedingungen festgelegt worden: Die Republik musste entweder über einen Zugang zum

Meer verfügen oder über einen Straßenzugang zur Grenze der UdSSR, damit das Recht der Abtrennung physisch umgesetzt werden konnte; in der Republik sollten, um deren Vitalität zu erhalten, mindestens eine Million Bürger leben und außerdem sollten mindestens 50 Prozent der Bevölkerung die Nationalität besitzen, deren Namen die Republik trägt. Unter den Bolschewiki fanden heiße Diskussionen darüber statt. Es gab auch stramme Anhänger eines vordergründig einheitlichen Staatsaufbaues. Diese Diskussionen wurden noch zu Lebzeiten Lenins geführt, als der Wind des revolutionären Demokratismus überall die Haarschöpfe und die Gedanken der Menschen durcheinanderwirbelte.

1922, auf der Welle der Revolutionsfeierlichkeiten und des Sieges im Bürgerkrieg, wurde den gesellschaftspolitischen Kräften der nationalen Randgebiete des ehemaligen Imperiums, die die Bolschewiki unterstützt hatten, ein Geschenk gemacht. Sie hatten in ihren nationalen Gebieten die Bolschewiki unterstützt und erklärten sich freiwillig einverstanden, der einheitlichen UdSSR beizutreten. In unserer ganzen Literatur, in Lehrbüchern, wurde diese Lösung der nationalen Frage als die weiseste und gerechteste dargestellt. Als wir schon ein gewisses Alter und Erfahrung hatten, noch zu Beginn der siebziger Jahre, begannen wir stark an der Richtigkeit des eingeschlagenen Weges zu zweifeln.

In den zwanziger Jahren wurden freiwillig die Grenzen gebildet. Sogar die Völker, die nie ihre eigene Staatlichkeit besaßen, wie die Belorussen, Kasachen und so weiter erhielten alle Attribute eines selbständigen Staates. Mit der Zeit entstanden ihre Wappen, Fahnen, Akademien der Wissenschaften, Parlamente, Regierungen. Und die kommunistische Partei der Sowjetunion war unterteilt in nationale Parteien: Kommunistische Partei der Ukraine, Belorusslands und so weiter, jede verfügte über ihr Politbüro oder ähnliches. Es begannen sich nationale Eliten der Partei- und Staatsangestellten herauszukristallisieren. Was Mittelasien betraf, so gehörten dem Apparat der zentralen und örtlichen Machtorgane in den Republiken 60 bis 80 Prozent der früheren Beamten der alten feudalen Verwaltung an. Die Sowjetunion glich einer Schokoladentafel, die in Fugen unterteilt ist, um den zukünftigen Abbruch durch den Verbraucher bequem zu gestalten.

Seit Stalins Tod war die Unabhängigkeit der Regierungen der Republiken beständig gestiegen. Die Vorsitzenden der kommunistischen Parteien verwandelten sich allmählich in allmächtige nationale Führer und befanden sich allmählich in vasallenähnlichen Abhängigkeiten von Moskau. Aber dieser gesamte Prozess der Herausbildung eines nationalstaatlichen Establishments war geheim, darüber wurde nicht laut gesprochen. Er war auch nicht in der beworbenen Konzeption zur Lösung der nationalen Frage enthalten. Obwohl die Zweiten Sekretäre der Zentralkomitees der nationalen kommunistischen Parteien gewöhnlich Russen waren, befanden sich diese Zweiten Sekretäre tatsächlich nur in zweitrangigen Rollen. Sie lieferten nur die Grundlage, um von einer russischen Kontrolle zu sprechen. Sie glichen sich entweder der Elite vor Ort an oder wurden von den originären Vorsitzenden ignoriert. Meist waren das mittelmäßige graue Parteikader, die über die allgemeinstaatlichen Interessen nicht sehr erfreut waren. Sie gaben sich große Mühe, bei ihren »ersten Personen« nicht in Ungnade zu fallen. Diese waren oft auch Mitglieder des Politbüros oder Kandidaten des Politbüros und hatten auf jeden Fall direkten Zugang zum Generalsekretär. All diese farblosen »Vertreter des Zentrums« marschierten wie Schatten in der Geschichte der kommunistischen Parteien hinterher. Sie hinterließen nicht die geringste Spur allgemeinstaatlichen Denkens oder praktischer Aktivität.

Die verkündete Politik zur Lösung der nationalen Frage sah attraktiv aus. Sie wurde von einem Großteil der Bevölkerung angenommen und hatte unbestritten ihre positiven Ergebnisse. Hätte man denn etwas gegen das angekündigte Prinzip der allmählichen Angleichung der sozialen und wirtschaftlichen Bedingungen der Entwicklung der Republiken, gegen die juristische und faktische Gleichheit der Bürger aller Nationalitäten, gegen die Förderung und gegenseitige Bereicherung aller

nationalen Kulturen haben können? Russland half, Industrieunternehmen aufzubauen, auch Kraftwerke und Straßen. Die Russen fuhren als Arbeiter und Bauarbeiter, als Ingenieur-technisches Personal, in die früheren nationalen Grenzgebiete und blieben auf Dauer dort. In ihren Status lag nichts von einem Kolonialisten: Kein Land, keine Privilegien, keine Fremdheit gegenüber der regionalen Bevölkerung. Den überwiegenden Anteil der russischen Bevölkerung in den nationalen Republiken stellten die Industriearbeiter und die Ingenieur-technische Intelligenz.
Russland seinerseits nahm viele Bewohner der ehemaligen nationalen Randgebiete auf. Obwohl, man muss anmerken, dass da wenige körperlich arbeitende Menschen darunter waren. Im allgemeinen verstärkten sie die Gruppe der Angestellten, der Künstler, die ein breiteres Betätigungsfeld für ihre Selbstverwirklichung suchten. Auch Wissenschaftler kamen nach Russland, wo es eine bessere Möglichkeit für wissenschaftliches Arbeiten gab. Viele Menschen vom Kaukasus oder aus Mittelasien arbeiteten im Bereich des Handels. Einige ehemalige Republiken waren völlig überzogen im Staatsapparat der UdSSR vertreten – überhaupt nicht dem demographischen oder industriellen Potential ihres Volkes entsprechend. Georgien, zum Beispiel, hat uns Stalin und Berija »geschenkt«, deren Wirken sich tragisch zerstörend auf Russland ausgedehnt hat. Diese Republiken sollten uns nicht des Imperialismus bezichtigen. Für uns wäre es an der Zeit, eine Rechnung aufzumachen für die unsagbaren Leiden, die uns aus bösem Willen dieser machtgierigen Menschen zu teil wurden. Aber die Völker tragen keine Schuld. Wir haben gemeinsam mit ihnen gelitten und die Tasse der Trauer bis auf den Boden ausgetrunken. Wir haben uns darüber gefreut, wie sich die Korifähen nationaler Intelligenz in den gemeinsamen Kultur- und Bildungsfonds der Union der Sozialistischen Sowjetrepubliken eingebracht haben. Für uns erklangen die Namen A. Chatschaturjans, des Wissenschaftlers Orbel, der Sängerin S. Doluchanowaja, des Schriftstellers Dshingis Aitmatow und tausend anderer als die

Namen sowjetischer Künstler und Kulturschaffender. Innerhalb des Staates entstand ein neuen moralisch-psychologisches Klima in den Beziehungen zwischen den Nationalitäten. Wir fühlten uns in der Mehrheit tatsächlich brüderlich, nicht nur der Worte nach.
In der Aufklärung arbeiteten Menschen aus 40 Nationen. Es gab keinerlei Einschränkungen im Zugang zu Geheimsachen. In unserer Verwaltung Aufklärung und Information hatte auch der einzige Jude der Aufklärung seinen Arbeitsplatz, Samuel Mejerowitsch Kwastel – ein hervorragender Fachmann, Oberst, Dr. der Wissenschaften. Und wir waren stolz darauf, dass er zu uns gehörte.
Als die blutigen Auseinandersetzungen in Nagornyj Karabach begannen, arbeiteten in einer Residentur auf dem amerikanischen Kontinent ein Aserbaidschaner und ein Armenier. Ich fragte extra nach, wie sich die Lage in Karabach auf ihre Stimmung ausgewirkt hatte. Sie versicherten mir, dass sie die Ereignisse richtigerweise als Ergebnis der Machenschaften von Politikern werten, die jetzt politischen Gewinn aus dem Blut und dem Leiden des Volkes ziehen. Sie werden die Arbeit freundschaftlich, Schulter an Schulter, fortsetzen.
In der damaligen Sowjetunion gab es aber auch drei Völker – die Litauer, die Letten und die Esten, die sehr offen ihre Trennung von der UdSSR und ihre Abgrenzung von den Russen anstrebten. Das allgemeine Niveau ihrer Staatsbürgerlichen und sozial-wirtschaftlichen Entwicklung, der geistigen und der Alltagskultur war höher als im Unionsdurchschnitt. Man musste eine besondere Umgangsweise mit ihnen finden, wie zum Beispiel mit Finnland vor 1917 oder eine »zivilisierte Scheidung« vereinbaren. Alle anderen Völker, ich betone: Völker, taten sich mit ihrem Zusammenschluss in der Sowjetunion nicht schwer. Sie hatten mit ihrer Zugehörigkeit auch einige Vorteile. Es sah überhaupt nicht danach aus, als ob das große historische Experiment zu scheitern drohte, wenn in höchsten Kreisen die Lage anders gewesen wäre.
Wir erfuhren in der Aufklärung früher als andere von der »Sa-

che Raschidow«. Uns wurde bekannt dass der bedeutende Chef des KGB Usbekistans plötzlich auf Anweisung des Vorsitzenden des KGB Andropow zur Arbeit in die Tschechoslowakei versetzt wurde. Bald wurde der Grund klar. Er hatte Andropow einen ausführlichen Bericht über die unmöglichen Missstände und Rechtsverletzungen vorgelegt, die in der Republik mit Kenntnis und Duldung des autoritären Raschidow stattfanden. Das Dokument selbst haben wir nicht gesehen, aber die Information darüber wurde schnell breitgetragen. Andropow, der die Gefahr der rücksichtslosen Entfachung eines Konfliktes mit der Partei- und Staatsclique einer jeden beliebigen Republik spürte, entschloss sich nicht zu einer öffentlichen Diskussion über die Frage. Er beschränkte sich darauf, es Breschnew mündlich mitzuteilen, was einer Rede an einen Birkenstumpf gleichkam. Aber den Verfasser des Dokumentes musste er vor körperlicher Gewalt schützen. Deshalb schickte er ihn auf Dienstreise ins Ausland.

Skandalöse Vorkommnisse hatte es auch früher im Ergebnis der Eigenwilligkeit und des unkontrollierten Tuns der Regionalzaren gegeben. Da gab es die sogenannte Sache Bagirow in Aserbaidschan und Schelesta in der Ukraine und andere.

Nicht umsonst gab Andropow auf einem der Parteiplenen, als er schon zum Generalsekretär gewählt worden war, zu bedenken, dass die nationale Frage in der Form, wie sie vom zaristischen Russland ererbt worden ist, in der UdSSR gelöst wurde. Aber in der Zeit haben sich neue Probleme nationalen Charakters aufgetan, mit denen sich die Partei beschäftigen muss. Er hatte dabei die sich verändernde Stellung der nationalen Partei- und Staatsführungen im Blick, die schnell korrupt wurden und sich in mafiöse Strukturen verwandelten. Vor den Augen blätterte ihre ideologische Farbe ab.

Einen Maßnahmekomplex zur Gesundung des gesamten Parteiapparates zu erarbeiten und umzusetzen – das hat Andropow nicht geschafft. Und Gorbatschow mit seinem übereilten, unfähigen Vorgehen zur Disziplinierung der nationalen kommunistischen Parteien rief nur deren Wachsamkeit hervor und

den Wunsch, sich von der Steuerung durch die Zentrale zu befreien. So reifte der Separatismus der Führungskräfte und der regierenden Clans heran und gelangte an die Oberfläche.
Der Zerfall der Sowjetunion war keine Folge nationaler Volksaufstände. Im Gegenteil. Beim Referendum im März 1991 hatten sie einstimmig für die Erhaltung eines einheitlichen Unionsstaates votiert. Aber die politischen Cliquen brauchten die Union nicht. Sie nutzten die Müdigkeit und Gleichgültigkeit des Volkes aus. Sie beendeten die Union mit einem Federstrich in einer dunklen Jagdhütte im Beloweschtschensker Urwald. Wie seinerzeit der Goldene Orden wegen der Schwäche der Zentralmacht und der Herrschaft der regionalen Chans in Ulusse zerfiel, folgte der Zerfall der einst mächtigen Sowjetunion dem gleichen Schema. Sie zerfiel entlang der künstlich aufgezeichneten Grenzen, entgegen dem Willen und den Interessen hunderter Millionen dort lebender Menschen.

Ähnlich dem wie mafiöse Verbrecherstrukturen die Straßen einer Stadt, die Märkte, Bahnhöfe in Zonen ihrer ausschließlichen Einflusssphäre aufteilen und auch zu blutigen Auseinandersetzungen bei einem Übergriff auf ihren »Besitz« bereit sind, so verhält es sich auch mit der poltischen Mafia, die sich in der UdSSR in den letzten 20 bis 25 Jahren unter einem unfähigen Breschnew und Gorbatschow herausgebildet hat. Das Gebilde eines einheitlichen Staates wurde zerrissen. Das Machtstreben von Personen hat sich wichtiger erwiesen als die Interessen der Völker. Sehen Sie sich doch die Namen der heutigen Machthaber der unabhängigen Staaten an, der früheren Sowjetrepubliken und Sie werden unter ihnen »die Prominenz der kommunistischen Partei« finden.
Man kann nicht übersehen, dass die Idee des nationalen Föderalismus nicht nur in der UdSSR nicht lebensfähig war, sondern auch in anderen Ländern Osteuropas, die unsere Form der Staatsorganisation kopiert hatten. Zwei Staaten – die CSSR und die SFRJ – zerfielen nach demselben Schema und aus denselben Ursachen heraus. Der Unterschied war nur der, dass sich

die Tschechen und die Slowaken zivilisiert trennten, aber im ehemaligen Jugoslawien gab es ein schreckliches Blutvergießen. Diejenigen Staaten, die das Modell eines einheitlichen Staates ungeachtet des Vorhandenseins großer kompakter Bevölkerungsgruppen verschiedener Nationalitäten, vorzogen, erlebten den schicksalhaften Moment des Regimewechsels ohne Zerstörung des Staates. Ich habe dabei Rumänien im Blick, das eben auch nicht dem ungarischen Transsilvanien den Autonomiestatus verliehen hat, und auch Bulgarien, das in seiner Gesamtheit weiter bestanden hat, obwohl die türkische Bevölkerung der Dobrudsha sich auf jegliche Weise die Autonomie verschaffen wollte.

Die Geschichte kennt Beispiele der künstlichen Zersplitterung von Staatsgebilden. Als Kenner der Geschichte Lateinamerikas würde ich gern ein Beispiel anführen wollen: In der ersten Hälfte des 19. Jahrhunderts entstellten die feudalen Separatisten das Erbe des Großen Bolívar, des Befreiers vom spanischen Kolonialjoch. Anstelle des Groß-Kolumbiens schufen sie drei Staaten: Ecuador, Kolumbien und Venezuela. Zentralamerika wurde Ähnliches zuteil: Es wurde in fünf kümmerliche Staaten zerteilt – Guatemala, Salvador, Honduras, Nicaragua und Costa Rica. Wenn es nicht den »eisernen Kanzler« Bismarck gegeben hätte, ist es gut möglich, dass sich auf dem Territorium des heutigen Deutschland die unabhängigen Preußen, Bayern, Rhein-Westfalen, Sachsen und andere Staaten gebildet und etabliert hätten.

Wir diskutierten in der Verwaltung der Aufklärung hitzig unsere nationalen Ärgernisse und kamen unweigerlich zu der Schlussfolgerung, dass man sich wahrscheinlich bei der Bildung der UdSSR gründlich verrechnet hatte. Die Lenin'sche Variante der Föderation, bei der jedem Mitglied das Recht auf freien Austritt eingeräumt wird, hat sich als fehlerhaft erwiesen. Sie widersprach den staatlichen Interessen der Sowjetunion.

Viel seelische Kraft wurde auf Diskussionen über innere Wehwehchen verwendet. Wie jeder Bürger litten wir an den Unbilden unseres Staatsaufbaus und des Staates selbst. Und

als Aufklärer bemerkten wir die allmähliche Entstehung eines negativen psychologischen Umfeldes um den Namen und das Beispiel der Sowjetunion, was sehr ungünstige Bedingungen für die Arbeit der Aufklärung im Ausland zur Folge hatte. Unsere politischen Gegner scheuten keine Mittel für die Propaganda. Von Jahr zu Jahr verstärkten sie die Kampagne zur Diskreditierung der Sowjetunion. Man muss bekennen, dass unsere Realität ihnen umfangreiches Material für ein solches Vorgehen lieferte. Einmal tauchte bei uns der Ausspruch des früheren Präsidenten der USA, R. Nixon, auf, dass ein Dollar in die Propaganda besser investiert ist als 10 Dollar in Waffen. Er begründete seine Aussage damit, dass Waffen vielleicht nie Anwendung finden, die Propaganda jedoch täglich stündlich wirksam ist. Ich weiß nur schon gar nicht mehr, ob diese Worte öffentlich waren oder von irgendeiner »Quelle« aus seiner Umgebung stammten. In jedem Fall hatte er damit recht. Die amerikanische Propaganda fügte uns großen Schaden zu.
Im Umfeld der sowjetischen Botschaften begann eine Entfremdung. In jedem Russen wurde ein Spion gesehen. Wir verloren die Kontakte zu breiten Schichten der Gesellschaft. Wie für die Diplomatie, so war es auch für die Aufklärung immer eine Tragik, wenn sie einen verwesenden Staat, eine altersschwache Gesellschaft und ein rückständiges soziales und auch wirtschaftliches System repräsentieren mussten. Zum Ende der Ära L. Breschnews heftete man uns schnell diese Attribute an. Wie auch immer unsere Diplomaten glänzten, wie fähig und unerschrocken auch immer unsere Aufklärer waren, ihre Anstrengungen werden immer geringere Ergebnisse bringen. Denn das Umfeld, in dem sie arbeiten, wird immer mehr von negativen Emotionen und Beurteilungen unseres Landes beherrscht. Die sowjetische Aufklärung kannte Zeiten beeindruckender Erfolge in den ersten Jahren, nach dem Sieg im Bürgerkrieg, als das Ansehen der UdSSR ausschließlich hoch war und viele Menschen in den westlichen Ländern in uns Vertreter einer sich unerwartet geöffneten verlockenden gesellschaftlichen Alternative gesehen hatten. In jenen Jahren ergaben sich die Kontakte wie

von selbst. Die Anwerbungen erfolgten schnell und auf stabiler Grundlage. Die Agentenschaft – Agentur – war zuverlässig und arbeitete hocheffektiv.

Das Echo auf die Massenrepressionen der dreißiger Jahre, die Beschmutzung des bis zu jener Zeit leuchtenden Beispiels der Bastion des Sozialismus und Fehler in der Außenpolitik führten zur Verschlechterung des allgemeinen Arbeitsklimas für Diplomaten und Aufklärer. Aber das währte nicht lange. Der beginnende Zweite Weltkrieg und der heldenhafte Kampf des sowjetischen Volkes gegen den Faschismus änderten die Lage schnell. Unser Prestige wurde unwahrscheinlich groß. Vernünftige Menschen schätzten den Beitrag eines jeden Landes zum Sieg der Antihitlerkoalition realistische ein und sie sahen gerechterweise in der UdSSR den bedeutendsten Retter der Menschen von der Hitlerpest. Es begann sozusagen eine Sternstunde für die Aufklärung. Nach dem Krieg, als Churchill in Fulton den Beginn des »Kalten Krieges« gegen die UdSSR bekanntgab, erhielten wir wenn auch zahlenmäßig weniger, so doch stärkere Sympathien. Die uns verbundenen Menschen wollten aufrichtig helfen, unsere Unabhängigkeit zu bewahren und Sicherheit garantieren. Einige Jahrzehnte lang vermochte der Gegner nicht, die sowjetischen Vertretungen und die Aufklärung im Ausland zu isolieren, aber seit den sechziger Jahren nahm die Sache ihren Lauf. Die Grundlage dazu bildete der sich herannahende wirtschaftliche und soziale Kollaps, der von einer moralisch-ethischen Krise begleitet wurde.

So lauten meine Tagebuchniederschriften vom 4. Dezember 1981 wie folgt: »Wo auch immer sich eine Gruppe Menschen versammelte, sie sprachen vorrangig meistens aufgebracht über die schwierige wirtschaftliche Lage des Vaterlands. Dies ist zweifelsohne das ›Thema Nr. 1‹. Die Menschen haben das Vertrauen in den morgigen Tag verloren. Jetzt sind die Leute in Panik, weil es Gerüchte über starke Preiserhöhung ab Januar 1982 gibt. Gestern sprach dazu erstmals der Stellvertreter des Goskomzen (Staatliches Preiskomitee, Anm. d. Übers.) während einer Time-Pause der bekannten Eishockeymannschaften

ZSKA und ›Spartak‹, wo die Mehrheit der männlichen Bevölkerung vor dem Fernseher sitzt. Er versicherte, dass es keine Erhöhung der Einzelhandelspreise geben wird. Die Rede sei von der Verbesserung der Großhandelspreise für die Verrechnungen zwischen den Betrieben. Diese Halbanerkennung kann niemanden beruhigen. Die Lage wird immer prekärer. Der Westen sieht das deutlich, und es scheint, als ob er uns an die Gurgel fasst. Unsere Regierung ist damit beschäftigt, wie man die wirklichen Ausmaße der drohenden Katastrophe verschleiern kann. Und das Wichtigste ist, ›ehrenvoll‹ den 75. Geburtstag des farblosesten Regierungsoberhauptes in der Geschichte des russischen Staates zu begehen.

Man lehnt uns die Kredite ab, weil man befürchtet, dass wir zahlungsunfähig sind ... Die Valutaeinlagen der UdSSR in ausländischen Banken sind in diesem Jahr von 8,6 auf 3,6 Milliarden Dollar geschrumpft. Das heißt, wir essen die letzten Gelder auf, seinerseits Sicherheiten für Anstand und Ehrlichkeit. Es gibt nichts zu exportieren. Der Goldpreis ist stark gefallen. Jetzt Gold zu verkaufen, würde bedeuten, sich zu ruinieren. Eine stabile Valuta-Quelle ist nur das Erdöl. Wir werden große Mengen Lebensmittel vom Westen beziehen müssen, das wissen sie dort noch gar nicht. Flüssiges Geld ist nicht vorhanden, also werden hohe Wirtschaftskredite notwendig. Aber die Kreditzinsen liegen jetzt bei 18 bis 20 Prozent! Eine echte Plünderung. Von welchem ideologischen Kampf kann da jetzt die Rede sein? Über welche Offensive an der Front der Weltanschauungen?«

In den Parteiorganisationen wurde in jenen Tagen ein geheimer Brief des ZK der KPdSU über die Notwendigkeit, Korruption und Habgier ein Ende zu bereiten, alle »Ausdrücke der Dankbarkeit« zu beenden, unter denen die »kommunistische Erziehung der Werktätigen« leidet, kundgetan. Der Brief wurde eiligst verlesen und überhastet diskutiert. Ich fragte im Parteikomitee nach, ob ich den Brief für einige Stunden haben könnte, um ihn mit den Augen eines Analytikers sorgfältiger durchzulesen. Ich erhielt eine Absage. Das Thema hätte es verdient gehabt, Gegenstand einer breitangelegten innerparteilichen Diskussion zu werden, und hätte so zur Belebung der Parteiarbeit und zur Bereinigung ihrer Reihen beigetragen. Der Brief war zerknüllt worden. Die Parteikomitees aller Kaliber setzten sich zum Ziel, schnellstmöglich dem Alten Platz (gemeint ist wieder der Kreml, Anm. d. Übers.) (tatsächlich alt in jeder Beziehung!) zu berichten, dass alles erörtert worden ist und die unverzügliche Umsetzung in Angriff genommen wird. In den Massenmedien setzte sich ein neuer »Personenkult« durch. Er rief Verzweiflung und Missmut hervor. Unter der Bevölkerung entstand ein regelrechtes Wortspiel: »Bei Lenin gab es die Persönlichkeit, aber keinen Kult, bei Stalin gab es die Persönlichkeit und Kult, jetzt gibt es keine Persönlichkeit, aber der Kult ist da.«

Es wurde ein besonderes Abzeichen für Veteranen der KPdSU mit mehr als fünfzig Jahren Parteimitgliedschaft erfunden. Die Idee entstand im ZK der Partei nur deshalb, weil beschlossen worden war, das Abzeichen Nr. 1 dem gebrechlichen Jubilar zu überreichen. Genau zum Geburtstag wurden die »Erinnerungen« (biographische Aufzeichnungen) Leonid Iljitsch Breschnews herausgegeben. Im Dezember 1981, als der 40. Jahrestag der Schlacht vor Moskau begangen wurde, begann das Fernsehen zur Hauptsendezeit um 20 Uhr mit der Übertragung einer Serie mit dem Titel »Kleines Land« – irgend eine Mischung aus künstlerischer Lesung, Foto- und Filmmaterial. Für die Kriegsveteranen war auch der Vergleich der Schlacht um Moskau mit dem taktischen Ablenkungsmanöver des auf der Stelle Stehens vor Noworossijsk eine Beleidigung. Mit seiner geschmacklosen Aufwertung der Ereignisse vor Noworossijsk erniedrigte er jene aufrichtigen Kämpfer, die auch dort in gleicher Weise wie die anderen Blut vergossen haben. Von ihnen sagte man: »Das sind diejenigen, die die russische Erde auf dem ›Kleinen Land‹ verteidigt haben, während die anderen in den Schützengräben vor Stalingrad sitzen blieben.«

Aber alle Rekorde hat Babrak Karmal gebrochen. Er hatte sich an die sowjetische Regierung mit den Bitte gewandt, Breschnew

mit einem extra für diesen Anlass entworfenen Orden »Sonne der Freiheit« auszeichnen zu dürfen. Im Falle des Einverständnisses wollte er den Orden selbst in der Moskauer Münzprägungsstelle aus Gold, Brillanten und anderem anfertigen sowie ein passendes Schächtelchen und es dem »Vater« schenken. Meinen Aufzeichnungen zufolge war der Plan angenommen worden und die Anfertigung des Ordens begann. Den weiteren Verlauf dieser Geschichte kenne ich aber nicht.
Wie verhielt sich nun das gequälte Volk in dieser farblosen Unzeit? Das Volk war aller Organisationsformen beraubt, kraftlos von den unzähligen Aderlassen, unterdrückt von der Angst vor den Machthabern. Oft folgenlos und meist völlig unbegründet wurde es von den ewigen Lügen der Presse, Funk und Fernsehen um den Verstand gebracht. Es machte sich tiefe Lethargie breit. Das Volk ertränkte seine Trübsal über die Ausweglosigkeit in Wodka. 1913 betrug im Russischen Imperium, das als Trinkernation galt der Pro-Kopf-Verbrauch an Alkohol – auf reinen Sprit umgerechnet – 2,3 Liter jährlich und zu Beginn der achtziger Jahre nach der Umsetzung der Alkoholrestriktive, die scheinbar die ernsthafteste Kulturrevolution war, tranken wir jährlich pro Kopf der Bevölkerung schon 8,6 Liter, das bedeutete – schon fast das Vierfache. Diese Angaben entnehme ich den damaligen offiziellen Regierungsdokumenten, die natürlich nicht zur Veröffentlichung vorgesehen waren. Bei einem damaligen Gehaltsspektrum von 160 bis 1.200 Rubel pro Monat gab jeder (jeder!) jährlich 196 Rubel für Alkohol aus. Eine kleine dreiköpfige Familie gab also jährlich 600 Rubel für Wodka aus, genauso viel, wie ein Klavier gekostet hätte.
Die Muslime, die in Russland wohnten, vergaßen ihre Verbote. Es zog sie auch zur Flasche. Frauen standen in einem törichten Verständnis von Gleichberechtigung den Männern beim Trinken in nichts nach. In Moskau wurden still und heimlich die ersten Entzugszentren für Frauen eröffnet.
Anfang Dezember 1982 wurde mit höchster Geheimhaltungsstufe durch den TASS-Informationsdienst ein Bericht des CIA über den Alkoholverbrauch in der UdSSR veröffentlicht. Da-

rin stand, dass dieses Gift 17 Prozent des gesamten Familienbudgets auffrisst, wogegen in den kapitalistischen Ländern die Aufwendungen dafür bei 1 bis 6 Prozent liegen. Keine zahlenmäßige Statistik erfasst die Herstellung von Samogon (Selbstgebrannter, Anm. d. Übers.), das am meisten die menschliche Gesundheit schädigt.

Die Menge des Alkoholverbrauchs bestimmt auch die Qualität der Arbeitskraft und die der hergestellten Erzeugnisse. Die Steigerung des Alkoholverbrauchs ist auch ein Anzeichen für die Erkrankung der Gesellschaft. Etwas später konnte ich in einer Darstellung der französischen Agentur *France Presse* eine geheime Übersicht der Akademie der Wissenschaften der UdSSR für das ZK der KPdSU (unsere Geheimnisse gelangten manchmal in den Westen) lesen. Darin wurde von einer durchgängigen Alkoholisierung der Bevölkerung in der UdSSR gesprochen. 40 Millionen Menschen oder ein Sechstel der Gesamtbevölkerung trinken regelmäßig. Jährlich sterben eine Million Menschen an den Folgen des Alkoholmissbrauchs.

Aus dem Dokument ging hervor, dass 16,5 Prozent aller Kinder debil geboren werden, also wiederum ein Sechstel. Der Staat verdient jährlich am Wein- und Wodkaverkauf 45 Milliarden Rubel und verliert 180 Milliarden durch Fehlzeiten, Krankheiten, Unfälle, Produktionsverluste. Der Gewinn vom Wodka würde kaum für den Bau neuer Entzugszentren, psychiatrischer Kliniken oder von Schulen für geistig zurückgebliebene Kinder reichen. Es ist überflüssig anzuführen, dass 85 Prozent aller Morde, Vergewaltigungen, Diebeshandlungen nach Trinkgelagen stattfinden.

Nur ein Volk, was durch die Machthaber verstärkt trunken gemacht wurde, konnte sich so lange Zeit so widerspruchslos seinem Schicksal ergeben. Weder in der Kirche noch unter der Intelligenz fand das Volk ethische Pastoren, die ihm auf die Beine verholfen hätten.

In jenen Jahren stellte das Innenministerium erstmals in der Sowjetunion das massenhafte Phänomen der Landstreicherei fest. 1983 wurden 390.000 Erwachsene registriert, die »nicht mit einer gesellschaftlich-nützlichen Arbeit« beschäftigt waren. Die offizielle These des Sozialismus lautete: »Wer nicht arbeitet, der soll auch nicht essen.« Deshalb unterlagen die aufgefundenen Faulenzer, Gratwanderer, Beischläfer, »Katzen« und andere einer obligatorischen »Arbeitserziehung«. Genau 1983 wurden 73.000 Menschen auf diese Art festgesetzt. Den restlichen Ermittelten gelang es, sich herauszuwinden, denn sie versicherten, dass sie zeitweise von den Mitteln der Eltern leben, von den Einkünften aus den Gärten, von Erspartem und anderem. Tatsächlich war die Landstreicherei auch eine Form des Protestes gegen das widerwärtige Leben. Die Menschen hatten kein Interesse an der gesellschaftlichen Produktion mehr. Sie gingen lieber vor Gericht oder ins Gefängnis, als zu arbeiten. So eine Erscheinung kommt dem Desertieren aus der Armee gleich. Mit der Hoffnung auf die Möglichkeit eines normalen Lebens schwand bei den Leuten auch die Furcht vor der Staatsmacht und vor gesellschaftlichen Rügen. Das war die sporadische Rebellion Einzelner gegen die sozialen Verwerfungen. Aber die sporadischen Revolten Einzelner erfassten in ihrer Gesamtheit die Massen.

Der letzte Hoffnungsstrahl

Es schien so, als seien alle Hoffnungsvorräte erschöpft. Und plötzlich löste die Nachricht vom Tod L. I. Breschnews einen Stromstoß durch alle Muskeln und Sehnen des Volkes aus.
Einer meiner Freunde, ein Offizier des Wachschutzes, erzählte mir, dass am Morgen des 10. November 1982 Breschnew wie gewöhnlich um 8 Uhr erwachte. Er lag lange im Bett, stöhnte, schniefte, röchelte. Der alte Organismus kam schwer in Gang, wie ein verschlissener Primuskocher. Daran war man im Haus gewöhnt. Das Frühstück wurde zubereitet, die Maschine eingeschaltet, und plötzlich bemerkten die Hausbewohner, dass aus dem Schlafzimmer nicht das gewohnte Schlurfen eines alten Mannes und dessen heiseres Abhusten zu hören waren. Die Ehefrau öffnete die Tür und sah die starren Augen des Toten. »Ljonja!« – erklang ein gellender Schrei und Viktoria Petrowna überkam ein Anfall verständlicher menschlicher Trauer. Die Magiers und Zauberer aus der 4. Verwaltung des Ministeriums für Gesundheitswesen versuchten noch, ihn zu reanimieren, aber um 8.30 Uhr mussten sie den Tod konstatieren.
Die Epoche mit einer Dauer von 18 Jahren und einem Monat hatte geendet. Offiziell wurde sie die »Stagnationsepoche« genannt, aber dieser Name trifft nicht den Kern.
Das war eine Zeit der Auflösung des gesamten sozialen und wirtschaftlichen Systems. Den Fakt des Zerfalls selbst hatte die Machtelite schon verinnerlicht. Es ist schon erstaunlich, dass nicht eines der Mitglieder von Partei- und Staatsführung seinen Einfluss dafür geltend machte, ihren Nachwuchs auf einen Weg der Partei- und Staatskarriere zu schicken. Das erschien ihnen schon gefährlich und perspektivlos. Zeitgemäß und zum übergreifenden letzten Schrei wurde es, seine Kinder in Auslandsvertretungen zu schicken. Breschnews Sohn Juri war Handelsvertreter in Schweden, der Sohn Gromykos – Bera-

ter-Abgesandter in England, Andropows Sohn arbeitete im Innenministerium und wurde dann Botschafter in Griechenland und so weiter. Dasselbe Bild war in der zweiten und dritten Hierarchie des Parteiapparates zu beobachten. Beim stellvertretenden Abteilungsleiter des ZK, O. B. Rachmanin, den ich schon als Chef der »Falken« in der China-Frage erwähnt hatte, arbeitete der Sohn in der Botschaft in Washington (obwohl er entsprechend Ausbildung und Erfahrung ein Orientalist-Sinologe war). Da die Verdienstmöglichkeiten in Washington besser als in Peking waren, fing Rachmanin an, zu rühren, und setzte für seinen Schwiegersohn Andrej Efimow in Washington eine Stelle als Zweiter Sekretär durch, obwohl der eigentlich auch »Orientalist« war. Mit einem Wort – es war eine verheerende Flucht aus der Heimat, weg von deren Sorgen und Problemen, zu verzeichnen.

Das, was den oberen Parteipriestern bekannt war, musste das Volk nicht wissen. Für die Menschen dachte sich das »Theoretiker«-Personal solche blumigen Umschreibungen wie »Staat für das ganze Volk«, »Gesellschaft des entwickelten Sozialismus«, »neue historische Gemeinschaft – das Sowjetvolk« und anderes aus.

Äußerlich machte das Begräbnisritual einen aufwendigen Eindruck. Über Breschnew wurde in den Trauerreden so gesprochen, als ob die marxistisch-leninistische Führung direkt untergegangen und unser elendiges Vaterland wieder einmal verwaist sei. Die Reaktion des Volkes, der Allgemeinheit, der einfachen Menschen jedoch war eine gänzlich andere. Es gab im Gedenken an ihm keine Tränen. Die Freunde beim Fernsehen sagten, dass sie keine Bilder von traurigen, leidenden Menschen aufnehmen konnten. Nur ein einziges Mal während der Übertragung der Trauerveranstaltung aus Dnepropetrowsk war eine Frau zu sehen, die sich mit einem Taschentuch die Augen wischte. Bei den anderen war es, wie der Dichter sagt, nur »Augenspeichel«.

In welchem Maße war der Mensch an der gefährlichen Krankheit unserer Gesellschaft und insbesondere deren Verwaltung

schuld, der jetzt von Kränzen bedeckt, im Säulensaal aufgebahrt lag? Weil sich doch alle, die ihn persönlich kannten, an ihn als einen guten Menschen und angenehmen Mann erinnerten. Er war voller Achtsamkeit gegenüber seinen Wachleuten und seiner Bediensteten, zu Tränen gerührt, wenn er Kinderlieder hörte. In seiner Jugend war er angeblich ein Mann des Vergnügens und des guten Lebens gewesen. Das Unheil der Sache lag darin, dass er wie kein anderes Regierungsoberhaupt der UdSSR zum Spielball in den Händen der Parteiobersten geworden war, zu ihrer Marionette.
Mit 58 Jahren war er durch die alles beherrschende »graue Eminenz« Michail Suslow an die Macht gekommen. Während der gesamten Zeit blieb er der Gutmütige und war jedoch dazu einer Menge seiner älteren und zäheren Kollegen verpflichtet. Seine ersten veröffentlichten Prinzipien der Innenpolitik klangen nach »sorgsamem Umgang mit den Kadern«, »Herstellung einer ruhigen Atmosphäre«. Unter dem Schirm dieser »Prinzipien« blühten auch die unheilbringenden Buketts der Korruption, Entideologisierung, Vetternwirtschaft, Katzbuckelei auf. Breschnew hatte kein Staatsdenken und keinen Machtwillen. Er delegierte praktisch alles an seine »Bojaren« weiter. Sie schätzten ihre Freizügigkeit und behüteten Breschnew. Sie schütteten ihn mit allen möglichen Ehrenbekundungen zu, nicht selten unter Verletzung bestehender Gesetze und Regeln. Er wurde zwei Mal mit dem Orden der Oktoberrevolution ausgezeichnet, obwohl im Statut steht, dass er nicht doppelt vergeben werden darf. Extra für ihn wurde ein Orden des Sieges designet, mit dem eigentlich nur die Frontkommandeure und höhere Kommandierende während des Großen Vaterländischen Krieges ausgezeichnet worden waren. Machbar und notwendig wäre gewesen, rechtzeitig in den Ruhestand zu gehen und die Rolle des Schirmes für Emporkömmlinge und Diebe abzugeben. Aber soweit reichte das einfache menschliche Gewissen nicht. Er konnte nur seine persönlichen Vorrechte wahren und seinen Stolz pflegen.
Der Tod Breschnews stürzte nur die politischen Günstlinge in

Bedrängnis, die in seinem Schatten ein Parasitendasein geführt hatten. K. U. Tschernenko hatte es eilig damit, auf den ersten Plenum des ZK nach dem Tod Breschnews im Namen des Politbüros J. W. Andropow für den Posten des Generalsekretärs vorzuschlagen. Natürlich waren jetzt die Tage des 43-jährigen Generaloberst Tschurbanow, des ersten Stellvertreters des Innenministers, der Schwiegersohn Breschnews gezählt. Gerade noch so hielt sich sein Sohn Juri Leonidowitsch, der es in den Sessel des ersten Stellvertreters des Ministers für Außenhandel geschafft hatte, auf den Beinen. Alle Pariarchen im Politbüro wie Pelsche, der über 80 war, der 77-jährige Tichonow, der kranke Kirilenko und andere verstanden, dass ihre Uhr auch abgelaufen war.

Als Andropow an die Macht kam, atmete das ganze Land auf. Der Umstand, dass Andropow seine Bekanntheit im KGB erworben hatte, wurde nicht zum unüberwindbaren Hindernis. Somit konnten erloschene Hoffnungen wiedererweckt werden. Viele werteten sogar seine hervorragende Kenntnis um die Probleme des Landes positiv und hofften darauf, mit Hilfe des KGB die Korruption im Land zu besiegen. Endlich wird den Ganoven und Augenwischern ein Ende bereitet! Wie in Beantwortung der Erwartungen des Volkes liefen an allen Tagen der offiziellen Trauer im Fernsehen Filme über die Helden der Fünfjahrpläne, der Revolution und des Bürgerkriegs: *Der Kommunist, Die Mutter, Lenin im Jahr 1918, Der baltische Deputat, Wir aus Kronstadt, Frontkämpfer* und andere. Wir Aufklärer wollten auch, dass der Leinwandheroismus zu so einer realen geistigen Umgebung würde, in der wir leben könnten.

Es verging ein reichlicher Monat nach der Beisetzung Breschnews. Und es kam zu Personaländerungen, die deutlich auf die wirtschaftliche Problematik orientiert waren. Beim ZK wurde eine Wirtschaftsabteilung gegründet, deren Leiter der 53-Jährige N. I. Ryshkow wurde. Man verlieh ihm den Rang eines Sekretärs des ZK, um die Autorität innerhalb der Parteihierarchie zu erhöhen. Jetzt wurde die Industrie von dem Parteikurator, dem ebenfalls jungen Sekretär des ZK Dolgych

geleitet und mit der Landwirtschaft befasste sich der 50-jährige Gorbatschow. »Nun los, ihr drei Recken!« – spornten wir diese Gruppe gedanklich an. Von ihrem Erfolg hing so viel ab.
Unmittelbar für die Aufklärung und das Komitee für Staatssicherheit brachen lichte Tage an. Die Sache ist die, dass ein halbes Jahr vor Breschnews Tod, als Andropow ins ZK gewechselt war, sein Posten als Vorsitzender des KGB mit W. W. Fedortschuk besetzt wurde. Er war vorher Vorsitzender des KGB der Ukraine gewesen. Diese Monate wurden zu einer wahren Zerreißprobe für die Aufklärung. Fedortschuk war mit soldatischem Geist durchsetzt. Er hatte keine Durchblick in internationalen Dingen und wollte sich auch nicht hinein vertiefen (nicht ein einziges Mal rief er die Fachleute zusammen und forderte auch zu keiner Frage einen Bericht ab). Er terrorisierte buchstäblich die Erste Hauptabteilung. Sein Hauptanliegen war die Durchlaufdauer eines verschlüsselten Telegrammes der Aufklärung vom Zeitpunkt der Entschlüsselung aus bis zur Meldung an den Vorsitzenden des KGB. Wenn er erfuhr, dass ein Telegramm mehr als acht bis zehn Stunden »bearbeitet« worden war, dann inszenierte er einen Auftritt nach allen Regeln des bürokratischen Anschnauzens. Wir erhielten folgende Anweisungen: »An Genossen Krjutschkow W.A. und Genossen Andrejew N. N. (Leiter der Verwaltung Chiffreverbindung). Genosse Fedorschuk W. W. hat alle Beteiligten um eine schriftliche Stellungnahme zur Verzögerung des Durchlaufes bis zur Meldung des verschlüsselten Telegrammes Nr. …« oder »Ich bitte um Durchführung einer Untersuchung und Berichterstattung über die Ursachen der unangemessen späten Meldung des verschlüsselten Telegrammes Nr. … Fedortschuk. 29.6.82.«
Ich schrieb ausführliche Erklärungen. Zum Beispiel, dass die Telegramme zweifelhafte ungeprüfte Fakten enthielten; dass sie in der Nacht gekommen sind, als keine Experten auf Arbeit waren, die eine detaillierte Kenntnis der Sache gehabt hätten. Oder dass sie keine Daten enthielten, die sofortige Maßnahmen notwendig gemacht hätten, sondern nur eine fortlaufende bewertende Information enthielten. Aber das brachte den

Vorsitzenden des KGB noch mehr auf. Er sandte einen neuen Beschluss: »An Genossen Krjutschkow W. A. Die Erklärung ist deutlich unzureichend und nicht überzeugend ... Ich bitte meine Anweisung sachlich umzusetzen. Fedortschuk. 30.6.82.« Selbst der Begriff Experten rief eine Nachfrage hervor. Ich wurde aufgefordert, darzulegen, »was Experten und wozu sie notwendig sind, vielleicht sollten sie Tag und Nacht dienstbereit sein und anderes«.

Ähnlicher Schriftverkehr raubte mir die Nerven. Ich wendete mich an den Chef der Aufklärung Krjutschkow mit der Bitte, mich von der Leitung der Verwaltung Auswertung und Information zu entbinden. Wladimir Alexandrowitsch las die dienstlichen Papiere ohne den Kopf zu heben und blickte mich listig unter der Brille hervor an. Er sagte: »Gut, Leonow, halte durch. Alles wird sich finden!« Mir schien es, als ob er schon früh von der nur kurzen Karriere des neugekommenen Vorsitzenden des KGB der UdSSR wusste.

Am 18. Dezember 1982 wurde Fedortschuk ins Innenministerium der UdSSR versetzt. Für uns war das ein richtiger Feiertag! Das Volk erzählte folgenden Witz: »Habt ihr schon gehört, dass im KGB der Notstand eingetreten ist?« – »Ach wirklich, was ist dort los?« – »Die Miliz hat Fedortschuk abgeholt!« Neuer Vorsitzender wurde W. M. Tschebrikow, den wir vor allem als einen ruhigen, ausgeglichenen und verständigen Menschen kannten.

Afghanistan

Im Sommer 1983 erhielt ich die Möglichkeit, nach Afghanistan zu reisen, wo der Krieg schon das vierte Jahr andauerte. Ich sollte den Leiter der Aufklärung Krjutschkow begleiten, der schon sehr oft dort gewesen war und besser als andere die Lage im Land beurteilen konnte. Die überwiegende Mehrheit betrachtete eine Dienstreise nach Afghanistan als Strafe. Auch die Benennung des Landes wurde in Gesprächen verunglimpft: häufig wurde es »Gawnistan« genannt. Mich erfreute die Perspektive einer solchen Reise. Es tat sich die Chance auf, vor Ort den größten und komplizierten internationalen Konflikt seiner Zeit kennenzulernen. Uns erwarteten hervorragende Möglichkeiten für die Informationsgewinnung: Es standen Treffen mit unserer militärischen Kommandoführung bevor, mit Mitgliedern und führenden Politikern der afghanischen Regierung, mit dem Botschafter der UdSSR, dem leitenden Parteiberater und dem Vorsitzenden des Komitees für Staatssicherheit. Es war eine Fahrt zu den »Brennpunkten« an der Peripherie vorgesehen. Es hätte gar nicht besser sein können! Man kann ein oder einenhalb Jahre im Land verbringen und nicht aus der Kaserne herauskommen. Man kann den ganzen Krieg vom Sehschlitz eines zugeteilten Bunkers aus beobachten. Und hier gibt es die Gelegenheit, sich mit den Hauptbeteiligten, zumindest auf der einen Seite der Barrikade, bekanntzumachen, ihren Standpunkt zu hören und das Kampfgebiet mit eigenen Augen zu sehen. Außerdem arbeitete bei der Vertretung des KGB in Kabul eine kleine Mitarbeitergruppe der Verwaltung Auswertung und Information. Sie hatten die Aufgabe, das Informationspaket zu bearbeiten und nach Moskau zu senden. Ich hoffte auch auf die Hilfe meiner Kollegen, denen man auf keinen Fall Dilettantismus vorwerfen konnte.
Ich konnte nicht systematisch den Osten und seine Probleme

studieren, ich hatte auch keine längeren Dienstreisen dorthin gehabt und ich fühlte auch eine Behinderung darin, dass ich ständig auf meine Helfer angewiesen war. Und nun diese Gelegenheit!
Wir flogen am 20. Juni 1983 aus Wnukowo mit einem Lomonosow, der vom Plenum des ZK zurückkehrte. Es war das Plenum gewesen, das J. W. Andropow für den Posten des Vorsitzenden des Präsidiums des Obersten Sowjet vorgeschlagen hat.
Von oben aus sieht Afghanistan düster und unwirtlich aus. Nackte braune Berge, manche mit Schneemützen. Nur am Boden der engen Täler, die von Bergflüssen hineingeschnitten worden sind, nisten verlorene Dörfer. Lehmziegelhäuser heften sich an steile Berghänge, und jeder Meter Erde ist sorgsam gepflegt und grünt wie ein Malachit vom Boden der Bergspalten. Die Passagiere sind angespannt, denn die Mudschahedin haben schon »Boden-Luft«-Raketen und großkalibrige Gewehre. Aber die Piloten halten sich oberhalb ihrer Reichweite.
In der Kabine wird ein ruhiges Gespräch über die Lage geführt – ein wahrheitsgemäßes Gespräch mit unfrisierten Informationen, wie es doch eben manchmal bei der Weitergabe der Information an die Leitung gemacht wird. Lomonosow erzählt von einer Kriegstragödie, die sich vor nur einem Monat zugetragen hat. An den Tagen nach dem 20. Mai marschierte die 38. Brigade der afghanischen Armee in die Provinz Paktia, um acht Kreiszentren der Provinz unter Kontrolle zu nehmen und dort sogenannte »Org-Kerne« zu installieren, das bedeutete aus den ernannten Leitern der regionalen Machtorgane, den Parteichefs und den Kommandeuren der »Zarandoi« – ähnlich der Polizei, die für die Durchführung von Kampfhandlungen bewaffnet waren.
Die Brigade hatte in ihrem Stab einen sowjetischen Oberst, der in ihren Reihen mit marschierte. Ungeachtet dessen, dass dieser Ort einen schlechten Ruf hatte und dort schon zweimal auf der Straße Überfälle der Duschmanen auf Armeefahrzeuge verübt worden waren, trafen der Brigadekommandeur und

der Berater keinerlei elementare Vorsichtsmaßnahmen. Ohne Gefechtsschutz, ohne vorherige Aufklärung, ohne Absicherung aus der Luft zog sich die schmale Kolonne bei Tagesende die lange Bergschlucht entlang. Plötzlich wurden sie vom Gegner attackiert, der an den Berghängen saß. Es wiederholte sich die Tragödie, die aus der Literatur seit Zeiten des Rasenden Roland bekannt ist, der mit seinen christlichen Kämpfern im Tal von Roncesvalles von den Mauren vernichtend geschlagen wurde. Es vergeht Jahrhundert um Jahrhundert, und die Leute wiederholen ein und dieselben Fehler. Die Brigade befand sich nicht in der Position eines Kämpfers, sondern der eines zu Erschießenden. Für die Soldaten gab es nur zwei Auswege: entweder auf dem Weg zu sterben oder irgendwohin zu flüchten. Der Brigadekommandeur und der Oberst-Berater starben. Die Brigade hörte auf, zu existieren. Nur ein Teil an der Spitze der Kolonne, der zu Beginn der Attacke bereits aus der Kolonne ausbrechen konnte, kam am Bestimmungsort an. Sie brachten die traurige Nachricht von der Zerschlagung der Brigade mit. Ich sog jedes Wort gierig auf. Es berichtete ja ein Mensch, der diese Information persönlich von Augenzeugen der Katastrophe erhalten hatte. Ich konnte mich nicht erinnern, ob diese Information an die Zentrale weitergereicht worden war. Solche Sachen wurden meist sorgfältig geheim gehalten. Davon musste ich mich bei jedem Schritt meines kurzen Aufenthaltes auf afghanischer Erde überzeugen. Mir erschienen in Gedanken die alten Sprüche von Nikita Chruschtschow bei der Jagd in Sawidowo im Mai 1963, als er böse über die Marschälle herzog: »Schlimmer als die Fischer und Jäger lügen nur die Militärs.« Natürlich kann man das nicht auf alle beziehen, die eine Militäruniform tragen. Die absolute Mehrheit der Offiziere trägt ihr schweres Kreuz unter allen Umständen ehrlich und couragiert. Ihre internationale Verpflichtung haben sie selbstlos erfüllt und waren bereit, ihr Leben dafür zu geben (und viele mussten es auch opfern), aber sie haben den Eid nicht gebrochen. Verschwiegen, gelogen und die Wahrheit kaschiert haben jene, die sich durch den Krieg ihre Karriere aufbauen wollten, die politisiert haben und manchmal auch nur verdienen wollten.

Da gab es auch eine Geschichte in der DDR. Ein Flussdampfer hatte irgendein nicht auf der Karte verzeichnetes Hindernis gerammt. Der Boden wurde aufgeschlitzt und der Dampfer sank. Dabei starben Menschen. Bei der Untersuchung des Unglücksortes stellte sich heraus, dass sich auf dem Grund des Flusses ein Panzer befunden hatte, der bei dem Versuch, im Rahmen einer Militärübung eine Flussbarrikade anzulegen, gesunken war. Es war ein sowjetischer Panzer. Aber alle Bemühungen, die Zugehörigkeit des Panzers zu einem bestimmten Truppenteil zu ermitteln, schlugen fehl. Die Kommandeure hatten einvernehmlich alle gemeldet, dass bei ihnen die gesamte Kampftechnik vorhanden war.

Wie viele Jahre haben die Schweden laut die Verletzung ihrer territorialen Gewässer durch sowjetische U-Boote beklagt! In Einzelfällen ging die Sache sogar bis zum Abwerfen von Unterwasserbomben gegen unerkannte U-Boote. Aber wir lehnten auf diplomatischer Ebene mit den Worten der Militärs jeglichen Verdacht in unsere Richtung ab, und die Presse erhielt den Auftrag, über die Ängste und Verdächtigungen der nördlichen Nachbarn zu witzeln. Bis ... das Unweigerliche geschah: Eines unserer U-Boote tauchte an den Schären zu tief und setzte auf einer Sandbank direkt am schwedischen Ufer auf. Die Untersuchung brachte die Hauptursachen ans Licht – Kopflosigkeit und unprofessionelles Vorgehen, die hinter Lügen versteckt worden waren.

Uns waren Vorfälle bekannt, dass unsere Militärs Flügelraketen »gestartet« hatten, die über unsere Landesgrenzen hinaus flogen. Und in auch in diesen Fälle richtete sich das Bemühen darauf, das Vorgefallene zu verheimlichen.

Ich liebe unsere Armee und bin auf die ruhmreiche militärische Geschichte Russlands stolz. Ich glaube, dass sich die Armee von allen bereinigen wird, die die Uniform in Verruf bringen, und zu einem der Katalysatoren und Garanten der Wiedergeburt Russlands werden wird. Meine Kritik richtet sich nur an jenen, der für immer die Begriffe der Ehre und Ordnungsmäßigkeit verloren hat. Die sind nämlich in der russischen Armee unabdingbar für Offiziere und Generäle.

In Afghanistan war die Verschleierung der Wahrheit auf höchster Ebene der Armeeführung eine verbreitete Erscheinung. Wir sprachen in der Zentrale wieder und wieder über den afghanischen Krieg und konnten nicht nachvollziehen, wie die Meldungen der Militärs über die Verluste der »Banditen« in Übereinstimmung mit der reellen Anzahl der Mudschahedin-Formierungen gebracht werden sollten. Nach den Berichten der Armeeführung starben jährlich mehrere Zehntausend Beteiligte dieser Formierungen bei militärischen Operationen, aber die Zahlenmäßigkeit der gegnerischen Gruppierungen und Gruppen verringerte sich praktisch nicht und blieb nach Angaben der Aufklärung auf etwa gleichem Niveau 120- bis 150.000 Mann im ganzen Land. Es erwies sich, dass ein eigenartiges System zur Berechnung der gegnerischen Verluste genutzt wurde, und zwar auf der Grundlage des eigenen Munitionsverbrauches. Wenn man annimmt, dass eine bestimmte Anzahl Tonnen Bomben abgeworfen worden ist, so und so viel Granaten, Minen gesprengt worden sind und x-viele Schuss Munition abgefeuert wurden – bedeutete es, dass eine bestimmte Anzahl »Widersacher« den Tod gefunden haben musste oder verletzt worden ist. Einfach und »effektiv«. Schade nur, dass es bösartig falsch war.

Nach den Worten unserer in Kabul arbeitenden Offiziere-Analytiker war die gesamte Ausgangsinformation über die militärische Lage von Anfang an fehlerhaft. Sie hatten Berichte der militärischen Spionageabwehr (war dem KGB unterstellt), der Armeeführung und der Kommandoführung der afghanischen Armee bekommen. Die Zahlen variierten um das Zehn- bis Zwölffache. »Die Linde« blühte und duftete.

Ihre Verluste meldeten sie in Monaten und Quartalen, um den Rapport nicht zu verderben. Sie wollten den Eindruck einer Intensität der Kampfhandlungen zu erwecken und dass dabei regulär die Verluste entstehen. Mir wurde berichtet, dass starke

Fahrzeugkolonnen mit zivilen und militärischen Gütern ohne die notwendige militärische Begleitung und Maßnahmen zur Deckung losgeschickt wurden. Die Kolonnen wurden für die Mudschahedin zur leichten Beute und starben fast vollständig. Die Verluste betrafen hunderte Fahrzeuge. Aber diese Zahlen wurden akkurat auf einen langen Zeitraum aufgeschlüsselt.

Uns war seit langem bekannt, dass in Moskau so auch die Frage unbeantwortet war, wer denn der Oberste Vertreter der sowjetischen Regierung vor Ort in Afghanistan sein würde. Wer würde der militärische und politische Leiter der ganzen Kampagne? Das Anliegen bleib deshalb ungeklärt, weil selbst in Moskau niemand wusste, wer die direkte Verantwortung für den Afghanistan-Krieg trägt. Es gab Kommissionen des ZK zu Afghanistan, der Gromyko, Andropow, Ustinow und andere gehörten. Das war ein für diese Zeiten typisches »kollektives Organ der Verantwortungslosigkeit«, was im Wesentlichen konsultativen Charakter hatte und beim Generalsekretär angesiedelt war. Aber die praktische tägliche Führung setzten die Minister entsprechend ihrem Kurs um, fragten ihre Kollegen nicht und stimmten sich oft mit ihnen nicht ab. Das nutzen die Afghanen geschickt aus, die sich unter den Behördenleitern ihre Beschützer suchten. Nehmen wir zum Beispiel folgendes: Während der ganzen Kriegsjahre orientierten sich die Vertreter des Komitees für Staatssicherheit vorrangig auf die Gruppierung »Partscham« der Demokratischen Partei Afghanistans. Diese Gruppierung leitete Babrak Karmal, der an der Spitze von Partei und Staat stand. Gleichzeitig sympathisierten die Vertreter des Verteidigungsministeriums unverändert mit den »Chalkisten«, weil die überwiegende Mehrheit der militärischen Kommandoführung der afghanischen Armee genau zu dieser Gruppierung gehörte.

Die Rolle des Botschafters der Sowjetunion war äußerst minimal, was augenscheinlich dem Innenministerium der UdSSR und A. A. Gromyko nur recht war, denn sie wollten sich nicht in die afghanischen Abgründe vertiefen. Parteiberater saßen ihre Zeit in Afghanistan als eine Art Bestrafung ab. Sie wurden in der Regel auf ein Jahr abkommandiert und zwar unter der Maßgabe, sich dann eine Tätigkeit in der UdSSR auswählen zu dürfen. Sie gaben sich Mühe, von diesem einen Jahr ein paar Monate im Urlaub zu Hause zu verbringen. Als ich dann bei den Fahrten über Land an den Vorträgen der Parteiberater vor den Provinzkomitees der DVPA teilnahm, da entstand unweigerlich ein entmutigender Eindruck aufgrund der leeren Worte, des Wunsches, die Augen zu reiben und des vollständigen Fehlens eines Verständnisses für die Situation und die Perspektiven ihres Tuns.

Bei so einem organisatorischen Wirrwarr war es nicht verwunderlich, dass auch kein strategischer Plan für das Vorgehen in Afghanistan existierte. Während der ganzen Jahre nahm auch die Diskussion darüber kein Ende, was denn nun die 40. Armee zu machen hätte: Die Kommunikationswege, große Städte und militärische Objekte sichern, oder aktiv in die Kampfhandlungen gegen die Bandenformationen eingreifen; sollten sie sich in großen Verbünden niederlassen oder in Teilen in Garnisonen; sollten sie an der Organisation einer wirksamen Okkupation sämtlicher wie auch immer bedeutender Siedlungen im Land teilnehmen, um den Aufständischen die reale Unterstützung durch die örtliche Bevölkerung zu verwehren.

Wir konnten auch nicht überzeugend die Frage beantworten: Warum hat sich die UdSSR, die allen möglichen politischen Aufwand in Verbindung mit der militärischen Intervention betrieben hat, auf den Einmarsch einer nur 100.000 Mann starken Armee beschränkt, was offensichtlich viel zu wenig für die Lösung der militärischen Probleme war? Es war doch bekannt gewesen, dass die Amerikaner seinerzeit während des Vietnamkrieges mit 500.000 Mann vor Ort waren. Und das Spektrum der Kampfhandlungen war bedeutend kleiner und kompakter gewesen, als in Afghanistan. Hat uns etwa unsere ewige Unsicherheit und Unentschlossenheit auch hier auf dem Kampffeld geleitet? Ob so oder anders. Persönliche Beobachtungen und unzählige Treffen und Gespräche führten immer zu derselben Antwort: Mit solchen Kräften und einer solchen

Organisation kann kein Krieg gewonnen werden; es ist einfach unmöglich. Das ganze Land wurde dem Gegner überlassen, der unkontrolliert seine Kampftrupps rekrutiert und ausbildet. Er kommt ohne Widerstand bis nach Pakistan, wo sich sein ständiger Stützpunkt für die Versorgung, Umschulung, Erholung und medizinische Behandlung befindet, kehrt zurück und bestimmt nach seinem Gutdünken über Zeit und Ort eines Angriffs.

Sogar aus der griechischen Mythologie ist bekannt, dass Antaios solange unbesiegbar war, wie er nicht von der Mutter-Erde fortgerissen wurde. Herakles fand ein Mittel, ihn zu besiegen. Er hob ihn hoch und hielt ihn so lange schwebend in der Luft bis er ihn erstickt hatte. Und Israel und die USA beharrten beständig auf ihrem Recht, die diversiven terroristischen Gruppen zu verfolgen, die nach einem Anschlag in anderen Ländern untertauchten. Israel fiel ständig in den Libanon ein, um eben Terroristen zu verfolgen und zerstörte Stützpunkte der Palästinenser weit außerhalb seiner Staatsgrenzen.

Die Vereinigten Staaten lieferten bereits 1915 ein Beispiel für eine solche Verfolgungspolitik. Sie schickten ein Corps unter dem Befehl des Generals Pershing auf mexikanisches Territorium zur Suche und Gefangennahme des bekannten Partisanen Pancho Villa, der kurz zuvor einen Überfall auf die Grenzstadt Kolumbus durchgeführt hatte. Nach genau demselben Schema fielen die Vereinigten Staaten in Kambodscha während des Vietnamkrieges ein, um »die Vietkong« zu verfolgen.

Warum haben denn die Verbündeten – Sowjetunion und Afghanistan – passiv abgewartet, bis von den pakistanischen Stützpunkten noch zahlreichere, besser bewaffnete und geschulte militärische Kontingente zurückkommen und sich die Waagschale der militärischen Waage zu deren Gunsten senkt? Etwas anderes konnte man doch einfach nicht erwarten. Jede beliebige Verteidigung in einer militärischen Angelegenheit kann nur das Anfangsstadium der strategischen Idee einer Kampagne sein, aber nicht ihre endgültige und erschöpfende Komponente. Sogar jetzt, wenn ich die monotone Wiederholung der Worte vom Verteidigungscharakter unserer Doktrin höre, denke ich trotzdem, dass das unsere Absage an den Erstschlag bedeutet. Wie auch eine Absage an den Krieg als Mittel zur Lösung politischer oder anderer Probleme. Aber es bedeutet keine Ablehnung an die Maßregelung eines Aggressors, wo auch immer er sich nach der unvermeidbaren Verteidigungsphase des Krieges befindet. Wer wären wir denn gewesen, wenn wir während des Großen Vaterländischen Krieges bei der Vertreibung der Hitlerarmee an den Grenzen unseres Landes Halt gemacht hätten und uns auf den Verteidigungsgedanken unserer Doktrin berufen hätten.

Wenn wir uns schon zur Teilnahme an den Kriegshandlungen in Afghanistan entschlossen und den Becher mit den moralischen und politischen Beleidigungen der Weltgemeinschaft bis zum Boden geleert hatten, so musste wenigstens der Krieg auf den Sieg ausgerichtet und die afghanische Armee darauf orientiert werden ... Wir führen Treffen mit dem Premierminister Afghanistans Keschtmand, mit dem Minister für die Probleme der Stämme Laek und dem Leiter des Sicherheitsdienstes Nadshibullah durch. Krjutschkow spricht innerhalb von fünf Stunden mit B. Karmal, danach folgt ein Treffen mit der Leitung des ZK der DVPA und so weiter. Das Ergebnis erweist sich als schwierig: Die afghanische Regierung sieht keine klaren Wege zur Überwindung der Krise und kann sich die reelle Lage im Land schlecht vorstellen. Es gibt sehr viele allgemeine politische Wertungen. Keschtmand zum Beispiel hat das gesamte Gespräch zwei Thesen unterworfen: Die Entwicklung der Wirtschaft im Land ist ohne die Hilfe der Sowjetunion unmöglich, und irgendeine sinnhafte volkswirtschaftliche Tätigkeit kann nur beginnen, nachdem alles in Ordnung gebracht worden ist. Das klang wie die umfassende Rechtfertigung seiner Untätigkeit. Übrigens hat in den zwei Stunden der Dauer des Gespräches sein Telefon auf dem Schreibtisch nur einmal geklingelt. So also stellte sich Keschtmand die politische Lage in Afghanistan dar. (Ich hatte während des Gespräches eine kurze Mitschrift seiner Aussagen gemacht und möchte sie

hier kurz reproduzieren): »Die Lage bessert sich, die Rebellen erkennen, dass sie die Macht nicht stürzen und damit nicht siegen können. Das verstehen die USA, der Iran, Pakistan und China, und trotzdem machen sie uns das Leben schwer.
Die Partei sammelt Kraft. Ein Netz der Parteiorganisationen erstreckt sich über das ganze Land. Die Org-Kerne wurden in allen Kreisen gebildet. Es entstehen gesellschaftliche Organisationen, die nationale Heimatfront stabilisiert sich. Der realistisch denkende Teil der Bevölkerung begrüßt die sowjetischen Truppen und bittet sie, zu bleiben … Das Volk hat die Rebellen und ihren Bösartigkeiten satt. Die Bevölkerung erkennt das Wesen der Ereignisse, obwohl es auch der Feindpropaganda unterliegt. Wir arbeiten an den Empfehlungen der sowjetischen Regierung, das Volk auf unsere Seite zu bringen …«
Solch ein Gespräch brachte natürlich überhaupt nichts Nützliches außer einem: die klare Vorstellung über die Qualität der afghanischen Führung.
Das Gespräch mit Nadjibullah hatte mehr gegenständlichen Charakter. Sein 14.000 Mann umfassender Sicherheitsdienst wusste besser, was im Land vorgeht. Er sagt, dass sich der Hauptherd der Bandenbewegung im Zentrum des Landes befindet (36 Prozent der Kämpfe), dann folgen der Intensität entsprechend der Norden (29 Prozent), der Osten (14 Prozent) und am Ende der Süden (12 Prozent) und der Westen (8 Prozent). Das Zentrum und der Norden – das sind auch die wichtigsten Gegenden der Stationierung sowjetischer Truppen und der Kommunikationsmöglichkeiten, die Afghanistan und die UdSSR verbinden. Monatlich kommt es zu etwa 200 Kampfhandlungen unterschiedlicher Intensität. Als Nadjibullah beginnt über seinen Dienst zu sprechen, hält er sich nicht mit der Beschreibung imaginärer Erfolge zurück, an die man nicht glauben kann. Genau bestätigt er, dass der SGI, also der Staatliche Informationsdienst (so nennt sich offiziell der Staatssicherheitsdienst) 1.300 Agenten in den Banden hat, 1.226 – im Ausland, 714 – in konterrevolutionären Organisationen des Untergrundes, 28 – in den staatlichen Verwaltungsorganisatio-

nen angrenzender Länder (in Pakistan) ... Hierauf lege ich jetzt den Stift zur Seite und höre auf, so einen deutlichen Schwindel aufzuschreiben. Wenn der SGI wirklich über eine solche Anzahl Spione verfügen würde, wären die Bandenbewegungen schon seit langem beendet. Der Wert eines tüchtigen Agenten ist uns bekannt. Selbst wenn wir Nadshibullas genannte Anzahlen um Größenordnungen nach unten korrigieren, so kämen sie trotzdem der Wahrheit nicht nahe.

Laek, der Minister für Stämme und Nationalitäten, erkennt offen an, dass »mit dem Stämmen zu arbeiten, in erster Linie mit den Paschtunen, das bekommen wir und auch ihr, nicht in den Griff, obwohl das Schicksal der Revolution genau davon abhängt, mit wem diese Stämme im Endeffekt zusammenarbeiten. Der mazedonische Alexander hat sich drei Jahre mit ihnen geschlagen, um auf seinem Feldzug nach Indien durch Mittelasien zu kommen. Dshingis Khan steckte hier fest und musste wieder nach Norden umkehren. Die Engländer konnten nicht von Indien nach Mittelasien durch Stammesgebiete durchkommen, obwohl sie sich besser als andere auskannten und dort ihre Spione hatten. Die Russen kennen sich überhaupt nicht mit den Stämmen aus und begehen demzufolge schwere Fehler. Weshalb wurde das nutzlose und gefährliche Unterfangen der Einberufung von Jugendlichen aus den paschtunischen Stämmen in die Armee initiiert? Die Paschtunen würden niemals in eine reguläre Armee gehen, aber sie hätten ihre eigenen bewaffneten Brigaden aufstellen können, wenn die Regierung die Zustimmung der Stammesältesten gefunden hätte. Fast unter Androhung von Waffengewalt wurden insgesamt nur 36 Männer einberufen. Sie erhielten Maschinengewehre und flohen nach einigen Tagen.«

In den Stämmen gibt es Traditionen, die man sich zu Nutze machen kann. Schon immer hat die Zentralmacht einen Teil der Stammesführung »unterstützt« und ihnen hohe Beträge gezahlt. Pakistan sicherte praktisch während des Krieges den Unterhalt für bis zu 40.000 Mann der Stammesräte auf dem Gebiet Afghanistans den Lebensunterhalt. Aus der Sicht Laeks

müsste die Regierung wenigstens 5.000 Mann der Stammesführungen auf ihre Seite ziehen und dafür Mittel bereitstellen. »Für die Einnahme der Stämme braucht es keine Panzer, sondern Güter der ersten Notwendigkeit. Anstelle von einem Kilogramm Munition brauchen sie ein Kilogramm Weizen. Die Stämme können ohne die traditionellen orientalischen Basare nicht leben. Gegenwärtig gibt es diese Märkte nur auf der anderen Seite der Grenze zu Pakistan. Wir brauchen unsere Basare. Wo ein wirtschaftlicher Nutzen sein wird, dorthin zieht es auch die Stämme hin.«
Laek beendet das Gespräch mit einer allgemeinen politischen Note. Die Kabuler Regierung sitzt in ihren Räumen. Sie möchte nicht mit der Bevölkerung arbeiten, weil sie es nicht kann. Militärische Maßnahmen schließen die Tür für politische Schritte der Normalisierung. Die Stämme können wir auf unsere Seite bekommen, aber das lässt sich nicht über das Knie brechen. »Säbel in die Scheide!« – das sind die letzten Worte.
Es gibt keinen Zweifel. Laek hat komplett recht. Er leidet sehr unter der Ergebnislosigkeit seiner Arbeit. In seinen Worten ist keine Falschheit zu spüren.
Das Treffen beim ZK der DVPA mit den Sekretären des ZK Nur und Sarai erwies sich als Zeitvergeudung. Sie kopieren die undurchsichtige Arbeitsweise unseres Parteiapparates, dass man kaum Ergebnisse erwarten kann. Mit trockenem Knistern rieselten Zahlen über die klassenmäßige und nationale Zusammensetzung der Partei, über die Anzahl der Parteiorganisationen in den Provinzen, in den Ministerien und Behörden, über die Parteiausbildung auf uns herab. Dann folgte die Übersicht über »Schwierigkeiten und Mängel«. Nicht ein lebendiges Wort vom wahren Leben.
Serai, der für die Einheit innerhalb der Partei verantwortlich war, schätzte seine Arbeit so ein: »Die Einheit hat sich gefestigt. Widersprüche entstehen jetzt nur bei Personalfragen.« Von welcher Einheit kann denn hier die Rede sein, wenn »Chalk« und »Partscham« untereinander eine unversöhnlichen Machtkampf führen und jeder nur seine eigenen Leute in den Partei- und

Staatsstrukturen unterbringen will. Sie sind in diesem Kampf bis zu jenem Moment aufgegangen, als ihnen die Macht aus den Händen geriet.

Aus diesen und anderen Gesprächen verstehen wir, dass es besser ist, sich die Sache vor Ort mit eigenen Augen anzusehen. Wir fliegen mit dem Flugzeug nach Masar-e Scharif, dem Zentrum des nördlichen Teils Afghanistans. Es ist das in Industrie und Landwirtschaft am besten entwickelte Gebiet Afghanistans. Unten sieht man immer dieselbe düstere, wagnerische Landschaft. Das Leben findet entlang der kleinen Flüsse statt, an den Berghängen – wie in Kapillarform. Die Felder werden auch in hohen Lagen bewirtschaftet, direkt an der Schneekante. Das harte Leben in Abgeschiedenheit kann nur Menschen hervorbringen, die sich nicht unterordnen können, die Pferdenaturen sind.

Wir landen auf dem Flughafen von Masar-e Scharif. Während wir das Flugzeug verlassen, wird uns berichtet, dass der Flughafen vor einem Monat von Duschmanen eingenommen worden war. Sie erledigten leise die schlafenden Wachposten, nahmen den ruhenden Zarandoi (Milizionäre) die Maschinengewehre weg, danach weckten sie diese und jagten die Aufschreienden in die Berge. Es wurden zwei Schützenpanzerfahrzeuge und zwei Panzer erobert, die den Flughafen bewachten, wobei nur eine Panzerbesatzung Widerstand leistete. Man brachte die Technik in die Berge. Erst um fünf Uhr morgens, als die Zivilangestellten des Flugplatzes zur Arbeit kamen, gab es einen Alarm. Drei Stunden später wurde am Fuße der Berge die stehengelassene Technik aufgefunden. Wir hörten uns diese Geschichte an, und ich hatte eine gehässige Bemerkung auf der Zunge, dass diese »Erfolge« nur vom Zusammentreffen zweier Elemente zeugen konnten: Davon, dass es unter den Zarandoi Duschmanen gibt, und von der grenzenlosen Unzuverlässigkeit und Nachlässigkeit bei der Ausübung des Wachschutzes. Aber selbst in Kreisen der sowjetischen Mitarbeiter war das alles nur der Allmacht der Duschmanen geschuldet. Die Zusammenkünfte und Gespräche mit den afghanischen Führungspersonal und unseren Beratern offenbarten das immer gleiche gewohnte Bild. Die Initiative ging überall vom Gegner aus. Er wählt den Zeitpunkt und die Stelle der Angriffe aus. Die afghanische Armee, unsere Truppen und die »Zarandoi« sitzen entweder in den Garnisonen oder begleiten Transportkolonnen, oder bewachen Betriebe, Einrichtungen beziehungsweise Wohngebiete. Die Org-Kerne sitzen unter Belagerung. Die islamischen Komitees herrschen wie eine regionale Ordnungsmacht. Es gibt außer Protokollen keine Spuren von Parteiarbeit. Der Marschall der Sowjetunion S. A. Sokolow und Krjutschkow verfolgten bei ihren Ansprache eine einheitliche Strategie: Man muss den Hauptteil der Kampfhandlungen den Afghanen selbst übertragen. Das ist ihr Krieg und sie selbst müssen lernen, um die Macht zu kämpfen. Wir können Hilfestellung leisten, aber nur wenig. Energisch riefen sie ihre Leute auf, sich nicht an den Streitigkeiten der Parteien zu beteiligen.

Es gibt nur eine Schlussfolgerung: Der Krieg muss definitiv beendet werden. Es muss ein normales Leben geführt werden; es sollen die Flüchtlinge zurückkehren und Häuser gebaut werden. Es gibt keine militärische Lösung und es kann auch keine geben. Es scheint so, als ob es auch keine gegensätzlichen Meinungen dazu gibt. Der Krieg jedoch dauerte noch fast sechs Jahre an. In Moskau fand sich nicht der Mut, mit unverklärten Augen die Situation in Afghanistan zu betrachten und die Politik radikal zu ändern. Die Fachleute suchten nach einer Erklärung, die alle Faktoren berücksichtigen würde, warum die UdSSR in diesen Konflikt hineingezogen wurde. Es gab ja den Vorschlag, Afghanistan in zwei Staaten zu unterteilen. Damit wäre eine Konzentration der Kräfte unserer Armee und der afghanischen Armee nur auf den nördlichen Teil Afghanistans möglich gewesen. Dort ist es besser und es gibt ebene Flächen. Es gibt bessere Bedingungen für die Landwirtschaft und schlechtere für die Aufständischen. In dieser Region gibt es bedeutende Vorkommen an Erdgas – der wichtigste natürliche Reichtum Afghanistans. Sie sind bereits erschlossen. Die Bevölkerung hier besteht vorwiegend aus Tadshiken und Usbeken, das heißt sie ist mit den Völkern Mittelasiens verwandt. Aber diese Projekte wurden nicht ernsthaft erwogen und blieben nur ein Entwurf der Afghanistan-Spezialisten.

Jetzt, wo es schon keine Geheimnisse mehr aus dieser sowjetischen Epoche gibt, haben wir manches erfahren. Zum Beispiel, dass uns der Afghanistan-Krieg 14.500 Opfer oder sogenannte »unwiderrufliche Verluste« gekostet hat. Die Anzahl der Verletzten (mit äußeren Verletzungen, Traumatisierte, Kranke) ist unwahrscheinlich hoch und beträgt fast 470.000 Menschen. An der Spitze liegen dabei die Erkrankungen. Die schwierigen dortigen klimatischen Bedingungen und sanitären und hygienischen Verhältnisse haben die Verbreitung von akuten Infektionskrankheiten bewirkt. Infektiöse Hepatitis, Typhus und andere Krankheiten befielen mehr als 400.000 der internationalen Kämpfer. Die Verluste an Technik sind nicht weniger beeindruckend: Flugzeuge – 118, Hubschrauber – 333, Panzer – 147, Schützenpanzerwagen, Infanteriekampftechnik – 1.314, Verschiedene Fahrzeuge – etwa 13.000.

Wir haben sehr teuer dafür bezahlt, dass wir ins Wasser gegangen sind ohne nach einer Furt zu fragen und lange Jahre danach noch auf der Suche nach Auswegen mit verbundenen Augen umhergeirrt sind, ohne die Augenklappen abzunehmen. Es ist schade, dass die Kampfgeschichte der sowjetischen Streitkräfte mit der unrühmlichen Seite des Afghanistankrieges endet. Das ist keine Schuld der Armee, diese liegt bei den Politikern. Man muss nur die Kraft und die Entschlossenheit finden, Lehren aus dieser militärischen Kampagne zu ziehen, damit sich die russische Armee in Zukunft nicht wieder in einer solchen Lage sieht, wie in Afghanistan. Für unsere Gesellschaft macht es kaum einen Sinn, masochistisch in eine Wunde oder ein Geschwür hineinzurühren. Besser ist es, von den Amerikanern zu lernen, die ihren 50.000 Soldaten und Offizieren, die in Vietnam gefallen sind, ein Denkmal errichteten. Sie bewahren das Gedenken an die Gefallenen und kümmern sich um die Lebenden. Man muss die Psyche eines jeden Volkes schützen und umso mehr die Psyche eines ganzen Volkes nicht zu politischen Zwecken traumatisieren.

Die Reise nach Afghanistan hat mich sehr berührt. Ich war erschüttert von der großen Kluft zwischen dem, was ich vor Ort gesehen und gehört habe, und dem, was ich in offiziellen Telegrammen zur Lage im Land gelesen hatte. Alle Illusionen hatten mich verlassen.

Auge in Auge mit den Geheimdiensten der USA

Einige Tage brauchte ich in der Dienst-Datscha, wo ich in jener Zeit lebte, um zu mir zu kommen. Ich hatte damals überhaupt keine Wohnung. Hier ruhte ich mich abends richtig aus. Ich baute selbst Gemüse und Beeren an. Das reichte mir dann für das ganze Jahr. »Eine ganz besondere Anziehungskraft hat doch die Erde« – so fuhr ich mit meinen Eintragungen fort – »auf dem Grundstück der staatlichen Datscha schufte ich nun schon den dritten Frühling wie ein Knecht. Unabhängig von meinem Willen erfasst mich der Prozess der Aussaat, der Gartenpflege und des Erntens in der Tiefe meiner Seele. Mit innerer Befriedigung bearbeite ich die Erde, die in Hunderte kleine Stücke umgegraben worden ist, und füttere sie mit Dünger, kraule ihr mit Harke und Rechen den Rücken und freue mich über die zarten grünen Pflanzenkinder. Wenn ich vom Büroalltag erschöpft bin und wieder ins Gleichgewicht kommen möchte, erhalte ich allein von der Möglichkeit, den Boden zu streicheln, eine unsagbare Erleichterung. Von der Erde geht Kraft, Güte und unendliche Freigiebigkeit aus. Ein Mensch ohne Erde – das ist wie ein Waisenkind ohne Mutter, in seiner Erziehung entsteht eine immerwährende Leere. Er wird nie erfahren, was ein beständiger Pfeiler ist – ewig und unerschütterlich.«

Die Dienst-Datschas, wo ich in einer von ihnen fast zehn Lebensjahre verbracht habe, befanden sich neben den Dienstgebäuden der Aufklärung. Nur fünf Minuten brauchte man vom Bett an den Schreibtisch. Zwischen den Häuschen und dem Dienst gab es eine interne Telefonverbindung. Also hat man sich praktisch 24 Stunden am Tag im Dienst befunden. Auf Betreiben Krjutschkows war der Gebäudekomplex mit allem Lebensnotwendigen ausgestattet. Wir scherzten manchmal, dass nur noch eine Kapelle und ein Dienstfriedhof fehlen wür-

den. Auch der Leiter der Aufklärung wohnte beständig in dieser kleinen Siedlung mit den zwanzig Bauten, und die knappe Freizeit verbrachte er wie viele andere mit Gartenarbeit. Sogar die Fähnriche der Wachmannschaft sagten mit Verwunderung: »Warum sollte man sich eine hohe Stellung erarbeiten, um dann doch wieder zu den Ursprüngen zurückzukehren; Kartoffelkäfer einsammeln, Dünger in die Erde einbringen und den Boden lockern?«
Alles Ursprüngliche wird mit der Zeit zum Luxus. Eine einfache Bauernspeise verwandelt sich in angesagte aristokratische Gerichte; Spinnräder, Sicheln, Ikonen, Ketten werden zu den Lieblingsaccessoires der ausgesuchtesten Häuser. Uns zieht »Retro«, die Rückkehr zum alten Leben aus einer Sehnsucht nach dem verlorenen einfachen menschlichen Rhythmus des Daseins heraus, an.
Aber wenn man wieder ins Büro kam, klebten wieder die Probleme wie schleimige Vampire an einem fest und waren bestrebt, das Leben in einen zähen Albtraum zu verwandeln. Am 26. September 1983 erhielt ich ziemlich unerwartet einen neuen Posten: Ich wurde stellvertretender Leiter des Bereiches Aufklärung. Mir wurde die Leitung der operativen Arbeit auf der Westhalbkugel übertragen. Nach elfjähriger Tätigkeit als Leiter der Verwaltung Auswertung und Information sah eine solche Ernennung, direkt gesagt, normwidrig aus. Ich hatte mich in vielem von der Technologie der rein operativen Arbeit entfernt. Meine Zeit und mein Bestreben waren ständig auf die bewertende und analytische Tätigkeit ausgerichtet gewesen. Mir schien es, dass ich ausreichend gut meinen Beruf beherrschte, und mit 55 Jahren den Kurs noch einmal zu ändern, ziemlich riskant. Aber schon meldete sich das verinnerlichte Prinzip: »Nichts fragen und nichts ablehnen.« Ich wusste, dass mich große Schwierigkeiten bezüglich der Arbeit zu den Vereinigten Staaten von Amerika erwarten würden, aber wiederum beruhigte ich mich und sagte mir: »Wenn nicht ich, wer dann? Wenn nicht jetzt, wann dann?« Meine Haltung zu den USA war bekannt. Tiefe Achtung vor ihren technischen und orga-

nisatorischen Errungenschaften, vor ihrem Reichtum ließen mich trotzdem in ihnen einen Gegner sehen, nicht nur unseres sozialen Staatsaufbaues, sondern auch unseres bedeutenden russischen Staates.

Mit der neuen Verantwortungsstufe versöhnte mich auch das Bewusstsein dessen, dass im amerikanischen Bereich, in Richtung des »Hauptgegners« immer die besten Kräfte geschickt wurden. Jedenfalls wurde bereits auf der Stufe der Vorauswahl der Studenten für die Aufklärer-Hochschule, die den Namen des verstorbenen Andropow trägt, den Fähigsten nahe gelegt, Englisch zu lernen und die USA-Richtung zu studieren. Danach, wenn die Studenten ihr Studium beendet hatten, »schaufelten« die Führungskräfte nochmals das gesamte Kontingent um und wählten erneut für die Arbeit in den USA nur die Absolventen mit den besten Leistungen während des Studiums aus. Die Arbeit zu den USA wurde vom ersten Bereich der Ersten Hauptverwaltung durchgeführt. Allein die Nummerierung zeugte von der Bedeutung dieser Unterabteilung. Die Stellen dort wurden nur an Elitekader vergeben. Wenn ein Mitarbeiter des ersten Bereiches aus irgendwelchen Gründen straffällig wurde oder sich nicht wie ein Aufklärer verhielt, wurde er ohne Umstände in einem anderen operativen Bereich untergebracht und eine Rückkehr war für immer ausgeschlossen. Ein Studium in der amerikanischen Abteilung wurde von Zeit zu Zeit den fähigsten Mitarbeitern vorgeschlagen, die sich mit ihrer Arbeit in anderen Regionen der Aufklärung empfohlen hatten. In der Armee trug eine solche Unterabteilung die Bezeichnung »Gardeabteilung«.

An der Spitze der Abteilung stand der erfahrene Amerikakenner Generalmajor Dmitri Iwanowitsch Jakuschin, der Nachfahre eines alten Adelsgeschlechtes. Vertreter dieses Adelsgeschlechtes waren auch in der Dekabristen-Bewegung aktiv gewesen. Er hatte viele Jahre in den USA gearbeitet und kannte dieses Land und die dort arbeitenden sowjetischen Fachleute gut. Kurz gesagt, er war ein Professioneller. Mit ihm zu arbeiten, war interessant und angenehm.

Als erstes machten wir – Jakuschin und ich – eine Art Inventur des gesamten operativen Bestandes, um ihn zu säubern und in Ordnung zu bringen. Wir sollten unser eigenes Personal kritisch bewerten und das Leistungsniveau eines jeden Mitarbeiters bestimmen. Wir waren beide sehr gut über die Versuche des Gegners informiert, unsere Mitarbeiter anzuwerben. Sie wurden darauf orientiert, die Heimat zu verraten. Auf diese Weise installierte der Gegner in unserem Spionagenetz seine »Basen«. In dieser Zeit führten die Amerikaner Spionageabwehrtätigkeiten in breiter Front gegen Bürger und Einrichtungen der UdSSR durch. Sie scheuten weder Kräfte noch Mittel dafür. Sie suchten die Schwachstellen in der Weltanschauung der Menschen, in deren persönlichen Eigenschaften, schwierigen Familienverhältnissen – alles das, was sich für eine Anwerbung nützlich erweisen konnte.

Bei dieser Arbeit kamen ihnen die großen technischen Möglichkeiten zugute. Zum Beispiel entschieden wir, für Jakow Malik, als langjährigen Vertreter der UdSSR bei der UNO, ein eigenes Haus zu bauen, damit das Leben für ihn angenehmer und billiger würde. Malik suchte lange einen Bediensteten und fand dann endlich N. I. Resnik, einen kalifornischen Juden. Über das einfach und billig gebaute Haus beklagten sich in den folgenden Jahren alle Bewohner. Ja, aber ich spreche deshalb von diesem Haus, weil die amerikanischen »Bauleute« darin eine Vielzahl an Abhörtechnik einbauten. Fast in jeder Wohnung war ein »Käferchen« installiert worden, womit die Amerikaner Tag und Nacht alle familiären Gespräche mithören und aufzeichnen konnten, welcher Art sie auch immer waren. Das Haus wurde nach seinem Bezug von unserem Personenschutz bewacht, deshalb war klar, dass die »Käferchen« bereits in der Bauphase angebracht worden waren und wahrscheinlich nicht ohne Kenntnis und Beteiligung des Bauträgers.

Wir mussten a priori davon ausgehen, dass alle Wohnungen, die sowjetische Mitarbeiter in der Stadt angemietet hatten, auch mit Abhörtechnik versehen waren. In vielen Autos, fanden die verschiedentlich aus Moskau kommenden Techniker

Funkelemente zur ständigen Ortung des Fahrzeuges oder einen Mini-Sender, der dem Gegner ein Mithören der Gespräche im Auto möglich machte. Sich vor diesen »Wanzen« zu schützen war praktisch unmöglich, weil alle Fahrzeuge in Garagen untergebracht wurden, zu denen die Geheimdienste der USA Zugang hatten oder in Werkstätten gewartet beziehungsweise repariert wurden, die unter Kontrolle des FBI und auch der CIA standen. Die aufgefundene Technik verpackten wir in Päckchen und sandten sie zu Anschauungszwecken an die Zentrale oder wir beließen sie an Ort und Stelle, um den Anschein zu erwecken, dass wir sie nicht gefunden hatten. Die Gespräche, die wir in diesen Fahrzeugen führten, waren speziell erarbeitet worden, um den Gegner gezielt zu desinformieren.

Die Abhörtechnik, die in den Diensträumen unserer Vertretungen gefunden wurde, zeigten wir nicht nur einmal den Journalisten der amerikanischen und der in den USA akkreditierten internationalen Presse. Es gab einen lauten Skandal, aber der währte nur kurz. In den demokratischen Vereinigten Staaten möchte sich kein einziges Massenmedium mit den Geheimdiensten anlegen und hält sofort bei den ersten Anzeichen von ihnen den Finger an den Mund. So kommt es auch, dass die Demonstration der Pressefreiheit lange Zeit mit ängstlich eingezogenem Schwanz zwischen kurzem Aufjaulen koexistiert. Ja, aber als derselben Presse Themen in die Hände fielen, die mit russischer Abhörtechnik zu tun hatten, setzte sich das Rabengekrähe über viele Jahre endlos fort, obwohl die Amerikaner keinerlei Beweisstücke in Form von abgebauten Vorrichtungen aufweisen konnten. So war es mit dem neuen Gebäude der amerikanischen Botschaft in Moskau.

Es ist unbestritten, die Aufklärung und die Spionageabwehr folgen in Kriegszeiten keinen besonders delikaten Regeln. Aber der Gerechtigkeit halber muss gesagt werden, dass die amerikanischen Geheimdienste direkt von einer Paranoia des Abhörens befallen waren. Darin mit ihnen gleichzuziehen, war unmöglich. Sie hatten mehr Geld.

Das Abhören, genauer gesagt: seine Ergebnisse, war kein Selbstzweck. Sie liefern ernstzunehmendes Material über die Bewertung der Persönlichkeit, ihre Lebensumstände, psychologische Besonderheiten. Abhören macht nur dann einen Sinn, wenn die Geheimdienste das Anwerben eines sie interessierenden Menschen planen. Auf dem Wege des Abhörens wollte die Spionageabwehr die Aufklärer aus den Reihen der sowjetischen Mitarbeiter auffinden. In vielen Familien war die innere Disziplin und die elementare Konzentration nicht auf der Höhe und während der feiertäglichen Tischrunden verließ die Aufmerksamkeit gänzlich die Gesellschaft. Von jedem sowjetischen Mitarbeiter wurde eine Akte geführt, wo die gesamten Informationen über ihn zusammenliefen. Wenn diese Daten an das sogenannte kritische Niveau herankamen, also den Schluss zuließen, dass dieser Mensch für eine Zusammenarbeit mit den amerikanischen Geheimdiensten bereit war, da betrat der Abwerber mit seinem Vorschlag zum Landesverrat die Bühne. Natürlich wurden dabei solche direkten Worte nicht gebraucht. Es wurden gewöhnlich Komplimente gemacht und psychologische Streicheleinheiten verteilt. Danach ging das Gespräch über zur Bitte um oder zur Erweisung von kleinen Gefälligkeiten oder zum gegenseitigen Deal. Aber in jedem Fall wurde die Bitte so formuliert, dass »der Vogel nicht davonflog«: Alles andere war eine Sache der Technik. Obwohl die Residenturen des KGB auch für die Sicherheit der sowjetischen Bürger und Auslandseinrichtungen zuständig waren, hatten wir nicht genügend Kräfte und Möglichkeiten für die Organisation eines zuverlässigen Schutzes vor der Einflussnahme durch die Geheimdienste auf dem Gebiet der USA. Die Anzahl der Botschaften und Vertretungen war in direkter Proportion zum Wohlstand des Landes angewachsen. Wobei sie nicht wegen der Aufklärung so aufgebläht war, sondern wegen der vielen Söhne und Töchter hoher Funktionäre des Partei- und Staatsapparates. Je prestigeträchtiger das Land war, umso mehr sammelte sich solch hochgestellter Ballast an. Die USA und die entwickelten europäischen Länder waren ein Schmeckerchen für die Piranhas der sowjetischen Elite.

In der Zeit der ideologischen Abkühlung der Gesellschaft, als sich die Lebensplanung der Staatsbeamten deutlich zugunsten der materiellen Faktoren verschob, war die Anfälligkeit der Sowjetbürger besonders hoch. Verrat wurde häufiger. Die Grundlagen hierfür bildeten in der Mehrzahl der Fälle nicht die ideologischen, sondern ganz einfach niedere Beweggründe, die man nur als egoistisch bezeichnen kann. Der Wunsch, um jeden Preis die Dienstreise zu verlängern, um ein Valuta-Entgelt zu erhalten und schön zu wohnen, machte die Leute zu Angsthasen und später sogar zu Abschaum. Die Abwerber brauchten nur damit zu ködern, dass sie der Öffentlichkeit irgendwelche kompromittierende Materialien preisgeben, schon war der Wille des am Haken hängenden Beamten gebrochen. Und welche Verlockungen der Verbrauchergesellschaft einen Landsmann mit schwachem Verstand umgaben! Ob in Gesellschaft »unter Strom«, einem hübsche junge Frauen untergeschoben werden (in Amerika ist in allem Freiheit!), und danach eine unglaubliche Geschichte ersonnen wird, von der einem die Haare zu Berge stehen: Dass sich wohl erwiesen habe, sie stünde mit einem Terroristen oder Drogendealer in Verbindung. Der einfache Russe ist verwirrt und zu allem bereit, wenn nur die Sache unter den Teppich gekehrt werden und er so weiter leben könnte, wie vor diesem quasi bösen Traum. Es kam auch vor, dass irgendjemand unserer Landsleute seinen Anstand vergessen hatte und Sachen aus dem Geschäft unbezahlt mitgehen ließ. Er wurde schnell ertappt und aus Mitleid wurde ihm vorgeschlagen, den Konflikt für eine »kleine Gefälligkeit« zu vergessen.
Wenn man unter Alkohol einen Autounfall hatte (möglicherweise keinen zufälligen, sondern einen inszenierten), da konnte einem vorgeschlagen werden, die Sache für eine »winzige Gefälligkeit« ruhen zu lassen. In jedem Fall nutzten sie die Angst unserer Mitarbeiter vor einer vorzeitigen Abberufung von der Auslandsdienstreise aus. Alle mir bekannten Verratsfälle hingen mit dem Faktor der Androhung einer vorzeitigen Ausweisung aus den USA und dem damit verbundenen Karriereende zu-

sammen. Zur Unterfütterung ihrer Abwerbestrategien nutzten die Amerikaner häufig Geld.

Ich habe keinerlei Nachsicht mit Verrätern. Zu allen Zeiten und bei allen Völkern hielt man sie für gesellschaftlichen Müll und Abschaum. Der Verlust von Ehre und Selbstachtung – ist ein Beweis für den Verfall der Persönlichkeit.

Zu meiner Schande muss ich gestehen, dass es viele solcher Vorfälle gab. Allein in der Aufklärung hatten wir mehr als ein halbes Dutzend Fälle von Verrat.

So zeichnete sich auch die erste Aufgabe ab: Den Personalbestand der Residentur in den USA vor dem Eindringen von USA-Agenten durch Anwerbung eines der Aufklärer zu schützen, das Agentennetz zu halten sowie zuverlässige Verbindungen, die unseren hauptsächlichen Wert verkörpern.

Ich habe mich mit D. I. Jakuschkin beraten und schlug vor, für die Position des stellvertretenden Leiters der ersten Abteilung irgendeinen erfahrenen Mitarbeiter der Auslandsspionageabwehr, die die Fakten in Zusammenhang mit der Anwerbetätigkeit des CIA gegenüber Sowjetbürgern auf der ganzen Welt verallgemeinerten und analysierten, zu gewinnen. So ein Mitarbeiter war notwendig für uns, um unsere operativen Handlungen allseitig vorauszuplanen und weniger angreifbar zu machen. Die Wahl fiel auf Witali Jurtschenko, der zu jener Zeit Leiter einer der führenden Abteilungen in der Verwaltung Auslandsspionageabwehr war. Woher sollten wir wissen, dass uns dieser Mensch massenhafte Unannehmlichkeiten bringen und danach in den Schatten verschwinden würde ohne sehr viele Fragen zu beantworten? Aber das folgt später. Erst mal wussten wir, dass Jurtschenko in der Vergangenheit ein Kampf-U-Boot-Offizier gewesen war, danach Mitarbeiter der militärischen Spionageabwehr und dann in die Erste Hauptverwaltung gewechselt war. Alle seine Beurteilungen waren tadellos. Man war der Meinung, dass die Mitarbeiter der Verwaltung Auslandsspionageabwehr überhaupt, denen die Verantwortung oblag, unsere Ergebenheit zu überwachen, im Ansehen über allen anderen bezüglich der Treue zur Sache von Partei und Volk

standen. Die ausschließlich leise Stimme, seine schlaffen Bewegungen, Schweigsamkeit und eine verschwommene Mimik ergaben einen verschlossenen und misstrauischen Menschen. Aber so musste doch auch ein Mitarbeiter der Spionageabwehr sein!
Mit irgendeinem sechsten Sinn, aus der Erfahrung heraus, vertrauten wir ihm keine Sachen zu den Vereinigten Staaten an. Wir beauftragten ihn mit Kurierdiensten zu irgendetwas aus der »Wirtschaft« Kanadas und mit einigen Aufgaben innerhalb der Abteilung, die nichts mit der Agentenschaft und vertraulichen Kontakten zu tun hatten. Um uns endgültig von der Kompetenz W. Jurtschenkos zu überzeugen, beschlossen wir, ihn bei Operationen an verschiedenen Orten in Europa zu überwachen. Wir beauftragten ihn mit einer Auslandsdienstreise. Er sollte dort vor Ort einen Menschen treffen, den wir verdächtigten, ein »Ausgespannter« des CIA zu sein, und dann gemeinsam mit uns eine Auswertung der Sache durchführen.
Schon die erste Operation endete in Italien dramatisch. Am 1. August 1985 war W. Jurtschenko in Rom verschollen. Nachdem er die geplanten Treffen durchgeführt hatte, setzte er ein Telegramm an die Zentrale darüber ab, dass alles gut verlaufen ist und er sich auf den Heimflug vorbereite. Alte Hasen der Aufklärung wissen, dass niemand einfach so verschwindet. Zwei, drei Tage suchte die italienische Polizei Jurtschenko in allen Ecken Roms. Danach meldete sie, dass es keine Spuren möglicher Übergriffe von Verbrechern gibt. sowjetischen Bürgern, denen er zufällig beim letztmaligen Verlassen der Villa der sowjetischen Botschaft begegnete, sagte er, dass er Mitbringsel für Moskau kaufen geht – und einem anderen, dass er das Vatikan-Museum besichtigen will. In beiden Fällen wollte er weder mit dem Auto mitgenommen werden noch in Gesellschaft sein. Das war ein schlechtes Zeichen.
Als ich Krjutschkow von den Umständen des Wegbleibens Jurtschenkos unterrichtete, kam mir nicht in den Sinn, nach irgendwelchen Rechtfertigungen zu suchen. Ich sagte klar, dass es sich hier meiner Meinung nach um einen Fall von Verrat

handele, und davon ist bei der Planung außerordentlicher Maßnahmen zur Lokalisierung des Durchbruches auszugehen. Die gesamte Verantwortung für Jurtschenkos Entsendung auf Dienstreise lag verständlicherweise bei mir. Ich zerbrach mir darüber den Kopf, wie denn das bei so einem »höchstmöglich überprüften und superzuverlässigen« Mitarbeiter passieren konnte. Als Mensch hatte ich ihn noch nicht in der notwendigen Tiefe kennengelernt. Er arbeitete erst einige Monate im Bereich. Sogar die herkömmlichen Beurteilungen für Auslandsdienstreisen wurden entsprechend dem bisherigen Arbeitsplatz von der Verwaltung für Auslandsspionage erstellt. Formell musste ich diese Frage also nicht beantworten, aber darüber kam keine Freude auf. Wo hat der Fehler gelegen? Jurtschenko war nicht geldgierig, und er liebte keine »grüne Schlange« wegen einer Magenkrankheit. Er war nicht selbstsüchtig. Einige Tage vor der Abreise zu dieser fatalen Dienstreise hob er von seinem schmalen Sparkonto einen großen Teil des Geldes ab, um Bauarbeiten auf seinem Gartengrundstück bezahlen zu können. Die Zahnärztin, bei der wir beide in Behandlung waren, sagte, dass Jurtschenko nicht sehr mutig war und jedes Mal beim Anblick des Bohrers zitterte.
Die Versionen entstanden und erledigten sich wieder von selbst. Die erste Variante: Er war seit langem Agent des CIA, angeworben zum Ende er siebziger Jahre, wo er als Sicherheitsoffizier in der sowjetischen Botschaft in Washington arbeitete. Grundlage dafür konnten folgende zwei Fakten sein: Erstens: Jurtschenko hatte tatsächlich dem FBI über den Botschaftszaun ein Päckchen mit geheimen Dokumenten zugeworfen. Auf deren Grundlage wurde ein früherer Mitarbeiter der Geheimdienste der USA verhaftet und verurteilt, der wohl vorhatte, mit uns geheim zusammenzuarbeiten. Zweitens: Als Jurtschenko nach Beendigung seiner Abkommandierung 1980 nach Moskau zurückkehrte, da kam ein Vertreter des FBI mit einem Blumenstrauß zur Verabschiedung. Lachhaft! Die Version wurde verworfen.
Die zweite Version: Er wechselte die »Identität« während der

Arbeit in der Arbeit im zentralen Apparat in Moskau und als er zur Arbeit in die amerikanische Abteilung kam, suchte er nur nach einer Gelegenheit, ins Ausland zu kommen und auf die Seite des Gegners überzulaufen. Aber auch diese Version musste verworfen werden. Beim Wechsel des Arbeitsbereiches konnte er nicht vorhersehen, dass er ins Ausland fahren wird. Diese Anweisung erging komplett und vollständig von oben. Außerdem waren keinerlei Spuren irgendeiner vorherigen Vorbereitung der Desertion Jurtschenkos entdeckt worden.
Es blieben noch die Varianten mit zutiefst persönlichen Motiven, zum Beispiel Gesundheit, Frauen und so weiter. Es war sehr gut bekannt, dass die Amerikaner die erhöhte Empfindsamkeit einiger sowjetischer Bürger gegenüber ihrer Gesundheit ausnutzten und erreichten die Seele dieses Menschen mit dem Versprechen auf qualifizierte medizinische Hilfe. Natürlich musste auch die klassische französische Empfehlung »Cherche la femme« in Betracht gezogen werden. Spuren dieses fatalen Faktors im Leben vieler Männer konnte man auch hier feststellen, aber seine echte Rolle konnten wir nicht bewerten. Ich glaube, niemand kann »wissenschaftlich belegt« verstehen, welche komplizierten Beziehungen sich zwischen einem Mann und einer Frau ergeben und das in irgendeiner Form objektiv beurteilen. Die Weltliteratur und –kunst lieferten uns eine unendliche Anzahl von Beispielen zur Unvorhersehbarkeit solcher Beziehungen. Freud hat nur ein wenig die Tür zu diesem geheimnisvollen Zimmer der menschlichen Psyche geöffnet.
Wir haben uns den Kopf bis zu dem Tag zerbrochen, als wir plötzlich ein verschlüsseltes Telegramm darüber erhielten, dass W. Jurtschenko in Washington unsere Borschaft angerufen und zugesichert hat, in ein paar Stunden höchstpersönlich dort zu sein. Man kann sich die Ungeduld der Mitarbeiter in der Zentrale vorstellen: Erstmalig in der Geschichte des Verrates kehrte ein Mensch »aus jener Welt« zurück. Sofort nachdem er die Schwelle zur Botschaft betreten hatte und seine Erzählungen zur Einnahme spezieller Präparate begann, wurde Washington die Anweisung erteilt, Blut- und Urinproben zu kontrollieren,

einen ersten medizinischen Check vorzunehmen und die Tabletten aus seinen Taschen sicherzustellen, mit denen er drei Monate lang hinter den »Mauern« des CIA und FBI abgefüllt worden war. Danach folgten breit angelegte Interviews der ausländischen Presse in Washington und nach seiner Ankunft in der UdSSR in Moskau. Es wurde immer ein und dieselbe Variante vorgebracht. Die Rede war von einer angeblichen Entführung auf dem Gelände des Vatikan, weiter wurde er in die USA verbracht und unter Gewaltanwendung in einer der geheimen Villen festgehalten. Ihm wurde Psychopharmaka verabreicht, um an Informationen zu gelangen. Danach gelang es ihm, sich von seinem Wachschutz zu lösen und zu fliehen und nun ehrlich nach Moskau zurückzukehren.

Die Amerikaner waren von der Entscheidung Jurtschenkos, in die UdSSR zurückzugehen, im Schock. In ihren Veröffentlichungen und darin übertraf ihre »Freizügigkeit« unsere Erwartungen, berichteten sie von allen durch Witali preisgegebenen Geheimnissen und gaben mit seinem Besuch in Langley direkt beim Chef des CIA William Kasee an. Sie wollten Jurtschenko in unseren Augen kompromittieren und bei uns harte rechtliche Schritte bezüglich seiner Person bewirken, um damit die Vorbildwirkung Jurtschenkos für andere Überläufer, die sich unter dem schützenden Dach der amerikanischen Gastfreundschaft nicht sehr wohl fühlten, abzuschwächen. In gewohnter Weise steigerten die Amerikaner gleich um Welten die Bedeutung von Jurtschenkos Informationen. Ronald Kessler, dem man nachsagt, ein gut informierter Chronist der Geschichte der Aufklärung zu sein, schreibt, »dass seine (W. Jurtschenkos, N. L.) Information wertlos war, dass er insgesamt zwölf Agenten preisgab und dass die Erste Hauptverwaltung wohl von einer Serie skandalöser Durchbrüche, Enttarnungen, Fluchten und so weiter erschütterte. Lassen wir Kessler seinen Glauben. Er hat noch nicht einmal die Argumente seiner amerikanischen Fachleute beachtet, die bestätigten, dass Menschen, die Jurtschenko auslieferte, schon keinen operativen Wert für den KGB mehr hatten und mit ihnen allen schon lange kein Kontakt mehr bestand. Diese Experten verteidigten die Version vom bewussten Vordringen Jurtschenkos in den CIA, von seinem vorsätzlichen Einsetzen. Es kann nur wiederholt werden, dass Jurtschenko über keine Kenntnisse des aktiven Agentennetzes der sowjetischen Aufklärung auf dem Territorium der USA verfügte.

Die sowjetische Regierung ging richtig vor. Sie nutzte in vollem Maße die Vorteile, die sich aus der Rückkehr Jurtschenkos aus den Fängen des CIA ergaben. Wenn die Amerikaner ausdrücklich die gewonnenen operativen Erkenntnisse hervorgehoben hatten, so schlug die Regierung in Moskau deren Karte mit offensichtlichen politischen Trümpfen.

Was aber die geheimen, also die echten Ursachen für die Flucht und die Rückkehr Witali Jurtschenkos waren, so bleiben sie für immer in den entferntesten dunklen Ecken seiner Seele. Die Auslösenden Motive seiner Handlungen lagen außerhalb der Politik. Tiefe persönliche Verletzungen haben ihn zuerst bewegt, in die USA zu gehen und dann wieder zurück in die UdSSR. Das haben weder die Geheimdienste der USA noch wir herausfinde können. Wir waren aber nach seiner Rückkehr auch nicht allzu sehr daran interessiert. Der Kommentator der Zeitung *Trud*, Wladimir Snegirew, hat eigene Nachforschungen in dieser Sache betrieben und die Ergebnisse in drei großen Artikeln am 13., 15. und 18. August 1992 vorgestellt. Ich denke, dass er der Sache sehr nahe gekommen ist, aber »ins Auge des Zyklons« zu blicken, hat auch er nicht vermocht.

Die Rückkehr Jurtschenkos befreite mich von den unvermeidbaren Strafen in dienstlicher Hinsicht, da in der Aufklärung die Regel galt: »Der Leiter trägt die persönliche Verantwortung für die Aktionen seiner Untergebenen«. Ich habe viel mit W. Jurtschenko gesprochen, habe seine Niederschriften gelesen und mir die Tonbandaufnahmen angehört, hatte auch teil an seinem weiteren Schicksal, aber ich muss ehrlich zugeben, dass ich mich keinen Schritt einem Verständnis seiner Persönlichkeit annähern konnte. Gott wird ihn richten!

Wir hatten auch andere operative Vorfälle, bei denen die sowjetische Aufklärung direkt auf die amerikanische Spionageabwehr traf. Die gewöhnliche Aufklärung und die Spionageabwehr wissen jeweils von der Existenz der anderen und bekommen deren Vertreter auf einigem Abstand zu sehen, treten jedoch nicht miteinander in Kontakt. Sie beobachten einander aufmerksam. Wenn sich jedoch die Einflussbereiche der einen und der anderen gegeneinander gerichteten Seiten überschneiden, so erwartet die Aufklärung Ärger, ihre Handlungen fallen »unter die Haube«. In der Mitte der achtziger Jahre hatten wir in Washington so eine Situation, als sich einer unserer Aufklärer im Blickfeld der Spionageabwehr erwies und danach in ihre Mühlen geriet. Ich nenne hier seinen Namen aus Mitgefühl für seine Verwandten und Freunde nicht, denn infolgedessen verurteilte ihn das Gericht mit dem höchsten Strafmaß.

Dieser Mitarbeiter rief schon seit langem Abneigung dadurch hervor, dass er aus der Familie eines bedeutenden Parteiarbeiters stammte und noch dazu mit der Tochter eines hochrangigen Funktionärs des Parteiapparates verheiratet war. Er stammte aus der Provinz und gelangte schnell nach Moskau, absolvierte eine Aufklärer-Ausbildung und arbeitete jetzt in Washington. Unser Verhältnis zu ihm basierte auf einer strikten Grundlage. Wir hatten es nicht gern, wenn sich die »behaarte Hand« des Gönners in unsere innere Angelegenheit mischte. Aber hier war es so geschehen. Die Abteilung erhielt jährlich eine bestimmte Anzahl Wohnungen zur Verbesserung der Wohnbedingungen der Mitarbeiter. Wir bekamen wenig Wohnraum, deshalb waren wir bemüht, der Reihe nach die Wohnbedingungen für einige Familien zu verbessern. Zum Beispiel vergaben wir die Dreizimmerwohnungen an einen Mitarbeiter, dessen Familie sich im Laufe der Zeit vergrößert hatte und der es in einer Zweizimmerwohnung zu eng wurde. Die frei gewordene Zweizimmerwohnung wiederum wurde denen übergeben, die bisher nur in einer Einraumwohnung gelebt hatten. Die Einraumwohnungen waren für Mitarbeiter gänzlich »ohne Anhang« vorgesehen. Und alle waren zufrieden. Dieses Verfahren wurde sehr oft durchgeführt, so dass damit viele eine Chance auf Verbesserung ihrer Wohnsituation erhielten.

Und als besagter Mitarbeiter bei uns im Bereich die Arbeit aufnahm, erklangen sofort die Basstöne der Leitungstelefone und es wurde gefordert, diesem Mitarbeiter außer der Reihe eine Dreizimmerwohnung zu gewähren. Diesem direkten Druck musste Folge geleistet werden, aber die Beziehungen zu dem Neuankömmling wurden unterkühlt. In unserer Umgebung mochten wir keine »Schmarotzer« und zum Glück hatten wir nur wenige davon.

Während seiner ersten Dienstreise in die USA tat sich unser »Held« durch nichts hervor, irgendwie hat er die Jahre »gezogen« und plötzlich … als sein Aufenthalt in den USA deutlich den Äquator überschritten hatte, tauchte bei ihm eine trügerische operative »Verbindung« auf. Die Beziehungen zu dieser »Verbindung« entwickelten sich schnell und kraftvoll, und bald wurden von dort geheime Materialien wissenschaftlich-technischen Charakters gegen eine materielle Entschädigung preisgegeben. Die Zentrale beobachtete die Entwicklung dieses operativen Kontaktes sehr aufmerksam: Von Anfang an hatte er einen alarmierenden Beigeschmack. Es war nicht zu verstehen, wie dieser insgesamt träge und wenig aktive Mitarbeiter die Hartnäckigkeit aufbringen und zum Ende der Dienstreise eine perspektivreiche »Verbindung« auftun konnte. Und warum kam diese »Verbindung« aus der Welt der Wissenschaft und Technik, wo doch unser Mitarbeiter verdeckt als Diplomat arbeitete und sich seine natürliche Umgebung innerhalb gesellschaftlich-politischer Strukturen befand? Womit konnte man einen so schnellen und praktisch ungehinderten Übergang zum Stadium der geheimen Zusammenarbeit, die eigentlich voller Gefahren für unseren Helfer ist, begründen? Warum ist diese »Verbindung« ausreichend kalt und sogar gleichgültig gegenüber der Höhe der Belohnung und allen unseren Vorstellungen gefolgt? Es entstanden viele Fragen – sie zu stellen, war unsere tägliche Arbeit. Und das Ganze nennt sich »operative Küche«.

Der Mitarbeiter hatte Urlaub gehabt und danach besprachen wir, D. Jakuschkin und ich, gemeinsam mit ihm alle Fragen. Doch während des Gespräches entstanden neue Fragen. Der

Mitarbeiter konnte unsere Befürchtungen nicht ausräumen. Wir gaben ihm den Auftrag, alle weiteren Gespräche auf ein tragbares Tonband, das sich leicht unter der Kleidung verstecken ließ, aufzunehmen. Die besprochenen Bänder erhielten wir mit der Post und entschlüsselten sie in Moskau. Bald kamen wir zu der Schlussfolgerung, dass die »Verbindung« unseres Mitarbeiters bestenfalls »untergeschoben« wurde, und im schlechtesten Fall ... Es wurde entschieden, die Dienstreise abzubrechen und den Mitarbeiter nach Hause zu beordern. Ohne Wirkung auf uns blieben die Beteuerungen der »Verbindung« auf dem letzten Band, mit niemandem anderes zusammenarbeiten zu wollen und auch nicht zu werden als mit unserem »Helden«. Das Tonbandgeschimpfe auf die »Dummköpfe in der Zentrale« hörten wir uns mit einem Lächeln an. Unsere Vorahnungen wuchsen zur Überzeugung an. Aber was sollten wir tun, um den Gegner nicht im letzten Moment zu provozieren? Wir erarbeiten eine Legende. Dieser nach sollte unser Mitarbeiter für die Besetzung eines höheren und wichtigeren Postens abberufen werden, der es ihm aber regelmäßig, zwei-drei Mal im Jahr, ermöglicht, sich mit seinem Spion in den Vereinigten Staaten zu treffen. Davon, dass dies nur eine Legende war, wussten nur wir beide, Jakuschkin und ich. Der Gegner und der Mitarbeiter glaubten an sie.

Nach der Rückkehr nach Moskau wurde der Mitarbeiter aus unserem Bereich in eine Unterabteilung versetzt, wo er Zugang zu wichtiger operativer Information hatte. Es vergingen nur einige Monate, und dieser Mann musste wegen unwiderlegbarer dokumentierter Angaben zu seiner Zusammenarbeit mit den amerikanischen Geheimdiensten, die über andere Kanäle der Aufklärung hereingekommen waren, verhaftet werden.

Schon während der Ermittlungen berichtete er, dass er sich aus egoistischen Beweggründen heraus auf die Überredungskünste des Besitzers eines Radiotechnik-Ladens einließ und die gekauften Waren mit Wodka, den er als Diplomat steuerfrei kaufen konnte, bezahlte. Und schon war »der Vogel gefangen«. Anstelle den später herzukommenden Gutmenschen der Ge-

heimdienste sonst wohin zu schicken, hatte der Mitarbeiter Angst um seine Karriere. Die gesamte weitere Geschichte mit der aufgetauchten operativen »Verbindung«, mit der Übergabe von geheimen Unterlagen mit wissenschaftlich-technischem Hintergrund, war schon das »Spiel« der Geheimdienste. Es wurde zum Glück ermittelt und richtig bei uns in der Zentrale gedeutet.
Ich bin nicht zur Gerichtsverhandlung gegangen. Es wäre peinlich und bitter, ein solches Bild zu sehen. In seinem Schlusswort bat er darum, seinen Kindern nicht die Wahrheit zu sagen. Gebe Gott, dass sie das auch in Zukunft nicht erfahren!
Vollständiges Unverständnis und Mitleid rufen die Versuche einiger Zeitungsmacher hervor, Verräter zu »Helden« erklären zu wollen und ihnen den falschen Mythos von Kämpfern gegen den veralteten sozialen Gesellschaftsaufbau anzuhängen. Und die ihrerseits freuen sich über die moralische Unterstützung und verfassen zu ihrer Rechtfertigung Memoiren. Sie ändern darin komplett die Sichtweise auf die Geschichte ihrer Wiedergeburt, schreiben sich Erfolge zu, die es nie gegeben hat und bauschen in dem Verlangen, wichtig zu erscheinen, alles auf. Das Verhältnis zu den Verrätern – kennzeichnet auch die moralische Gesundheit einer Gesellschaft.
Leider raubte uns der Verteidigungskampf gegen die eingesessenen amerikanischen Geheimdienste viel Kraft und Zeit. Ronald Reagan hat bekanntlich CIA und FBI vollständig rehabilitiert. Er hat ihnen die Sünden, die im Verlaufe der Senatsuntersuchungen Mitte der siebziger Jahre aufgedeckt worden waren, verziehen. Er stockte sie zahlenmäßig auf, erweiterte die Rechte und verlieh ihnen einen mächtigen Aufschwung. Er war nicht nur einmal beim CIA und traf sich mit Mitarbeitern der Einrichtung. Unsere Haltung in dieser Sache war eine völlig andere. Die Funktionäre des Staates verhielten sich abweisend gegenüber der Aufklärung, als ob sie sich für die Notwendigkeit dieses Instrumentes im Staatsgefüge schämten. Sie verhielten sich immer so, als könnte ihre weiße Weste von unseren »schmutzigen« Händen befleckt werden. Wir waren so

etwas wie das uneheliche Kind der Kremlväter. Während meines ganzen langen Arbeitslebens sah ich nur ein Mitglied des Politbüros in den Gebäuden der Aufklärung – D. F. Ustinow, der mit seinem Freund Andropow dorthin gekommen war, ja, und das auch nur an einem arbeitsfreien Tag.
Im alltäglichen Kampf gegen solche starken Gegner wie die Geheimdienste der USA hatten wir gar keine Zeit, an die Vergehen und den Ärger aus Unachtsamkeit seitens unserer Leute zu denken. Wir mussten unsere Soldatenpflicht für die Heimat erfüllen, und wir hielten die Front, so wie wir es vermochten. Bald gelang es uns, noch eine effektive Methode zur Feststellung von »Einschleusungen« des Gegners herauszufinden. Es erwies sich, dass die Amerikaner ihre Bürger so sehr mit der Allmacht der Technik, ihrer Gewaltigkeit und Überlegenheit über den Menschen verschreckten und dass ein einfacher Amerikaner gegen eine Maschine nicht bestehen könne. Besonders schreckte die Amerikaner die Aussicht auf eine Gegenüberstellung mit einem Lügendetektor.
Einmal war in einem weit entfernten Land der »dritten Welt« begann sich ein amerikanischer Bürger, häufig im Blickfeld unserer Aufklärer zu zeigen. Er versuchte auf verschiedenen Weise, die Aufmerksamkeit auf sich zu ziehen, ging aber nicht als erster zur Kontaktaufnahme über. Er war der Annahme, dass wir ihn in dem Fall sofort verdächtigen würden. Schließlich wurde sein Wunsch erfüllt und wir »bissen« selbst an. Und sofort begann er uns mit seinen Möglichkeiten in der geheimsten Behörde der USA zu beeindrucken. Natürlich rief er ein großes Interesse hervor – wer ließe schon eine solche Chance ungenutzt verstreichen, die sich möglicherweise nur einmal im gesamten Leben eines operativen Mitarbeiters ergibt! Übervorsicht ist in der Aufklärung nicht weniger schädlich, als unbegründete Verwegenheit.
Die Mitarbeiter der Residentur führten mit ihm einige Gespräche in dem fernen Land. In den Gesprächen demonstrierte der Amerikaner die Bereitschaft zur ausgedehnten Zusammenarbeit, äußerte aber mehrfach den Gedanken über den Wunsch der Kontaktpflege unmittelbar auf dem Territorium der USA.

Diese Worte klangen nach einer ersten Vorwarnung. Vorsichtige Amerikaner bevorzugten gewöhnlich dort zu arbeiten, wo die Kontrolle und Überwachung der amerikanischen Bürger und der sowjetischen Menschen durch den FBI nicht so streng waren, wie in den USA. Wir wogen alle Umstände gegeneinander ab und beschlossen, ihn nach Moskau zu bringen, damit dort unsere Spezialisten für seinen Beruf mit ihm sprechen könnten. Wir rechneten damit, dass einer unserer Mitarbeiter die gesamte Arbeit durchführen wird. Und zwar einer, der während der vorherigen Dienstreisen gründlich geprüft worden war. Es mussten Angaben persönlichen Charakters gesammelt und mehr gewichtiges Material erbracht werden. Er sollte alle ihm zugänglichen Informationen zur Verfügung stellen. Wenn die Sache gut verliefe, musste ein System der zukünftigen Kontakte erarbeitet werden. Er war mit allem einverstanden.
Einige Tage befand er sich in einer Wohnung in Moskau und war die ganze Zeit damit beschäftigt, unsere Fragen zu beantworten. Wir hatten auch ein kleines Kulturprogramm für ihn zusammengestellt. Alles verlief reibungslos. Eines Tages, nachdem wir die Auswertung der gesamten von ihm übergebenen Materialien beendet hatten, kamen wir zu dem Schluss, dass er uns tatsächlich geheime Daten zum Nachteil der USA zur Verfügung gestellt hatte, aber ... die Amerikaner konnten auch wissen, dass wir über diese Daten bereits aus anderen Quellen verfügten. Er berichtete uns in der Tat genau alles, was wir schon kannten, aber wie ein mechanisches Kinderspielzeug blieb er jedes Mal am Tischrand wie an einer Grenze stehen, hinter der sich das für uns noch Unbekannte befand. Wir versuchten ihn, so rum und andersherum aus dem eigenartigen Teufelskreis herauszulotsen, aber er hielt sich beständig darin. Wir vermittelten den Anschein, dass wir seine »geheimen« Offenbarungen für bare Münze hielten, und brachten ihn an einem Abend völlig überraschend für ihn in einen Raum, wo der Lügendetektor stand und sich das entsprechende Personal befand. Erst eine Minute zuvor wurde ihm eröffnet, dass er am Lügendetektor trainieren solle, um die Glaubwürdigkeit seiner

Legende vom Aufenthalt in der UdSSR zu erhöhen. Man sollte gesehen haben, was da mit diesem bis dato strukturierten, genauen und akkuraten Menschen passierte: Alles an ihm zitterte vor »Entrüstung«. Er begann zu schreien, Widerstand zu leisten und sich unflätig zu benehmen. Aber er konnte dem Ganzen nicht entgehen.

Die Anzeigen des Lügendetektors waren eindeutig. Wir hatten es mit einer qualifizierten »falschen Ente« zu tun. Er hatte verstanden und leistete Widerstand und träumte davon, unbeschadet aus der riskanten Lage herauszukommen, in die ihn die Chefs des CIA gebracht hatten. Die sowjetische Aufklärung hat sich immer an die ehrlichen Gentleman-Regeln des Spiels gehalten. Den unterlegenen Partner zu erniedrigen, gehörte nicht zu ihren Regeln. Die »falsche Ente« wurde an den Ort zurückgebracht, von wo aus sie in ihr erfolgloses operatives Abenteuer gestartet war. Ein leichter Stoß mit dem Knie von hinten. Einige Monate gab es seitens der USA keinerlei Reaktion, aber dann hielten sie es offensichtlich nicht aus: In den Zeitungen sickerte eine winzige Meldung darüber durch, dass sich der Bürger X. beim FBI zu seiner Schuld bekannt und seine Abenteuer berichtet hat. Er wurde in die Freiheit entlassen. Mit diesem Feigenblatt versuchten sie, ihren Misserfolg zu verdecken. Wohlerzogene Leute haben schon vor langem gelernt, eine gute Miene zum bösen Spiel zu machen.

Es wäre ermüdend, wenn ich immer neue und neue Geschichten erzählen würde, wann unsere Aufklärung in unmittelbaren Kontakt oder wie wir sagen in den »Clinch« mit den Geheimdiensten der USA gekommen ist. Wir hielten an unserem Prinzip fest – nicht eine Runde zu verlieren.

Ich spreche bewusst von diesen Ereignissen des geheimen Krieges, dessen Verlauf und die Ergebnisse beiden Seiten bekannt sind. Darin liegt schon lange kein Geheimnis mehr. Aber was die Storys und die Arbeit betrifft, die dem Gegner bislang unbekannt geblieben sind, darüber zu sprechen, wäre jetzt zu früh. Das ist eine Sache der späteren Zukunft.

1985 konnte ich eine ziemlich lange Reise in drei Städte der

USA durchführen – nach New York, Washington und San Francisco, wo sich unsere Residenturen der Aufklärung befanden. Die Hauptaufgabe bestand verständlicherweise darin, vor Ort mit den Residenten ihre Arbeit auszuwerten und die Hauptzielrichtungen zu präzisieren. Ich hatte vor, die Aufklärer der vordersten Front persönlich kennenzulernen, ihren psychologischen Zustand zu ermitteln, zu unterstützen und mental aufzurichten. Niemand in der Zentrale hatte Zweifel daran, dass dem Gegner alles über meine tatsächliche dienstliche Stellung bekannt ist und er das Gesamtanliegen meiner Mission kennt. Man konnte Unannehmlichkeiten und Fallen von seiner Seite erwarten. Einigen von meinen Kollegen wurden einfach die Einreisevisa durch die Amerikaner verweigert. In anderen Fällen setzten eine lärmende Zeitungskampagne mit »enthüllendem« Hintergrund ein. Als ich früher in der Eigenschaft als Leiter der Verwaltung Auswertung und Information dort gewesen war, übten sie groben moralisch-psychologischen Druck aus. In dem guten Hotel, wo ich untergebracht war, hinterließen sie in meinem Zimmer vorsätzliche Spuren ihres Besuches. Wenn da eine Flasche Whisky gestanden hatte, war sie während meiner Abwesenheit geöffnet und um ein Viertel oder ein Drittel geleert worden. Es fehlte die Hälfte der Früchte aus der üblichen Schale. Liederlich warfen sie Essensrückstände und Obstschalen breit, damit mir klar war: Wir sind allhier. Dieses Mal war zu meiner Verwunderung alles still und schick. »Wenn sie mich in Ruhe lassen, dann heißt das, sie achten mich«, stellte ich befriedigt fest. Auf ein korrektes Verhältnis reagierten wir ebenfalls immer korrekt. Als ich in San Francisco absurd einer plumpen, engmaschigen äußeren Überwachung ausgesetzt war, hätte ich mir niemals deren Fehler zunutze gemacht und mich von dem »Schwanz« losgerissen. Es kam vor, dass uns ein Fahrzeug der Außenüberwachung auf der Schnellstraße überholte, um nicht ständig über den Rückspiegel in meinem Blickfeld zu sein, und in eine Seitenstraße hineinfuhr, wo wir hinwollten. Wenn wir von der Hauptstraße abgefahren waren, warteten wir geduldig, damit unsere »Hüter« uns finden und ihre Seelenruhe wiederherstellen konnten. Mit einem Wort, die Beziehungen gestalteten sich »wie in den besten Häusern Londons und Zhmerynkas«.

Während meiner Reise wollte ich klären, in welchem Maße meine innere negative Einstellung zur amerikanischen Lebensart, zur Eigenheit der amerikanischen Zivilisation begründet war. Ich musste einen Dialog mit mir selbst führen. Zeitweise ging das in ein starkes Streitgespräch über. Aber am Ende meines letzten Aufenthaltes in den USA gelangte ich zu der Überzeugung, dass ich unter dem Einfluss der sowjetischen Propaganda und der kommunistischen Klischee-Ideologie meine Seele nicht verrenkt habe, wenn ich kritisch und gar unfreundlich das Gesellschaftsmodell der USA aufgenommen habe.

Die Vereinigten Staaten können schon deshalb nicht als Beispiel für die Entwicklung der Zivilisation auf der Welt dienen, weil sie eine sehr egoistische und verschwenderische gesellschaftliche Orientierung haben. Dort wird pro Kopf der Bevölkerung am meisten Energie verbraucht, es wird am meisten Industrieschmutz und Abfall produziert. Wenn alle Länder der Welt das Konsumniveau der jetzigen USA erreichen würden, wäre die Welt in ein-zwei Jahren zerstört. Sie hätte gar keine Ressourcen dafür. Im alten Rom haben die Adligen bei den Festen, wenn sie satt waren, sich eine Straußenfeder in den Mund gesteckt und Erbrechen hervorgerufen, woraufhin sie wieder essen konnten. Dasselbe passiert in der Konsumgesellschaft, die sich in den USA herausgebildet hat. Die hervorragend organisierte Produktion von Waren und Dienstleistungen fordert vom Menschen despotisch eine ständige Steigerung des Verbrauches von Sachen und Dienstleistungen. Die Süßwasserreserven neigen sich dem Ende, die schützende Ozonschicht lichtet sich über der Menschheit, die Leute ersticken an den Abgasen der hochmotorisierten Zivilisation. Und in den Ländern, die zu den Leuchttürmen der Menschheit gehören, werden ohne Rücksicht wie eh und je die letzten Ressourcen des Erdballs verfeuert. Dieser Weg währt nicht lange vom historischen Standpunkt aus gesehen, und ist elitär, nur für eine Handvoll Staaten geeignet.

In der Bibel wird mit dem Ausspruch: »So gebet dem Kaiser, was des Kaisers ist, und Gott, was Gottes ist!« die Überlegenheit des Göttlichen über das Irdische und des Ideellen über das Materielle bekräftigt. In den Vereinigten Staaten ist alles andersherum. Wo auch immer Sie in den Ländern der christlichen Welt hinkommen werden, bildet ein Dom – ein Gotteshaus – das Zentrum der Menschengemeinschaft. Die Kirchen wurden als die höchsten, schönsten und imposantesten Gebäude errichtet. Da sind der Vatikan, die Basilika Saint-Pierre de Montmartre in Paris, die St.-Pauls-Kathedrale in London, die Kremlkirchen, die neueste Kirche im supermodernen Brasilia und so weiter. In den USA erhebt sich nirgendwo eine Kirche als Symbol der Geistlichkeit aus der Stadt hervor. Alle Kultgebäude sind klein, unschicklich und werden von den daneben stehenden Wolkenkratzern der Versicherungsunternehmen und Finanzkonsortien förmlich erdrückt. Obwohl eine große Anzahl amerikanischer Kirchen im gotischen Stil gebaut worden ist, um sie wenigstens irgendwie aus der Steinmenge hervorzuheben, betont das lediglich deren Unterdrückung. Sie streben wie dünne Kartoffeltriebe zu den himmlischen Höhen, zu Gott dem Herrn, empor und erfrieren noch auf halbem Wege. Alles in allem hat Gott keinen Platz in den USA. Die Kirchen sind innen leer und asketisch. Für Gott hat man nicht eine Kopeke oder eine Minute übrig. In dem geschäftigen Pandämonium schwindet nicht nur der Geist Gottes dahin, sondern jegliches Gefühl, besonders das der Menschlichkeit. Schon längst haben spitzfindige Leute gemeint, dass die Aufschrift auf den Dollarnoten nicht nur heißen dürfe: »Wir glauben an Gott«, sondern heißen müsste: »Wir glauben an diesen Gott.«
Der durchschnittliche Amerikaner lebt mit einer ständigen Unsicherheit in seinem materiellen Wohlstand. Ihn plagt die Angst vor steigender Kriminalität, vor Krankheit und vor der Möglichkeit eines Atomkrieges. Sie empfinden Schwermut über das fortschreitende Alter, wenn sie ihre eigenen Kinder im Altersheim abgeben und mit Dollars dafür zahlen anstelle mit der Wärme und Fürsorge eines Sohnes. In diesem Land gibt es

weltweit die höchste Quote bei der Einnahme von Tranquilizern. Händevoll werden Tabletten zum Einschlafen geschluckt, manche schlafen davon für immer ein. Übrigens ist das die am weitesten verbreitete Form des Selbstmordes unter den Bohemen, der Intelligenz. Viele Jugendliche rauchen Drogen und spritzen sich diese. Von hier aus verbreitete sich die Drogenepidemie in die Welt. Der Kampf gegen den Drogenschmuggel und den Drogenkonsum wurde zum nationalen Ziel der USA erkoren. Die Oberflächlichkeit der Gesellschaft und die totale Unterwerfung unter den Fakt des Gewinns machen für mich persönlich die amerikanische Lebensart nicht annehmbar. Tatsächlich lebt der Mensch nicht vom Brot allein.
Als ich aus Washington abreiste, machte ich folgende Notizen: »Ich möchte nie mehr nach Washington, wo mir alles nicht gefiel: Die fremdem Erfolge in der materiellen Produktion und der graue ungezügelte Mangel an Spiritualität, sogar das Fast Food (schnelles Essen) – einmal gegessen schmeckt es wunderbar, aber wiederholt wirkt es abstoßend wie das Kraftfutter in einer Broilerfarm.«
Die amerikanische Öffentlichkeit lebt in einem besonderen Informationsraum. Unzählige Fernsehkanäle, Hunderte Zeitungen und Zeitschriften, jede Menge Radiosender schütten ununterbrochen Massen an Informationen über den Köpfen der Menschen aus. Selbst an den trübesten und ruhigsten Tagen hören das Lärmen und Läuten nicht auf. Kleine Ereignisse werden künstlich aufgebauscht und in ihrer Bedeutung überhöht. Die medialen Erzeugnisse sind die einzigen Waren, die im Westen unter den Herstellungskosten verkauft werden. Insgesamt ergibt sich ein interessanter Eindruck: Unter den Beinen, unter den Händen, unter dem Hintern, am Kragen – überall raschelt und bewegt sich die Presse und sucht Informationen, worüber auch immer, aber die Mehrheit der Menschen weiß gleichzeitig nichts über das, was im Land und in der Welt vor sich geht, und sieht die ursächlichen Zusammenhänge der Ereignisse nicht. Ringsumher schäumt die Information, an der sich der normale Mensch verschluckt und die Fähigkeit verliert, die Ereignisse

zu bewerten, und sie auch schon gar nicht vorhersehen kann. In der offenen Gesellschaft beginnt der Mensch, sich hilflos zu fühlen, fast wie in China. Dort gibt es nur einen engen Kreis von Menschen, die Beschlüsse festlegen und die Mehrheit des Volkes verbleibt im Informationsvakuum. Hier wie dort wird das Prinzip der »Notwendigkeit und der Hinlänglichkeit« der Information nicht beachtet. Beides braucht aber der Mensch.
Der Charakter der amerikanischen Gesellschaft ändert sich allmählich. Bis zum Beginn des Zweiten Weltkriegs gab es in den USA eine ordentliche Migration. Aus Europa wanderten wirklich mutige, unternehmungslustige, kraftvolle, willensstarke Menschen ein, die sich nach freier Tätigkeit und nach Land sehnten. Diese »Sahne« stärkte den geschäftlichen Hintergrund und, warum die Sünden verbergen, auch den Genfonds der USA und machten das Land (neben anderen bekannten Ursachen) reich und mächtig. Und jetzt, als sie zum süßen Gebäck geworden sind, werden ganz andere Emigranten angezogen. Sie fühlen sich vom satten Leben angelockt. Wie Fliegen zur Marmelade kommen sie von überallher. Sie werden zu guten Konsumenten, aber nicht wie die bisherigen zu Arbeitern. Ein besonders farbiges Beispiel sind in dieser Hinsicht die Emigranten, die aus der UdSSR gekommen sind. Brighton-Bitch ist zum nominellen Begriff für die Charakterisierung jener Migranten geworden, die die Amerikaner ernsthaft beunruhigen. Die *New York Times* hat sich mehrfach mit diesem Thema befasst.
Die USA sind ein schönes Land, bequem, klug durchdacht, aber in irgendeinem Maße künstlich, wie die Sprache Esperanto, und genauso synthetisch und fremd für einen Ureinwohner der Alten Welt. Am 10. Oktober 1985 setzte ich mich mit Erleichterung auf meinen Platz im Aeroflot-Flugzeug und schrieb in mein Reisebüchlein: »Wenn du von New York irgendwelchen ästhetischen Genuss erhalten möchtest, dann sieh es dir nur nachts und nur von Bord eines Flugzeugs in die Heimat an. Die üppigen Brillanten-Diademe der Lichter an den Buchten verlieren allmählich ihre Helligkeit und

werden verglühender Kohle an einem aschebedeckten Lagerfeuer ähnlich. Ihr Licht wird blasser, taut und verschwindet letztlich im Nebel.«

Zwietracht in der Aufklärung

Zu Hause ist zu Hause. Das Ankommen ist immer angenehm und bitter zugleich. Der Vergleich der häuslichen Ordnung mit dem, was man gerade im Ausland gesehen hatte, brachte immer ein und dieselbe Frage hervor: Warum ist denn bei uns alles nicht so wie dort, alles so ungünstig, so unerledigt und abscheulich? Die Antwort war leicht zu finden: Wir haben die absurdeste Verwaltung von Gesellschaft und Staat geschaffen.
Die Massen Werktätigen, also die Menschen, die mit körperlicher oder geistiger Arbeit ihren Lebensunterhalt verdienen, können niemals die Verantwortung für die Missgestalt unseres sozialen und wirtschaftlichen Lebens tragen. Die Verantwortung liegt vollständig bei der obersten Machtebene, die es nicht vermag, solche Bedingungen zu schaffen, unter denen die Menschen normal arbeiten können – mit guten Ergebnissen für sich und für die Gesellschaft.
1985 war das Jahr kolossaler Erwartungen an das Wiederaufleben des Vaterlandes und das Jahr der beginnenden Verzweiflung und Ausweglosigkeit. Alle diese Gefühle waren mit dem Tod von K. U. Tschernenko verbunden, der am 11. März bekanntgegeben wurde. Als wir erfuhren, dass M. S. Gorbatschow der Vorsitzende der Regierungskommission für die Beerdigung ist, war sofort allen klar, dass genau er zum Generalsekretär der Partei und Staatsoberhaupt werden würde. Das war die geübte Praxis, wie sie von Partei- und Staatsapparat gehandhabt wurde. Nach zwei Tagen, am 13. März, wurde Gorbatschows Wahl offiziell bestätigt. Das Land atmete erleichtert auf. Das neue Regierungsoberhaupt war am 2. März 1985 erst 54 Jahre alt geworden. Wir hatten die alten, gebrechlichen, kranken, hinfälligen Funktionäre so satt, dass wir bereit waren, uns für das erste mit Wenigem zu begnügen: Hauptsache der Regierungschef war gesund. Die Menschen hatten unter der Unordnung

genug gelitten und schauten nun mit Hoffnung und Glauben auf Michail Sergejewitsch.

In meinen Aufzeichnungen habe ich bereits damals vermerkt, dass Lenin in dem Alter schon gestorben war und hatte eine komplett umgepflügte soziale Sphäre nicht nur in Russland hinterlassen, sondern auch auf einem guten Teil des Planeten. Das Land konnte sich den neuen Leader schlecht vorstellen und wusste wenig über ihn. Mir ging dabei nicht aus dem Kopf, dass genau dieser Gorbatschow für das Landwirtschaftsprogramm der Partei verantwortlich gewesen war, was sich in der Tat als Seifenblase erwiesen hatte und woran sich schon niemand mehr erinnerte. 1984 mussten wir die Rekordmenge von 54 Millionen Tonnen Getreide zukaufen. Ein »schöner« Rekord! Und die Pläne der Getreidekäufe sahen für 1985 40 Millionen Tonnen vor. Das war die einzige praktische Prüfung der intellektuellen Fähigkeiten und des organisatorischen Leistungsvermögens Gorbatschows. Und damit war er ganz und gar nicht klargekommen. Aber darüber haben nur wenige nachgedacht. So ist eben unsere soziale Psyche, die ein niedriges Niveau der staatsbürgerlichen Reife widerspiegelt. Wir freuen uns dem Alten zum Trotz, und weil wir es leid sind, über etwas Neues, aber nicht weil wir davon überzeugt sind, dass das Neue das unmittelbar Bessere ist. Die Kreml-Gerontokratie ist uns zunehmend verhasst geworden und wir schreien im Chor: »Gebt uns Junge!« ohne darüber nachzudenken, womit die Jugend, außer natürlich dem Alter, besser wäre. Wir kennen weder die Programme noch die Ansichten und auch nicht die persönlichen Eigenschaften des neuen Regierungschefs und geben ihm doch unbesehen unser Herz aus irgendeiner kurzfristigen emotionalen Haltung heraus. Die verfliegt schnell, und den angezogenen reibenden Stiefel mit der schlecht gearbeiteten Sohle bekommen wir schon nicht mehr von den Füßen runter. Und ich beschwöre meine Überzeugung, bei uns häufen sich Unzufriedenheit und Zorn bis zu dem Moment, an dem die Emotionen für den vorherigen Abgott wieder an die Oberfläche kommen.

Nach reichlich zwei Monaten schrieb ich am 25. Mai 1985: »Was wurde in dieser Zeit getan, genauer gesagt, alles geredet? Vorrangig lassen sich zwei Ideen erkennen: Den Betrieben soll mit der Einführung der wirtschaftlichen Rechnungsführung eine größere Selbständigkeit gewährt werden – und die Beschleunigung des wissenschaftlich-technischen Fortschritts. Als Ziele sind diese Aufgaben klar und verständlich, aber die Tücke liegt darin, dass es hierfür keine Instrumente gibt. Es ist nicht klar, wie der wissenschaftlich-technische Fortschritt gesichert werden soll, mit welchen Mitteln…Die Worte sind richtig, man möchte applaudieren und daran glauben…aber die Last eines 57-jährigen Lebens, die Erfahrung so vieler Enttäuschungen und der einfache Verstand sagen: »Warte, überstürze nichts! Das neue Regierungsoberhaupt kann doch dem vom Glauben abgekommenen Volk gar nichts anderes sagen. Man kann nur den Taten trauen, Worte verweht der Wind. Sie kommen doch so leicht aus dem Mund.«
Bald dominierte unter meinen Arbeitskollegen eine zwiespältige und kritische Einstellung zum neuen Staatsoberhaupt. Wir unterstützen voll und ganz die Maßnahmen zur Unterbindung des Alkoholmissbrauches im Land, obwohl die Überzogenheit der Antialkoholkampagne ein ironisches Lächeln hervorrief. Wie kann man auf diplomatischen Empfängen und bei staatlichen Tischrunden Wein verbieten und alkoholfreie Hochzeiten propagieren? Vom Volk wurde diese Regierung sofort abgelehnt: »Wir werden es nicht zulassen, dass sich die ›grüne Schlange‹ in das Rote Buch einschreibt!« – war ein geflügeltes Wort, und explosionsartig verbreitete sich die Selbstherstellung. Die Vergiftungsrate und der Drogenkonsum nahmen zu. In den Sinn kamen mir die bitter-ironischen Worte Chruschtschows. »Wenn Du Deine Hand in das Gärfass gesteckt hast und bis zum Boden gekommen bist, so heißt das noch nicht, dass Du es reformiert hast. Nimm die Hand heraus und Du wirst feststellen, dass in ein paar Minuten alles wieder so ist wie vorher. So ist es mit Russland. Es lässt sich nur schwer reformieren. Der Voluntarismus, das spontane Treffen einer

Entscheidung über die Antialkoholkampagne und deren mangelnde Vorbereitung zeigten die ganze Zerbrechlichkeit der organisatorischen und administrativen Fähigkeiten der neuen Regierung. Und die mit dem Scheitern der Kampagne einhergehenden Prestige- und Autoritätsverluste von Gorbatschow selbst hatten bedrohlichen Charakter.

Uns in der Aufklärung hat sein anfängliches bestimmtes Verhalten gegenüber den Westmächten beeindruckt. Jeder normale Mensch wäre dazu nicht in der Lage, wenn sein Land öffentlich erniedrigt und misshandelt wird, unabhängig von den Vorwänden hinter denen man sich dabei versteckt. Im September 1971 wurden gleichzeitig 105 Mitarbeiter sowjetischer Vertretungen aus England ausgewiesen. Wir schwiegen dazu und duldeten es. Ende März 1983 hatte Frankreich 47 sowjetische Bedienstete des Landes verwiesen. In beiden Fällen ertönten die propagandistischen Fanfaren, dass damit der Kampf gegen die russische Spionage geführt würde, obwohl die Mehrheit der Ausgewiesenen in keiner Beziehung zur Aufklärung stand. Ich erinnere mich daran, als die Franzosen ihre Entscheidung getroffen hatten, da durchlief die sowjetische Seite an einem Tag alle Etappen, die typisch für einen senilen Alten sind. Morgens wurde festgelegt: »Wir antworten genau so, Kopf gegen Kopf.« Am Mittag knickten sie ein und verkündeten: »Lasst es uns verringern, aber proportional dem Bestand der französischen Botschaft in Moskau.« (Jemand hatte gedacht, dass es entschieden weniger Franzosen in der UdSSR gab, als Russen in Paris, aber tatsächlich war es anders herum.) Abends entsagten wir kraftlos allen Antwortmaßnahmen. Über uns wurde öffentlich gelacht. Niemand zwang die westlichen Länder, ihr Einverständnis zur Erweiterung des Personals der sowjetischen Botschaften zu geben. Jemandem, der ihnen nicht passte, konnten sie das Visum verweigern. Sie nutzten den Jahresurlaub der unerwünschten Mitarbeiter und verwehrten ihnen die Wiedereinreise in ihr Land. Nein! Sie bevorzugten den Weg der lauten beleidigenden Aktionen. Als ob sie der Ehre unserer Politiker »auf den Zahn« fühlen wollten.

Im September 1985 verwies M. Thatcher wieder einmal mit theatralischer Härte 25 sowjetische Mitarbeiter aus England. Das war eine Prüfung Gorbatschows. Er hat sie ausgehalten. Anderentags schickten wir 25 Engländer aus Moskau nach Hause. Großbritannien war verdutzt. Es war so an unsere Hinnahme-Mentalität gewöhnt, dass dies sehr unerwartet kam. Um ihre Halsstarrigkeit zu zeigen, wies Thatcher nach ein paar Tagen nochmals sechs Personen aus. Wir, in Antwort darauf – ebenfalls. Die Welt horchte auf und meinte bewundernd: »Die UdSSR zwingt uns, sie zu achten.« Und die sieggewohnte »Eiserne Lady« murmelte nur verwirrt intern: »Es reicht, damit belassen wir es.« Schade nur, dass die Öffentlichkeit nichts von dieser Kapitulation erfuhr.
Bald jedoch entstanden Risse in Gorbatschows anfangs standhafter Position, später Fugen und dann zerbrach sie ganz.
Das Land kroch in einen langen Tunnel, der sich »Perestroika« (deutsch: »Umbau«, Anm. d. Übers.) nannte. Wir haben lange diskutiert und wollten den engeren Sinn dieses Wortes herausfinden und konnten aber dennoch nicht zu einem allgemeinen Verständnis der Zielvorgaben der Regierung kommen. Die »Perestroika« wurde uns genauso übergestülpt wie die Antialkoholkampagne, ohne vorherige Studie und ohne Unterrichtung. Bis zum bitteren Ende hin konnte niemand erklären, in was wir, bitte schön, unser Leben, unsere Wirtschaftsstruktur umbauen. Alle früheren revolutionären Umwälzungen in der Geschichte der Völker wurden mit theoretischen Entwürfen vorbereitet sowie mit Wirtschaftsforschung und schließlich auch durch die Kunst. Und die Leute waren bereit zur Wende. »Perestroika« hat sich als leeres Wort erwiesen, dem kein realer und genau durchdachter Sinn zugrunde lag. Das war ein frommer reformatorischer Wunsch, nicht mehr. Oft erinnerten wir uns in unserem Kreis an das Gleichnis zur beginnenden »Perestroika« – ein Kindergedicht über einen Jungen, der am Stuhl ein Bein absägt, um einen Schaukelstuhl zu erhalten. Der Junge kannte das Prinzip »sieben Mal abmessen, ein Mal absägen« nicht und entschied auf Augenmaß erst eins, dann das andere

Bein anzusägen, welches jeweils die Standfestigkeit störte. Die Sache endetet damit, dass der Stuhl gänzlich kaputt war und als er sich das so besah, stellte er selbstkritisch fest: »Ach, da habe ich mich wohl ein wenig geirrt!« Der Prozess unserer »Perestroika« glich genau den Tischler-Versuchen dieses Kindes.
Im Herbst 1985 wurde (zum wievielten Mal!) der Versuch administrativ-organisatorischer Maßnahmen zur Lösung des Lebensmittelproblems im Land unternommen. In freier Entscheidung wurden gleich einige Ministerien (Landwirtschaft, Melioration, Landmaschinenbau und andere) abgeschafft und auf deren Grundlage der sozialistische Vereinigung »Agroprom« gebildet. Die »abgetöteten« Ministerien verdienen kein gutes Andenken, da ihre Arbeit bereits durch den ärmlichen Zustand der Ladentafeln dokumentiert wurde. Aber es wurde auch bekannt, dass alle Ministerien mit der Stellung von Hauptverwaltungen in das »Agroprom« einmünden. Das entstandene bürokratische Monster erwies sich als überhaupt nicht lebensfähig. Es hielt sich unter der Last des eigenen Gewichtes gerade so auf den Beinen. Später übernahm Gorbatschow schon keine Anstrengungen mehr, um die Lage auf dem Land irgendwie zu ändern. Seine Aufmerksamkeit galt vollständig anderen Dingen.
In der Zeit jedoch verloren die russischen Dörfer monatlich Leute. Ackerland verödete. Die verbliebenen Menschen taten alles um zu überleben. Mein Bekannter Nikolai Pawlowitsch Korolew, Direktor des Sowchoses »Kultur«, Kreis Skopinski im Rjasaner Oblast sagte mir, dass in seinem Landwirtschaftsbetrieb mit 5.000 Hektar Ackerfläche 46 Traktoren und 22 Mähdrescher vorgehalten werden und … es dort nur 33 Fahrer gibt, die diese Technik bedienen können. Davon sind nur zehn Personen richtige Arbeitskräfte. Wir gelangten zum tausendsten Mal zu der Schlussfolgerung, dass die wesentlichste Tragödie auf den Dörfern in der vollständigen Missachtung der Persönlichkeit des Bauern selbst liegt. Der neue Kopf von Partei und Staat M. Gorbatschow sagte viel richtiges über die Notwendigkeit, dem »menschlichen Faktor« mehr Aufmerksamkeit zu widmen, aber die Reden blieben Reden, aber auch die ver-

stummten langsam. Die Stellung des Menschen im System des staatlichen Fertigungskomplexes hat sich nicht geändert und deshalb konnten alle verwaltungsmäßigen Umstellungen von oben keinerlei Effekt bringen.

In dieser Zeit konnte man genau eine explizit russische gesellschaftliche Besonderheit feststellen – das massenhafte Einreichen von anonymen Beschwerden beim ZK der Partei. 1984 gingen im Kreml 74.000 solcher Briefe ein und danach stieg die Anzahl jährlich um 22 bis 25 Prozent. Der Strom anklagender Dokumente zeugte deutlich davon, dass sich im Land eine große Unordnung breit machte, Gesetzlosigkeit herrschte und die allgemeingültigen ethischen und moralischen Normen verletzt wurden. Sein ungeordnetes und schlechtes Leben bringt den Menschen zum Schreiben solcher Briefe. Solch eine Flut an Briefen sagte facettenreich aus, dass die höchste Staatsmacht, die vordem alles gehört und gesehen hatte, sich jetzt als blind und taub erwies. Sie bemerkte die ungeheuerlichen Auswüchse nicht und wie sich herausstellte, wusste sie auch nicht, wie in ihrem Namen vorgegangen wurde. Die anonymen Briefe bewiesen, dass der einfache Bürger den neuen Funktionären nicht traute und nicht ihrer garantierten demokratischen Meinungsfreiheit. Und schon gar nicht glaubte er daran, dass die oberste Macht im Stande sein würde, ihm bei Gewaltakten der örtlichen Funktionäre gegen ihn seine persönliche Sicherheit zu garantieren. Das war eine besonders abartige Form der »Demokratie«, bei der man alles sagen, aber um nichts kämpfen durfte. Diese passive Signalisierung widerspiegelte die unverhohlene Sehnsucht nach Gerechtigkeit und sie stellte auch eine Absage an die persönliche Beteiligung bei der Beseitigung der Missstände dar.

Der Virus anonymer Briefe erreichte teilweise auch die Aufklärung, ebenso wie weitere krankheitserregende Bakterien, die schon aktiv in der Gesellschaft wüteten. Wir lebten trotzdem in einem bestimmten moralisch-ethischen und intellektuellen »Ghetto«. Die Gebäude der Aufklärung befinden sich abseits der Wohngebiete. Die Mitarbeiter verbrachten unter Einbeziehung der Fahrzeiten fast den ganzen Tag im Kreise ihrer Kollegen. Den Urlaub verbrachten wir auch häufig in den Ferienheimen und Sanatorien unserer Behörde. Die Arbeit selbst mit ihren hohen patriotischen Prioritäten bildete die Trennwand von der Zersetzung der Ideologie »draußen« und von dem darauf folgenden Zerfall des gesamten Systems der Lebenswerte. Wenn sich ein Aufklärer im Ausland befand, so hat er noch stärker den Schmerz über den schweren Zustand der Heimat verspürt und war bemüht, wie ein Sohn für seine Eltern für sein Land einzustehen, selbst wenn sich dessen Verhalten (konkreter das Verhalten seiner Funktionäre) bei weitem nicht immer als tadellos erwies. Ungeachtet des sich bei den Mitarbeitern der Aufklärung über die Jahre herausgebildeten Bewusstseins der Zugehörigkeit zu einer bestimmten Elite, gab es in ihrem Umfeld immer öfter Notfälle – es zeigten sich Symptome eines Unglücks in Staat und Gesellschaft.

Ich habe schon von den Verrätern gesprochen, mit denen ich persönlich bekannt war, aber mich erreichten das Echo und die Mitteilungen über Fluchten, die in anderen Regionen geschehen waren, die von meinen Kollegen betreut wurden. Es war bekannt, dass viele von denen selbst an den Gegner herangetreten waren und ihre Dienste anboten. Sie liefen zu den Amerikanern über, weil die am meisten zahlten und auf jeden Fall den Vorschlag zugunsten des Anheizens der Konfrontation zwischen unseren Ländern nutzen würden. Unsere Spionageabwehr in Moskau teilte mit, dass viele ausländische Diplomaten auf der Straße die Autofenster offen ließen, in der Hoffnung, dass irgendein Gutmensch einen Zettel mit seinem Vorschlag zum Verkauf seiner Geheimnisse einwirft.

Ich wollte die Leitung der Aufklärung überzeugen, Gerichtsprozesse gegen die enttarnten Verräter dafür zu nutzen, einen Originalfilm in voller Länge über den Verlauf der Verhandlung aufzunehmen und ihn allen Offizieren der Aufklärung vorzuführen. Ich hatte keinen Zweifel am Nutzen einer solchen Sache. Jeder, der sich so einen Film ansehen würde, könnte sich persönlich davon überzeugen, dass alle Verräter ihren eigenen

Aussagen entsprechend den Weg der Zusammenarbeit mit dem Feind aus Geiz, Angst oder anderen persönlichen Schwächen heraus gegangen sind. Sie alle hielten die gefällten Urteile für rechtmäßig. Dann später erst, in der »demokratischen« Zeit gaben sich alle Verräter, die im Ausland überlebt hatten oder aus der Haft entlassen worden waren, bis zum letzten als Kämpfer gegen das totalitäre System aus.

Man konnte annehmen, dass ein solches Material wahrscheinliche Agenten der feindlichen Geheimdienste zum schnellen Überlaufen veranlassen würde, aus Angst vor einer Enttarnung. Na, und gut so! Ein geflüchteter Verräter, das ist die halbe Miete. Er birgt schon keine Gefahr mehr, außer vielleicht Artikel oder Büchlein, die beträchtlich an Wirksamkeit verloren hatten. Ich brachte in der Aufklärung immer die Idee von der der Zulässigkeit und Sinnhaftigkeit der Einführung einer prinzipiellen Möglichkeit ein, jeden Mitarbeiter am Lügendetektor zu prüfen. Ich beschrieb, dass dies in den Vereinigten Staaten eine triviale Sicherheitsnorm darstellt. Ich schlug vor, mich selbst als erster einer diesbezüglichen Prüfung zu unterziehen. Meine möglicherweise zu radikalen Vorschläge wurden nicht gehört und blieben unverwirklicht, obwohl ich auch jetzt noch davon überzeugt bin, dass sie nichts antidemokratisches und nichts antihumanitäres enthielten. Wenn der Staat vollstes Vertrauen in einen Aufklärer hat, so muss das auch auf Gegenseitigkeit beruhen.

Das Kollektiv wurde auch von anderen, eigentlich vergleichbar kleineren und früher unbemerkt gebliebenen, Vorfällen heimgesucht. Einmal begann ein systematischer Uhrenklau im Umkleideraum des Schwimmbades, und wir mussten eine komplette schwierige Suchaktion starten, um den Missetäter zu finden. Der war krank – ein Kleptomane. Dann zerschnitt irgendein grausamer Fanatiker im Umkleideraum einen Mantel, und wieder wurden Kräfte und Nerven entzogen, um die Straftaten aufzudecken.

Kurz gesagt: Sogar die innere Anspannung wuchs. Es traten »Sachen« auf, die mit ihrer Geschichte schockierten. So wurde ein unscheinbarer Mitarbeiter der wissenschaftlich-technischen Aufklärung von einer Stunde zur anderen zum Verbrecher. Es stellte sich heraus, dass er eine Geliebte vom Servicepersonal hatte. Eines Tages fuhr er mit ihr in einen Hof und sie tranken Sekt im Auto. Es entbrannte ein Streit und der »Held« schlug am Ende der Dame die Flasche auf den Kopf. Stark blutend rief die Frau um Hilfe, aber ihr Verehrer rannte weg. Zu seinem Pech kam ihm zufällig ein Passant entgegen, der ihn an der Flucht hindern wollte. Als Antwort zog er ein Messer und stieß ihm genau ins Herz. Der fremde Mann war sofort tot. Da verlor der Verbrecher die Beherrschung und setzte sich ins Auto, um sich zu verstecken. Nach zwei Stunden wurde er durch die Polizei aufgefunden. Das Gericht verurteilte ihn zu fünfzehn Jahren Freiheitsentzug. Alle seine Vorgesetzten erhielten ihren Anteil an der Strafe und alles beruhigte sich im Grunde.

Aber bei der Durchsuchung seiner Wohnung fand man einen Mini-Fotoapparat »Minoks«, dienstliches Beiwerk und noch etwas Beunruhigendes. Bei den Ermittlungen wurden Differenzen zwischen Einnahmen und Ausgaben des Beschuldigten festgestellt. Seine Überwachung im Gefängnis gab Grund zu der Annahme, dass er versuchte, seinen Dienstherren in Freiheit irgendwelche Signale oder gar irgendetwas anderes zu übergeben. Im Ergebnis gab es neue Ermittlungen in der Sache, die eine Spionagetätigkeit dieses Menschen gegen die Heimat ans Licht brachten. Er berichtete alles über seine Zusammenarbeit mit den Franzosen, deren Mitarbeiter der Aufklärung sich mit ihm über zehn Jahre lang getroffen und ihm Geld für die gelieferten Informationen übergeben hatte. Dieses Mal kam es zu einem anderen Urteil in der Sache: Tod durch Erschießen wegen Landesverrates. Die Verwaltung der Auslandsspionageabwehr, die bis dahin O. D. Kalugin geleitet hatte, wusste natürlich um die Missstände in der Aufklärung. Die Fachleute in der Verwaltung verfügten jedoch nicht über das berufliche Können und die Durchsetzungskraft, eine Ursachenanalyse des herangereiften Zustandes vorzunehmen. Jeder Vorfall war eine Episode für sich, die aber zu einem Krankheitssymptom wurde.

Übrigens entstand auch in dieser Zeit ein gespanntes Verhältnis zwischen Kalugin und Krjutschkow, was in eine offene Feindschaft mündete. Ihre Wurzeln hat sie Ende der siebziger Jahre, und sie wies über viele Jahre den Charakter eines bürokratischen und intriganten Kampfes um Einfluss und Macht innerhalb der Aufklärung und später innerhalb des KGB auf. Ich kann beschwören, dass es kein politisches oder tiefes berufliches Auseinanderdriften der Positionen der beiden verstrittenen Seiten in jenen Jahren gegeben hat. Wenn ich jetzt das Buch von Andrew Christopher und O. Gordijewski und ihre Erörterungen über den fortschrittlichen Neuerer, über den »jüngsten« General Kalugin lese, muss ich mir das Lachen verkneifen. Sie wissen nichts vom Wesen der Meinungsverschiedenheiten zwischen den beiden »K« und möchten sie in, den Augen angenehme, Farben der ideenpolitischen Opposition zeichnen. Ich bekam unfreiwillig die Auswüchse dieses versteckten Kampfes zu spüren. Hunderte Leute waren Zeugen dieser Entwicklung auf offizieller Ebene, und alle haben gleichermaßen überlebt, dass sich der Geist der unprofessionellen Konkurrenz und des Hasses in der Aufklärung breitmachte.

Beginnen wir damit, dass O. Kalugin als Fachmann das Vertrauen der Ersten Hauptverwaltung besaß. Er war ziemlich eloquent, konnte seine Auftritte logisch und überzeugend rüberbringen. Die Verwaltung der Auslandsspionageabwehr (»K«) hat immer die Durchbrüche analysiert (natürlich postfaktum), und seine Ansichten waren immer begründet und im Prinzip tadellos. Obwohl bekannt ist, dass die Auswertung eines bereits abgeschlossenen Ereignisses immer einfacher sein wird als die möglicher Handlungsstrategien, die sich noch in der Umsetzungsplanung befinden. Das Kollektiv der Aufklärung war gegenüber der Verwaltung »K« sehr zurückhaltend, ja und wie anderes sollte auch das Verhältnis zu einem Gendarm in den eigenen Reihen sein! Für uns war es doch kein Geheimnis, dass der Dienst der Auslandsspionageabwehr die Auswertung anhand unseres Verhaltens vornahm. Das war unser eigener SMERSCH. Natürlich wurde nicht das beste Personal der Aufklärung dorthin geschickt. Selbst O. Kalugin hat sich bei einem seiner öffentlichen Auftritte zur »Düsterkeit« seines Personals bekannt. Hierher rührte auch der erste Verdruss: Der jüngste und glänzendste General musste die »graue« Verwaltung ohne Prestige leiten. Seine Ambitionen und seinen Eigendünkel konnte er nicht verleugnen. Umso mehr, als ihm von allen Seiten von der unmittelbaren »perspektivreichen Zukunft« zugeflüstert wurde. Er nutzte die offene Unterstützung der zwei Ersten Stellvertreter des Leiters der Aufklärung, die direkt die Verwaltung »K« beaufsichtigten – Boris Semjonowitsch Iwanow und Michail Andrejewitsch Usatow (regulär). In Bälde kam ein noch mächtigerer »Sponsor« hinzu. Das war der damalige Leiter der Zweiten Hauptverwaltung (Spionageabwehr), Grigori Fedorowitsch Grigorenko, der in der Vergangenheit selbst in der Ersten Hauptverwaltung gearbeitet hatte und früher Chef der gleichen Verwaltung »K« war. Er kannte Kalugin gut und protegierte ihn.

Die Frage, wer die Aufklärung leiten sollte – ein Professioneller oder ein politischer Emporkömmling – ließ der Ehre einiger junger Generäle keine Ruhe. Kalugin war nicht ganz allein. Es fanden auch andere Versuche, das Banner des Kampfes um die »Professionalität« zu erheben, was im Prinzip die Berechnung der eigenen Karriere verdecken sollte. Jedenfalls, und ich wiederhole, erinnere ich mich nicht daran, dass irgendjemand offen die Frage der Überarbeitung der wichtigsten Postulate der Aufklärungsarbeit gestellt hätte.

Das erste Anzeichen für eine Diskrepanz in den persönlichen Beziehungen zwischen Kalugin und Krjutschkow stellte ich eines Tages im Flugzeug fest, mit dem die Delegation der Ersten Hauptverwaltung von der Dienstreise aus irgendeinem osteuropäischen Land zurückkehrte. (Kalugin und ich gehörten automatisch solchen Delegationen an. Das war durch unseren Dienstposten bedingt.) Während des Fluges saßen alle um einen Tisch herum und wir besprachen die Ergebnisse der Reise, Plötzlich schlug Krjutschkow vor, ein Gläschen auf den Abschluss der Arbeit zu trinken. Alle folgten mit Freude der

Initiative des Leiters. Als er das Glas erhob, hörte man von Krjutschkow ungewohnte Worte: »Lasst uns darauf trinken, dass jeder von uns seine Zugehörigkeit zur Ersten Hauptverwaltung zu schätzen weiß und nur ein Zuhause kennt, dem er treu ist!« Von den vier-fünf Anwesenden hielt es jeder für seine Pflicht, den Worten des Chefs noch etwas hinzuzufügen. Ich ergänzte in etwa das folgende: »Das Leben wurde der Aufklärung gewidmet und damit ist alles gesagt!« Allein Kalugin sprach missbilligend kein Wort. Er ging irgendwie in sich, obwohl er mit uns angestoßen und getrunken hatte.

Aus Gewohnheit analysierte und bewertete ich das Gespräch als schwierig, weil ich wusste, dass der Chef so einen Tost nicht einfach so in den Wind wirft. Bald konnte ich mich persönlich davon überzeugen.

Im Sommer 1977 gab es im Außenministerium die Sache mit dem Verrat von Alexander Ogorodnik, der einen ziemlich hohen Posten in der Verwaltung für die Planung außenpolitischer Maßnahmen innehatte. Früher hatte er als sowjetischer Botschafter in Kolumbien gearbeitet. Weil er nichts zu tun hatte, suchte er die »süßen« Orte auf und fand dort Geschmack an einem »Erdbeerchen«. Er wurde von den Geheimdiensten auskundschaftet und so zu leichter Beute für die Werber des CIA. Aus Angst vor dem Scheitern der Karriere erklärte er sich mit der Zusammenarbeit mit den Amerikanern einverstanden. Als er in Moskau war, begann er, sie aktiv mit Informationen zu versorgen, die er aus den Kreisen des Außenministeriums, des KGB und des Verteidigungsministeriums erhielt. Er schöpfte die Informationen aus den Telegrammen ab, die in dieser Verwaltung des Außenministeriums eintrafen. Im Auftrag des CIA bemühte er sich intensiv um den Zugang zu den höchsten Machtetagen der Partei. Er nutzte seine Situation als freier Mann, und so begann dieser lackaffenartige, stattliche und gebrochene Casanova die Tochter eines der damaligen Sekretäre des ZK der KPdSU zu umgarnen. Und in genau diesem Haus war auch ich aus einem besonders seltenen Anlass zugange: Dort wurde der Doktortitel eines Anwärters »begossen«, für den ich als offizieller Opponent eingesetzt worden war. Dort habe ich diesen Ogorodnik gesehen, der mit einem Arm voll Blumen und weiteren Geschenken gekommen war. Aber als man mich ihm als »General des KGB« vorstellte, war er wie ausgewechselt, erfand eine Story und machte sich schnell aus dem Staub, obwohl er eigentlich den ganzen Abend dort hatte bleiben wollen. Ich habe von nichts gewusst, kann mir aber vorstellen, wie sehr er sich erschrocken hatte.

Ogorodnik wurde durch die sowjetische Aufklärung und Spionageabwehr ohne jegliches Zutun meinerseits enttarnt und ich wusste auch nichts von seiner Haftstrafe, als mich eines Tages die Familie eines hochrangigen Parteifunktionärs anrief. Sie baten mich, sofort zu ihnen zum Gespräch zu kommen. Ich fuhr hin und erfuhr, dass Ogorodnik vermisst wird. Ihn sucht seine Mutter, die Verlobte ist »völlig aufgelöst«, auch die Tochter und so weiter und so fort. Es roch hier nach etwas Unangenehmem; ich bat sie, bis zu meinem Rat nichts zu unternehmen.

Ich fuhr ins Objekt der Ersten Hauptverwaltung und bat sofort O. Kalugin in mein Büro. (Wir hatten die gleiche Dienststellung und den gleichen Rang, aber ich war ein paar Jahre älter als er.) Streng der soldatischen Ethik folgend, informierte ich O. Kalugin über alle mir bekannten Fakten zu Ogorodnik, obwohl diese Sache unmittelbar in seiner Kompetenz lag. Er teilte mir im Vertrauen mit, dass Ogorodnik ein amerikanischer Spion sei und gegen ihn schon ermittelt würde. Deshalb seien meine vorgebrachten Angaben ungeheuer wichtig, da wir es hier mit den Metastasen eines Spionagenetzes in den höchsten Machtgefilden zu tun hätten. Ich wusste damals noch nicht, dass Ogorodnik im Moment der Festnahme Gift schluckte, das ihm die Amerikaner gegeben hatten. Er beging somit Selbstmord und nahm viele Geheimnisse mit sich.

Ich rief die leidende Familie an und riet ihnen zu dem, was mir Kalugin empfohlen hatte, und dachte im Weiteren nicht an den Unglücksfall.

Wie groß war dann meine Verwunderung, als nach einigen Tagen das Telefon der direkten Verbindung zum Leiter der

Aufklärung klingelte (diese Telefone wurden anderswo »Megaphone« genannt) und ich aufgefordert wurde, sofort zu ihm zu kommen. Im Büro sagte er mir, dass gerade eben Andropow angerufen und seinen Unmut darüber ausgedrückt habe, dass wie sich herausgestellt habe, Mitarbeiter der Aufklärung in einem engen Verhältnis zu ausländischen Spionen stünden und mich direkt als einen solchen Stümper benannt habe. Ich bekam vor Erregung so einen langen Hals: »Hat denn Kalugin Ihnen tatsächlich nichts von meinem Gespräch mit ihm berichtet. Ich habe ihm in seiner Eigenschaft als Zuständiger für die Auslandsspionage doch schon vor langem alles erzählt?« – »Nein«, antwortete der Chef, »er hat mit nichts gesagt, sondern ist sofort zu G. F. Grigorenko in die Spionageabwehr gegangen und sie gaben sich Mühe, einen Schatten auf die Erste Hauptverwaltung zu werfen. Geh und erkläre Dich gegenüber Andropow!« Ich rief den Vorsitzenden des KGB an, schrieb entsprechend seiner Aufforderung einen ausführlichen Bericht über alles Vorgefallene und dann hatte ich eine unangenehme Aussprache mit Kalugin. Dabei sagte ich ihm, dass ich sein Verhalten ungebührlich fand. Das war 1977. Es war noch lange vor der Zeit, in der die persönliche Abneigung mit den Feigenblättern der politischen Differenzen verdeckt wurden!
Es war klar, dass, solange Krjutschkow Leiter der Aufklärung bleibt, sich Kalugin einen neuen Arbeitsplatz suchen musste. Von den politischen Ansichten Kalugins in dieser Zeit war bekannt, dass sie viel orthodoxer als die der meisten Generäle der Aufklärung waren. In der Ersten Hauptverwaltung wurde der Konflikt breit kommentiert, der in der Verwaltung »K« zwischen Kalugin und dem Sekretär des Parteikomitees dieser Verwaltung, Oberst Nikolai Iwanowitsch Schtykow, entbrannt war. Schtykow erlaubte sich in Anwesenheit Kalugins eine unbedachte ironische Bemerkung über die bekannte Trilogie L. I. Breschnews, die inzwischen den Parteiorganisationen als Lehrmaterial aufgebürdet worden war. Kalugin hatte keine Skrupel, öffentlich den Parteisekretär für seine politische Kurzsichtigkeit und sein Unverständnis der Bedeutung der Probleme

zurechtzuweisen. Schtykow hat sogar bei seinen öffentlichen Auftritten mehrfach davon berichtet.
Als Kalugin 1980 der Posten des Ersten Stellvertreters des Vorsitzenden der Leningrader- und Leningrader Oblast-KGB-Verwaltung übernehmen musste, beschloss er, in seiner Spezialisierungsrichtung – Auslandsspionageabwehr – eine Doktorarbeit zu schreiben. Ich kann Kalugin seine Fähigkeiten nicht absprechen und seine Arbeit war insgesamt einem Doktortitel würdig. Ich habe sie selbst gelesen, da ich zu jener Zeit auch noch Vorsitzender des wissenschaftlich-methodischen Rates der Aufklärung war, wo die Arbeit rezensiert wurde. Ich erinnere mich nicht mehr an ihre genaue Benennung, aber sie war der subversiven Tätigkeit amerikanischer Geheimdienste bezüglich sowjetischer Bürger und Einrichtungen im Ausland gewidmet. Es waren auch größere politische Verallgemeinerungen enthalten, die voll im Sinne unserer damaligen Vorstellungen von unseren Beziehungen zu den USA lagen. Hier kam aber die Intoleranz der anderen Seite auf. Alle Instanzen der Ersten Hauptverwaltung waren gegen eine Verteidigung von Kalugins Dissertation in den wissenschaftlichen und Forschungsinstituten der Aufklärung. Besonders seine frühere Verwaltung »K« leistete Widerstand, die als Unterabteilung hauptsächlich die Qualität der Dissertation bewerten sollte.
Da mir das Wesen des Konfliktes bereits bekannt war, rief ich Kalugin in Leningrad an und schlug ihm vor, seine Arbeit in einem beliebigen zivilen Forschungszentrum zur Verteidigung vorzulegen und betonte, dass dies mit der Einschränkung unter der Rubrik »Geheim« erfolgen müsste. Aber das Hintergeschirr war schon zu beiden Seiten unter den Schwanz geraten und Kalugin sagte, dass die Verteidigung genau eben am Institut der Aufklärung stattfinden wird. »Na ja, was soll's, dann machen Sie mal ...«, konnte ich nur tief Luft holend antworten.
Das Kriterium des beruflichen Leistungsvermögens des einen oder anderen Mitarbeiters der Aufklärung ist nur der letztendliche Nutzen. Ich würde auf der Stelle alle, die zu irgendwelchen politischen Zwecken mit der »Sache Kalugin« jonglierten, als

befangen ablehnen. Sie sind fehl am Platz. Bei der Verwaltung Auswertung und Information musste ich mehrfach die Leiter der operativen Unterabteilungen darüber informieren, dass der von ihnen angeworbene Agent ein »Spitzel« oder ein »Schnüffler« ist. Ich musste auf diese Weise auch Kalugin enttäuschen. Als die Paukenschläge der Sieges- und Auszeichnungsfeiern über die »Erschließung einer wertvollen Quelle« verklungen waren, informierte ich ihn, dass wir anstelle »eines Hasen eine gezähmte Katze« eingekauft hatten. Für die Überprüfung der Agenten hatten ein breites und zuverlässiges Instrumentarium. Es funktionierte praktisch tadellos, wenn die Rede von der politischen Information war.
Aus erster Hand, von den Beteiligten selbst, waren mir Fälle bekannt geworden, in denen sich Kalugin bei der Feststellung der Redlichkeit jener Amerikaner, geirrt hatte, die ihre Bereitschaft zur Zusammenarbeit mit den sozialistischen Aufklärungen anboten. Es gibt viele andere und durchaus auch dunklere operative Dinge, die hier nicht erwähnt werden sollen.
Alles von mir Gesagte – zeugt nur von den Drehungen und Wendungen um Kalugin, die in den Massenmedien und einer Reihe von »Forschungsarbeiten« verzerrt wiedergegeben wurden. Die nachfolgenden Repressalien gegen Kalugin, zum Beispiel die Rücknahme seiner Auszeichnungen und Titel, erwiesen sich als sehr erfolglose und unüberlegte Schritte, man kann sie schon gar nicht als rechtmäßig bezeichnen, aber sie sind ein logisches Ende des Konfliktes, dessen Wurzeln in der Mitte der siebziger Jahre liegen. Ich habe oben beschrieben, dass Krjutschkow sich immer sehr lange an ihm zugefügtes Leid erinnerte und manchmal bewirkte ein solches Denken fehlerhafte und falsche Schritte.
Objektiv hat Kalugins Position natürlich der Aufklärung erheblichen Schaden zugefügt. Niemand kann die genauen Zahlen nennen, wie viele ausländische Bürger vor den Kontakten mit den sowjetischen, und später russischen, Diplomaten, Journalisten, Menschen aus der Wirtschaft zurückschreckten um sich davor zu schützen, später als Aufklärer zu gelten (und

dass ihre Beziehung später Gegenstand einer umfassenden Darstellung der Presse würde). In jedem Krieg persönlicher Ambitionen darf man nicht die Interessen der nationalen Sicherheit vergessen.

In den letzten Jahren der Stagnation erfassten noch andere Heimsuchungen die Aufklärung. »Von ganz oben« wurden ihr Aufgaben gestellt, die gelinde gesagt, gar nicht zu ihrem Aufgabenprofil gehörten. Sie wurde zum »Stöpsel für jedes Fass« gemacht. Die Bandbreite ihrer Tätigkeit begann sich gefährlich zu erweitern. Eines Tages erhielten wir zum Beispiel die Aufgabe, eine Prognose der Schwankungen des Goldpreises auf dem Weltmarkt zu erstellen. Die Aufgabe war äußerst delikat. An ihrer Ausführung durfte nur ein eingeschränkter Kreis der Mitarbeiter beteiligt werden. Dabei gab man uns zur Kenntnis, dass der Auftrag in Verbindung mit dem bevorstehenden Weltmarktgang der UdSSR mit einer großen Goldmenge erteilt wurde. Eine falsche Prognose hätte den Verlust von vielen oder vielleicht auch hunderten Millionen Dollar bedeutet. Als ich diese Aufgabenstellung den Fachleuten meiner Verwaltung erklärte, machte sich Unmut breit: »Was denn, haben wir etwa keine Staatsbank? Und was macht das Außenhandelsministerium? Wo sind die sowjetischen Banker hin, die ständig im Ausland arbeiten und die sowjetischen Banken leiten?« Auf diese Fragen hatte ich auch keine Antwort. Ich musste mich auf die Vermutung beschränken, dass man uns in diesen Dingen mehr vertraut als anderen Fachleuten, deren Reputation infolge ihres ständigen Aufenthaltes im Ausland zweifelhaft ist. Solche spontanen Reaktionen der Aufregung waren nicht selten, aber dann beruhigten sich die Leute auch schnell wieder und fühlten sich dadurch geehrt, dass man sich mit solch einer ungewöhnlichen Bitte an sie wendete. Aber es blieb ein großes Problem – wie sollte man die gestellte Aufgabe lösen. Die Aufklärung hatte es bislang nie mit dieserart Aufgaben zu tun gehabt. Wir hatten noch nicht einmal eine Vorstellung von der technologischen Herangehensweise und der Termin war sehr eng – eine Woche. Wir begannen mit der Arbeit, und alles war improvisiert.

Einer musste den Verlauf der Entwicklung des Goldpreises während der vergangenen drei Jahre grafisch darstellen; andere berechneten die Menge der Goldreserven in der Welt und beschäftigten sich mit den Bauverläufen neuer Schachtanlagen und Schürfungen; dritte bewerteten den wissenschaftlich-technischen Fortschritt auf dem Gebiet der Goldgewinnung und seinen Einfluss auf den Selbstkostenpreis des Goldes; vierte erforschten den Verlauf der Streikbewegungen in den Minen; fünfte – mit dem Bedarf an Gold in Industrie und Handel und so weiter und so fort. Ohne den Grund unseres Interesses zu benennen, befragten wir einen breiten Kreis von Fachleuten oder anderweitig mit Gold befassten Menschen nach dem Zufallsprinzip. Am Ende der Woche setzten wir uns zum »brainstorming« zusammen. Das dauerte einige Stunden, denn wir diskutierten alle vorliegenden Fakten aus. Im Ergebnis dessen kamen wir zu dem Schluss, dass in den nächsten drei-vier Wochen die Tendenz eines stabilen Wachstums des Goldpreises beibehalten bleiben würde. Die Schlussfolgerung formulierten wir in einem formlosen Arbeitsdokument und adressierten es an den Vorsitzenden des KGB. Unter unvorstellbarer nervlicher Anspannung verfolgten wir die Preisschwankungen und -sprünge des verfluchten Goldes an der Börse.

Wir waren auf einen solche Aufträge unvorbereitet gewesen und führten sie nur mit unserem gesunden Menschenverstand und ohne tiefergehende wissenschaftliche Untersuchungen durch. Zum Glück war uns der Himmel gütig. Tatsächlich ging der Goldpreis im vorgesehenen Zeitraum beständig nach oben und wir freuten uns wie Kinder, dass wir richtig geraten hatten. Jedoch in der Seele fühlten wir die Beunruhigung bei dem Gedanken, dass es dem Staat schlecht gehen muss, wenn man sich mit solchen Aufgabenstellungen an uns wendet.

Wir mussten mehrfach Unterlagen über die Organisation der Landwirtschaft in den sozialistischen Ländern Osteuropas, besonders Ungarns, bereitstellen. Und wir dachten lange darüber nach, wie wir erklären sollten, dass die Empfehlungen der »fortschrittlichen« Landwirtschaftswissenschaft der UdSSR

über den Anbauwechsel der Kulturen nicht mit der Praxis in eben diesem Ungarn oder den USA übereinstimmt, wo man einige Jahre lang in Folge Mais auf denselben Feldern unter Anwendung eines genau berechneten Systems der Düngerausbringung ausgesät hatte. Man musste nicht über Beispiele und technologische Dokumente nachdenken, schon aber über die Gestaltung des organisatorischen Produktionsablaufes und der Steuerung der Sache. Das rief Verzweiflung hervor.
Die Aufklärung beschäftigte sich auch ständig mit der Problematik der Meeresböden. Ihre Mitarbeiter nahmen manchmal auch an internationalen Fachkonferenzen teil, die im Beamtenjargon »Bodensatz (Abschaum)« genannt wurden. Die Probleme der Arktis und Antarktis verschwanden auch nicht von der Tagesordnung, wobei sie ganz und gar nicht ins Tätigkeitsprofil der Aufklärung gehörten, sondern im Plan der Politik, Ökologie, Wirtschaft, des Transports und so weiter stehen sollten.
Alle ähnlichen Beauftragungen verwischten die Konturen des Berufsfeldes der Aufklärung und führten zur Herausbildung einer Oberflächlichkeit und Unprofessionalität bei der Betrachtung dieser für die Aufklärung sehr zufälligen Aufgaben. Sie riefen im Kollektiv Nervosität hervor und diese Nervosität steigerte sich manchmal auch in öffentliche Auftritte bei Produktionsberatungen.
Ich kann nur schwerlich erklären, warum man sich von »ganz oben« mit solchen Aufgabenstellungen an die Aufklärung wendete, aber ich denke, dass die Ursachen folgende sind: Erstens erledigte die Aufklärung ihre Aufgabenstellung immer zum festgelegten Termin und zweitens übernahmen wir immer die Verantwortung und beließen nichts in unseren Dokumenten im Nebel oder in der Unbestimmtheit. Wir führten gewöhnlich auch die Treffsicherheit unserer Prognosen in Prozenten an (von 60 ab aufwärts).
Gott sei Dank entstand für die Aufklärung eine eigene Unterabteilung für Wissenschaft und Forschung, die einen Teil von der Last der Verwaltung Auswertung und Information aufnahm. Indem sie über eine große Anzahl offener Informa-

tionsquellen verfügte, konnte diese Unterabteilung viele Fragen beantworten, die durch die schwache Kompetenz unserer obersten Führungsorgane entstanden.

Die allgemeine »Verplauderung« der Aufklärungsmaschine lockerte die Monotonheit, die farblose Parteiarbeit auf, die vom tatsächlichen Leben weit entfernt war. So habe ich die Parteiarbeit damals vor zehn Jahren empfunden: »Gestern haben wir den ganzen Tag auf der Parteikonferenz zugebracht. Alles ist gelaufen und verlaufen, wie immer in der letzten Zeit, aalglatt. Alles wurde einfach so durchgezogen ohne dass auf irgendetwas oder irgendjemanden eingegangen worden wäre. Dieserart standardisierte Konferenzen haben sich selbst schon lange überlebt. Alles an ihnen ist rudimentär geworden, sogar die Buffets mit der gehobenen Auswahl an Speisen. Vor langer Zeit, zum Sonnenaufgang unserer nebulösen Jugend, als der Prototyp unserer heutigen Konferenzen gerade erst entstand, war das Land hungrig, es war kalt und alles kaputt. Die Delegierten brauchten Wochen, um zu den Zentren des Parteilebens zu gelangen, kauten trockene Brotstückchen und liefen vor Hunger blau an. Die Partei gab sich Mühe, damit ihre Veranstaltungen zu Meilensteinen im Bewusstsein der Delegierten wurden. Man gab ihnen heißen Tee zu trinken, und sie erhielten belegte Brote zu essen – ein bis dahin unbekannter Leckerbissen für viele –, und es wurden warme Mittagessen zubereitet. Damals war das eine Notwendigkeit. Die Leute wären sonst vor Hunger umgefallen. Aber jetzt: eine Menge Torten, Früchte, belegte Brötchen, stapelweise Kästen mit Bier und »Pepsi-Cola« (die hatte ja nun hier gar nichts zu suchen). Dicke Samoware, dicke Kaltmamsells, dicke Delegierte. Sie müssten durch Hunger geheilt und nicht noch während der Parteiveranstaltungen überfüttert werden.

Dasselbe mit den Büchern. Damals, als das gedruckte Material bei weitem nicht ausreichte, gab man den Delegierten Lenins Werke, Broschüren mit den Parteidokumenten, Artikel aus der *Prawda*. Die Menschen brachten das als politisches Dynamit nach Hause mit. Damit wurde das jahrhundertealte soziale Eis

Russlands gebrochen. Nun wurde die Form beibehalten, aber die Leute stehen für das »Defizitäre«. Sie fragen J. Semjonow und W. Schukschin nach. Politische Literatur nehmen sie nicht mehr oder nur in Apothekerdosen.

Das Präsidium der Versammlung war zu keiner Zeit aus verschiedenen Gesichtspunkten und Tendenzen heraus ein Arbeitsorgan, da es den Fraktionen zu riskant erschien, eine einzelne Person mit der Durchführung der Versammlung oder Konferenz zu beauftragen. Jetzt stellt das Präsidium »die Ehrenlogen« dar. In den ersten Reihen sitzt die oberste Leitung, in den zweiten die untergeordnete Leitung und in den dritten drittrangige Personen. Die Aufgabe ist nicht, zu arbeiten, sondern geruhsam bis zum Ende auszuharren. Es wird berichtet, dass A. A. Gromyko als Bester vermochte, ausdauernd die langwierigen Nachtwachen durchzuhalten: Bis zur Essenspause legte er die linke Handfläche auf die rechte Hand und nach dem Essen umgekehrt. Das ist die ganze Arbeit.

Weil unten im Raum vom Präsidium meist nur die Köpfe oder die Hinterköpfe der dösenden Menschen und nicht die Gesichter zu sehen waren, stürmen die Delegierten sofort bei Bekanntgabe der Pause zu den Türen, und es gestaltet sich mitunter schwierig, sie nach der Pause alle wieder zur Sitzung zu bekommen. Im Saal bilden sich Lücken mit unbesetzten Plätzen.

Selten kannte einer der Teilnehmer an den Versammlungen den Text der Parteihymne »Die Internationale«. Deshalb begann man, den Wortlaut auf die Rückseite der Notizbücher zu drucken, die an die Delegierten gereicht wurden. Aber der Chorgesang war schwach und unverständlich. So besorgte die Parteileitung Schallplatten mit der Aufnahme der »Internationale«, und die wurde dann jedes Mal in voller Lautstärke nach Beendigung der Veranstaltung abgespielt. So verkümmerte und verhallte die Parteiseele.

Im September 1985 beging der von mir sehr geachtete Wladimir Alexejewitsch Ljubimow Selbstmord. Er hatte am selben Lehrstuhl wie ich am MGIMO studiert und war mein Arbeitskollege gewesen. Einen Menschen wie ihn gab es selten. Emotional, begeisterungsfähig, voller Drang auf der Suche nach durchdachten und gerechten Entscheidungen flößte er den Aufsteigern, Heimlichtuern oder einfach den Faulenzern Angst ein. Die hielten ihn für »verrückt«. Während der Streitgespräche führte er sich tatsächlich mächtig unkontrolliert auf. Einmal beschwerte sich ein kräftiger Mann bei mir darüber, dass ihn W. Ljubimow geschlagen habe. Ich hatte da meine Zweifel: Wie sollte ein von der Arbeit ausgemergelter, durch andauerndes Rauchen dünner, schon etwas älterer Mann so etwas mit einem Mann in Tresorgestalt gemacht haben können. Aber es erwies sich, dass es in der Tat so war. Als ihm der »Baum« vorschlug, die Leitung ein klein wenig zu betrügen, hatte Wolodja ihm eine runtergehauen und aus dem Büro geschmissen. Ljubimow war so wütend gewesen, dass der »Unterlegene« keine Revanche gefordert hatte.

Als Ljubimow mal zu einer kuren Dienstreise im Ausland gewesen war, gaben mehr als die Hälfte der Residenten, denen er Hilfe und Unterstützung bei der Klärung konkreter Probleme geleistet hatte, danach positive Rückmeldungen an die Zentrale. Der kleinere Teil verfasste bösartige Verunglimpfungen verbunden mit Forderungen, dass man einen solchen… im weiteren niemals mehr aus der Sowjetunion herauslassen sollte. Ein sehr gebildeter und scharfzüngiger Mensch wie er war nicht in der Lage zu verstehen, wie andere Menschen dümmer und primitiver als er sein konnten. Er hatte Talent im Überfluss, war ein blendender Analytiker, warf mit Ideen um sich. Er konnte sich aber nicht dazu aufraffen, eine Dissertation zu schreiben. Ein Idealist von Kopf bis Fuß, konnte er den beginnenden augenscheinlichen Verfall von Partei und Staat nicht verkraften. Im Alter von 57 Jahren stürzte er sich aus dem Fenster seiner Wohnung. Als ich von dem tragischen Ereignis hörte, kamen mir eigenartigerweise die idiotischen Verse eines Dekadenten in den Sinn: »Glücklich ist der, der mit dem Kopf nach unten fällt: Die Welt steht zwar für ihn kopf, aber sie ist eine andere.« Nun hat die Welt die Asche

eines der ehrlichsten und talentiertesten Menschen, den ich im Leben kennenlernen durfte!
In mir reifte schon lange der Wunsch, irgendwie öffentlich meine Meinung darüber zu äußern, wie ich mir einen Kommunisten – als Menschentyp – vorstellte. Ich nutzte den Vorschlag eines alten Genossen von mir, der bei der Zeitschrift *Kommunist* arbeitete, und schrieb einen Artikel über Che Guevara. Diesen Menschen und sein Leben stellte ich mir als Verkörperung des Ideals einer kommunistischen Persönlichkeit vor. Ich würde auch jetzt in dieser undefinierbaren Zeitlosigkeit kein einziges Wort dieses Artikels zurücknehmen. Er war im März 1985 erschienen – genau zu jener Zeit, als sich Gorbatschow ins Scheinwerferlicht des politischen Kampfes begab. Im Unterschied zu der langen Kette der uns bekannten politischen »Kommunistoiden«-Funktionäre hatte Che Guevara nie seine Worte und Taten voneinander getrennt. Er hatte gern die Worte José Martins, eines kubanischen Patrioten, wiederholt: »Die beste Methode, etwas zu sagen, ist, sich der Sache anzunehmen und es zu tun!« Wenn er die Beteiligung der Angestellten an der freiwilligen Produktionsarbeit forderte, so leistete er selbst erst die jährlich vorgesehenen 240 Stunden als Maurerhelfer, Zuckerrohrschneider und Lagerarbeiter in Zuckerfabriken ab. Che war überzeugt davon, dass man allein mit der Herstellung von Waren und Dienstleistungen nicht alle Probleme der Gesellschaft lösen kann, man musste gleichzeitig auch einen anderen Menschen formen.
Che Guevaras Beispiel hatten die Funktionäre der KPdSU eben wegen der hohen moralisch-ethischen Anforderungen an das Führungspersonal nicht verinnerlicht. Unsere Parteifunktionäre – die imposanten Bürosybariten – vernahmen den asketischen und unversöhnlichen Troubadour des neuen Kommunismus nicht, der nach seinem Tod 1967 in Bolivien zum Idol der linksorientierten Jugend auf der ganzen Welt geworden war. Mein Artikel blieb sogar vor dem Hintergrund der Versuche zur Wiederbelebung der »leninschen Normen« des Parteilebens unbeachtet. Ich war glücklich darüber, dass

mein Artikel über Che gleich nach dem von Julia Druninaja in der gleichen Ausgabe der Zeitschrift erschien. Die zufällige Aufeinanderfolge unterstrich die Seelenverwandschaft.

»Gorbaniade«

Die Hoffnung hatte all jene nicht verlassen, die aufrichtig die Idee von der sozialistischen Alternative der Gesellschaft teilten. Es war die Hoffnung auf die Wiedergeburt der Partei und darauf, dass sie die Kraft findet, sich an die Spitze der in ihrem Innersten entstandenen Reformbewegung zu stellen. Alle Erwartungen, auch die der ehrlichen Offiziere der Aufklärung, waren auf den bevorstehenden XXVII. Parteitag gerichtet. Er fand Ende Februar 1986 statt. Die Vorbereitung des Parteitages lief überhastet. Zum Überarbeiten und Durchdenken der Dokumente stand wenig Zeit zur Verfügung. Die Mitglieder des Politbüros erhielten das Manuskript der Rede am 4. Februar. Die Sitzung des Politbüros zur Bestätigung der Endfassung war bereits für den 6. Februar anberaumt worden. 48 Stunden für das Lesen und die Auswertung des Dokumentes im Umfang von 150 Schreibmaschinenseiten waren natürlich sehr wenig. Noch dazu, weil es dabei um ein Dokument ging, das den Beginn einer neuen fortschrittlichen Ära einläuten sollte. Es war auch sehr leichtsinnig. Ich konnte den Wortlaut der Rede einige Tage vor dem Parteitag lesen und vermerkte dazu: »Dramatische Wendungen sind nicht vorgesehen. Wir werden mit demselben Auto in den nächsten Fünfjahrplan fahren. Es muss nur der TO (technische Überprüfung Nr. 2) unterzogen werden: Das Fahrgestell schmieren, die Schrauben anziehen, die Zündkerzen wechseln, die Zündung einstellen und so weiter. Ja, und natürlich dem Fahrer während der Fahrt Alkohol verbieten. Einiges müssen wir erreichen, aber übermächtige Aufgaben werden wir nicht lösen. Nach fünf Jahren kehren wir zu diesen Ufern zurück, und ich befürchte, wir werden traurig seufzen.«
Der Parteitag selbst hat nachgewiesen, dass das Vertrauen nicht endlos ist. B. N. Jelzin hat den Delegierten direkt gesagt: »Uns

darf die beständige politische Stabilität im Land nicht weniger attraktiv machen.« Insgesamt wurde Jelzin der angesagteste Politiker im Land. Er »trug« alles von unverfänglichen Positionen aus »breit«. Auch sich selbst. Er sprach so: »Ihr könntet fragen, warum ich denn nicht auf dem letzten Parteitag so inspiriert aufgetreten bin? Ich antworte: Ich war nicht mutig genug und hatte wenig Erfahrung.«

Auf diesem Parteitag war für alle zu bemerken, dass die »Beine« der Partei wie bei einer Kuh auf dem Eis in verschiedene Richtungen strebten. E. K. Ligatschow bestätigte seine Position als Konservator indem er die *Prawda* wegen einer überflüssigen Kritik im Artikel von T. Samolis vom 13. Februar 1986 unter der Überschrift »Säuberung« zurechtwies. Der Artikel enthielt nur wenig eigene Gedanken des Autors. Er war eine Zusammenfassung von Auszügen aus Leserbriefen – von Arbeitern und Bauern. Die aufgeführten Ideen waren messerklingenscharf, wie zum Beispiel: »Weg mit dem gesamten Kraftfutter!«; »Zwischen dem ZK und der Arbeiterklasse haftet eine schwer bewegliche, träge und zähe administrative Parteischicht, die nicht so gern radikale Änderungen möchte.«; »Eine Warteschlange in die Partei – das ist absurd.«; »Wir brauchen keine Formulierungen wie diese: Er wurde wegen des Übergangs zu einer neuen Arbeitsstelle von der Arbeit freigestellt. Sagt, warum er weggenommen und wohin er geschickt wurde.«

Dieser Artikel erschreckte viele mehr als die schärfste Kritik von der hohen Tribüne. Alle, die es betraf verstanden den Unterschied zwischen der Kritik von oben und der Kritik von unten sehr gut. Erstere hatten seit langem Mittel zur Verteidigung vorbereitet. Man kann darüber schweigen, man kann es im Ton der Kritik befürworten, man kann irgendetwas tun und dann laut und lange über das Getane berichten. Die Kritik von unten – das ist eine stark wirkende Medizin und nur in äußerst kleinen Dosen zulässig. Man brauchte nur ein wenig die Dosis zu erhöhen, und bei den Apparatschiks begann sofort die »Bärenkrankheit«.

Der Parteitag »kitzelte« die Partei mit linken Reden vieler Delegierter, brachte aber keine praktischen Ergebnisse. Seine Bewertungen waren widersprüchlich. Zu mir nach Hause kamen alte Freunde aus Kuba, die auf dem Parteitag gewesen waren. Sie stellten Fragen, inwieweit der Weg der Erneuerung stabil sei und es keine Gegenoffensive der »Mastodonten« gäbe und dieser Prozess nicht vom Widerstand der Apparatschiks aufgehalten würde. Ich antwortete, dass mich diese Fragen auch beunruhigten, aber in einer etwas anderen Intonation: Reicht das Pulver – was man Mut und Energie nennt –, um den Worten Taten folgen zu lassen?

Der Parteitag endete mit einem komischen Gesang der alten Hymne, wenn die Sekretäre der Oblast-Komitees, die Minister, Generäle Amtsinhaber in Partei und Staat singen: »Steh auf, vom Fluch Gebrandmarkter, du ganze Welt der Hungernden und Knechte …«

Wir waren sehr froh darüber, dass unser Chef W. A. Krjutschkow in das 304 Personen umfassende Zentralkomitee gewählt worden war. Mitte 1986 brachte Krjutschkow eine Delegation der Swerdlowsker Parteiorganisation, die auf dem Parteitag gewesen war, in das »Aufklärer-Städtchen« mit. Leiter der Delegation war der damalige Erste Sekretär des Swerdlowsker Gebietskomitees der Partei J. W. Petrow. Natürlich waren sie von unserer sauberen, gut strukturierten »Insel« mit ihren monumentalen Dienstgebäuden und der wunderbaren Aula für 800 Personen beeindruckt. Die gleichmäßigen Reihen mit disziplinierten, gut gekleideten, freundlich klatschenden jungen Männern erwecken den Eindruck, als ob sich der Besucher in einem außergewöhnlich gut organisierten, leistungsfähigen und sehr wichtigen Institut befände. Die Geheimhaltung verleiht dem Ganzen noch eine zusätzliche Mystik. Sogar weltgewandte Leute verlieren sich ein bischen in dieser beeindruckenden Umgebung.

Aber dieses Mal waren wir an der Reihe, uns zu wundern. Petrow berichtete ordentlich und strukturiert vom Parteitag, über seinen Oblast, der den dritten Platz bei der Herstellung von Industrieerzeugnissen belegt, und über seine Genossen-Arbeitskollegen. Danach begann er von den Planungen für 1986–1990 zu sprechen, schlüsselte die Angaben nach Jahren auf und sagte buchstäblich Folgendes: »Hier ist uns alles klar, aber wie wir diese Zahlen erreichen sollen, wissen wir nicht.« Er drehte sich zu seinem, am Tisch des Präsidiums sitzenden Genossen, dem Vorsitzenden des Swerdlowsker Gebietsexekutivkomitees, um und fragte ihn, ob er einverstanden sei. Dieser nickte traurig. Mir nahm es fast den Atem ...Wenn er es als Erster Sekretär einer bedeutenden Parteiorganisation nicht weiß, was weiß denn dann dieser verantwortungslose Parteitag mit den vielen Gesichtern, der unrealistische Ziele stellt? Petrow merkte an dem Raunen in der Aula, dass er die Zuhörer mit einem solchen Geständnis verwirrt hatte. Er erinnerte an die Kriegsjahre, als die Arbeitsproduktivität in drei Jahren auf das Siebenfache gewachsen war, als das sowjetische »Wunder der Wunder« geboren wurde und damit doch nur die Hilflosigkeit des Vergleiches unterstrich. Diese Erfahrung ist nicht übertragbar, sie ist ein heiliges Grab.

Die Zeit nach dem Parteitag war schnell wieder voller pingeligen Geschwätzes. Ich vermerkte am 28. Juli 1986: »Die jetzigen Tage werden durch den Missbrauch an Worten und fehlende Taten in Erinnerung bleiben. Die Fernseher verstummen Tag und Nacht nicht. Die Kioske sind voll mit Zeitungen und Zeitschriften, Versammlungen, Beratungen, eine folgt der anderen. Die Räume für die Verkündungen müssen schon zwei Wochen vorher gebucht werden, sogar bei uns in der Aufklärung. In der übrigen Zeit wetzen andere die Zungen. Wenn nur diese Erklärungsversuche irgendeinen Sinn erfüllen würden ...«

Wir begannen, eine beunruhigende Tendenz zu beobachten. Die führenden Köpfe der Politik verloren das Interesse an der Arbeit der Aufklärung. Es gab weniger politische Aufgaben und eine Rückmeldung fehlte komplett. Das gegenseitige Verständnis der Behörden war gestört. In Verbindung mit der Tschernobyl-Katastrophe kam etwas Bewegung in die Tätigkeit der wissenschaftlich-technischen Aufklärung. Es wurde ihre Hilfe bei der Besorgung einiger Geräte, medizinischer Präparate und so weiter

benötigt. Aber damit wendete man sich eigentlich an die offenen Verbindungen und Möglichkeiten der Kollegen im Ausland. Ein Großteil der Geräte und Medikamente waren dort frei verkäuflich. Außerdem reagierte die ganze Welt auf unsere Tragödie und zeigte lebhaftes Interesse. Somit stellte die Erfüllung dieser Aufgaben keine besondere Schwierigkeit dar. Die Aufklärung bemühte sich, ihrem Ruf als Organisation, die schneller und disziplinierter als andere arbeitet, gerecht zu werden.
Der innenpolitische Kampf verschlang immer deutlicher den Hauptanteil an Zeit und Energie des Leitungspersonals: wirtschaftliche Schwierigkeiten und schwere Katastrophen sowie Unfälle vervollständigten das traurige Bild. Die Botschafter und Residenten waren allerorts bemüht, die Aufmerksamkeit der politischen Leitungen auf die praktischen Fragen mit internationaler Problematik zu lenken. Aber die Information selbst, die aus dem Ausland kam, lag thematisch und inhaltlich flach. Sehr oft wurde die Information zur Beschreibung der Reaktion degradiert, die die eine oder andere »historische Initiative« der sowjetischen Führung unmittelbar auslöste.
Im Verlauf von zwanzig Jahren musste ich jeden Morgen Hunderte Telegramme durchsehen – wie die der Aufklärung, so auch die des Außenministeriums und des Militärs. Am 10. Oktober 1986 schrieb ich mir Folgendes vom Herzen: »Die Information über außenpolitische Dinge – das ist ein wahres Armutszeugnis. Bergeweise Papier mit trivialen Erörterungen laufender Fragen. Redseligkeit – das ist die Schwester von Wortleere – die Haupteigenschaft der sogenannten ›Information‹. Unter der Rubrik ›Geheim‹ wird jeglicher Müll nach Moskau geschickt, der in der Presse zu finden war und nicht selten mit direktem Verweis auf die Quelle. Der Umfang dieser ›Daten‹ und ihrer Argumentationen war so erdrückend, dass man sie nicht nutzen konnte. Man kann stundenlang diese Worthüllen lesen, und im Endeffekt entsteht in der Seele nur eine Welle aus Frust und Abneigung gegenüber diesen ungebildeten Schreiberlingen, die einen hohen diplomatischen Rang bekleiden oder andere bedeutende Posten inne haben.

Wie viele Verfügungen das ZK auch noch zur Regelung des Schriftverkehrs erlassen wird, um ihn zu minimieren und zu ordnen und eine Verbesserung der Informationsqualität zu erreichen – das alles geht der Katze am Schwanz vorbei. Alle schreiben und schreiben mit einem einzigen Ziel: Vielleicht bemerkt jemand den Eifer. Das Papier steht derzeit über den Dingen.«

Diese Mängel waren gleichermaßen bei allen unseren Informationsquellen im Ausland festzustellen. Von Zeit zu Zeit ermahnten wir die Residenten dahingehend. Wir schickten ihnen Anleitungen zur Erhöhung des Informationsgehaltes der Schriftstücke. Sie sollten das Wasser aus ihnen herauspressen. Für die Botschafter existierten solche Hindernisse nicht und somit blieben zehn- bis zwanzigseitige Telegramme keine Seltenheit. Auf diesen wurden Gesprächsinhalte mit irgendeinem Ausländer wiedergegeben, wobei die Essenz des Gespräches nur einige Zeilen in Anspruch nahm.

Noch zu Zeiten Andropows galt in de Aufklärung eine eiserne Regel: Jedes Informationsmaterial sollte drei Seiten nicht überschreiten. Das galt gleichermaßen für Informationstelegramme. wie auch für Auswertungsunterlagen. Bei den Auswertungsdokumenten waren Anlagen mit erforderlichem Nachweismaterial erlaubt. Wir hielten uns sehr streng an diese Regel, obwohl wir uns aus verschiedenen Gründen – meistens war der Grund die »Wichtigkeit« – erlaubten, das Dokument um eine Seite, aber auch nicht mehr, zu erweitern.

Jetzt interessiert dieser »ungebremste Strom« an Information, dem in hochgradiger Weise alle Defizite der Stagnationsperiode vererbt wurden, kaum jemanden. Das neue Oberhaupt von Partei und Staat unterschied sich in seinen Angewohnheiten und seinem Charakter von den Funktionären des Stagnationszeitraumes. Über Breschnew gab es verschiedene Witze, die seine Unselbständigkeit bezüglich seiner Umgebung unterstrichen oder sein Ablesen bei jeder Ansprache ins Visier nahmen. M. S. hatte da ein anderes Vorgehen – er führte Außenpolitik nach der Improvisationsmethode durch mit Hilfe eines extrem kleinen Kreises sehr enger Berater, zu denen wesentlich E. A. Schewardnadse und A. N. Jakowlew gehörten. Auf jeden Fall gaben sie die Hauptrichtungen des außenpolitischen Kurses von Gorbatschow vor. Die Rolle der Berufsaußenpolitiker war auch im Außenministerium deutlich eingeschränkt worden. Darüber schrieben der ehemalige stellvertretende Außenminister der UdSSR G. M. Kornijenko und der verstorbene Marschall S. F. Achromejew in dem Buch »Mit den Augen eines Marschalls und eines Diplomaten« (ein kritischer Blick auf die Außenpolitik der UdSSR vor und nach 1985). Der Einfluss des Politbüros auf die Bestimmung des außenpolitischen Kurses nahm ab. Unter diesen Bedingungen erwies sich die Bedeutung der anderen Einrichtungen, einschließlich der Aufklärung, nun schon ganz minimal. In dem angeführten Buch schrieb Achromejew: »Nach meinem Gedächtnis hat sich M. S. Gorbatschow nicht ein einziges Mal mit den führenden Militärs zur militärpolitischen Lage in Europa und deren Entwicklungsperspektiven für die Jahre 1986–1988 beraten.«

In der Aufklärung waren wir am 15. Januar 1986 unangenehm von der Erklärung des Generalsekretärs des ZK der KPdSU zum Programm der vollständigen atomaren Abrüstung in den nächsten fünfzehn Jahren überrascht. Erstaunt waren wir nicht nur darüber, dass uns niemand zur Arbeit an diesem Dokument herangezogen hatte, sondern auch über dessen Inhalt. Es hatte einen voluntaristischen Charakter und entsprach nicht der Situation in der Welt, sondern war politisch und propagandistisch ausgerichtet. Selbst die elementarste Prognose möglicher Reaktionen in der Welt auf diesen Auftritt hätte die Autoren davon überzeugen können, dass es keinerlei Unterstützung seitens der Atommächte findet. Alle vier Mitglieder des atomaren Klubs zeigten nicht die mindesten Bestrebungen, ernsthaft die Liquidierung ihrer Kernwaffenarsenale anzugehen. Aber nicht genug damit: Man musste sich auch die Frage stellen, ob denn Russland seine eigene Sicherheit und Unabhängigkeit ohne Kernwaffen garantieren könne. Was mich betrifft, so bin ich tief davon überzeugt, dass in Anbetracht der Ausdehnung

unseres insgesamt wenig besiedelten Landes bei ernsthaften territorialen Ansprüchen seitens einiger Nachbarn unter dem Gesichtspunkt der wissenschaftlich-technischen Rückständigkeit unseres Landes und bei der ungünstigen allgemeinen Situation innerhalb der bewaffneten Kräfte die Abschaffung der Kernwaffen Selbstmord für die UdSSR und für Russland heute bedeuten. Mit anderen Mitteln sind wir nicht in der Lage, unser Territorium zuverlässig zu schützen. Diese Behauptung soll aber nicht heißen, dass ich ein Verfechter übermäßiger Mengen an Atomkraft bin oder einer maßlosen Bestückung mit Atomwaffen, aber das Land verfügt auf lange Sicht über keine andere militärische Garantie seiner Unabhängigkeit ohne den Vorhalt eines ausreichenden und notwendigen Kernwaffenarsenals.
Diese Initiative des Generalsekretärs war der Gipfel einer ganzen Serie ähnlicher Seifenblasen wie die des »europäischen Hauses«, der »allgemeinmenschlichen Werte«, die die Sowjetunion zum Kalvarienberg, zum Kruzifix begleiteten.
Wir begrüßten übereinstimmend die merklichen Fortschritte in unserem Denken, die auf die Suche nach Auswegen aus der Sackgasse orientiert waren. Dazu gehören die Veranlassung der Beendigung des Afghanistan-Einsatzes der Sowjetunion sowie alle Schritte, die auf die Reduzierung des Kernwaffenarsenals und auf die Einstellung unserer Verpflichtungen gegenüber den Ländern der »dritten Welt« gerichtet waren und anderes. Uns wie allen Bürgern war klar, dass wir Ballast aus dem Korb unseres Ballons abwerfen mussten, um den Flug noch für eine gewisse Zeit, die wir zur Reparatur der Hülle benötigten, fortsetzen zu können.
Ende September 1986 erging völlig unerwartet an die Aufklärung der Auftrag, an der Vorbereitung des Treffens auf höchster Ebene zwischen Reagan und Gorbatschow vom 10. bis 12. Oktober in Reykjavik teilzunehmen. Jedes Mal hatte unsere Beteiligung an diesbezüglichen Maßnahmen immer mehr »Schutzcharakter« angenommen. Das Hauptaugenmerk wurde vom Komitee für Staatssicherheit auf die Gewährleistung einer stabilen Funkverbindung zwischen dem Staats- und

Parteioberhaupt und dem Personenschutz gerichtet. Selbst bei der Auswahl des Veranstaltungsortes wurden diese Faktoren berücksichtigt. Uns störten und nervten die lärmenden Demonstrationen freiwilliger und bezahlter Freiheitsliebhaber und Menschenrechtsvertreter, die sich bei der Wache ablösten und unsere Botschaften und Missionen umsäumten, genau wie auch die Verhandlungsorte unter Beteiligung der sowjetischen Regierung. Es war gut, die Verhandlungen in einem Land mit nicht einmal einem Viertel Millionen Einwohnern durchzuführen, wo es insgesamt nur 18 Zionisten gibt und wo die Einwohner – direkte Nachfahren der Wikinger – schweigsam, zurückhaltend und voller Eigenstolz sind. Es war einfach eine angenehme Atmosphäre. Wenn da nicht diese laute und unverschämte Meute von 2.500 Journalisten gewesen wäre, die sich wie Heuschrecken in drei lokalen Hotels niedergelassen hatten, so könnte man sagen, dass sich ein besserer Platz nicht hätte finden lassen. Für die komfortable Unterbringung unserer Delegation brachte man zwei Hotelschiffe an die Küste Islands. In Fragen der Erreichbarkeit und Sicherheit hatten die Fachleute des KGB alles bis ins kleinste Detail im Griff. Für die Vorbereitung des inhaltlichen Teils der Gespräche wurde das Potential der Aufklärung im Prinzip nicht benötigt. Wir stellten in Eigeninitiative einige Unterlagen zu den Fragen, die in die Tagesordnung aufgenommen worden waren, zusammen, schickten sie an Gorbatschow und erhielten selbstverständlich weder von ihm noch von seinen Mitarbeitern eine Antwort.

Das vorher bekanntgegebene Besuchsprogramm Gorbatschows in Reykjavik beanspruchte uns nur eine ganz kurze Zeit, die in erster Linie für Gespräche vorgesehen war. Warum sollten wir dann extra so weit reisen? An zwei Tagen, am 11. und 12. Oktober waren für bilaterale Gespräche nur sechs Stunden vorgesehen. Ich überschlug in Gedanken: Die Hälfte der Zeit brauchen die Dolmetscher – also bleiben drei Stunden und das nochmal durch zwei Teilnahemer dividieren – da verbleiben für jeden nur noch eineinhalb Stunden, um seine Sicht der Dinge auf die schwierigsten Fragen darzulegen, wie zum

Beispiel: strategische Waffensysteme, Raketen mittlerer Reichweite, unterirdische Atomwaffenversuche und so weiter. Was kann man in einer so kurzen Zeit bewerkstelligen, selbst wenn man voraussetzt, dass die Fachleute und Minister die gesamte verbleibende Zeit arbeiten?

Während des Verlaufs des Treffens wurde die Gesprächsdauer auf zehn Stunden erhöht. Und obwohl Gorbatschows Position durch eine ausreichende Offensivität gekennzeichnet war, schlug die ganze improvisierte umfangreiche Veranstaltung fehl, um es verständlich zu verallgemeinern. Das Kalkül darauf, dass es uns gelingen würde, Reagan von der Absage an die strategischen Waffensysteme im Tausch gegen die großangelegte Reduzierung der Atomraketenarsenale zu überzeugen, ging nicht auf. Übrigens enthielten alle Materialien der Aufklärung immer Nachweise darüber, dass der amerikanische Präsident nicht bereit war, einen vernünftigen Kompromiss einzugehen, und er von den Ideen der strategischen Waffensysteme nicht abweichen würde. Aber höchstwahrscheinlich wurde unser Material ja gar nicht in Betracht gezogen.

Das Treffen in Reykjavik hatte gezeigt, dass sich die außenpolitische Strategie unseres Landes auf die äußerliche, darstellerische Seite unserer Vorschläge bezog, auf die politische Ausstrahlung. Es wurde wenig Sorge getragen für deren Praktikabilität und Konkretheit.

Insgesamt waren in der Zeit und in den nachfolgenden Jahren Verwerfungen bei den Prioritäten der Staatsführung bemerkbar. Alle bedeutenden Anstrengungen sollten den sozialen und wirtschaftlichen Problemen gewidmet sein, der Innenpolitik, den nationalen Problemen. Von ihrer Klärung hing das Schicksal des Staatsaufbaues und der morgige Tag des Landes ab, aber die Regierung in Gestalt Gorbatschows zog es beständig in die Sphäre der Außenpolitik. Einem stillen Beobachter war ersichtlich, dass die Sowjetunion eine Vielzahl außenpolitischer Positionen würde aufgeben müssen beziehungsweise Abstriche vornehmen und die Kräfte neu aufstellen. So eine schmutzige und unvorteilhafte Tätigkeit hätte man vernünftigerweise gestandenen Fachleuten, den Professionellen, überlassen können. Sie hätten diese undankbare strategische Operation zur Ordnung der Außenpolitik und ihrer Anpassung an den neuen Kurs des Landes und dessen vorhandene Kapazitäten besser planen und durchführen können. Aber wie konnte man denn seine persönliche Teilnahme an nach außen klingenden, protokollarisch eingängigen, pompösen Treffen ablehnen, an prestigeträchtigen Pressekonferenzen, an Ehrenformationen mit Adler-Soldaten, Banketten … An dieser Front war alles angenehm. Die zwei-drei gehässigen Fragen auf der Pressekonferenz nicht einberechnet. Die Sprache hat bekanntlich keine Knochen. Was für Reportagen gab es aber dafür auf den Titelseiten der Zeitungen, wie viele Fernsehauftritte! Könnte man etwa Vergleichbares je bei den schwierigen inneren Problemen herausholen? Die Treffen mit Bürgern des eigenen Landes waren wegen der angestauten Unzufriedenheit und mitunter auch Feindseligkeit der Leute, die das Geschwätz satt hatten, anstrengend. Er konnte ihnen mitnichten antworten. Es gab kein Handlungsprogramm, keine innere Überzeugtheit an der Richtigkeit seines Weges und keine materiellen Möglichkeiten, den Menschen zu helfen.

Wenn sich ausländische Staatsfunktionäre mit der Außenpolitik befassen, verzeihen wir ihnen ein bestimmtes Interesse, da sie keine Verantwortung für die wirtschaftliche Entwicklung der Gesellschaft tragen. Der Markt ist selbstregulierend. Aber bei uns war der Staat Alleineigentümer des gesamten Produktionspotentials. Die Regierung trug die Hauptverantwortung für das wirtschaftliche Gedeihen des Landes und des Volkes. Trotz der schreienden Notwendigkeit wollte sie sich überhaupt nicht damit befassen.

Einer Reise Gorbatschows folgte die nächste. Sie war nicht von staatlicher Notwendigkeit diktiert und rief nur Unmut in breiten Kreisen des Volkes hervor. Es gab böse Gerüchte über die Rolle der Ehefrau des Mannes an der Parteispitze bei dieser Verschiebung der Prioritäten durch Gorbatschow.

Ab Ende 1986 gehörte ich einer Arbeitsgruppe der überbehördlichen Kommission in Fragen der Abrüstung an. Sie bestand aus Leitern von Ministerien und Institutionen, die eine unmittelbare Beziehung zu dieser Problematik hatten – das Außenministerium, das Verteidigungsministerium, die Leiter der militärisch-industriellen Kommission beim Ministerrat der UdSSR, die Leitungen einiger Abteilungen des ZK der KPdSU und des KGB. Man nannte diese Kommission bedingt die »große Fünf«. Ihr angegliedert war eine Arbeitsgruppe, der Experten dieser Ministerien und Institutionen angehörten, (die »kleine Fünf«), zu der auch ich als Vertreter des KGB gehörte. Die »große Fünf« traf sich im Kreml, am häufigsten im Büro des ZK-Sekretärs L.N. Sajkow, aber die Arbeitsgruppte tagte meist im Gebäude des Generalstabes – im Büro des stellvertretenden Leiters des Generalstabes. Bei der Absprache der Dokumentenentwürfe, die von der Arbeitsgruppe erstellt worden waren, nahmen Experten teil und wir waren unfreiwillig Zeugen des Ablaufes der Ausarbeitung und Beschlussfassung durch die bedeutendsten Funktionäre von Partei und Staat.

Da viele Fragen, die dabei im Rahmen der Entwicklungsrichtungen auf dem Gebiet der Waffenpräsenz diskutiert worden sind, auch jetzt der nationalen Geheimhaltung unterliegen, möchte ich nur darauf zu sprechen kommen, wie planlos und improvisiert einige Entscheidungen in den wichtigsten Fragen der Sicherheit des Landes getroffen worden sind. Ich bin der festen Überzeugung, dass bei uns keine klare Konzeption und umso weniger ein strukturiertes Programm der Abrüstung vorhanden waren. Das verkündete Prinzip der »vernünftigen Genügsamkeit« existierte nur in Worten. Einen wissenschaftlich und wirtschaftlich begründeten militärisch-technischen Hintergrund hatte das Ganze nicht. Keiner der führenden Politiker oder Militärs hätte damals für sich selbst beantworten können, worin sich denn diese »vernünftige Genügsamkeit« ausdrückt, wenn sie in die Sprache der zahlenmäßigen Angaben der bewaffneten Kräfte, der Waffen oder des wirtschaftlichen Aufwandes übersetzt würde.

Bei den Arbeiten der »großen« und »kleinen« Fünfer »funkte« es aufgrund der schlechten Kontakte zwischen der Außenministerium und dem Verteidigungsministerium immer wieder. Die Kontakte selbst waren zwar normal, aber die Lösungswege für die Probleme waren inhaltlich sehr unterschiedlich. Die Mitarbeiter des Außenministeriums verfolgten immer den Kurs, der die Annahme und Unterzeichnung einer Vereinbarung durch die amerikanische Seite garantieren würde. Das war ein andauernder Kurs der Zugeständnisse. Das könnte in dem Bestreben des Ministeriums begründet liegen, um welchen Preis auch immer ein »Ergebnis« in Form eines weiteren abgestimmten und unterschriftsreifen Dokumentes erreichen zu müssen. Es ergab sich der Eindruck, als ob die Berufsdiplomaten die zähen und schweren Gespräche nicht aushielten, auf ein Ringen mit ihren amerikanischen Kollegen verzichteten und zur Aufgabe ihrer Positionen bereit waren. Vielleicht waren auch andere Ursachen maßgeblich. Sie beharrten in der Arbeitsgruppe auf der einen oder anderen Position, aber sie verwiesen nie darauf, dass ihr Standpunkt ziemlich genau staatlichen Interessen entspricht. Die Kategorie »Erfolg der Verhandlungen« ersetzte für sie die Kategorie der »nationalen Sicherheit«. Die anfälligste Seite dieses Verhandlungsprozess bestand für Schewardnadse und seine Mitstreiter darin, dass sie chaotisch und ohne System arbeiteten und dass sie ihre eigenen Kräfte und die anderer Einrichtungen nach keinem gezielten Prinzip gemäß der grundlegenden Staatspolitik einsetzten. In der Geschichte der Diplomatie gibt es Episoden, die nach der Niederlage ihrer Staaten den Mut fassten, die territoriale Integrität zu retten und für die Interessen ihres Landes einzustehen, indem sie zugunsten des Landes irgendeinen universellen Grundsatz anwendeten. Das finden wir zum Beispiel nach der Zerschlagung der napoleonischen Armee und der Verbannung des Imperators auf die Insel St. Helena. Da schwebte über Frankreich die Gefahr der Aufteilung. Aber der damalige Außenminister Talleyrand stellte auf dem Wiener Kongress das Prinzip der »Legitimierung« vor, das bedeutete den Sieg der Gesetzlichkeit und wahrte damit Frankreichs Grenzen. Bei der Schaffung des Systems der Vereinten

Nationen gingen die großen Siegermächte von dem Grundsatz der Staatengleichheit aus und setzten ihn folgerichtig um. Sogar während der Zeit der dramatisch schweren Gespräche mit den Deutschen 1918 in Brest-Litowsk wurde die Maxime »Frieden um jeden Preis« verfolgt. Aber unsere Verhandlungen mit den Amerikanern wurden jedoch ohne jegliche Prinzipien geführt.
Jedes Mal, wenn das Außenministerium sich in dieser Grundsatzfrage festlegen sollte, winkten seine Vertreter ab oder wurden richtig böse. Es wurde im einzelnen vorgeschlagen, alle Abrüstungsverhandlungen nach den Regeln der »gleichen Sicherheit« zu führen, denen auch die gesamte weitere Arbeit folgen sollte. Einer unserer Delegationsmitglieder flüsterte mir in Genf, wo die Verhandlungen selbst stattfanden, irgendwie ins Ohr: »Bestehe nicht auf Deiner Meinung, das funktioniert nicht. Wir haben es schon versucht, diese Frage in Genf zu klären. Die Amerikaner erklären sich mitnichten einverstanden.« Nach einiger Zeit hatte sich alle mit dem Grundsatz der »Prinzipienlosigkeit« angefreundet und die gesamte Arbeit wurde zunehmend durch ein nervöses Reagieren auf die zielgerichteten Vorstöße der amerikanischen Seite geprägt. Deshalb fanden die Zusammenkünfte unserer Arbeitsgruppe oder sogar der »großen Fünf« eher unregelmäßig statt. Man konnte es auch als sporadisch bezeichnen, eben jewels der Aktivität der US-Delegation entsprechend. Zeitweise wurde es hitzig und Sitzungen wurden aller drei-vier Tage einberufen. Dann gab es wieder Leerzeiten, und Monate vergingen im Nichtstun.
Man könnte mir widersprechen und behaupten, dass es doch nicht unbedingt eine Richtlinie für die Verhandlungen hätte geben müssen. Ja, einverstanden, aber an dieser Stelle sei mir die Frage erlaubt, weshalb wir dann überhaupt bilaterale Gespräche durchführen? China führt zum Beispiel mit niemandem Abrüstungsverhandlungen durch. China bestimmt die Stärke seiner Streitkräfte und den Waffenumfang selbst in Abhängigkeit von seinen Erfordernissen. Es belastet damit nicht seine Wissenschaft, seine Industrie und auch nicht seine Ar-

mee, indem es ihnen keinen fremden Willen aufbürdet. Wozu brauchen wir Verhandlungen, wenn wir dadurch weder gleiche Sicherheit noch eine Festlegung des Proportionsverhältnisses unserer bewaffneten Kräfte noch die Anerkennung ihrer sich historisch herausgebildeten Zusammensetzung erreichen? Wäre es nicht einfacher, den Weg der selbständigen und unabhängigen Formierung eigener reduzierter Verteidigungskräfte zu beschreiten und sich von dem ständig erhobenen Zeigefinger der Verhandlungspartner zu befreien? Die Leitungsebene des Verteidigungsministeriums und ihre Experten wollten alles aus den vergangenen Jahren beibehalten. Ihnen oblag auch die Hauptverantwortung für die konkrete Nichteinhaltung des Prinzips der »vernünftigen Genügsamkeit«. Im Ergebnis war der Verhandlungsprozess wenig richtungsweisend. Wir mussten entweder unsere Position der nächsten in der Presse bekanntgegebenen »Initiative« Gorbatschows anpassen oder uns von den Vorschlägen der Amerikaner trennen, die sie am häufigsten am Verhandlungstisch bereits in einer dokumentarisch aufbereiteten Form hervorbrachten. Die Delegation der UdSSR hatte es in Genf sehr schwer, sie stand immer unter Druck. Die einen forderten von ihr Ergebnisse, die anderen Beharrlichkeit bei der Umsetzung der Sicherheitsinteressen.

Die Amerikaner fühlten die ständige Reibung zwischen unseren Behörden oder vielleicht wussten sie darüber auch Bescheid. Sie nahmen die Instabilität unserer Verhandlungsposition und die Bereitschaft, von bereits dargelegten Standpunkten wieder abzuweichen, wahr. Sie bauten ihre Verhandlungstaktik auf dem Prinzip der Unnachgiebigkeit auf. Sie machten Vorschläge, die auf die Reduzierung unserer Streitkräfte gerichtet waren, auf die Begrenzung deren militärischer Wirksamkeit. Der Faktor Zeit spielte für sie keine Rolle. Sie mussten keine schnellen Lösungen um jeden Preis erreichen. Sie verfolgten nachdrücklich einen Kurs zur Sicherung ihrer einseitigen Vorteile. Wenn es den Amerikanern während der andauernden Verhandlungen nicht gelang, irgendwelche Zugeständnisse von unseren Verhandlungsführern zu erreichen, so funktionierte das aber auf »höchster Ebene«.

Während der Zeit der Gruppenarbeit habe ich nicht verstanden, und mir konnte es auch keiner klar beantworten, wann und wo Gorbatschow den Amerikanern sein Einverständnis zur Vernichtung unseres besten Raketenkomplexes »Oka« mit einer Reichweite bis 500 Kilometer bekundet hat, denn dieser Waffentyp stand bei den Verhandlungen gar nicht zur Disposition.

In Reykjavik stimmte Gorbatschow auch irgendwie zu, den schweren amerikanischen Bombenträger, der mit Schwerkraft-Atombomben und Raketen mit Atomsprengköpfen SREM bestückt wird, als Äquivalent eines Sprengkopfes anzuerkennen. In keiner der beiden Arbeitsgruppen war das Thema erörtert worden. Ja, und welchem gesund denkenden Menschen kommt es in den Kopf einen Sprengkopf mit 24 Atomraketen mit einer Reichweite von bis zu 600 Kilometer gleichzusetzen? Das lief voll gegen die augenscheinlichsten Interessen unserer nationalen Sicherheit. Und als dann unser Generalsekretär alles Mögliche abnickte, sahen wir uns nicht mehr in der Lage, unsere Position zu überdenken. Denn alle Generalsekretäre hielten sich für unfehlbar, auf jeden Fall bis zu ihrem Tod oder bis zu ihrer Absetzung.

In einigen Fragen fehlte auch selbst den Militärs der Mut, ihre eigenen Standpunkte offen zu legen. Ich erinnere mich daran, als Sergej Fedorowitsch Achromejew bereute, seine Unterschrift unter ein Dokument des Außenministeriums gesetzt zu haben. Mit dem hatte sich die UdSSR einverstanden erklärt, dass die Kräfte der Seestreitkräfte von den Verhandlungen zur Reduzierung der allgemeinen Waffenstärke in Europa ausgeklammert werden sollte. Dies bedeutete, dass die Amerikaner die Übermacht auf Meeren und Ozeanen behielten. Wir sollten mit den Amerikanern in der Hauptsache die Reduzierung der Land- und Luftstreitkräfte beraten, bei denen die UdSSR ein wenig im Vorteil war. Das Spiel auf ein Tor setzte sich fort. Und es dauerte noch lange an.

Am 10. April 1990 passierte im Büro von L. N. Sajkow im Kreml die emotionale Explosion. Ich hatte die Vorahnung eines großen öffentlichen Streites. Das Verteidigungsministerium und Bereiche der Verteidigungsindustrie beschuldigten das Außenministerium darin, dass sich Schewardnadse nicht an die Meinung der Arbeitsgruppe hielte und noch dazu, die bereits für die Verhandlungen bestätigten Direktiven negiere und den Amerikanern solche Position unterbreite, die den nationalen Interessen der UdSSR zuwiderliefen. Das bestätigte sich auch dadurch, dass Schewardnadse keine Ergebnisberichte über die Verhandlungen mit den USA mehr versendete. Es wusste schon lange keiner mehr, worüber Eduard Amwrosijewitsch mit Staatssekretär Baker im Dialog war und welche Verpflichtungen das Außenministerium im Namen des ganzen Landes einging.

Die Armee war sehr empört darüber, als Schewardnadse bei den Verhandlungen mit Baker Anfang Februar 1990 in Moskau in Umgehung der Arbeitsgruppe den Amerikanern zustimmte, jedem schweren Bombenträger 10 luftbasierte Flügelraketen mit einer Reichweite von über 600 Kilometern zuzurechnen, wo doch jeder Bombenträger um das Doppelte mehr bestückt werden kann – mit 20 Flügelraketen. Zu jener Zeit verfügten die Amerikaner über 110 schwere Bombenträger, und sie erhielten somit unsere Zusage über den Vorteil von 1.100 Atommunitionen, nur für diesen einen Waffentyp. Niemand hatte sein Einverständnis für ein solches Berechnungssystem gegeben.

E. A. Schewardnadse hatte verstanden, dass ihm unangenehme Stunden bevorstehen würden und er wehrte einige Tage lang die Angriffe ab, indem er an Sajkow schrieb und die gesamte Arbeitsgruppe einer unangemessenen Verzögerung bei der Bearbeitung der Außenministeriums-Entwürfe bezichtigte. So etwas hatte ich noch nicht erlebt: Ein Mitglied des Politbüros beschwerte sich ohne Grund, einfach so, über die ausführenden Experten, nur um als erster zu schreien: »Du bist selbst ein Dummkopf!«

Auf der Sitzung am 10. März 1990 übernahm der Leiter des Generalstabes Michail Alexejewitsch Moisejew die »Vorreiterrolle«. In Anwesenheit von L. N. Sajkow, D. T. Jasow, W. M. Falin und anderer (Schewardnadse kam nicht, er schickte

seinen Stellvertreter W. P. Karpow) redete er Klartext: Wir würden wegen der Hörigkeit, so schnell wie möglich ein unterschriftsreifes Dokument über die Abrüstung für Gorbatschow bereitstellen zu wollen, unverständliche und ungerechtfertigte Zugeständnisse an die Amerikaner eingehen und sogar die vorher erreichten Abstimmungen zunichtemachen. Die USA und die UdSSR erreichten Einvernehmen darüber dass jedes Land über 1.600 Atomwaffenträger und 6.000 Sprengköpfe verfügen würde. Infolge der eigenmächtigen und unfähigen Vorgehensweisen von Schewardnadse erwarben die Amerikaner das Recht darauf und die Zustimmung dafür, nicht 6.000, sondern 11.000 Sprengköpfe zu besitzen. Das ist fast die doppelte Anzahl Atommunition der Träger. Obwohl die Worte Moisejews persönlich an Schewardnadse gerichtet waren, verstanden alle Anwesenden ausgezeichnet, dass sie auch Gorbatschow galten. Wir hatten alle sehr oft erlebt, wie die Streitgespräche in unserer Arbeitsgruppe oder in der »großen Fünf« in eine Sackgasse gerieten, wobei am häufigsten die Leiter des Außenministeriums allein dastanden. Dann sagte Schewardnadse in der Regel: »Gut, belassen wir diese Frage. Ich werde mich mit Michail Sergejewitsch absprechen.« Das bedeutete: »Also, bleibt hier mit euren Einwänden sitzen, und wir führen die Verhandlungen und verabschieden die Beschlüsse.« So geschah es am häufigsten. Auch Sajkow, der den Vorsitz bei den Zusammenkünften der »großen Fünf« führte, verstand die Richtung der Kritik. Er unterbrach Moisejew sehr grob und sagte: »Sie erlauben sich zu viel!« Worauf er umgehend die Antwort erhielt: »Nicht mehr, als meiner Dienstpflicht angemessen ist.«
Sogar Jasow beruhigte Moisejew, und der aufgeregte Sajkow sagte versöhnend: » Na gut, Dmitri Timofejewitsch und ich, wir sprechen, wenn es nötig ist, mit Michail Sergejewitsch.«
Die Vertreter des Außenministeriums schwiegen. Die Lage war äußerst angespannt. Von einer Pietät war nichts zu spüren. Jeder der Anwesenden spürte seine eigene Verantwortlichkeit für das Morgen.
Diese Sitzung erwies sich als Bilanz. Sajkow betonte in seinem

Schlusswort, dass wir, an der Aufgabenstellung der Abrüstung Beteiligten, die Existenz einer Kommission beim ZK der KPdSU als direktives Organ nicht erwähnen sollten. Eine überbehördliche Gruppe als einziges verfassungskonformes Organ in Fragen der Abrüstung. Wir waren den Ereignissen voraus. Die Partei hatte ihrer »führenden Rolle« noch nicht entsagt, ein Präsident der UdSSR als vollwertiger Ersatz für den Generalsekretär war noch nicht gewählt, aber unsere Kommission hörte schon auf, zu existieren.

Wenn man gedanklich zu den Jahren der bewaffneten Konfrontation mit den Vereinigten Staaten zurückkehrt, hört man nicht auf, sich über die selbstmörderische Gedankenlosigkeit zu wundern, mit der unsere Regierung Schritt für Schritt das Wettrüsten mit den USA betrieben hat. Sie entwickelten selbstzertrümmernde Kopfteile der Raketen, wir ebenfalls; sie begannen mit der Verbreitung der Flügelraketen, wir nahmen auch die Entwicklung solcher Waffen in Angriff; uns wurde bekannt, dass die USA über binäre Chemiewaffen verfügt, sofort gingen wir die Konstruktion der gleichen Waffen an und so weiter. Ein Missverhältnis in der Aufrüstung entstand nur, wenn unsere Herstellungskapazitäten nicht ausreichten. Wir hatten weniger strategische Bomber in der Luftwaffe, aber das war deshalb so, weil unsere Flugzeugbaumöglichkeiten hinter denen der USA zurückstanden. Jedes Mitglied der politischen Regierung wusste, dass die Produktionskapazitäten der USA doppelt so hoch wie unsere waren. Die Arbeitsqualität war besser. Die Zulieferungen sind beispiellos besser organisiert und technisch abgesichert, dass wir einfach nicht nach den Gesetzen der Wirtschaft einen »Erlös« auf ihrem Niveau »herausholen« können. Und trotzdem legten wir dauernd unseren Kopf unter das Fallbeil. So groß war der Einfluss des Militär-Industrie-Komplexes, der immer mehr Geld verschlang. Als 1983 der geachtete und fähige J. W. Andropow, der am Ende Oberhaupt von Partei und Regierung wurde, den Beschluss annahm, die Genfer Verhandlungen nur deshalb zu verlassen, weil die atomaren Potentiale Englands und Frankreichs unberücksichtigt blieben und sich die Amerikaner nicht einverstanden damit erklärten, dass das militärische Potential der UdSSR der Summe des atomaren Arsenals der USA, Englands und Frankreichs insgesamt entsprechen sollte, konnte man sich nur noch an den Kopf fassen. Waren wir denn wirklich ernsthaft bestrebt, uns den Schuh der Aufrüstung anzuziehen, der der Rüstung in den USA, England und Frankreich insgesamt entsprochen hätte?

Für mich selbst suchte ich nach Wegen zur Lösung des Sicherheitsproblems unseres Landes ohne augenscheinlich tödliches Risiko für seine Wirtschaft, ohne wirtschaftliche Austrocknung. Mir kamen die verrücktesten Ideen in den Kopf. Darüber diskutierte ich im engsten Freundeskreis. Zum Beispiel richtete ich ihre Aufmerksamkeit darauf, dass die Amerikaner niemals mit unseren Vorschlägen zur Ablehnung einer zielgerichteten Umwelteinwirkung, der Idee der sogenannten »meteorologischen Kriege« einverstanden sein würden. Es war andersherum, sie forcierten die Arbeiten in dieser Richtung. Ich hatte den Gedanken, dass unsere Spezialisten ihre Aufmerksamkeit auf die Entwicklung einer globalen Waffe richten müssten, deren Anwendung für jeden der Gegner in einem zukünftigen Krieg gleich gefährlich war. Ich stellte mir vor, dass man einer Psychologie entsagen müsste, die auf die Möglichkeit eines Sieges in einem Kriegsfall gerichtet war. Genau darauf bauten ja unsere Militärs ihre Doktrin auf und noch mehr ließen sich unsere potentiellen Gegner von diesen Überlegungen leiten. Dieserart Berechnungen konnte man nur durch die Entwicklung einer »globalen Waffe« begegnen, die ein Wettrüsten sinnlos und unnötig machen würde. Natürlich existierten solche Waffen faktisch in Form der Atomwaffen schon. Aber die führenden Militärmächte bereiteten sich schon allmählich auf eine Dosierung ihrer Anwendung vor. Sie arbeiteten an den Verkleinerungen. Es gab auch theoretische Ausarbeitungen, die mit der Einschränkung eines Atomkrieges verbunden waren und es wurde neue Munition getestet. Die globale Rolle der Atomwaffen versickerte. Die Armeeführungen gewöhnten sich wieder an den Gedanken, einen Krieg mittels Atomwaffen gewinnen zu können.

Wenn sich die Partner nicht auf die Annahme des Prinzips der »gleichen Sicherheit« einigen konnten, dann konnte man es ja gegen den Grundsatz der »gleichen Gefährdung« austauschen. Die reelle Gefahr einer allgemeinen Katastrophe zwang unmittelbar nach Wegen einer vernünftigen Ordnung des Lebens auf der Erde. Zusätzlich konnte sich die Welt vom maßlosen Aufwand für das sinnlose Wettrüsten und dem kraftraubenden psychologischen Druck eines möglichen Konfliktes frei machen. Irgendeiner hat das mal so formuliert: »Was ist besser – ein Ende mit Schrecken oder ein Schrecken ohne Ende?« Aber tatsächlich, was ist denn besser: »Stehend sterben oder kniend leben?« Ich bin überzeugt, dass man ohne Angst vor dem Ende ewig leben könnte. Wie schön wäre es doch auf der Welt, wenn auf den Straßen keine hässlichen Panzermonster entlangschleichen würden und am Himmel keine Armadas von Luftwaffenfliegern Sauerstoff verbrennen und giftige Spuren hinterlassen würden. Oder wenn auf den Weltmeeren keine unmöglichen Stahlkästen schwimmen würden, die wie mit Schaben mit Flugzeugen und Hubschraubern bestückt sind. Ja und unter Wasser würden keine haifischartigen U-Boote herumstreunen, die nur den Tod in ihren Raketenabschnitten in sich tragen. Und sie drohen, drohen, drohen ... Da ist es doch besser, anstelle dieser Unmengen und immer noch zunehmenden Gefahren nur eine tödliche zu haben, die sich damit selbst disqualifiziert, und wir ruhig leben können.
Man sagte mir daraufhin, dass in diesem Fall der Konfrontation zweier militärischer Blöcke es auch notwendig sein wird, dass sich die anderen Völker dem unterordnen, die auch der Wirkung dieser »globalen Waffe« unterliegen würden. Ich antwortete, dass sie bereits jetzt der negativen Beeinflussung der militärischen Konfrontation unterlägen: Für ihre Entwicklung erhalten sie nicht die erforderliche Hilfestellung von außen. Sie müssen sich in dieser feindlichen Welt verteidigen und unter Berücksichtigung der äußeren Faktoren ihren Handel und ihre Politik gestalten. Derzeit machten sich an den außenpolitischen Fronten ungeordnete Abweichungen bemerkbar, die

verschämt mit der lumpigen Decke des »neuen Denkens« verhüllt wurden. Im Landesinneren begann in einem gefährlicher und unkontrollierbarer Weise, das Boot zu schaukeln. 1986 probierte sich Gorbatschow im Unterschied zu Andropow in einem Kräftemessen mit den nationalistischen Partei- und Staatsklans in den Republiken aus. Er kannte bestimmt die vorhandenen Unterlagen über Raschidows Verhalten in Usbekistan und verstärkte es jetzt noch. Es kam zur sogenannten »Baumwollsache« im Verlaufe derer das wahre Gesicht Raschidows zum Vorschein kam – mit Augenwischerei und als Großbauer verfügte er über eine ganze Republik wie über sein Feudaleigentum.

Im Oktober des gleichen Jahres wurde Usubalijew, der bisherige Erste Sekretär der Kommunistischen Partei Kirgisiens, aus der Kommunistischen Partei ausgeschlossen. Es bot sich hier das gleiche Bild: Schmiergeldaffären, Falschaussagen gegenüber der Zentralregierung, Vetternwirtschaft und anderes. Er hatte als Zweiten Sekretär immer einen gewissen Makarenko, der auch aus der Partei ausgeschlossen wurde. Usubalijew, der damals seitens der Partei bei der Gesellschaft für historische und Architekturdenkmäler gemeldet war, bat darum, auf einer ihrer Versammlungen etwas zu seiner Verteidigung vorbringen zu dürfen. Er redete und redete viereinhalb Stunden lang und wollte wenigstens einige seiner Sünden loswerden. Aber alles war umsonst. Die einfachen Parteimitglieder waren unnachsichtig.

In Weiterführung der begonnenen Politik wurden einige Erste Sekretäre der Oblast-Komitees in Usbekistan und einige bedeutende Parteiarbeiter aus Turkmenien verhaftet. Bei einem von ihnen wurden bei der Verhaftung 6,5 Millionen Rubel sichergestellt, was zu jener Zeit ein Wahnsinnsbetrag war.

Gorbatschow hat wahrscheinlich die Kräfte der sich herausgebildeten nationalen mafiösen Parteistrukturen unterschätzt. Wenig später nannte er sie bei einem Fernsehauftritt (er meinte Armenien) »politische Abenteurer, die zur Macht streben; eine Mafia, die der Perestroika entgegensteht«. Einmal grub sich so

ein Satz in die Herzen: »Wir kriegen sie, sowohl in Aserbaidschan als auch in Armenien!« Nein – er hat sie nicht gekriegt. »Den Baum muss man einzeln schlagen«, besagt ein altes russisches Sprichwort. Er hat die sich gebildeten Gruppierungen nur erschreckt und, wenn Sie so wollen, separatistisch-nationalistische Stimmungen provoziert.
Der Kampf gegen die Kriminalität der Partei- und Staatsführungen in den Unionsrepubliken war genauso kontraproduktiv wie der Kampf gegen den Alkoholismus. Die Ursachen waren die fehlende Bereitschaft, die Überschätzung der eigenen Kräfte, Perspektivlosigkeit.
Ende 1986 wurde die Einigung über den Abzug aus Afghanistan im Verlauf von zwei Jahren erreicht. Dieser Schritt verdient die bedingungslose Zustimmung, auch wenn er erst mit Verspätung unternommen wurde. Als wir den Beschluss in unserem Kreis diskutierten, erinnerten wir an den Abzug Frankreichs aus Algerien, den der Vereinigten Staaten aus Vietnam und kamen zu dem Schluss, dass die Folgen unterschiedlich sein würden. Aber sowohl in dem einen als auch in dem anderen Fall erlitten die Verursacher der Interventionen militärische Niederlagen oder konnten sich zumindest davon überzeugen, dass sie ihr Ziel mit militärischen Mitteln nicht erreichen konnten sowie auch von der Unverantwortlichkeit der politischen Wirkungen, die mit einer Fortsetzung der Intervention verbunden gewesen wären. Darin waren die Schicksale gleich. Im weiteren liefen sie auseinander. Bei Frankreich und Algerien sowie bei der USA und Vietnam war mit dem Kriegsende auch ihre Feindschaft beendet worden. Es begann die Suche nach Wegen der Zusammenarbeit. Die Sieger strebten eine wirtschaftliche Zusammenarbeit mit den Besiegten an. Sie waren auf das Äußerste nicht nur an der Pflege, sondern auch an der Weiterentwicklung der bilateralen Beziehungen interessiert. Der wirtschaftliche Faktor begann seine dauerhafte schöpferische Arbeit. Die Auflösung unseres Konfliktes und der Abzug aus Afghanistan konnten kaum zur Wiederherstellung der vorherigen, ja wenigstens der vorherigen, Beziehungen mit diesem

Land führen. Wir waren in wirtschaftlicher Hinsicht zu hilflos, um ernsthaft mit der Schaffung einer neuen, stabileren Grundlage für die Zusammenarbeit zu rechnen. Der Westen, der in hektischer Anklage Afghanistan während der Stationierung der sowjetischen Truppen im Land thematisierte, um die UdSSR in Verruf zu bringen, verlor vor den Augen das Interesse an diesem ausgebluteten, leidenden Land. Und als die sowjetischen Truppen abgezogen waren, geriet dieses Land in den Hintergrund der Weltpolitik. Wie sich erwiesen hat, interessierte niemanden sonderlich das Schicksal des afghanischen Volkes selbst. Niemand eilt dem im Bruderkrieg geschundenen Volk zu Hilfe, niemanden stören die wachsenden Opferzahlen. Die westlichen Staaten haben einfach ihre Botschaften aus Kabul evakuiert, »wuschen ihre Hände« und überließen die unglückliche Bevölkerung ihrem Schicksal.

In der Aufklärung sank die Arbeitsmenge weiter. Jetzt denke ich mit Wehmut daran, dass wir doch häufig interessante Dinge in die Hände bekamen. Für solcherart Sachen hätte man zu anderen Zeiten zweifellos die Mitarbeiter für einen Orden vorgeschlagen, aber jetzt gab es so gut wie kein Interesse mehr daran. Die Aufklärung hatte ihre Adressaten, interessierte Nutzer der Information, verloren. Mich hat der Gedanke nicht losgelassen, dass unsere Politiker, wie Tauben, ihr eigenes Lied sangen und auf niemanden achteten. Sie sahen und hörten ringsum nichts. Manchmal verblüffte mich diese vollständige, hundertprozentige Differenz in der Bewertung der uns umgebenden politischen Realität. Zum Beispiel unternahm ich im Frühjahr 1988 auf Anweisung des damaligen Vorsitzenden des KGB, W. M. Tschebrikow, eine Reise in die drei baltischen Republiken. Ich hatte die Aufgabe, mir ein realistisches Bild von der politischen Lage in dieser Region zu verschaffen. Natürlich waren alle hauptsächlichen Fakten bereits bekannt, aber eine nochmalige Überzeugung mit »frischem Auge« war nicht überflüssig. Ich war fast drei Wochen auf Reisen. Viele Treffen führte ich mit Vertretern des Partei- und Staatsapparates dieser Republiken durch. Gemeinsam mit unseren Kollegen von Komitee für Staatssicherheit analysierten wir die Probleme grundlegend. Ich war vor Ort bei Menschen, die der lokalen Intelligenz angehörten, in Kolchosen und in Betrieben. Auf dieser Reise begleitete mich der erfahrene Aufklärer General Romuald Anatanowitsch Marzinkus, mit litauischer Nationalität, ein Kenner der baltischen Republiken.

Nach der Rückkehr meldete ich Tschebrikow persönlich meine Erkenntnisse, die aus Folgendem bestanden: Die sich neu formierten gesellschaftlichen Strukturen wie »Sajudis«, die Volksfronten und andere betreiben den vollständigen Bruch mit der Sowjetunion und wollen bürgerliche Gesellschaftsordnungen aufbauen. Die Untätigkeit der Zentralmacht, das Fehlen einer Klarheit in ihrer politischen Position paralysiert die Aktivität der Kräfte, die in jeder Republik vorhanden sind und überzeugt für den Erhalt der Sowjetunion auftreten. Als Vorschlag für einen möglichen Kurs brachte ich die Meinung über die Notwendigkeit ein, den Republiken eine reelle wirtschaftliche Rechnungsführung zu ermöglichen. Sie würden dabei über eine vollständige wirtschaftliche Unabhängigkeit ohne Abspaltung von der Sowjetunion verfügen. Da der Hauptprogramminhalt der oppositionellen Kräfte im Protest gegen die »wirtschaftliche Ausraubung« der Region bestand, musste diesen Republiken eine bestimmte Freiheit gewährt werden. Des weiteren gab es den Vorschlag, ihnen den besonderen Status der Autonomie zu gewähren, ähnlich dem Finnlands innerhalb des russischen Imperiums. Auf dieser Grundlage konnte man bedeutende gesellschafts-politische Kräfte vereinen und die Bündnisbeziehungen vor dem Zerreißen bewahren. Das Unterlassen konsequenter Maßnahmen würde eine Bündelung streng separatistischer Einstellungen mit den entsprechenden Folgeerscheinungen bewirken. Meine Verwunderung war jedoch groß, als ich von der Einschätzung der Situation im Baltikum durch den wenig später dorthin gereisten A. N. Jakowlew erfuhr! Seinen Worten entnahm ich, dass in der Region nichts Beunruhigendes passiere und die gesellschafts-politischen Strukturen auf die Unterstützung der »Perestroika« ausgerichtet wären. Es bestünde keine Gefahr für Integrität der UdSSR. Jeder unvoreingenommene Beobachter konnte die für die UdSSR gefährlichen politischen Metastasen erkennen und nur Jakowlew zeichnete ein völlig realitätsfremdes Bild. Man konnte doch nicht wirklich die Realität so verkennen.

Das Schicksal führte uns in diesen Jahren ein zweites Mal zusammen. Die Rede ist hier nicht von persönlichem Zusammentreffen, sondern von parallelen Lagebeurteilungen. Ende 1989 schickte mich der bereits zum Vorsitzenden des KGB ernannte Krjutschkow in die DDR. Ich sollte alle vorhandenen Möglichkeiten nutzen, um eine Einschätzung über die Aussicht des Verbleibes der DDR als unabhängiger Staat und Bündnispartner der UdSSR zu treffen. Das Jahr wurde, wie bekannt, zum Schicksalsjahr für die DDR, die gerade mal erst im Oktober den 40. Jahrestag ihres Bestehens gefeiert hatte. Aus Anlass dieses Jubiläums war Gorbatschow nach Berlin gekommen, hinter sich den Kometenschweif der »Perestroika«. E. Honecker, ein Verfechter des starren Systems, das kommandobürokratisch genannt wurde, war isoliert. Wenig später wurde er von dem Posten an der Spitze der Partei und des Staates enthoben. Es begann das Bockspringen der politischen Wendehälse. Der Druck aus allen Kanälen Westdeutschlands wurde verstärkt. Am 9. November 1989 wurde die Staatsgrenze geöffnet. An diesem Tag erschienen die Zeitungen mit einzigartigen Überschriften, die nur aus zwei Worten bestanden: »Danke, Gorbi.« Die Rede war nicht mehr von Demokratisierung und sozialistischer Erneuerung, obwohl Gorbatschow und unsere Presse das immer wieder versicherten.

In Berlin angekommen, nahm ich Kontakt mit unserem Vertreter auf, dem General Anatoli Georgijewitsch Nowikow, ein kluger und ehrlicher Soldat und wunderbarer Mensch. Wir stellten gemeinsam einen Arbeitsplan auf und begannen, zielgerichtet Informationen zu sammeln. Wiederum endlose Gespräche, schlaflose Nächte und Treffen, Treffen, Treffen. Dann kam die Zeit, der Zentrale von unseren Schlussfolgerungen zu berichten. Sie waren hart und hinterließen keine Zweifel. Nowikow und ich (das Telegramm unterschrieben wir zu zweit) teilten der Zentrale mit, dass es keine Chance auf den Verbleib der DDR als selbständiger und souveräner Staat und als Mitglied des Warschauer Vertrages gibt, genau wie praktisch auch keine Chance mehr für eine sozialistische Gesellschaftsordnung in der DDR existiert. Nationalistische Gefühle haben das Land voll erfasst. Die politische Führung, die aus neuen Leuten besteht, kann die Situation nicht beherrschen.

Wir empfahlen, uns von jeglichen Illusionen zu verabschieden. Wir sollten neue praktische Schritte planen, zum Beispiel wie der Verbleib unserer Armee zu ordnen wäre sowie auch unsere wirtschaftlichen Beziehungen zur DDR – und das ausgehend von der tatsächlichen Situation. Wir wissen aus zuverlässiger Quelle, dass unser Telegramm bei Gorbatschow auf dem Tisch lag. Nur ein paar Tage nach seiner Abreise nach Berlin kam A. N. Jakowlew. Es ist nicht auszuschließen, dass das Telegramm der Grund für seine Anreise war, weil das vorher gar nicht geplant war. Aus den Zeitungen erfuhr ich, dass Jakowlew genau die Büros aufsuchte, wo auch wir vor drei Tagen gewesen waren (obwohl wir bedeutend mehr Kontakte hatten) und mit unseren diplomatischen Vertretern sprach. Aber als wir uns mit seinen Niederschriften von der Reise vertraut machten, da mussten wir uns über die Lustlosigkeit, Verschwommenheit und Unverbindlichkeit der Berichte wundern.

Die politische Führung erwies sich als unvorbereitet auf die zielgerichtete Abschaffung des Sozialismus in den Ländern Osteuropas, obwohl Gorbatschow selbst das Signal dazu gegeben hat. Als er im Dezember 1988 an der Sitzung der UNO-Generalversammlung teilnahm, konnte er wieder einmal der Versuchung nicht widerstehen und gab eine neue »Initiative« heraus, indem er die Liquidierung der »Breschnew-Doktrin« verkündete. Ich hatte schon erwähnt, dass die »Breschnew-Doktrin«, wenn man damit die Erhaltung der sozialistischen Gesellschaftsordnungen in den Ländern Osteuropas mit militärischen Mitteln meint, in der Realität schon acht Jahre vorher, als in Polen keine Armee eingesetzt wurde, abgeschafft wurde. Und das war keine Ausnahme. Im Mai 1993 erschien in der mexikanischen Zeitung *Sol de Mexico* ein Interview mit Raúl Castro, in dem er über seinen Besuch in Moskau 1980 berichtete. Er war zu einem Treffen mit einer Gruppe Mitgliedern des Politbüros eingeladen, die ihm offen und deutlich klar machten, dass die Sowjetunion nicht für Kuba kämpfen wird und sich die Kubaner auch zukünftig auf ihre eigenen Kräfte verlassen müssten. Das gesamte Jahr 1989 wurde zu einem Jahr des Sturzes sozialistischer Regime in Osteuropa. Weder Gorbatschow noch jemand anderes unternahm einen Versuch zur Koordinierung ihrer Kräfte mit einem abgestimmten Programm der Perestroika. Es gab nur eine Losung: »Rette sich, wer kann!« Bekanntlich gab es niemanden, der sich nicht rettete.

Abschied von der Aufklärung

Das Dasein im Büro des stellvertretenden Leiters der Aufklärung in Jasenewo wurde unwahrscheinlich schwierig. Irgendwie war alles deprimierend – die augenscheinliche Nutzlosigkeit aller unserer Bemühungen, die Machtlosigkeit beim Anblick der kippenden Positionen des Staates, der besonders starke Schmerz über die unschwer zu übersehende Perspektive der nationalen Demütigung, des Zerfalls und die Verlogenheit und Leere der unzähligen Ansprachen der angeblichen Regierungsmitglieder. Deshalb las ich mit Freude den Brief des ehemaligen Adjutanten von Omar Torrijos – Leutnant Jose de Jesus Martinez, den ich über Freunde erhielt. Er lud mich im Namen des Torrijos-Fonds nach Panama ein. Zwischen den Zeilen war auch leicht zu erkennen, dass die Kommandoführung der Nationalgarde in Gestalt des Generals Antonio Noriega an einem Treffen mit mir zwecks Konsultation interessiert war. Da ich unterstellte, dass die Aufklärung schon kein besonderes Interesse mehr an Panama hatte, sprach ich mit den Mitarbeitern des Außenministeriums. Des Ministeriums für Außenhandel, des Ministeriums für Fischwirtschaft und mit der Leitung der Aeroflot. Ich sammelte einen umfangreichen Fragenkatalog, dessen Bearbeitung unserem Land einen direkten Nutzen bringen konnte. Ich verfügte über ziemlich solide Kontakte in Panama. Deshalb war die Regierung der Meinung, ich würde die Verhandlungen erfolgreicher führen können als vorherige Vertreter verschiedener Institutionen. Nachdem ich das Einverständnis erhalten hatte, machte ich mich auf den Weg über den Ozean.

Mein Plan war einfach: Entweder vereinbaren wir den Aufbau diplomatischer Beziehungen zwischen der UdSSR und Panama oder wenigstens ein Konsulat, damit es einen normalen ständigen Kanal des zwischenstaatlichen Austausches gäbe. Weiter-

hin war ein Abkommen über die Wartung der Schiffe unserer Fischfangflotte in den panamaischen Werften vorgesehen, um sie nicht ewig weit zu ihren Registrierungsstandorten schicken zu müssen. Das Entgelt hierfür waren die Fischer bereit, mit einem Anteil ihres Fanges zu zahlen. Es mussten nur unsere Rechte für den Fischhandel angesprochen werden.
Weiterhin musste über Charterflüge der Aeroflot verhandelt werden, die den Wechsel der Schiffsbesatzungen absichern sollten. Die Aufgabenstellungen trugen eindeutig volkswirtschaftlichen Charakter und jegliche Hintergedanken über irgendwelche Nebeneffekte hat jeder dieser primitiven »Dichter« selbst zu verantworten.
Mein erstes Vorhaben, nachdem ich in Panama angekommen war, bestand darin, die Orte der Erinnerung an General Torrijos aufzusuchen. Immer in Begleitung von Leutnant Jose de Jesus Martinez (Tschutschu) war ich im Stadthaus des verstorbenen Generals, in den ein Museum eingerichtet worden war. Als ich in das ehemalige Büro von Torrijos eintrat, erstarrte ich erst einmal … Mit dem Rücken zu uns stand Torrijos selbst da, leicht nach vorn geneigt – vor einer großen Karte Panamas, die sich über die gesamte gegenüberliegende Wand des Büros erstreckte. Mir kam es so vor, als würde er sich jeden Moment umdrehen und fragen: »Hallo! Wie war der Flug? Welche Neuigkeiten gibt es aus Moskau?« Seine Figur, seine Haltung, seine Uniform, der schmerzlich bekannte Hut mit der Krempe … Und Schweigen … So einen Eindruck hatte ich niemals gehabt, wenn ich mir Wachsfiguren angesehen hatte. Die Gesichter sind meist unecht. Hier war das Gesicht in meinem Herzen, und alles andere wie im wahren Leben.
In einem anderen Raum fesselte eine Fotografie der Beerdigungsprozession am 4. August 1981, als Panama seinen leuchtendsten Nationalhelden auf seinem letzten Weg geleitete. Ich konnte meine Augen nicht vor der zentralen Figur des Trauerzuges abwenden – ein Kavalleriepferd, dem an der Seite ein Generalssäbel befestigt worden war. Im Sattel lagen der Hut und die Flagge des Toten. In die Steigbügel waren seine Stie-

fel eingepasst, jedoch mit der Ferse nach vorn. Dieses Bulgakow-Detail barg so eine tiefe schauerliche Mystik in sich, dass ich eine Gänsehaut bekam.
Ich bat um einen Flug nach Farallon, wo ich das erste Mal dem General begegnet war. Ich lese meine Tagebuchnotizen: »Alles dort ist anders. Früher war um das Haus keine Begrenzung, und man konnte mit allen Poren frei atmen. Jetzt ist es von einem hohen Ziegelzaun umgeben, oben darauf zieht sich eine Kante aus zerbrochenen Glasflaschenscherben entlang. Tschutschu hat nur mit Mühe jemanden herausklopfen können. Es kam ein schäbiger Mann heraus, der uns ins Haus einließ.
Gott sei Dank, steht das Haus des Wachschutzes mit dem Vordach, unter dem immer die Soldaten saßen, noch. Jetzt wächst alles mit Gras zu, sogar der betonierte Hubschrauberlandeplatz vor dem Haus. Der Anbau, in dem sich früher der ›Hauptschlafraum‹ befand, der mir einmal Obdach gewährt hatte, war abgetragen. Als ob das Haus einen leiblichen Bruder verloren hätte und verwaist wäre. Vom Meer ist das Grundstück jetzt durch einen Maschendrahtzaun mit einem oberen Abschluss aus Stacheldraht abgegrenzt. Man kann schon nicht mehr wie einst zum Ufer des Stillen Ozeans durchgehen oder einige bissige Worte den nach Hause strebenden betrunkenen Fischern zurufen; das wäre durch den Zaun unbequem. Der General mochte die ausgelassenen Geplänkel-Dialoge im Vorbeigehen mit ihnen so gern ...
Auf der Veranda ist alles noch so: Nur die Hängematte des Generals hängt anders, liederlich. Im Haus trägt alles den Stempel des Todes und der Verlassenheit. Alle Zimmer sind verschlossen, außer dem Speisezimmer. Dort steht eine Fotografie seiner Eltern und eine von ihm, auf der er gemeinsam mit seiner schönen Frau Rakel und irgendeinem, dem Aussehen nach europäischen, Politiker zu sehen ist. Die Europäer sind immer satte, glatte und selbstzufriedene Menschen. Der General hatte niemals einen solchen Gesichtsausdruck. Ihm standen Spuren tiefen Mitleids mit den Menschen ins Gesicht geschrieben.«
Ich seufzte, die Vergangenheit, ja, die kehrt nie mehr wieder.

Ich kehrte in die Hauptstadt zurück und beschäftigte mich mit den praktischen Dingen. Innerhalb von fünf Tagen, vom 16. bis zum 20. Januar 1989 gelang es mir, mehr als ein Dutzend wichtiger Treffen und Gespräche mit den bedeutenden Funktionären des Landes zu führen. Unter ihnen war der Stellvertreter des Außenministers Jose Maria Cabrera und der Abgesandte Panamas in der UNO, der Berater von Noriega, Professor Renato Pereira und Vorsitzende von politischen Parteien und Organisationen. Ein ganzer Tag war Gesprächen mit dem Generalstaatsanwalt der Republik Carlos Villalaz und dem Leiter des panamaischen Antidrogendienstes Luis Ciel gewidmet. Die Treffen mit ihnen wurden auf meine Bitte hin organisiert. Ich wollte mich davon überzeugen, wie begründet die Beschuldigungen der Amerikaner gegen General Noriega wegen dessen Beteiligung am Drogenhandel sind. Ich hätte mich nicht ruhig gefühlt, wenn da Zweifel geblieben wären.

Der Generalstaatsanwalt gab bekannt, dass er sich offiziell an die Behörden der USA gewandt habe mit der Bitte, ihm alle zur Verfügung stehenden Angaben über die Mittäterschaft von General Noriega am Rauschgifthandel zur Verfügung zu stellen. Er erhielt eine Ablehnung. Weiter berichtete er, dass die hauptsächlichen Tatvorwürfe auf den Angaben eines gewissen Milian Rodrigez beruhten, der seinerzeit von der panamaischen Staatsmacht wegen Drogenhandels verhaftet wurde. Die Untersuchungen in seiner Sache wurden von einer amerikanisch-panamaischen Ermittlergruppe durchgeführt. Er wurde dann an die USA ausgeliefert. Nachdem er bereits sechs Monate lang seine Haftstrafe in einem Gefängnis der USA verbüßte, brachte er plötzlich Beweise gegen Panama vor. Das rief einen ernsthaften Verdacht hervor.

Mir wurde gesagt, dass Panama die Goldmedaille der Internationalen Organisation zum Kampf gegen den Drogenschmuggel erhalten habe. Im Land gäbe es die einzige Diensthundeschule in Lateinamerika, die Hunde im Feststellen von Drogenverstecken ausbildet. Außerdem ersuchten die amerikanischen Fluggesellschaften darum, deren Flugzeuge auf den Fluglinien von Südamerika in die USA während der Zwischenlandung in Panama zu kontrollieren, um schweren Strafen und weiteren juristischen Folgen beim Auffinden von Drogen an Bord bei der Einreise in die USA zu entgehen. Die Erklärungen waren überzeugend darin, dass sie das Land und seine Regierungsstrukturen betrafen. Über General Noriega selbst haben wir selbstverständlich nicht gesprochen.

Am 19. Januar fand das Treffen mit dem General statt. Es war von der Teilnahme einiger Leute gesprochen worden. Ich hatte nichts gegen Film- und Fotoaufnahmen, da weder von Aufklärungsarbeit noch von Geheimhaltung die Rede sein konnte. Ja und das Gespräch selbst drehte sich um die Politik. Noriega sprach von der Leidensfähigkeit der Panamaer, von deren Beharrlichkeit und von ihrem Vermögen, nicht auf Provokationen zu reagieren, die von den Versuchen der Amerikaner geprägt waren, die Vertragsumsetzung zur Rückgabe des Kanals und der Kanalbauten an Panama am 1. Januar 2000 platzen zu lassen. Es wurden die Grundsätze der sowjetisch-panamaischen Zusammenarbeit bestimmt.

Man konnte sich schwer vorstellen, dass genau nach elf Monaten die USA gegen das winzige Panama zu einem ungeheuerlichen Militärschlag ausholte. Sie löschten die Kasernen und das Stabsquartier der Nationalgarde aus, die sich im Zentrum eines dicht besiedelten Hauptstadtteiles befanden. Es starben Tausende unschuldiger Bewohner der Armenviertel, die direkt bis zu den Gebäuden der Nationalgarde heranreichten. Die Welt konnte auch nie die genaue Anzahl der Opfer dieser Aggressionen erfahren. Das alles wurde als eine Aktion allein gegen General Noriega, der am Drogenhandel Schuld trägt, dargestellt. In einer normalen internationalen Gemeinschaft werden vergleichbare Ziele mit solchen barbarischen Mitteln nicht umgesetzt. Das Blut unschuldiger Kinder, Alter, einfacher Arbeiter wurde durch die Amerikaner während der Tage der Aggression reichlich vergossen. Es wird für immer im Herzen des ehrlichen Panama bleiben, wie die »Asche des Klaas« im Herzen von Till Eulenspiegel.

Es kam der Tag des Abschieds von Panama. Ich wusste, dass dies der Abschied von Panama für immer sein würde. Schon im Flugzeug sitzend schrieb ich: »Die Karibik! Das ist eine besondere Welt, wie eine Welt des Zirkus, der Operetten, des tragischen römischen Colosseums. Hier kennen einander alle, beinahe wie Verwandte irgendeines Familienzweigs. Die Schwäche und Verletzlichkeit eines jeden karibischen Staates macht ihre Regierungen listig, findig und klug. Torrijos hatte gesagt, ein großes Land zu führen, sei keine schwierige Sache. Die Mächtigkeit ist vorhanden – da braucht es keinen Geist. Je mächtiger der Staat ist, desto geradliniger, einfacher und dümmer sind seine Machthaber. Ich habe die karibischen Politiker wegen deren kindlicher Naivität, deren kleiner taktischer Lügen, deren Leichtigkeit des ›Aufstands‹, deren Einfachheit und menschlichen Umgangs gern. Ja, und weshalb nicht noch alles! Ich habe sie gern – so ist es. Sie wurden Teil meines Lebens; zum besten Teil. Ich verstehe Graham Greene. Er verehrt die Menschen der Karibik auch und hat ihnen so viele Bücher gewidmet. Bei mir hat das vor 36 Jahren begonnen, als ich Raúl Castro an Bord der ›Andrea Gritti‹ kennenlernte. Seitdem bin ich ihnen treu, und auch Mexiko, meiner alten zweiten Mutter Heimat.

Ich bin traurig, dass ich mich von der Karibik verabschieden muss, von ihren Führungspersönlichkeiten, von den Kokospalmen entlang des Strandes, von der schwülen Hitze, von dem stahlblauen Meer und von den wunderbaren Einwohnern dieses paradiesischen Eckchens, das von der Natur geschaffen worden ist ... Es ist an der Zeit, wie es die Berufsboxer sagen, die Handschuhe an den Nagel zu hängen. Unsere Regierung hat uns eigentlich nie gebraucht. Sie wusste auch ohne uns alles lange.«

In welcher Mission sich unser Bruder auch immer im Ausland befunden hat, in operativ-aufklärerischer oder rein diplomatischer wird der Gegner, das heißt die Geheimdienste der USA und anderer Länder, in ihm immer eine höchst unerwünschte Person sehen. In jedem Fall werden sie eine Außenüberwachung vornehmen, sein Hotelzimmer abhören, provozierende Anrufe inszenieren, mit allen Mitteln der Kunst auf die Nerven gehen. Selbst wenn ein Aufklärer, der den Amerikanern von einer früheren Operation her bekannt war, später mit einer offiziellen sowjetischen Delegation reiste, wurde ihm trotzdem besondere Aufmerksamkeit gewidmet und er wurde zur ersten Zielscheibe beliebiger kompromittierender Aktionen.

Die Rückkehr in die Heimat ist für einen Aufklärer immer ein Feiertag. Nur unter heimatlichem Himmel kann er die eisernen Fesseln der erhöhten Vorsicht und die schweren Ketten der Selbstdisziplin abwerfen. Alles gegen den Willen Gerichtete fällt irgendwie ab, und die Seele wird weit; sie ist kein Eisklumpen mehr. Aber diesmal hat mich die Begegnung mit der Heimat nicht gefreut. Alle meine Kollegen der Aufklärung bekannten, dass sie wie mechanische Spielzeuge arbeiteten. Sie handelten nach einem Programm, das sie selbst aufgestellt hatten. Ich schrieb an jenen Tagen ins Tagebuch: »Wir essen, trinken, gehen zur Arbeit, schlummern, schlafen und verstehen nicht vollständig, dass der Staat, dem wir unser ganzes Leben lang gedient haben, vor unseren Augen einstürzt und wir dem Vaterland nicht helfen können. Ich schäme mich nicht, der Größe und dem Ruhm der Heimat gedient zu haben. Aber beschämend ist, dass sich unter meinen Landsleuten so viele billige Seelen gefunden haben, die der Zerfall der Heimat und ihre Kraftlosigkeit und Hilfslosigkeit freut und die das als Tugend auslegen.«

Andererseits wusste ich seit langem, dass die tektonischen Verwerfungen im Schicksal unseres Landes unausweichlich sind und dass wir auf keinen Fall wie bisher weiterleben konnten. Meiner Tochter Irina habe ich bereits vor einem Jahrzehnt beigebracht, dass sie in einer anderen Gesellschaft leben und Zeugin umfangreicher sozialer Umbrüche sein wird. Die Geburt meiner Enkelin Natalja 1986 empfand ich symbolhaft wie die Geburt eines neuen und umgewandelten Lebens der Heimat. Aber ich war der Überzeugung, der vorhandene gesellschaftliche Geist und die Zivilisiertheit müssten ausreichen, um die

unvermeidbaren Veränderungen ohne Verluste für das Volk und für Millionen und Abermillionen Arbeitende durchzuführen. Und darin hatte ich mich geirrt.
1989 war das Jahr des Sturzes des sozialistischen Systems in Europa und es war gleichzeitig das Jahr des Entstehens einer Doppelmacht in der UdSSR. B. N. Jelzin wurde allmählich zum Anführer der oppositionellen Kräfte, die zur kommunistischen Partei in Konfrontation gingen. Am 27. März fanden erstmals Wahlen eines neuen, reformierten Parlamentes statt – der Kongress der Volksabgeordneten, aus dessen Kreis dann der ständig arbeitende Oberste Sowjet der UdSSR gewählt werden sollte. Die Wahlen fanden erstmals auf einer Mehrparteienbasis statt. In Moskau war der Aufhänger des gesamten Wahlkampfes die sich zur Wahl als Abgeordneter gestellten: B. Jelzin, der den Posten des Ersten Stellvertreters des Vorsitzenden von Gosstroj (Staatliches Bauunternehmen, Anm. d. Übers.) innehatte und E. Brakow, der Generaldirektor von SIL (russisches Automobilunternehmen, Anm. d. Übers.), der von den offiziellen Machthabern unterstützt wurde. Alle mit der Politik von Partei und Staat Unzufriedenen erwiesen sich im Lager von B. N. Jelzin. Sie machten in ihrer Masse, mit ihrer Aktivität und Unversöhnlichkeit auf sich aufmerksam. Die führenden Köpfe der KPdSU, die eine personifizierte politische Kurzsichtigkeit demonstrierten, begingen einen Fehler nach dem anderen. Warum auch immer hielten sie den Wortlaut der Jelzin-Rede auf dem Plenum des ZK im Oktober 1987 »geheim«, wo er den Rücktritt von seinen Parteiposten bekanntgab und damit selbst den Schritt in eine große politische Karriere machte. Erst jetzt erschien die Bekanntmachung in der Presse und verblüffte mit ihrer Inhaltslosigkeit. Eine konfuse Redeweise und eine verrissene Darlegung, dass das Tempo der Perestroika zu langsam ist, dass sie die Zustimmung im Volk verliert und dass irgendjemand schon wieder den Generalsekretär verherrlicht ... Und alles. Jeder Federkielhalter hätte das Hundertfache und prägnanter schreiben können. Aber die Leute haben eineinhalb Jahre über den Inhalt dieses Auftrittes gerätselt. Sie schrieben dem

neuen Robin Hood alles zu, was selbst gern den Parteibürokraten ins Gesicht gesagt hätten. Es wurden Legenden ersponnen über anklagende Hetzreden gegen Raisa Maksimowna, die sich angeblich dem Kauf von Wertgegenständen und Bekleidung widmete und ihre Befriedigung vor Fernsehkameras fand.

Direkt vor den Wahlen, Anfang März, hat sich ein verbohrter Parteidummkopf angemaßt, ein »Geheimdokument« gegen Jelzin zu verfassen und es an alle Parteiorganisationen in Moskau zu versenden. In diesem Papier – ohne Adressat und Verfasser – wurde Jelzin des Nihilismus bezichtigt sowie der Versuche, die Führung zu entzweien, sowie der Selbstdarstellung und anderes. Es wurden in diesem Dokument keine Hinweise gegeben. Den Leuten wurde »einfach« der Inhalt bekanntgegeben. Das war ein grober politischer Fehler, eben eine Dummheit. Selbst die diszipliniertesten Parteimitglieder waren über die Taktlosigkeit einer solchen Form der anonymen Stimmungsmache verärgert. Als sich das Gerücht über diesen anonymen Brief in Moskau verbreitete, entbrannte ein Skandal. Die Sekretäre der Stadtkreiskomitees wollten dieses Dokument einziehen. Aber die Sache war geschehen. Jelzin wurde zu so etwas Ähnlichem wie der Protopope Awwakum, ein großer Märtyrer.

Ein besseres Geschenk hätte ihm niemand machen können.

Am 16. bis 17. März passierte mit dem ZK-Plenum ein weiterer politischer Lapsus. Es wurde verbreitet, dass von einer Gruppe Arbeitern – ZK-Mitgliedern – der Vorschlag eingebracht würde, eine Arbeitsgruppe zur Prüfung von Jelzins Tätigkeit zu bilden. Das entsprach schon so gar nicht dem Zeitgeist. Es beteiligten sich sogar jene an Jelzins Verteidigung, die vorher nie etwas von ihm gehört hatten. Initiativkomitees und Vereinigungen zu seinem Schutz wurden gebildet.

In Frankreich sagt man: »Wenn man gestorben ist – dann für lange, wenn man ein Dummkopf ist – dann für immer.« Am 19. März beging die Führung nochmals eine Torheit. An diesem Tag sollte im Gorki-Park mit Einverständnis des Moskauer Stadtrates eine Demonstration mit einem Meeting zur Unterstützung Jelzins stattfinden. Die Miliz hatte es jedoch verboten.

Da durchbrachen 20.000 Jelzin-Anhänger die durchlässige Polizeiabsperrung, liefen zum Sowjetskaja-Platz und hielten das Meeting dort ab. Sie forderten von Gorbatschow, Jelzin den Zugang zu den Massenmedien zwecks Darlegung seines Programmes zu gewähren, über dieses Massenmeeting zu informieren und die Kommission zur Untersuchung der Tätigkeit Jelzins aufzulösen. Nach einigen Tagen kapitulierte Gorbatschow und erteilte die Anweisung zur Veröffentlichung der Plattform seines Gegners. Jelzin, durch den Erfolg gestärkt, forderte nunmehr die Abschaffung der führenden Rolle der Partei und ihre Unterstellung unter die Kontrolle der Volksabgeordneten.

Bei den Wahlen am 27. März 1989 erhielt Jelzin fast 90 Prozent der Stimmen und wurde gesamtnationale oberste Führungskraft, unterstützt von den vielen Millionen Moskauern. Der Gesellschaftsaufbau, der auf die herrschende Stellung der Partei gegründet war, und Gorbatschow persönlich, erhielten einen Torpedo-Schuss direkt vor den Bug. Jetzt sind sie verurteilt, immer mehr Schlagseite zu erlangen, weil Wasser in das Loch eindringt, bis sich das ganze System mit dem Boden nach oben dreht.

Alles, was danach passierte, trug den Stempel eines katastrophalen Machtverlustes in der Zentrale, der durch die ehrgeizige Rivalität zwischen Jelzin und Gorbatschow hervorgerufen worden war. Neben allem anderen stieß das Wesen dieser zwei Führungskräfte, ihre unerbittliche Rauflust, die ehemaligen Sowjetrepubliken von Russland, das heißt vom Zentrum, ab. Niemand wollte sich in die schicksalhafte Konfrontation einmischen oder hineingezogen werden.

Der Wirbelwind der »dunklen« undurchsichtigen Information über die Lage im Land bringt die Leute durcheinander, verdeckt ihnen die Augen, wirft sie von den Beinen, sinnentstellt alles. Er weht von überallher: von außen und von innen. Jelzin erschrickt Gorbatschow mit einer Welle der Gewalt, mit einem Bürgerkrieg. Der Westen hört auf, uns zu glauben. Am 27. September 1989 habe ich vermerkt, dass der Leiter der Ostabteilung der »Deutschen Bank« im Gespräch mit führenden

Parteimitgliedern direkt gesagt hat, der Westen glaube nicht mehr an die Stabilität der UdSSR. Die Kreditwürdigkeit unseres Landes sei in Frage gestellt (sie war vorher nie in ernsthaften Angelegenheiten geprüft worden). Kredite würden nicht mehr ausgereicht, obwohl sie noch vor einem Jahr zuhauf angeboten wurden. »Entschuldigen Sie bitte«, wird jetzt gesagt, »aber als Partner sind Sie nicht mehr interessant.« Ein ähnliches Gespräch führte der Generaldirektor des Konzerns FIAT, Agnelli, mit dem Botschafter in Italien, Lunkow, in dem er sagte: »Sie halten schon vier Jahre lang Meetings ab und arbeiten nicht. Wir sind das leid. Erwarten Sie kein Entgegenkommen von uns. Es muss doch endlich wieder Ordnung hergestellt und die Sache angegangen werden!«

Eine Gruppe Experten des föderativen Reservefonds der USA kehrte von einer Reise in die UdSSR mit Schrecken über das Gesehene zurück. Sie waren erregt von der Desorganisation unserer Finanzen. Sie konnten sich nicht vorstellen, dass der gegenwärtige Rubel, der hundert verschiedene Aufmachungen hat, das verbindende Element des gesamten Wirtschaftssystems sein sollte. »Das ist das Gleiche«, so sagten sie, »als wenn man ein Maß verschiedener Länge für einen Bau benutzen würde.«

Ende Oktober 1989 versammelte Gorbatschow, ganz im Geiste alter Traditionen, die Medienchefs, um sie ernsthaft ins Gebet zu nehmen wegen ihrer überflüssigen Ausschweifungen, wegen der apokalyptischen Prognosen und weil sie Nervosität und manchmal auch Panik unter der Bevölkerung verbreiten würden. »Wie können Sie nicht verstehen, dass wir alle bis zu den Knien im Benzin stehen und ein Streichholz reichen würde, um eine Explosion zu bewirken«, sagte er. Dann ging er auf den Chefredakteur von *Argumente und Fakten*, W. Starkow, los, der, als er das Rating der Politiker herausbrachte, Gorbatschow hinter solche Menschen wie A. Sacharow, T. Gdljan und andere stellte. Er empfahl ihm, in den Ruhestand zu gehen. Aber Starkow revanchierte sich: Gorbatschow selbst solle doch gehen. Das Treffen entfernte die Presse noch weiter von der Partei. In den Zeitungen, im Fernsehen, im Radio, überall wurde dersel-

be politische »Pornomist« verbreitet. Die gestrigen Schönfärber waren wütend auf ihre ehemaligen Gönner und beschimpften sie aus ganzem Herzen. Ein Lakai, der sich plötzlich als Hausherr fühlt, ist immer gemein. Er ist taktlos und ungebildet. Und nur in einem unübertroffen – in seiner Flegelhaftigkeit.
In dieser für das Vaterland beschwerlichen Zeit konnte die Presse nicht zu einem vernünftigen Mentor, zu einem Wegweiser der Gesellschaft werden. Sie war darauf nicht vorbereitet und führte ihre Rolle als Beiwerk fort und noch dazu als Anhängsel aggressiver gesellschaftspolitischer Kräfte, die zu beiden Seiten der Barrikaden zu finden waren.
Um den de facto vollzogenen Abstieg unseres Landes in die unterste Liga der Staaten zu unterstreichen, übergab der Staatssekretär der USA, D. Baker, unserem Minister E. Schewardnadse am 1. Dezember 1989 während eines überflüssigen Treffens auf höchster Ebene zwischen der UdSSR und den USA auf Malta (wiederum weit weg von den Demonstranten, das ist sicherer) an Bord des Schiffes *Maxim Gorki* ... einfach so ... außerhalb der Tagesordnung ... zum Andenken ein Schriftstück in die Hand. Diese Bescheinigung nannte sich: »Möglichkeiten, die die UdSSR im Ergebnis der militärischen und wirtschaftlichen Hilfe an andere Staaten verloren hat«. Dort war davon die Rede, dass die UdSSR jährlich 15,5 Milliarden Rubel allein für die Unterstützung von sieben Ländern aufwendet (Afghanistan, Angola, Kambodscha, Kuba, Äthiopien, Nicaragua, Vietnam), wo doch gleichzeitig großer Mangel die Stabilität in der Sowjetunion selbst gefährdet. »Sie haben im eigenen Land einen unbefriedigten Bedarf in Höhe von 90 Milliarden und unterstützen das Ausland weiter.« Im Weiteren folgten »Ratschläge«. Zum Beispiel würden insgesamt 100 Millionen Dollar reichen, um ein Werk mit einem Ausstoß von 20 Tonnen Zahnpasta zu errichten. Für 500 Millionen könntet ihr (das heißt wir) die Seifenproduktion pro Kopf der Bevölkerung auf das Zehnfache steigern. Für den gesamten Umfang der »Hilfe« könntet ihr 1,4 Millionen Wohnungen pro Jahr oder 388.000 Kilometer Straßen bauen und so weiter und so fort.

So verwies uns Baker auf den gebührenden Platz »in der Ecke unter der Bank«. Er riet uns, von unseren letzten verbliebenen Freunden loszusagen und uns mit der Herstellung von Seife und Zahnpasta zu beschäftigen.

Zu Beginn des Januars 1990, meines letzten Jahres in der Aufklärung, lud ich einen meiner alten Freunde zum Mittagessen ein. Er war ein bedeutender diplomatischer Vertreter und Mitarbeiter des Außenministeriums. Ich wollte mich mit ihm austauschen und die Sicht auf die Dinge von einem ruhigen, ausgeglichenen Menschen in Erfahrung bringen. Aus der ständigen Angewohnheit heraus, mich kritisch selbst zu beobachten, stellte sich mir die Frage, ob ich nicht die Welt »zu schwarz« sähe; schaue ich etwa durch Rauchglas; habe ich so etwas wie eine Berufskrankheit? Mein Gesprächspartner war ein erfahrener professioneller Mensch, rusofob, mit einem unwahrscheinlich breiten Horizont. Er erzählte, wie Busch sich gähnend und uninteressiert auf Malta die langatmigen verbalen Ausführungen von Gorbatschow über unsere Perestroika anhörte, über dies und über jenes und gleichzeitig selbst aber über die letzten Details des achtzehn Tage später stattfindenden Schlages gegen Panama nachdachte. Mein Gast wertete unsere Politik gegenüber den USA als eine reine Wortvergewaltigung, einen »Wörterbrei«. Er sagte: »Die USA haben nicht einen einzigen Schritt in Richtung der Interessen der UdSSR unternommen. Sie fingen ein Wortspiel an, und mehr nicht. Bei allen Treffen haben sie uns neugierig beobachtet; nach einem ausgeküngelten Szenario stellten sie die verschiedensten Fragen, und dann schauten sie uns forschend in die Augen, was sich wohl in ihnen widerspiegeln und wie wohl die Reaktion sein würde?«

Übrigens haben die Amerikaner in jener Zeit ihre Spionagetätigkeit in der UdSSR sehr verstärkt. Professionelle Aufklärer in Moskau. »reine« Diplomaten führten pro Tag einige Treffen mit ihren »Verbindungsleuten« durch. Sie sammelten Informationen, gaben Ratschläge. Aber deren Kräfte waren nicht ausreichend. Aus den USA kamen viele Experten zu Hilfe, Delegationen, »Gäste des Botschafters«. Die Menge der westlichen Journalisten schnellte in die Höhe. Deren Anzahl hatte zu früheren Zeiten mehr oder weniger der Anzahl der sowjetischen Journalisten, die in den USA akkreditiert waren, entsprochen. Die Gäste »aus dem Ausland« überfluteten die UdSSR förmlich. Die Kontrolle über die Versendung der Einladungen und die Ausstellung der Visa war verloren gegangen. Ich erinnere mich daran, welches Unverständnis unseren Kollegen von der Spionageabwehr ins Gesicht geschrieben stand, als sie aus der Presse von einem Vor-Ort-Besuch einer amerikanischen »Expertengruppe« an den atomaren Anlagen nahe Tscheljabinsk erfuhren. Danach stellte sich heraus, dass ein in der Politik mitmischender Wissenschaftler sie eingeladen hatte. Niemand konnte wirklich erklären, welchen Nutzen die UdSSR oder Russland von diesem Besuch haben konnte. Für die Amerikaner kam so eine Visite einem bedeutenden Aufklärungserfolg gleich.

Der Zusammenbruch der Staatsmaschinerie griff um sich. Am 10. Januar 1990 berief Schewardnadse eine Beratung ein, bei der die Teilnehmer der sowjetischen Delegation, die die Verhandlungen in Genf (zur Reduzierung der strategischen Waffen) und in Wien (zur Reduzierung der konventionellen Waffen) führen würden, zugegen waren. Er verkündete, dass wir um jeden Preis Siege und Ergebnisse brauchen würden. »Verhandlungserfolge sind ein Garant für die Perestroika.« Er gab klar zu verstehen, dass wir nachgeben und Zugeständnisse machen sollten, und fügte noch hinzu: »Sie verstehen, dass ich mit dem Einverständnis von ganz oben spreche.«

Am 16./17. Januar, genau nach einer Woche, beorderte L. N. Sajkow die Arbeitsgruppe zur Abrüstung, also uns, in den Kreml. Wir sollten Direktiventwürfe und Hinweise für die Verhandlungsdelegationen erarbeiten. Er verkündete den Anwesenden: »Also, Genossen, wir müssen ernsthafter über die Verteidigungsfähigkeit unseres Landes nachdenken, über die Gefährdung durch den Gegner, nicht einfach ›Wasser ausschütten‹. Sie verstehen sicherlich, dass ich so etwas nicht in meinem Namen sage, sondern dass dies von ganz oben kommt.«

Auf der Beratung bei Sajkow war ich selbst anwesend. Zur Beratung bei Schewardnadse waren meine Mitarbeiter. Sie berichteten mir von den erhaltenen Instruktionen. Wir kratzten uns lange am Kopf und dachten darüber nach, was die »Oberen« nun eigentlich wollten. Er war schon ein eigenartiger Gratwanderer – dieser Gorbatschow!

Die Arbeit der Aufklärung verlor immer mehr ihre vorherige Bedeutung für den Staat. Nach dem Wechsel von Krjutschkow auf den Posten des Vorsitzenden des KGB war Generalmajor L. W. Scherbaschin Ende 1988 zum Leiter der Aufklärung ernannt worden. Ich kannte den neuen Chef sehr gut, obwohl unsere operative Tätigkeit in verschiedenen Regionen stattgefunden hatte: seine – in Südasien und meine – auf dem amerikanischen Kontinent. In der Ersten Hauptverwaltung genoss er einen guten Ruf – er verfügte über eine starke Professionalität und war frei von irgendwelchen Zwängen als politischer Analytiker. Er hatte alle Etappen der Herausbildung und des Heranwachsens eines Leiters der Aufklärung durchlaufen: vom operativen Bevollmächtigten bis zum Leiter der Verwaltung. Sein Weg war nicht nur auf Rosen geebnet. Es gab schwere Zeiten in seinem Leben, besonders die dem Verrat von Kusitschkin im Iran folgenden, wo in jener Zeit Schebarschin Resident war. Einige Zeit durfte ich sogar sein Chef sein: Er arbeitet als stellvertretender Leiter der Verwaltung Auswertung und Information der Aufklärung. Schebarschin eignete sich leicht und schnell neue große Bereiche an und gehörte eindeutig zur Art der Nonkonformisten. Seine Auswahl zum Leiter der Aufklärung war optimal.

Unter Schebarschin mussten wir uns bedeutend vor der Allgemeinheit »öffnen«. Die Anfeindungen gegen das Komitee für Staatssicherheit in der demokratischen Presse wurden so bösartig und provozierend, dass die Leitung der Aufklärung mit Krjutschkows Segen begann, vor Arbeitskollektiven Rede und Antwort zu stehen und den Sinn und den Inhalt unserer

Arbeit zu erklären. Wir wollten erklären, dass die Aufklärung kein Parasit am Hals des Volkes ist, sondern seine Augen und Ohren. Außerdem kann die Aufklärung auch Vorteile in geldlicher Hinsicht für die Betriebe bringen: Wir bekamen solche wissenschaftlich-technischen Geheimnisse heraus, die zehn und hunderte Millionen Dollar gekostet hätten.

So war ich auch gemeinsam mit Schebarschin bei dem Treffen mit einem Kollektiv des bekannten Moskauer Flugzeugbauwerkes »Banner der Arbeit«. Und mit derselben Mission fuhr ich zum Lichatschow-Werk, zur Moskauer Staatlichen Universität, ins Ministerium für Eisenbahntransport und so weiter. Das Interesse des Auditoriums an unseren Veranstaltungen war riesig. Die Atmosphäre in den Arbeitskollektiven war unverändert freundschaftlich. Ich erinnere mich nicht an eine Frage von den hunderten gestellten, die von dem Wunsch, uns zu piesacken oder uns zu verletzen, geprägt gewesen wäre – worauf damals ein Großteil der Journalisten spezialisiert war. Ich wollte sogar dem Rat Krjutschkows folgend in den Ural fahren, zu den großen Industriezentren, aber die Ereignisse verwarfen meine Pläne. Diese Treffen überzeugten mich von einem: Der überwiegende Anteil des werktätigen Volkes verhielt sich mit einer durchgängigen Verachtung zu allen Politikern, die in einem blutig-schmutzigen Knäuel verwickelt sind und sich gegenseitig im Kampf um die Macht an die Gurgel gehen. Die Menschen plagten ganz andere Probleme: Wie wird sich der morgige Tag im Land gestalten, wird das Volk durchstehen, wie wird das Schicksal des Industriepotentials im Land sein.

L. W. Scherbaschin gelang es, die Aufklärung als einheitliche Organisation, als kämpferische Kraft zu erhalten, aber längst nicht in dem Maße, wie es die politische Leitung forderte. Soviel ich weiß, lebt und arbeitet sie auch jetzt, drei Jahre nach meinem Weggang aus der Aufklärung, noch und hat in dieser sehr schweren Zeit den Wechsel der Orientierungen und der Aufgabenstellungen überstanden. Derzeit halten in dem uns zur Heimat gewordenen Haus »Jasenewo« nach wie vor ehrliche Patrioten Russlands Wache, die bereit sind, ihre Kampfge-

fährten in vorderster Front zu ersetzen oder die nicht einfachen Aufgaben hier vor Ort mit ihren besonderen Mitteln zu lösen. Mut ihnen und Erfolge!
Am 24. April 1990 fand meinem Gedächtnis zufolge die letzte Parteiversammlung zur Rechenschaftslegung und Wahl in der Aufklärung statt. Das Hauptanliegen war die Wahl der Delegierten aus der Aufklärung zum letzten Parteitag der KPdSU, der für den Juli vorgesehen war. Aber der ganze Saal wartete auch mit Ungeduld auf die Rede des Vorsitzenden des KGB, Krjutschkow, zur Lage im Land. Der Vortrag hat die Zuhörer nicht befriedigt. Nach den Worten Krjutschkows war die Hauptaufgabe nunmehr die wirtschaftlichen Reformen – »das größte Ereignis nach dem Oktober«. »Wir brauchen eine Marktwirtschaft, die der Selbstregulierung unterliegt.« Dann wurden wieder Ziele verkündet, aber keine Konkretisierung der Pläne einer praktischen Umsetzung der Reformen vorgenommen. Er sprach etwas vage. Das Wesen der Reform entglitt immer wieder. Völlig ungewöhnlich für Krjutschkow, den langjährigen Chef der Aufklärung, war die Verwendung von Zahlen, die Zweifel im Saal hervorriefen. Bei den Zuhörern blieb ein Gefühl der Aufruhr, der Unglaubwürdigkeit und des wachsenden Misstrauens in die eigenen Führungskräfte.
Die Aufklärung schickte drei Delegierte zum Parteitag. In einer ungewohnt demokratischen Atmosphäre wurden sieben Kandidaten aufgestellt, die ersten waren Krjutschkow und Schebarschin. Mein Name existierte auch unter den fünf anderen Kandidaten. Der Vorsitzende des KGB und der Leiter der Aufklärung erhielten eine große Stimmenmehrheit bei der geheimen Abstimmung – soweit die Antwort auf die Frage, ob sie Autorität und Vertrauen unter den Aufklärern genossen. Ich zog meine Kandidatur nicht zurück, obwohl die geübte Praxis und der Takt von uns, den Untergebenen, das Zurücknehmen der Kandidatur verlangten, wenn ranghöhere Leiter auch mitkandidierten. Irgendjemand flüsterte: »Wenn du für den Parteitag ausgewählt wirst, dann tritt entschieden und radikal gegen die gesamte Parteispitze auf, die sich in Intrigen

verwickelt hat und die Partei zum Scheitern bringen wird.«
Ich hatte natürlich vor, den gesamten Inhalt dieses Buches in eine sieben- bis achtminütige Ansprache hineinzupacken und mir unmittelbar das Recht an der Teilnahme an der Debatte zu erwirken.
Ich dachte an ein Gespräch, das ich mit Krjutschkow auf einem Waldweg, den wir einige Zeit morgens gemeinsam zur Arbeit liefen, geführt hatte. Irgendwie hatte er mich unvermittelt gefragt: »Wollen Sie nicht in die Politik einsteigen?«
Ich antwortete: »In die Politik würde ich wohl einsteigen – nie im Leben aber in die politischen Intrigen.«
»Wie verstehen Sie Politik?«, folgte die nächste Frage.
Ich antwortete darauf, dass ich unter Politik eine solche Verhaltenslinie verstehe, bei der der Leader klar und deutlich sein politisches und sozialwirtschaftliches Handlungsprogramm formuliert, es öffentlich macht, darum kämpft, dass die Mehrzahl der Wähler, seiner Mitbürger, dieses Programm annehmen und teilen könnten, um es daraufhin mit Leben zu erfüllen. Ja, und mir kam es so vor, als ob bei der Wahl der Delegierten zum Parteitag eine durchsichtige Chance winkte, nicht mehr nur zu einem beruflichen Thema, sondern zu einem politischen Thema zu sprechen. Ja, aber wie die Männer in meinem Heimatdort witzeln, »einer stoßenden Kuh gibt der Herrgott keine Hörner«. Nicht einer der übrigen fünf Kandidaten erhielt die erforderlichen 50 Prozent der Stimmen und kam demzufolge auch nicht zum Parteitag. Die Aufklärung verlor sogar das Recht auf das dritte Mandat.
Natürlich war ich naiv zu glauben, dass ich auf die Tribüne komme. Wahrscheinlich wäre mir das auch mit dem Mandat in der Tasche nicht geglückt. So musste ich am Fernseher der Agonie und dem Sterben der Partei zusehen, mit deren Namen nicht nur eine Generation in den Tod gegangen ist – und das will viel bedeuten.
Der Parteitag fand ab 1. Juli 1990 im Kreml statt. Es waren alle Politbüromitglieder anwesend. Alle berichteten, dass sie wunderbar gearbeitet hätten. Es bleibt unverständlich, warum denn

dann alles so übel ist. Sie pfiffen nur Wadim Medwedjew, den Leiter für ideologische Arbeit aus. Am besten kann man es mit den Worten der Franzosen ausdrücken, die eine große Worteleganz besitzen. Folgendes berichtete die Zeitung *Le monde* in jenen Tagen über unseren Parteitag (und mit dieser Wertung bin ich übrigens voll einverstanden): »Ein hitziges und ungeordnetes Getue von über fünftausend Delegierten. Ihr wichtigstes Charakteristikum ist: Sie haben absolut keine Vorstellung davon, wo sie sich befinden und was sie wollen. Konservative? Reformer? Wir müssen diese Kategorien vergessen und verstehen, dass ein und derselbe Saal alle in seinen Bann gezogen hat. Sie applaudieren dem Hauptideologen der Perestroika Jakowlew genauso wie dem Anführer der Konservativen Ligatschow. Ein und dieselben Gesichter klatschen gleichartig Beifall für Persönlichkeiten, die etwa an Willy Brandt oder George Marché erinnern. Auf diesem Parteitag wird allen applaudiert, die etwas vorbringen und dies mit Überzeugung tun. Der Inhalt ist hierbei bedeutungslos ... Der Parteitag erweckt den Eindruck eines untergehenden Schiffes, dessen Passagiere zu den Rettungsbooten streben ... Jelzin hat am 3. Juli zielstrebig den Saal verlassen, um an der Sitzung des Obersten Sowjets seiner Republik teilzunehmen ...«

Zwölf Tage lang wurde im Kremlpalast heiße Luft von den Parteibürokraten verbreitet. Sie waren böse, verwirrt und ergossen sich in der Nostalgie über die »führenden Rolle«, aber sie waren außerstande, der Wahrheit des Lebens ins Auge zu schauen und sich der Partei selbst, also den Millionen einfacher Kommunisten zuzuwenden. Am Ende gaben sie aus Verzweiflung M. S. Gorbatschow ihre Stimme und sie mussten auf den Posten des stellvertretenden Generalsekretärs den vollkommen farblosen grauen Parteiapparatschik Iwaschko wählen, der von der Ukraine nach Russland geflohen war, wo er die Arbeit der Kommunistischen Partei zunichte gemacht hatte. Jegor Ligatschow – der letzte »Ritter« der KPdSU »ohne Furcht und Tadel« wurden bei den ZK-Wahlen mit 3.642 gegen 776 »dafür« Stimmen abgelehnt.

Der Parteitag brachte 260 Millionen einfacher Menschen der

Partei nicht näher. Er verabschiedete kein klares, verständliches und praktikables Programm. Im Parteiaktiv tauchte kein einziger neuer leuchtender Name auf. Vor dem Hintergrund des allgemeinen Mangels war das Defizit an Leuten mit Ideen und Charakter das Schlimmste.

Meine innere Erregung vom Parteitag war noch nicht ganz verflogen, als auch schon mein Chef anrief, der da sagte: »Fall nicht in Ohnmacht vor Überraschung, aber rufe jemanden an. Sie wollen dich als Kandidaten der Volksabgeordneten des Krasnodarer Gebiets gegen O. Kalugin aufstellen.« Du meine Güte! Der nächste Wahnsinn! Ich rief an und brachte meine Gründe und Einwände gegen diese unangemessene Aktion vor, die sich in einen »Operettenspaß« verwandeln konnte. Es vergingen keine zehn Minuten, und es wurde aufgeklärt, dass die Aufstellung der Kandidaten im Gebiet Krasnodar bereits einen Tag früher beendet worden war. Es waren schon zwanzig Kandidaten aufgestellt worden, und der Zug war sozusagen abgefahren. »Ja, ja«, schüttelten wir unter den Kollegen die Köpfe, »welche Aktion unsere führenden Köpfe auch starten, sie erweist sich immer als eine vorgestrige.«

Bei diesen Wahlen, die in einer überhitzten Atmosphäre des Antikommunismus stattfanden, siegte Kalugin. Aber schon nach ein paar Jahren brach er dort fürchterlich ein und erhielt nicht einmal 3 Prozent der Stimmen. Einen solchen Preis zahlen nicht nur die Krasnodarer, sondern unser gesamtes, in politischen Fragen leider sehr naives Volk. Sie wachen spät auf! Aber, Gott sei Dank, wachen sie überhaupt auf!

Ich weiß noch, wie Scherbaschin und ich an einem Tag Anfang Oktober um einen Termin beim Vorsitzenden des KGB Krjutschkow baten. Wir werteten die Erfahrungen des politischen Kampfes der letzten zwei Jahre aus und überzeugten unseren Chef davon, dass sich die KPdSU als politische Kraft durch die Vorgehensweisen ihrer obersten Köpfe und die Untätigkeit der Parteimassen endgültig kompromittiert hatte. Auf sie war der Unmut unserer gesamten Wehwehchen gerichtet. Das Volk schiebt ihr die Verantwortung für alles zu. Mit der gegenwär-

tigen Parteiführung existiert für uns nur ein Weg – ins Verderben. Es tut sich die Frage auf, ob wir mit dieser Parteiführung mit untergehen sollten? Wäre es nicht besser, öffentlich die Unparteilichkeit des Komitees für Staatssicherheit zu erklären und sie als berufliche Organisation vor einem Hineinziehen in die Mühlen politischer Befindlichkeiten zu retten?
Krjutschkow hörte uns aufmerksam zu und fragte nur zeitweise etwas nach. Er sagte seine Meinung zu unserem Vorschlag nicht, aber es war zu sehen, dass er in seinem Innersten unsere Meinung über die Parteiführung teilte. Sie war ja zu der Zeit auch die Staatsführung. Krjutschkow banden die Fesseln der Parteidisziplin, der er ja den höchsten führenden Organen der Partei angehörte. Er konnte uns sowohl auf Parteiebene sowie auch in dienstlicher Hinsicht zur Rechenschaft ziehen lassen, aber er tat es nicht. Ja, und wir wussten auch, dass wir nicht zu einem rückwärtsgewandten Konservator, sondern zu einem Menschen, der für seine Heimat brannte, gegangen waren. Jetzt war sichtbar, dass man das sozialistische Vaterland nicht retten konnte, aber man konnte wenigstens den Korpus der Verteidiger des Staates und seiner Rechtsordnung retten. So etwas wird jede nationale Macht benötigen, die ein Volk und dessen Vergangenheit generiert.
In der Presse platzen immer wieder Bomben unter bösartigem Gestank, mit dem die politischen Gegner die verbliebene Festung KGB torpedieren und auch die Aufklärung bekommt ihren Teil davon ab. Irgendein »anonymer Oberst, der dreißig Jahre beim KGB gearbeitet hat« gab dem *Sobesednik* (eine Beilage der Tageszeitung *Komsomolskaja Prawda*) ein eigenartiges Interview. Die meisten Beiträge richten sich gegen Andropow und Krjutschkow, obwohl es auch gegen andere ging. Es wird von 22 Verrätern gesprochen, über Schmiergelder an Parteiapparatschiks von ausländischen Residenturen der Aufklärung aus, von Korruption, über Personalauswahl nach Sympathien und nicht entsprechend der Fähigkeiten und vieles mehr. Der Autor behauptet selbstherrlich, dass er »noch hundert mal mehr berichten kann«. Uns ist klar, dass er bereits hundert-

mal mehr berichtet hat, vergleichbar mit dem, wenn er bei der Wahrheit geblieben wäre. Aber die Eckpunkte der Attacke sind nicht ausgedacht, sie sind eigenverursacht. Also ist es einer »von uns«, aber er ist ängstlich und verbirgt sich in der »Anonymität«. Unterschwellig merkt man dem Interview das Feuer unbefriedigten Ehrgeizes an. So etwas bringt Menschen oft zu unanständigen Handlungen.
Aber in der Aufklärung flüstern alle. Viele sind schadenfroh über die im Interview benannten Kollegen: Es sind wahrscheinlich auch nicht die Besten in der Aufklärung. Und die Erwähnten laufen mit eingezogenen Schultern umher. Im Kollektiv gärt es zusehends. Unter den Offizieren macht sich der Wunsch breit, die Aufklärung aus dem KGB herauszulösen, sie zu entpolitisieren, sie dem Präsidenten zu unterstellen, aber vielleicht auch an Russland zu übergeben ...
L. W. Scherbaschin öffnet die Türen der Aufklärung noch weiter. An den ersten freien Tagen im September jeden Jahres, um den Geburtstag von F. E. Dzierzynski herum, begehen wir immer unseren beruflichen Feiertag, bei dem die neue Generation der Aufklärer ihren Treueid auf das Vaterland ableistet. Danach folgt ein kurzes Meeting, die Kranzniederlegung am symbolischen Grab des »unbekannten Aufklärers« und Sportveranstaltungen. 1990 wurde an diesem Tag erstmals das Territorium unseres »Städtchens« für die Familienmitglieder der neuen Aufklärergeneration geöffnet. Es war ungewöhnlich, die gut gekleideten Frauen und die Kinderherden zu sehen, die argwöhnisch in die Fenster unserer Dienstgebäude blickten. Sie freuten sich über die ungewöhnliche Sauberkeit und Ordnung. Und dazu noch die Sonne, das kupferfarbene Orchester und die Fahnen ... Wir hörten die kurze, aber begeisternde Rede von George Blake, des klugen, willensstarken, legendären Aufklärers, der an den Sozialismus geglaubt und ihn niemals verleugnet hat. Er sagte, dass der Menschheitstraum von einer gerechten kommunistischen Gesellschaft nicht stirbt, soviel er jetzt auch mit Füßen getreten und schlecht gemacht wird. Er wird auf einem anderen Level der Geschichte Wirklichkeit werden. Da stimme ich mit ihm

überein. Aber »in der freien Natur«, hinter dem Zaun, fordert eine Horde Ehrgeiziger die Macht, wie Diabetiker ihr Insulin bei einer Unterzuckerung.
Die Zänkerei der »Führer« ergießt sich von Stunde zu Stunde immer mehr. Gorbatschow ist neuerdings bestrebt, mit Befehlen zu regieren und Jelzin schickt ihn damit immer sonst wohin … Beide ziehen die Decke vehement zu sich. Der Erstere bekräftigt, dass es für einen allmählichen Übergang plädiert, der Zweite – will den Markt. Nun darin liegt der ganze Weisheit ihrer Politik, man hat sie so satt, wie einen schweren Traum in einer stürmischen Nacht. Weit nach Mitternacht leuchten noch die Mattscheiben der Fernseher, auf denen verbissene Gesichter reden, reden und reden. Recht haben jene, die behaupten, dass unser nationales Bewusstsein ins Wanken geraten ist.
Nirgendwo schlägt man sich mit solch einem Zorn um die Macht, weil nirgendwo ein Mensch so viel von seiner Macht hat wie bei uns.
Wir erdreisten uns, fortlaufend gegen konfrontative Ansätze in der Außenpolitik anzugehen und entfachen gleichzeitig die Flammen der Konfrontation bei unseren inneren Angelegenheiten. Der Morast saugt unsere politische Führung immer weiter auf. Der Sumpf steht uns schon bis zur Halskrause. Eine Hoffnung, plötzlich festen Boden unter den Füßen zu spüren, gibt es schon nicht mehr. In den Augen der führenden Politiker ist immer häufiger die Angst eines verendenden Tieres zu sehen. Sie wollen um jeden Preis die Todesstunde hinauszögern.
Am 19. Oktober 1990 nahm der Ministerrat den Beschluss an, vor den USA auf die Knie zu sinken und um humanitäre Hilfe in Form von Medikamenten zu bitten. Es wurde nicht darüber gesprochen, welche Medikamente gebraucht werden und wohin die Präparate gehen sollen. »Gebt uns irgendetwas!« – so lautet der inständigste Wunsch der Funktionsträger aus Politik und Wirtschaft. Ende Oktober 1990 kehrte Gorbatschow von einer fünftägigen Reise nach Spanien und Frankreich zurück, wo er buchstäblich um jedwede Hilfe bettelte. Den Gastgebern

wäre es einfach unangenehm gewesen, einem Nobelpreisträger etwas abzulehnen und sie sagten zu, ihm etwas in seine ausgestreckte Hand zu legen. Die Spanier versprachen 1,4 Milliarden Dollar, die Franzosen – etwa eine Milliarde Dollar. Aber wie immer in den letzten Jahren waren diese Versprechen nicht mehr als ein »über den Kopf streicheln«. Sie wurden nicht in konkreten Vereinbarungen verankert. Niemand kann sagen, ob sie diese Mittel auf staatlicher Ebene geben werden oder ob sie als einzelne Kredite ausgereicht werden. Weiterhin blieb unklar, wann diese Mittel zur Verfügung gestellt würden und zu welchen Bedingungen. Für welche Ziele würden wir sie einsetzen?

Äußerlich vermittelt alle Welt wie verschworen bei völlig korrektem Verhalten den Anschein, dass wir allen anderen gleichwertig sind, aber innerlich halten sie uns für wirtschaftlich und politisch bankrott.

Mich regte einfach das Verhalten der Amerikaner uns gegenüber wegen der Überprüfung einiger unserer Mikrobiologie-Betriebe auf. Die hatte ein Verräter angezeigt, der in diesem Wirtschaftszweig gearbeitet hatte und in den allgemeinen Wirren ins Ausland geflohen war. Der stellvertretende Staatssekretär Bartolomiew lud unseren Botschafter in Washington ein und sagte ihm in etwa Folgendes: »Also, sagen Sie bitte Ihren Leuten dort, dass wir zum 28. November zwölf Inspektoren zu Ihnen schicken wollen. Darunter werden auch Engländer sein (es war eine kollektive Vergewaltigung geplant!, N. L.). Sie zeigen Ihnen fürs Erste vier Objekte (es folgte deren Benennung, N. L.). Ich bitte Sie, sich zu unseren Leuten höflich und sorgsam zu verhalten. Sie werden sich an jedem Objekt zwei, drei Tage aufhalten. Geben Sie Ihnen bitte eine Liste aller wissenschaftlicher und anderer Mitarbeiter, und unterweisen Sie diese bitte, sich an ihren Arbeitsplätzen aufzuhalten. Wir werden mit einigen von ihnen reden. Die Auswahl treffen wir. Bereiten Sie bitte alle Finanzen auf, das Rechnungswesen auch – das hilft uns. Öffnen Sie uns den Zugang zu dem gesamten Betrieb. Wir werden Proben nehmen und fotografieren.«

Der Botschafter, der nach den Prinzipien der Beachtung einer Gegenseitigkeit erzogen war, wollte über die Anreise unserer Fachleute verhandeln, aber Bartolomiew winkte gereizt ab und fügte zimperlich hinzu: »Was wollen Sie? Keine Gegenseitigkeit ... wir wollen uns nicht von einer wichtigen Sache ablenken lassen. Ja, und bedenken Sie bitte dabei, dass diese Sache auf unserer obersten Ebene abgestimmt worden ist, aber sie haben beschlossen, das nicht noch mit einem Handschlag zu besiegeln ...« Ich habe hier das Telegramm des Botschafters in Washington aus dem Gedächtnis wiedergegeben, jedoch fast wörtlich.

Ich muss nicht extra betonen, dass jeder, mit dem man so spricht, schon keine Beachtung mehr findet. Wie oft es unsere glücklosen Regierungsmitglieder auch wiederholten, dass wir eine Weltmacht sind – man hat sie schon gar nicht mehr für eine solche gehalten. Ein Spruch der Weisen aus dem Altertum lautet: »Es wird im Mund nicht süßer davon, wenn man wiederholt spricht: ›Halva, Halva ...‹.« (Süßspeise aus Ölsamen, Zucker und Honig, Anm. d. Übers.)

Drei Tage lang, vom 19. bis 21. November, liefen ohne Unterbrechung die Fernseher und Radios, die die Bedeutung des Pariser Treffens von 35 Präsidenten, Premierministern und Außenministern der europäischen Staaten sowie der USA und Kanadas übertrugen. Es wurde ein Abkommen über die Reduzierung konventioneller Waffen und Streitkräfte in Europa unterzeichnet. Journalisten schütteten über den Menschen säckeweise leere Worte aus, blähten den Kropf und sagten nichts Wesentliches. Aber das Wesen des Treffens war Folgendes: Wir unterschrieben einen Akt der Kapitulation im »Kalten Krieg«. Und was für einen! Wir verloren alle unsere Verbündeten und beschnitten bis zu einem vorgeschriebenen Niveau unsere Waffenarsenale. Was lässt man uns? 5.150 Flugzeuge gegenüber 6.800 bei der NATO (bei einer qualitativen Überlegenheit der NATO-Flugzeuge in fast allen Parametern), 1.500 Hubschrauber gegenüber 2.000 bei der NATO, 13.100 Panzer gegenüber 20.000 bei der NATO, 20.000 Panzerfahrzeuge gegenüber

30.000 bei der NATO, 13.000 Stück Artillerie gegenüber 20.000 bei der NATO.
Um diese Wahrheit zu vertuschen, spricht man von der gleichen Bewaffnung zweier Blöcke – der NATO und der des Warschauer Vertrages, obwohl sogar eine Schabe weiß, dass es den Warschauer Vertag gar nicht mehr gibt. Polen hat vor, die Truppen der NATO auf sein Territorium einzuladen und Ungarn macht kein Geheimnis daraus, um Aufnahme in die NATO zu bitten. Im »gesamteuropäischen Haus«, das unsere politischen Hypnotiseure der gesellschaftlichen Meinung so oft beschworen haben, gibt es für uns bestenfalls einen Platz in der Abstellkammer.
Ebenfalls in Paris haben die führenden Politiker des Westens tatkräftig die praktische Frage der bevorstehenden Zerschlagung des Irak beraten. Bei bilateralen Treffen waren die Pläne bereits vorher abgestimmt worden. Unser schlafwandlerisches Verhalten betrachtete der Westen mit unverhohlener Ironie und betrachtete das in Paris unterzeichnete Dokument als das letzte, unter dem die Unterschrift des Staatsoberhauptes eines verschwindenden Staates – der UdSSR – stehen wird.
In jenen Tagen notierte ich: »Unser Präsident hat stark nachgelassen. Das ist auch äußerlich zu sehen. Er ist gealtert, hat abgenommen, das Gesicht ist maskenartig geworden, hat die Merkmale und den Ausdruck eines normalen Menschen verloren. Es drückt ihn die Mütze des Monomach (mit Edelsteinen verzierte Zarenkrone aus Gold mit Zobelpelzrand im alten Russischen Reich, Anm. d. Übers.), aber er kann sie nicht selbst absetzen. Er hat keine Kräfte – weder physische noch psychische. Und sie drückt ihn selbst bald endgültig zu Boden! Was wäre das für ein interessantes Bild für einen Filmregisseur vom Schlag Kurosawas!«
Wir befassen uns in der Aufklärung schon überhaupt nicht mehr mit unseren Dingen. Wir müssen auf Befehl von oben aussagefähiges Material für jede weitere Vorstellung der politischen Improvisationskünstler vorbereiten. Sie bitten uns zum Beispiel um Material über die Arbeit des Vizepräsidenten der USA. Das bedeutet, dass auch wir vorhaben, die Institution

eines Vizepräsidenten einzuführen. Wir waren an die Erfüllung dieser Aufträge gewöhnt, obwohl sie sicherlich durch das USA- und Kanada-Institut qualifizierter erledigt worden wären. Offensichtlich wollte man sie nicht in die Karten schauen lassen. Wir hatten kaum diese Aufgabe erledigt, als man uns bat, eine Beschreibung des Nationalen Sicherheitsrates der USA zu schicken (wir wollten wahrscheinlich auch so etwas). Wir erstellten das entsprechende Dokument. Dann kamen Aufträge zur Struktur des Weißen Hauses, zur Regierung der USA und so weiter. Und schlussendlich wurden wir aufgefordert, einen Dokumentenentwurf zur Arbeit unseres zukünftigen Sicherheitsrates sowie über die Zusammensetzung und die Struktur der Unionsregierung zu erstellen. Wobei wir nur 36 Stunden Zeit für dafür hatten und noch dazu ein Sonntag mit genutzt werden sollte. Das war schon der Gipfel der Desorientierung und Verworrenheit!

Aber die Aufklärung war damit beschäftigt, für ihre Mitarbeiter Lebensmittel heranzuschaffen. In diesen Tagen versammelte der Chef die Leiter der Unterabteilung und sagte, dass es an der Zeit sei, über eine Eigenversorgung nachzudenken – Schweine, Kaninchen und Legehennen zu halten, sich umzusehen, auf welchen Flächen man Landwirtschaft betreiben könnte. Es sollten Direktlieferanten mit Festpreisen gesucht werden und dazu Kontakte im ganzen Land genutzt werden. Die Mitarbeiter unserer Wirtschaftsabteilung sprachen, dass acht Sowchose bereit sind, uns mit Lebensmitteln zu beliefern, aber nur unter der Bedingungen, dass wir Arbeitskräfte bereitstellen, ihnen die abgeschriebenen Fahrzeuge verkaufen oder übergeben und nur darüber hinaus bereit sind, sich entsprechend der vereinbarten Festpreise in Geld bezahlen zu lassen. Wir waren schon früher bestrebt gewesen, uns von staatlichen Lieferungen unabhängig zu machen, hatten das aber nicht geschafft. Doch jetzt mussten wir es in Angriff nehmen.

Es wurde der Vorschlag unterbreitet, alle Offiziere, die im Ausland arbeiten, sollten ein Prozent ihres Gehalts in Valuta für den Erwerb von Medikamenten für unsere Polikliniken und Krankenhäuser abgeben. Dort werden ja auch die Verwandten

der Dienstreisenden und die Rentner behandelt. Kurz gesagt, überall war die nahende Katastrophe zu spüren.
Während meiner letzten Dienstreise als Aufklärer in eine Reihe Länder im Dezember 1990 wollte ich die Aufklärer etwas aufrichten, die fern der Heimat wie betäubt von der Flut widersprüchlicher Informationen aus der UdSSR – und Maßnahmen zur Sicherung unserer operativen Kapazitäten entwerfen. Ich verstand auch, dass ich zu einem Abschied von den Kampfgenossen, darunter auch ausländischen, fuhr.
In den Botschaften herrschte Tumult. Unlängst arbeitslos gewordene Sekretäre von Parteikomitees waren zu Beratern in Verwaltungs- und Personalfragen »mutiert«. Ungeachtet dessen zitterten sie davor, ob nicht von oben oder von unten die berechtigte Frage nach dem Wegfall ihres Posten insgesamt gestellt würde. Botschafter, und sogar die (besonders die sogar!), die früher ein Vierteljahrhundert im Apparat des ZK gearbeitet hatten, stülpten sich schneller als andere eine demokratische Haut über. Sie wiesen an, die Leninbüsten aus den Vertretungen zu entfernen und riefen damit Skandale in den Kollektiven hervor. Am meisten beeindruckte mich der Widerwille der Menschen, in ihre Heimat zurückzukehren. Sie waren bestrebt, um jeden Preis ihre Dienstreise zu verlängern.
Und das schlug sich auf zerstörerische Weise auf die Moral und Ethik nieder. Die Menschen waren bereit, sich zu erniedrigen, sich einzuschmeicheln, nur damit sie sich länger von der verfluchten Heimat entfernt halten konnten.
Das Schwerste für mich war, das Prestige des Staates und des Volkes schwinden zu sehen. Noch drei Jahre zuvor waren wir geachtet gewesen. Der russische, der sowjetische Mensch rief ausnahmslos Interesse hervor, was auf einer Mischung aus rätselhafter Unbekanntheit, aus den zyklopischen Abmessungen unseres Landes und den vielfältigen Kulturen und schließlich aus Angst basierte. Wir begannen Mitleid hervorzurufen, im besten Fall wurde uns Mitgefühl bekundet, manchmal auch nur Bedauern. Wir wurden so uninteressant wie Vertreter jeglicher sich verabschiedender »Dritte Welt«-Staaten.

Ich schrieb diese Worte mit eine Gefühl tiefer Bitternis. Diese Schlussfolgerungen traf ich, nachdem ich alles mit eigenen Augen gesehen hatte – nach vielen Gesprächen mit Sowjetbürgern und Ausländern, mit alten Freunden und neuen Bekannten. In diesen Worten ist nicht ein Tropfen Selbstgeißelung eines Masochisten. Was ist das für eine satanische Bestrafung für eine menschliche Persönlichkeit, in so einer sogenannten historischen Zeit zu leben, aber wir leben genau darin! Ich erinnere immer der Worte, die ich einmal gelesen habe – ich weiß aber nicht mehr, wo: »Glücklich sind die Völker, die keine Geschichte haben.« Und tatsächlich, bis zu der Zeit, wo die prägendsten Einschnitte der Geschichte durch Kriege, Revolutionen, Konterrevolutionen, Umstürze, Verschwörungen und Haft geprägt werden, sind Menschen unglücklich und ihre Schicksale deformiert.

In der Nacht vom 12. auf den 13. Januar erstürmten Fallschirmjäger der Sowjetarmee den Fernsehturm in Vilnius, was zu einem mächtigen und bedeutenden Protest in Litauen führte und somit das Kreuz auf alle Hoffnungen des Erhalts dieser Republik im Bestand der UdSSR setzte. Alle drei Hauptstädte der baltischen Republiken verbarrikadierten sich gleichzeitig mit Zäunen, mit schwerer Bautechnik, mit Bauschutt, um Panzer und Kampftechnik nicht hereinzulassen. Aber die Russen brachen auch einen Streit vom Zaun. Während die Vertreter der Zentralregierung einen Schuldigen für die vorgefallenen Ereignisse in ihren Kreisen suchten und natürlich nicht fanden, eilte Jelzin nach Tallin und rief die Armee auf, das Baltikum zu verlassen. Er unterschrieb eine Vereinbarung über die gegenseitige Unterstützung, über die Achtung der Souveränität, über den Verzicht auf den Einsatz der Streitkräfte und so weiter. Er vergaß dabei nur die Interessen der russischen Bevölkerung, die sich nun außerhalb der Grenzen ihrer zersplitterten Heimat erwies. Das bekam sie sowohl von der Armee als auch von ihren Landsleuten zu spüren.

Ich hatte schon vorher gesagt, dass sich die baltischen Republiken aus verschiedenen Ursachen heraus am wenigsten mit der

UdSSR identifiziert hatten. Sie verhielten sich immer wie nicht zugehörig. Das nationalistische Herz in ihnen war unvergleichlich stärker. Die USA und viele westliche Länder erkannten (de jure und de facto) die Einbeziehung dieser Republiken in den Bestand der UdSSR nicht an, was dem »baltischen Problem« eine zusätzliche Eigennote verlieh. Hier war es fehl am Platz, von einer Position der Macht auszugehen. Das sahen die höheren Mitarbeiter des Komitees für Staatssicherheit auch so. Der damalige Vorsitzende des KGB der Litauischen SSR, Generalmajor R. A. Marzinkus, selbst Litauer, informierte Moskau in diesem Geist. Aber als er von einem bevorstehenden Einsatz der Armee erfuhr, gab er sofort seinen Rücktritt bekannt und kehrte nie mehr in den Staatsdienst zurück.
Die Aufklärung blieb außerhalb des staatlichen Fokus. Das war stark zu spüren; die Telefone auf dem Schreibtisch blieben still. Unwillkürlich dachte ich, dass ein zurückweichender Staat genau wie eine zurückweichende Armee eine Aufklärung weniger braucht. Sie geht in ihre Heimat zurück, tritt eigene Interessen, aber in die Fremde geht sie vorerst nicht mehr.
Am 28. Januar 1991 rief mich der Leiter der Aufklärung zu sich und informierte mich über meine bevorstehende Ernennung zum Leiter der Verwaltung Auswertung und Information des Komitees für Staatssicherheit.

Auf dem Posten des Hauptauswerters der Lubjanka

Ich wusste, dass mir nur einige Minuten Bedenkzeit blieben. Danach klingelte im Büro das Telefon. Es war der Vorsitzende des KGB, der mir jetzt schon offiziell den Vorschlag unterbreitete. In die Erste Hauptverwaltung wollte ich nicht gehen. Die Sanduhr meines Lebens lief im Jahr 63. Den Gedanken an den Ruhestand hatte ich schon fest in meinem Kopf. Das Kollektiv, die Freunde, die Lebens- und Arbeitsweise zu wechseln – war zu spät. Aber es war auch klar, dass es in der Aufklärung jetzt nichts zu tun gab. Außerdem war ich einer der ältesten Stellvertreter des Leiters der Aufklärung geworden. Die Wahl war einfach: Entweder einverstanden sein oder gleich in den Ruhestand gehen. Meine eigenen Schlussfolgerungen führten dazu, den Vorschlag anzunehmen. Mich hatten ja die letzten fast zwei Jahrzehnte zu einem professionellen Informationsmitarbeiter geformt, und das war es doch genau, was die Regierung und die Behörde und auch der Staat am meisten brauchten. Mir gefiel in einem gewissen Maße auch der Gedanke, mich mit heimischen Dingen zu befassen. Ich hoffte darauf, dass sich mir auch eine verborgene Seite der Vorgänge erschließen würde, die mein Auge bisher übersehen hatte. Anders gesagt wollte ich in unser hiesiges Gebräu eintauchen, um wenigstens nicht nur vom Hörensagen später über diese »historischen« Zeiten urteilen zu können. Dafür reichten die physischen und psychischen Kräfte aus. Ja und schließlich war es unvergleichlich ehrenvoller, den Dienst auf dem Posten des Leiters einer selbständigen Verwaltung zu beenden, als ein Stellvertreter, möge es sogar der des Leiters der Aufklärung gewesen sein.
Deshalb hatte ich beim nächsten Anruf des Vorsitzenden die Antwort schon parat: »Ich bin ein Soldat und bereit, den Befehl auszuführen!« Es begannen kurze Verabschiedungen. Wie

schwer sie doch in emotionaler Hinsicht waren! Man sagt die Wahrheit, wenn es heißt: Sich von einem Freund zu verabschieden, bedeutet, zur Hälfte selbst zu sterben. Und hier musste ich mich von insgesamt 33 Jahren angehäuften seelischen Reichtums verabschieden. Wie viele feuchte Augen sah ich. Und selbst lief ich immer mit dem festen inneren Vorsatz umher: »Bleib standhaft!« Nach einigen Tagen verließ ich endgültig »Jasenewo« und bezog mein neues Büro im Haus Nr. 1/3 an der Ecke der Puschetschnaja-Straße.
Die Verwaltung Auswertung des Komitees für Staatssicherheit war die jüngste Unterabteilung des KGB. Sie existierte erst einige Monate und war ein typischer »Neubau«. Der vorherige Chef Waleri Fedorowitsch Lebedjew war gerade erst zum stellvertretenden Vorsitzenden des KGB ernannt worden. Die Verwaltung als solche gab es eigentlich vorerst gar nicht, nur ein Skelett von ihr war da, und das auch nur zur Hälfte. Die Mitarbeiter waren aus anderen Unterabteilungen herausgenommen worden. Sie waren in den Fähigkeiten, ihrer Berufserfahrung und auch altersmäßig sehr unterschiedlich. Eigentlich war das erst eine Ausbildungsgruppe. Aber wir hatten keine Anlaufzeit.
Die Bekanntschaft mit dem Informationsdienst des Komitees für Staatssicherheit eröffnete mir ein bekanntes Bild: Ein abgedroschener Lokalpatriotismus, schwache Professionalität und der Wunsch, jedem bedeutenderen operativen Chef gegenüber die »Nüstern aufzublasen« und damit den Anschein zu erwecken, dass er allein Gott am Bart herumführt. Jede Hauptverwaltung oder einfach jede Verwaltung hatte ihren eigenen Informationsbereich, in dem das frustrierte oder anderweitig nicht einsetzbare Personal unterkam. Zahlenmäßig waren diese Bereiche beeindruckend groß, aber deren Effekte eher rachitisch. Die Fähigkeit, sinnhaft allgemeinstaatliche Probleme und tiefere Entwicklungstendenzen in der Gesellschaft zu durchdenken, befand sich auf einem sehr niedrigen Niveau. Aber auch nicht ein Leiter einer selbständigen Verwaltung wollte seine erhaltene Information der »fremden« Verwaltung Auswertung geben und sich damit die Möglichkeit eines Be-

richtes über seine, wenn auch unvollständige und unbewertete, Information verbauen. Es gab im KGB keine einheitliche Datenbank zur innenpolitischen sowie zur sozialen und wirtschaftlichen Problematik.
Wir begannen praktisch von Grund auf eine mehr oder weniger moderne Verwaltung Auswertung und Information beim KGB zu planen und stützten uns dabei auf die guten und bewährten Erfahrungen einer solchen Unterabteilung in der Aufklärung. Die Mitarbeiter der Verwaltung nahmen mich gut und vertrauensvoll auf. Ja, und ich hatte nicht den Eindruck, ein Neuling zu sein, der ohne Schutzanzug von Bord eines Raumschiffes geworfen wurde. Die Arbeit sah ich bei allem Manko deutlich. Schwieriger war da, sich in die Sphäre der höheren Leitungsebene »einzuklinken«. Es war eine verhaltene Unfreundlichkeit gegenüber dem »flinken« Aufsteiger aus der Aufklärung zu verspüren, der den gesamten Informationsdienst in eine Hand nehmen wollte. Ich beruhigte mich damit, dass die Kollegen auch bald die Notwendigkeit einer Zentralisierung der Information erkennen würden, um sie damit professioneller zu gestalten. Unsere ersten Schritte waren ermutigend. Wir schlugen vor, gemeinsame Dokumente für die anderen Verwaltungen vorzubereiten. Sie nahmen das gern in Anspruch. So hätten wir auch mit zwei- oder dreiseitiger Justierung in einem Jahr die erforderlichen Resultate erreichen können. Aber vorerst mussten wir Flexibilität und Taktgefühl aufbringen und die Leute davon überzeugen, dass wir Recht hatten, die analytische Arbeit besser führen zu können als andere.
Wir hatten nicht genug Material. Jeden Tag erhielten wir Informationstelegramme aus den Republiken, Gebieten und Oblasten. Es waren im wesentlichen negative Informationen. Sie gaben die realen Tendenzen der Lageentwicklung in unserem Land wider. Das Erste, was ich erfuhr, nachdem ich den Stuhl des Verwaltungsleiters eingenommen hatte, war die Nachricht, dass Moskau 1991 nicht 1,4 Millionen Tonnen Fleisch wie im vorigen Jahr erhält, sondern nur 1 Million Tonnen. Die Milchlieferungen werden von 6 Millionen auf 5 Millionen

Tonnen gekürzt. 17 Prozent des Zuckers im ganzen Land entfallen auf die Herstellung von Selbstgebranntem. Ein Wachstum war nur im Bereich der Kriminalität zu erwarten.
Diese Angaben konnten niemanden verwundern. Daran konnte man nur die Geschwindigkeit messen, mit der das Lebensniveau sank sowie den Rhythmus und das Tempo des Verfalls der bisherigen Ordnung. Die Richtung war uns allen lange klar. Auf den wichtigsten Platz, ins Zentrum der Aufmerksamkeit drängte sich die Frage des Erhalts oder des Zerfalls der Union der Sozialistischen Sowjetrepubliken. Einige Republiken hatten bereits ihren Standpunkt in dieser Frage bestimmt (ich denke da an die baltischen Republiken, an Georgien und Armenien), andere schwankten noch. Am 11. Februar 1991 saßen etwa fünfzig bis sechzig höhergestellte Führungspersönlichkeiten der zentralen und lokalen Organe der Staatssicherheit im Arbeitszimmer des Vorsitzenden des KGB und berieten zu unseren Aufgaben bei der Rettung der UdSSR. Mir fiel unangenehm auf, dass viele Teilnehmer der Sitzung erschrocken bekräftigten, dass sie auf Entwürfe und Hinweise warten, wie für einiges Russland zu kämpfen wäre. Die Verwaltung Auswertung erhielt die Aufgabe, solche Dokumente zu erstellen und sie zu versenden. Wir zogen unsere Kollegen aus den anderen Unterabteilungen hinzu und entwickelten so in kurzer Zeit Thesen, die wir wiederum an die Empfänger versandten.
Im Kontext des Kampfes für den Erhalt der Union hatte B. N. Jelzin eine Schlüsselrolle inne. Uns alle beunruhigte, dass seine Autorität und sein Einfluss nicht aufgrund positiver Errungenschaften in irgendeinem Bereich größer wurden, sondern aus der Kritik und Unvereinbarkeit Gorbatschow und der Partei gegenüber resultierten. Die störten bereits alle wie ein Hornhautfleck auf dem Auge. Nur, sogar in der Opposition formte B. Jelzin von sich das Bild eines sehr widersprüchlichen und inkonsequenten Menschen, der entsprechend seiner jeweiligen Laune handelte. Und trotzdem gab es bei uns in der Aufklärung unter den Mitarbeitern keine Feindseligkeit gegen den russischen Regierungschef. Es herrschte eine gewöhnliche

Wachsamkeit, die sich aus unserem Grundsatz ergab: »Achte nicht auf die Worte der Menschen, sondern auf ihr Vorgehen und ihre Taten.« Wir erhielten von Krjutschkow Aufträge, Informationsmaterial direkt für B. N. Jelzin aufzubereiten, und erledigten sie fristgemäß und in der höchsten und möglichen Qualität. So wollte Jelzin Mitte Februar 1991 in den Nordkaukasus reisen und wir waren einige Nächte ohne Pause damit beschäftigt, das erforderliche Material zusammenzustellen. Wir ließen sogar protokollarische Handlungsempfehlungen der lokalen Alteingesessenen einfließen, die Traditionen und Bräuche der Völker in dieser Region berücksichtigten.

Die schärfsten Kommentare rief B. Jelzins Sprunghaftigkeit seiner Weltanschauung, die teilweise einem Flickenteppich glich, hervor. Nach den blutigen Ereignissen in Vilnius nahm er einen unversöhnlichen Standpunkt zur Unionsregierung ein. Er redete jede Menge Liebenswürdigkeiten in Richtung der baltischen Radikalen und forderte den UNO-Generalsekretär zu einer Konferenz über das Baltikum auf. Nach nur einigen Wochen jedoch eilte er, erschrocken über seine sinkende Popularität, nach Kaliningrad, wo er sich dem Grunde nach bei der Armee entschuldigte und sie umgarnte. Er wandte sich auch an die Russen, die im Baltikum wohnten und die er vorher nicht bedacht hatte.

Am 18. Februar 1991 wurde auf der Sitzung des Obersten Sowjets der UdSSR ein Beschluss zur Preiserhöhung für Lebensmittel und Industriewaren erwartet. Das war vollkommen augenscheinlich und den Produktionsbedingungen wie auch der Lage im Land geschuldet. Keiner der Politiker traute sich aber an diese unpopuläre Maßnahme heran. B. Jelzin erklärte auf einer Sitzung des Föderationsrates sein Einverständnis zu den Preiserhöhungen. Nach einigen Tagen schickte er einen Brief und zog sein Einverständnis zurück. Dazu hatten ihn offensichtlich seine Berater gebracht. Einmal ist er für den Erhalt der Union, einmal für die schnellstmögliche Beseitigung der Unionsstrukturen; mal für die russische Armee, mal für das Fortbestehen der Unionsstreitkräfte. Er ärgerte sich, dass

Busch ihn nicht als ebenbürtig betrachtete, sondern weiterhin eine Schwäche für Gorbatschow hatte, seinen langjährigen bequemen Partner.

Am 20. Februar gab B. Jelzin dem Fernsehredakteur der Sendung »Vremja« Sergej Lomaschkin das aufregende Interview. Dieser hatte im Stil guter westlicher Journalisten, also korrekt und taktisch klug, brennende Fragen gestellt, die das Wesen des Politikers verdeutlichen sollten. Bissige Fragen über die ständigen Widersprüche in seinen Reden und seinem Verhalten machten B. Jelzin wütend. Er nahm einen Zettel, den die Zuschauer nicht zu sehen bekamen und las vor: »Ich habe meine Wahl endgültig getroffen. Ich werde mich von dem Präsidenten abgrenzen. Ich fordere seinen Rücktritt und die Machtübergabe an den Föderationsrat.« Das wars. Die Schwerter waren gekreuzt.

Nachdem er die Worte in das brodelnde Land geschleudert hatte, fuhr B. Jelzin nach Pereslawl-Salesski und von da aus nach Jaroslawl. Die erste Reaktion unseres politischen Establishments (wenn man auf uns eine solche Benennung anwenden kann) war Erschrecken und die Ablehnung einer Konfrontation. Davon sprachen Krawtschuk und Nasarbajew deutlich – die Regierungschefs der Ukraine und Kasachstans. Ein großer Teil des Obersten Sowjets der UdSSR trat gegen B. Jelzin auf. Die Demokraten verteidigten Jelzin selbstlos. Der Westen beobachtete mit Vergnügen das Gerangel, zeigte aber äußerlich seine Freude nicht. Sie zogen es vor, von Besorgnis und Mitgefühl und so weiter zu reden. Sie wollten vor allem, dass das Ganze so lange wie möglich andauerte. Wir sollten uns selbst zerfleischen, und wenn dann der verwundete Sieger seinen traurigen Triumph gefeiert hätte, würde sich der gesamte Westen auf ihn stürzen, sobald er sich in seiner ganzen menschlichen Größe erhebt. Manche der gestrigen Verbündeten Jelzins dachten darüber nach, wieder das Lager zu wechseln.

Diese Wertungen der damaligen Ereignisse entstanden unter dem Eindruck hunderter Informationstelegramme, die täglich aus allen Teilen der Sowjetunion und aus dem Ausland in der Verwaltung eintrafen.

Auf dem Manegen-Platz fanden fast jeden Tag Meetings statt. Am 22. Februar versammelte sich eine außergewöhnliche Menschenmenge, um »Offenheit und Demokratie« zu verteidigen. Formell wurde das Meeting vom Verband der Filmemacher organisiert, obwohl die Liste der Redner wie immer war. Sie waren alle von »DemRossii«. Am 23. Februar fand eine gewaltige Manifestation der Verfechter des Erhalts der Union und der Sowjetarmee statt. Am 24. Februar war eine nächste Zusammenkunft »zur Unterstützung der Demokratie«, Jelzins und von noch irgendwas anderem vorgesehen. Ich war fast bei allen Ereignissen dabei, um nicht die bestimmt falschen Darstellungen über die Meetings lesen zu müssen, die unsere Zeitungen zusammendichten. Auf dem Treffen am 24. Februar bestach die Fülle der »poetischen Losungen«, augenscheinlich von einer Hand entworfen und in der gleichen Werkstatt gefertigt.

Die Meetings wurden dann von Schlägereien begleitet. In Leningrad fand auf dem Palastplatz eine Rauferei statt. In Moskau war auf dem Twerer Platz ein »Beschuss« mit faulem Gemüse zu beobachten. Oft mischt die Opposition mit, sie schafft deutlich Unordnung. Das ist ihr geschichtliches Los – beißen, aufstacheln, mit den Hörnern stoßen, bis sie sich einen Platz am »Trog« verschafft, dann beginnt eine neue Windung in der Geschichte bis zur nächsten Rauferei am »Trog«.

Am 1. März lud mich der Vorsitzende des KGB W. F. Lebedjew zum Treffen mit Mitarbeitern der ideologischen Abteilung des ZK der KPdSU ein. Früher ließ man uns dorthin bis zu einer mittleren Raketenreichweite nicht vor, und nun, sehen Sie, wollten sie unsere Einschätzung der Lage im Land hören. Im großen Gebäude am Kreml lief das Leben ganz verhalten, als ob die Hausherren weit und lange weggefahren waren. Der Abteilungsleiter, ein Mann etwas über 40, hatte sich bereits einen Bauch zugelegt, über dem das Hemd spannte. Die Knöpfe hielten kaum und die Schlaufen hatten von der ständigen Belastung schon die dreifache Größe erreicht. Mich verwunderte, warum mir solche Details auffielen. Für mich selbst stellte ich fest, dass alle Ideologen dünn und asketisch wie Loyola,

Goebbels und Suslow waren. An ihnen zehrte wahrscheinlich das Feuer der inneren Leidenschaft. Dieser war keiner davon. Der jagte eher dem Süßkram und den »Erdbeeren« hinterher. Wir gingen in den Sitzungssaal, wo sich dreißig bis vierzig Leute versammelt hatten, davon drei Frauen, äußerlich keine fanatischen Gläubigen.

Nach meinem Chef sprach ich fünfzehn Minuten leidenschaftlich und überzeugt für die Union. Ich hielt ihnen meine Anschuldigung der Passivität und der Gleichgültigkeit gegenüber dem Zerfall der Union vor Augen und rief dazu auf, in der bis zum Referendum am 17. März verbleibenden Zeit alles für das Schicksal der Einheit des Landes zu tun. Das Auditorium zeigte sich schockiert und verwundert. Die Leute raunten, dankten für die »Unterstützung« und stellten lustlose Fragen. Die Zuhörer hatten verzerrte Gesichter, wie verschreckte Kaninchen im Stall. Ich dachte: »Wie sollen sie Russland zum Referendum treiben! Sie sollten für sich selbst die Frage klären, ob es an der Zeit sei, dieses Gebäude zu verlassen oder noch ein Weilchen abzuwarten und auf Gottes Hilfe vertrauen.« Und das Gebäude und die Menschen erinnerten mich an den bekannten Stereotyp des Winterpalastes im weit zurückliegenden Oktober 1917. Ich ging über den Platz zu mir auf Arbeit, und im Herzen schmolz die letzte Hoffnung auf eine Wiedergeburt der Partei. Ich war ja eines von 20 Millionen Parteimitgliedern, die an die hohen Ideale des Kommunismus glaubten, wie ihn sich Generationen um Generationen armer, guter und offener Menschen vorstellten – von Christus bis zu unseren Tagen.

Am Sonntag, dem 10. März, rollte eine Welle des Protestes gegen das Referendum über das ganze Land. Meetings, Aktionen und Streiks fanden hintereinander statt. Niemand war mit irgendetwas einverstanden, zeitweise auch nicht mit sich selbst. Das Referendum war ein Vorwand – es ging um die Macht. Die Mehrheit der Spruchbänder beschimpfte wieder Gorbatschow oder lobte Jelzin. In Moskau waren wieder 120.000 auf dem Manegen-Platz. Das waren sehr viele! In anderen Städten waren die Teilnehmerzahlen wesentlich geringer: in Leningrad – 50- bis 70.000, in Nischni Nowgorod – 10.000, in Wolgograd – 6.000, in Samara – 6.000, in Saratow – 2.000, in Swerdlowsk – 23.000, in Omsk – 600, in Tscheljabinsk – 4.000, in Wladiwostok – 5.000 und so weiter. Die Opposition organisierte sich schnell. Alle Meetings wurden durch die aus Moskau angereisten Volksabgeordneten des Blocks »Demokratisches Russland« gesteuert und geleitet. Der Intelligenz schlossen sich Arbeiter an. Noch vor ein paar Jahren verjagten die Bergleute politische Agitatoren, die in der Streikbewegung mitmachen wollten. Jetzt war das anders. Die Bergleute forderten fast überall den Rücktritt Gorbatschows und seiner Regierung. Der wesentlichste Gehilfe der Opposition war der erste – und jetzt war schon klar – auch der letzte Präsident der UdSSR selbst, unsicher, unbeständig und engstirnig. Wie der Zar Fedor, der Sohn Iwans des Schrecklichen.

Wir erhielten Informationsmaterial vom ZK der Partei, aus dem hervorging, dass Gorbatschow am 5. März ein weiteres Mal die höchste Leitungsebene der KPdSU (Sekretäre der Oblast-Komitees, der Gebietskomitees und so weiter) einberufen wollte. Lang und breit erzählte er von seiner kürzlichen Reise nach Belorussland und er betonte, dass auch das Volk ihn verehren würde, ihm folgen würde und ihn verstünde. Die Zuhörer brachten das Gespräch immer wieder auf den Punkt: »Warum bricht die Macht weg?« Er wollte darüber nicht sprechen. Und sie gingen so auseinander, wie sie sich getroffen hatten: ohne Tränen, ohne Trauer, ohne Liebe. Leere »Veranstaltungen« führten sogar in der obersten Parteiebene zur Demoralisierung. Am 17. März wurde schließlich das Referendum über den Erhalt der Union der Sozialistischen Sowjetrepubliken in einer erneuerten Form durchgeführt. Die Ergebnisse der Abstimmung übertrafen selbst die optimistischsten Erwartungen. Das Volk stimmte für den Erhalt eines einheitlichen Staates. In der Russischen Sozialistischen Föderativen Sowjetrepublik nahmen 75 Prozent der Wahlberechtigten an der Abstimmung teil, und 71 Prozent stimmten mit »Ja«, in der Ukraine betrugen diese Werte entsprechend 83 Prozent und 70 Prozent, in Belorussland – 83 Prozent und 83 Prozent. In den übrigen Republiken waren die Ergebnisse sogar noch besser. In sechs Republiken – in Litauen, Lettland, Estland, Moldowa, Georgien und Armenien – wurde das Allunionsreferendum von den lokalen Machthabern blockiert. Gegen die Wähler wurde moralischer Terror entfacht. Und trotzdem gingen in Lettland 500.000 Menschen an die Wahlurnen, in Litauen – mehr als 600.000, in Moldowa – mehr als 800.000. Natürlich gehörten die dortigen Wähler zur aktivsten Schicht des russischsprachigen Teils der Bevölkerung, aber man kann das keineswegs eine »unbedeutende Gruppe von Rentnern« nennen.

Was brauchten denn die politischen Funktionäre nun noch für die Bewahrung der UdSSR? Der höchste Wille des Volkes war klar und unzweideutig ausgesprochen worden. Es blieb nur eine Kleinigkeit zu tun: Die Ergebnisse des Referendums in Gesetzen zu verankern, die jegliche weitere separatistische Anschauungen verbieten, die als gegen das Volk gerichtete Handlungen entlarvt würden – die zum Zerfall der Sowjetunion führten. Nichts davon wurde getan. Die Unionsmacht nutzte die ausschließlich günstige Situation nicht zum Erhalt eines einigen Vaterlandes. Von dem Wirbel des politisierenden Kampfes erfasst, vergaß sie schnell die Erfolge der Volksabstimmung. Und die Opposition begann nach einem kurzen Intermezzo erneut ungestraft Hitzköpfe ins Feuer des Separatismus zu werfen. Der Wille des Volkes wurde unverschämt vereitelt!

Jetzt muss ich in Erinnerung an diese Tage anmerken, dass die Moskauer im Verlauf des Referendums auch über die Einführung einer Wahlfunktion des Bürgermeisters von Moskau abstimmten. Die Mehrzahl der Hauptstadtbewohner unterstützte diese dem Grunde nach demokratische Idee. Aber wie groß war die Enttäuschung, als der erste gewählte Bürgermeister Moskaus G. Popow bald in den Ruhestand ging und der Posten auf Erlass des russischen Präsidenten mit J. Luschkow besetzt wurde. Wieder wurde der Wille des Volkes mit den schmutzigen Stiefeln des Diktats niedergetreten. Man muss sich nicht wundern, dass die Autorität jeder beliebigen Regierung, die so mit dem souveränen Willen ihres Volkes umgeht, zum Scheitern verurteilt ist.

Das Ende des Monats März verlief in einer besonderen Erwartungshaltung, denn es stand der Kongress der Volksabgeordneten Russlands bevor. Unter den Volksabgeordneten gab es diese »Pro-Jelzin-Euphorie« nicht, die für die Zeit »nach dem Putsch« charakteristisch war. Der »Bulldozer«-Charakter B. Jelzins begann mehr und mehr seine bisherigen Anhänger zu erschrecken. Nach diesem dramatischen Interview im Fernsehen mit der Kriegserklärung gegen Gorbatschow am 19. Februar 1991 ging im Obersten Sowjet Russlands eine offene Spaltung vor sich. Sechs bedeutende Mitglieder des obersten gesetzgebenden Organs schrieben offene Briefe, in denen sie sich vom politischen Kurs des Vorsitzenden des Obersten Sowjets der Russischen Sozialistischen Föderativen Sowjetrepublik distanzierten. Bei den Veranstaltungen trugen die Jelzin-Anhänger Losungen wie: »Die Präsidenten-Sechs schlägt das russische Ass nicht.« Es stand die »Demontage« bevor, umso mehr als Boris Jelzin öffentlich den neu aufgetauchten Dissidenten Vergeltung angedroht hatte. Um seine Position zu untermauern, fuhr er nach Leningrad zum Kirow-Werk, wo er sechs Stunden lang durch die Werkhallen lief, neun Meetings durchführte und demonstrativ in der Werkskantine für 1 Rubel 20 Kopeken zu Mittag aß. Darüber berichteten willfährige Journalisten, und er erreichte unter dem Beifall der Arbeiter absolut sein Ziel. Er überschrieb willkürlich 128 Millionen Rubel an Verbindlichkeiten des Werkes an die Zentrale (und dachte überhaupt nicht an eine gesetzliche Grundlage für diese Maßnahme), rief das Kollektiv auf, sich der Russischen Sozialistischen Föderativen Sowjetrepublik zu unterstellen, und sagte eine vollständige Selbständigkeit des Betriebes zu. Weiterhin gab er die Zusage zur Bereitstellung von Valuta für den Kauf von Dieselmotoren für Minitraktoren aus dem Westen. Dem Direktor klopfte er auf die Schulter und sagte: »Du bist unser Mann, wir vertrauen dir!«

In diesen Tagen trat Gorbatschow einen ganzen Abend im Fernsehen auf. Angeblich wurde er vom Fernsehdirektor

Krawtschenko interviewt. Er sprach in seinem Geist – glatt, und dann noch »nachdenklich« über nichts. Entsprechend meiner Dienstpflicht hatte ich aufmerksam dem Präsidenten der UdSSR zuzuhören, um den politischen Kurs der Regierung des Landes zu kennen, aber wie sehr ich mein Gehör und meine Aufmerksamkeit auch strapazierte, ich konnte seinem Wortmischmasch nichts entnehmen. Das war am 26. März. Ich schaltete zum nächsten Programm – und oh Gott! – ich sah das graue Antlitz von Wadim Wiktorowitsch Bakatin, der auch eine Presse-Konferenz durchführte. Er verkündete, dass er mit der in der Presse veröffentlichten Weisung des Premierministers W. Pawlow zum Verbot der Straßenveranstaltungen und -demonstrationen nicht einverstanden ist. Diese Maßnahme wäre nicht im Sinn von Präsident Gorbatschow und so weiter. So etwas hatte ich auf der Welt noch nicht gesehen: Der Premierminister sagt das eine, ein Minister seiner Regierung – genau das entgegengesetzte und der Präsident des Landes sagt überhaupt nichts Verständliches. Natürlich hielt sich niemand an alle ihre Verbote.

Am 28. März fand das »Stehen an der Ugra« (der Begriff einer Schlachtaufstellung, als sich die Heere der »Goldenen Horde« und Iwans des III. am Fluss Ugra 1480 gegenüberstanden und keiner den Angriff wagte, Anm. d. Übers.) statt. Die Opposition brachte 50.000 ihrer Anhänger auf die Straße. Die Regierung bot Armee und Miliz auf, um keine Meetings innerhalb des Sadowoe kolzo (Gartenringes) zuzulassen. Die Demonstranten liefen in den Schranken, sie hatten Angst, sie zu durchbrechen, drohten mit den Fäusten und gingen zum Majakowski-Platz. Dorthin kam B. Jelzin in einem weißen Auto angefahren und hielt seine übliche »Hassrede«. Die Provinz wurde von den hysterischen Aufrufen nicht aufgemischt; es folgte kein allgemeiner politischer Aufstand. Der mit großer Spannung erwartete Kongress der Volksabgeordneten nahm sogar einige jelzinfeindliche Beschlüsse an. Er erlaubte dem Dissidenten-»Sechser« einen Co-Referat zu halten und lehnte Maßnahmen zur Umsetzung der positiven Ergebnisse der Re-

ferendums hinsichtlich der Schaffung eines Postens des Präsidenten Russlands ab.
Im Endeffekt ging Jelzin dennoch als Sieger hervor. Er erhielt außerordentliche Befugnisse, um die Republik aus der Krise zu führen. Am 12. Juli 1991 wurde der Präsident Russlands gewählt.
Am 8. April, 11.30 Uhr, besuchte eine Delegation der Abgeordnetengruppe »Sojus« (»Union«, Anm. d. Übers.) Gorbatschow und forderte: »Sie müssen abtreten. Sie können gar nichts. Ein außerordentlicher Kongress der Volksabgeordneten der UdSSR muss einberufen und die Machtübergabe vollzogen werden.« Als Antwort folgten Hysterie und Panikmache mit dem Ziel, die Einberufung des Kongresses zu verhindern. »Halte mich Strohhalm, halte!«, so wurde es in einem damals populären Lied gesungen.
Die verdatterte Parteibürokratie konnte die Vorgänge im Land überhaupt nicht verstehen. Aus Lwow trafen im ZK Telegramme mit der Forderung ein: »Lassen Sie nicht zu, dass man uns das Haus der politischen Bildung wegnimmt!« Aus Jerewan: »Weisen Sie an, dass man uns das Gebäude des ZK der Kommunistischen Partei zurückgibt!« aus Tula: » Helfen Sie uns, Koks für das Kosogorsker Metallurgiewerk zu bekommen!« Aber das ZK hatte schon gar keine Kraft mehr.
Alle Anzeichen deuteten darauf hin, dass Gorbatschow bereit war, formgemäß vor seinem politischen Widersacher B. Jelzin zu kapitulieren, wenn der ihm wenigstens eine Phantommacht belassen würde.
Auf der Arbeit war bei uns ununterbrochen Großalarm. Zeitweise hatte man den Eindruck, dass alle Informationssysteme des Staates aufgehört hätten zu existieren und nur die Hoffnung auf den KGB geblieben wäre. Wir mussten eine Vielzahl Anliegen erledigen, die vom Büro des Premierministers und vom ZK der KPdSU kamen. Alle baten uns, entsprechend der Möglichkeiten ein verallgemeinertes Bild von der Situation im Land aufzuzeigen sowie die wichtigsten Entwicklungstendenzen und wahrscheinliche Perspektiven zu bestimmen. Wir hat-

ten keine Schwierigkeiten bei der Erfüllung dieser Bitten. Die von überall her eintreffenden Informationen widersprachen sich in keinster Weise. Sie waren in ihrer Übereinstimmung sogar langweilig. Überall war der Einbruch der Wirtschaft zu spüren. Die Hochöfen verloschen und die Koksbatterien standen still. Seit Beginn des Jahres 1991 betrug der Planrückstand 4 Millionen Tonnen Koks, 6 Millionen Tonnen Gusseisen, 9,3 Millionen Tonnen Stahl, 8 Millionen Tonnen Walzgut. Von 123 Hochöfen im Land hatten 33 den Betrieb eingestellt. In vielen Regionen kam es zu Streiks. Besonders kräftig war der »Krach« der Bergarbeiter, der deutlich einen politischen Anstrich erhalten hatte. Alle Kennziffern in der Landwirtschaft gingen nur in eine Richtung. Sie zeugten vom fortschreitenden Untergang dieses Zweiges.

Die politische Front war von der Zunahme separatistischer Stimmungen, von der schnellen Vertiefung der Krise innerhalb der KPdSU und von dem beständigen Vorwärtsstreben der Kräfte geprägt, die unter der Benennung »Demokratisches Russland« fungierten.

Am 20. April 1991 wurde ich während der dienstfreien Zeit aufgefordert, zum Dienst zu erscheinen. Zwei Stellvertreter des Vorsitzenden (des KGB) erklärten etwas verwirrt, dass ich zu einer Versammlung der Abgeordneten der Gruppe »Sojus« fahren und dort eine Rede halten solle. Am Ende stellte sich heraus, dass einer der Organisatoren aus dem Baltikum, der auch dort auftrat, meinte, dass sich das Ausland in ihre Dinge einmische und wollte den Vertreter des KGB dazu Hören. Die Leitung hatte entschieden, mich um die Teilnahme zu bitten. Ich sollte dort die Fragen beantworten.

Die Gruppe »Sojus« war übrigens die einflussreichste Fraktion im letzten Parlament der UdSSR und sie führte ihre Zusammenkunft im Sitzungssaal des Hauses 27 am Kalinin-Prospekt durch. Da mir niemand konkrete Hinweise gegeben hatte, beschloss ich einzelne operative Daten über die Einmischung des Westens in die Angelegenheiten der baltischen Republiken nicht anzubringen. Diese Angaben waren vielfach in den offe-

nen Quellen zu finden. Ich brannte darauf, aus ganzem Herzen zur Frage des Separatismus Stellung zu nehmen. Mir schien das direkt ins »Profil« der Abgeordnetengruppe zu passen.
Bis tief in die Nacht saß ich an meiner Arbeit und tippte den Text meiner Rede mit zwei Fingern auf der Schreibmaschine. Diese Rede hat niemand gesehen, und ich fuhr damit am vorgesehenen Tag zur Zusammenkunft der Abgeordnetenfraktion »Sojus«. Folgendes sprach ich vor den Abgeordneten:

»Werte Genossen Volksabgeordnete!
Ich danke Ihnen dafür, dass Sie mir die Möglichkeit gegeben haben, vor so einer Hohen Versammlung zu sprechen. Die Abgeordnetengruppe ›Sojus‹ hat es sich zum Ziel gestellt, das historische Erbe unserer Vorfahren zu verteidigen. Die Mehrzahl meiner Kollegen und ich gemeinsam mit Ihnen stellen uns in dieser edlen Sache bedingungslos unter ihr Banner. Ich habe über ein Vierteljahrhundert in der Aufklärung gearbeitet und mich viele Jahre mit Auswertungstätigkeit befasst. Glauben Sie den Worten eines alten Soldaten: Wir werden viele Feinde haben, nicht nur unter den eigenen Lokalfürsten, sondern auch die ausländischen Strategen, die Angst davor haben, dass unser großer Staat mit seinem Territorium, seinen Ressourcen, seiner Demographie und dem Bildungsniveau der Bevölkerung sich unter einem normalen Ablauf seines Lebens schnell in eine wirklich bedeutende Macht verwandeln wird. Den Vereinigten Staaten ist die Furcht vor anderen Großmächten angeboren. Und wir brauchen überhaupt keine Großmacht auf dem Territorium der UdSSR : keine kommunistische, keine demokratische, keine Monarchie. Während der Potsdamer Konferenz nach dem Zweiten Weltkrieg hatten die USA den Vorschlag zur Teilung Deutschlands in mehrere Staaten. Ihnen ist auch der Plan zur Teilung Chinas 1945 zuzuschreiben. Jetzt sind wir an der Reihe. Sie führen die Schwachen oder Schwächelnden sehr gern vor. Das ist nicht die Wiedererweckung eines Feindmusters, sondern die augenscheinliche Wahrheit. Hören Sie mal einen Tag die Sendungen des Radiosenders ›Swoboda‹

(›Freiheit‹, Anm. d. Übers.), der vom Kongress der USA finanziert wird. Sie triefen förmlich vor Bosheit auf unseren einigen Staat. Ihre gesamten Aussagen sind darauf gerichtet, Unfrieden zwischen den Völkern der UdSSR zu stiften. Bei den Übertragungen aus Aserbaidschan hetzen sie die Bevölkerung der Republik gegen die Armenier auf. Ihre Lautsprecher, die auf Armenisch aus den Nachbarstudios zu hören sind, orientieren die Zuhörer gegen die Aserbaidschaner und so weiter. Und das ständige Motiv bleibt das Schüren des Hasses auf die Russen.
Lesen Sie die Artikel und Reden von Zbigniew Brzeziński, des ehemaligen Sonderbeauftragten des Präsidenten der USA für nationale Sicherheit, und Sie werden sehen, dass er auf die Vernichtung der UdSSR als Einheitsstaat pathologisch fixiert ist.
Staatssekretär James Baker gab während seiner letzten Visite in Moskau zu verstehen, dass die USA die UdSSR in den Grenzen von 1933 anerkennen, als sie mit uns diplomatische Beziehungen aufnahmen. Was hat das zu bedeuten? Es ist nicht nur das Baltikum, für dessen Abtrennung sie immer eingetreten sind. Viele Jahre unterhielt Washington auf seine Kosten »Botschaften« Litauens, Lettlands und Estlands. Die Grenzen von 1933 – das würde eine Rezension der Grenze zu Finnland (dazu werden schon Stimmen laut), eine Revision der Grenzen im Westen der Ukraine und Belorusslands sowie der Grenzen mit Rumänien, die Abtrennung der Hälfte von Sachalin und der Kurilen-Inseln bedeuten. Im Prinzip haben wir es mit einem Programm zur Teilung der Sowjetunion zu tun. Zwei Schwärme Aasgeier, unsere und fremde, kreisen über dem geschwächten Körper des Vaterlands.
Diese Schwärme fliegen nicht einzeln, sondern verschmelzen zu einem. Ich werde Ihnen eine bekannte Sache vortragen: Viele Jahre haben die amerikanischen offiziellen Vertreter die baltischen Republiken links liegengelassen. Sie hatten schon sehr große Angst davor, dass der gezwungene Kontakt mit der lokalen Sowjetmacht ihre Position der Nichtanerkennung dieser Republiken im Bestand der UdSSR kompromittiert. Und jetzt ist es kaum möglich, die Masseneinreisen von US-Bürgern einschließ-

lich der offiziellen Vertreter in diese Region zu stoppen. Die Sache ging so weit, dass ein US-Bürger, ein ehemaliger Captain der ›Grünen Barette‹ Aiwa, eine Gruppe der ›Sajudisten‹ instruierte, die das Gebäude des Obersten Sowjets in Vilnius bewachen wollten. Er lehrte sie auch, Sprengvorrichtungen anzufertigen, und unterrichtete sie zu innerstädtischen Kämpfen. Im Westen drucken sie Geld für die separatistische Regierung. Von dort erhalten sie auch Telekommunikationstechnik, Kopiertechnik und vieles andere mehr. An der Erarbeitung einer Verfassung für Litauen waren die US-Bürger Wayman (von der Universität Harvard) und Jonson (Experte für administrative und Rechtsfragen) als Konsultanten mit beteiligt.

Und wie man im Westen unsere Separatisten-Troubadours liebt! Ihnen werden die köstlichsten Häppchen gereicht – hochbezahlte Vorlesungen und beste Honorare für Artikel und Interviews. Und dafür ist nur eines erforderlich – sein Vaterland schlechtzumachen und zu seiner Zersetzung aufzurufen. Allein wegen der blauen Augen zahlt im Westen niemand auch nur eine Kopeke. Die berechnenden politischen Schreihälse bezahlt man nur für die Arbeit, die für den Westen vorteilhaft ist und die gebraucht wird. In keinem anderen Land sind bestimmte Parlamentarier so viel im Ausland unterwegs wie unsere – immer auf der Suche nach einem Zuverdienst, während man zu Hause die Arbeitsmenge verringern sollte. Da entsteht die Frage: Könnte es sein, dass sie auch die dortigen Ideen verinnerlichen?

Ich möchte darauf verweisen, dass die amerikanischen Kongressabgeordneten nur Geschenke bis 50 Dollar annehmen dürfen. Sie haben kein Recht auf die Bezahlung von Reisen. Sie dürfen nicht auf fremde Kosten im Hotel wohnen oder andere Angebote annehmen. Das alles wird als eine verpflichtende Ethik-Norm angesehen, deren Verletzung bis hin zum Mandatsverlust bestraft wird. Dazu möchte ich auch anfügen, dass entsprechend der Gesetze der USA jedwede politische oder gesellschaftliche Organisation, die in irgendeiner Form die Zerstörung der Ganzheitlichkeit der USA zum Ziel hat, als verfassungswidrig eingestuft und ihr weiteres Schicksal vor Gericht geklärt wird.

Die Amerikaner fördern bei uns all das, was bei ihnen zu Hause verboten ist.

In den letzten Jahren erregt die verstärkte Aktivität von Rundfunk, Zeitungen und Zeitschriften der westlichen Länder Aufmerksamkeit, da sie ihre Seiten und Nachrichtenzeiten den politischen und gesellschaftlichen Persönlichkeiten, früherer und gegenwärtiger, aus der UdSSR widmen. Man kann sich nur schwer vorstellen, dass einen gewöhnlichen Amerikaner, Engländer oder Deutschen die nächstfolgenden Ergüsse über die für den Westen notwendige Politik sehr interessieren würden.

Im gegebenen Fall dienen fremde Zeitschriften und Zeitungen nur als Spiegel, die ärgerliche Hassflecken vor die Augen unseres Volkes bringen. Diese Interviews werden geführt, um das Schmieren eines ausgewählten Menschen zu legalisieren und Öl ins Feuer unserer inneren Unzulänglichkeiten zu gießen. Wir sind alles Kinder eines Vaterlands, und wir brauchen keine fremden Onkel zur Hilfe und als Richter zu rufen.

Oft sprechen die westlichen Gesandten bei diplomatischen Verhandlungen und Tischreden über ihre Besorgnis bezüglich der Entwicklung der Lage in der Sowjetunion und über den Wunsch, die Ganzheitlichkeit unseres Staates zu erhalten. Das hätten sie schon lange mit ihren Taten beweisen können. Dazu würde es genügen, die Handels- und Wirtschaftsblockade aufzuheben, die sich auf die gesamte Hochtechnologie erstreckt, und die Schlüssel der propagandistischen Auftritte zu wechseln. Das machen sie aber nicht. Sie haben panische Angst davor, dass sich im Ergebnis des Zerfalls der Sowjetunion die Atomwaffen gleichzeitig in den Händen rivalisierender Gruppierungen erweisen könnten und die Folgen einer solchen Sachlage unvorhersehbar sein würden. Sie haben sogar häufig das Gespräch darüber gesucht, ob sich so eine Situation ergeben könnte, bei der ein einzelner mobiler Raketenkomplex durch eine diversive terroristische Gruppe in Beschlag genommen und zur Erpressung verwendet werden könnte. Aber eben aus dieser Besorgnis heraus ziehen sie ihre eigenen Schlüsse! Sie beginnen Ausführungen darüber, dass es eine Situation geben könnte, die eine internationale Kontrolle über die Kernwaffen und atomaren Objekte in der Sowjetunion rechtfertigen würde. Hier ist schon nicht mehr von der Teilung der Sowjetunion die Rede, sondern von ihrer faktischen Besetzung. In dieser Richtung arbeiten die Geostrategen im Ausland.

Noch einmal zusammengefasst: Das Komitee für Staatssicherheit hat rechtzeitig und ausführlich die Landesregierung informiert. Wir sind sehr beunruhigt, dass sich die tragische Geschichte wie zu Beginn des Zweiten Weltkriegs wiederholen könnte, als die Aufklärung mit lauter Stimme vor dem unmittelbar bevorstehenden faschistischen Überfall warnte, aber Stalin diese Information für falsch und sogar provokatorisch hielt. Was uns das gekostet hat, wissen Sie!

Genossen Abgeordnete! Mit ganzem Herzen teile ich Ihren Schmerz und Ihre Sorge um den Erhalt der Union. Ich möchte als Historiker von Berufs wegen sagen, dass die scheinheiligen Anschuldigungen an die Adresse irgendeines ›russischen Imperiums‹ auf Druck entstanden sind. Den Kampf um die Vereinigung haben alle bedeutenden Mächte durchlaufen, und die Anführer dieser Kämpfe sind als größte Patrioten im Gedächtnis geblieben. Abraham Lincoln hat den Zerfall der USA nicht zugelassen. Er hat sogar einen Bürgerkrieg entbrannt, um die Südstaatenkonföderation zu stürzen. Und die Geschichte hat ihm recht gegeben. England hat lange Zeit gegen Schottland gekämpft, und danach gegen Irland, bis das Vereinigte Königreich Großbritannien und Nordirland entstanden ist. Königin Elisabeth befahl, der letzten schottischen Königin Maria Stuart den Kopf abzuschlagen. Die Engländer haben nicht vor, aus Ulster wegzugehen oder die malvinischen Inseln zu verlassen, wie auch dieser Gedanke in der Weltöffentlichkeit gehegt wird. In Asien entscheidet die Chinesische Volksrepublik das Tibet-Problem unter Berücksichtigung ihrer nationalen Interessen. Indien hat klar und deutlich seine Position im Kaschmir-Konflikt bestimmt.

In Afrika haben sich viele separatistische Bewegungen gegründet. Sie erinnern sich sicherlich an Katanga, das sich von Zaire abgetrennt hat; an Biafra, das für seine Eigenständigkeit von Nigeria gekämpft hat, an Westafrika, an Eritrea und so weiter. Die Organisation der afrikanischen Staaten legte fest, die Gesetzlichkeit jeglicher tribalistischer Bewegungen (das heißt Stammformationen, nationale Formationen), die auf die Beseitigung der Grenzen und die Zerstörung der territorialen Integrität gerichtet sind, nicht anzuerkennen. Erweisen sich die Afrikaner hier klüger als wir, und deren Position wird uns zum Verhängnis?

Und nun zum Letzten. Jeder stattliche Vereinigungsprozess birgt objektiv einen Fortschritt in sich. Bismarck hat mit ›Blut und Eisen‹ im vorigen Jahrhundert Deutschland vereint. Damit hat er die Grundlagen für das Wachsen und Gedeihen von Nation und Staat geschaffen. Viktor Emanuel einerseits und Garibaldi andererseits schufen ein einiges Italien. Für die Entwicklung braucht es einen großen Wirtschaftsspielraum, einen einheitlichen Markt, ein stabiles Geldsystem und eine zuverlässige Rechtsordnung. Diese Werte hat die Bourgeoisie immer angestrebt. Zur Entzweiung, zu nationaler Abkapselung und dörflicher Abgeschiedenheit riefen immer nur Menschen mit feudalistischem Hintergrund auf.

In den Händen der Abgeordneten, insbesondere derer auf Unionsebene, liegt jetzt die Zukunft der Heimat. Die Geschichte verzeiht Passivität und Untätigkeit nicht. Sie wird nur nach Taten und anhand der Ergebnisse urteilen. Heute will jeder sowjetische Bürger den Tag erleben, an dem die Sitzung des Kongresses der Volksabgeordneten der UdSSR in Entschlossenheit und Bedeutung der lange zurückliegenden Nischni-Nowgoroder Versammlung aus dem Jahr 1611 gleichkommt, als Kusma Minin mit einer Rede das Land auf die Hinterbeine stellte, eine Landwehr gründete und Moskau zu Hilfe eilte, das in den Intrigen mit den Polen und untereinander zugrunde zu gehen drohte. Wir wünschen Ihnen Erfolg bei der Arbeit!«

Auf dem Plenum des ZK der KPdSU, das in Moskau am 24. April 1991 stattfand, kritisierten die ersten 22 Redner den Generalsekretär Gorbatschow so stark, dass er als 23. redete und um seine Versetzung in den Ruhestand bat. Und da – oh heiliger Gott! – flehten ihn alle an, nicht abzutreten. Wie in der Romanze: »Geh nicht weg, bleib bei mir!« Von den 400 Teilnehmern des Plenums stimmten nur 13 für den Ruhestand und 14 enthielten sich der Stimme. Das sind mir »Adler«! Wo war denn der ganze Anti-Gorbatschow-Zunder hin? Vor dem Plenum hatten doch 26 Parteiorganisationen auf Gebiets- und Oblastebene Gorbatschow das Vertrauen abgesprochen. Ach was, die ganze Partei hatte gekocht! Aber als der Moment gekommen war, einen Beschluss zu fassen, kamen bei den Parteibossen die instinktiven Nomenklaturbremsen zur Wirkung. Man hätte schreien wollen: »Es lebe die Politik hinter den Kulissen! Vivat den Bürokoryphäen! Ewiger Ruhm den Feiglingen und Opportunisten!« Natürlich war das eine Zusammenkunft der politischen Feiglinge, und sie waren zum wiederholten Mal über ihre Freiheit erschrocken. Ja, wer hatte nicht alles die Idee gehabt, sich an die ganze Partei zu wenden, sowie von der Eröffnung einer Parteidiskussion in der gesamten Union, die den Parteiorganisationen neuen Wind gebracht hätte. Es wurde der Weg des Suizides gewählt!

Einen Tag vorher, am 23. April, hatte Gorbatschow auf der Datscha in Nowo-Ogarjowo den Kapitulationsakt auf separatistischen Druck seitens der Politiker der Republiken unterzeichnet, weil er sich ernsthaft gescheut hat, entweder mit Gewalt den Ausnahmezustand einzuführen oder vor vorfristigen Wahlen und seiner friedlichen »Entfernung« aus dem Kreml.

Ich bedachte, dass Gorbatschow in Stawropol geboren ist, und las mit Schmunzeln am 28. April in der *Komsomolskaja Prawda*, meiner Meinung nach eine Anmerkung der Redaktion, die ich hier vollständig wiedergeben möchte: »Einen Weltrekord im Pfeifen wollen die Teilnehmer des Wettbewerbs ›Pfeifer-91‹ schlagen, der in Stawropol stattfinden wird. Der Rekord wurde 1983 aufgestellt und beträgt 122 Dezibel. Nach Angaben des

Veranstalters erzeugt ein Rennauto einen Lärm von 125 Dezibel und bringt es unter voller Geschwindigkeit auf 192. Wie bekannt ist, verschwindet vom Pfeifen das Geld in der Tasche. Aber hier können Sie, wenn Sie Glück haben, sich ein Videogerät oder einen PC erpfeifen, die den Organisatoren von dem Verband Rotes Kreuz als Preise zur Verfügung gestellt worden sind. Pfeifen – ist nicht schädlich.«

An diesen Tagen machte ich häufiger Tagebucheinträge, um meine Eindrücke festzuhalten, die durch die Unabwendbarkeit der Katastrophe hervorgerufen wurden. Am 24. Mai schrieb ich: »Sitzungen, Getue, Ausbrüche von Verwirrung, nervende Aufgaben und Aufträge – es ist alles wie im Kino, als ob sie die letzten Tage des Regimes oder der Macht vorführen wollten. Die ›Turbinen-Tage‹ waren noch mit menschlichen Inhalten ausgefüllt, aber heutzutage sind sie wohl verloren gegangen. Irgendeine satanische Kakophonie. Die politische Fauna ahmt ständig nach, inszeniert die lächerlichsten Darstellungen, fast schon wie im Zirkus. Der Präsident selbst sitzt in der Loge des Großen Saales des Konservatoriums und applaudiert als Einziger nicht, während Elena Bonner auf der Gedenkveranstaltung zu A. Sacharows 70. Geburtstag öffentlich alles Kommunistische auseinandernimmt. Jelzin saß auch da, aber der klatschte Beifall. Alle wollen einander rechts überholen, obwohl sie es für Linksüberholen halten.

Aus dem chaotischen Konglomerat politischer Strukturen, zusammenstürzender und sich neu formierender, aus dem Geschwätz der ›Staatsfunktionäre‹ und aus dem Wortdurchfall der Journalisten entsteht in mir der trübe Eindruck, dass wir das Schrecklichste hinter uns haben – die Gefahr eines Bürgerkriegs. An seine objektive Unvermeidbarkeit habe ich nie geglaubt, obwohl die Möchtegern-Politiker die vor Not und Perspektivlosigkeit verwirrten Leute darauf zugejagt haben. Wir müssen für nichts sterben, und wir haben untereinander nichts zu teilen. Das Volk ist eins in seinem Unglück. Alle politischen Kräfte stimmen darin überein, dass eine gängige Marktwirtschaft vonnöten ist. Alle sprechen von der Unmöglichkeit, zu alten Ordnungen zurückzukehren, von der Unabänderlichkeit der Demokratie, und alle sprechen von der Auferstehung. Alle ›seelenaufreibenden‹ Meinungsverschiedenheiten führen gemeinhin dazu, wer von den Streitenden das Land führen will und für welchen Preis er dazu bereit ist.«

Ende Mai konnte ich mit W. A. Krjutschkow auf Dienstreise nach Kuba gehen. Um diese Reise rankten sich in der Presse eine Menge wilder Spekulationen, während es um etwas sehr Einfaches ging – um Zucker. Zum Mai wurde sichtbar, dass die Zuckervorräte katastrophal abnahmen. Gewöhnlich produzierte die UdSSR selbst 8 Millionen Tonnen pro Jahr. 3,5 bis 4 Millionen Tonnen lieferte uns Kuba, und 1,5 Millionen Tonnen kauften wir noch auf dem Weltmarkt für frei konvertierbare Währung dazu. Es stellte sich heraus, dass wir 1991 auf der vorgesehenen Fläche für Zuckerrüben 30 Prozent in dem allgemeinen Durcheinander nicht aussäen konnten. Der Staat hatte auch keine Valuta mehr. Ja, und die Kubaner wollten die Lieferungen an die UdSSR um eine Million Tonnen kürzen, da unser Land katastrophale Handelsdefizite gegenüber Kuba hatte.

Um einer Zuckerkrise vorzubeugen, wurde der Beschluss gefasst, Krjutschkow nach Kuba zu schicken. Von einer Geheimhaltung konnte keine Rede sein. Wir konnten auf Kuba eine ganze Reihe großer Baustellen besuchen und auch Werke und Einrichtungen. Wir konnten mit eigenen Augen die aufopferungsvollen Anstrengungen der Regierung und des Volkes sehen, um sich aus der doppelten Wirtschaftsblockade – der amerikanischen und der sowjetischen – zu befreien. Erstere war ein Akt politischen Drucks und die zweite – das objektive Ergebnis des Wegbrechens unserer Wirtschaftsstrukturen. Die Treffen mit den Menschen verliefen offen und besucherstark.

Ich ging während der Gespräche immer etwas zur Seite, schaute in die Gesichter, nach dem Ausdruck ihrer Augen, auf die Gesten und hörte einzelne Wortfetzen. Ich bekenne ehrlich, dass ich müde Gesichter sah, gleichgültige und von den Schwierigkeiten des Lebens gezeichnete, aber ich fand nicht

ein einziges feindliches, hasserfülltes und böses Gesicht wie sie sich bei uns massenhaft zeigen. Ich hörte nicht eine bissige feindlich gesonnene Frage, nicht eine Beschwerde oder Klage, ohne die ein gleichartiges Treffen bei uns nicht stattgefunden hätte. Niemand jagte die Arbeitenden zum Auto von Fidel, niemand schubste und niemand stieß die Neugierigen zurück. (Der Wachschutz achtete nur aufmerksam darauf, dass Fidel mit dem Gesicht zum Auditorium stand, manchmal sogar Nase an Nase.)
Ich erinnerte mich daran, dass es auf Kuba niemals Repressionen gegeben hatte. Diese bemerkenswerte Revolution hat keines ihrer Kinder aufgefressen. Hier gibt es eine andere soziale Psychologie. Ich hoffe, diese Frage in einem weiteren Buch zu beantworten.
Im Verlauf der Verhandlungen versicherten wir, dass wir uns bemühen werden, alle geplanten Lieferungen zu erfüllen, und die Kubaner sagten zu, dass sie Wort halten werden und uns 1991 nicht weniger als 3,5 Millionen Tonnen Zucker zur Verfügung stellen werden.
Das Abschlussbankett fand übrigens in der Residenz des sowjetischen Botschafters auf Kuba, Juri Wladimirowitsch Petrow statt, der seinerzeit Jelzin auf dem Posten des Ersten Sekretärs des Oblastkomitees der KPdSU in Swerdlowsk abgelöst hatte und nach seiner Rückkehr aus Kuba lange Zeit als Büroleiter Jelzins gearbeitet hat, als dieser schon russischer Präsident war. Beim Bankett berührte Krjutschkow nur einmal das Thema des Erhalts der Sowjetunion. Er sagte, in der UdSSR sei noch nicht alles verloren und dass es Kräfte gäbe, die aktiv gegen die Teilung des Vaterlands vorgingen.
Der 12. Juni 1991, ein Mittwoch, war arbeitsfrei, um die Leute an die Wahlurnen zu bekommen, denn es fanden die ersten Präsidentschaftswahlen in Russland statt. Jelzin siegte. Für ihn stimmten 45,5 Millionen Wähler, dagegen – 32,2 Millionen. Vergleichsweise sprechend standen von der kommunistischen Plattform vier Kandidaten zur Wahl: der frühere Premierminister N. I. Ryschkow, W. W. Bakatin, der Kommandierende des

Priwolschsker Militärkreises Generaloberst A. M. Makaschow und der Vorsitzende des Kemerowoer Sowjets der Volksabgeordneten A. M. Tulejew. Sie erhielten insgesamt 25,5 Millionen Stimmen. Der fünfte war der exzentrische Chef der liberal-demokratischen Partei W. W. Schirinowski, für den 6,2 Millionen Wähler stimmten, das waren 8 Prozent aller Stimmen.

Bei den Wahlen fand kein Kampf von Parteien und Programmen statt. Es kämpften nur Persönlichkeiten und es siegte die in jener Zeit markanteste, die sich am meisten in der Opposition gegen Gorbatschow, gegen die KPdSU und gegen die alte Gesellschaftsordnung hervorgehoben hatte. Die Leute stimmten gegen das alte System. Für welches neue System sie ihre Stimme gaben, konnten sie sich nur schwerlich vorstellen. Jelzin hat vor den Wahlen nie darüber gesprochen, dass er die Sache zur Restaurierung des Kapitalismus bringen wird. Alle sechs Kandidaten sprachen gleich monoton vom Pluralismus in Wirtschaft und Politik, nur mit Unterschieden im Tempo. Es war langweilig gewesen, ihnen zuzuhören. Es fiel nur Schirinowski auf mit seinen Hahnentritten gegen Jelzin und mit extravaganten Spitzen vom Typ: »Entfernen Sie diesen Zeitungshändler aus dem Raum. Ich bin der Präsidentenkandidat! Warum hat er sich erdreistet, mir Fragen zu stellen?«

Die KPdSU erlebte eine Niederlage auf ganzer Länge, und jetzt ist ihr Schicksal, in der Opposition zu vergilben.

Der erschrockene Gorbatschow suchte bei seinem früheren Widersacher Jelzin Schutz und war bereit, alles dafür zu tun, dass er nicht aus dem Kreml fort muss. Er verbrachte einige Tage in Nowo-Ogarjowo mit den neuen »feudalen Fürsten« und schrieb unter deren Diktat den »Unionsvertrag«, der die Union liquidierte. Der Oberste Sowjet der UdSSR, dessen Abgeordnete in Grüppchen zersplittert waren, hielt hilflos seine letzten Reden. Bald darauf, ein halbes Jahr später, musste er auf Wunsch der »9+1« (so hieß die Nowo-Ogarjowoer Gruppe, die aus 9 Regierungschefs und dem Präsidenten der UdSSR bestanden) seine Tätigkeit einstellen.

Am 17. Juni stellte der Premier Pawlow im Obersten Sowjet

die Frage der Zuweisung von Ausnahmebefugnissen. Ihn unterstützten Jasow, Krjutschkow, Pugo. Aber alles verlief so schwerfällig und zäh und endete mit einem nächsten Dokument – einem »Beschluss«, der aber gar nichts beschloss.
Wie Gorbatschow seinerzeit Jelzin schützte, indem er ihn seit 1987 auf seinem Ministerposten beließ, obwohl er auch den Finger hob und androhte: »Hab Acht, in die Politik lasse ich dich nicht mehr hinein!«, so stand nun Jelzin »in seiner Schuld«, und Gorbatschow blieb weiter als Schmarotzer in Moskau, in seiner »dekorativen« Tätigkeit. Kurz danach äußerte Jelzin in den USA, wohin er zu seinem ersten Staatsbesuch eine Woche nach den Wahlen gereist war: »Ich werde nie versuchen, Gorbatschows Platz einzunehmen. Das habe ich ihm versprochen.«
Die Reste des kommunistischen Rates waren komplett demoralisiert. Mit fiel ein Brief des Mitglieds des Politbüros und Sekretär des ZK der KPdSU Antonowitsch an das ZK in die Hände. Er hatte sich selbst bei den Wahlen um einen ein Mandat als Volksabgeordneter der Russischen Sozialistischen Föderativen Sowjetrepublik im Stadtkreis Pervomajski in Moskau gegen die Kandidatur von J. Afanasjew, den Rektor der Historik- und Archivhochschule, der unter der Flagge der radikalen Demokraten Wahlkampf führte, beworben. Der von mir tief verehrte Antonowitsch schrieb ehrlich, dass die Partei vom Volk abgelehnt und ihr die Schuld für das Vergangene zugeschrieben wird und für ein sechsjähriges Treten auf der Stelle unter der Benennung »Perestroika«. Unter ihren Banner könnten schon keine Wahlen mehr gewonnen werden, wie viel Mühe man sich auch geben würde. Er beschrieb: »Ich habe 250.000 Handzettel verteilt, habe Hunderte Versammlungen durchgeführt und habe trotzdem gegen meinen Widersacher verloren, der überhaupt keinen Wahlkampf veranstaltet hatte, wie übrigens auch G. Popow und B. Jelzin. Sie waren davon überzeugt gewesen, dass die antikommunistische Stimmung in der Gesellschaft ihnen automatisch zum Sieg verhilft.«
Niederlage und Spaltung – das sind zwei verwandte Brüder. Viele sibirische und Parteiorganisationen aus dem Fernen

Osten waren mit dem Führungsstil des formalen Leiters Gorbatschow nicht einverstanden. Sie forderten die Einberufung eines außerordentlichen Parteitages zur Behandlung einer »organisatorischen Frage«, das hieß die Absetzung Gorbatschows vom Posten des Generalsekretärs. Für die normale Logik normaler Menschen war das vollkommen natürlich. Ein Politiker an der Parteispitze, der die Partei zu einem Machtverlust geführt hatte, zum Verlust ihrer Autorität und alle sozialistischen Werte hat zusammenschrumpfen lassen, die eigentlich das ideologische Fundament der Partei ausmachten, hätte von selbst gehen müssen. Das hätte er tun müssen, wenn er nur ein bischen anständiger gewesen wäre und die ach so modernen »allgemeinmenschlichen Werte« auch nur ein wenig geachtet hätte. Ehrlichkeit ist wahrscheinlich nicht der letzte Wert dieser Art. Aber unser politisches Establishment lebt nicht nach diesen Regeln – sie haben ihren eigenen Verhaltenskodex: um jeden (ausnahmslos jeden!) Preis an der Macht bleiben und vor überhaupt gar nichts haltmachen. Es wird sich für alles eine Begründung finden lassen. Kraftlos in allen anderen Dingen, zeigte Gorbatschow jetzt Aktivität und wollte die Einberufung eines Parteitags nicht zulassen, um sich nicht in der Rolle des Verantwortlichen auf der Schafott-Tribüne zu erweisen.

Das Anliegen der Sibirier und der Menschen aus dem Fernen Osten weckte die Parteiführung auf. Die begann von unten her zu erwachen, was all die Jahre während der Agonie vermieden worden war. Sofort gab es Moskau Gerüchte über die unmittelbar bevorstehenden Parteiaustritte Jakowlews, Schewardnadses, Bakatins und anderer. Offen wurde davon gesprochen, dass es in der Partei eine Zersplitterung gäbe und dies nur noch formell geregelt werden müsste. Schewardnadse, der sich auf einer Reise in Österreich befand, sagte, dass man eine neue demokratische Partei gründen müsste. Das war der Anlass für Ermittlungen gegen ihn als Mitglied der ZK der KPdSU. Er hatte sich jedoch schon lange von seinem Parteisockel verabschiedet und flog auf anderen Flügeln in andere Weiten.

Die Auflösung der KPdSU bedeutete auch für die anderen Par-

teien einen Schlag. Im Land hatten sich viele andere Parteien gegründet. Die Menschen hatten auch in diese Parteien kein Vertrauen mehr, dem politischsten Instrument in der Gestalt einer Partei. Jede politische Partei als Organisationsform politischer Kräfte war von vornherein kompromittiert. Es begann die Zeit der breiten und ausufernden »Bewegungen«. Solche Erfahrungen hatten bereits viele Länder Osteuropas, die dem Sozialismus abtrünnig waren, hinter sich.
Kräfte gewannen »Demokratisches Russland«, »Ruch« in der Ukraine, »Sajudis« in Litauen und so weiter.
Die formelle Spaltung in der KPdSU wurde am 2. Juli 1991 zum Fakt, als A. N. Jakowlew, gemeinsam mit Schewardnadse, Ruzkoj, Silajew, Petrakow, Schatalin und anderen, die Gründung der »Bewegung für Demokratie« (die nächste »Bewegung«) bekanntgab. Die Bekanntmachung wirkte wie ein Versuch der »sauberen« Demokraten-Intelligenz, aus der schmutzigen Pfütze, in der die Akteure des politischen Dramas dümpelten, aufzustehen. Der Verkündung haftete ein Hauch von Elitärem jener an, »die sich ihrer Kraft und ihres Wissens bewusst sind« und »die Konkurrenz nicht fürchten« und so weiter. Der Geist der Verlautbarung war mit Hass erfüllt gegen alles, was mit dem Staat zusammenhing. Darin waren sie den Anarchisten gleich. Obsessiv und verdächtig waren Überschneidungen in Richtung der grenzenlosen Freiheiten der Persönlichkeit. Der Präsident verlor komplett die Orientierung in Zeit und Raum und verfügte trotzdem, dass der Presse-Sekretär in seinem Namen eine Bekanntmachung abfassen solle, dass er diese Bewegung unterstütze, weil »sie auf das Erreichen von Einverständnis und Einigkeit ausgerichtet« sei und so weiter.
Außer in der Makrowelt lebte ich ja auch noch in meiner beruflichen Mikrowelt. Das Offizierscorps der Staatssicherheit begann Risse zu zeigen. Es gab viele Ursachen, aber dazu kam noch die schlechte materielle Versorgung. Das Gehalt war klein und sicher, während die Preise ständig in die Höhe gingen. In meiner Verwaltung entstand bei einigen Offizieren Armut. In Familien mit drei Kindern kamen die Eltern gerade mal so

um die Runden. Ich konnte diese Familien als Leiter der Verwaltung mit zwei Monatsgehältern jährlich unterstützen, aber das war ein Tropfen auf den heißen Stein. Armut ist für den Geheimdienst ein Todesurteil. Um zu überleben, würden die Leute entweder weggehen oder – und das ist unvergleichbar schlechter – sich Zuverdienste suchen. Mein Kollege, der Leiter der Nachbarverwaltung, sagte, dass wöchentlich zwei, drei Abmeldungen bei ihm auf dem Schreibtisch lägen. Die Leute sagten ehrlich, dass sie eine »Familie zu versorgen« hätten. Es gingen in der Regel diejenigen, die aktiver, klüger und vitaler waren.

Unter der alten Generalität machte sich eine deutliche Verwirrung und Bestürzung breit. In der Kantine – dem einzigen Ort für den freien Meinungsaustausch – lärmten sie wie ein vom Imker aufgescheuchter Bienenvolk, das darauf aus ist, jemanden zu stechen. Es waren noch einzelne Stimmen zu hören: »Man müsste …«, aber trotzdem dominierten Sorge, Unsicherheit und Zersetzung. Ich hielt eher meinen Mund. Manchmal wisperte man mir zu: »Warum schweigst du, Analytiker?« Aber was sollte ich ihnen sagen? Warum sollte ich sie am Mittagstisch noch verärgern? Alles war auch ohne meine Sprüche klar. Zu deutlich und grob waren die Kräfte, die das aktuelle Antlitz der Geschichte formten.

Um mich zu beruhigen, las ich abends Kljutschewski. Ich nahm sein Werk *Ausländer in Russland* zur Hand und sah mit Bitternis, dass wir im 15. bis 17. Jahrhundert bei den Ausländern bleibende Eindrücke nicht nur durch unsere Rückständigkeit, sondern auch durch unsere moralisch-ethischen Qualitäten hinterlassen hatten. Die ausländischen Botschafter Oleari, Possewitin, Flacher bemerkten fast übereinstimmend, dass in Russland maßloser Despotismus herrsche, dass man »dunkel gekleidete Steuermenschen« ausraube, wer und wie man es nur könne. Schreiber und Beamte rühmten sich nur ihrer Begierde. Prahlerei mit Kraft und Reichtum kamen in Mode, sogar wenn sie tatsächlich gar nicht vorhanden waren; das Volk brachte eine große Leidensfähigkeit auf und war bereit, mit Entbehrungen zu leben; die Duldsamkeit und Zufriedenstellung mit dem, »was Gott gegeben«, waren allgemein verbreitet; die Unwegsamkeit und die spartanischen Lebensbedingungen waren schrecklich. Ich legte die Hand aufs Herz und bekannte: Wenn diese Eigenschaften überlebt haben, so sind das Überbleibsel des Despotismus. Wahrscheinlich hatte unser Volk seine beste Zeit im 19. Jahrhundert, wo Gogol, Dostojewski, Tolstoi und Tschechow bei allen verbliebenen Unzulänglichkeiten des Lebens über diese schon offen schrieben. Genau in jener Zeit brach sich das eine oder andere ethische Kriterium Bahn. Es entstand eine Skala menschlicher Werte, und immer mehr identifizierten sich mit den Begriffen wie Ehre und Würde.

Das verabscheuungswürdigste Merkmal unserer Zeit ist das allgemeine und skandalöse Wegbrechen moralisch-ethischer Grundfesten der Persönlichkeit geworden. Sittenlosigkeit, fehlende Selbstachtung und Unsauberkeit wurden zum vorherrschenden Verhaltensmuster. Der obdachlose Alkoholiker, der ein Kind aus dem vor der Ladentür abgestellten Kinderwagen stiehlt und es dann für eine Halbliterflasche Wodka zum Verkauf anbietet ist einem Hohen staatlichen Würdenträger gleichzusetzen, der für einen symbolischen Preis eine Staatsdatscha mit allem Inventar und dem Grundstück als Beigabe »kauft«.

Am 10. Juli 1991 saß ich mit eingeschaltetem Fernseher bei der Arbeit und sah mir die Zeremonie der Einführung von B. Jelzin auf den Posten des russischen Präsidenten an. Seine Worte über die Bereitschaft, jede ideologische Denkweise gegen den moralisch-ethischen Kirchenkodex einzuwechseln, legten sich beruhigend auf die Seele. Die Anwesenheit des Patriarchen von ganz Russland Alexei II. und sein Aufruf an die bürgerliche Welt, von einer Aufrechnung Abstand zu nehmen und hin zur Orierntierung auf lichte Ideale, weckten auch Hoffnungen. Lautstark tönten die Worte von der Wiedergeburt Russlands und seiner Größe. Unwillkürlich dachte ich daran, dass man diesen Weg »zur Kirche« ja auch noch gehen könne, aber unter einer anderen Generation von politischen Seelenhirten. In Bestätigung solcher Zweifel tauchte das bekannte Gesicht Gorbatschows auf dem Bildschirm auf. Er bemühte sich gleichzeitig, von sich das Bild des Dienstälteren wie auch des treuen Untergebenen zu vermitteln. Der Saal lachte teilweise über seine Worte. Ich bedauerte ihn.

Finita la comedia
(Die Komödie ist zu Ende)

Am 22. Juli ging ich »bei vollkommener Ruhe« im Komitee für Staatssicherheit in meinen geplanten Urlaub. Da wusste ich noch nicht, dass ich nie mehr zu meiner gewohnten Arbeit zurückkehren würde. Die Urlaubszeit war in vollem Gange und es traten viele Leiter der Verwaltungen ihren Urlaub an. In unseren Korridoren roch es nicht nach einer Verschwörung. Traditionsgemäß fuhr ich eine Woche in mein Heimatdorf Almasowo, wo ich in Erinnerung an die Jugend mit Hingabe die Sense schwang und mit dem Hackebeil arbeitete. Ich brachte das Haus meiner 75-jährigen Cousine in Ordnung. Von dort aus fuhr ich nach Sibirien, nach Krasnojarsk. Dort kauften wir mit der Familie Tickets für den Dampfer »A. Tschechow«, auf dem wir eine Reise zur Dixon-Bucht unternahmen. Auf dem Jenissei entlang zu fahren und Sibirien zu sehen, war seit langem unser Traum gewesen. Die Reise war wunderschön. Wir sahen uns alles bedeutende an, was es auf der 3.000-Kilometer-Reiseroute zu sehen gab. Ich verneige mich bis zur Erde vor den Sibiriern, die uns unterwegs freundlich aufnahmen. Sie teilten freigiebig ihr Wissen über ihre Heimat mit uns und öffneten uns den Schatz ihrer Herzen. Hier dachte ich an die Nekrasow-Worte: »Du bist göttlich, du bist reich, du bist mächtig, und du bist kraftlos, Mütterchen Russland ...« Überall die gewaltige Schönheit der Natur, die natürlichen Reichtümer unserer Erde, der Wälder und Seen beeindruckten unsere Vorstellung. Wir trafen auch auf einen großen Anteil feindseliger Eingriffe menschlicher Hände. Ihnen haftete der Stempel des Bruches zwischen Erde und Mensch an. Die Leute wirken häufiger nur wie zeitweise Bewohner dieses Gebietes, sind allem gegenüber gleichgültig. Sie haben nur den Wunsch, schnell das saftigste und fetteste Stück aus der Natur heraus-

zureißen. Unter den Raubzügen, der Unkultiviertheit und der Gottlosigkeit der Hilfskräfte litt mein Herz besonders.
Mein Urlaub sollte zu Beginn September enden. Als ich Mitte August aus Sibirien zurückgekehrt war, arbeitete ich friedvoll im Garten der Staatsdatscha, den ich mit meinen eigenen Händen in eine blühende Plantage verwandelt hatte. Jedenfalls so lange bis das Diensttelefon klingelte. Ich wurde in Kenntnis gesetzt, dass am Sonntag, dem 18. August, um 22.30 Uhr im Büro des Vorsitzenden eine Beratung stattfinden würde, wozu die Mitglieder des Kollegiums eingeladen sind (ich war seit Ende Februar Mitglied des Kollegiums).
Zur benannten Zeit bereitete sich die Mehrzahl der Verwaltungsleiter und der Mitglieder des Kollegiums auf die Beratung vor, aber es folgte das Kommando, dass sie verlegt sei und erst am Morgen des 19. August stattfände. Alle verstanden, dass etwas Wichtiges passiert sein müsste, aber wir hatten keine Vorstellung vom Inhalt und Umfang der zu erwartenden Ereignisse.
Die Absage des Abendtreffens fand so spät statt, dass ich nicht zur Stadtranddatscha zurückkehrte, umso mehr als ich den Fahrer des Dienstautos bereits nach Hause geschickt hatte. Ich übernachtete in meinem Büro: Ich war solcherart Übernachtungen aus den langen Jahren meiner Arbeit in den Unterabteilungen Auswertung und Information gewöhnt. Früh am Morgen des 19. August weckte mich der Diensthabende der Verwaltung und berichtete mir, dass im Fernsehen Dokumente über die Verhängung des Ausnahmezustands verlesen würden. Ich »klebte« an der Scheibe. Der aufgescheuchte und zerknitterte Ansager informierte die wach werdenden Mitbürger mit farbloser Stimme über das Eintreten neuer Dimensionen im Schicksal des Vaterlands.
Ich erinnerte mich an analoge Momente aus dem Leben anderer Länder und Völker. Dort wurde ähnliche Bekanntmachungen in einer völlig anderen emotionalen Intonation vorgetragen. Es kamen neue und früher unbekannte Personen zu Wort. Sie traten in einem ungewohnten Umfeld und nicht im Fernseh-

studio auf. Der Tonfall war entschlossen und temperamentvoll. Er ließ keine Zweifel an der Rechtmäßigkeit der Handlungen. Alles war ungewöhnlich, weil die Situation selbst ungewöhnlich war. Aber auf unserem Bildschirm war alles schlaff, blutleer und halbresignierend.

Alle nachfolgenden Tage des sogenannten »Putsches« bestätigten in vollem Umfang die Richtigkeit der ersten Eindrücke. Es kam uns so vor, als ob unsere Verwaltung alle vergessen hatten. Von niemandem kamen Weisungen oder Aufträge. Als ob sich die Leitung verflüchtigt hätte. Rein mechanisch suchten wir aus den eintreffenden Telegrammen die unserer Meinung nach wichtigsten heraus und schickten sie an den Vorsitzenden des KGB zur Weitersendung an die Adressaten, die sie dort besser bestimmen konnten. Dass unsere Verwaltung so aus dem Sichtfeld der Leitung herausgeriet, musste ein schlimmes Vorzeichen sein. Es bedeutete, andere, weit von uns entferntere, Probleme benötigten die größte Aufmerksamkeit. Ohne jeden Effekt saß ich meine Arbeitsstunden mit dem feinen Gespür für den nahenden Krach ab. Von der Straße her erklangen die Geräusche vorbeifahrender Panzerfahrzeuge. Von Zeit zu Zeit klingelten die Telefone, und die Stimmen von Freunden und Kollegen erhöhten die Angst und die Unruhe. Alle fragten, was vor sich ginge, aber ich konnte ihnen nichts Fundiertes sagen, da ich selbst in Unkenntnis war.

Am 21. August wurde die Verhaftung der Mitglieder des GKTschP bekannt. Alles klar, die Vorahnungen hatten mich nicht getäuscht. Ich konnte mit aufrichtigem Pathos sagen: »Finita la comedia!« (Die Komödie ist vorbei!) Die Perestroika war keine Perestroika, die Kommunisten waren keine Kommunisten, die Demokraten waren erst recht gar keine Demokraten, und der Putsch war eine Farce.

Am nächsten Tag wurde ich 63 Jahre alt. Ich beschloss, mit der Welt der Politisierung für immer zu brechen. Dieser Tag wurde der anstrengendste. Früh morgens kam der neue Chef des KGB, der gestrige Leiter der Aufklärung L. W. Schebarschin und ging ins Arbeitszimmer des Vorsitzenden. Er berief gleich das Kollegium zu sich ein und in einer Minute hatten sie bereits zwei Beschlüsse abgestempelt: Sie erklärten die Organe der Staatssicherheit für parteienunabhängig und distanzierten sich von des Handlungen der »Putschisten«.

Während dieser Zeit ging die Meldung ein, dass sich auf dem Lubjanka-Platz eine bedrohliche Situation entwickelt habe. Die wachsende Menge verhielte sich aggressiv. Es würden Stimmen laut, die zum Sturm auf das Gebäude des KGB aufriefen. Es wurde der Beschluss angenommen, alle Kollegen nach Hause zu entlassen, um das Risiko für den Personalbestand nicht zu vergrößern und die Möglichkeit für Zusammenstöße zu verringern. Der neue Vorsitzende des KGB forderte beharrlich das vollständige Verbot eines Waffeneinsatzes, auch nicht zum Zwecke des Selbstschutzes. Das rief unzufriedene Zwischenrufe hervor: »Wir lassen nicht zu, dass sie uns wie Schafe in den Büros abschlachten. Wir werden uns verteidigen.« Aber der Vorsitzende blieb dabei.

L. W. Schebarschin versuchte mehrmals, Gorbatschow zu erreichen, aber der hörte nicht. Als er dann den Hörer abhob, konnte er auch nichts Verständliches sagen. Im Sitzungssaal nahm die Spannung zu. Und hier trat eine ganz neue Form des Anheizens der Hysterie in Kraft: Der Diensthabende am Empfang rief den am langen Tisch sitzenden W. Iwanenko ans Telefon. W. Iwanenko hatte den Posten des Stellvertretenden Vorsitzenden des KGB Russlands inne und war Mitglied des Kollegiums des KGB der UdSSR. Nach einigen Minuten kam er mit hochrotem Gesicht zurück, nahm seine Mappe vom Tisch und eilte zur Tür. Im Davonlaufen sagte er: »Im Weißen Haus gibt es einen Tumult. Sie haben gemeint: ›Was zum Teufel sitzt du mit dieser Bande von Verbrechern zusammen? Geh sofort weg von da.‹ Ich fahre jetzt hin, sie zu beruhigen!« Irgendjemand rief ihm hinterher: »Das wird der letzte Mensch sein, der dieses Gebäude frei verlässt.«

Die Berichte des diensthabenden Bereiches wurden immer alarmierender. Es wurde der Vorschlag eingebracht, an Gorbatschow und Jelzin Telegramme mit der Bitte zu senden, dass

sie persönlich eingreifen sollten, um die bewaffnete Einnahme des Dienstgebäudes zu verhindern. Telefonate erwiesen sich als sinnlos, niemand hob den Hörer ab. Wir wollten auf alle Fälle »darauf aufmerksam machen«. Sie sollten wissen, dass wir keine Gewalt wollten. Ich entwarf den Wortlaut des Telegramms und übergab es an Schebarschin. Der kürzte etwas und strich die Bemerkung, dass einige Offiziere bereit sind, ihr Leben mit Waffengewalt zu verteidigen, und sendete es ab. Wir begannen mit einem schmerzhaften Gefühl der Schwermut zu warten. Flüchtig äußerten wir unsere Vorstellungen über eine Reform des Komitees für Staatssicherheit auf dem Wege eines Personalabbaues. Solche Pläne hatten wir auch schon früher, vor einigen Monaten, erarbeitet, so dass diese Dokumente nur aktualisiert werden mussten. Aber die Arbeit ging verständlicherweise nur schleppend voran. Gedanklich waren wir auf dem Platz.
Etwa zwanzig bis dreißig Minuten nach Absendung des Telegramms kam B. Jelzin zur Lubjanka gefahren, sprach mit den Demonstranten. Danach sank die Gefahr der Einnahme des Gebäudes, der Dokumentationen und die eines möglichen Blutvergießens. Vor dem Nachhausegehen erwartete mich noch eine große Freude: Eine Gruppe Arbeitskollegen war zu mir gekommen. In den Händen hielten sie eine Flasche Kognak, Früchte und Konfekt. Sie fegten die graue Trauer mit ihrem Lächeln aus den Gesichtern und gratulierten mir zum Geburtstag. Den hatte ich über allem komplett vergessen. Wie schön! Aber ich wies alle an, das Gebäude zu verlassen.
Die Stimme war bei den Trinksprüchen leicht schrill. Allen war klar, dass wir uns verabschiedeten. Ich sagte ihnen, dass ich den Entschluss gefasst hatte, in den Ruhestand zu gehen. Ich riet ihnen, standhaft zu bleiben und sich nicht dem Jammern und der Panik hinzugeben. Sie sollten unter den neuen Bedingungen Russland dienen – ein zweites Vaterland haben wir nicht und werden es auch nie haben – und seinem Volk. Die Freunde wünschten mir Beständigkeit und brachten die Überzeugung zum Ausdruck, dass auch ich unter den neuen Bedingungen meinen Platz finden würde. Sie waren nicht nur

korrekt, sondern wie Söhne ihrem Vater gegenüber aufmerksam und rührend besorgt.
Irgendjemand erinnerte daran, dass ich erst vor fünf Tagen zum General-Leutnant befördert worden war. Der Erlass war am 17. August 1991 von M. S. Gorbatschow unterschrieben worden. Diese Ernennung nehme ich mit in gutem Gedenken an die Jahre ehrlichen Dienstes für die Heimat. Aber nicht mal mehr ein Dienstschreiben wird die Verwaltung mit meiner Unterschrift und diesem Rang verlassen. Sicher!
Am 23. August morgens wurde wiederum eine Vollversammlung des Kollegiums anberaumt. Es kam der nächste Vorsitzende des Komitees für Staatssicherheit W. W. Bakatin hinzu. Er entschuldigte sich dafür, dass ihn niemand vorstelle, aber er würde das unter der Maßgabe, dass es keine Einwände gibt, selbst tun. Die Versammelten grinsten schief und undurchsichtig. Mit einem weichen schauspielerischen Tonfall sagte er, dass er zum KGB gekommen sei, »um ihn zu liquidieren«. Weiter begann er zu beruhigen, in der Form, dass niemand demokratischen Terror entfalten oder abrechnen wolle. Die Leute sollten einfach alle ihrer Arbeit weiter nachgehen und so weiter. Alle hörten schweigend zu.
Nachdem ich in mein Büro zurückgekehrt war, machte ich zwei Schreiben: Das Gesuch an Bakatin um Entlassung in den Ruhestand und die wahrheitsgemäße Erklärung über meine persönlichen Handlungen während der drei Tage, in denen sich das Land in den »Putschunruhen« befand. Ich betonte in den Dokumenten, dass nicht einer meiner Unterstellten von mir Aufträge bezüglich der vorgefallenen Ereignisse erhalten hat. Niemand habe diese vorausgesehen und hätte es auch nicht können. Damit endete der 23. August 1991. Die nächsten Tage – ein Sonnabend und ein Sonntag – verbrachte ich auf der Datscha. Ich spielte mit Schebarschin Schach, um die schweren Gedanken abzuwenden. Aber das Spiel lief nicht. Das Gespräch kam immer wieder auf Themen des Putsches zurück. Es stellte sich heraus, dass Schebarschin auch vorhatte, abzudanken. Wir sprachen ab, dass wir dies fast synchron tun würden.

Um 9 Uhr morgens, am Montag, dem 26. August, stand ich in der Tür des Vorsitzenden-Büros mit meinem Ruhestandsgesuch. Bakatin kam für eine Sekunde heraus, und auf meine Bitte, das Gesuch entgegenzunehmen, antwortete er nur schroff: »Da hätten Sie mir das Papier ja gleich auf den Gang legen können.« Ich erwiderte: »Sie kennen meinen Entschluss, und das Gesuch leite ich Ihnen über das Sekretariat zu.« Dann habe ich Bakatin nicht wiedergesehen, und das ist gut so. Ich hörte nur negative Meinungen seiner näheren Umgebung über ihn. Sie beschwerten sich über seine Schroffheit und seine Grobheit, seine Chamäleon-Art und seine unerträgliche Wichtigtuerei. Aber all das habe ich, dem Schicksal sei Dank, nicht erfahren müssen und würde es auch unter keinen Umständen erleben wollen.

Mein Ruhestand wurde blitzschnell genehmigt. Schon am nächsten Tag übergab ich meine Arbeit an meinen genauso schnell eingesetzten Nachfolger W. A. Rubanow, der irgendwann als Mitarbeiter für Bakatin in dessen Funktion als letzter Innenminister gearbeitet hatte. Der »Wachwechsel« wurde in aller Form durchgeführt. Es kam der Stellvertreter des Leiters der Verwaltung Personal und stellte den neuen Chef der Verwaltung vor, und auch mir wurde das Wort erteilt. Ich dankte meinen Kollegen, Genossen und Freunden, so gut ich konnte wärmstens. Ich ermunterte sie, die hohe berufliche Ehre der Verwaltung beizubehalten, wie schwierig sich die Umstände auch gestalten würden. Eine Antwort darauf folgte nicht, aber ich sah sie in den Augen meiner Kollegen.

***

Seitdem ich die Tür des Büros für immer geschlossen habe, sind zwei Jahre vergangen. In den ersten Monaten hatte ich das Gefühl eines Schocks und wollte mich in der Wohnung verkriechen und mich vor der umgebenden Welt verstecken. Ich las keine Zeitungen und sah nicht fern. Allmählich und langsam kehrte das Lebensgefühl zurück. Es kam der Vorschlag, innerhalb der neuen Strukturen zu arbeiten. Das gab mir die Möglichkeit, die Verbindung zu den Menschen wiederherzustellen und das Interesse am Schicksal meiner Umgebung wiederzugewinnen. Bald richteten sich die verkrümmten Flügel des Denkens wieder aus, und die Gedanken kehrten zum ewigen Gegenstand meiner Sorge zurück – zum Schicksal des Vaterlands und des Volkes.

Warum vollzog sich die historische Tragödie genau in meinem Land, dessen Bürger zu sein, ich immer für eine Ehre gehalten hatte? Ein nüchterner Wissenschaftler, wie ich auch einer hätte werden können, würde sicherlich viele politische, soziale und wirtschaftliche und auch andere Gründe dafür anführen können, warum es zu diesem bitteren Verlauf gekommen war. Aber es gibt einen allgemeinen Grund, der alle anderen in sich vereinen könnte – der uns erstickt hat. Diese Ursache war die Lüge. Die Verlogenheit hat unbemerkt alle Poren unseres Daseins erfasst, hat sich in eine Krebserkrankung unseres Blutes verwandelt und unsere Seele zerstört. Die Lüge lebt auch in anderen Gesellschaften, sie gibt es bei anderen Völkern, aber dort schläft sie wie Tuberkelbakterium in einem gesunden Körper. Bei uns fand, besonders nach 1917, die Lüge einen außerordentlich fruchtbaren Boden in Form einer vertrauensseligen und wenig gebildeten Bevölkerung mit einem sehr niedrigen bürgerlichen Bewusstsein. Die Lüge ergriff wie ein Feuer unser gesellschaftliches Leben und wurde zum unverzichtbaren Bestandteil unseres nationalen Bewusstseins. Sie erfasste durchgängig die Literatur und Kunst und tötete den Journalismus ab. Sie wurde zur wesentlichsten Form des Verhältnisses zwischen den führenden Politikern und dem Volk und ist bis heute so geblieben.

Irgendwann vor langer Zeit habe ich einen spaßigen Beitrag bei einer Veranstaltung gesehen. Der Moderator hatte vordem mit zwanzig Darstellern auf der Bühne abgesprochen, dass sie ohne mit der Wimper zu zucken sagen sollten, dass der ihnen gezeigte schwarze Ball weiß sei und der weiße – schwarz. Danach wurde ein nichtsahnender zufälliger Passant auf die Bühne geholt und

auf einen Stuhl gesetzt. Der Moderator fragte in dessen Beisein nacheinander jeden der zwanzig Darsteller, welche Farbe der Ball habe. Einer nach dem anderen antwortete: »Weiß!«, obwohl der Ball in Wahrheit schwarz war. Dann wandte sich der Moderator mit genau diesem Anliegen an den zufälligen Passanten von der Straße, und dieser antwortete nachdenklich und mit gedrückter Stimme: »Weiß!« Ungefähr so verhielt es sich mit unserem Lügenmechanismus. Seine Effektivität erkannten in vollem Umfang die Verschwörungspolitiker, die die Machtpyramide nach oben geklettert waren.
Indem ein feudalistisch-bürokratisches System aufgebaut wurde, belog man uns und machte glaubhaft, dass dies der Sozialismus sei. Mittelmäßige Leute wurden für »hervorragende Führer der Partei und des sowjetischen Staates« ausgegeben. Armut wurde als Aufblühen deklariert. Dann begannen sie, den Zerfall des Staates als den Weg der Auferstehung Russlands zu bezeichnen. Das Wegbrechen der Gemeinschaft, das Ansteigen der Kriminalität und die allgemeine Korruptheit wurde als Demokratie dargestellt. Wir verlernten, die Dinge so zu sehen, wie sie wirklich sind. Sie beschädigten uns das Denken. Schuld am Entstehen des klebrigen Lügennetzes, das unserem Volk die Bewegungsfreiheit genommen hat, sind nur diejenigen, denen eine besondere Gier eigen ist – das Machtstreben –, und diejenigen, die ihnen halfen, das Netz zu spinnen. Machtbesessene verfügen gewöhnlich über wenig Geist, sind dafür aber überlastig ambitioniert. Sie werden zeitweise dumm und grob lügen, aber das Wichtigste, sie werden es zeitlebens tun.
Politische Führer, unabhängig davon, ob sie Märtyrer oder Helden sind, sind immer machtversessene Menschen. Sie bringen den normalen einfachen Bürgern kein Glück. Sie geben niemandem Wohlergehen und Ruhe. Das Volk stellt für sie nur das Postament für ihre »Heldentaten« dar. Ihr eigenes »Ich« stellt alles andere in den Schatten. Sie unterscheiden sich von ihren Stammesangehörigen durch krankhaften Ehrgeiz. Wir lernen erst dann, den Windpocken der Lüge zu widerstehen, wenn wir nüchtern und kritisch die Anwärter auf die Rolle

unserer Führer betrachten und sie nach ihrem Tun und den Ergebnissen ihrer Tätigkeit beurteilen und nicht nach ihren Versicherungen und Versprechen. Das wird unser Schritt sein und vielleicht auch der ganze Weg zur bürgerlichen Gesundung.
Ich brauchte vierzig Lebensjahre, ehe mir Zweifel kamen, fünfzig Jahre – um zu reifen, sechzig Jahre – um mich von dem Wahn der politischen Hypnotiseure zu befreien. Ich lehne die politische Unsauberkeit von Personen oder einer Gruppe von Personen ab, die wegen eines geringen Gewinnes – des der persönlichen Macht – eines der bedeutendsten und größten Völker der Welt materiell ruiniert, geistig bestohlen und zum physischen Aussterben verurteilt haben. Unser Volk, das der Menschheit Puschkin, Dostojewski, Tolstoi, Tschaikowski, Tschechow und Mendelejew gegeben hat. Ich bleibe ein Verfechter der sozialistischen Idee, der ich mit ganzem Herzen gedient habe. Die Bolschewiki haben den Sozialismus nicht erfunden, und Marx war nicht sein Verfasser. Die Wurzeln des Menschheitstraums von Gleichheit und Brüderlichkeit gehen auf frühere Zeiten zurück. Die Lehre von Christus und seinen Aposteln – das ist nur die umfassendere und schriftlich dargelegte Vorstellung von einer gerechten Gesellschaft. Der Traum davon hat die Menschheit immer entweder in der Form religiösen Glaubens oder wissenschaftlicher Utopien oder auch mit einem praktischen Versuch, eine solche Gesellschaft auf der Erde zu errichten, begleitet. Solche Versuche gab es viele. Die sozialistische Revolution in Russland war die größte, tiefste und einflussreichste aller früher durch die Menschheit vorgenommenen Anläufe dieser Art. Sie endete erfolglos. Aber nicht etwa deshalb, weil die Idee nichts taugt, sondern weil sie von jenen entstellt und missbraucht wurde, denen das Volk ermöglichte, die Macht an sich zu reißen.
Quo vadis? Wohin geht meine, unsere Heimat? Heute kann man unter furchtbarem Herzdrücken sagen, dass Russland den Anblick einer verglühenden Feuerstelle der unverwechselbaren russischen Zivilisation bietet. Wir sind Zeugen des Untergangs eines der bedeutendsten Völker der Welt. Die

Kräfte unseres Volkes sind erschöpft. Das ist das Ergebnis einer unglaublichen Überbeanspruchung der materiellen und geistigen Ressourcen im Verlauf eines ganzen Jahrhunderts. Allein offiziellen Angaben des Verteidigungsministeriums zufolge verloren wir 10 Millionen Menschen in den unzähligen Kriegen, und es gab zudem 30 Millionen Kriegsverletzte, Kranke und Verschüttete. Diese Zahlen umfassen nur die Armeeangehörigen, also in der Hauptsache junge und gesunde Männer. Etwa doppelt so hoch waren die Opfer unter der Zivilbevölkerung, die unter Hunger, Epidemien, Kriegshandlungen, Repressionen und Verschleppungen ins Ausland litten. Das genetische Herz der Nation wurde ausgerottet. Nach Berechnungen des russischen Generalstabs, die zum Ende des 19. Jahrhunderts vorgenommen wurden, sollte die Bevölkerung zum Ausgang des nächsten, des 20. Jahrhunderts, auf 450 Millionen Menschen anwachsen, tatsächlich waren es keine 160 Millionen Einwohner.
Schon 1991 starben in Russland mehr, als geboren wurden. Für 1992 sagten die Demographen eine Reduzierung der Bevölkerung in absoluten Größen um eine Million Menschen voraus. Später wird das noch schlechter werden, denn eine russische Frau gebärt im Durchschnitt nur 1,5 bis 1,8 Kinder in ihrem Leben. Das Aussterben wird fortschreiten. Am schnellsten verläuft diese Entwicklung in den zutiefst russischen Gebieten: im Rjasaner, Tulaer, Wladimirer, Moskauer und Twerer.
In den letzten zehn Jahren (1980–1990) hat sich die durchschnittliche Lebenserwartung eines russischen Menschen um zehn Jahre verringert. Diese Kennziffer wird auch noch weiter sinken, denn 80 Prozent der Bevölkerung leben jetzt unter der Armutsgrenze. Sie haben keine Möglichkeit, normal zu essen, und sind demzufolge der Degradierung, Krankheit und dem vorzeitigen Versterben ausgeliefert. Die unwahrscheinlich schwierigen Lebensbedingungen treiben das Volk zum Selbstmord. 1991 wurden 3,5 Millionen Schwangerschaftsunterbrechungen durchgeführt (im Vergleich dazu 1,5 Millionen Geburten). Das ist eine ganze verlorene Generation. Das ist

nicht minder schrecklich als die Gräueltaten der Berija-Zeit, die 800.000 unserer Mitbürger das Leben kosteten.

Die Bevölkerung auf der russischen Erde erinnert an die Überreste eines dezimierten Volkes. 25 Millionen Altersrentner erleben zum größten Teil den Rest ihres Jahrhunderts in Armut. Sie werden bald weg sein, und die Bevölkerungszahlen in Russland verringern sich auf 80 – bis 85 Millionen Menschen. 25 Millionen Russen leben jetzt noch außerhalb der Grenzen Russlands. An ihnen, die sich in einer nationalen Minderheit wiedergefunden haben, wird der Zorn der Vertreter der »alteingesessenen Nationalitäten« über die Sünden der pseudosozialistischen Regierungen ausgelassen. Diesen Millionen droht entweder Vertreibung oder Aussterben oder Assimilation.

Nach dem Stand am 1. Januar 1986 hatte das Land 4.000 spezialisierte Kindereinrichtungen und Schulen für behinderte Kinder. Dort wurden 667.000 Personen betreut – Opfer des Alkoholismus oder noch bestehender sozialer Probleme. Die Soziologen vermuten, dass noch einmal genauso viele Kinder mit ähnlichen Handicaps in den Familien verblieben sind: Einige vermochten nicht, ihr Kind in einer Spezialkindereinrichtung unterzubringen, wo es nur eine begrenzte Anzahl Plätze gibt; andere wollten damit selbst fertig werden – ihnen taten die Kinder leid. Wir halten uns von dieser Schande fern, beschäftigen uns nicht mit den Ursachen und führen keine Vorsorge durch. Deshalb auch empfehlen wir keine Heilmittel. Die Gesellschaft ist nicht auf Prophylaxe ausgerichtet, deshalb erhöht sich auch ständig die Anzahl dieser armseligen Kinder. Sie werden älter und beginnen, sich irgendwie mit physischer Arbeit zu befassen, treten »in die Freiheit« hinaus und bringen die nächste Generation Unglücklicher hervor.

Dank der Trauergestalten unserer Politiker hat sich in unserem Land ein Umfeld herausgebildet, das sich als schädlich für den Menschen als biologisches Wesen erwiesen hat. 1993 musste eine neu gegründete junge Familie, um eine Wohnung zu erhalten, 600 durchschnittliche Monatsgehälter zahlen, oder anders gesagt, die Ersparnisse eines 55-jährigen Arbeitslebens einbringen.

Bei der heutigen Desintegration der Gesellschaft hat niemand mehr eine Vorstellung vom Ausmaß des Alkoholismus und der Drogenanhängigkeit in unserer Gesellschaft. Ausländer, die in Moskau leben, sprechen mit Schrecken über die anzunehmenden Maßstäbe der Unterwanderung unserer Gemeinschaft mit Speed unter komplettem Fehlen einer Kontrolle seitens der medizinischen Organe und über die Nichtbeachtung gesellschaftlicher Normen.

Der Zustand der Medizin, Bildung und der sportlichen – und Vorsorgetätigkeit legt Zeugnis darüber ab, dass sowohl staatliche – als auch Regierungsstrukturen ihr Volk dem Schicksal oder sich selbst überlassen haben.

Das russische Volk hat unter dem Einfluss durch die fast ein Jahrhundert währende Arbeit der Unterdrückungsmaschine alle Fähigkeiten zur Selbstorganisation verloren. Es ist bis auf das Äußerste auseinandergedriftet, zerschlagen und verschreckt. Demoralisierung und geistige Leere haben die kritische Marke überschritten. Deshalb hat das russische Volk fast kein Selbstbewusstsein mehr, und die Seele des Volkes stirbt. Gleichgültig nimmt es die unmöglichen Ausmaße der Kriminalität hin und übergibt den gesamten gesellschaftlichen Zustand, der jahrhundertelang durch die Arbeit vieler Vorgängergenerationen erwirtschaftet worden ist, resignierend in die Hände dreister Betrüger. Die jetzigen Staatsoberhäupter machen rein gar nichts, um das kollabierende Volk zu reanimieren.

Die Frage: »Hat Russland eine Zukunft?« hat sich das Akademiemitglied I. Schafarewitsch gestellt und keine Antwort darauf gefunden. Auch ich kann sie nicht finden. Wie lange ich mir auch Russland betrachte, ich sehe zum heutigen Tag keine Kräfte, die in der Lage wären, tatsächlich eine Wiedergeburt Russlands und des russischen Volkes einzuleiten.

Die Armee, in letzter Instanz die Bewahrerin und Verteidigerin von Vaterland und Volk, hat ihre Zerstückelung wie Fleisch in kleine Teile durch die separatistische Axt zugelassen. Die Generalität versinkt im Sumpf der Korruption. Das Offizierscorps ist von der Furcht vor Entlassung und Armut hin- und hergerissen. Die Rekruten suchen nach beliebigen Gründen, um den Armeedienst nicht antreten zu müssen, und Soldaten flüchten. Diejenigen, die im Schweiße ihres Angesichts unser lebensnotwendiges Getreide anbauen, werden von der Sorge um das tägliche Überleben geplagt. Sie haben die falschen Propheten satt, haben nun verständlicherweise einen tiefen Unglauben und eine Abneigung. Heute zählen diejenigen, die die Macht unterstützen, nicht mehr zu den privilegierten Schichten der Gesellschaft. Worte, wie »Werktätige«, »arbeitendes Volk« oder »Arbeiterklasse«, sind fast nicht mehr gebräuchlich. Sie erregen Aufsehen.

Unser Volk, unseren Staat und unser Vaterland hat ein Unheil heimgesucht, das fast mit den tatarisch-mongolischen Überfällen gleichzusetzen ist. Wir durchleben eine Zeit der tiefen geistigen Repression, wie es sie noch nicht einmal zu den Zeiten des Großen Vaterländischen Krieges gab. Das Wort »Patriot« wurde in den verkäuflichen Druckerzeugnissen fast zum Schimpfwort. Das tausendjährige Russland bricht auseinander und droht, zu zerfallen, was uns von den vielen Generationen unserer Vorfahren vererbt wurde. Und die neuen Politiker führen auf dem erklommenen Gipfel der Macht eine endlose Fehde um das Recht der absoluten Herrschaft über den nationalen Brandherd. Erinnern sie sich etwa nicht an das Gleichnis des Salomonischen Urteils, als der König die Anweisung gab, ein Kind mit dem Schwert zu teilen, da zwei Frauen behaupteten, die Mutter ein und desselben Neugeborenen zu sein. Da rief die echte Mutter: »Teilen Sie es nicht, geben Sie es lieber ihr!« Und Salomon ließ das Kind seiner wahren Mutter geben.

Anton Iwanowitsch Denikin erinnert in *Der russische Tumult* an die Worte von General A. F. Ragosin, der 1917 Kommandeur der rumänischen Front war und traurig in die Ferne schauend sagte: »Offensichtlich hat Gott der Herr das russische Volk dazu verurteilt, zu sterben, und deshalb braucht man nicht gegen das Schicksal vorzugehen, sondern sich nur unter dem Zeichen des Kreuzes hinzusetzen und ausdauernd auf die Erlösung zu warten.«

Ich kann so einen Weg nicht annehmen. Überzeugt davon, dass unser Elend und Leiden nicht das Volk selbst zu verantworten hat, das von Natur aus gutgläubig, freigiebig und herzlich ist. Wir sind zu Opfern der Berufsrevolutionäre und professionellen Politiker geworden, der selbsternannten Genies und deren Speichellecker-Halleluja. Wir sollten mehr Selbstorganisation, gesunde Kritik den Anwärtern auf Führungsposten gegenüber, bürgerliches Bewusstsein und Aktivität haben. Russland kann gesunden, wenn der Prozess von unten her geführt wird. Von oben ist nichts zu erwarten! Wo und von wem sollen wir Rettung suchen? Das Volk kann sich bewahren und seine Kultur sogar unter den Bedingungen vollständiger Verkrebsung seines politischen Establishments, wenn es sich auf die Familie konzentriert, diese ewige und stabile Keimzelle der Gesellschaft. Dort ist alles auf einer lebensgeprüften Grundlage aufgebaut – ein gemeinsames Eigentum, ehrliche Arbeitsteilung, hingebungsvolle Fürsorge füreinander. Sollen doch die angeblichen Politiker heiße Luft versprühen und mit ihren Füßen in eine bodenlose Leere treten und umsonst die Menge schulterklopfender Dummköpfe suchen. Aus einer festen und gesunden Familie heraus keimen wie aus einer gesunden Wurzel neue Triebe der Nation, frei von Asche und frei von Käfern und Wurzelfressern.